안드로이드 앱 인벤터

KOREAN language edition published by acorn publishing Co., Copyright © 2013

Copyright © 2011 by Pearson Deutschland GmbH. All rights reserved.
First published in the German language under the title "Andrioid-Apps" by Markt+Technik,
an imprint of Pearson Deutschland GmbH, München.

이 책은 Pearson Deutschland GmbH와 에이콘출판(주)가 정식 계약하여 번역한 책이므로
이 책의 일부나 전체 내용을 무단으로 복사, 복제, 전재하는 것은 저작권법에 저촉됩니다.

안드로이드 앱 인벤터

퍼즐처럼 끼워 맞추는 구글 모바일 앱 개발

외르크 클로스 지음 | 이승현 옮김

추천의 글

1980년대를 기점으로 개인용 컴퓨터가 널리 보급됐다. 그러나 오늘날 모바일 애플리케이션은 결코 과거처럼 '개인적인 용도'로 컴퓨팅 리소스를 사용하지 않는다. 우리는 스마트폰과 태블릿 등 새로운 디바이스를 손에서 놓지 않고 항상 지니고 산다. 더 중요한 점은 개인용 디바이스를 통해 '서로에 대해' 점점 깊은 관계를 맺는다는 점이다. 어디서 일하는지, 좋아하는 게 뭔지, 무엇을 구입하는지, 친구가 누군지, 어디에 살고 무슨 얘기를 하는지, 누구와 얘기하는지, 누구에 대해 얘기하는지 등 모든 게 공개되고 있다. 이러한 사적인 컴퓨팅은 근본적으로 1950년대부터 텔레비전이 그랬던 것처럼 우리의 경험과 우리가 살고 있는 세계에 대한 인식을 바꾸고 있으며, 전 세계의 데이터 서비스와 정보 소스에 연결되어 있다.

텔레비전은 수동적인 소비자 기술consumer technology이다. 누구나 TV를 즐길 수 있지만, 전문적인 생산자들이 제공하는 다양한 컨텐츠 중 원하는 프로그램을 선택하는 것 이외에 TV를 개인적인 용도에 맞게 조정하는 방법은 없었다. 우리 모두가 전문 개발자가 제공한 미리 정의된 애플리케이션 중에서만 제품을 골라야 하는 측면에서 볼 때, 모바일 컴퓨팅도 텔레비전과 시청자 간 구조와 비슷한 양상을 보여줄 것이다.

구글에서 앱 인벤터를 만들었을 때, 실제로 전문 프로그래머가 될 필요 없이 자신과 자신의 친구와 관련된 애플리케이션을 개발하게 함으로써 모바일 컴퓨팅을 개인적인 용도에 특화할 수 있는 개인 컴퓨팅 기술로 만들어 보자는 생각을 함께 갖게 되었고, 이러한 생각이 동기가 되어 서비스 구축을 시작했다. 아마도 독자가 앱 인벤터에 관심을 갖게 된 것은 특별한 목적을 달성할 수단으로 앱을 만들고 싶었거나 컴퓨터에 대해 좀 더 실무적인 공부를 하려 한다거나 아니면 앱을 배포 및 판매하거나 혹은 정말로 그저 재미 삼아 만들어 보고자 할 수도 있다.

앱 인벤터는 2010년 12월을 기점으로 누구나 사용할 수 있게 개방되었다. 아직 개발 중인 베타 버전 시스템으로, 구글 팀은 지금의 앱 인벤터를 더 강력하고 사용하기 쉽게 만들기 위해 최선을 다하고 있다.* 그러나 이미 개인적인 용도로 앱을 만들거나 모험을 해보기 위해 모여든 모든 연령의 앱 인벤터 사용자들이 커뮤니티를 만들어 운영하고 있으며 점차 규모도 커지고 있다. 사람들이 만드는 애플리케이션 중 일부는 다음과 같은 용도로 쓰인다.

- 레고 로봇을 제어하는 컨트롤러
- 자녀에게 독서와 수학을 가르치기 위한 앱
- 의학 전공 서적의 참고 정보를 제공하는 가이드
- 선물 카드를 보내서 감사를 표현하기 위한 앱
- 상용 자동차 회사 근무자들이 재고 물품을 기록하기 위한 앱
- 다양한 종류의 게임

독자도 이와 같은 애플리케이션을 만들 수 있으며, 이 책은 구글 웹사이트에서 앱 인벤터를 실행하고 스마트폰을 연동해서 앱을 개발하는 데 필요한 기초 지식을 제공하려는 목적으로 집필했다. 앞으로 이 책이 제시하는 방향에 따라 가속도 센서, 방향 및 위치 센서도 사용해 볼 것이다. 이 책을 공부하면서, 텍스트와 데이터를 조작하며 이미지와 애니메이션 작업까지 지원하는 앱을 만드는 방법에 대해 확실한 지침을 얻을 수 있을 것이다. 전화를 걸거나 온라인 데이터베이스를 조작하는 방법, 카메라를 제어하는 방법도 배울 것이며, 게임 제작 방법과 문자 메시지를 송수신하는 방법, 지도를 읽어와 처리하는 방법까지 공부할 것이다. 각 주제마다 작업 예제 프로그램과 철저한 설명을 덧붙였다.

---

* 구글은 2011년 12월 31일자로 서비스를 종료했으며, 현재 MIT 모바일 학습 센터에서 'MIT 앱 인벤터'라는 이름으로 지원하고 있다. - 옮긴이

이 책을 시작으로 독자는 모바일 앱을 설계하는 개발자가 될 수 있을까? 아마도 그럴 것이다. 그렇지 않다 해도, 독자는 이 책을 통해 우리의 삶에 있어 점점 더 핵심적인 역할을 하는 모바일 컴퓨팅 기술을 바탕으로 창의적인 개발자가 될 수 있을 것이다.

- 핼 에이벌슨
MIT 대학 전기공학 및 컴퓨터과학부 교수
구글 앱 인벤터 팀의 핵심 멤버이자 MIT 모바일 학습 센터의 총책임자

지은이 소개

외르크 클로스 Jörg H. Kloss

클로스는 혁신적인 정보 커뮤니케이션 기술 분야와 개인적인 분야와 전문 분야에 걸쳐 수년간의 개발 경력을 쌓았다. 그는 처음 암스트라드 Amstrad CPC 컴퓨터와 베이직 언어로 프로그래밍을 시작해 대학교에서 인공지능과 파스칼, C, C++, 자바, 그리고 리스프 Lisp 와 프롤로그 Prolog 등의 특수 프로그래밍 언어 등 다양한 분야에 걸친 컴퓨터 언어학을 전공으로 삼았다. 클로스는 가상현실 VR 과 증강현실 AR, 인터넷상의 인터랙티브 3D 세계를 구현하는 기술의 선구자다. 그는 1990년대 중반에 처음으로 상용 VRML을 기반으로 한 온라인 정보 시스템 분야에서 개발을 시작했으며, 독일의 프라운호퍼 연구소 산업 엔지니어링 연구소 FhG-IAO, Fraunhofer Institute for Industrial Engineering 와 미국의 VR-Entertainer StrayLight에서 일했다. 그리고 VRASP VR Alliance of Students and Professionals 의 유럽지사장을 맡고 있다. 여러 프레젠테이션 경험과 업무 경력, 그리고 출판 경력을 쌓으면서 지금까지 두 권의 책을 집필했다(『VRML97: The New Standard for Interactive 3D Worlds in the World Wide Web』(1998)과 『X3D: Programming Interactive 3D Applications for the Internet』(2010)).

초창기 국가 간 미디어 하우스를 위한 3D 멀티유저 세계를 기반으로 한 산업 프로젝트 참여와 더불어 대규모 에너지 공급용 전원 라인을 통한 원거리 에너지 유지란 주제로 개발을 해온 클로스는 수년간 통신 분야에 주력하면서 멀티미디어 데이터와 모바일 네트워크 통신 분야(IP, TDM, VoIP, 3G, 4G) 등에 사용되는 음성 기술 등 혁신적인 프로젝트에 참여해왔다. 이러한 기술들이 서로 융합되면서 클로스는 모바일 데이터 네트워크와 모바일 증강현실, 유비쿼터스 컴퓨팅, 문맥 서비스 등 점차 많은 프로젝트들을 맡았다. 그는 앱 인벤터가 초기 클로즈드 베타 테스트 기간을 가졌을 때부터 앱 인벤터 개발 분야에서 왕성하게 활동해온 인물이다.

감사의 글

이 책을 쓰면서 직간접적으로 저자를 지원해준 모든 사람에게 감사의 말을 전한다. 무엇보다도 앱 인벤터라는 환상적인 개발 도구를 개발한 구글 앱 인벤터 개발 팀 멤버들의 헌신 덕에 여러 인상적인 앱과 지금 독자가 보고 있는 책이 탄생할 수 있었다. 특히 MIT의 교수이자 구글 앱 인벤터 팀의 핵심 인물로서 MIT 모바일 학습 센터의 책임자인 핼 에이벌슨[Hal Abelson] 씨께, 이전에 진행했던 프로젝트와 AI 프로젝트에서 이룬 고무적인 업적과 이 책의 추천사를 제공해준 점에 매우 감사한다.

영어 번역과 이 책의 수정 과정에서 저자를 도와준 독일 출판사의 동료들인 브리기테 바우어시베크 씨와 앙겔리카리탈러 씨, 그리고 미국의 질 홉스, 트리나 맥도날드, 애나 포픽, 송린 큐 등에게 감사한다. 특히 탁월한 번역 능력을 발휘해준 알무트 드보락 씨와 그 밖에도 이 책에 대해 진심어린 충고와 격려를 주신 분들께 감사한다.

이 책을 쓰면서 저자와 함께 인내해준 부모님과 여동생, 맥시밀란, 베네딕트, 알렉산드라에게 감사한다.

외르크 클로스

지은이의 말

요즘은 그 어느 때보다 안드로이드 앱 개발을 시작하기 좋은 때다. 더군다나 현재 시점에서는 앱 인벤터만큼 쉽게 앱을 개발할 방법이 없다는 것이 가장 중요한 점이다. 앱 인벤터 개발 도구는 구글과 MIT가 함께 지원하며 2010년 11월부터 무료로 서비스되어 왔다. 앱 인벤터를 통해 프로그래밍 경험이 없어도, 복잡한 자바 코드 한 줄 작성하지 않고도, 블록을 조립해 나가는 방식으로 즐겁게 놀면서 컴퓨터 한 대, 심지어 스마트폰 한 대만 있어도 직접 간단하거나 복잡한 앱을 개발할 수 있다.

앱 인벤터를 단순히 블록 장난감이라 볼 수는 없지만 그만큼 독자가 원하는 복잡한 앱을 쉽고 빠르게 개발할 수 있다(독자가 직접 쓰려는 앱이거나 대중에게 배포하려는 앱이든). 이 책의 목차를 보고, 처음에 입문자를 위해 멀티미디어 분야(사진, 오디오, 비디오)의 내용을 다루고, 그래픽과 애니메이션 분야, 다양한 통신 분야(음성, SMS, 이메일, 웹 서비스 등), 그리고 센서 관련 분야까지(방향, 가속도, GPS 좌표) 담겨 있다는 걸 알면 놀라울 것이다. 그림 P.1에서 이 책을 통해 개발하게 될 앱을 열거한 스크린샷을 볼 수 있다.

그림 P.1 이 책에서 다루는 안드로이드 앱

쉽고 빠르게 앱 인벤터에 적응하는 것과 그만큼 빠르고 직관적으로 원하는 앱을 개발하는 방법을 제공하는 것이 앱 인벤터에서 내세우는 비주얼한 개발 도구의 목표다. 앱 인벤터는 다른 보편적인 개발 도구보다 훨씬 더 넓은 그룹을 대상으로 삼는다. 앱 인벤터를 통해, 모든 안드로이드 스마트폰 사용자들은 이제 다채로운 앱 화면 뒤에 숨겨진 부분을 살펴보고 앱을 직접 디자인함으로써 창의성을 표현할 수 있는 기회를 얻을 수 있다.

앱이 어떻게 완성될지는 온전히 개발자의 개인적인 취향과 주된 강조 사항, 개발 동기 등에 달렸다. 개발할 앱을 사용자의 입장에서 단지 개인적인 디지털 사진관으로 만들 수도 있고, 퀴즈 게임이나 온라인 데이터베이스를 이용한 어휘 공부 도구, 혹은 등산할 때 걸어온 경로를 자동으로 생성해주는 앱을 만들 수도 있다.

개인적인 앱을 개발했다는 말에서도 알 수 있듯이, '사용자'가 결국 '개발자'가 되어가는 경우가 얼마나 많은지 두고 보면 알게 될 것이다. 즉 '수동적 소비자'에서 '능동적 생산자'로 진화하면서 가장 현대적인 통신 기술의 형태를 다루는 데 있어 소소한 혁신을 일으키게 된다. 그렇다 하더라도, 경험이 많은 기존의 개발자들 역시 앱 인벤터를 유익하게 사용할 수 있다. 앱 인벤터를 통해 초기 프로토타입의 앱을 좀 더 전문적이고 빠르게 만들 수 있으므로 비용 절감 효과가 있기 때문이다. 이제 이 책을 통해 앱 인벤터 개발에 참여해 공부하면서 앱 인벤터가 무엇인지 알아보자. 자신만의 목적을 위해 사용할 수 있는 방법을 배울 수 있으며, 머지 않아 이렇게 강력한 개발 도구의 가치가 얼마나 높은지 감사해 할 것이다.

앱 인벤터의 풍부한 지원 속성과 기능 덕에 무엇을 원하든 적재적소에 사용할 수 있다. 모바일 통신 네트워크 인프라를 설립하고 라이선스를 지불하는 데 지금까지 수백억 달러가 투자돼서, 3G(UMTS, HSDPA)와 4G 통신망을 언제 어디서든 사용할 수 있다(웹 서비스, 모바일 인터넷, 고속 데이터 서비스 등 각종 서비스에 대한 데이터 사용 요금을 지불해야 한다). 모바일 기기 제조사에서 새로 개발된 제품이 끊임없이 쏟아지고 있다. 더군다나 엄청난 기술이 집약된 새로운 스마트폰이 봇물처럼 출시되고, 후속 타자로 차세대 태블릿 PC가 등장하면서 이를 사려고 몰려드는 소비자들에 의해 파급효과도 커지고 있다. 새로운 모바일 시장의 가능성을 예측한 온라인 서비스와 웹 서비스 제공업체들도 날로 늘어나는 웹 2.0 사용자들에게 위치 기반 서비스와 자사 소유의 앱을 마켓에 제공하느라 혈안이다. 모바일 운영체제 간에 부는 경쟁 바람은 이제 잦아든 것처럼 보인다. 이제 안드로이드는 꼬리에 꼬리를 무는 초창기 세력 다툼에서 결국 패권을 거머쥔 승자임이 분명하다. 안드로이드의 공개 정책과 그로 인해 다져진 시스템적 유연성, 그리고 무료로 사용할 수 있다는 특성, 구글의 다양하고 광범위한 서비스 기능에 통합적으로 접근 가능하다는 점 등 안드로이드는 여타 모바일 운영체제와는 다른 차별점을 지닌다.

눈부신 기술적 진보에도 불구하고, 오늘날 사용자들은 더 이상 기능과 세부 사항에는 관심이 없다. 처음 인터넷이 몇 명의 열정적인 기술자들 덕에 개발돼 웹 1.0 시대에서는 뉴스, 정보, 엔터테인먼트 등의 매스미디어 형태였다가, 웹 2.0 시대에 와서 사람들 간의 의사소통을 즐길 수 있는 쌍방형 형태를 띠게 되었다.

오늘날 웹이 관심을 두는 것은 기술 자체가 아니라 사람끼리의 소통, 즉 커뮤니케이션 방식과 창조 능력, 그리고 사람들이 웹을 통해 자신의 개성을 표출하는 방식에 있다. 따라서 사용자들이 점차 자발적으로 자신의 시간과 노력을 투자해 소셜 네트워크 사이트에 프로필을 게재하고, 블로그나 온라인 게임, 채팅방을 개설하거나, 모바일 정보 이용 정액제에 가입하고, 가장 유행하는 최신 기기 등에 기꺼이 돈을 지불하는 현상이 만들어지기에 이르렀다. 디지털 시대에서 사람들의 개성과 이들이 만들어낸 창조물을 어떤 형태로 표출하든지, 앱 인벤터는 전적으로 그런 활동을 더욱 원활히 이뤄지도록 돕는다. 과거 사용자들은 하드웨어 제조사, 플랫폼 운영자, 앱 개발자들이 만들어 놓은 제약 안에서만 활동할 수 있었다. 이제는 앱 인벤터를 통해 최소한 이런 제한을 극복할 수 있게 됐으며, 결과적으로 제약으로부터 자유로워졌다. 이 부분을 절대 과소평가해서는 안 된다. 심지어 독자가 그만큼 원대한 목적을 품지 않더라도, 앱 인벤터로 앱을 재미있게 개발할 수 있다. 이 책을 읽으면서 앱 인벤터를 통해 예제들을 다뤄보고 나면, 이 세상에 얼마나 화려한 앱이 펼쳐져 있는지 볼 수 있는 새로운 시각을 갖게 될 것이다. 자신도 느끼지 못한 사이에 독자는 안드로이드 앱 개발자가 돼 있을 것이다. 이런데도 망설일 이유가 있는가?

옮긴이 소개

이승현 dedoogong@gmail.com

한국 항공대학교 기계공학부 졸업, 삼성 소프트웨어 멤버십 및 지경부 소프트웨어 마에스트로를 수료했다. 현재는 MDS 테크놀로지에서 자동차의 ISO26262 국제 안전 표준 및 AUTOSAR 관련 기술 지원을 담당하고 있다. 훌륭한 한국 임베디드 개발자가 되기 위해 항상 공부하며, 좋은 원서를 하루라도 빨리 우리 글로 옮겨 국내 개발자들에게 도움을 주고자 번역계에 발을 들여놓게 됐다. 번역서로는 에이콘출판사에서 펴낸 『윈도우폰 7 게임 프로그래밍』(2012년)이 있다.

옮긴이의 말

처음 안드로이드 개발을 접한 지도 벌써 3년이 됐지만, 소프트웨어 개발자만이 아닌 초등학생, 주부 간호사, 변호사 등 코딩과는 거리가 먼 사람도 자신의 필요에 의해 앱을 개발할 수 있는 앱 인벤터 같은 수단이 제공된다는 사실은 정말 놀랍지 않을 수 없다.

사실 앱 인벤터가 나오기 전에도 MIT에서는 인터랙티브형 앱 개발을 위한 연구를 오래 전부터 해왔다. MIT와 구글의 취지, 그리고 소비자의 요구가 맞아 떨어져 가장 완성도 높은 결과물이 나온 것이 바로 앱 인벤터다. 앱 인벤터만큼 폭넓게 오픈된 라이브러리를 제공하는 툴도 없을 것이다. 오래 전부터 진정한 소프트웨어는 정작 소프트웨어 전공자가 아닌, 비전공자의 니즈를 통해 나올 것이란 개인적인 신념과도 부합하기 때문에, 나도 앱 인벤터를 무척 관심있게 주시하고 있다.

아마도 앱 인벤터를 처음 접한 사람이라도 이 책을 다 보고 나서 자기 것으로 만들기까지는 (사람마다 다르겠지만) 평균 일주일 정도밖에 걸리지 않을 것이다. 모든 자잘한 일들은 앱 인벤터가 다 해준다. 우리는 그저 퍼즐 조각을 끼워 맞추면 된다. 독자들 모두 자신만의 멋진 퍼즐을 완성해서 마켓에 자신의 앱을 파는 환상적인 기분을 만끽해보길 바란다.

이승현

목차

추천의 글 · 4 | 지은이 소개 · 7 | 감사의 글 · 8 | 지은이의 말 · 9
옮긴이 소개 · 13 | 옮긴이의 말 · 14 | 들어가며 · 27

1부 첫 번째 앱 개발 준비하기 · 41

1장_	준비 및 설치	43
2장_	개발 환경	71
3장_	앱 개발 시작하기	113

2부 준비 단계로 시작하는 간단한 프로젝트 · 165

4장_	기본 용어와 핵심 개념	167
5장_	AI 레퍼런스	175
6장_	그래픽 유저 인터페이스	183
7장_	멀티미디어	213
8장_	예제 프로젝트: 미디어 센터 생성하기	251

3부 앱 개발자가 되는 과정 · 261

9장_	프로그램 개발의 기본	263
10장_	저장 공간과 데이터베이스	355

4부 매력적인 앱 개발하기 · 379

11장_	그래픽과 애니메이션	381
12장_	센서	431
13장_	통신	495

5부 개발자가 알아두면 유용한 사항들 · 579

14장_	특수 기능들	581
15장_	도구와 팁	595
부록_	추가 리소스	611
	찾아보기	616

세부 목차

추천의 글 · 4 | 지은이 소개 · 7 | 감사의 글 · 8 | 지은이의 말 · 9
옮긴이 소개 · 13 | 옮긴이의 말 · 14 | 들어가며 · 27

1부 첫 번째 앱 개발 준비하기 · 41

1장_ 준비 및 설치　　　　　　　　　　　　　　　　　　43

- **시스템 요구사항**　　　　　　　　　　　　　　　　　45
  - 컴퓨터 플랫폼　　　　　　　　　　　　　　　　　46
  - 안드로이드 플랫폼　　　　　　　　　　　　　　　48
  - 자바 환경 구성　　　　　　　　　　　　　　　　　52
- **앱 인벤터의 로그인 정보**　　　　　　　　　　　　　57
- **앱 인벤터 설치**　　　　　　　　　　　　　　　　　　59
- **안드로이드 기기 설정**　　　　　　　　　　　　　　　64

2장_ 개발 환경　　　　　　　　　　　　　　　　　　　　71

- **앱 인벤터 시작하기**　　　　　　　　　　　　　　　　72
- **앱 인벤터 Designer**　　　　　　　　　　　　　　　　73
  - Designer 영역에서 프로젝트 생성하기　　　　　　74
  - 다섯 가지 패널　　　　　　　　　　　　　　　　　77
  - Palette 컴포넌트 인벤토리　　　　　　　　　　　78
  - Viewer 어에서 컴포넌트 오브젝트로 앱 디자인하기　80
  - 컴포넌트와 미디어 패널에서 오브젝트 구조 만들기　81
  - 컴포넌트 속성 설정하기　　　　　　　　　　　　　82
  - 앱 프로젝트 관리 및 저장하기　　　　　　　　　　83
- **앱 인벤터 Blocks Editor**　　　　　　　　　　　　　86
  - Blocks Editor로 앱 개발하기　　　　　　　　　　88
  - 내장된 탭에 포함된 일반적인 블록 그룹　　　　　89
  - My Blocks에 담긴 특정 컴포넌트 블록　　　　　　90
  - Blocks Editor에서 앱 구현 및 수정하기　　　　　91

- **안드로이드폰 통합 기능** — 96
  - Blocks Editor에 스마트폰 연결하기 — 96
  - 멈춰버린 경우 재시작하기 — 99
  - 세션 종료 — 100
- **에뮬레이터 사용하기** — 101
- **초기 실행 문제** — 103
  - Blocks Editor가 실행되지 않는 경우 — 104
  - 스마트폰 연결 상태가 멈춰버린 경우 — 106
  - 그밖의 문제 — 108
  - AI 포럼 — 109

3장_ 앱 개발 시작하기 — 113

- **'웃음 가방' 프로젝트 생성하기** — 114
- **UI 디자인** — 116
  - 'Label' 컴포넌트 삽입하기 — 117
  - 컴포넌트 이름 지정하기 — 120
  - 속성 설정 — 121
  - Button 컴포넌트 추가하기 — 122
  - 미디어 파일 업로드 및 통합하기 — 125
  - 앱 디자인 최적화 — 127
  - 비가시성 컴포넌트: 사운드 — 129
- **앱 기능 개발하기** — 131
  - 인터랙티브한 앱의 로직 만들기 — 133
  - 블록 집합체를 통한 기능 구현하기 — 135
  - 프로젝트 로컬 디스크에 저장하기 — 137
  - 웃음 소리가 나지 않는 경우 — 140
- **앱 생성과 설치** — 141
  - 스마트폰에 직접 설치하기 — 142
  - 앱과 어울리는 아이콘 — 144
  - 바코드를 통한 온라인 설치 — 151
  - 컴퓨터에 APK 파일 형태로 다운로드하기 — 155
  - 안드로이드 마켓과 그밖의 배포 방법들 — 160

2부 준비 단계로 시작하는 간단한 프로젝트 • 165

4장_ 기본 용어와 핵심 개념 167
- 속성과 속성 블록 167
- 이벤트와 이벤트 핸들러 169
- 메소드와 메소드 블록 171

5장_ AI 레퍼런스 175
- 컴포넌트 레퍼런스 175
- 블록 레퍼런스 178
- 콘셉트 레퍼런스 180

6장_ 그래픽 유저 인터페이스 183
- 라벨 컴포넌트에 텍스트 출력하기 184
- 특정 동작을 발생시키는 버튼 컴포넌트 186
- CheckBox 컴포넌트로 선택 옵션 만들기 190
- TextBox 컴포넌트로 텍스트 입력하기 196
- PasswordTextBox 컴포넌트로 비밀 내용 입력하기 199
- 알림 컴포넌트로 경고 메시지 출력하기 201
- Screen Arrangement 컴포넌트로 스크린 정렬하기 205
- 앱이 실행될 때 스크린 컴포넌트 동작 209

7장_ 멀티미디어 213
- 미디어 액세스 옵션 213
- 기본 원리: 시너지 216
- Image 컴포넌트로 로컬 디스크와 온라인 이미지 출력하기 218
- Camera 컴포넌트를 통해 카메라로 찍은 사진 화면에 출력하기 222
- ImagePicker 컴포넌트로 이미지 처리하기 227

	●● 사운드 컴포넌트를 이용한 음향 효과와 진동 기능	231
	●● Player 컴포넌트로 오디오 파일 재생하기	234
	●● VideoPlayer 컴포넌트로 영화 재생하기	239
	●● SoundRecorder 컴포넌트로 오디오 녹음하기	243
8장_	예제 프로젝트: 미디어 센터 생성하기	251
	●● 사용성을 고려한 미디어 센터의 재디자인	251
	●● 미디어 센터의 멀티스크린	255

3부 앱 개발자가 되는 과정 · 261

9장_ 프로그램 개발의 기본   263

- ●● 데이터 처리 요소   264
  - 데이터 타입   265
  - 데이터 구조   266
  - 컨트롤 구조   268
- ●● Color 블록 그룹으로 색상 지정하기   268
  - 기존에 정의된 색상   268
  - 사용자 정의 색상   269
- ●● Math 블록 그룹으로 숫자 처리하기   270
  - 기본 산술 계산   271
  - 과학과 관련된 산술 계산   271
  - 난수 생성   272
  - 정렬과 변환   272
  - 관계 연산자   273
- ●● Logic 블록 그룹으로 프로그램 상태 확인하기   274
  - 불린 변수   274
  - 불린 연산자   275
- ●● Text 블록 그룹으로 구성된 문자열과 텍스트 수정하기   276
  - 문자열 비교 및 정렬   277
  - 문자열 합치기 및 뒤바꾸기   279

문자열 검색과 검사	280
리스트 생성과 문자열 분할하기	281

●● Definition 블록 그룹으로 컨테이너 구조 정의 283
- 변수 284
- 프로시저와 인자 286
- 결과 값을 반환하는 프로시저 289

●● 리스트 블록 그룹으로 리스트 관리하기 291
- 리스트 변환과 내용 확인 292
- 리스트 아이템 읽기와 검색 294
- 리스트 아이템 추가, 교체, 삭제 295

●● Control 블록 그룹으로 프로그램 흐름 제어하기 297
- 조건문과 분기문(if-then-else) 298
- 리스트나 수치를 이용한 순환문(for) 301
- 일반적인 순환문(while) 306
- 안전하게 앱 종료하기 313

●● 프로그램 개발 팁 314
- 컴포넌트를 사용한 고급 검사 방법 317
- 개발 중간에 실시간으로 오류 메시지 확인하기 318
- 테스트와 디버깅 321
- 더 빠르고 편안하게 개발하기 325

●● 예제 프로젝트 326
- 보편적인 계산기 327
- 숫자 맞추기 게임 335
- 어휘 학습 훈련기: English-German 341

10장_ 저장 공간과 데이터베이스 355

●● TinyDB 컴포넌트로 로컬 공간에 데이터 저장하기 356
- 영구 데이터 타입으로 변수 값 저장하기 358
- 사전 앱에 로컬 데이터 불러오기 361
- 안드로이드 시스템에서 앱 지우기 363

●● TinyWebDB 컴포넌트로 웹상에서 데이터 저장하기 364
- 클라우드를 통한 사전 데이터 저장 367
- 마스터와 클라이언트 앱을 위한 공유 데이터베이스 375

4부 매력적인 앱 개발하기 · 379

11장_ 그래픽과 애니메이션   381

- **캔버스 컴포넌트로 도화지가 있는 것처럼 그림 그리기**   382
  - 여러 가지 크기의 브러시로 다양한 색상의 점 찍기   385
  - 스크린에 라인 그리기   390
  - 되돌리기 기능을 갖춘 그림 그리기 프로그램   395
- **Ball과 ImageSprite 컴포넌트로 애니메이션 구현하기**   398
  - 그래픽 오브젝트 이동   402
  - 충돌 검사   404
  - 역동적인 애니메이션이 가미된 2D 스쿼시 게임   408
- **Clock 컴포넌트로 자동화 프로세스 제어하기**   412
  - 외부 프로그램 로직으로 애니메이션 제어하기   416
  - 손가락으로 애니메이션 키 프레임 지정하기   421
  - 타이머 이벤트를 통한 알람시계   425

12장_ 센서   431

- **OrientationSensor 컴포넌트로 자세 측정하기**   433
  - 센서를 이용한 방향 측정의 기본 개념   433
  - 그래픽으로 방향을 표시하는 나침반   436
  - 그래픽으로 균형을 표시하는 균형계   440
- **AccelerometerSensor 컴포넌트로 중력 측정하기**   445
  - 센서를 이용한 가속도 측정의 기본 개념   445
  - 스마트폰을 흔들어 소리 내는 악기처럼 사용하기   447
  - Slider Control로 측정 민감도 설정하기   451
  - 몸 전체를 이용한 균형 게임   455
- **LocationSensor 컴포넌트로 지리적 위치 구하기**   462
  - GPS와 위치 기반 서비스의 기본 개념   463
  - 지리 좌표와 소수점   465
  - 지나온 길을 기록하는 지리 추적 컴포넌트   469
  - 스마트폰으로 하는 보물찾기 놀이   481

13장_ 통신   495

●● 작업 : 운전자 보조 시스템 개발   497
요구 조건, 기능, 명세사항   498
앱 구조의 모듈화된 디자인   499
다중 화면으로 만든 Switch 보드   501
Speed Diar 리스트로 전화 걸기   504
PhoneNumberPicker 컴포넌트로 전화번호 저장하기   506
ListPicker 컴포넌트로 바로 가기 연락처를 선택하기   509
PhoneCall 컴포넌트를 이용한 전화 걸기 기능 구현   512

●● 완전히 자동으로 SMS 메시지를 전송하기   514
지리 위치를 통해 응답 메시지 생성하기   517
TextToSpeech 컴포넌트로 안드로이드폰이
     SMS 메시지를 소리 내어 읽도록 하기   518
SpeechRecognizer 컴포넌트를 통한 음성 인식 및 받아 적기   520
Texting 컴포넌트로 SMS 메시지 송/수신 및 검사하기   523

●● Interface 컴포넌트로 데이터 교환하기   527
ActivityStarter 컴포넌트로 웹 서비스와 앱 제어 권한 공유하기   527
내장된 구글 맵으로 구현한 보행자용 내비게이션   533
통합 구글 내비게이션으로 구현한 자동차 내비게이션   540
ADB로 액티비티 확인 및 사용   543
EmailPicker 컴포넌트와
     ContactPicker 컴포넌트로 연락처 고르기   545
안드로이드에 내장된 전송 기능을 통해 이메일 보내기   549

●● 웹 서비스를 통한 모바일 매시업   555
Web 컴포넌트로 Web API 사용하기   557
데이터를 기반으로 하여 주식 정보를 제공하는 Ticker 모듈   560
피드질라의 데이터를 이용한 뉴스 Ticker   565
앱에서 사용되는 웹사이트와 WebViewer 컴포넌트   571

5부 개발자가 알아두면 유용한 사항들 · 579

14장_ 특수 기능들   581

- **특정 애플리케이션을 위한 컴포넌트**   581
  - Twitter 컴포넌트로 트위터 즐기기   582
  - BarcodeScanner 컴포넌트로 바코드 데이터 읽어오기   583
  - Voting 컴포넌트로 온라인 투표 구현하기   584
  - FusiontableControl 컴포넌트로 데이터 테이블 구현하기   585

- **특수한 용도에 최적화된 컴포넌트 그룹**   587
  - GameClient 컴포넌트를 통해
    구현하는 온라인 멀티플레이어 게임   587
  - BluetoothClient와 BluetoothServer
    컴포넌트를 통한 데이터 교환   588
  - 레고 마인드 스톰 그룹을 통한 로봇 제어   590
  - AI 자바 브릿지를 통한 자바 인터페이스 구현   592

15장_ 도구와 팁   595

- **미디어 지원 포맷**   595
  - 오디오 포맷   596
  - 이미지 포맷   596
  - 비디오 포맷   597
  - 개발자 포럼에 올라오는 소식   597

- **자바 콘솔 제어**   598
  - 콘솔 활성화   598
  - AI에서 자바 로딩 절차를 확인하는 방법   600
  - 상태 정보 사용하기   601

- **스피치 모듈 설정**   603
  - Text-to-Speech 모듈 설치   604
  - 스피치 분석기 설정   605
  - 스피치 출력 문제 해결   607

부록_ 추가 리소스   611

- **지원 사이트에서 제공하는 리소스**   611
- **온라인 소스 및 유익한 사이트**   612
  - 공식 리소스 사이트   612
  - 독창적인 튜토리얼과 예제 모음   613
  - 배경, 역사, 그리고 외관   614
  - AI 오픈소스를 통해 자신만의 서비스 운영하기   615

찾아보기   616

들어가며

이 책은 안드로이드 기기에서 크고 작은 애플리케이션을 개발하기 위한 예제 프로젝트를 다수 제공하면서 한마디로 종합 튜토리얼이자 실용적인 내용을 다룬 개요서다. 개요서 관점에서, 이 책은 (이 책이 쓰여지는 시점에서) 사용 가능한 앱 인벤터의 컴포넌트를 하나씩 종합적으로 소개하면서 원리를 알려주고 설명한다. 따라서, 이 책은 특정 기술 영역에 대한 정보와 특별 주제에 대한 설명을 알고 싶어하는 숙련된 개발자들도 참고서로 활용할 수 있다. 광범위한 주제에 걸쳐 예제를 제시하면서, 특정 멀티미디어 기능과 커뮤니케이션, 그리고 센서와, 가끔 경력이 있는 프로그래머조차도 모를 법한 시스템 요소까지 보편적인 모바일 기기를 위한 앱 개발의 일반사항들을 언급한다. 애플리케이션 개발, 프로그램 구조, 기능 사항 등 기본적인 측면과 더불어 이 책에 수록된 예제 프로젝트들은 모바일 애플리케이션 개발 과정에서 발생할 수 있는 전형적인 문제들을 해결하는 접근 방법과 전략을 설명한다.

종합 튜토리얼 측면에서, 이 책은 주로 입문자의 요구에 눈높이를 맞췄다. 이 책의 구조와 앱 인벤터 모두 입문자를 고려해 작성됐으므로, 실용 애플리케이션에 명확한 초점을 두었다. 독자가 프로그래밍 입문자이거나 실질적으로 모바일 기기용 앱 개발을 해본 적이 없다면(특히 안드로이드 기기에서), 혹은 단순히 앱 인벤터가 어떤 것인지 알려는 목적이라면, 1부와 2부에서 다루는 각 장들을 통해 앱 인벤터로 안드로이드 앱을 개발하면서 단계적으로 원하는 지식을 얻을 수 있다. 여러 예제 프로젝트들과 애플리케이션을 통해 독자가 배운 지식을 더 넓힐 수 있고 직접 원하는 작업을 실험해 볼 수 있다. 이 책의 각 장들을 공부하며 이 책에서 다루는 주제와 앱 인벤터 관련 기능들, 그리고 예제 프로젝트와 순차적으로 따라가면서 적극적으로 살펴볼 것이다. 여러 기능 측면과 더불어, 이 책에서는 프로그램 개발의 기본 이론을 설명하고 앱 인벤터의 온라인 리소스를 어떻게 사용하는지 소개하므로 나중에 독자가 직접 개발 작업에 착수하도록 준비할 수 있다. 앞부분은 개개의 컴 포넌트와 그 기능을 초보자의 관점에서 다루다가 점차 실제 앱이 수행하는 작업과 앱 인벤터로 앱을 구현하는 전략을 중심으로 다룬다.

이 책의 구성

재빨리 목차를 훑어보면, 이 책의 내용이 크게 다섯 개 부로 나뉜다는 사실을 알 수 있다. 각 부가 서로 완전히 독립적인 주제를 다룬다기보다는, 처음 앱 인벤터를 접하는 입문자에서 숙련된 개발자가 될 수 있도록 점차 주제를 심화시켜 나갔다. 책을 읽으면서 독자가 고난도 기술을 요하는 앱을 개발할 능력을 갖추도록 이끄는 것이 목표이므로, 튜토리얼처럼 구성했다. 그러므로 이 책을 순서대로 진행해 나가길 권장한다. 독자가 이전에 앱 인벤터를 다뤄본 경험이 있어서 어느 정도 알고 있다 해도, 최대한 앞부분의 몇 장을 대강이라도 훑어봐야 이후 장에 나오는 주제를 이해하는 데 필수적인 기본 지식을 갖출 수 있을 것이다.

1부: 첫 번째 앱 준비하기

개발에 필요한 소프트웨어를 설치하는 방법은 없다. 1장 '설치 및 준비 과정'에서 몇 번에 걸쳐 따분한 작업을 수행할 수 있게 안내해줄 것이고, 컴퓨터의 시스템 환경 변수를 설정하거나 앱 인벤터 설치 프로그램을 다운로드하고 설치하고 온라인 개발 플랫폼을 사용하기 위한 의무 등록 과정을 따라 가거나 독자의 스마트폰에 개발 관련 인자들을 설정하는 등 복잡한 작업도 해야 한다. 설치가 성공적으로 끝난 다음, 2장에서는 앱 인벤터 사용법과 응용 범위를 배우고 앱 인벤터의 두 가지 개발 도구인 Designer와 Editor에 대해 알아볼 것이다. 또한 어떻게 스마트폰을 개발 환경에 적용할지 소개하고 초기 앱을 개발할 때 문제가 발생하면 어떻게 해결해야 하는지 알아보겠다. 3장에 들어가면 앱 개발을 본격적으로 시작한다. 즉 독자가 직접 UI를 개발하고 래프백^{LaughBag}이라는 첫 번째 앱을 만들어 본다. 앱에 기본으로 제공되는 커스텀 아이콘을 추가한 다음에는, 스마트폰에 앱을 설치할 때 APK 파일 형태로 내보내거나 스마트폰에 직접 설치할 수 있음을 배우게 된다. 이러한 정보는 이후에 나올 모든 프로젝트에 기본으로 적용된다.

2부: 몸풀기 단계로 시작하는 간단한 프로젝트

두 번째 앱을 개발하기 전에 4장에서 이벤트와 메소드, 속성 등 주요 개념을 소개한다. 5장에서는 현재 존재하는 컴포넌트와 블록, 앱 인벤터의 개념과 이후에 포함될 예정인 항목들에 대해 다룬다. 이러한 기본 사항들을 다룬 후에 6장에서 Designer를 통해 데모용 앱의 UI를 생성하여 버튼, 텍스트 박스, 체크박스 등 능동적으로 컴포넌트를 사용하는 방법에 익숙해지게 할 것이다. 7장에서는 멀티미디어와 관련된 주제로 그와 관련된 컴포넌트를 다루면서 사진 찍기 기능을 살펴보고, 음성 녹음 기능과 오디오와 비디오 파일을 재생하며, 진동 기능까지 다룬다. 8장에서는 미디어 센터의 형태, 즉 시각적으로 정교하고, 인체공학적으로 설계된 멀티스크린 미디어 앱이 되도록 앞서 만든 데모 프로젝트의 기능을 확장한다.

3부: 앱 개발자가 되기 위한 과정

그래픽적으로 다채로운 화면을 갖도록 UI와 멀티미디어 기능을 다뤄보고 앱 인벤터의 컴포넌트를 사용해서 얼마나 쉽게 앱을 개발할 수 있는지 어느 정도 감을 잡았으니 9장부터는 좀 더 심화단계로 블록과 블록 구조를 살펴보면서 앱 개발 방법을 공부한다. 총체적으로 전 과정을 훑어보면서 데이터 타입, 데이터 구조, 컨트롤 구조에 대한 핵심 세부 사항들을 알아 봄으로써 독자는 앱 인벤터의 모든 기능을 구현할 수 있을 것이다. 빠르게 구현해보는 앱을 통해 어떻게 색상을 만들고 숫자를 처리하며 각 로직의 진행 단계별 상태를 검사하는지, 그리고 텍스트와 문자열 수정, 변수와 프로시저, 리스트의 사용법, 분기문과 순환문을 통해 프로그램 진행 흐름을 제어하는 방법을 공부한다. 그다음은 앱 인벤터의 Editor 컴포넌트와 관련된 토론을 하면서 프로그램 개발과 관련된 팁을 알아보고 기본적인 계산기나 숫자 추측 게임, 어휘 훈련 앱 등을 구현할 것이다. 10장에서는 데이터를 로컬 저장소나 온라인상의 웹 서버에 저장하고, 저장된 데이터를 불러오는 방법을 알아볼 것이다.

4부: 매력적인 앱 개발

앞에서 새롭게 공부한 개발자 비법을 토대로, 이번에는 정말 재미있고 도전해볼 만한 개발 영역에 대해 다룬다. 11장 '그래픽과 애니메이션'에서는 다소 고급 주제에 속하지만 앱 인벤터로 쉽게 처리할 수 있는 그래픽과 애니메이션을 다룬다. 이 주제를 간단히 소개한 후, 독자는 손가락을 사용해 스마트폰에서 오브젝트를 그릴 수 있는 (취소 기능이 포함된) 드로잉 앱을 개발한다. 다음은 현실적인 움직임을 시뮬레이션하기 위해 오브젝트에 애니메이션 효과를 주고 충돌을 인식하는 방법을 배운다. 새롭게 배운 이론을 토대로 실전 예제들을 훈련하도록, 점수 기록 기능이 있고, 난이도가 변하는 2D 스쿼시 게임을 만들어 본다. 또한 손가락으로 키 프레임 애니메이션 경로를 그리는 앱을 개발하기 위해 모든 종류의 타이머 이벤트를 사용하는 방법을 배우고 스마트폰이 대기 모드여도 알람 시계 앱이 동작하게 만든다.

12장 '센서'에서는 숙련된 개발자들조차 낯설게 느낄 수도 있는 주제를 다룬다. 여러 가지 센서의 기능에 대해 자세히 알아보고, 무엇보다도 독자의 앱과 스마트폰 센서를 통합하는 방법을 공부한다. 위치 센서와 방향 센서로 측정을 해보고 이를 토대로 그래픽 나침반 바늘 또는 그래픽 수평계 기능을 갖춘 완전한 형태의 나침반 앱을 구현한다. 가속도 센서를 통해 악기의 민감도를 슬라이더 막대를 통해 조절하는 악기인 셰이커를 개발하고, 게다가 고전적인 밸런스 게임인 라비린스^{Labyrinth}와 비슷한 맥락의 게임을 개발해본다.

위치 기반 서비스가 인기를 얻는 추세를 따라, 실시간으로 온라인 서버에 경로 프로파일을 기록할 수 있는 지오트래커^{Geotracker}를 개발해보고, 앱과 GPS 센서를 연동하는 방법뿐만 아니라 보물이 놓인 방향과 거리를 표시하는 나침반을 갖춘 보물찾기 앱을 개발하는 방법도 공부한다.

물론, '고전'인 통신 영역도 빼먹지 않고 다룬다. 13장에서는 통신 관련 기능 영역을 통해 작동하는 규모가 크면서도 실무에 도움이 되는 마지막 프로젝트 '운전자 보조 시스템'을 다룬다. 동시에 전문적인 개발자들이 걸어온 길을 따라 이 프로젝트를 개발하는 데 필요한 요구사항 및 작업 단계를 모듈화하여 분석하고 구현한다.

먼저, 다중화면을 갖는 친숙한 인터페이스와 함께 바로 가기 연락처를 통해 전화를 거는 모듈을 통합한다. 그 다음은 SMS 응답 메시지와 완전 자동 수신 모듈을 개발한다. 이 모듈은 음성 인식 기능을 통해 텍스트 음성 변환 옵션으로 수신한 SMS 메시지를 큰 소리로 읽고 SMS 메시지를 전송하도록 지시한다. 13장에서는 모든 개발 언어의 기능 범위를 확장하고 앱에 외부 서비스를 통합할 수 있도록 액티비티 스타터라는 컴포넌트의 핵심 인터페이스의 개념을 소개한다. 이 인터페이스를 써서 다른 앱과 웹 서비스를 호출하고 통합한다. 다양한 모듈을 다뤄보면서, 각 모듈을 담당하는 여러 가지 버튼 중 하나를 눌러 구글 내비게이션$^{Google\ Navigation}$을 호출해 자동차로 운전하여 집이나 사무실로 가는 길을 탐색하거나 자동차를 주차한 위치로 돌아가는 일을 도와주도록 앱과 구글 지도$^{Google\ Maps}$를 통합하는 방법을 배운다. 이메일을 보내는 모듈을 사용하여, 지인을 데리러 가는 동안 운전자의 현재 위치와 도착 시간을 알려줄 수 있다.

마지막으로 앱 인벤터의 웹 컴포넌트를 기반으로 하는 다른 주요 인터페이스를 소개하여 웹 서비스에서 제공하는 API를 통해 데이터를 교환하는 방법을 공부한다. 앱 인벤터 WebViewer 구성 요소를 사용하여 야후와 피드질라^{Feedzilla}에서 제공하는 웹 API에 실시간으로 데이터에 접근해 원래의 전체 뉴스 기사$^{Full\text{-}Text}$를 담고 있는 사이트 화면을 직접 표시하고 최신 뉴스 및 주식 데이터와 주식 상장 가격을 보여주는 모듈을 구현함으로써, 정보 매시업^{mashup}을 개발하는 방법에 대해 자세하게 살펴본다. 이러한 기능은 보조 시스템에 필요한 완전한 모듈들을 모두 탑재한 '운전자 보조 시스템' 앱을 매일 사용할 수 있게 해준다.

5부: 개발자가 알아두면 유용한 사항들

숙련된 개발자(1장부터 13장까지 공부하고 나면 스스로 이렇게 생각하게 될 것이다)라도 기술 트렌드를 따라잡기 위해 항상 새로운 분야를 공부한다.

14장 '특수 기능'에서는 온라인 투표, 바코드 스캔, 트위터와 통신하기 위한 트위터 컴포넌트 또는 구글의 온라인 데이터베이스인 퓨전 테이블$^{Fusion\ Table}$

을 사용하기 위한 앱을 대상으로 한 앱 인벤터의 특수 컴포넌트를 다룬다. 이 장에서는 또한 온라인 멀티플레이어 게임을 개발하고, 레고 마인드스톰 세트에서 로봇을 제어하며 블루투스를 통해 데이터 교환 방식, 그리고 자바 브릿지를 통해 자바로 개발된 앱과 앱 인벤터를 통합하는 특수 컴포넌트 그룹의 개요를 다룬다.

15장 '도구와 팁'에서는 앱 인벤터와 안드로이드에서 지원하는 미디어 포맷에 대해 공부하며 자바 콘솔을 이용한 디버깅 작업, 음성 모듈을 설정하는 데 필요한 정보 등 유용한 내용을 제공한다.

부록에서는 수많은 프로젝트와 미디어 및 지원 사이트에서 다운로드 가능한 APK 파일에 대해 설명하고, 이 책에서 소개하지 못한 흥미로운 추가 정보를 얻을 수 있는 링크를 수록했다.

요구사항

앱 인벤터의 주요 특징 중 하나가 바로 특별한 시스템 요구 환경이 없어도 앱 인벤터로 앱을 개발할 수 있다는 점이다. 이 책과 마찬가지로 앱 인벤터는 주로 앱 개발을 해본 적 없는 입문자를 대상으로 개발되었다. 안드로이드 스마트폰에 대한 사전 지식이 없어도 되고, 보편적인 프로그래밍 지식이나, 안드로이드에 특화된 지식도 필요 없다. 독자가 스마트폰, 앱, 모바일 데이터 서비스 등에 관심이 있고 이런 기능을 정기적으로 사용해서 이메일을 확인하거나 독자의 소셜 네트워크에 올라온 글을 확인한다면 충분히 자격 요건을 갖춘 셈이다. 앞에서 언급한 기능은 다음 단계로 나아가기 위한 동기부여가 된다. 앱의 다채로운 화면 뒤에 숨겨진 부분을 살펴보고 직접 개발을 시작하라. 간단하면서 유익한 애플리케이션이든 아니든 독자가 가진 SMS 매니저, 위치 기반 게임, 업무용 앱, 일상생활이나 여가 시간, 클럽 모임에서 사용할 앱 등 앱 인벤터는 독자의 아이디어를 자바 코드 한 줄 없이 구현해 줄 것이다. 이 책은 그런 일을 어떻게 이뤄내는지 보여준다.

물론, 개인용 안드로이드폰을 갖고 있으면 유용하다. 안드로이드 1.6 버전부터는 이 책에서 설명한 모든 기능과 예제를 직접 스마트폰에서 실행시킬 수 있다. 그러나 스마트폰이 없거나 1.6 이하 버전이어도 상관없다. 앱 인벤터와 안드로이드 에뮬레이터를 통해 이 책에서 설명하는 모든 예제를 개발할 수 있고, 그 기능을 테스트한 다음 다른 사람의 스마트폰에 설치할 수도 있다. 앱 인벤터 개발 환경의 일부는 컴퓨터에서 실행되고 다른 일부는 웹에서 실행되므로, 컴퓨터나 노트북, 그리고 인터넷이 가능하도록 고속 통신망 등의 통신 환경이 갖춰져야 한다.

앱 인벤터에 필요한 소프트웨어는 무료로 사용 가능하다. 해당 서비스에 등록하면 다운로드해 사용할 수 있다. 이 책은 독자가 쉽고 빠르게 등록을 마칠 수 있는 방법을 보여 주며, 설치와 개발 환경 설정 과정을 안내할 것이다.

대부분 앱(일반적인 앱과 이 책에 담긴 앱 포함)은 인터넷과 온라인 웹 서비스를 중점적으로 사용하며, 모바일 데이터 연결 방식을 사용할 것이다. 이때 앱을 테스트하고 사용하는 동안 모바일 데이터 사용료를 지불해야 함을 잊지 말자. 데이터 정액제에 가입해 두는 게 경제적으로 도움이 될 것이고, 나중에 사용료 때문에 깜짝 놀랄 일이 일어나지 않을 수 있다.

역사

앱 인벤터와 안드로이드 운영체제에 관해서 말하자면, 이들 서비스와 시스템이 개발돼 온 역사가 워낙 짧기 때문에 크게 다룰 것도 없다. 사실, 지금 앱 인벤터를 시작하려는 독자도 선도그룹에 속할 수 있으며, 앱 인벤터로 안드로이드 앱을 개발하는 혁명의 물결을 타고 있는 것이다! 처음 안드로이드가 2008년에 배포되었을 땐 리눅스라는 개방형 운영체제를 기반으로 다양한 모바일 기기에 탑재되었다. 이때 오픈 핸드셋 연합 Open Handset Alliance 단체(제조사와 네트워크 회사, 통신 서비스 회사 등이 모여있는 협회)에서 안드로이드 배포를 시작했으며, 구글에 의해 시장이 형성되었다. 이러한 안드로이드는 틈새 시장을 노리는 제품으로 출발해 지금은 시장을 선도하고 있다. 믿기 힘들 정도의 판매 실적을 내면서, 빠르게 시장 점유율을 선점하고 있어 기존의 시장에서 이미 자리 잡고 있던 회사들을 몰아냈다. 지금은 거의 폭발적인 수준으로 안드로이드가 확산되고 있으며, 제조사나 서비스 제공사에서 안드로이드를 기반으로 한 제품들을 속속 선보이고 있다. 안드로이드라는 특급 열차를 놓치지 않기 위해서다.

구글이 개발한 앱 인벤터

구글의 업적으로 우리는 이제 앱 인벤터를 사용할 수 있다! 앱 인벤터를 통해 독자가 아이디어만 있다면 직접 진행 중인 앱 인벤터 개발 과정에 능동적으로 참여할 수도 있다. 어떤 선택을 하든, 앱 인벤터가 무료로 제공되던 시기와 안드로이드 플랫폼과 모바일 데이터 서비스가 강세를 보이던 시점이 기막히게 일치한다. 2009년도 앱 인벤터가 미국의 고등 교육기관(MIT, 하버드 등)이 선택한 실험 교습 및 학습 도구로 발표됐을 때 안드로이드 개발 도구는 주로 학생들이 쉽게 프로그래밍할 수 있고, 특별한 경우 모바일 프로그래밍도 편리하게 할 수 있게 고안됐다. 당시 소셜 네트워킹, 위치 기반 서비스, 클라우드 기반 웹 서비스 등 최신 정보 기술과 통신 기술 형태까지 포괄했다. 거의 1년이 흐른 뒤인 2010년 6월, 구글의 앱 인벤터가 대중에 공개되었고, 지원서를 제출하면 구글 앱 인벤터 개발 팀이 권한을 승인해주는 폐쇄적인 형태로 앱 인벤터 베타 버전이 배포되었다. 승인이 날 때까지 기다려야 하는 기간이 몹시 불편했던 개발자들은 온라인상에서 격론을 벌였다. 그들은 이러한 기다림을 마치 크리스마스날 산타클로스를 기다려야 선물을 받을 수 있는 것에 비유했다(그림 I.1 참조). 이러한 글들은 앱 인벤터에 대한 개발자의 뜨거운 관심을 반증했다.

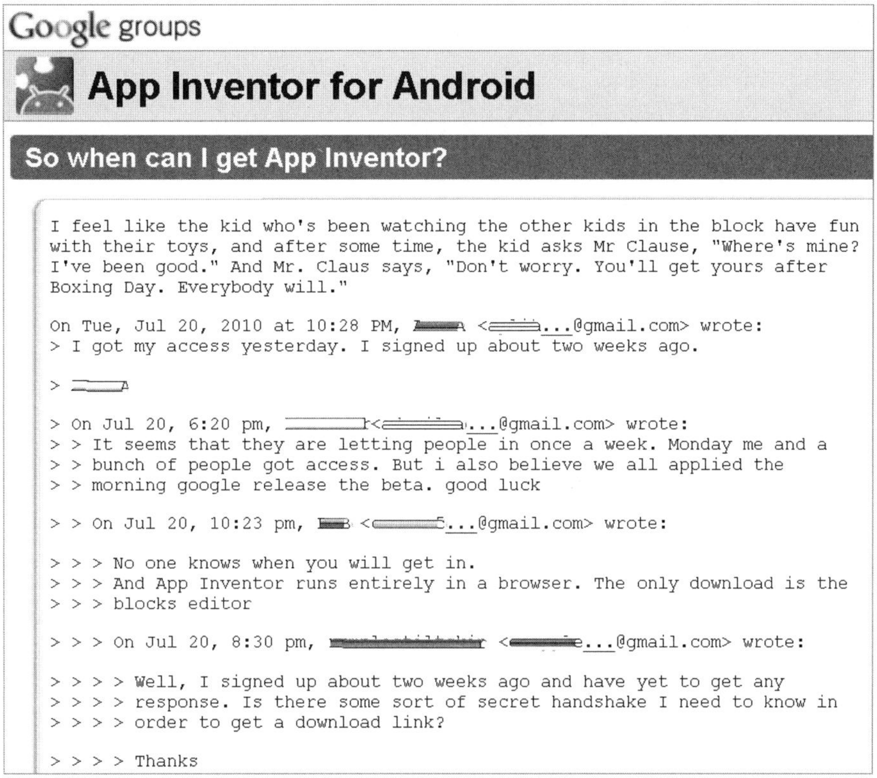

그림 I.1 과거 베타 버전이 출시됐을 때 승인을 기다려야 하는 데 불만을 느꼈음을 알 수 있는 게시글

최종 승인을 받으면(그림 I.2 참조), 새로운 개발 환경, 기능, 앱 인벤터를 실행할 용량 등을 확인하는 검증 단계를 거친다. 이 단계는 실제 사용자들의 프로그램 사용과 메모리 사용 조건하에 최적화, 수용, 그리고 구글 앱 인벤터 개발 팀과 앱 인벤터 베타 유저 간의 활발한 정보 교환으로 이뤄졌다.

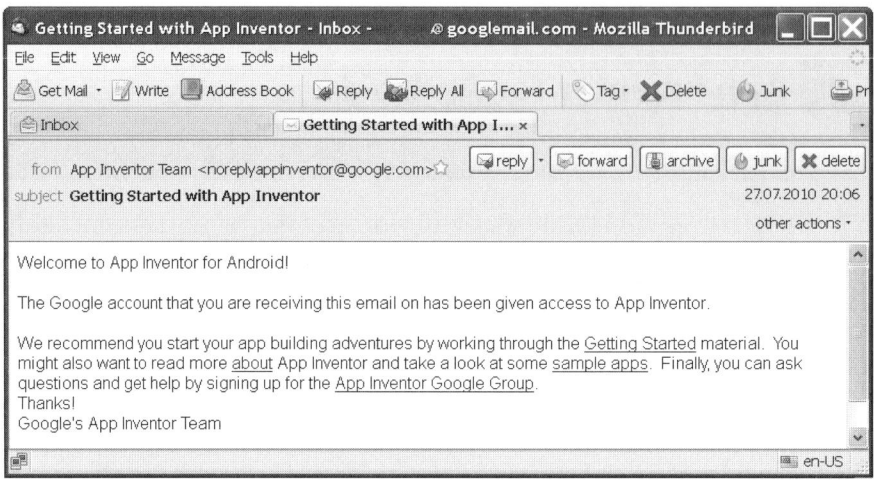

그림 I.2 과거 앱 인벤터 베타 버전 사용 승인 화면

시간이 흘러, 실질적 사용 조건하에 앱 인벤터 개발 플랫폼이 광범위하게 검증되고 특별한 최적화 과정을 거쳐 최종적으로 안전한 앱 인벤터 버전이 탄생했다. 2010년 12월 15일 구글 앱 인벤터 개발 팀은 오픈 베타 단계를 발표했고, 아무런 제약 없이 관심 있는 사용자들에게 개발 플랫폼을 공개하기로 결정했다(그림 I.3 참조).

그림 I.3 완전히 공개된 베타 버전 초기 단계

이날 이후로, 안드로이드 마켓은 이전의 활기를 띤 시장보다 더욱 소란스러워졌고, 전 세계의 개발자와 사용자 모두 열정적으로 앱 인벤터로 새로이 개발된 앱에 관해 연구했다. 구글 앱 인벤터 개발 팀은 지속적으로 개발 플랫폼을 확장하고 더 많은 기능을 앱 인벤터에 추가하고 있다. 2011년도에 앱 인벤터는 실제 자바 기반의 안드로이드 SDK를 대체할 수 있는 도구로 인정받았고, 다양한 안드로이드 마켓에서 앱 인벤터로 개발된 앱을 더욱 많이 찾아볼 수 있다.

MIT가 개발한 오픈소스 형태의 앱 인벤터

2012년이 된 지금, 구글은 앱 인벤터에 있어 새로운 시대가 왔음을 언급했다. 오픈 안드로이드 OS의 개발과 더불어, 구글은 지금 새로운 시각적 앱 개발 도구를 무료로 사용할 수 있는 오픈소스 버전을 공개할 예정이다(그림 I.4의 첫 번째 문구를 보자). 제조사들이 자사의 안드로이드 기반 하드웨어에 모바일 운영체제를 적용할 수 있는 개념과 흡사하게, 앱 인벤터 개발 환경은 플랫폼과 무관하게 실행될 수 있고, 심지어 원하는 초점에 따라 내부 기능을 변경할 수 있다. 앱 인벤터 개발자들에게 앱은 자신이 선호하는 플랫폼에 의존해 개발할 수 있는 대체 플랫폼이 되었다. 이러한 움직임은 더욱 다양한 선택안으로 발전할 것이며, 미래에는 앱 인벤터의 새로운 기능을 더욱 다양하게 개발할 수 있게 해줄 것이다.

Google Research Blog
The latest news on Google Research

A new MIT center for mobile learning, with support from Google
Tuesday, August 16, 2011 | 8/16/2011 09:00:00 AM

Posted by Hal Abelson, Professor of Computer Science and Engineering, MIT

MIT and Google have a long-standing relationship based on mutual interests in education and technology. Today, we took another step forward in our shared goals with the establishment of the MIT Center for Mobile Learning, which will strive to transform learning and education through innovation in mobile computing. The new center will be actively engaged in studying and extending App Inventor for Android, which Google recently announced it will be open sourcing.

The new center, housed at MIT's Media Lab, will focus on designing and studying new mobile technologies that enable people to learn anywhere, anytime, with anyone. The center was made possible in part by support from Google University Relations and will be run by myself and two distinguished MIT colleagues: Professors Eric Klopfer (science education) and Mitchel Resnick (media arts and sciences).

App Inventor for Android—a programming system that makes it easy for learners to create mobile apps for Android smartphones—currently supports a community of about 100,000 educators, students and hobbyists. Through the new initiatives at the MIT Center for Mobile Learning, App Inventor will be connected to MIT's premier research in educational technology and MIT's long track record of creating and supporting open software.

Google first launched App Inventor internally in order to move it forward with speed and focus, and then developed it to a point where it started to gain critical mass. Now, its impact can be amplified by collaboration with a top academic institution. At MIT, App Inventor will adopt an enriched research agenda with increased opportunities to influence the educational community. In a way, App Inventor has now come full circle, as I actually initiated App Inventor at Google by proposing it as a project during my sabbatical with the company in 2008. The core code for App Inventor came from Eric Klopfer's lab, and the inspiration came from Mitch Resnick's Scratch project. The new center is a perfect example of how industry and academia can collaborate effectively to create change enabled by technology, and we look forward to seeing what we can do next, together.

그림 I.4 구글과 MIT의 지원을 받는 앱 인벤터(2011년 8월 17일, http://googleresearch.blogspot.com/2011/08/new-mit-center-for-mobile-learning-with.html)

MIT와 구글은 오랫동안 깊은 관계를 유지해오며, 교육 기술 분야에 서로 정보를 공유해 왔다. 오늘날 우리는 MIT의 모바일 러닝 센터 설립을 공동 목표로 한걸음씩 나아갔으며 모바일 컴퓨팅 분야의 혁신을 통해 교육 환경을 뒤바꿀 수 있도록 노력할 것이다. 새로운 미디어 센터는 활발하게 안드로이드 앱 인벤터 연구 및 기능 확장에 참여할 것이며, 구글은 최근에 앱 인벤터를 오픈소스화 하기로 결정했다고 밝혔다.

새로운 센터는 MIT의 미디어 랩 연구실에 기반하고 있으며, 언제 어디서, 누구든지 공부할 수 있도록 새로운 모바일 기술을 설계하고 연구하는 데 몰두할 것이다. 이 미디어 센터는 구글 산학연 시스템으로부터 부분적으로 지원을 받아왔기에 설립이 가능했으며, 나와 MIT의 에릭 클로퍼 교수(과학 교육 분야)와 미첼 레스닉(미디어 예술 과학 분야) 교수가 관리할 것이다.

안드로이드 앱 인벤터(입문자들이 쉽게 안드로이드 스마트폰 앱을 개발할 수 있도록 도와주는 도구)는 현재 약 10만 명이 넘는 교육자, 학생, 그리고 앱 인벤터에 흥미를 갖고 있는 일반인들이 모인 커뮤니티를 지원하고 있다. MIT 모바일 러닝 센터의 새로운 결정을 거쳐, 앱 인벤터는 오랫동안 MIT의 선임 연구 센터와 협력하면서 MIT와 오픈소스 소프트웨어를 개발하고 지원해 왔다.

구글은 앱 인벤터를 내부 개발자들끼리만 사용하도록 배포해오다, 개발에 더욱 박차를 가하여 엄청난 관심을 이끌 정도의 수준까지 오게 되었다. 이제 앱 인벤터가 세상에 미치는 영향력은 세계 일류 대학 기관과의 협력으로 인해 증폭될 것이다. MIT가 맡게된 앱 인벤터는 앞으로 교육 커뮤니티에 미칠 영향력의 범위가 증가하면서 풍부한 기술 조사 지원을 받을 것이다. 한편, 앱 인벤터는 내가 2008년 안식년을 보내는 동안 진행했던 프로젝트로 구글에 앱 인벤터를 맡겠다고 제안해 앱 인벤터의 초기 개발 단계를 구글에서 보냈기 때문에, 실질적으로 구글에 복귀된 셈이다. AI의 핵심 코드는 에릭 클로퍼 교수의 연구실에서 개발되었으며, 개발 방향은 미첼 레스닉 교수의 초장기 프로젝트에서 시작되었다. 새로 신설된 센터는 산학 협력을 통해 기술로 이룰 수 있는 변화가 얼마나 클지를 보여주는 좋은 예후가 될 것이며, 이후에도 우리가 무엇을 할 수 있을지 기대된다.

앱 인벤터의 첫 번째 참여원 중 하나인 MIT는 이제 새로운 온라인 버전 AI를 대중에 공개해서, 구글이 개발해온 과거 작업을 계속 이어나가려 한다(그림 I.4에서 어떤 말들이 언급됐는지 확인해보자). 릴리스 절차는 이전에 안정적인 배포판 버전이 나오기 전에 먼저 시험 버전이 공개되는 원래 방식을 고수한다. 구글과 MIT의 협력은 앱 인벤터의 초창기 개발 버전과 동일하게 앞으로 계속 유지될 것이며 MIT 미디어 랩의 모바일 러닝 센터^{CML}의 재정적 지원과 기관 설립 지원이 합쳐질 것이다(그림 I.5).

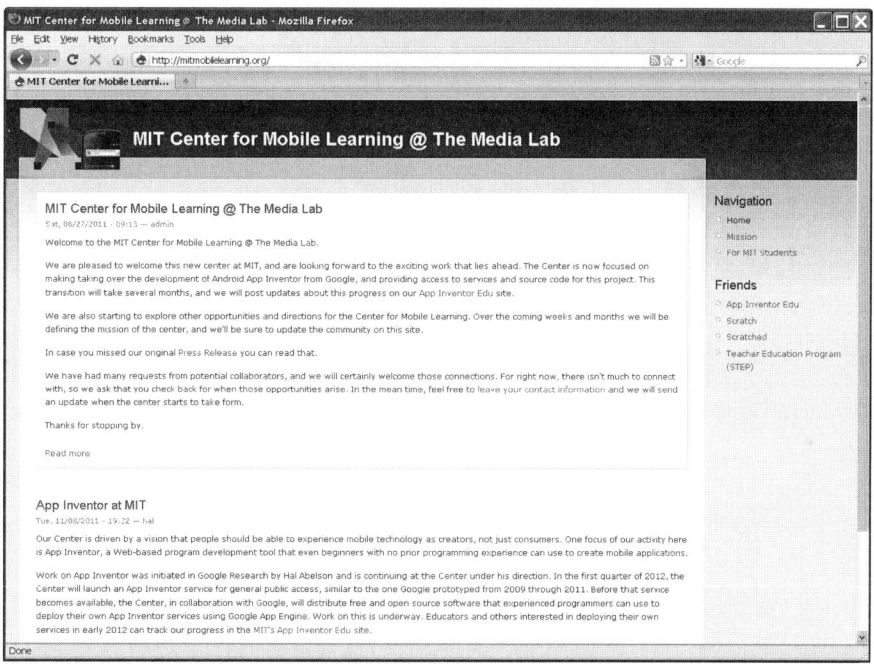

그림 I.5 MIT 미디어 랩의 모바일 교육 센터에 소개된 앱 인벤터

인사 관리 측면에서 핼 에이벌슨 박사는 앞으로 계속 지휘 역할을 맡을 것이며, 전 구글 앱 인벤터 그룹의 설립자로서 현재는 새로운 CML을 운영하고 있다. 여기서 차후 지속적인 앱 인벤터 개발과 운영을 책임진다. 그림 I.6은 MIT가 맡은 앱 인벤터의 새로운 공식 사이트다.

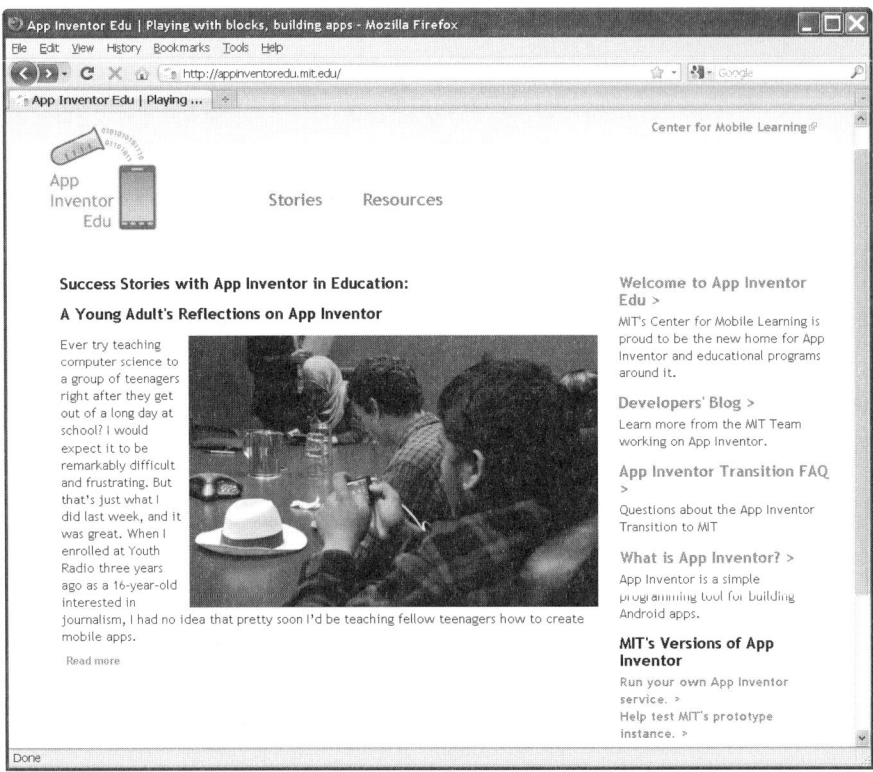

그림 I.5 MIT의 앱 인벤터 핵심 정보 공유 사이트(http://appinventoredu.mit.edu/)

비주얼한 안드로이드 앱 개발 도구인 앱 인벤터의 성공적인 진행 과정 이야기는 계속될 것이며, 앞으로 더욱 강력한 개선 원동력을 얻으리라 기대된다. 독자도 안드로이드 앱 개발을 시작하면서 이 이야기의 일부로 남을 수 있다. 이 책을 읽고 어떻게 새로운 앱 이벤터를 사용하는지 공부하면서 독자의 아이디어를 실제 앱으로 구현하고 독자만의 재미있고 인상적이며, 고유한 앱을 만들어보자!

첫 번째
앱 개발 준비하기

뭐든지 시작이 어렵다. 하지만 AI는 예외다! AI는 처음 안드로이드용 앱을 개발하고자 하거나 이전에 한 번도 컴퓨터나 스마트폰 같은 디지털 시스템상에서 프로그램을 작성해본 적이 없는 입문자의 요구를 최대한 맞추기 위해 개발된 도구다. 하지만 왜 '작성'해야 하나? AI를 사용하면, 지루한 텍스트 에디터에서 짜증나는 코딩 삽질을 할 필요가 없어진다. 이런 작업 내용은 해커를 주제로 한 1980년도 고전 영화에서 본 기억이 있거나 초등학교 혹은 대학교 컴퓨터 교실이 생긴 지 얼마 안 된 옛 시절에 직접 경험해봤을 수 있다. 시각적 개발 언어인 AI를 통해 독자는 자신이 생각했던 앱의 모습 그대로, 그래픽 요소가 가미된 UI가 삽입돼 편리하고 직관적인 애플리케이션을 빠르게 개발할 수 있다. 예를 들어 텍스트, 프리젠테이션 슬라이드, 가계부 페이지 등을 생성해주거나 사진을 편집하는 앱을 만들 수 있다. 처음엔 이러한 앱을 원하는 대로 만들려면 이들이 사용하는 UI의 모듈, 그 안의 요소, 개개의 기능에 익숙해질 필요가 있듯이, 반드시 AI 개발 환경을 어떻게 사용하는지 공부해서 개발에 임해야 한다. 앱 말이다.

AI의 기본적인 동작은 매우 간단하며, 쉽게 이해할 수 있다. 다른 소프트웨어 제품과 달리 거의 코딩을 할 필요가 없다. 글자 하나도 적을 일이 별로 없다. 오로지 친구나 동료, 지인들과 함께 즐길 수 있는 안드로이드 앱을 빠르고 쉽게 개발하는 일에만 몰두하면 된다. 안드로이드 마켓에 올라와 있는 방대한 양의 앱을 보면 알겠지만 안드로이드 앱을 통해 할 수 없는 일이란 거의 없다. 사람이 할 수 있는 놀라운 상상들을 실제로 구현할 수 있다. AI는 개인적인 용도의 앱을 개발하고자 하는 독자의 욕구를 충족시켜 줄 것이며, 가장 먼저 앱을 개발하기 시작하는 디딤돌이 돼줄 것이다. 까다로운 작업을 요구하는 앱 개발 과정이 간단한 클릭만으로도 가능하다. 전체 개발 프로세스가 AI를 통해 이뤄지며, 여러분이 주요 모바일 프로젝트를 시작하는 첫 단추를 낄 수 있게 도와줄 것이다. AI가 가진 광범위한 기능을 반드시 철저하게 숙지하고 있어야 하며, 이를 위해 꾸준히 연습하고 사용해봐야 한다.

1부에서는 AI 개발 환경에 대한 소개와 이 도구를 처음 사용하는 데 있어 발생할 수 있는 문제, 준비 과정 및 설치 방법을 다룬다. 초기 설치 방법을 설명한 후에는, 다양한 개발 영역을 통해 AI 기본적인 기능을 소개하고 실습하는 시간을 갖는다. 이를 통해 스마트폰과 AI를 연동하는 방법을 배우고, AI 사용법에 대한 감을 잡을 수 있도록 유도할 것이다. 이 책은 주로 AI의 실용적인 측면, 즉 실행 가능한 앱을 구현하는 방법에 대해 다루기 때문에, 첫 번째 섹션은 독자가 직접 '손을 봐가며' 앱 개발 프로젝트를 진행한다. 첫 번째 프로젝트를 진행하면서 AI 개발 환경의 모든 필수 요소를 만나게 될 것이다. 이를 통해 독자는 최적의 방식대로 앱을 개발할 준비를 하게 될 것이다.

1장
●●● 준비 및 설치

여타 책과 기고글처럼 아주 짧은 섹션으로만 요구되는 시스템 환경에서 준비 및 설치를 다루는 것과는 다르게(이런 주제들이 전혀 언급되지 않았다면), 이 책은 1장 전체에 걸쳐 설치 과정을 아주 중요하게 다룬다. 이렇게 거듭 강조하는 데는 여러 가지 이유가 있다.

먼저 AI는 2013년까지도 지속적으로 업데이트가 진행되며, 베타 버전인 상태로 개발이 진행되고 있다. 어떤 베타 테스트 단계라도, 몇몇 특이점은 반드시 고려해 설명돼야 하고, 특히 설치 과정과 소프트웨어 권한 부분은 들어 있어야 한다. 이러한 문제점은 최종 버전을 배포한 다음엔 줄어들 것이다. 현재 AI를 사용 중이라면, 독자는 여전히 AI의 개발 프로세스와 개발자들과 매우 밀접한 상황에 있으며, 필요한 경우 독자가 발견한 버그를 수정할 수도 있다. 그러므로 독자는 새로 업데이트됨에 따라 다소 AI가 개선됨을 경험할 것이다.

MIT AI 설치 과정에 대해 현재 공개된 온라인상 정보

하루가 다르게 변하는 MIT의 앱 인벤터의 설치 방법, 문서, 포럼, 준비 사항에 대한 최신 정보는 MIT의 AI 웹사이트를 참조하길 바란다.
공식 AI 사이트의 주소는 다음과 같다.
- http://appinventoredu.mit.edu

이 시스템과 MIT AI 팀의 문서가 담긴 주소는 다음과 같다. 상단에 있는 주소는 체험판 버전이고, 하단 주소는 안정화된 버전으로 2013년 5월 14일(V134 릴리스 버전) 공개된 상태다.
- http://experimental.appinventor.mit.edu
- http://appinventor.mit.edu

위에서 소개한 웹사이트를 통해 AI에 관한 보편적인 최신 정보를 얻거나 추가로 정보를 제공하는 다른 링크 주소도 찾아볼 수 있다.

다음으로, 이 책과 AI 모두 애플리케이션 개발에 경험이 거의 없는 초보자를 주요 대상으로 삼는다. 그러므로 독자가 개발 환경을 독립적으로 만드는 데 전혀 익숙하지 않을 것이라고 가정했으며, 이 책에서 알려주는 단계적 접근 방식을 통해 도움을 얻을 것이다. 사실, AI 포럼에 올라오는 다양한 질문들을 보면 AI가 심지어 새로운 기술에 빠르게 반응하는 베타 유저들에게도 필요함을 알 수 있다.

주요 포커스는 앱 개발이다(AI 플랫폼을 동작시키는 게 아니다!)

이 책은 순전히 AI 개발 환경을 사용하는 사람들을 대상으로 하며(예를 들면 구글이나 MIT가 제공하는), AI 오픈소스 버전을 운영하는 관리자들을 대상으로 하지 않는다. AI 설치나 그와 비슷한 주제는 AI 사용을 참조하며, 어떻게 서버에 구글의 오픈소스 시스템을 설치하는지 혹은 어떻게 다른 사용자들에게 접속할 수 있는지에 대한 정보는 아무것도 제공하지 않는다. 독자가 자신만의 AI 플랫폼을 동작시키는 것에 관심이 있다면 이 책의 부록에 수록된 'AI 오픈소스를 통해 자신만의 서비스 운영하기'나 다음 웹사이트가 말해주는 지시항목을 참조해도 좋다.

- http://appinventoredu.mit.edu/developers-blogs/andrew/2011/nov/running-your-own-app-inventor-service

현재 앱 인벤터는 베타 버전 상태를 유지하고 있으며, 상업적으로 완성된 소프트웨어 제품에서 볼 수 있는 모습과는 달리 아직은 상세한 상품 정보와 종합 설치 가이드, 편리하고 완전히 자동화된 설치 파일 등을 제공할 만한 수준의 완전한 제품이 아니다. 그럼에도 불구하고 이미 갖가지 기능이 통합되고 안정화됐으며, 향후 버전에서 업그레이드될 예정이거나 그대로 유지될 가능성이 높다. 이 장에서는 주로 앱 인벤터의 설치 과정과 관련 문서에 중점을 둔다. 이런 사항은 여전히 역동적으로 변화하고 있다. 열렬한 AI 시스템 개발자들은 AI의 기술적 기능과 능력을 추가로 개선할 만한 부분을 찾고 있으며, 다른 독자들이나 그들의 책에 이르기까지(이 책도 그 중 하나다) 기록해서 지금도 복잡한 설치 과정을 안내해준다.

표현 방식의 차이

초창기 앱 인벤터 제공자들 중의 하나인 MIT는 구글의 오픈소스 플랫폼을 기반으로 자신들이 구축한 새로운 앱 인벤터를 대중에 무료로 공개하였다. MIT AI(구글의 AI와 거의 동일한 형태다)와 유사하게, 다른 오픈소스 플랫폼의 운영 사이트들도 처음에는 기존의 구글 앱 인벤터를 기반으로 개발을 진행할 것이다. 구글의 AI야말로 각 기능이나 동작, 설치 과정 등에 있어서 가장 확실한 검증을 수행하기 때문에, 우리도 구글 AI를 따라갈 것이다. 이는 이 책이 최대한 보편적인 가이드를 제공할 수 있기 위함이다. 개발 환경을 나타내는 그림들과 각종 설명 문구들은 구글의 AI 시스템에 해당하는 내용들

> 이기 때문에 이 책의 초반 내용은, 다른 AI 제공자들이 요구하거나 제공하는 부분과는 차이가 날 수도 있다. 또한 아래 링크는 기존의 구글 AI 시스템의 오리지널 도메인에 관한 추가 온라인 정보를 제공하는 링크다.
> - http://appinventor.googlelabs.com(2011년 9월 구글 랩 기반 플랫폼이 오프라인 형태로 진행되기 전 도메인 이름)
> - http://www.appinventorbeta.com(2012년도 초에 MIT 플랫폼에 생기는 변경사항이 있기 전 도메인 이름)
>
> 물론 현재 AI 제공자의 플랫폼에서도 관련 정보를 찾을 수 있으며, 직접 눈으로 찾아서 적절한 정보들을 얻어 보면 좋겠다. 이 책에서 제공하는 특정 그림이나 제시문들이 독자의 시스템과 완전히 일치하지 않는다고 너무 혼란스러워 할 필요는 없으며, 단지 현재 독자의 개발 환경에 적응하면 된다. 한편으론 AI의 개발 상황이 매우 급변하고 있지만, 다른 한편으로는 앱 인벤터가 MIT의 관리 아래, 오픈소스로 개발되면서 AI 사용자들은 추가된 변경사항에 대해 유연하게 대처할 수 있어야 한다. 각기 다른 AI 제공자들이 요구하는 사항과 제시하는 내용의 차이점들은 관련 문서나 구글 AI 시스템의 원래 주소에서 찾을 수 있는 것과 비슷한 구조의 아래 경로를 찾아보면 생각보다 간단하다(예를 들어 www.appinventorbeta.com/learn is now experimental.appinventor.mit.edu/learn을 참조해보자).

AI로 앱을 개발하려면, 컴퓨터와 안드로이드 스마트폰에서 동시에 앱을 개발하기 위해서라도 반드시 한 가지 이상의 작업 플랫폼을 준비해야 한다.

시스템 요구사항

안드로이드 앱을 개발하기 위한 시스템 요구사항을 고려해서라도, 반드시 두 가지 플랫폼을 구별해야 한다. 바로 컴퓨터^{PC}와 안드로이드 기기다(스마트폰). 이론적으로 독자는 PC에서만 개발할 수 있지만, 핸드폰 시뮬레이터 혹은 에뮬레이터라고 불리는 가상의 컴퓨터를 통해 테스트할 수도 있다. 앱을 개발하는 목적은 최종 결과물을 모바일 기기에서 사용할 수 있게 하기 위해서다. 이러한 이유로 이 책에서는 언제든지 가능하면 스마트폰에 직접 개발 작업을 수행한다. 위치 센서(GPS 같은) 등 PC에 없는 기능을 수행하는 장치들까지 시뮬레이션될 필요는 없다. 오히려 직접 스마트폰을 통해 개발 중간 중간 테스트해보는 게 좋다. 역사적으로, 디바이스 에뮬레이터들은 대부분 안드로이드란 오픈소스 운영체제가 나온 지 얼마 안 됐을 때는 안드로이드 기기가 널리 사용되지 않았으므로, 자바로 프로그래밍을 하면서 같이 사용됐다. 하지만 일반적으로 추천되는 것은 다음에 소개된 순서대로 설치를 따라하는 것이다.

컴퓨터 플랫폼

실제 AI로 앱을 개발하는 것은 PC를 이용한다. 이런 점을 고려해 AI 개발 환경 요구사항은 다른 소프트웨어의 요구사항들과 별반 차이가 없다. AI는 이미 가장 보편적인 운영체제와 플랫폼을 지원한다. 일반적으로 컴퓨터를 켤 때 나타나는 로그인 스크린은 사용자의 컴퓨터에 어떤 운영체제가 설치됐는지 보여준다.

- 윈도우: 윈도우 XP, 윈도우 비스타, 윈도우 7
- 매킨토시(인텔 프로세서 장착된 버전): 맥 OS X 10.5와 10.6
- GNU/리눅스: 우분투 8 이상이거나 데비안 5 이상

고전적인 로컬 개발 환경과는 달리 상대적으로 적은 규모의 AI 소프트웨어만 컴퓨터에 설치된다. AI의 대부분은 웹 기반으로 동작한다. 그러므로 독자는 웹브라우저에서 직접 대부분의 개발을 할 수 있으며, 이러한 클라이언트 프로그램을 통해 원거리의 구글 서버에서 실행되는 적절한 AI 소프트웨어에 접근할 수 있다. 이러한 클라우드 컴퓨팅 기반의 접근 방식을 통해 독자는 항상 최신 버전의 AI로 작업이 가능하며, 원칙적으로 인터넷만 되면 어떤 컴퓨터에서도 작업이 가능하다. 따라서 독자의 앱 프로젝트는 더이상 로컬 저장소에 저장되는 게 아니라 구글에서 제공하는 서버를 통해 관리할 수 있다. 여기서 요지는 독자가 온라인을 통해 AI로 앱을 개발하게 될 것이며, 구글 계정을 갖게 된다는 것이다. 하지만 걱정할 필요는 없다. 독자같은 사용자를 위해 AI를 통한 앱 개발 작업은 기존의 로컬 시스템에서 개발했던 것과 거의 동일하기 때문이다.

선호하는 웹브라우저를 선택하는 부분에 있어서, AI는 다양한 선택권을 준다. 일반적으로, 가장 최신 버전의 웹브라우저를 사용하길 권장한다. 현재 브라우저별 최소 사양 버전은 다음과 같다.

- 모질라 파이어 폭스 3.6 이상
- 애플 사파리 5.0 이상
- 구글 크롬 4.0 이상
- 마이크로 소프트 인터넷 익스플로러 7 이상

컴퓨터에 설치된 브라우저의 버전을 확인하려면, 대부분 About... 메뉴에 있는 Help를 찾아보면 된다. 그림 1.1은 윈도우 XP 위에 모질라 파이어 폭스 3.6.8 버전이 설치된 모습을 보여준다.

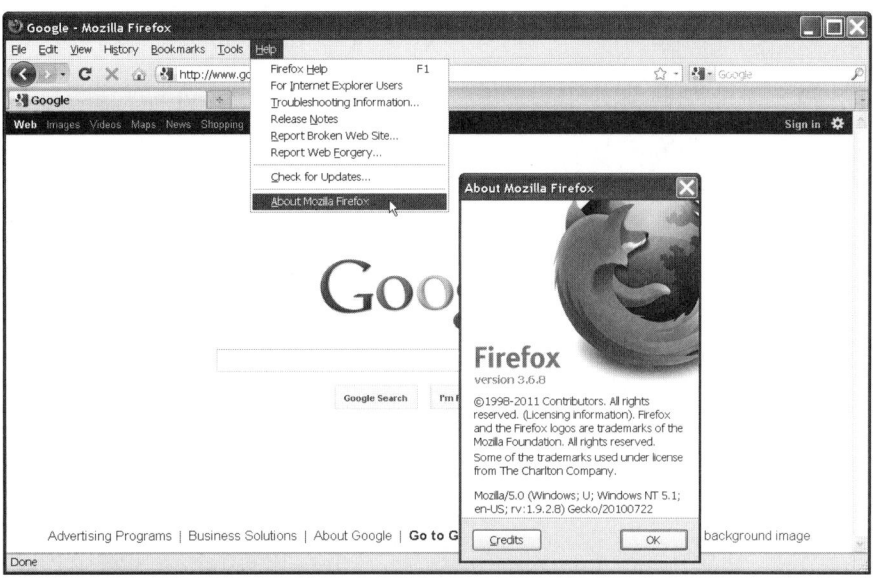

그림 1.1 설치된 브라우저 버전 표시

위에서 언급한 최소 사양 버전보다 오래된 버전이 설치돼 있다면, 보통의 경우 브라우저는 간편한 업데이트 방법을 제공한다. 예를 들어 모질라 파이어 폭스를 사용하는 경우, 위에서 말한 Help 메뉴에서 Check for updates 옵션을 선택하면 된다(그림 1.1 참조). 이 옵션을 선택하면 브라우저는 자동으로 업데이트 사항을 검사한다. 이 방법 외에도, 독자는 간단히 검색 엔진을 통해 'Firefox update' 같은 검색어를 입력해 최신 업데이트 사양을 검색할 수 있다.

AI가 베타 테스트 기간 동안 굉장히 유동적으로 발전해오고 있다는 점을 생각하면(그러므로 이 책이 출간되는 기간에도 계속 발전 중이다), 이러한 시스템 요구사항 역시 점차 바뀔 것이다. 독자의 AI 버전이 최신이라면, AI 유저인 독자는 AI의 업데이트 항목이나 수정 사항을 직접 온라인 자료를 통해 확인해야 한다.

일반 상식으로 알고 있는 규칙을 따른다. 즉, 독자의 컴퓨터 환경이 최신일수록 AI가 환경을 지원할 확률도 높아질 것이라는 점이다. 물론 베타 테스트 단계에 있는 시스템에도 예외는 있으며, 기능이 지원되지 않거나 초기 호환 문제는 너무나 자주 발생하는 일이기도 하다. 하지만 이러한 예외 사항들은 공식 상용 소프트웨어에는 있어서는 안 되는 것들이다. 입문자로써 대체로 상용 제품을 사용해왔을 것이다. 일명 '경험의 법칙rule of thumb'이 안드로이드 플랫폼에도 적용된다.

안드로이드 플랫폼

독자가 사용하는 안드로이드 기기에 필요한 시스템 요구사항은 한편으론 좀 더 명확하다. 다른 한편으로는 안드로이드 플랫폼도 상용화된 컴퓨터 플랫폼과 운영체제에서의 요구사항보다 더 명확하지 않은 점들을 수반한다. 이는 상대적으로 안드로이드 마켓의 역사가 짧기 때문이다. 계속해서 주기적으로 새로운 버전과 확장된 기능을 추가하는 안드로이드 운영체제는 버전 사양에 따라 그에 대응되는 관련 소프트웨어의 업데이트를 요구하며, AI도 예외는 아니다. 그럼에도 불구하고, 구글 개발자들은 '하위 호환성'의 원리를 기반으로 AI를 구현해왔다. 이는 곧 새로운 안드로이드 버전이 나오면, 어디든지 가능할 경우 이전 버전의 모든 기능을 제공해 가장 최신의 안드로이드 기기에서도 이전 버전의 앱이 동작할 수 있다. 하지만 하위 호환성은 한쪽 방향으로만 적용되므로 상위 버전 안드로이드용으로 개발된 앱의 경우 이전 버전의 안드로이드 기기에서 항상 지원해주진 않는다. 마켓에 앱을 배포하기 전에 다른 버전의 안드로이드 버전에서 앱을 테스트해서 가능한 많은 기기에서 동작할 수 있다는 걸 확인하는 게 좋다. 이처럼, 자신이 만든 앱을 테스트할 때 HTC 제조사가 만든 안드로이드 기기의 Sense처럼 제공자를 위한 인터페이스를 고려해야 한다.

안드로이드 기기의 하드웨어에도 동일한 경고를 할 수 있다. 현재 점점 다양한 제조사들이 자신들의 하드웨어에 안드로이드 운영체제를 구동시킨다. 게다가, 안드로이드 기기 종류의 숫자도 가파르게 증가하고 있다. 예를 들어 수많은 태블릿 컴퓨터가 안드로이드를 기반으로 할 뿐만 아니라 구글 TV 같은 가전제품에도 안드로이드가 동작한다. 이외에도 이미 앞에서 언급한 기기들에서도 안드로이드를 기반으로 한다. 이렇듯 안드로이드 호환 가능한 기기들의 증가 추세로 인해 하나의 앱을 만들면 여러 가지 다양한 시스템에 적용할 수 있으므로 앱 개발자로써 수익을 얻을 수 있는 가능성을 높여주었다. 하지만 실질적으로 오늘날에는 앱 하나를 만들어도 모든 안드로이드에 완벽하게 동작하는 일이 없다. 안드로이드마다 버전이 너무 다양해 완벽하게 호환된다고 말하기 힘든 실정이다.

버전의 차이는 안드로이드 기기의 다양성이 갖는 가장 눈에 띄는 기술적 특징이다. 예를 들어 전화 기능이나 SMS를 사용하는 앱을 제공하거나 사용하려면, 반드시 기기에 휴대전화의 본질적인 기능이 있어야 한다.

스마트폰의 경우 이런 전화 기능이 있어야 하지만, 현재 출시된 태블릿에서는 이런 전화 기능을 지원하는 경우가 거의 없으며, 기존의 휴대전화 네트워크를 통하지 않는 경우도 있다. 이 같은 경우는 3G 네트워크가 불가한 휴대전화로 인터넷을 접속할 때도 적용된다. SIM 콤보 카드에 대응되는 대개의 스마트폰이 휴대전화 서비스와 데이터 서비스를 모두 사용할 수 있지만, 현재 대부분의 태블릿은 WLAN 기능만 갖추고 있어 사용자들은 근처에 네트워크 AP가 있어야 데이터 서비스를 사용할 수 있다.

이렇게 하드웨어 장비와 소프트웨어 앱의 범위 간에 의존성이 맞물리는 현상은 수많은 하드웨어 센서에서도 발생한다. 점점 더 그 중요성이 부각되고 있는 위치 기반 모바일 데이터 서비스는 GPS 수신기가 기기에 내장돼 있어야 앱에서 현재 스마트폰의 위치를 읽어 와서 사용자가 해당 관련 서비스를 사용할 수 있다. 내비게이션 기능을 갖춘 앱은 GPS를 통한 위치 확인기능뿐만 아니라 전자 나침반 기능으로 사용자가 바라보는 방향을 알아내 화면상에서 사용자 방향과 일치시킨다. 가속도 센서는 앱이 사용자의 이동 속도를 알 수 있게 해준다. 증강현실을 사용한 앱은 위치 센서로 사용자가 자신의 스마트폰을 가리키는 방향을 인식시키고 카메라를 통해 사용자가 바라보는 것이 무엇인지 보여주므로 가상의 정보를 실제 화면 위에 정확히 중첩시킬 수 있다.

앱에서 반드시 고려해야 하는 안드로이드 플랫폼의 다양한 측면이 존재함에도 불구하고, 알맞은 개발 플랫폼 선택에 있어서 어떠한 주요 요구사항도 고려하지 않는다. 이런 사실은 어느 정도는 안드로이드가 얼마나 크게 성공했는지 반영하기도 한다. 무료 운영체제가 탄생하면서, 완전한 기능을 갖춘 스마트폰의 가격이 저렴한 도매가에 판매되는 가격 혁신이 일어나기 시작했다. 이전에 터치 스크린 기능을 갖춘 스마트폰은 키보드에 해당하는 기능과 내장 GPS 센서를 갖춘 것 외엔 특별할 게 없었으며 일반 사용자에겐 턱없이 비싼 가격도 문제였다. 하지만 지금은 거의 모든 스마트폰들이(최저가 범위라 해도) GPS, 나침반, 가속도, 위치 센서 등 완전한 형태의 센서를 갖추고 있다. 사실 SIM 카드 사용과 핸드폰 사용 계약료를 제외한 스마트폰 자체의 경우 150달러라는 믿을 수 없이 저렴한 도매가로 출발한다. 물론 이렇게 최저가의 하드웨어 제품이 고품질 기능을 다양하게 지원하리라 기대하긴 힘들지만, 기본적으로 이 책에서 다루는 모든 예제의 요구사항을 충족하고도 남는다. 예를 들어, 이 책의 모든 예제는 HTC 안드로이드폰인 타투^{Tattoo}로 개발됐으며, 이는 스마트폰 중에서 가장 저렴한 측에 속한 기기다. 이보다 더 다양한 기능을 갖춘 최신 스마트폰을 가지고 있다면 예제를 실행하는 데 있어 하드웨어적 문제는 전혀 없을 것이다.

위에서 언급했듯이, 앱의 기능은 기기의 안드로이드 버전에 의존하지만 AI가 하위 호환성을 고려해 개발됐기 때문에 보통 AI로 앱을 개발하는 데 있어 그리 문제되지 않는다. 현재까지 다양한 버전이 나오면서 중대한 변경사항이 있는지 알고 싶다면, AI에서 처리할 수 있고 사용되고 있는 모든 주요 기능은 이미 안드로이드 1.5 버전부터 포함돼 있기 때문에 AI로 앱을 개발하는 데 있어 주의할 만한 점은 그리 많지 않다. 현재 AI의 기능 범위는 안드로이드 앱의 핵심 요소에 초점을 두고 있으며, 버전과 관련된 '애매모호한' 부분은 네이티브 혹은 자바 코드로 개발되도록 남겨져 있으므로 이 책에서 다루지 않는다. 표 1.1에서 새로운 주요 기능을 살펴 볼 수 있으며, 이 내용은 위키피디아에 수록된 안드로이드 개발 역사 내용을 기반으로 했다.

표 1.1 작성된 안드로이드 버전별 주요 기능
(http://en.wikipedia.org/wiki/Android_version_history)

버전	배포 날짜	추가된 주요 기능
1.1(더 이상 지원 안함)	2009.2.10	MMS 첨부파일 저장 기능
1.5 컵케이크	2009.4.30	가로/세로 화면 방향 자동 전환. 스크린 키보드, 비디오 녹화/재생 블루투스 연결
1.6 도넛	2009.9.15	VPN 구성 기능, 차별화된 에너지 사용 제어, TTS(text-to-speech), 멀티스크린 해상도, 제스처 인식
2.0 이클레어	2009.10.26	디지털 줌, MS Exchange 지원, 블루투스 2.1 지원
2.1 이클레어	2010.1.12	변경가능한 배경화면, 신호 세기 정보 웹킷 업그레이드
2.2 프로요	2010.5.20	리눅스 커널 2.6.32 업그레이드. 256MB 이상의 메모리 사용 지원. OpenGL ES 2.0 및 플래시 지원, 테더링 지원
2.3 진저브레드	2010.11.6	리눅스 커널 2.6.35.7 업그레이드, WebM, HTML5 오디오, 구글 TV 지원, NFC, 센서 기능 추가(자이로 센서, 기압 센서), SIP 클라이언트 내장
2.3.3 진저브레드	2011.2.23	듀얼 코어 지원, 블루투스/NFC 최적화
2.3.4 진저브레드	2011.4.29	비디오/보이스 채팅, 연락처/약속 내용 암호화 전송
3.0 허니컴	2011.2	태블릿 컴퓨터 최적화 지원, 구글 톡 비디오 통화 지원
3.1 허니컴	2011.6.16	7인치 태블릿 컴퓨터 최적화
4.0 아이스크림 샌드위치	2011.10.19	개발 라인 2.x/3.x/구글 TV 버전 통합, 얼굴 인식 잠금 해제/ 스크린 샷

점차 기능이 추가되면서 어떤 범위까지 안드로이드가 지원할지 드러나겠지만, 앞으로는 AI의 발전과 맞물려 개발될 것이다. 독자가 AI로 앱을 개발하면 안드로이드에 새로운 기능이 추가될 때 즉시 확인해, 그 기능이 특정 안드로이드 버전 이상만 지원되는지 알 수 있다. 예를 들어, 이 책에서는 TTS 컴포넌트로 앱을 개발할 것이다. 표 1.1에서 봤듯이 TTS 기능은 1.6 버전 이상부터 지원되므로, 독자의 기기에 1.6 이상의 안드로이드가 설치돼 있어야 하며, 위에서 언급한 하드웨어 요구사항도 모두 충족해야 한다.

만약 독자의 스마트폰에 설치된 안드로이드 버전이 뭔지 모른다면 쉽게 알아낼 수 있다. 스마트폰의 애플리케이션 메뉴로 가서 Settings ➤ About Phone 페이지를 선택한다. 그러면 안드로이드 버전이 화면에 나타난다. 그림 1.2는 내 기기에 안드로이드 버전 1.6이 설치돼 있음을 보여준다. 어떤 스마트폰 혹은 운영체제를 쓰는지에 따라 앞서 언급한 메뉴는 다를 수 있다. 좀 더 자세히 알고 싶다면 스마트폰 매뉴얼을 확인해본다.

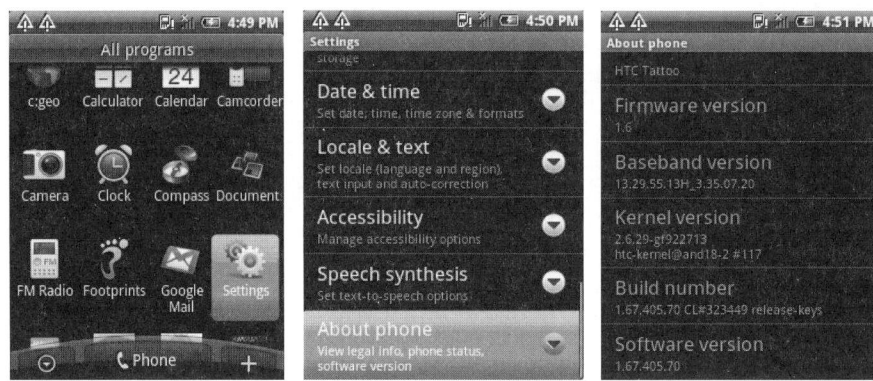

그림 1.2 환경 설정, About 페이지에서 안드로이드 버전을 표시하는 화면

스마트폰의 안드로이드 버전을 업그레이드하고 싶다면, 제조사에 연락하거나 휴대전화 제공업자에게 문의해 가능한 옵션을 확인한다. 하지만 그전에 운영체제 업데이트 도중 예상치 못한 오류가 발생하면 정말 처리하기 곤란해지므로 정말 신중해야 한다. 안드로이드 1.6이 설치돼 있다면 업데이트할 필요는 없으며, 이 책의 모든 예제를 실행할 수 있다. 안드로이드 1.5 버전에서도 위에서 언급했던 것만 제외하면 모든 예제를 생성할 수 있다.

우선 시스템 환경 요구사항이 충족되면 AI 개발 환경을 설치하기 전에 해야 할 일이 하나 남았다. 운이 따른다면 이미 적절한 자바 런타임 환경이 설치돼 있을 수 있다. 다음 절에서는 환경이 설치돼 있는지 확인하고 필요하다면 업데이트하는 방법을 알아본다.

자바 환경 구성

자바에서 안드로이드 앱을 프로그래밍할 필요는 없다. 그러나 여러 가지 다양한 플랫폼에서 AI를 실행하고 클라우드 컴퓨팅을 통해 원격 클라이언트 컴퓨터로부터 AI를 사용하기 위해 AI 개발 환경 자체의 대부분이 자바로 돼있다. AI를 포함한 자바 프로그램이 독자의 컴퓨터에서 실행되려면 해당 프로그렘에 대응되는 자바 런타임 환경JRE이 반드시 설치돼야 한다. JRE는 다른 것들 중에서도 자바 가상머신JVM이란 것을 내포하고 있다. 이는 일종의 인터넷이 가능한 여러 컴퓨터에서 동작하는 다양한 운영체제에서 실행 가능한 추가적인 통합 운영체제라 볼 수 있다. 자바 가상머신에 기존 컴퓨터 시스템에 대응되는 특정 시스템이 포함돼 있듯이, AI 같은 자바 애플리케이션은 더 이상 특정 시스템에 맞출 필요가 없으며, JRE나 JVM만 있으면 추가적으로 환경 설정을 맞추지 않아도 모든 플랫폼에서 실행이 가능하다. 이번 절에서는 컴퓨터가 이미 적절한 자바 환경이 설치돼 있는지 확인하는 방법과 그렇지 않을 경우 환경을 구성하는 방법을 공부한다.

AI로 작업을 하려면 자바 6(제품 번호)이나 1.6 버전 이상이 설치돼 있어야 한다. 제품 번호와 버전의 차이는 자바 작업과는 무관하지만 두 가지 번호 중 하나를 따라서 설치해야 한다. 컴퓨터 시스템이 이미 환경 설정 요구를 충족시키는지 확인하기 위해 2010년 1월 선 마이크로시스템즈 제조업체와 자바 라이선스를 인수한 오라클 사는 편리한 자바 설치 확인 웹페이지를 제공한다.

컴퓨터에 자바 설치 여부 및 버전 확인하기
웹브라우저에서 다음 주소로 접속한다.
- http://www.java.com/en/download/testjava.jsp

위 사이트에 접속하면 자바 애플릿 형태의 웹페이지 중간에 컴퓨터에 설치된 자바의 버전이 자세히 표시되어 자바 설치 여부를 확인할 수 있다. 어떤 버전이 설치돼 있는지 이 부분을 자세히 살펴본다. 'Version : Java 6'(그림 1.3)이라 적혀 있다면 올바른 자바 환경이 갖춰진 것이다. 아마도 그림 1.3의 오른쪽에 나타난 것처럼 방화벽으로 가서 java.exe 파일의 인터넷 접근 권한을 허가해야 할 것이다.

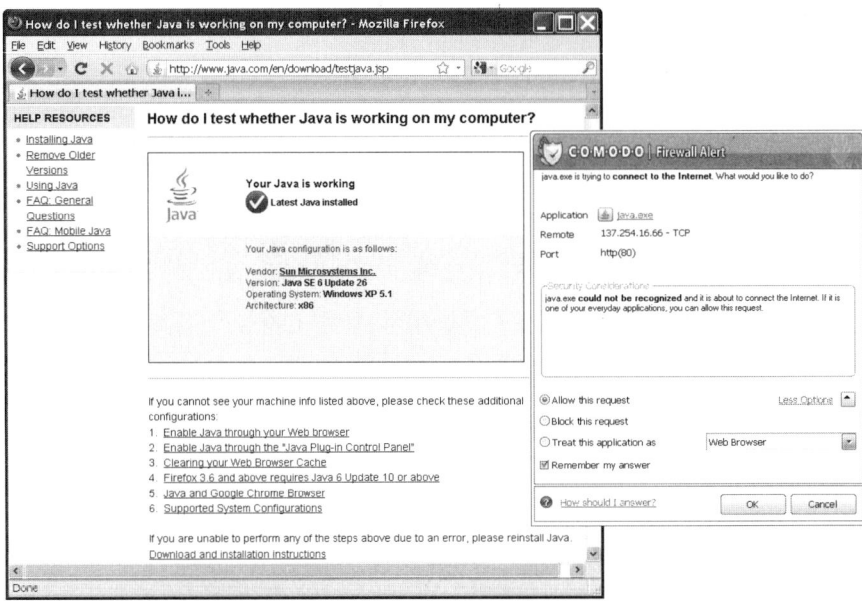

그림 1.3 자바 6 버전이 올바르게 설치됐는지 확인하는 웹페이지

위 테스트 페이지의 자바 애플릿이 비어 있거나 에러 페이지가 나타나면, 자바가 제대로 설치되지 않은 것이다. 먼저 자바 테스트 웹페이지로 이동한 후 아래 자바 애플릿 링크를 순서대로 눌러 브라우저의 자바 설정 상태를 확인하면 필요한 경우 과거를 거슬러 올라가면서 자바 환경을 설정하게 된다. 자바 환경 활성화가 제대로 되지 않았다면, 다시 설치해야 한다. 자바 테스트 페이지의 '다운로드 및 설치 안내Download and installation instructions' 링크를 따라가거나 직접 오라클의 다운로드 페이지에 접속한다.

자바 다운로드 및 설치

웹브라우저에서 다음 자바 테스트 웹페이지로 이동한다.
- http://www.java.com/en/download/testjava.jsp

그러면 자바 테스트 페이지로 돌아가서 설치가 성공적으로 됐는지 확인한다.

자바 6 설치 및 활성화 과정의 일부로, 자동으로 Java Web Start가 사용될 수 있게 해야 한다. Java Web Start를 통해 자바 애플리케이션은 한 번만 클릭해서 인터넷으로 실행될 수 있고, 다른 자바 애플릿과 달리 심지어 웹브라우저 없이도 사용 가능하다. AI에서 이러한 클라우드 컴퓨팅 개념은 AI의 두 가지 핵심 인터페이스 중 하나인 Blocks Editor와 연결돼 작업할 수 있도록 돼 있다. Blocks Editor는 독자의 로컬 컴퓨터에서 동작하지만 항상 구글 서버의 최신 버전에 접속 가능하다. 여기에도 온라인 기능 검사 옵션들이 존재한다.

> **컴퓨터에서 Java Web Start 검사하기**
> 웹브라우저를 통해 다음 주소로 접속하면 Java Web Start 데모 중 하나를 사용할 수 있다.
> - http://www.oracle.com/technetwork/java/demos-nojavascript-137100.html

Java Web Start를 검사하려면 테스트 페이지의 Java Web Start Demos 중 하나를 선택해 접속한다. 데모 애플리케이션을 실행할 수 있으면 자바스크립트가 설치돼 컴퓨터에 올바르게 활성화된다. 여러 가지 데모 중 하나를 처음 실행하면 웹브라우저에서 보통 JNLP^{Java Network Launching Protocol} 파일로 무엇을 하고 싶은지 묻는다. Java™ Web Start Launcher로 열기를 선택한다. 필요하면 OK를 누르기 전에 '지금부터 JNLP 파일을 이처럼 자동으로 열겠습니다(Do this automatically for files like this from now on)'를 활성화한다. 이 다음부터는 한 번만 클릭해도 AI Blocks Editor를 실행할 수 있다. 그림 1.4는 데모 애플리케이션인 Draw를 선택했을 때 모습이다.

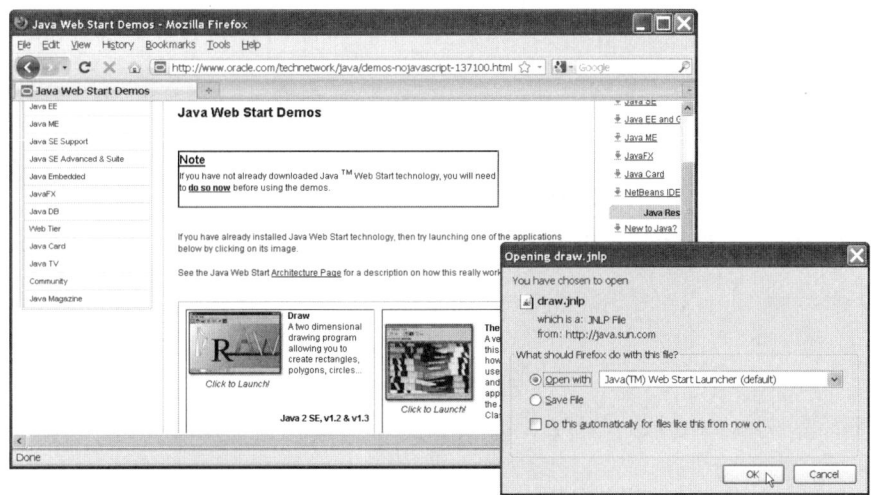

그림 1.4 자바 6 버전이 올바르게 설치됐는지 확인하는 웹페이지

Web Start Launcher는 자동으로 선택한 애플리케이션을 다운로드해 확인하고 실행한다. 그림 1.5는 사용자가 'Draw' 데모를 다운로드해 실행한 화면이다.

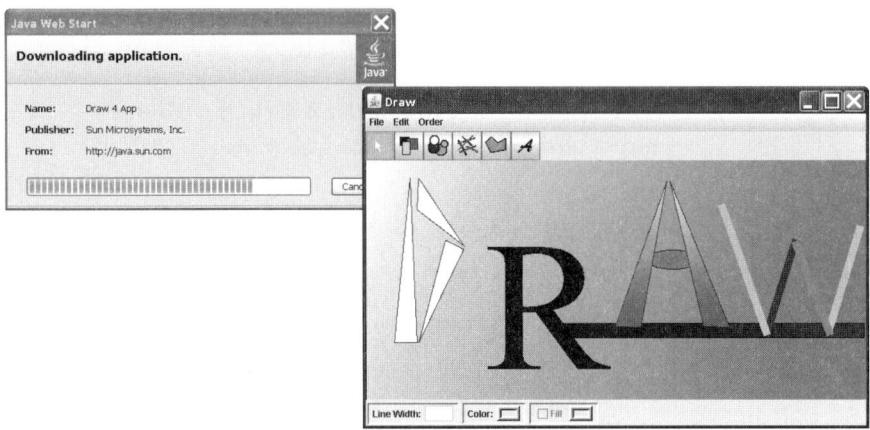

그림 1.5 Java Web Start로 데모 애플리케이션 로딩 및 실행

데모 웹사이트에서 자바 애플리케이션 매니저 바로 가기 링크를 찾을 수도 있다. 이 옵션을 선택하면 Java Control Panel 창이 열린다. Temprorary Internet Files 박스에 있는 Java Cache Viewer에서 가장 최근에 열었던 Web Start 애플리케이션의 상태를 확인할 수 있다. 그림 1.6에는 Status 열에 있는 심볼을 통해 자바 애플리케이션인 'Draw 4 App'이 현재 활성화돼 있고 서버에 연결돼 있음을 나타낸다. 또한 안드로이드 앱 인벤터도 과거에 여러 번 저자의 컴퓨터에서 실행돼 왔음을 보여준다. 도중에 AI의 온라인 상태가 어떤지 잘 모르겠다면, 이 부분에서 확인하면 된다. 또한 이 옵션을 마우스 오른쪽 버튼으로 클릭해 메뉴에서 Delete를 선택하면 실행 도중 문제를 일으키는 Web Start 애플리케이션을 지울 수도 있다.

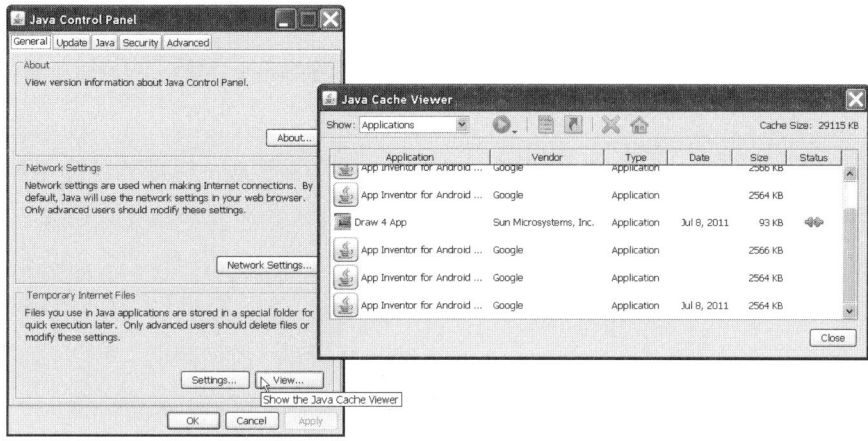

그림 1.6 Java Web Start 애플리케이션 상태 확인

위에서 언급한 Java Web Start 데모 중 하나라도 성공적으로 실행했고, Java Test 웹사이트에서 검증도 잘 이뤄졌다면, 이제 AI 설치를 시작할 단계가 된 것이다. AI가 아닌 독자의 시스템에서 기인한 문제들을 제거해야 하는 이유는 아직 베타 테스트 단계에 있는 AI와 관련된 주제에만 확실히 집중할 수 있기 위함이다. 그러므로 지금까지 언급된 과정을 따라하면서 발생하는 모든 문제들을 해결하려고 노력해야 한다. 시스템 환경 구성을 올바르게 하지 못해 기인한 문제를 베타 그룹 포럼에 보고하면 차후에 더 이상 완성 혹은 AI의 지속적인 개발을 하지 않을 것이다. 시스템 환경 구성에 대한 추가 내용은 온라인 문서에서 찾아볼 수 있다.

●● 앱 인벤터의 로그인 정보

앱 인벤터를 사용하려면, 앱 인벤터 플랫폼을 제공하는 사이트에 등록해야만 한다. 자바 환경 설정 및 클라우드 컴퓨팅의 개념을 통해 알 수 있듯이, 앱 인벤터에 접근한다는 것은 단지 로컬 컴퓨터에 완전한 형태의 앱 인벤터 설치 패키지를 다운로드하는 것 이상을 제공한다. 즉, 클라우드 환경으로 로그인만 하면, 독자는 가장 최신 버전의 개발 환경으로 업데이트된 앱 인벤터를 온라인을 통해 다운로드할 수 있다.

기존의 구글 앱 인벤터(appinventor.googlelabs.com 또는 www.appinventorbeta.com 로 접속)를 다운로드하려면 간단히 자신의 구글 계정으로(구글 이메일을 생성하면서 만들었거나 안드로이드 스마트폰을 사면서 마켓 같은 구글 서비스를 이용하기 위해 계정을 만들었을 것이다) 로그인만 하면 됐다. 구글의 앱 인벤터 홈페이지의 메인 화면에서 이메일 주소와 암호를 입력하고 Sign in 버튼만 클릭하면 해당 온라인 개발 환경을 다운로드할 수 있다. 구글 계정이 없다면 Create an account now 링크를 클릭해서 쉽고 빠르게 계정을 생성할 수 있다(그림 1.7 참조).

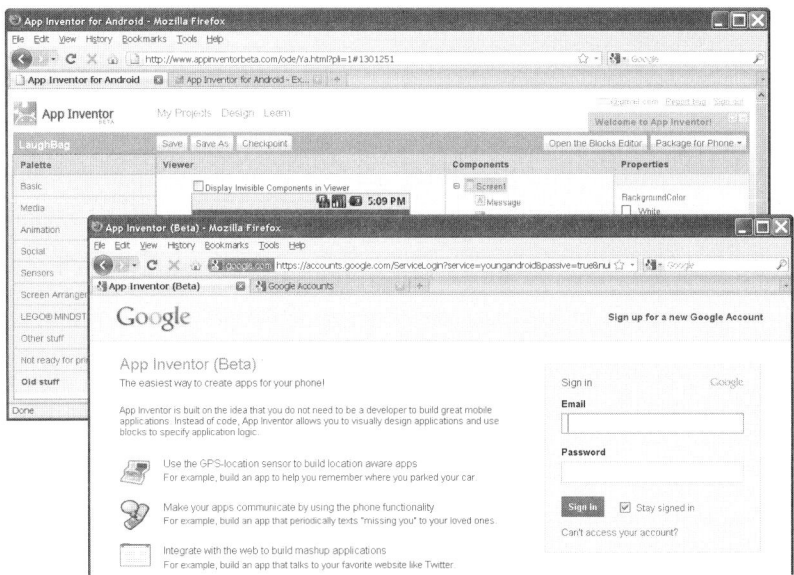

그림 1.7 기존 구글 앱 인벤터 사이트의 로그인 화면

MIT에서 제공하는 오픈소스화된 앱 인벤터의 운영자들이 어떻게 각자에게 맞는 개발 플랫폼에 접근할 수 있도록 하는지 해당 제공자 사이트에 나와있는 온라인 설명문을 참고하길 바란다. 개발이 진행 중인 MIT 앱 인벤터^{MIT App Inventor Experimental}를 다운로드하려면, 먼저 멤버십에 지원해서 테스팅 그룹에 가입해야 한다. MIT에서 지원을 승인해주면, 구글 계정을 통해 로그인해서 MIT 앱 인벤터 개발 버전을 다운로드할 수 있다(그림 1.8 참조). 일반적으로 공개돼 있는 MIT 앱 인벤터에서, 이러한 로그인 절차는 적절히 상황에 맞게 달라질 수 있다. MIT 웹사이트에서 직접 가장 최신의 로그인 정보를 확인해보길 바란다.

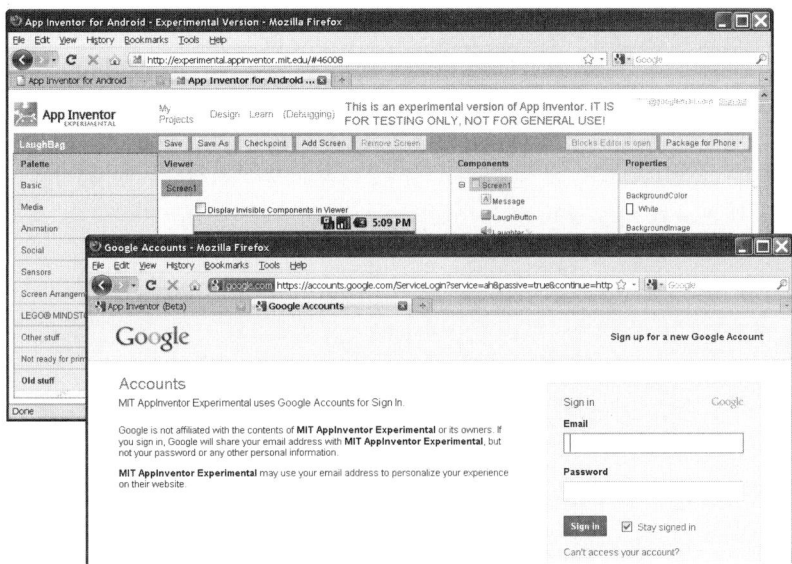

그림 1.8 MIT 앱 인벤터 개발 버전의 로그인 화면

MIT 앱 인벤터 다운로드

MIT 앱 인벤터 개발 버전을 다운로드하려면, 다음 주소를 통해 'Request to join MIT App Inventor Tester Group' 링크 화면에 나오는 내용을 숙지하고 관련 정보를 모두 입력해야 한다.

- http://appinventoredu.mit.edu/developers-blogs/hal/2011/dec/help-test-mit-prototype-app-inventor-service

제한적인 접근 권한으로 MIT 앱 인벤터 개발 버전을 다운로드할 수 있는 링크는 다음과 같다.

- http://experimental.appinventor.mit.edu

접근 제한이 없는 공개 MIT 앱 인벤터를 다운로드하는 링크는 다음과 같다.

- http://appinventor.mit.edu

지금은 온라인으로만 접근할 수 있기 때문에, 다음 장에 들어가기 전까지는 개발 환경 구축 작업을 기다리자. 앱 인벤터를 생산적으로 사용할 수 있게 몇 가지 추가 설치 과정을 거쳐야 한다.

앱 인벤터 설치

앞 절에서 모든 준비 과정을 진행했으면, 이제 실질적인 앱 인벤터 개발 환경 구축에 대해 알아보겠다. 클라우드 컴퓨팅과 관련해서 언급했듯이, 개발 환경(앱 인벤터 설치 소프트웨어)의 일부만 로컬 컴퓨터에 설치되며, 관련 기능은 앱 인벤터 제공자가 가지고 있는 원격 서버에서 동작하는 웹 기반의 컴포넌트와 조합된다. 로컬 컴퓨터에 설치된 컴포넌트에는 안드로이드 스마트폰을 컴퓨터에 설치된 앱 인벤터와 연결하는 특정 시스템에 특화된 드라이버가 포함돼 있다. 지금은 다음과 같이 세 가지 운영체제에 맞게 앱 인벤터 설치 소프트웨어를 다운로드할 수 있다.

- 맥 OS X
- GNU/리눅스
- 윈도우

위에 적힌 운영체제는 모두 저마다 다른 버전의 앱 인벤터가 공개돼 있다. 온라인 문서에서 앱 인벤터 설치 파일을 어떻게 실행해 설치를 진행하는지에 관해 자세히 설명한다. 가장 최신 드라이버에 관한 정보와 호환되는 운영체제, 설치 관련 공지 사항 등을 온라인 문서를 통해 직접 확인해보길 바란다. 관련 페이지에도 각 환경에 맞는 설치 패키지 다운로드 링크가 담겨있다.

앱 인벤터 설치 가이드 및 설치 소프트웨어 다운 로드 링크
원하는 앱 인벤터 제공 사이트(아래에 나와있는 주소는 MIT가 제공하는 링크 주소다)에 접속해서 자신의 환경에 맞는 설치 파일과 가이드를 다운로드하자.
- http://experimental.appinventor.mit.edu/learn/setup/

그림 1.9는 Download the installer를 클릭해서 윈도우 환경에서의 구글 앱 인벤터 설치 파일인 appinventor_setup_installer_v_1_2.exe(약 92MB)를 다운로드하는 모습이다. 다운로드할 경로를 지정한 다음 OK를 클릭한다.

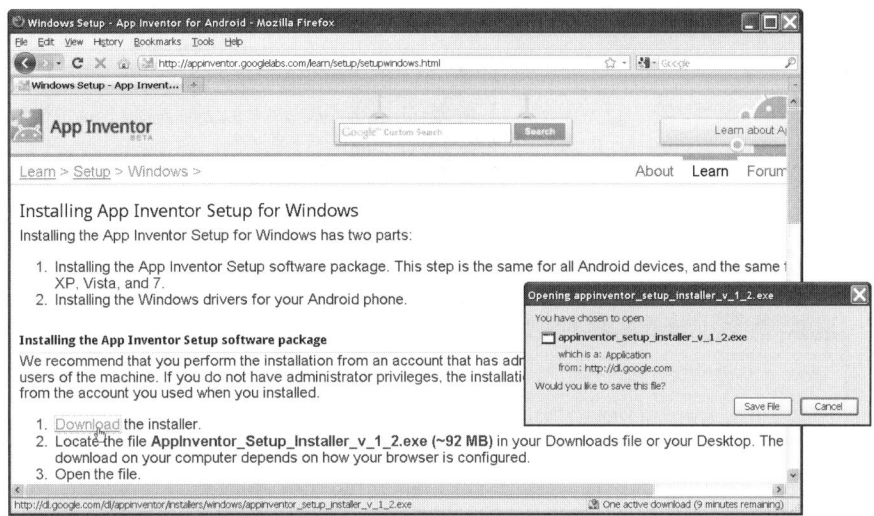

그림 1.9 윈도우용 앱 인벤터 설치 패키지 다운로드 화면

 사진 출력과 관련된 변수들
윈도우 XP가 아닌 운영체제를 사용한다면, 독자의 컴퓨터 화면에서 보는 화면과 이 책에서 설명하는 화면과는 약간 다르게 보일 것이다. 간단하게 자신의 운영체제에 해당하는 파일을 선택한다.

이제 다운로드된 설치 파일을 더블클릭해서 실행시킨다. 그리고 앱 인벤터 설치 가이드를 참조한다(그림 1.10 참조). 앱 인벤터를 설치하려면 Run을 클릭하고 I agree를 클릭해서 라이선스에 동의해야 한다. 이때, 기본 설치 경로를 변경하면 안 된다. 즉, C:\Program Files\AppInventor\commands-for-AppInventor에 드라이버 및 앱 인벤터 프로그램을 설치해야 한다. 설치가 성공적으로 끝나면, 윈도우의 시작 메뉴에서 AppInventor Setup 항목이 생성된 걸 확인할 수 있다. 필요하면 나중에 제거 파일을 목록에 추가할 수 있다.

그림 1.10 윈도우에 앱 인벤터를 설치하는 모습

앱 인벤터 설치 소프트웨어를 실행하면 안드로이드 스마트폰을 연결하고 제어하는 USB 드라이버도 함께 설치된다. 앞서 윈도우용 설치 가이드와 함께 언급했던 웹 사이트에 나열된 드라이버들은 몇 가지 스마트폰만 지원한다. 그럼에도 불구하고, 이외의 여러 가지 스마트폰도 지원 가능하다. 앱 인벤터에 포함된 ADB$^{Android\ Debug\ Bridge}$ 도구를 이용하면 자신의 스마트폰을 드라이버가 인식하는지 확인할 수 있다. 스마트폰을 USB 케이블을 이용해 컴퓨터에 연결한다. 시작 > 실행을 클릭하고 '층'을 입력해서 명령 프롬프트를 연다. 이제 cd C:\를 입력해 경로를 C 드라이브로 지정한다. 그다음 cd \Program Files\AppInventor\commands-for-c를 입력해 설치 경로로 이동한 뒤, adb를 입력하여 ADB를 실행시킨다. 방화벽 관련 경고 메시지가 나타나면 ADB가 인터넷에 연결할 수 있도록 허용해야 한다. 연결된 기기 목록에 그림 1.11과 같이 HT9B2와 비슷한 이름이 있다면, 독자의 스마트폰은 성공적으로 인식된 것이다.

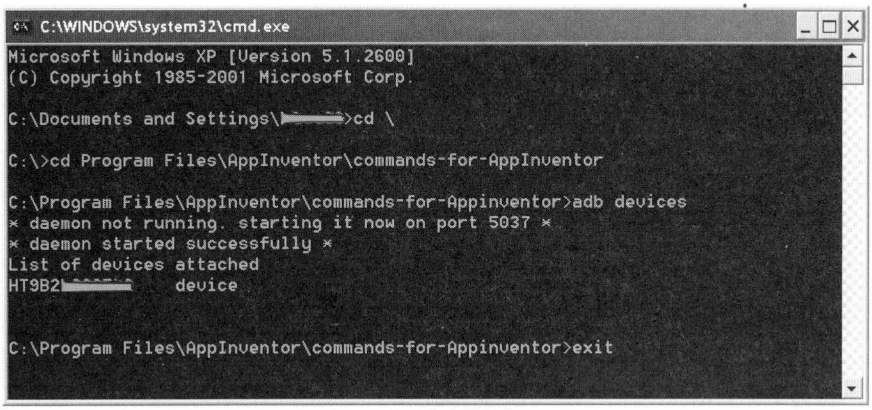

그림 1.11 ADB로 스마트폰과 컴퓨터의 연결 상태 확인 모습

그런 항목을 찾을 수 없다면 인식에 실패한 것이다. 앱 인벤터의 드라이버가 제대로 설치되지 않았거나 해당 스마트폰에 맞는 특정 드라이버를 설치해야 할 것이다. 두 가지 경우 모두 제어판의 장치 관리자에서 도움을 얻을 수 있다(그림 1.12). 시작 ❯ 제어판 ❯ 시스템을 차례로 클릭한다. 시스템 속성 창에서 하드웨어 탭을 선택하고, 장치 관리자 버튼을 누른다. 그러면 자신의 컴퓨터 이름 아래에 Android Phone과 같은 항목이 보인다. 옆의 플러스 기호를 클릭하면 Android Composite ADB Interface가 나타난다. 이 항목을 마우스 오른쪽 버튼으로 클릭해 속성 창을 연다. 이제 독자는 일반 탭에서 기기의 상태 정보를 확인할 수 있다. 오류 메시지가 나타난다면 문제 해결 버튼을 눌러서 오류를 해결할 수 있다. 이 단계가 효과를 보지 못한다면 드라이버 탭에 있는 윈도우에 잘못 설치된 디바이스 드라이버들을 갱신한다. 앱 인벤터에 포함된 드라이버는 앞서 설치 경로라고 언급했던 위치에서 찾을 수 있다. 예를 들어 인텔 프로세서를 이용하는 컴퓨터에서는 다음 경로에서 찾을 수 있다.

C:\Program Files\AppInventor\commands-for-Appinventor\usb_driver\i386.

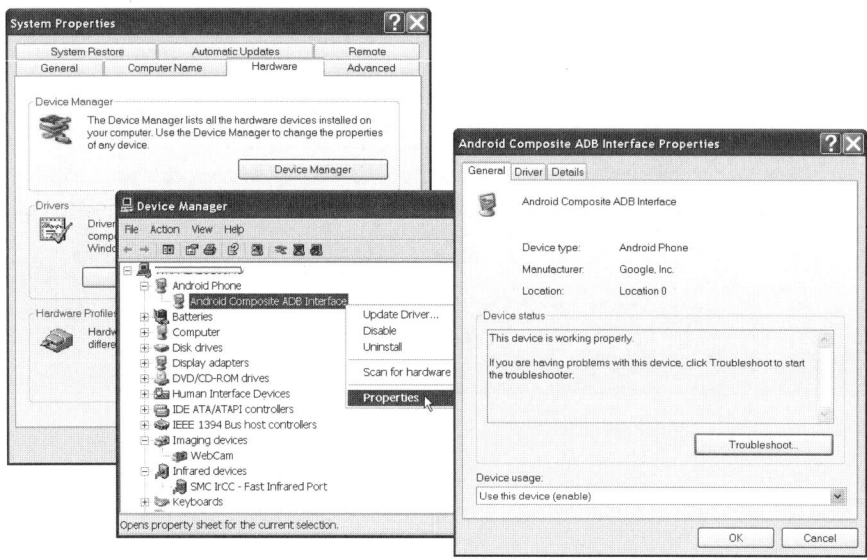

그림 1.12 윈도우 장치 관리자에서 드라이버 설치 과정에서 문제를 해결하는 모습

•• 안드로이드 기기 설정

안드로이드 기기를 직접 앱 인벤터 개발 환경에 통합하고 싶을 수 있다. 이런 경우 에뮬레이터 없이도 동시에 개발 중인 앱의 변경사항과 기능을 확인하고 검증해볼 수 있다. 개발 환경의 일부 기능을 담당하는 스마트폰은 반드시 개발 프로세스와 기술 플랫폼에 자연스럽게 통합될 수 있어야 한다. 앱을 개발하기 위한 준비하는 과정에서, 이미 앞서 살펴본 절에서 컴퓨터에 스마트폰을 연결하는 디바이스 드라이버를 활성화시켜 놓았다. 컴퓨터가 스마트폰을 제대로 인식했다고 해도, 스마트폰을 이용하면서 개발을 진행하기 전에 몇 가지 설정해줄 부분이 있다.

동일한 이름을 갖는 메뉴에서는 대부분의 안드로이드 스마트폰 안에 개발 환경 설정이 입력된다. 스마트폰의 앱 리스트 뷰로 가서 Settings 항목을 선택한다.

Settings 메뉴에서 Applications를 클릭하고 Development를 선택한다(그림 1.13은 HTC 타투Tattoo의 화면이다). 독자의 스마트폰 Settings 화면에 나타난 개별 메뉴 항목의 이름은 그림 1.13의 HTC 인터페이스 Sense와 다를 수도 있지만, Development 메뉴만은 모든 스마트폰의 화면이 같을 것이다. 좀 더 자세히 알고 싶다면 스마트폰 제조사의 메뉴얼을 참조한다.

그림 1.13 안드로이드 스마트폰의 Development 메뉴 화면

Development 메뉴를 선택하면 그림 1.14에 나와있는 메뉴 항목을 볼 수 있을 것이다. 처음 두 항목(USB debugging과 Stay awake)을 선택해서 녹색 마크로 활성화시켜둔다. 앱 인벤터 개발 환경에서 USB를 통해 스마트폰과 직접 통신하려면 USB debugging 항목을 체크해야 한다. 이 옵션을 활성화시키면 나중에 개발된 앱에 적용된 어떠한 변경사항을 직접적으로 화면에 나타내서 스마트폰으로 확인할 수 있다. Stay awake 항목은 개발 도중에 스마트폰의 화면 보호기가 동작하지 못하게 해준다. 화면 보호기가 동작해버리면 앱에 적용된 변경사항이 화면에 출력되지 못해서 개발에 차질을 일으킬 것이다. Development 메뉴의 세 번째 항목인 Allow mock locations는 비활성화 상태로 둔다. 이 옵션은 지리적인 위치 정보를 필요로 하는 앱을 개발할 때, 에뮬레이터로 앱을 개발하거나 GPS 센서가 없는 스마트폰에서 사용한다. 이러한 경우 GPS 정보가 제공되지 못하므로 임의의 위치를 입력함으로써 위치 데이터를 모사한다. 이번 예제의 목적에 맞게, 독자의 안드로이드 스마트폰에는 GPS 센서가 동작한다고 가정하겠다.

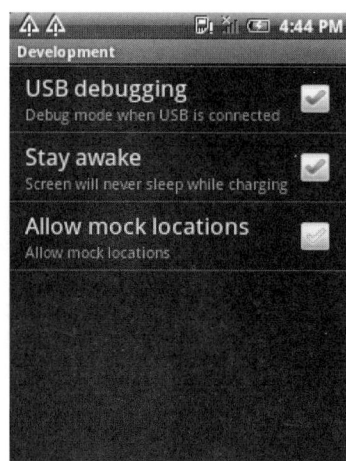

그림 1.14 USB debugging과 Stay awake 옵션의 활성화 화면

Development 메뉴에서 설정 항목들을 모두 적용했으면, 스마트폰의 자동 화면 회전 기능을 꺼야 한다. 그럼, 다시 Settings 메뉴로 돌아가서 Display 또는 Sound & display 항목을 선택한다. 그림 1.15에 나와있듯이 Orientation 항목의 체크 상태를 해제시켜 비활성화 상태로 만든다.

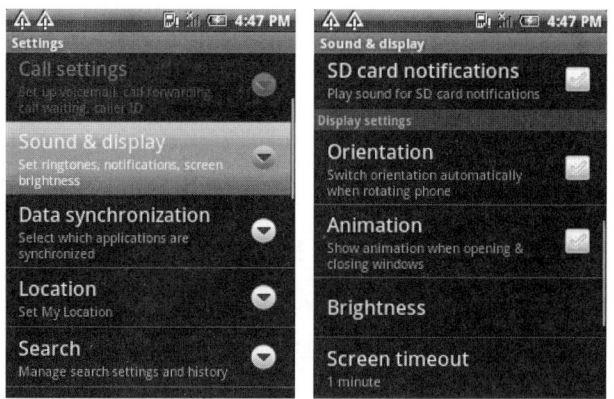

그림 1.15 Orientation 옵션을 통해 자동 회전 기능을 비활성화시키는 모습

앱 인벤터 업데이트 사항

2010년 12월 10일자 앱 인벤터 업데이트 사항에 따르면, 연결 및 비연결 모드에서 동작 중인 앱이 충돌하는 일을 막기 위해 자동 회전 기능을 비활성화시킬 필요가 없어졌다.

이제 독자는 앱 인벤터로 안드로이드 앱을 개발하기 위해 스마트폰을 사용할 때 필요한 몇 가지 준비 과정을 끝냈다.

이후 단계를 진행하면서 개발 작업을 중단시켜야 한다면, '보편적인' 스마트폰 사용을 위해 여기서 언급하는 개발 환경 설정을 리셋시키고 싶을 수도 있다.

스마트폰을 보편적인 방식으로 사용하기 위해 개발 환경 설정 비활성화시키기

앱 개발을 하면서 스마트폰을 사용하지 않을 땐, 다시 'Stay awake' 옵션을 해제시켜야 소비전력의 낭비를 막을 수 있다. 또한 'Orientation' 옵션을 다시 활성화시킬 수도 있다. 앱 인벤터를 다시 사용하기 전에, 이번 절에서 설명하는 설정 내용을 변경해줘야 한다.

안드로이드 마켓 밖에서 또는 USB 없이 앱을 설치하는 방법

앱을 개발하는 도중에는 때때로 USB로 연결하지 않은 상태에서 스마트폰에 앱을 설치해야 할 경우가 있다. 또한 안드로이드 마켓에 배포하지 않은 앱을 다른 개발자가 다운로드하게 할 수도 있다. 이는 앱 인벤터를 통해 QR(Quick Response) 코드를 생성한 다음 스마트폰의 바코드 스캐너로 읽어 와서 처리된다. QR 코드를 이용하려면 스마트폰에서 QR 코드 스캐닝 기능을 지원한다는 가정하에 Applications 메뉴에서 'Unknown sources'를 활성화시켜야 한다(그림 1.13 참조). 하지만 주의할 점이 있다. 즉, 언제든지 임의의 앱을 다운로드할 때는 악성 코드가 존재할 수 있다는 점이다.

마지막으로 스마트폰의 설정 상태가 제대로 동작하는지 확인한다. USB 케이블로 스마트폰을 컴퓨터에 연결하고, 필요하면 화면의 잠금을 해제시킨다. 독자의 스마트폰 화면에는 컴퓨터와의 연결 상태 메시지 및 USB 디버깅 연결 성공 메시지가 나타날 것이다. 또한 어떤 타입의 USB 연결을 할지 물어보는 화면이 나타날 것이다. 여기서는 어떠한 Sync(동기화) 기능도 선택하지 않는다. 대신, 예를 들면 Mount as disk drive 등을 선택한다. 그러면 컴퓨터의 운영체제에서 스마트폰의 내장 메모리 및 SD 카드를 검색한 후, 발견된 미디어 파일을 실행시킬 수 있는 옵션을 제공해줄 것이다. 이때 아무런 실행도 하지 않는다. 중요한 점은 이제 독자의 스마트폰이 그림 1.16의 좌측과 같이 상태 막대 안에 두 개의 상태 표시 아이콘을 보여준다는 것이다. 즉, 상단 막대 안에 느낌표가 포함된 두 개의 세모 기호가 보일 것이다.

그림 1.16 연결 상태를 보여주는 화면

화면의 상태 막대를 아래로 당겨서 열어보자. 그림 1.16의 오른쪽에 나와있는 것처럼 'USB debugging connected'라는 메시지가 나타날 것이다. 이전 항목인 Turn off USB storage는 독자의 스마트폰 또는 SD 메모리 카드가 인식되어 외부 디스크 드라이브로 연결됐음을 의미한다.

SD 카드: 앱 인벤터를 위한 필수품

최신 앱 인벤터 개발 환경과 스마트폰을 연동해 사용하려면, 반드시 스마트폰에는 SD 카드가 장착돼 있어야 한다. 실질적으로 모든 안드로이드 스마트폰에 SD 카드가 하나 정도는 있지만, 그래도 자신의 스마트폰이 SD 카드를 장착하고 있는지 확인해보자.

앱 인벤터로 앱을 개발하고 싶다면 모든 안드로이드 스마트폰에는 일반적으로 SD 카드가 있어야 하지만, 몇 가지 앱 인벤터 기능은 필연적으로 베타 버전 상태에 있어서 몇몇 스마트폰에서는 예상한 대로 동작하지 않다가 나중에 완전히 구현되면 제대로 동작할 수도 있다. 안드로이드 플랫폼에 관해 설명하면서, 폭발적으로 증가하고 있는 새롭고 다양한 안드로이드 스마트폰을 앱 인벤터 개발자들이 모두 고려해서 개발을 진행한다는 것은 사실상 불가능에 가깝다. 제조사에서 안드로이드 OS나 하드웨어 인터페이스를 표준 가이드라인으로부터 벗어나게 구현하는 경우 또는 구현된 코드에 비일관적이거나 심지어 버그가 존재하는 경우, 오작동하는 경우도 배제할 수 없다. 이러한 문제는 전형적으로 개별적인 각 기능과 연관돼 있어서, 해당 기능을 제외한 다른 앱 인벤터 컴포넌트들은 제대로 동작할 수도 있다.

앱 인벤터를 설치하고 준비하는 방법을 설명해 놓은 최신 온라인 정보

앱 인벤터 개발 환경을 구축하기 위한 요구사항은 달라질 수도 있다. 언제든지 다음의 MIT 앱 인벤터 사이트의 FAQ를 통해 앱 인벤터 설치에 관한 최신 정보를 찾아볼 수 있다.

- http://experimental.appinventor.mit.edu/learn/setup/

이 책에 나와있는 그림과 독자의 스마트폰 또는 컴퓨터 화면이 다르게 나온다고 해도 걱정하지 말자. 안드로이드 세상은 간단히 말해 너무나 커다랗고, 너무나 이질적이며 역동적일 뿐만 아니라 완전히 공개돼 있으므로 완전한 일관성을 갖기 힘들 뿐이다. 대신, 안드로이드라는 도구를 통해 자유를 누릴 수 있다. 한 단계 건너뛰는 것을 두려워 말고 자신이 직접 해결책을 찾아나가도록 노력하자. 이렇게 실용적인 방법은 나중에 직접 독창적인 앱을 개발할 때 유용할 것이다.

앱 인벤터 포럼

지금도 계속해서 커지고 있는 앱 인벤터 안드로이드 개발자 커뮤니티를 통해 작업 도중에 궁금한 사항이나 개발 주제, 프로젝트 등과 관련된 정보를 전 세계의 수많은 개발자와 공유할 수 있다. 이 커뮤니티를 활용하는 일은 앞으로 어떤 개발 작업이든 근간을 형성할 것이다. 다른 개발자들이 겪고 있는 문제점이나 궁금해하는 점에 귀기울이고, 독자가 스스로 글을 올려보자. 먼저, 아래 링크를 통해 앱 인벤터 포럼에 가입한다.

- http://experimental.appinventor.mit.edu/forum/

다섯 가지 포럼 주제 중 하나인 'Getting Set Up and Connecting Your Phone to App Inventor'는 특히 앱 인벤터 입문자를 위한 것이며, 소프트웨어 설치나 스마트폰 통합 방법, 입문자가 보편적으로 갖는 고민 거리 등과 관련된 질문을 다룬다.

2장
개발 환경

2장에서는 앱 인벤터의 개발 환경을 소개한다. 개인 작업 공간에 친숙해지다 보면 어느새 가장 첫 프로젝트를 수행하게 될 것이고 독자의 스마트폰에서 자신이 만든 애플리케이션을 보면서 감탄을 금치 못할 날이 오게 될 것이다. 이번 장에서 처음으로 프로젝트를 진행하면서, 앱 인벤터가 비록 기존의 일반적인 프로그래밍 언어와는 다를지라도, 첫 번째 프로젝트를 'HelloAndroidWorld'라 부를 것이다.

개발 환경 설계나 통합 개발 환경IDE은 앱 인벤터와 같은 시각적 개발 언어에겐 필수적인 요소다. 자바나 C, C++ 같은 기존의 프로그래밍 언어는 메모장 같은 텍스트 편집기만으로 코드 작성이 가능하다. 반면 AI로 안드로이드 앱을 개발할 때는 이처럼 대신해서 사용할 수 있는 개발 도구가 없으며, 반드시 구글이 제공하는 도구만 사용해야 한다. 그러므로 AI IDE가 어떻게 동작하는지 기본 개념을 꼭 알아야만 독자가 원하는 앱을 성공적으로 개발할 수 있다. 그렇기 때문에, 2장에서는 Designer와 Blocks Editor라는 핵심 인터페이스의 내용을 자세히 소개하면서, 이런 도구들을 어떻게 사용하는지, 그 기능과 주요 작업 도구들은 뭔지, 앱을 개발하면서 어떻게 앱과 소통할 수 있는지 설명해 나갈 것이다. 또한 독자는 어떻게 개발한 작업 내용이나 개발 환경을 가능한 빠르게 스마트폰에 직접 통합해 결과를 시각적으로 확인할 수 있는지 배울 것이다. 물론, 앱 인벤터 개발 환경이 초기엔 약간 다루기 어려운 점이 있다는 점을 다루면서, 이러한 문제점들을 극복하는 효과적인 해결책을 보여줄 것이다.

> **표현 방식의 차이**
>
> 앱 인벤터 개발 환경은 버전이나 제공자에 따라 형태, 참고 자료, 메뉴 구조 등이 다를 수 있음을 꼭 기억해주기 바란다. 구글은 현재 나와있는 AI의 기반을 만들었기 때문에 구글 이외의 AI 제공자의 개발 환경은 구글의 AI를 기반으로 한다. MIT AI에 대한 최신 정보를 얻으려면 다음 사이트를 참조하기 바란다.
> - http://appinventoredu.mit.edu
> - http://experimental.appinventor.mit.edu

앱 인벤터 시작하기

앱 인벤터로 첫 프로젝트를 시작하기 전에, 앱 인벤터 온라인 플랫폼에 접근할 수 있는 로그인 정보가 있어야 한다. 로그인 정보를 획득하는 방법은 1장에서 설명했다. 독자가 사용하는 앱 인벤터 플랫폼에 따라 제공자가 명시적으로 독자의 계정을 활성화시킬 필요가 없을 수 있으며, 이메일 승인 절차 없이도 AI 플랫폼을 통해 즉시 앱을 개발할 수 있을 것이다. AI를 사용하기 위해 거치는 이메일 승인 절차는 아래 그림처럼 과거에 AI가 폐쇄적인 베타 버전이었을 때는 이메일을 통한 승인 절차가 요구되었고, 현재 MIT의 AI 실험판을 이용할 때도 이와 유사한 확인 절차를 거쳐야 한다.

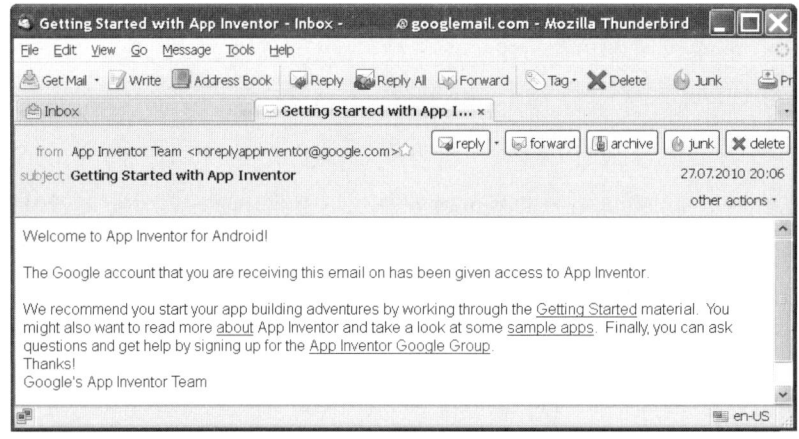

그림 2.1 과거 역사가 돼버린 활성화 메시지(더 이상 불필요함!)

물론, 성공적으로 AI를 실행하려면 1장에서 다룬 시스템 환경 요구 조건들을 모두 갖춘 후에 독자의 스마트폰에 맞는 올바른 개발 환경을 입력해야 한다. 컴퓨터에 스마트폰을 연결하고 'USB 디버깅' 모드로 전환해 검사했는지 확인한다. 이러한 상황이 갖춰졌다면, AI 개발 환경을 구축할 준비가 된 것이다. 첫 번째 안드로이드 프로젝트를 만들어보자.

앱 인벤터 Designer

AI 개발 환경 구축을 시작하기 위해, 두 가지 주요 작업 도구 중 하나인 Designer를 열자. AI Designer에서는 주로 독자만의 앱 인터페이스를 생성하며, AI가 갖고 있는 항목들로부터 다양한 역할을 하는 요소들을 가져다 놓는다. AI Designer는 웹 애플리케이션의 일종으로, 보통 웹사이트와 마찬가지로 웹 주소를 입력해 열면 된다.

앱 인벤터를 실행하려면 브라우저에 웹 주소를 적는다

앱 인벤터를 실행하기 위해 독자의 제공자의 해당 웹 주소로 간다. 필요하다면, 제공자의 문서를 참조해 적절한 주소를 찾는다. 구글 AI의 원래 주소는 http://appinventorbeta.com이었다. MIT에서 실험적으로 공개한 AI 버전의 링크 주소는 다음과 같다.
- http://experimental.appinventor.mit.edu
- http://appinventor.mit.edu

앱 인벤터의 시작 주소에 접근할 때, HTTPS 프로토콜로 암호화된 로그인 페이지가 아래와 같이 열리며, 이는 이미 구글 AI 시스템에 로그인하는 섹션에서부터 알고 있던 사실이다. 로그인 정보를 입력하고 버튼을 눌러 앱 인벤터를 시작한다.

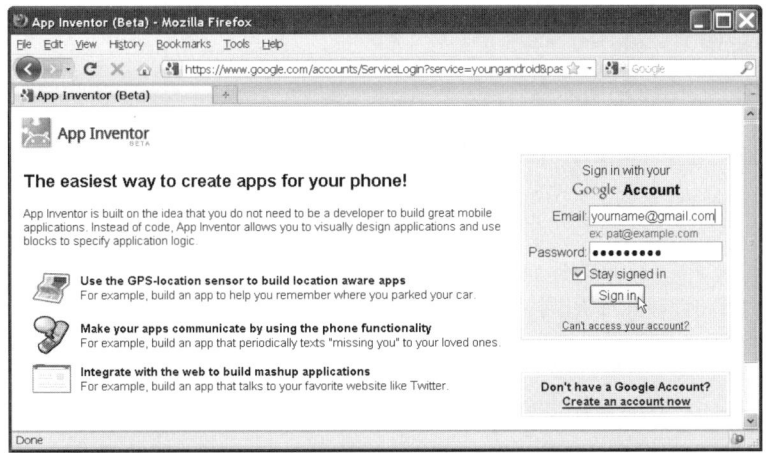

그림 2.2 앱 인벤터 개발 환경을 시작하는 로그인 페이지

독자의 로그인 정보가 받아들여지면, 웹브라우저에서 AI Designer가 실행된다. 페이지 로딩이 끝나면 AI Designer는 그림 2.3과 같이 "Welcome to App Inventor!"라는 메시지로 반길 것이다. 이 사이트에 처음 접속했다면 서비스 이용 약관을 확인해야 하며, My Projects 링크를 눌러 시작 페이지로 가면 된다.

변경사항에 대해

다음 그림에 나오는 이미지들은 시간이 지나면서 앱 인벤터가 업그레이드돼 여러분의 컴퓨터에 나타난 결과와 살짝 다를 수 있다.

앞서 설명한 기능들이 약간 다른 형태나 다른 위치에 나타나도 전혀 문제되지 않는다. 보통 구글 앱 인벤터 팀이나 MIT 같은 AI 제공자에 의한 AI 업데이트는 이러한 변경사항이나 업그레이드 항목에 대해 지속적으로 정보를 제공해 줄 것이다.

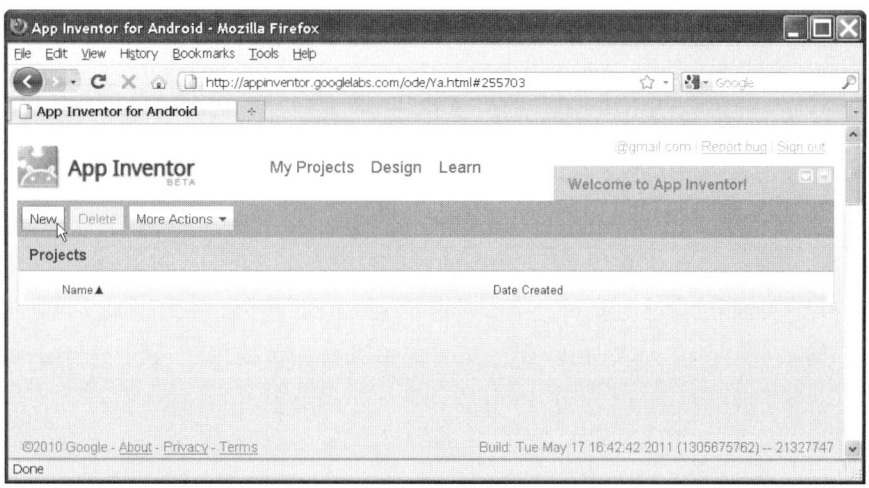

그림 2.3 처음 앱 인벤터 Designer를 봤을 때의 페이지

Designer 영역에서 프로젝트 생성하기

그림 2.3에서 보여주는 바와 같이 AI Designer 창의 상단 왼쪽을 보면 앱 인벤터^{BETA} 로고가 있다. 이는 마치 퍼즐 조각처럼 보이며, 완전한 안드로이드 앱 기능을 생성하기 위해 서로 끼워 맞추는 시각 개발 언어의 블록을 상징한다. 이 로고의 바로 좌측을 보면 세 가지 옵션이 놓인 막대가 있다(My Projects, Design, Learn). My Projects와 Design을 통해 AI Designer에서 전체 앱 프로젝트들을 볼 수 있는 페이지와 현재 프로젝트의 정보 페이지를 오갈 수 있다.

처음 AI를 실행하면, 현재 앱 프로젝트가 등록돼 있지 않으므로, 두 가지 메뉴 아이템은 이 단계에서 변하지 않는다.

비슷하게, 회색 배경에 Projects란 머리글이 적힌 창의 아래 부분에 있는 작업 영역은 처음 AI Designer를 열면 완전히 비어 있을 것이며, 구글 저작권, 사용 용어, 기타 정보, 현재 사용 중인 AI 버전("Build: …"으로 된 부분)만 나타난다. Learn 옵션은 새로운 브라우저 탭을 열어서 구글의 AI 문서를 볼 수 있게 해준다.

오른쪽 상단을 보면 그림 2.3과 같이 구글 이메일 주소 형태로 독자의 사용자 이름이 나타난다. 그 옆에 있는 Report bug는 베타 버전인 AI로 작업하면서 발생하는 오류를 보고할 때 사용한다. Sign out 옵션은 AI를 통한 개발을 마친 후에 로그아웃하는 버튼으로, 개발 환경을 닫는 역할을 한다. 그 아래에는 작은 message area란이 있는데, 이는 구글 개발자들이 업데이트 사항, 버그, 혹은 기타 알아둬야 할 사항들을 나타낸 곳이다(그림 2.4 참조). 이곳에 아무런 정보가 없다면 "Welcome to App Invento!"라는 친숙한 인사말을 보게 될 것이다(그림 2.3). 이 메시지 오른쪽에 있는 두 개의 버튼은 이 메시지를 확대하거나 축소시킬 때 사용한다.

상단 막대 바로 아래에 있는 밝은 녹색 배경의 막대는 기능 메뉴로, 버튼 세 개가 있다. 상단 막대의 어떤 옵션을 선택했는지에 따라 기능 메뉴는 해당 작업 영역에 필요한 기능의 버튼만을 보여준다. 기능 메뉴는 형태를 달리하며 활성화된 작업 영역에 따라 형태가 달라진다. 예를 들어, 현재 작업 영역에 아무런 프로젝트도 존재하지 않으면, Delete 버튼이 회색으로 비활성화되고 선택이 불가능해진다(그림 2.4).

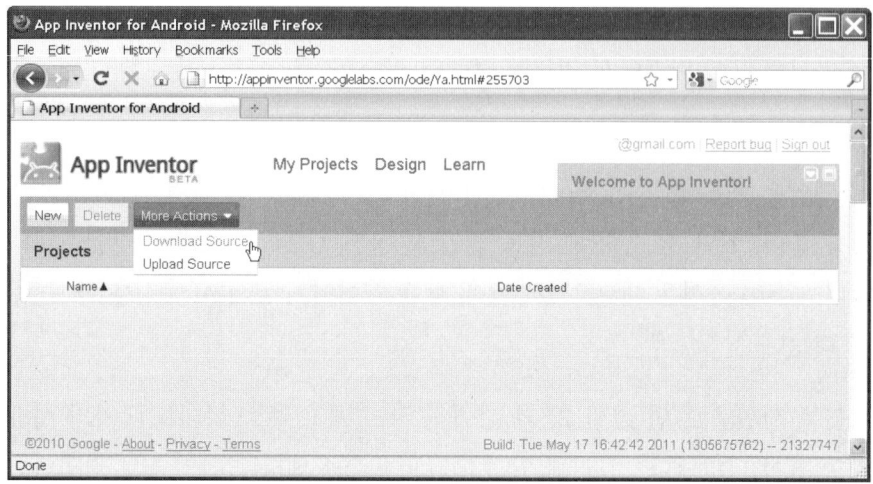

그림 2.4 회색으로 처리된 비활성화 버튼

비슷하게, More Actions 밑에 Download Sources 메뉴 아이템은 기존의 혹은 선택된 앱 프로젝트가 없으면 그림 2.4처럼 사용이 불가능하다. More Actions 메뉴 항목은 독자의 로컬 하드 디스크로 완성된 앱 프로젝트를 불러오거나(Download Source) 하드 디스크에 저장된 프로젝트를 AI 개발 환경으로 불러올 때 사용된다(Upload Source). 앞으로 보안과 관련하여 독자의 앱 프로젝트를 대신해 좀 더 상세하게 이러한 기능을 다루게 될 것이다.

앱 프로젝트를 생성해 AI Designer 사용자 인터페이스 요소를 사용할 수 있게 해보자. 이 요소를 사용하려면 기존 프로젝트가 있어야 한다. New 버튼을 눌러서 첫 번째 앱 프로젝트를 생성하자. 그러면 그림 2.5와 같이 "New App Inventor for Android Project…"라는 창이 열린다. Project name에 프로젝트 이름을 입력한다. 이 이름은 AI뿐만 아니라 개발이 끝난 안드로이드 앱에서도 프로젝트명으로 사용된다. 프로그래밍의 관습에 따라 프로젝트명으로 'HelloAndroidWorld'를 사용하겠다. 이름에는 공백이 있으면 안 된다. 반드시 밑줄이 아닌 글자로 시작해야 한다.

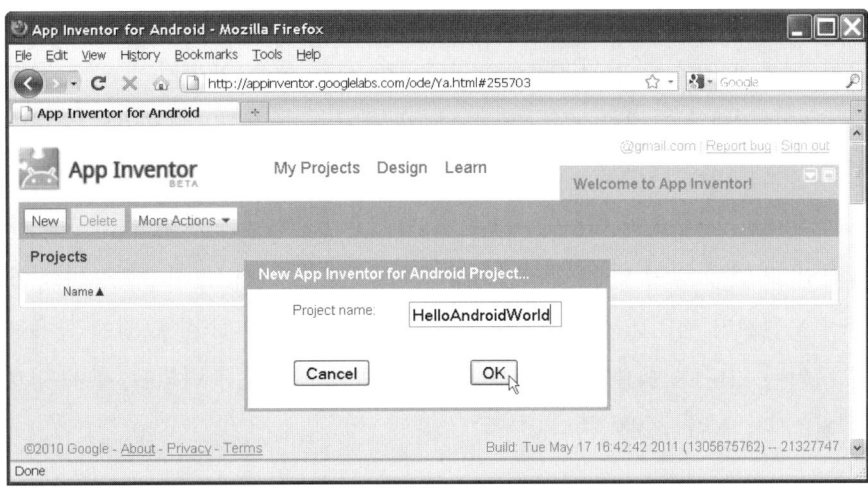

그림 2.5 AI Designer에서 새로운 앱 생성하기

다섯 가지 패널

OK를 클릭해 입력을 마치면, AI Designer의 전체 인터페이스가 잠시 후 화면에 나타난다. 그림 2.6과 같이 다섯 가지 패널(Palette, Viewer, Components, Media, Properties)이 등장한다. 이 패널들을 가지고 AI의 그래픽 기능 컴포넌트를 통해 앞으로 앱을 생성 혹은 '디자인'하게 될 것이다.

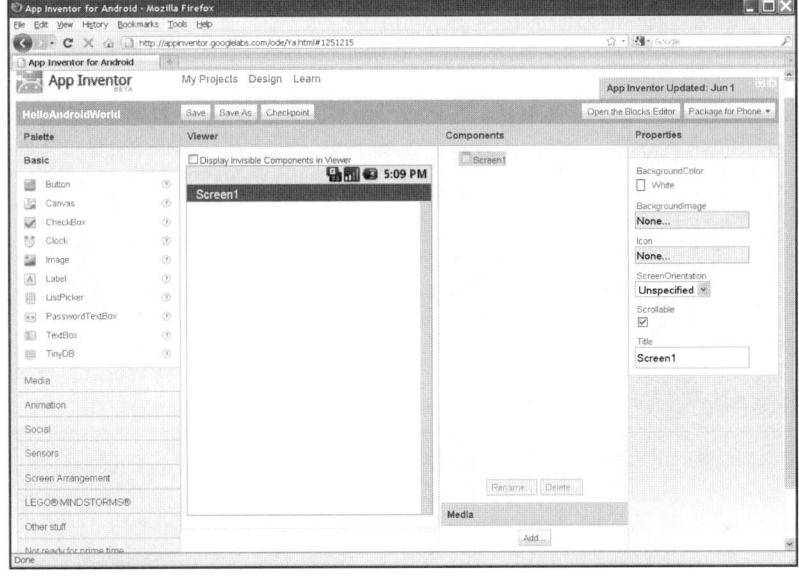

그림 2.6 AI Designer의 다섯 가지 패널

Palette 컴포넌트 인벤토리

작업 영역의 좌측에 있는 Palette 패널에는 AI가 앱을 개발하기 위해 사용할 수 있는 모든 그래픽 기능 컴포넌트가 담겨 있다. 이런 컴포넌트는 다양한 그룹으로 묶인다(Basic, Media, Animation, Social, Sensors, Screen Arrangement, LEGO MINDSTORMS, Other stuff, Not ready for prime time, Old stuff 등). 그룹 이름(헤더)을 클릭하면 그 안에 담겨 있는 컴포넌트의 목차를 볼 수 있다. 그림 2.7은 다섯 개의 컴포넌트가 담겨 있는 Media 그룹을 선택한 모습이다. 바로 옆에 물음표가 나타나 있다. 이를 클릭하면 간단한 컴포넌트 이름이 출력되고, 추가 정보를 최소 한 개 이상 보여준다.

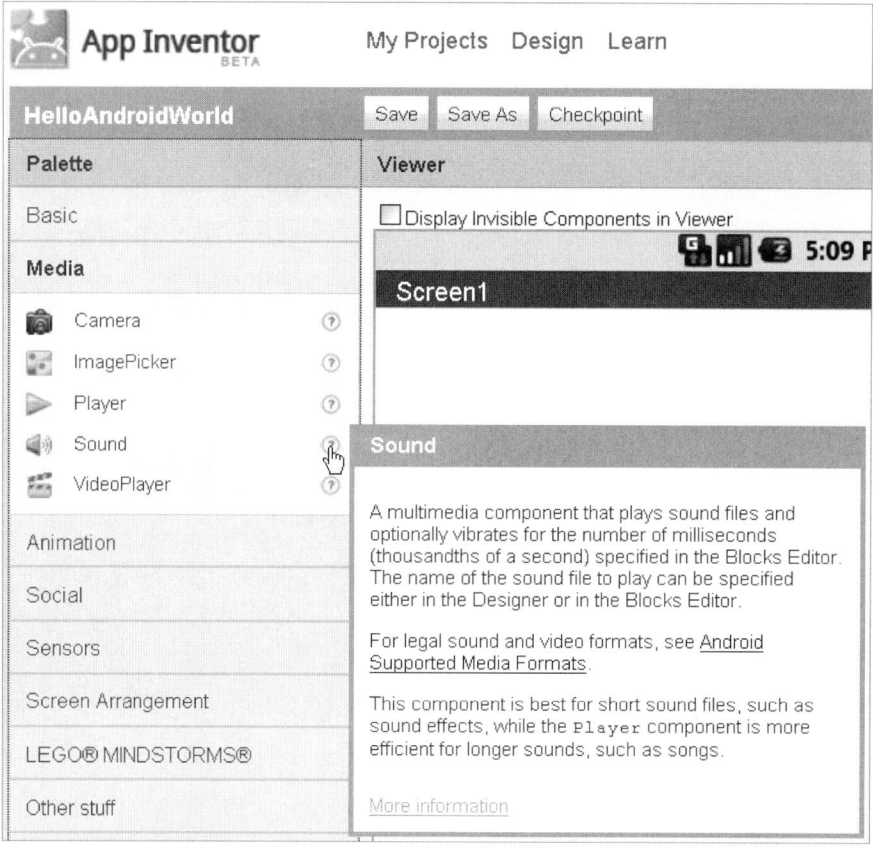

그림 2.7 각 컴포넌트의 추가 정보가 표시된 화면

More Informaiton 링크는 Component Reference에 컴포넌트의 기능을 자세히 보여준다. 이 참조 페이지는 각 컴포넌트의 기능과 사용 범위를 정의하며, 메소드, 이벤트, 속성 등 앞으로 배우게 될 정보도 제공해준다. 그림 2.8은 미디어 컴포넌트인 Sound의 사용 예제를 서술한 장면을 보여주며, 이 컴포넌트는 그림 2.7의 More information 링크를 클릭한 다음 별도의 탭에 나타난다.

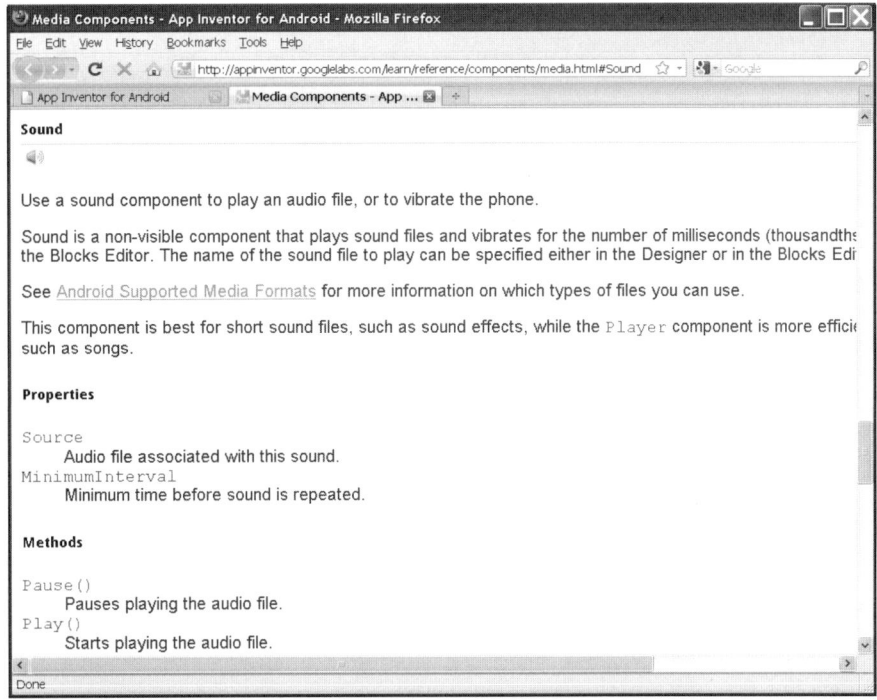

그림 2.8 Component Reference의 'Sound' 컴포넌트를 자세히 설명한 화면

Component Reference는 각 컴포넌트의 상세한 설명이 필요할 경우 나중에라도 개발 작업을 할 때 사용할 수 있는 좋은 리소스를 제시한다. 이러한 온라인 리소스를 두려워 말고 사용하자. 이 정보에는 항상 최신 내용이 담겨 있다.

알아둘 점

참고
다음 주소 페이지에는 모든 AI 컴포넌트와 기능을 참조할 수 있는 내용이 들어 있다.
- http://experimental.appinventor.mit.edu/learn/reference/components/

Viewer에서 컴포넌트 오브젝트로 앱 디자인하기

그림 2.9의 좌측에서 볼 수 있듯이, Viewer 패널은 스마트폰의 외관과 닮았다. Viewer의 상단 라인은 통신 타입(GPRS의 "G"), 신호 세기 표시 막대, 배터리 상태, 시계 등 전형적인 휴대전화 정보를 나타낸다. 이러한 모든 항목은 실제로는 이미지일 뿐이다. 즉, 장식용이다.

그 아래 디자인 영역에서 실제 앱의 인터페이스와 서로 상호작용할 수 있는 기능 요소들을 조합한다. 그러면 팔레트에서 원하는 컴포넌트를 클릭해 Viewer로 끌어다 놓으면 된다. 그리고 원하는 위치에 배열시키면 끝이다.

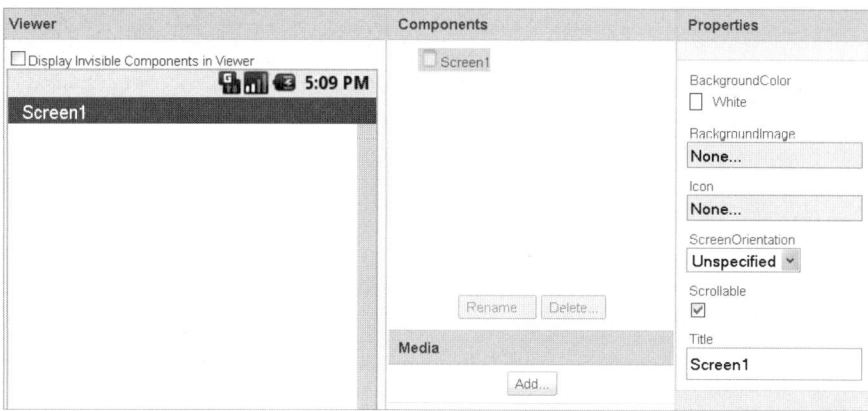

그림 2.9 'Screen1' 컴포넌트와 그 속성

참고

추가 사항: 컴포넌트와 컴포넌트 오브젝트 간의 차이점

Viewer에 컴포넌트를 끌어다 놓으면, Viewer에 그 컴포넌트에 대응되는 오브젝트가 생성된다. 이 오브젝트는 선택된 컴포넌트와 비슷하지만 실제로 이 컴포넌트 자체를 Viewer에 옮긴 건 아니다. Palette를 보면 여전히 컴포넌트가 활성화돼 있어 동일한 컴포넌트 타입의 오브젝트를 다시 생성할 수 있다. 이는 굉장히 중대한 차이점이다. 객체지향 프로그래밍에서, 생성된 오브젝트는 해당 클래스의 실체가 되는 인스턴스로 지정된다. 동일 컴포넌트 타입을 갖는 각 오브젝트들은 개개의 명확한 이름을 할당해 구별하고, 일반적으로 다양한 오브젝트에는 서로 다른 속성이 할당된다. 설명이 복잡해질 수 있으므로 추상 컴포넌트와 구체 컴포넌트의 차이는, 예를 들어 자바와 같은 객체지향적인 안드로이드 프로그래밍과 달리 AI를 통한 앱 개발과는 깊은 관련이 없으므로, 이 책에서·과도하게 강조하지 않겠다. 가끔 컴포넌트 오브젝트나 오브젝트라는 용어를 사용해 AI Designer나 AI Blocks Editor의 특정 컴포넌트 타입으로 생성된 오브젝트를 지칭할 것이다. 때로는 특정 폰트를 사용해 고유의 오브젝트로 특정 컴포넌트 오브젝트를 지칭할 것이다.

Viewer에 시각적으로 정렬돼 있는 컴포넌트 오브젝트를 통해 실제 스마트폰에 보여질 결과 화면을 대략적으로 알 수 있다. 여기서 대략적이라고 한 이유는 스마트폰에서 실제로 보여지는 모습은 약간 다를 수 있기 때문이다. 예를 들어, 텍스트 한 줄은 글씨 크기에 따라 화면 출력 위치가 다를 수 있다. 독자는 직접 자신의 스마트폰과 Viewer에서 보여주는 화면에 차이가 있는지 AI로 개발하면서 확인할 수 있다. Viewer에 끌어다 놓은 컴포넌트는 대개 컴퓨터에 연결된 스마트폰에 연동되어 나타나기 때문이다. 하지만 1장에서 언급했던 에뮬레이터와 Viewer는 다르므로 혼동하지 말자. Viewer는 스마트폰의 속성이나 기능을 모방하지 못하며, 단지 컴포넌트를 배열하는 데 사용할 뿐이다.

Viewer 위에는 Display Invisible Components in Viewer라고 적힌 체크박스가 있다. 이 박스를 활성화시키면 Invisible 속성이 Visible로 변경되면서 모든 컴포넌트가 화면에 나타난다. 예를 들어 완성된 앱을 실행할 때 특정 상황에 있을 경우에만 Invisible 속성의 컴포넌트가 이미지나 화면을 보여주도록 속성을 지정할 수도 있다(예를 들어, Start 버튼이 눌린 다음에만 Stop 버튼을 보이도록 만들어야 할 것이다). 이 체크박스는 AI Designer에서 앱을 디자인하는 동안 모든 컴포넌트를 볼 수 있게 하는 편리한 옵션 역할을 하므로, 전체적인 모습을 지켜볼 수 있다.

컴포넌트와 미디어 패널에서 오브젝트 구조 만들기

Components 패널에서, Viewer에 끌어다 놓는 모든 컴포넌트는 계층 트리 구조로 나타낸다. 즉, 개개의 컴포넌트를 다른 컴포넌트의 종속 요소로 지정돼 동일한 속성이나 종속성을 갖도록 그룹을 형성한다. 마치 나무에서 뻗어 나온 가지에 매달린 잎사귀와 같은 형태다. 그림 2.9는 스마트폰 화면에 출력되고 모든 컴포넌트의 뿌리가 되는 최초의 시작 컴포넌트를 형성하는 Screen1 컴포넌트만을 보여준다. 이 컴포넌트는 필수 요소이므로, 컴포넌트의 이름을 지정하거나 삭제하는 두 개의 버튼은 아직 활성화되지 않았다. 이는 앞으로 추가되는 컴포넌트에만 활성화된다. 기존의 구글 AI는 오직 한 개의 스크린 컴포넌트를 갖는 앱만 지원했으므로, Palette 패널엔 선택이나 추가 역할을 하는 Screen 컴포넌트가 없다. 구글 AI에서 다양한 스크린 화면을 갖는 앱들은 앞으로 살펴보겠지만, 반드시 서로 다른 방식을 통해 구현되거나 처리해야 한다. 기본 값인 'Screen1'에서 숫자 '1'은 구글의 개발자들이 차후에 앱 안에 AI에서 모든 부가적인 스크린 뷰를 추가하는 옵션을 완전히 잊어버리고 빼먹는 걸 원치 않았다는 걸 의미한다.

다른 엘리먼트 카테고리는 앱에 추가할 수 있는 오디오나 비디오 파일 같은 미디어 파일이다. 이 항목들은 Media 패널에서 Add 버튼을 눌러 로컬 하드 디스크에 있는 파일을 불러와 AI 개발 환경으로 업로드할 수 있다. 그림 2.9에는 미디어 파일이 아직 로딩되거나 리스트에 등록되지 않았다. Media 컴포넌트 그룹에서 오디오나 비디오를 재생하는 컴포넌트 같은 적절한 컴포넌트와 연결될 때만 사용 가능하기 때문이다.

컴포넌트 속성 설정하기

Properties 패널은 선택된 컴포넌트 오브젝트의 속성을 보여준다. 속성은 Components나 Viewer 패널에서 항목을 선택했을 경우에 나타난다. 지금은 선택할 항목이 Screen1밖에 없으므로, 이 항목의 속성만 Properties 패널에 나타난다. 여섯 개의 속성인 BackgroundColor, BackgroundImage, Icon(앱의 시작 아이콘에 해당), ScreenOrientation(Unspecified, Portrait, Landscape 등), Scrollable(스크린을 스크롤시키는 옵션), Title 등이 있다.

예를 들어, BakcgroundColor를 클릭하면 앱의 스크린 배경색을 선택할 수 있는 색상 팔레트가 열린다. 그림 2.10에서는 Blue 색상을 배경색으로 선택했다. Title 필드로 스마트폰에 표시될 앱의 제목을 바꿀 수 있다. 예를 들어, Screen1을 HelloAndroidWorld!로 말이다. 앱의 파일명과 달리, 이 텍스트 박스에 입력된 라벨에는 띄어쓰기나 특수 기호를 입력할 수 있다. Properties 패널에서 속성을 바꾸면 그 결과가 Viewer에 바로 나타나며, 곧 연결된 스마트폰에도 나타난다.

그림 2.10 Properties 패널에서 컴포넌트 속성 변경

앱 프로젝트 관리 및 저장하기

이제 HelloAndroidWorld 프로젝트를 생성하는 데 사용 가능한 AI Designer 의 패널을 알아봤으니, 또 다른 두 가지 핵심 메뉴 막대를 살펴보자. 최상단 막대는 변화 없이 세 가지 항목을 담고 있다(My Project, Design, Learn). 예전에 My Projects 메뉴 항목을 클릭하면, 브라우저 화면은 이전에 그림 2.3에서 보였던 빈 프로젝트 뷰인 Projects로 돌아간다. 하지만 지금은 그림 2.11과 같이 새로 만든 'HelloAndroidWorld' 프로젝트를 리스트에 열거하며 생성 날짜를 보여준다.

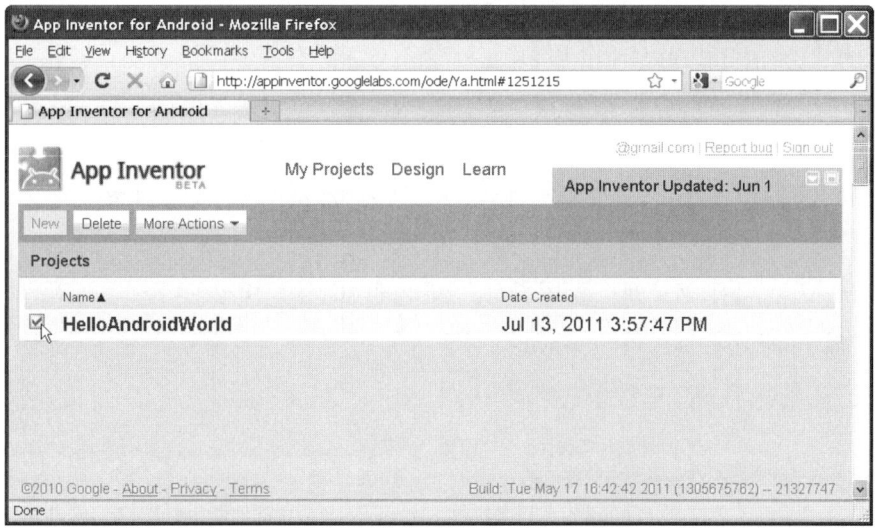

그림 2.11 프로젝트 뷰에 추가된 새로운 'HelloAndroidWorld' AI 프로젝트

프로젝트 이름 앞에 있는 체크박스를 클릭해서 'HelloAndroidWorld' 프로젝트를 선택하면, 기능 메뉴에는 이전에 비활성 상태였던 Delete와 More Actions가 활성화된다. 지금은 프로젝트를 개발하고 있으므로 삭제하지 않을 것이다. 하드 디스크에 다운로드도 하지 않을 것이다. 대신, Design 메뉴 항목을 클릭하거나 프로젝트 이름을 눌러서 Designer 뷰로 돌아가자. 그러면 그림 2.12와 같이 이전에 남겨 두었던 상태 그대로 프로젝트가 화면에 나타난다.

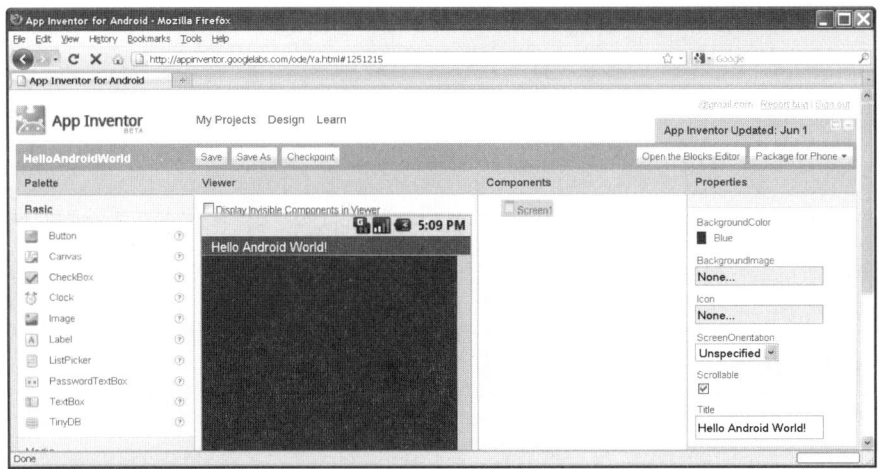

그림 2.12 디자인 모드에서의 기능 메뉴 화면

앞서 언급 했듯이, 프로젝트를 생성하면 기능 메뉴의 형태가 달라진다. 디자이너 영역은 앞서 프로젝트 뷰에서 봤던 것과 달리 밝은 녹색 배경의 줄 안에 완전히 다른 기능의 버튼이 있다. 가장 왼쪽에는 현재 프로젝트의 이름이 적혔고, 그다음 프로젝트를 저장하는 세 가지 버튼이 연달아 나온다. 모두 구글의 AI 서버에 해당한다. Save 버튼을 누르면 현재 프로젝트의 상태 그대로를 현재 이름으로 저장한다.

 데이터 손실을 막기 위한 규칙적인 저장
Save 버튼을 틈 날 때마다 눌러서 저장해야 한다. AI 제공자의 서버와 연결되어 있다가 갑자기 동작이 멈추거나 오류가 발생한 경우, 연결이 재가동되면서 가장 마지막에 저장된 프로젝트로 접근할 수 있다.

Save As 버튼을 누르면 다른 이름으로 프로젝트를 저장할 수 있고, 복사된 프로젝트를 대상으로 계속 작업할 수 있다. Checkpoint 버튼을 누르면 또 다른 저장 기능을 활용할 수 있다. 즉, 개발 작업을 굉장히 간편하게 해준다. 앱을 개발하면서, 때로는 마치 여러 갈래의 길을 걷는 것처럼 여러 버전의 프로젝트 중 하나를 선택해야 할 순간이 온다. 선택한 길을 가기 전에 '체크 포인트(일종의 마커)'를 만들어서 현재 프로젝트 단계를 저장할 수 있다. 나중에 다른 프로젝트가 더 낫다는 생각이 들면, 체크 포인트를 선택해서 이전의 프로젝트 단계로 돌아가서 그 부분부터 새로운 방향의 프로젝트를 개발하면 된다. AI는 다양한 저장 스타일을 위해 '_copy'나 '_checkpoint' 같은 다양한 프로젝트 이름을 추가하길 권장한다. 이렇게 생성한 프로젝트의 변종은 프로젝트 오버뷰(overview)에 수록돼 나타나며, 그림 2.13과 같이 프로젝트 이름을 클릭해 편집할 수 있다. 물론, 저장할 프로젝트 변종을 위한 독자만의 이름 스타일을 사용해도 좋다.

그림 2.13 'HelloAndroidWorld' 프로젝트의 복사본과 체크 포인트

다시 Designer 영역의 기능 메뉴로 돌아가자. 프로젝트 저장 버튼 옆에, 기능 메뉴의 오른쪽에 있는 두 가지 버튼이 보일 것이다. Package for Phone 밑의 선택 메뉴는 현재 화면에 출력되는 프로젝트를 기반으로 앱을 생성하는 세 가지 옵션을 제공한다. 이전에 설명한 세 가지 프로젝트 저장 옵션과 달리 이 버튼들은 프로젝트의 결과물인 앱 자체를 생성하며, 이는 프로젝트 정보를 가지고 AI가 만들어내는 산물이다. 이렇게 만들어지는 앱은 AI 제공자 서버에 저장되지는 않고, 서버에 의해 내보내진 다음 세 가지 경우 중 하나로 로컬 컴퓨터에 저장된다. 즉, Show Barcode에 해당하는 그래픽 암호화된 다운로드 링크나 Download to this Computer로 apk 확장자를 갖는 애플리케이션 파일을 로컬 컴퓨터에 다운로드하거나 Downlaod o Connected Phone으로 독립적인 애플리케이션 형태로 직접 스마트폰에 다운로드할 수도 있다.

이러한 내보내기 exporting 옵션에 대해서는 2장 후반부에 좀 더 자세히 다룬다. 세 가지 옵션 중 하나를 선택하면 그림 2.14와 같이 작업 영역의 최상단에 빨간 배경의 오류 메시지가 나타난다.

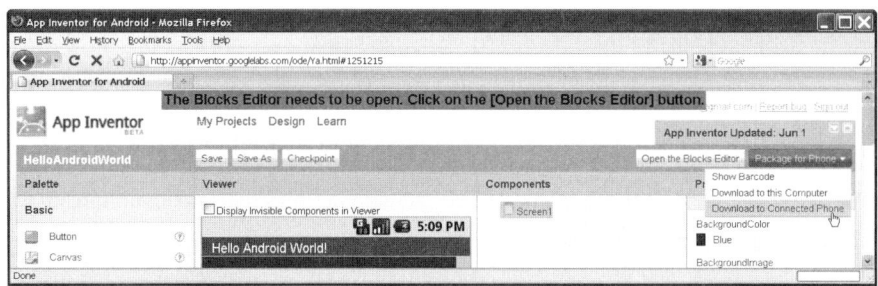

그림 2.14 앱을 생성하려면 Blocks Editor를 거쳐야 한다

위 메시지는 내보내기 기능을 사용하려면 먼저 AI 개발 환경의 또 다른 영역을 열어야 함을 나타낸다. Open the Blocks Editor라 적힌 Designer 기능 막대에서 마지막 버튼을 누른다.

앱 인벤터 Blocks Editor

Designer의 단짝인 Blocks Editor는 AI 개발 환경의 두 번째 핵심 작업 창이다. Blocks Editor를 통해 개개의 컴포넌트를 실제로 동작시킬 수 있고, 특정 작업을 할당해 전체적인 기능을 형성할 수 있다. AI Blocks Editor는 자바 웹 스타트 애플리케이션 형태로 구현됐기 때문에, 이를 실행하려면 1장에서 언급한 자바 환경 구축이 돼 있어야 한다. 그림 2.15에서 보이는 바와 같이 Open the Blocks Editor 버튼을 눌러 기능 메뉴에서 AI Blocks Editor를 시작할 수 있다.

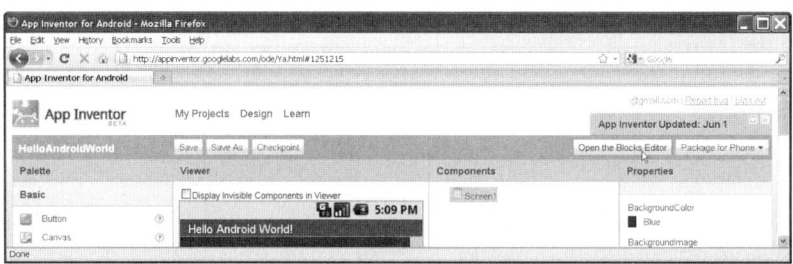

그림 2.15 AI Designer의 기능 메뉴를 통해 Blocks Editor를 실행하는 모습

이 버튼을 누르면, 라벨이 'Opening the Blocks Editor …(click to cancel),'로 바뀌어 AI Blocks Editor의 불러오기 과정이 진행 중임을 나타낸다. 그런 다음 웹 브라우저가 별도로 나타나 자바 웹 스타트 애플리케이션 혹은 JNLP 파일인 AppInventorForAndroidCodeblocks.jnlp을 어떻게 할지 묻는다. 이전에 살펴본 자바 웹 스타트 데모와 마찬가지로 진행한다(Open with를 선택하고 Java(TM) Web Start Launcher를 선택하며, "Do this automatically for files like this from now on(다음부터 이러한 종류의 파일들을 동일하게 처리합니다)" 기능을 활성화하여 같은 질문을 하지 않도록 한 뒤 그림 2.16과 같이 OK를 선택한다).

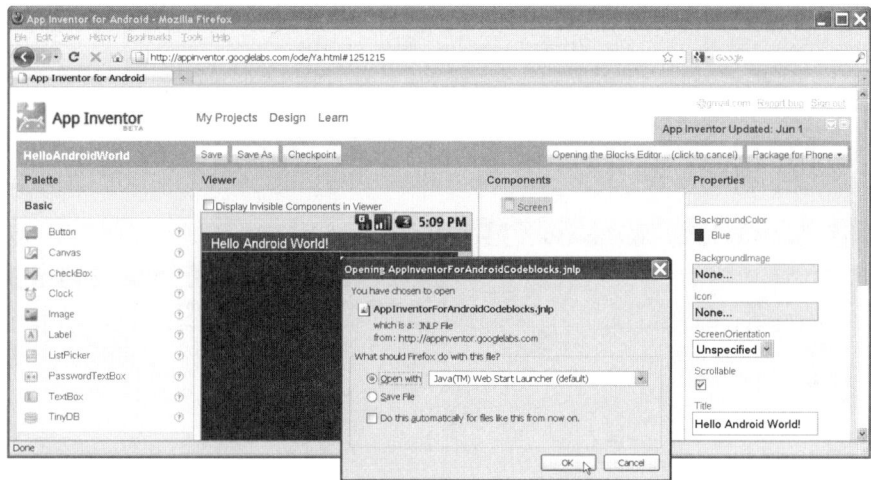

그림 2.16 AI Blocks Editor를 불러와서 실행하도록 확인하는 모습

자바 웹 스타트 애플리케이션인 AI Blocks Editor는 이제 그림 2.17의 왼쪽과 같이 별도의 메시지가 나타나 로딩 중임을 나타낸다. 다운로드가 끝난 애플리케이션을 실행하기 전에, 디지털 서명을 요청할 수도 있다. 아무것도 없다면, 반드시 수동으로 프로그램을 실행하길 원한다는 걸 확인한다(그림 2.17의 우측 참조). 다시 "항상 이 제공자의 컨텐트를 신뢰합니다."를 활성화한다. 그러면 다음에 AI Blocks Editor를 실행시킬 때 같은 질문을 받지 않는다.

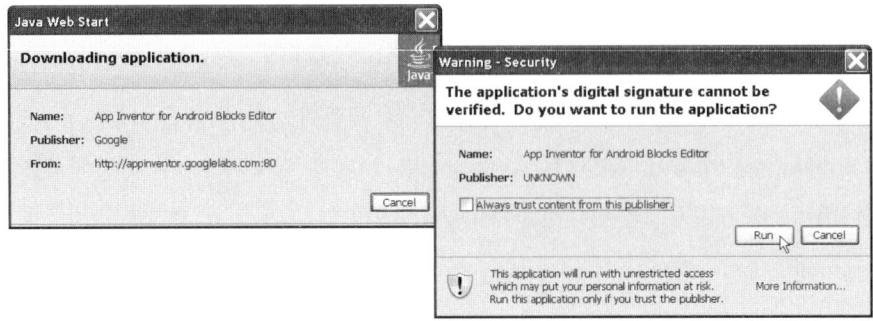

그림 2.17 보안 체크를 한 뒤 Blocks Editor 로딩

AI Blocks Editor의 불러오기 과정은 약간 시간이 걸린다. 구글에 의하면 30초 정도 걸린다고 하며, 인터넷 통신 속도에 따라 달라진다. 로딩을 마치면 새로운 창이 생기면서 그림 2.18과 같은 Blocks Editor 인터페이스가 나타난다. 처음 창을 열면 아무것도 없이 텅 비었지만, 곧 상황이 달라질 것이다.

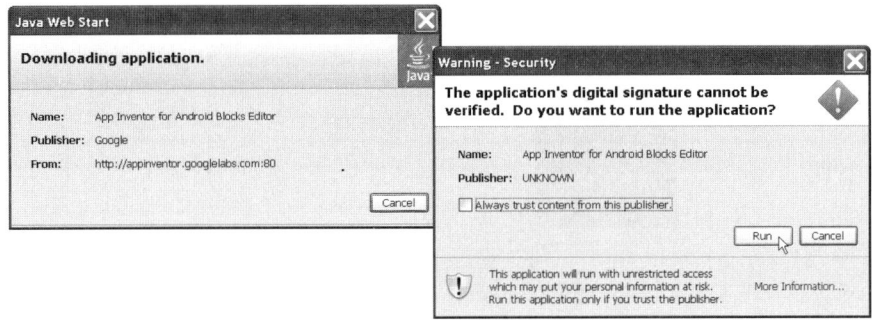

그림 2.18 처음 실행했을 때 AI Blocks Editor의 UI

AI Deisgner에서 특정 프로젝트를 통해 Blocks Editor를 실행했다면, 가장 처음 나타나는 UI는 현재 진행하고 있는 'HelloAndroidWorld' 프로젝트와 관련이 있다. 프로젝트의 이름은 윈도우 제목과 그림 2.18에 나타난 기능 메뉴의 녹색 막대 좌측 부분에 나타난다.

Blocks Editor로 앱 개발하기

AI Blocks Editor는 기능 메뉴 밑에 다양한 패널을 제공한다. AI Designer와 비슷하게, 왼쪽 컬럼(block selection)에는 선택한 대상에 대한 기능을 담은 그룹

목록이 있다. 이 그룹 목록에는 컴포넌트가 아닌 기능 블록이 있다. 이 블록은 고전 프로그래밍 언어의 명령어 집합과 비슷한 형태이며, AI의 시각적 언어를 구성하는 문법을 따른다.

명령, 블록, 개발 언어의 문법

고전 프로그래밍에서 개개의 프로그래밍 코드 지시어들을 '명령어'라고 지칭해 사용자가 프로그램을 다룰 때(예를 들어, 버튼을 누르는 행동 등)나 특정 이벤트가 발생했을 때 컴퓨터가 어떤 일을 수행할지 지시해주는 역할을 했다. 이러한 명령어들은 프로그램 코드로 목록이 등록돼 있으며, 마치 다른 언어와 같이 엄격한 규칙에 따라 서로 조합을 이뤄 문법을 형성한다. 명령어의 가장 단순한 조합은 하나의 블록을 형성하며, 이를 통해 버튼에 텍스트를 할당해줄 수 있고(할당 블록에 해당한다), 아니면 미디어 파일을 재생하거나(명령 블록에 해당한다) 반복해서 명령어를 실행(루프 블록에 해당한다)할 수 있다. 시각적 개발 언어인 AI에서 이러한 블록은 AI의 문법을 통해 더 큰 기능을 하는(그 결과 하나의 앱이 완성된다) 블록을 생성하도록 해주는 최소 단위다.

일반인들도 AI가 제공하는 블록의 기능을 쉽게 이해할 수 있게 두 가지 핵심 작업 영역인 Designer와 Blocks Editor, 그리고 개개의 블록들과 컴포넌트까지 간단히 비교할 수 있다. 걱정하지 말자. 독자가 AI로 개발할 땐 이런 식으로 접근할 필요는 없다. 결국 AI는 개발자가 직관적으로 블록을 사용하고 조립해서 애플리케이션 구조에 대해 골치 아플 정도로 신경 쓸 필요 없이 앱을 완성할 수 있게 하는 것이 목적이다. 나중에 얼마나 쉽게 두 작업 환경을 전환할 수 있는지 확인할 것이며, 다양한 블록 조각들을 조합하는 방법을 살펴볼 것이다.

Designer의 컴포넌트와 Blocks Editor의 블록간의 상호작용

AI Designer는 주로 앱의 UI를 디자인하는 데 사용한다. 이를 목적으로 AI는 다양한 컴포넌트를 제공하는 데, 인터랙티브한 버튼, 텍스트 필드, 센서, 사용자 입력을 위한 다양한 옵션, 텍스트나 이미지, 오디오나 비디오 플레이어, 사용자에게 보여주는 다양한 옵션들이 제공된다. 텍스트 입력, 선택, 지리 좌표, 입력 컴포넌트로부터 얻는 다양한 데이터는 앱에서 처리되거나 때때로 인터넷 같은 외부 데이터 소스가 접근하기도 하고 출력 컴포넌트에 전달돼 화면에 출력되기도 한다. 컴포넌트와 블록들을 조합하여 구조적으로 상호작용함으로써 인터랙티브한 앱을 만들 수 있다.

내장된 탭에 포함된 일반적인 블록 그룹

AI Blocks Editor의 블록을 선택하는 작업으로 돌아가자. Built-In 탭과 My Blocks 탭을 클릭해 접근하는 방법으로 블록 선택을 한다. Built-In 탭은 일곱 개의 일반적인 블록 그룹을 갖는다(Definition, Text, Lists, Math, Logic, Control, Colors).

'일반적인'이란 말이 어울리듯이, 이러한 블록들은 항상 일반적인 앱 개발에 활용할 수 있어서 어떤 컴포넌트 오브젝트를 사용하든 적용 가능하다. 그룹 명을 선택하면 그룹이 열린다. 그룹 이름 오른쪽에 나열된 여러 가지 선택 항목에서 각 블록 그룹을 확인할 수 있다. 그림 2.19는 Colors 그룹을 선택했을 때 사용할 수 있는 블록 그룹을 보여준다.

> **블록과 퍼즐 조각**
> 참고
> 블록을 퍼즐 조각으로 표현한다고 임의의 위치에 배열된 그림 맞추기를 의미하는 건 아니다. 퍼즐은 모든 조각이 제대로 올바른 위치에 끼워 맞춰져야 전체 그림을 표현할 수 있다. 이는 AI를 통한 개발 과정에도 적용된다. 앱은 블록과 컴포넌트를 정확히 연결해야 제대로 동작한다. 앱을 개발하면서 문법 오류를 만들지 않도록 AI는 필요할 때 잘못된 퍼즐 조각이 연결돼 있을 경우 알려준다.

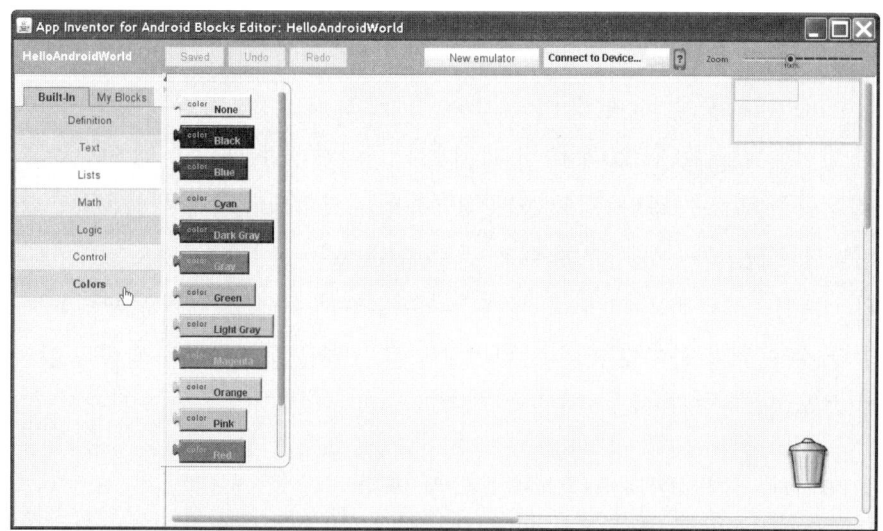

그림 2.19 Colors 블록 그룹의 색상 선택 블록

My Blocks에 담긴 특정 컴포넌트 블록

My Blocks 탭에 수록된 블록 그룹은 성질이 약간 다르다. 이 탭에서는 앱에서 사용하는 컴포넌트 오브젝트의 속성을 조절하는 특정 컴포넌트 블록을 볼 수 있다. 이에 따라, 블록 그룹은 Blocks Editor에 나타내는 해당 컴포넌트의 이름을 갖는다. 현재 'HelloAndroidWorld' 앱에서 Screen1 컴포넌트를 사용하듯이, 이 그룹은 그림 2.20에 수록된 단 하나의 그룹이다. Designer에서 컴포넌트를 추가하면 할수록 My Blocks에도 더 많은 블록 그룹이 보인다.

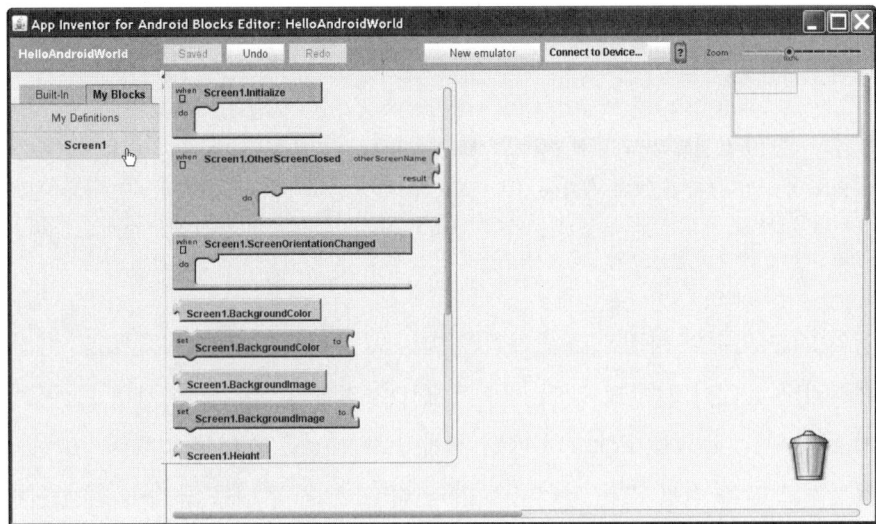

그림 2.20 'Screen1'이라는 특정 컴포넌트에 대응되는 블록

그림 2.20에 나타낸 Screen1 컴포넌트에 대응되는 블록과 AI Designer 의 Properties 기능 메뉴 아래에 이름이 같은 컴포넌트의 속성을 비교해 보면, 부분적으로 공통점을 갖는다는 사실을 알 수 있을 것이다. Blocks Editor는 배경 색상 블록(Screen1.BackgroundColor)과 배경 이미지 블록(Screen1. BackgroundImage)이 있다.

AI Designer의 컴포넌트 속성과 AI Blocks Editor의 컴포넌트 속성

Properties 메뉴에서 AI Designer의 컴포넌트 속성을 바꾸면, 앱의 초기 속성을 설정한다. AI Blocks Editor의 My Blocks에서 블록을 선택할 때, 앱을 실행한 상태를 고려해 동일한 컴포넌트의 속성을 변경하거나 조작할 수 있다. 예를 들어, 앱을 실행할 때 배경색을 파란색으로 설정하면 사용자는 Red라 적힌 버튼을 눌러 색을 바꿀 수 있다. 이는 버튼이 해당 블록에 연결돼 있기 때문이다.

Blocks Editor에서 앱 구현 및 수정하기

블록 선택 목록 오른쪽을 보면 Blocks Editor라는 주요 작업 영역을 볼 수 있다. 이 편집창은 앱의 UI가 동작하도록 하는 프로그램 로직을 개발하는 주요 도구가 되어줄 것이다. 지금은 텅 비어 있지만, 다양한 블록들을 조립하면서 입력 컴포넌트에 대응되는 블록은 데이터를 처리기 블록 집합체에 전달하고, 이 블록 집합체는 처리 결과를 출력 블록 집합체에 전달한다. My Blocks나 Built-In에서 원하는 블록 그룹을 선택해 에디터 화면에 끌어다 놓은 후 AI의 조립 규칙에 맞춰 원하는 기능을 하는 블록 집합체를 퍼즐 맞추듯이 조립해 나가면 된다.

> **추가 사항 : 추상 블록 타입과 구체 블록 오브젝트의 차이점**
> Blocks Editor에서 제공하는 블록을 선택 목록에서 가져와 에디터 화면에 가져다 놓으면 추상 블록 타입이 구체 블록 오브젝트로 변한다. 여기서 동일한 타입의 블록을 얼마든지 계속 사용할 수 있다. 하지만 이러한 차이점은 거의 고려하지 않을 것이다.

앱의 기능 범위와 복잡도가 증가함에 따라 블록의 개수와 블록 구조도 복잡해지거나 늘어나고 초기 앱이 에디터에서 차지하던 공간도 점차 꽉 들어차게 된다. 지금 Blocks Editor의 메인 창에서 보는 것은 얼마 작업량이 없어 보일지라도 점차 훨씬 많은 작업을 하게 된다. 스크롤 막대를 움직여 언제든지 수정된 블록을 화면에서 볼 수 있다. 에디터의 우측 상단에 있는 스크롤 윈도우를 사용해 훨씬 빠르게 화면을 움직일 수 있다. 이 작은 회색 창 안에 있는 빨간 사각형이 전체 영역 중에서 현재 화면에 출력되는 영역을 나타내는 일종의 미니맵이라 할 수 있다. 이 빨간 사각형을 옮겨가면서 빠르게 작업 공간을 이동할 수 있다(그림 2.21 참조). 기능 메뉴의 zoom slider는 규모가 큰 블록 집합체를 다루는 도구다. 이 슬라이드를 왼쪽으로 옮기면 해상도를 100% 미만(줌 아웃)으로 크기를 축소시킬 수 있고, 더 많은 요소를 화면에 표시할 수 있다(그림 2.21 참조). 100% 이상으로 해상도를 확대시키면, 전체 영역 중 일부만 출력된다.

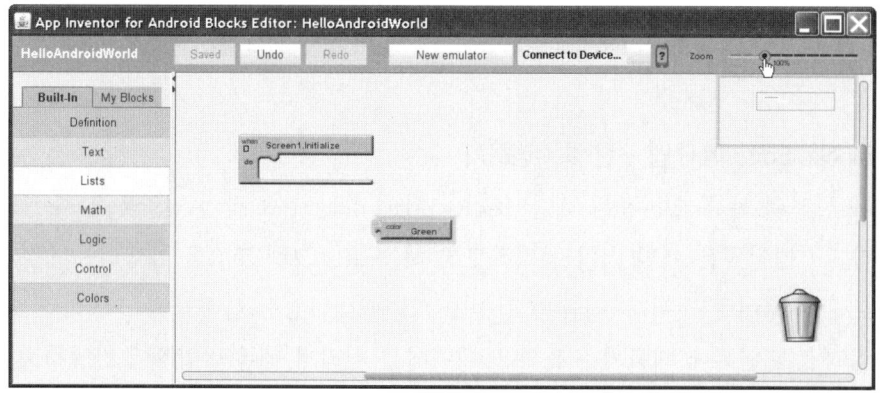

그림 2.21 일부 영역을 줌 아웃하기

Blocks Editor의 모든 컴포넌트를 화면에 배치해 블록 집합체를 구체적으로 개발하고자 한다면, 블록 선택 목록을 완전히 숨겨서 더욱 넓은 화면으로 작업 환경을 갖출 수 있다. 편집 창과 블록 목록 영역 사이의 구분선 위를 보면 작은 삼각형 버튼이 있다. 위쪽 삼각 버튼을 눌러 선택 목록을 숨기거나 펼칠 수 있다. 필요하다면 구분선의 아래쪽 삼각 버튼을 눌러 다시 목록을 펼쳐지는데, 이번엔 편집창의 왼쪽 측면으로 이동했다. 구분선을 접었을 때, 어떻게 Built-In 그룹에 있는 더 많은 블록을 추가할 수 있는지 궁금할 수 있다. AI는 효과적인 해결책을 제공한다. 간단히, 편집창의 아무 곳이나 클릭하면 Built-In 영역의 모든 블록 그룹들이 수평 방향으로 늘어선다. 여기서 그룹을 선택하면 목록이 열린다. 이 목록에서 원하는 블록을 선택하면 그림 2.22처럼 블록이 생성된다.

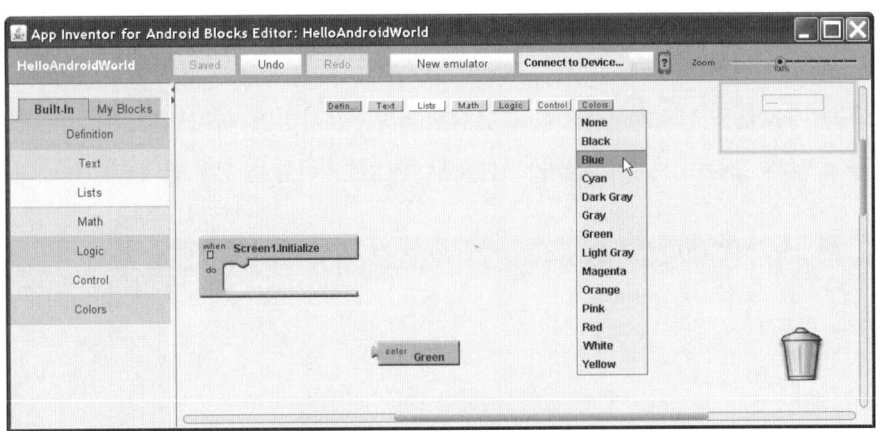

그림 2.22 확대된 Blocks Editor에 내장된 블록 선택 기능

Blocks Editor에서 한 가지 중요한 사실을 꼭 언급해야겠다. 우측 하단에 있는 휴지통이다. 알다시피, 휴지통은 불필요한 블록을 지울 때 사용한다. 블록을 휴지통에 넣으면 된다. 이러한 과정을 녹색으로 할당한 블록을 대상으로 하여 그림 2.23에 나타냈다.

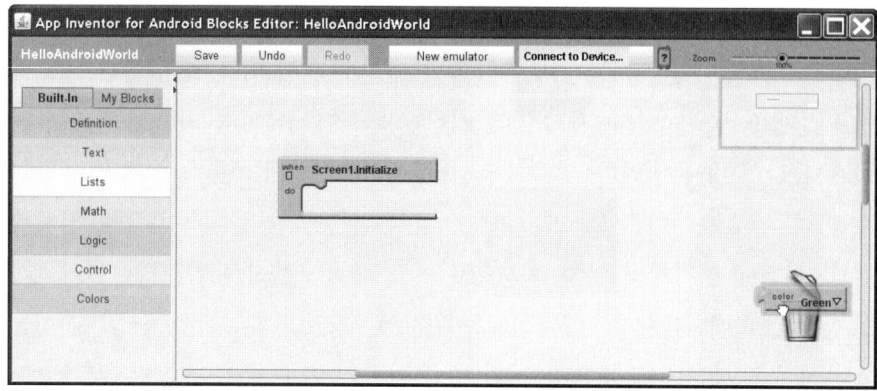

그림 2.23 휴지통을 사용한 블록 삭제

Blocks Editor에서 녹색이 아닌 파란색으로 바꾸고 싶다면, 녹색 블록을 지우지 않고 바로 새로운 블록을 선택 목록에서 에디터로 가져오면 된다. 수많은 블록이 저마다 속성 메뉴를 갖고 있으므로, 이 메뉴를 통해 적절하게 변경할 수 있다. 블록으로 색상을 할당하는 경우, 마우스로 블록을 클릭하면 펼칠 수 있는 메뉴임을 상징하는 거꾸로 뒤집힌 작은 삼각형이 나타난다. 이 삼각형을 클릭해 그림 2.24처럼 곧바로 선택할 수 있는 색상을 고르면 된다.

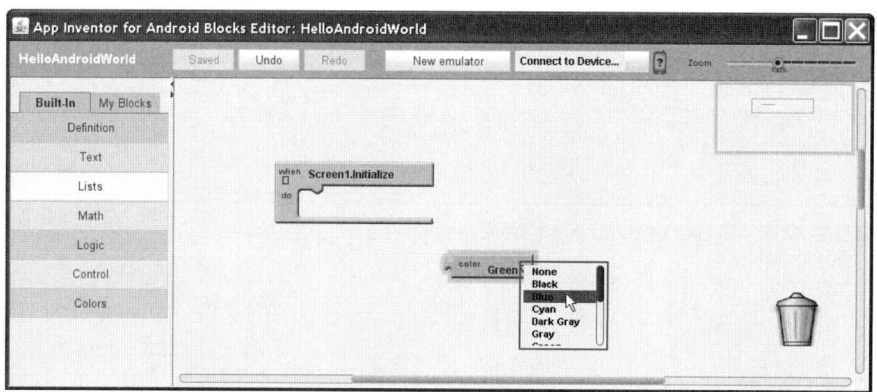

그림 2.24 Blocks Editor에서 블록 속성을 즉시 변경하는 모습

Blocks Editor를 통한 블록 설정
블록의 속성 값을 설정하려면, 변경하려는 블록 속성 값을 클릭하면 된다. 거꾸로 뒤집힌 삼각형이 나타나면 이를 클릭한 뒤 속성 메뉴에 있는 적절한 값을 선택한다. 삼각형이 없으면 블록은 속성 설정 옵션을 제공하지 않는다.

블록을 클릭하면 간단한 기능 설명 박스 혹은 설정 창이 나타난다(그림 2.25 참조). 선택 목록에 있는 추상 블록 타입과 에디터 창 안에 옮겨져 구체 블록 타입으로 바뀐 블록 모두 마찬가지다. Blocks Editor에서 개발하면서 가끔 유용한 기능을 제공한다.

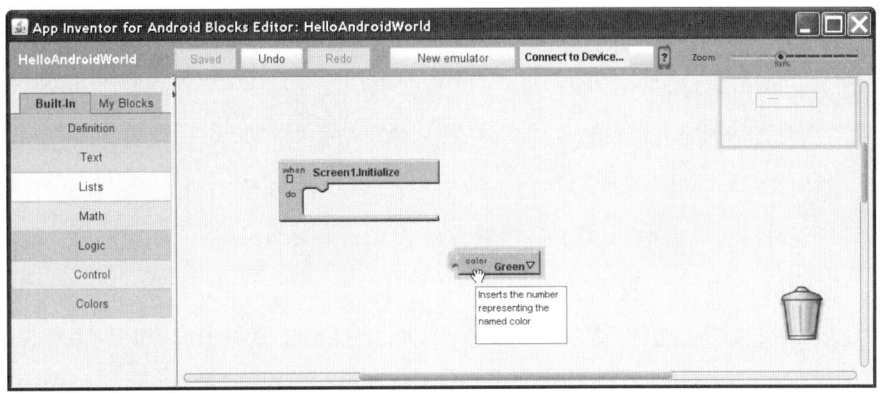

그림 2.25 블록 기능 설명 박스

블록 선택 목록과 에디터 위에 있는 기능 메뉴로 다시 돌아가서 Blocks Editor에 대한 설명을 마치기로 한다. 특정 상황에서만 사용하는 Saved, Undo, Redo 버튼을 메뉴에서 볼 수 있다. 예를 들어, Blocks Editor로 프로젝트를 진행하다가 변경사항이 구글 서버로 자동 저장되지 않은 상태에서 Saved 버튼으로 현재 상태를 저장할 수 있다. 이 버튼은 저장이 안 된 상태에서만 Save라고 이름이 적혀 있으며, 이 이름으로 된 경우에만 활성화된다. Undo 버튼은 작업을 되돌릴 수 있다. 예를 들면 새로운 블록 추가 작업을 취소할 수 있다. 삭제한 블록을 다시 사용하려면 Redo 버튼을 눌러 복구할 수 있다.

이제 남은 두 가지 메뉴 항목을 살펴보자. 이 두 버튼은 AI로 개발을 진행하는 동안 결정적인 역할을 한다. Connect to phone과 New Emulator 버튼은 AI 개발 환경을 독자의 스마트폰 혹은 에뮬레이터와 통합해준다. 스마트폰이 연결돼 있지 않으면, 버튼 옆의 아이콘이 물음표로 변한다.

계속 진행하기 전에, 실험을 위해 에디터로 옮겨놨던 블록을 모두 지우가 바란다(창에 블록이 하나도 없게). 이는 지금까지 임의로 추가한 블록으로 인해 비정상적인 기능을 수행하는 일이 없도록 하기 위해서다.

안드로이드폰 통합 기능

AI Designer와 Blocks Editor와 더불어, 독자의 스마트폰 역시 세 번째 개발 환경으로 동작한다. Designer 섹션에서 설명했듯이, Viewer 패널은 개발중인 앱의 UI를 대략적으로 보여준다. 실제 스마트폰 화면에서 어떻게 보여질지 확인하려면 AI 개발 환경에 연결해서 보는 게 확실하다. 컴포넌트를 변경하면 즉시 스마트폰 화면에 그러한 사항이 반영된다. 게다가, 독자는 실시간으로 입/출력 컴포넌트를 동작시키는 블록의 로직을 바탕으로 한 기능을 검사하고 사용해볼 수 있다. 필요하다면 스마트폰의 센서도 사용해볼 수 있다. 개발 환경에 스마트폰을 연동함으로써 확실히 에뮬레이터로는 완전히 반영되지 않는 대부분의 실제 동작을 확인해볼 수 있다. 물론 아직까진 스마트폰으로 앱을 테스트해봐도 안드로이드폰에서 개발한 앱이 어떻게 동작할지에 대해 신뢰할 만한 정보를 주진 않지만, 다양한 안드로이드폰에서 검사해보는 것이 전문적인 앱 개발 과정의 일부라 할 수 있다.

AI 개발 환경과 스마트폰을 통합하기 위해, 안드로이드폰을 데이터 케이블로 컴퓨터와 연결한다. 연결하지 않았다면, AI Designer와 Blocks Editor를 열어놓은 상태에서 USB 케이블로 연결해보자. 1장에서 설명한 대로 환경을 구축했다는 전제하에(스마트폰이 디버깅 모드로 컴퓨터에 연결돼야 함). 초기부터 잘못된 스마트폰 설정으로 인해 발생할 수 있는 문제들을 방지하기 위해 환경을 제대로 설정하자. 스마트폰의 화면 잠금을 해제해 작업을 계속해보자.

Blocks Editor에 스마트폰 연결하기

적절히 스마트폰을 컴퓨터와 연결했다면, 이제 Blocks Editor의 Connect to Deivce 버튼을 클릭해 AI 개발 환경과 연결해보자. 이 버튼은 녹색 기능 막대의 왼쪽에 있는 물음표로 표시된 아이콘이다. 이 아이콘을 누르면 기기의 고유 식별자를 열거하는 메뉴가 나타난다(그림 2.26을 다시 참조하자). USB에 여러 스마트폰이 연결됐고 모두 제대로 연결이 확인됐다면, 모든 기기 번호가 목록에 나타날 것이다.

한 가지 항목을 선택하면, 번호 옆의 버튼의 라벨이 'Connect to Device'로 바뀐다. 노란색 화살표가 스마트폰 아이콘을 가리키고 있으므로 성공적으로 연결됐음을 암시한다(그림 2.26 참조). 스마트폰이 기존에 AI와 연결돼 있었다면, 그 연결을 끊고 새로 연결을 시도할지를 물어볼 것이다.

앱 인벤터에 한 번에 한 기기만 연결하기
참고
Connect to Device 버튼 밑에 나타난 메뉴를 통해 한 번에 한 가지 스마트폰만 활성화시킬 수 있다. 새로 연결한 기기를 선택하면, 이전에 연결된 스마트폰은 자동으로 연결이 해제된다. 이러한 연결 제한은 에뮬레이터도 해당된다.

그림 2.26 Blocks Editor와 안드로이드폰 연결 화면

어느 정도 시간이 지나면, 연결되고 스마트폰 화면도 연결을 수립할지 확인하는 화면으로 변한다(그림 2.27 참조). 시작 페이지가 나타나면 언제부터 Viewer 패널의 AI Designer를 실행할지 확인할 수 있다. 통신 신호 세기, 배터리 양, 시계 등을 나타내는 스마트폰의 상태 표시줄 아래에 'Screen1' 시작 컴포넌트에 적힌 기존 제목을 확인할 수 있다. 그 아래에 기본 배경 색인 흰색 배경의 앱 화면이 나타난다. 아래에 "Listening to App Inventor..."란 메시지를 통해 개발자에게 로딩 과정이 진행 중임을 알려준다.

그림 2.27 연결 중인 상태임을 나타내는 상태 메시지

AI Blocks Editor와 스마트폰의 연결 기반이 수립되고 위에서 설명한 시작 페이지가 스마트폰에 나타나면, 개발자가 AI Designer와 Blocks Editor에서 추가한 컴포넌트가 설정한 대로 자동으로 화면에 출력된다(가시성 오브젝트를 대상으로). 컴포넌트와 블록 집합체의 개수에 따라, 로딩 과정이 오래 걸릴 수 있다(그림 2.28 참조).

그림 2.28 현재 앱 개발 상태를 스마트폰에 출력한 모습

지금까지 우리는 앱에 아무런 컴포넌트와 블록을 추가하지 않았다. 사실, 2장에서는 'Screen1' 시작 컴포넌트의 단지 두 개의 속성(BackgroundColor 속성을 흰색에서 파란색으로, Title을 Screen1에서 HelloAndroidWorld!로)만 변경했다. 정확히 말하면 이제 이러한 변경사항을 그림 2.28과 같이 스마트폰에서 확인할 수 있다. 스마트폰 화면은 이제 AI Designer의 Viewer 패널에서 동일하게 출력됨을 볼 수 있다.

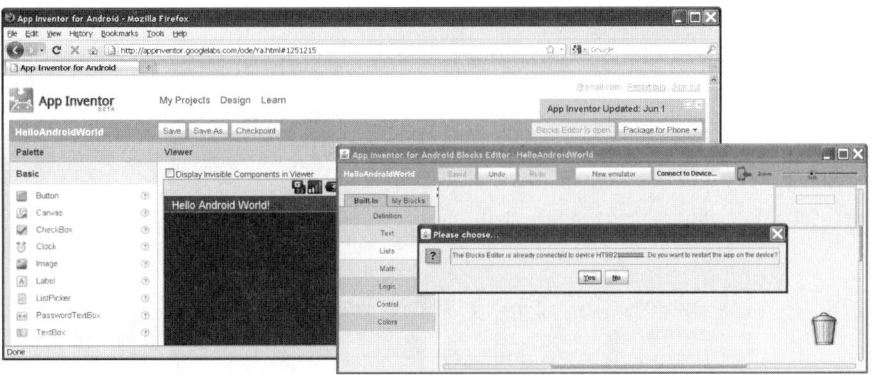

그림 2.29 AI Blocks Editor의 연결 상태를 출력하는 화면

멈춰버린 경우 재시작하기

AI Blocks Editor는 이제 그림 2.29와 같이 스마트폰 아이콘은 물음표에서 녹색 화살표로 상태를 바꿔서 성공적으로 연결됐음을 알려준다. 연결하기 버튼의 라벨은 계속 Connect to Device로 나타난다. 하지만 드롭다운 메뉴에서 동일한 스마트폰을 다시 선택하면 'Please choose' 창이 나타난다. 이 창에서, Yes를 선택해 스마트폰과 기존에 연결된 상태를 재시작할 수 있다. 즉, 강제로 현재 스마트폰에 활성화 상태인 앱을 다시 로딩할 수 있다. 이 단계는 연결이 끊겨서 스마트폰 화면에 자동으로 변경사항이 나타나지 않을 경우 필요하다.

참고
스마트폰 연결이 멈춰버린 경우 앱을 재실행하거나 USB 케이블 연결 끊기
연결된 스마트폰에서 앱이나 동작 화면이 보여야 할 때, AI의 Blocks Editor에 있는 선택 창인 Please choose와 연결 버튼을 사용하는 것이 좋을 것이다. 몇 가지 연결 문제도 연결을 끊은 뒤 USB 케이블을 다시 연결해 해결 가능하다. 그러니 걱정하지 말자. USB 연결은 안정성이 매우 높으며, 앱 프로젝트 역시 컴퓨터와 구글 서버에 저장되고 있다(2장에서 설명한 저장을 자주해야 하는 이유에 관한 글을 보자).

USB 케이블을 빼야 하는 이유 등 앱을 개발하는 도중에 연결을 해제해야 하면 걱정할 필요 없이, 연결 버튼을 누르고 드롭다운 메뉴를 통해 스마트폰을 다시 연결하면 된다.

세션 종료

개발 도중에 잠시 연결을 종료해야 한다고 가정하자. 이 경우 연결을 종료할 수 있는 방법은 다양하다. 안드로이드의 메뉴 키를 눌러 Stop this application을 띄워서 손으로 선택을 확인할 수 있다. 그림 2.30과 같이 Stop and exit를 선택해 보안 안전 체크를 확인해야 한다.

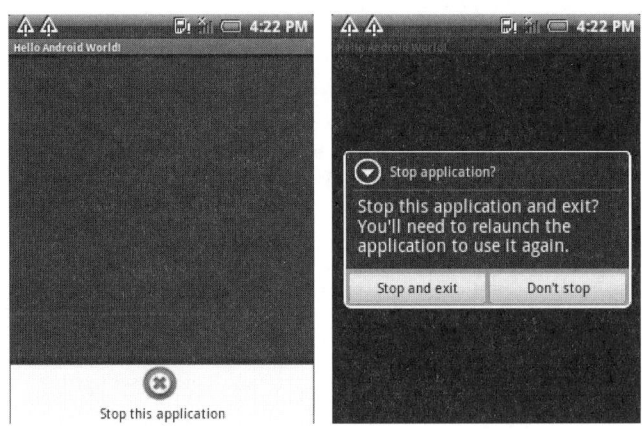

그림 2.30 앱 종료 화면

대신, USB 케이블을 빼서 안전하게 연결을 끊을 수 있다. 그러면 앱은 적절히 스마트폰에서 종료되고, 다시 USB를 연결했을 때 새롭게 앱을 실행할 수 있다. 개발을 중단하려면 Blocks Editor를 닫으면 된다. AI Designer의 버튼이 Open the Blocks Editor로 바뀌고, Designer를 종료하고 싶을 땐, 화면 상단 우측에 있는 Log out 링크를 누른다. 이렇게 종료해야 앱이 적절히 종료돼 안전하게 저장될 수 있다. 시간이 없다면, Blocks Editor가 열려 있고, 스마트폰에 연결되어 앱이 스마트폰에서 실행 중일 경우라도 간단히 로그아웃만 해주면 된다. 그러면 스마트폰에서 앱과 컴퓨터에서의 Blocks Editor가 자동으로 종료되고 Designer가 로그아웃된 후에 종료되어 시작 페이지로 돌아가게 되므로 다음 세션으로 이동할 수 있다.

스마트폰과 Blocks Editor와 Designer 인터페이스를 통합함으로써, AI 개발 환경에 익숙해지고 앱 개발자로써 앞으로 어떠한 작업을 할 수 있을지 감을 잡을 수 있는 첫 인상을 느낄 수 있을 것이다. 'HelloAndroidWorld' 프로젝트가 아직은 적절한 앱이라고 할 수는 없지만, 앞으로 앱을 어떻게 개발해 나갈지 알았을 것이다. 처음 Designer 단계에서 컴포넌트를 추가하는 것부터 속성을 바꾸고 Blocks Editor에서 블록을 추가한 후 스마트폰과 연결해 최종 결과물을 확인하는 등. 이러한 정보를 통해 완전한 기능을 하는 첫 안드로이드 앱을 스마트폰에서 동작할 수 있도록 순조롭게 준비했다.

에뮬레이터 사용하기

AI IDE에 스마트폰을 연결하는 대신, 에뮬레이터를 통해 앱의 동작과 모습을 확인할 수 있다. AI의 New emulator 메뉴 버튼으로 곧바로 에뮬레이터를 실행할 수 있다. 기존의 USB 연결 상태는 불필요하다. 에뮬레이터가 기본적인 기능(전화, SMS, GPS, 기타 등 시뮬레이션하기 매우 어려운 기능 등을 포함한다). 이러한 측면에서, 에뮬레이터는 앱을 테스트하고 실행하는 측면에서 스마트폰을 대체하는 훌륭한 수단이 된다.

에뮬레이터 접근 방식의 다양성

에뮬레이터와의 통합은 이미 AI의 초창기 버전에서 여러 가지 변경사항이 추가되면서 변모해왔다. 초기에 에뮬레이터는 거의 독립적인 안드로이드 SDK 컴포넌트로써 실행되는 형태로 AI에 통합되었다. 이러한 방식은 지금도 가능하며(15장 '도구와 팁' 참조) 에뮬레이터 구성 측면에서 고수준의 유연성을 제공한다. 나중에, 독자는 개발자로써 Blocks Editor를 시작하면서 곧바로 에뮬레이터를 사용할지 스마트폰을 사용할지 결정해야 한다. 현재는 New emulator와 Connect to Device 버튼을 통해 스마트폰과 에뮬레이터간 전환이 가능하다. 과거의 이러한 변화무쌍한 특성을 고려했을 때, 앞으로도 변경사항들이 추가된다 해도 그다지 놀라울 일은 아닐 것이다.

에뮬레이터를 스마트폰처럼 AI IDE에 통합하기 위해 우선 Blocks Editor에서 New Emulator 버튼을 눌러 실행해보자. 그러면 에뮬레이터의 정보 창이 뜨면서, 실행하기 전 잠시 기다려 줄 것을 요청하는 메시지를 볼 수 있다(그림 2.31 참조). 사실, 에뮬레이터를 처음 실행하면 1분 이상 지나야 실행할 수 있을 것이다.

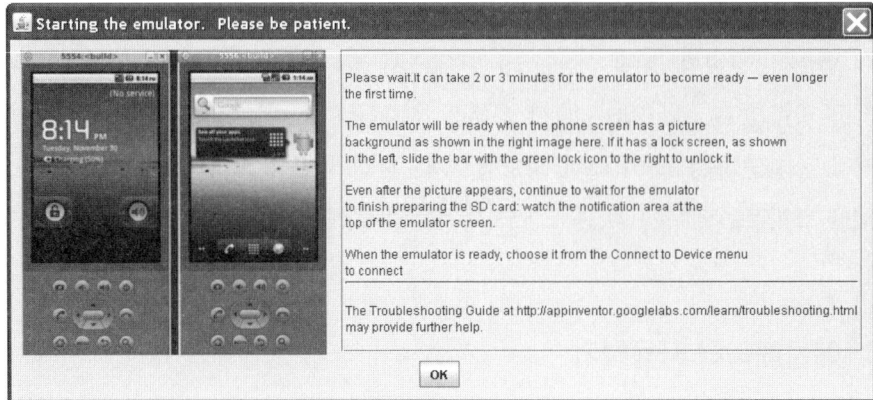

그림 2.31 New Emulator 버튼을 통해 에뮬레이터를 실행했을 때 나타나는 창

로딩이 끝나면 '5554:〈build〉'라는 식별자 번호를 갖는 에뮬레이터 창이 열리면서 스마트폰과 동일하게 부팅과정을 거친다. 그림 2.32의 첫 번째 그림에서 평소 볼 수 있던 안드로이드 로고가 나타남을 확인할 수 있다. 그다음 그림에서 'Android' 라벨과 스크린 잠금 화면이 나타난다. 손가락이 아닌 마우스로 조작하는 것만 제외하면 이제 스마트폰과 거의 비슷하게 에뮬레이터를 실행할 수 있다. 마우스로 자물쇠를 오른쪽으로 당겨 잠금을 해제해보자 (세 번째 그림). 이제 네 번째 그림과 같이 기본 동작 아이콘이 시작 페이지에 나타난다.

그림 2.32 에뮬레이터 실행 및 로딩 과정

에뮬레이터 스크린 영역 아래를 보면 안드로이드폰에 있는 버튼과 동일한 기능을 하는 기본 사용자 요소를 확인할 수 있다. 이 요소를 클릭해서 홈 스크린이나 메뉴로 이동, 돌아가기, 검색, 메뉴 아이템 이동, 볼륨 조절 등의 기능을 확인할 수 있다. 마음껏 이러한 기능들과 설치된 앱들을 작동시켜보자. 안드로이드폰과 거의 동일한 동작을 한다는 걸 알 수 있다.

앱을 테스트하기 위해 에뮬레이터를 AI와 연동하려면, 스마트폰을 연동했던 것과 동일한 과정을 거치면 된다. AI Blocks Editor의 Connect to Device 옵션 아래 있는 메뉴를 열면, 식별 번호를 갖는 에뮬레이터가 목록에 있는 걸 확인할 수 있다(예를 들어 'emulator-5554'와 같이). 이를 선택하면 에뮬레이터와 AI IDE가 연동을 시작한다. 조금만 기다리면 에뮬레이터에서 실행되는 앱을 확인할 수 있다.

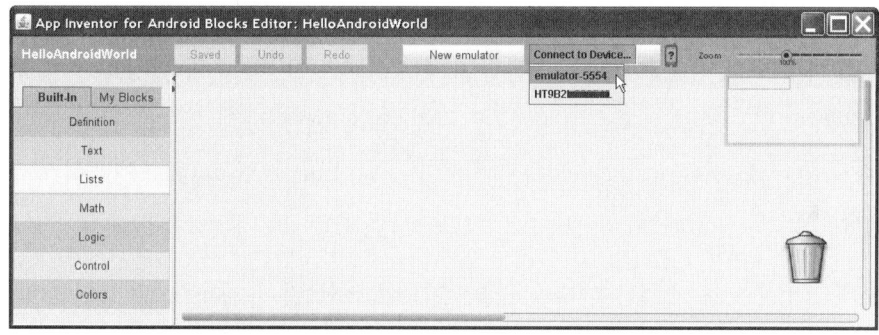

그림 2.33 AI IDE에 에뮬레이터 연동하기

●● 초기 실행 문제

1장에서 연결에 필요한 시스템 요구사항에 대해 언급한 내용대로 컴퓨터와 스마트폰, 그리고 현재 지속적으로 진화하고 있는 안드로이드 운영체제가 실행되는 기타 하드웨어 장치, 그리고 이 위에서 동작하는 애플리케이션 모두 꾸준히 증가하고 있다. 이기종 운영체제가 점차 발달하면서, 버전이나 운영체제 환경 차이로 인해 초기 위험이 증가하고 있으며, 안드로이드는 완벽한 호환성을 보장하지 못한다. 에뮬레이터는 AI 개발 환경과 연동되면서 안드로이드폰과 다르게 동작할 가능성도 있다.

여러 가지 변수를 염두에 두고서, 여기서 설명하는 기능들 중에서 독자의 시스템 환경에선 몇 가지 기능이 살짝 다르게 동작할 수 있지만 AI를 통한 개발을 진행할 수 있다. 그러므로 안드로이드 기기 설정에 대해 설명할 때 이 내용이 필요 없다면 건너뛰어도 좋으며, 독자만의 문제에 맞는 해결책을 찾아보는 것이 낳을 것이다. 이 책에서는 모든 경우의 수를 다 설명하진 않는다. 그러므로 아래에 열거한 상황들은 AI를 통한 안드로이드 앱을 개발하려는 목적에 좀 더 부합하기 위해 특수한 상황에 처했을 때 그 대안을 어떻게 찾을 수 있는지 보이기 위한 예를 언급한 것이다.

Blocks Editor가 실행되지 않는 경우

AI Designer의 'Open the Blocks Editor'로 에디터를 실행할 경우, 웹 스타트 런처를 독자의 시스템이 자동으로 실행해주지 않거나 그림 2.16과 같이 실행을 원하는지 물을 가능성이 있다. 이외에도 로컬 디스크에 JNLP 파일을 저장하도록 요구할 수도 있다. 가능하면 AI 프로젝트들을 한 곳에 저장해서 나중에 쉽게 JNLP 파일을 찾을 수 있도록 하자. 이제 해당 저장 경로로 가서 JNLP 파일을 더블클릭하여 그림 2.17과 같이 Blocks Editor 웹 스타트 애플리케이션을 시작할 수 있다.

Blocks Editor가 계속 실행되지 않고, 그림 2.34와 같이 자바 로딩 화면만 뜬 다음 'Could not create the Java virtual machine' 메시지만 나타난다면, OK를 눌러 실행을 취소할 수 있다.

그림 2.34 AI Blocks Editor 실행이 실패했을 때 뜨는 에러 메시지

이런 경우, 독자는 컴퓨터의 Java VM 구성 설정을 제어해줄 수 있다. Blocks Editor 웹 스타트 애플리케이션을 실행하기 위한 JNLP 파일은 어느 정도의

메모리를 요구하는 데, 독자의 로컬 시스템 환경 설정이 이를 충족하지 않을 수도 있다. 이러한 요구사항을 제거한다면, 자바 애플리케이션은 부분적으로 사용 가능한 메모리 공간을 이용하여 더 이상 로딩 과정을 실패하지 않을 수 있다. JNLP 파일을 수정하기 위해, 모든 윈도우 OS에 존재하는 메모장을 연다. 메모장으로 JNLP 파일을 연다(File〉Load). 혹은 간단히 파일 탐색기로 JNLP 파일을 찾아 메모장 위로 드래그한다. 이제는 JNLP 파일의 내용을 기반으로 만들어진 XML 파일을 볼 수 있다. 텍스트 섹션에서 그림 2.35와 같이 max-heap-size = "1024m" 부분을 찾아 지운다. 그런 다음 JNLP 파일을 기존 이름 그대로(AppInventorForAndroidCodeblocks.jnlp) 저장해준다. 이제 JNLP 파일을 더블클릭하면 Blocks Editor가 실행된다.

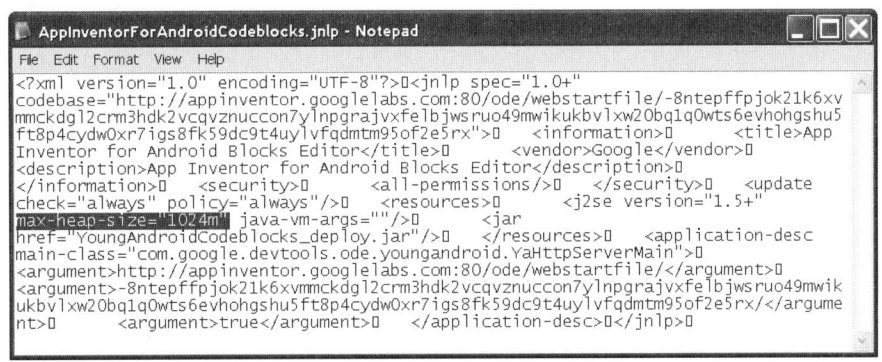

그림 2.35 JNLP 파일에서 메모리 요구 조건을 지우고 저장하는 모습

이렇게 JNLP 파일을 제어하는 것이 성공했지만, 영구적으로 실행 문제를 해결한 건 아니다. AI 개발 환경은 계속 개선되고 있으며, 특히 베타 단계에서는 새로운 JNLP 파일이 지속적으로 생겨나고 있다. 그 결과, JNLP 파일이 하루는 잘 적용 되더라도 그다음 날만 되도 전혀 동작하지 않을 수 있다. 그럴 경우, 새로운 JNLP 파일을 다운로드해서 조금 전 설명한 대로 파일을 수정해서 AI Blocks Editor 실행에 성공할 수 있다. AI Designer의 Open the Blocks Editor 버튼을 클릭해주는 것과 최신 JNLP 파일을 다운로드하길 원하는지 물을 수 있다는 점을 잊지 말자. 이러한 실행 문제가 자주 발생하면, AI Blocks Editor를 실행할 때 새로운 JNLP 파일로 기존 파일을 덮어씌우는 습관을 들여서 위에서 설명한 데로 새로운 파일의 내용을 바꾼 다음 파일을 더블클릭해

에디터를 실행한다. 이상적인 상황은, 최종 버전의 프로그램이 개발돼 지금까지의 베타 버전의 AI를 대체하여 수정할 수 있다. 문제 해결을 위한 Blocks Editor의 실행 과정은 다음과 같이 나열될 수 있다.

1. AI Designer에서 Open the Blocks Editor 버튼을 클릭한다.
2. AppInventorForAndroidCodeblocks.jnlp을 로컬 디스크에 저장한다.
3. JNLP 파일에서 `max-heap-size = "1024"` 텍스트를 지운다.
4. JNLP 파일을 저장한 뒤 다시 더블클릭한다.

2010, 11월 9일과 2011년 2월 2일자 AI 업데이트 사항

2010년 11월 9일에 업데이트된 항목에서 문제가 된 max-heap-size = "1024"는 일반적으로 JNLP 파일에 존재하지 않으니, 이러한 문제는 더 이상 없을 것이다. 2011년 2월 2일 업데이트 항목에는 기본 메모리 요구 크기가 925M이며, 이는 대부분의 시스템 환경에서 발생할 수 있는 문제를 해결한 것으로 보인다. Blocks Editor 실행에 있어 문제를 겪고 있다면 JNLP 파일에 나열된 메모리 값을 보고 필요하다면 수정해주도록 하자. 적어준 수치에 따라 메모리 영역도 달라지므로 추가 업데이트 사항이 있는지 항상 주의를 기울이자.

이러한 방법이 효과가 없었다면, AI 온라인 지원을 받아 Blocks Editor를 실행하는 동안 발생하는 문제들을 포함하여, 알려진 문제들과 해결책에 관한 추가 정보를 얻을 수도 있다. 기타 문제 사항들 섹션에서 Help와 Troubleshooting 사이트 링크를 찾아볼 수 있다.

스마트폰 연결 상태가 멈춰버린 경우

스마트폰을 컴퓨터에 연결했다는 가정 하에, 조금 전 언급한 이기종의 특성과 지속적으로 변화하는 AI 개발 환경은 초기 호환성에 문제를 일으킬 수 있어, 발생 가능성이 있는 최대 위험 사항들을 담게 된다. 다양한 징후를 보이는 스마트폰 연결과 관련 문제들과 가장 관련이 깊기 때문에, 현재 앱이 스마트폰 스크린에 적절히 보이지 않을 수도 있다. AI Designer의 Viewer 패널과 스마트폰에서 보이는 모습이 차이가 있다는 사실은 흔한 일이며 크게 걱정할 일은 아닌 반면, 심각한 오동작이 발생할 경우엔 확실한 조치를 취해야 한다.

먼저, 1장에서 설명한 대로 시스템 환경과 모든 컴포넌트가 설치 준비 요구사항을 만족하는지 확실하게 준비해야 한다. AI Setup Software를 완전하게 설치해줘야 하며, USB 드라이버를 성공적으로 설치하여 AI가 스마트폰을 제대로 인지하는 것이 에러 없이 개발하는 데 있어 필수이다. 스마트폰과 AI Setup Software의 ADB 툴이 연결되었는지 테스트하고 AI Setup Software 설치 섹션에서 설명한대로 문제를 수정해야 한다. 한 가지 이상의 요구사항을 충족하지 못하면, 다시 관련 섹션으로 가서 해결 방안을 살펴보길 바란다.

AI 개발 초기에, 스마트폰과의 연결 문제는 매우 흔히 일어나는 일이었고, AI 구글 그룹은 끊임없이 다양한 스마트폰에 맞는 해결책을 찾아나갔다. 스마트폰과 안드로이드 버전과 더불어, 컴퓨터와 운영체제 등 개발 환경의 다양한 컴포넌트를 나열하기 위해 이런 식으로 전체적인 관점에서 살펴보는 것이다. 하지만 오늘날 이러한 노력은 더 이상 진행되지 않고 있으며, 개발자 개개인들이 토론하는 스레드 형태로만 이어지고 있다.

AI이 지원하는 안드로이드 스마트폰 훑어 보기
AI가 지원하는 스마트폰을 체계적으로 분류하려는 시도는 AI 서브 포럼인 "App Inventor Coffee Shop"(과거엔 AI Google Group이었다)의 아래 스레드에서 찾아볼 수 있다.
- http://experimental.appinventor.mit.edu/forum/#!topic/appinventor/vp5pecHq8QU/discussion

구글 앱 인벤터 팀 역시 기기 연결과 관련한 문제를 여러 가지 오류 결과를 종류별로 다양한 그룹으로 분류해 Troubleshooting 페이지에 정리해놨다.

AI Troubleshooting 웹사이트
다음 사이트에서 연결 관련 문제에 관한 도움을 얻을 수 있다(이 외에도 AI 제공자들의 웹사이트에서도 가능하다).
- http://experimental.appinventor.mit.edu/learn/troubleshooting.html

"Work-Arounds & Solutions for Connecting Phones to the Blocks Editor" 란 제목의 웹 페이지에서도 기기 연결 문제를 중점적으로 다루고 있다.

연결 문제에 대한 해결책 및 특별 대안들
아래 웹사이트를 통해 연결 문제를 해결하기 위한 추가 정보를 얻을 수 있다.
- http://experimental.appinventor.mit.edu/learn/connectionissues.html

위 사이트를 탐색하여 독자의 스마트폰과 정확히 일치하진 않더라도, 비슷한 구성 설정이나 시스템으로 해결책을 제시할 것이다. 독자는 운이 좋다고 본다. 그래서 이런 해결책으로 독자가 추가적인 검색 없이도 설치 과정에서 문제들을 해결할 수 있을 것이다. 여기서 해결책을 못 찾았다면, AI 포럼에서 기존의 회원들이 쌓아놓은 지식을 마음껏 활용할 수 있다. 다음 절에서 설명하는 바와 같이 독자가 갖게 될 문제에 대한 질문이나 기존에 해결해 놓은 수없이 많은 방안들을 검색할 수 있다.

해결책을 못 찾은 상태에서 시스템 컴포넌트를 변경할 수 없다면, 스마트폰 대신 에뮬레이터를 사용한 개발 환경을 구축할 수 있다. 'Package to Phone' 버튼, 그리고 'Show Barcode' 혹은 'Download to this Computer.'처럼 대안 메뉴 아이템을 클릭하는 등 AI Designer와 Blocks Editor, 에뮬레이터로 개발한 안드로이드 앱을 AI Designer에서 독자의 스마트폰으로 옮기는 방법은 다양하다. 앞으로 알게 되겠지만, 해결 못할 일은 없다!

그밖의 문제

개발 작업을 진행하는 동안 특별한 문제나 어려움에 봉착했다면, 먼저 모든 시스템 요구사항들을 제대로 충족했는지, 설치 및 설정이 정확히 이뤄지고 테스트 됐는지 꼭 확인해야 한다. 그다음 AI 온라인 문서를 살펴보면서 이 책이 나온 이후의 새로운 해결책과 접근 방법을 찾아볼 수 있을 것이다.

스마트폰 등 AI 개발 환경 설치에 관한 온라인 문서
다음 사이트에서 AI 개발 환경 설정에 관한 최신 문서를 찾아볼 수 있다.
- http://experimental.appinventor.mit.edu/learn/setup/starting.html

여기서 설명하지 못한 문제를 겪고 있다면, Troubleshooting 밑에 Help 온라인 페이지를 참고하여 해결 방안을 조사해보는 것도 좋다.

AI Troubleshooting 웹사이트를 통한 문제 해결책
아래에 적어놓은 AI Troubleshooting 웹사이트는 AI 사용자들이 겪는 문제와 그에 대해 구글 개발자들이 제안한 답변을 주제로 발전하고 있다. 이 사이트를 통해(아니면 독자가 다운로드한 AI 버전의 제공자가 지원하는 사이트) 독자가 봉착한 문제뿐만 아니라, 모든 전형적이면서도 핵심적인 문제들과 그에 대한 답변, 그리고 꾸준한 업데이트들을 담고 있다.
- http://experimental.appinventor.mit.edu/learn/troubleshooting.html

어떤 경우에는 제공자가 문제를 추적하는 경우도 있다. 독자가 받은 AI의 제공자가 지원하는 특정 정보 사이트를 통해 팁과 도움말, 힌트, 그리고 FAQ를 찾아보길 바란다.

별도 AI 제공자가 지원하는 온라인 고객 지원

AI 제공자의 웹사이트를 활용해서 가능한 해결책을 찾아보자. MIT AI의 경우, 아래 주소에서 정보를 얻을 수 있다.

- http://appinventoredu.mit.edu

AI 포럼

'Troubleshooting' 페이지와 AI 문서에서 별도로 시스템 환경에 대한 특수한 상황에서 발생한 문제들을 다루지 않았다면, 앱 인벤터 포럼을 참고할 수 있다. 여기서 비슷한 생각을 가진 사용자들이 그들의 경험을 공유하고 다양한 주제에 대해 토론을 한다. 분명히 누군가는 팁과 현재 겪고 있는 문제에 대한 해결책을 제시해 줄 것이다. AI IDE가 지속적으로 진화하듯이, AI 포럼도 AI 개발이 진행되는 동안 변화해왔다. 포럼의 회원수는 계속 늘어나고 있으며, 그들의 셀 수 없이 많은 공헌으로 인해 구글의 관리자들은 포럼에 올린 글을 추적하고 토픽들을 구성하고 구조적인 방법으로 계속 편집을 하기 위한 정보를 전달하는 데 점점 더 많은 어려움을 겪고 있다. 3장에서 다루게 될 Issue List 소개와 같은 수단과 더불어, 예전에 중심적으로 운영되었던 AI 포럼인 'Coffee Shop'은 2010년 12월 17일 부로 다섯 가지의 서브 포럼으로 나뉘어져 아래와 같이 더 나은 구조를 취하게 되었다.

- AI Annoncements: 구글 개발자들이 공개하는 공식 선언글을 제공한다.
- Getting Set Up and Connecting Your Phone to AI: AI 개발 환경을 준비하고 설치하는 것과 스마트폰 연결에 대한 질의응답을 제공한다(2장에서 언급한 주제들에 대해 궁금한 점이 있다면, 바로 지금 이 곳을 살펴보는 게 좋다!).
- Programming with AI: AI 앱 개발에 대한 질문들을 다룬다(AI로 개발하면서 문제가 생기면 이곳을 찾아보자).
- AI in Education: 강의를 통한 AI를 공부하는 방법에 대한 특별 포럼이다(주로 교육자들을 대상으로 하며, 프로그래밍 초보자들을 위한 입문용 플랫폼으로 사용하기 위한 AI의 본 취지를 따르고 있다).

- AI Coffee Shop: AI 사용법과 AI의 미래, 그리고 이전 AI 구글 그룹의 확장 자로서 잠재성 등 일반적인 토론 주제를 나누는 곳이다.

그림 2.36과 같이 가장 최근에 올라온 세 가지 글을 즉시 보는 것과 더불어, 포럼 이름을 클릭하면 각 포럼에 올라온 모든 글들을 볼 수 있다. 독자가 직접 글을 게시하려면 간단히 원하는 포럼에 등록하여 글을 업로드하면 된다 (구글 개발자들만 사용하는 'Announcements'는 제외다).

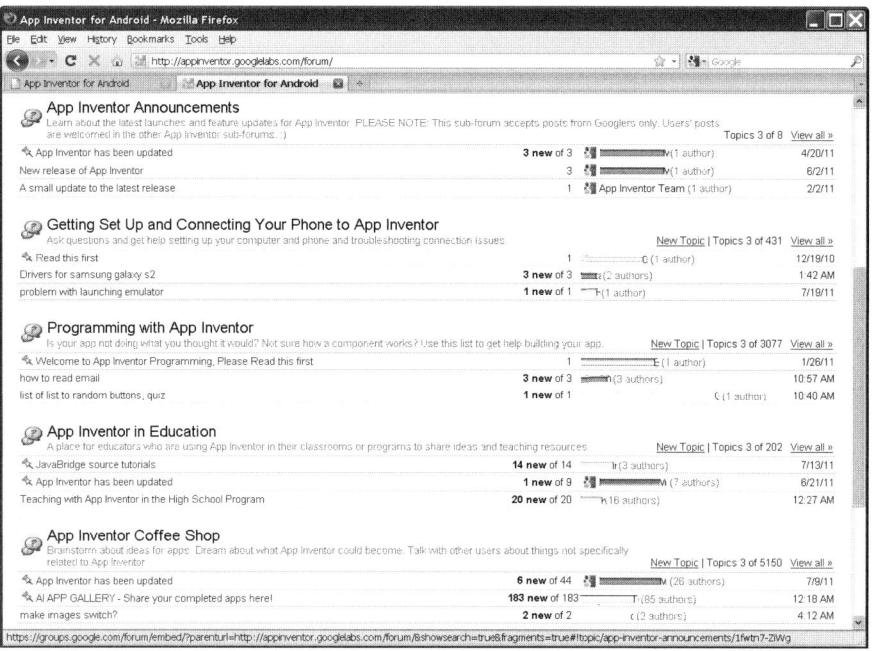

그림 2.36 AI 포럼의 하위 포럼들

포럼을 열거한 목록 위에는 User-FAQ, 'TroubleShooting' 사이트, AI 문서, 그리고 Issue List 등과 같은 추가 정보들을 담은 소스들의 링크가 있는 걸 볼 수 있다(그림 2.37의 상단을 보자). 이 사이트는 정기적으로 들어 가보길 권장한다.

새로운 AI 포럼 주소
최신 뉴스와 AI 포럼에 대한 정보들을 아래 주소에서 찾아볼 수 있다.
- http://experimental.appinventor.mit.edu/forum/

새로운 질문을 올리기 전에, 동일한 질문이 이미 다뤄졌었는지 확인해 보길 바란다. 관련 하위 포럼의 모든 게시글을 검색하기 위해 위에 있는 입력 박스에 검색어를 적어 Search 버튼을 누른다(그림 2.37 참조). 찾으려는 주제가 있다면, 관련 링크들이 열거될 것이다.

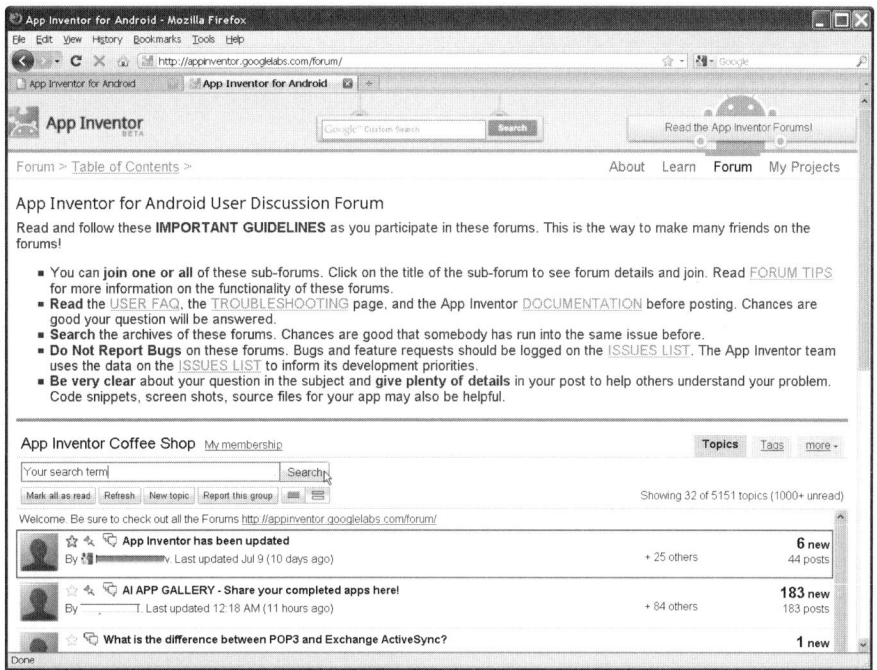

그림 2.37 각 하위 포럼이 제시하는 검색 결과들

적절한 검색어를 사용해 팁과 도움말을 찾아보자. 정말 독자의 질문과 관계된 글이 없다면, 새로 게시글을 작성하여 가능한 정확하고 구체적으로 문제 상황을 설명하고 도움을 요청할 수 있다. 이때 가장 관련 있는 포럼에 글을 게시해야 하고, 게시한 뒤엔 그룹으로부터 답변을 기다려야만 한다(그리 오래 걸리진 않을 것이다). 헌신적인 포럼 회원들의 도움으로, 분명 여러 개의 답변을 얻을 것이다.

3장
●●● 앱 개발 시작하기

3장에서는 드디어 첫 번째 안드로이드 앱을 개발할 수 있는 기회를 마련할 것이다. 이제 독자는 모든 준비 및 설치를 마쳤으며 첫 'HelloAndroidWorld' 프로젝트를 생성하여 지금까지 들인 노고에 대한 대가를 얻을 수 있는 때가 왔다. 알다시피, 재미있게 놀면서 공부하는 것이 가장 좋은 방법이므로, 우리의 첫 번째 프로젝트도 웃음 가득한 요소들로 이뤄졌다. '웃음 가방$^{laugh\ bag}$'이라는 1970년대에 처음 나온 인기 장난감을 기억할지도 모르겠다. 이 캔버스 가방은 작은 플라스틱 상자가 들어 있는데, 이 상자를 누르면 미친 사람처럼 깔깔깔 웃는 소릴 낸다. 1970년도에 태어난 아이들은 이 장난감을 굉장히 재미나게 갖고 놀았다. 이처럼 요즘 시대에 스마트폰을 가지고 이렇게 재미있게 놀지 말라는 법이 있는가?

웃음 가방 앱을 개발함으로써 독자는 AI로 앱을 개발하는 데 필요한 모든 기본 요소들을 알게 될 것이다. AI Designer에서는 앱의 그래픽 UI 요소들을 가져다 놓고 다양한 미디어 타입들과 결합하여 AI Blocks Editor의 블럭 요소들로 동작 로직을 만든 다음, 이 블록들을 조립하여 블록 집합체를 만들어 앱의 기능을 완성한다. AI 개발 환경에서 앱을 검사하는 것과 더불어, 다양한 실행 파일 생성 방식을 사용해 안드로이드 기기에 업로드할 준비를 할 수 있다. 또한 AI로 앱을 개발하는 동안 발생한 문제를 다루며 해결책이나 대안 방안들을 제시할 것이다. 3장 마지막에 독자는 AI 앱 개발자가 되기 위한 첫 걸음을 디딜 것이며, 독립적으로 간단한 앱을 개발할 수 있는 충분한 지식을 얻을 수 있을 것이다.

3장에서 제공한 단계적인 개발 과정을 설명하는 가이드는 가장 기본적인 앱 개발 방법을 다루고 있다. 간단한 앱으로 완벽한 앱 인터페이스를 한 번에 만들 수도 있으며, 그다음 단계에서 모든 블록 구조를 형성할 수 있다. 하지만, 더욱 완성도를 높이기 위해 Designer와 Blocks Editor를 오가며 작업 단계들을 하나씩 진행하거나 반복적으로 작업 사이클을 거쳐가며 다양한 기능 컴포넌트와 블록 구조체들을 형성할 것이다. 이 책을 진행하는 동안, 앞으로 두 단계 모두 익숙해질 것이며 그 단계를 매끄럽게 연결하는 방법을 공부할 것이다.

'웃음 가방' 프로젝트 생성하기

2장에서 'HelloAndroidWorld' 프로젝트를 생성했고 자동으로 AI를 닫을 때 제공자 서버에 저장됐다. 사용자 데이터를 기반으로 AI를 다시 열면 자동으로 최근 프로젝트의 상태가 열린다. 웹브라우저의 AI 시작 페이지로 간 다음 AI를 실행하고 로그인하자. AI를 통한 앱 개발을 자주 하게 되면 즐겨 찾기에 AI 페이지를 추가하는 것도 좋다.

AI 로그인 및 Designer 실행하기

AI 제공자에 로그인하여 Designer를 실행한다. MIT에서 공개한 다양한 버전의 AI 링크는 다음과 같다.
- http://experimental.appinventor.mit.edu
- http://appinventor.mit.edu

Sign in 버튼을 클릭하여 AI Designer를 로딩한다. 로딩이 끝나면 잠시 전체 프로젝트의 목록을 볼 수 있고, Designer의 다섯 가지 패널이 나타나며 가장 최근에 작업한 'HelloAndroidWorld' 프로젝트가 열린다. 이제 Open the Blocks Editor 버튼을 클릭하여 Blocks Editor를 실행하고 USB 케이블로 스마트폰을 연결한 다음 2장의 설명에 따라 Connect to phone을 선택한다.

AI Designer, Blocks Editor를 실행하고 곧바로 스마트폰 연결하자

앱을 개발할 때 AI Designer 다음에 Blocks Editor를 실행한다면 스마트폰을 통합할 뿐만 아니라, 모든 시각적인 개발 과정을 거치게 될 것이다. 스마트폰 화면을 통해 Designer에서 진행하는 개발 과정을 볼 수 있다.

AI 개발 환경에 직접 연결되면, 항상 스마트폰 화면을 통해 개발 단계들을 확인해가며 진행할 수 있다. 대신 Blocks Editor를 실행하고 나중 단계에서 스마트폰을 실행할 수도 있다. 나중에 이렇게 될 가능성에 대해 다시 언급하겠다.

'HelloAndroidWorld' 프로젝트에서 봤던 My Projects를 클릭해서 프로젝트 전체 목록으로 이동해 AI Designer에서 새 프로젝트를 생성한다. New 버튼을 클릭하고 'LaughBag'으로 제목을 지어 새 프로젝트를 생성한다. 그림 3.1과 같이 팝업 창에서 'LaughBag' 이름을 적고 OK 버튼을 누른다.

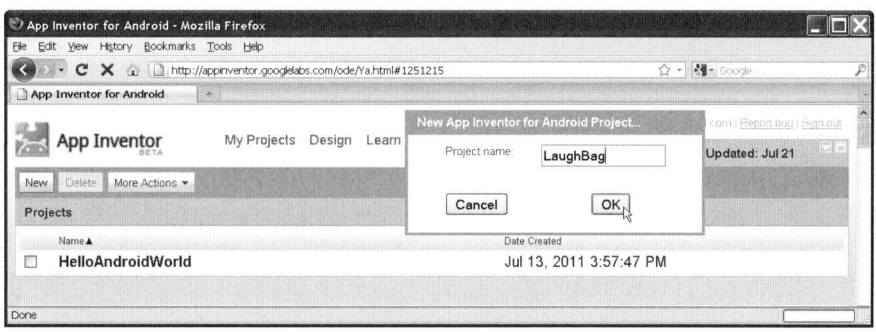

그림 3.1 AI Deisnger에서 'LaughBag' 프로젝트 생성하기

AI Designer가 새 프로젝트를 생성하고 원격 서버에 기본 구성 설정을 저장한 다음 새로운 인터페이스에 컴포넌트 그룹들과 함께 연다. 상단에 있는 상태 막대가 'Save...'와 'Load...'와 같은 간단한 메시지로 진행 과정을 알려준다. 첫 번째 프로젝트로 기본 적인 구성 설정을 LaughBag 프로젝트가 나타난다. Palette에서 컴포넌트 그룹들과는 별개로, Viewer 창에선 'Screen1' 컴포넌트만 나타나고 빈 스크린 영역으로 나타나고 Properties 패널에서 기본으로 선택된다.

그림 3.2를 보듯이, 앱의 제목을 'Screen1'에서 'LaughBag'으로 바꾼다. 앱을 실행하면 스마트폰 화면에 앱의 제목이 나타날 것이다. 컴퓨터에서 엔터 키를 누르면 Viewer에 나타난 제목도 바뀐다.

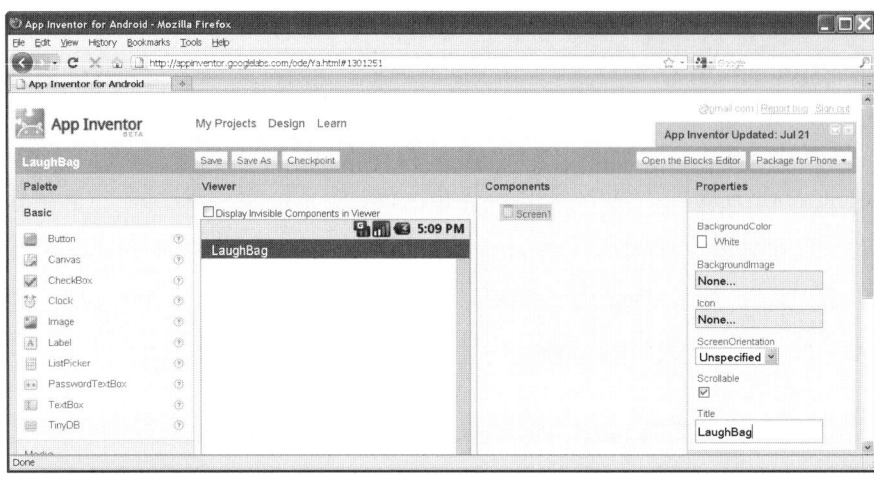

그림 3.2 LaughBag 프로젝트의 기본 설정 사항

 스마트폰 상태 확인하기
Blocks Editor와 스마트폰이 연동된 상태라면 제목이 정말 바뀌었는지 확인해보자.

Screen 컴포넌트의 다른 설정을 바꾸진 않을 것이다. ScreenOrientation 박스에서 Unspecified로 된 기본 설정 들은 나중에 사용자가 들고 있는 스마트폰의 방향에 따라 자동으로 스크린을 수평 혹은 수직 방향에 맞게 맞춰준다. 특수한 상황에서만 스크린을 수직^{Portrait} 혹은 수평^{Landscape} 방향으로 설정하길 권장한다. 앱의 모든 요소들을 작은 스크린에서라도 모두 볼 수 있도록 보통 스크린 영역을 Scrollable로 지정해야 한다.

UI 디자인

프로젝트를 생성하고 앱의 제목도 LaughBag으로 수정되었으면, 이제 드디어 창의력을 발휘할 때가 왔다. 괜히 Designer라고 부르는 게 아니다. 바로 이 작업 영역에서 앱의 UI를 디자인하기 때문이다. 2장에서 언급했듯이 UI는 사용자가 입력을 하는 수단이며 결과물을 보여주는 화면이기도 하다. 물론 UI를 구성하는 모든 요소들은(텍스트, 버튼, 이미지 등) 시각적인 요소일 뿐만 아니라 다양한 입력과(마이크, 카메라, 가속도 센서, 위치 센서, GPS 등) 출력(소리, 진동, 영상 등) 기능을 하므로, 종종 원격 통신으로 접근해오기도 한다(웹 서비스,

SMS, 블루투스 등). 이러한 목적에 부합하는 AI 컴포넌트의 다양함 덕분에 이제 그 기능이 너무 많아져서 종합적으로 분류하기도 힘들 정도이며, 구글 개발자들이 열심히 최선을 다해 기능 확장에 힘쓰고 있다.

인간 공학적 측면에서의 고려

앱에 있어서 디자인 작업의 중요성은 아무리 강조해도 모자를 정도다. 사용자 친화도나 인간 공학(Ergonomics)은 궁극적으로 앱의 성패를 좌우하는 결정적인 요소이며, 안드로이드 앱이란 결국 작은 모바일 소프트웨어 프로그램에 지나지 않기 때문이다. 앱이 모바일 환경이라는 특수한 상황에 맞게 직관적이고 효과적이며 유용할수록 더 많은 사용자들이 사용할 것이며, 그에 따라 다운로드 수가 더욱 올라갈 확률이 높다. 앱을 디자인하면서 이런 사실들을 고려하고, 목표로 삼은 사용자 층이 어떤 상황이나 이유로 앱을 사용할지에 대해 신중히 생각해보자. 예를 들어, 독자가 운전자를 대상으로 앱을 개발한다면, 버튼과 텍스트는 멀리서 보기에도 편안하게 볼 수 있을 정도로 커야 한다.

이러한 애플리케이션 인간 공학적인 내용에 관심이 있다면 인터넷에서 이와 관련된 정보를 얻을 수 있다. 안드로이드 앱의 아이콘에 관한 정보만 해도 많은 추천 정보나 제안을 확인할 수 있다.

앱의 인간 공학적 측면에 대해 궁금한 점이 있다면 인터넷에 좋은 자료들이 많다. 안드로이드 앱의 디자인을 위한 추천이나 제안 등 포괄적인 정보들을 찾을 수 있을 것이다. 그렇다고 이번 프로젝트를 고려했을 때 너무 미적인 기대를 하진 말길 바란다. 미적인 측면으로 보면 1970년도에 나온 원래 장난감도 그리 대단한 디자인은 아니었다.

'Label' 컴포넌트 삽입하기

LaughBag 앱의 UI는 매우 간단하며 스크린 컴포넌트를 제외하면 단지 두 개의 컴포넌트만 포함한다. 먼저, 앱을 어떻게 사용하는지 간단한 설명을 하고, 그다음은 이 앱 자체적으로 수많은 속성들을 지니길 바란다. 가방처럼 보여야 하며, 눌렀을 때 웃음소리가 나야 한다. 이러한 속성이 다소 복잡하게 보일 수도 있지만 실제로는 보통 윈도우에서 실행되는 애플리케이션과 동일하다. 그러므로 사용자는 버튼을 누를 수 있어야 하고, 이 버튼은 독자가 텍스트 라벨이나 이미지를 스티커처럼 붙일 수 있기 때문에 개성 있는 디자인이 가능하다.

고양이 가죽을 얻는 방법은 다양하다(속담)

이 책에선 어떤 고양이도 해치지 않으니 걱정하지 말자. 이러한 사실을 인지하길 바란다. 특히 앱 개발을 이제 막 시작하는 입장으로써 말이다. 앱을 구현하는 방법은 매우 다양하다. 대부분의 앱은 다소 유용한 목적을 충족한다. 개발자로써 자신의 창의적 능력에 따라 앱을 개발하려는 목적이 성공적으로 달성 될 것이다. AI는 앱을 개발하기 위해 사용할 수 있는 다양한 도구들을 모아놓은 거대한 집합체이다. 이 앱을 햅틱 피드백 기능을 갖춘 정교한 3D 애니메이션 그래픽 프로그램으로 만드느냐 아니면 단순히 이미지 버튼 하나만 있는 앱을 만드느냐는 온전히 독자의 개발 의지에 달려있다. 두 가지 방식 모두 앱의 순수 목적을 충족하긴 한다. 즉, 누르면 웃는 것 말이다. 안드로이드 2.3 혹은 4.0 등 최신 버전의 특정 기능을 보고 싶다면, 3D 웃음 가방이 확실히 2D 버튼 보단 만족할만한 수준이 되겠지만, 이 버튼은 안드로이드 1.5 버전에서도 아무런 제한 없이 동작할 것이다. 반드시 원하는 효과를 내기 위해 노력을 기울이며 리소스들을 잘 만들기도 해야 한다.

입문자들이 최대한 다양한 안드로이드 기기에서 실행할 수 있도록 앱을 생성하는 것이 우리의 온전한 의도이므로, LaughBag 앱의 디자인을 위해 두 가지 컴포넌트만 사용하는 것이다.

- Label: 컴포넌트를 스크린 위에 배치하여 사용자가 입력한 내용을 받아들이는 라벨과 같은 텍스트 필드이다.
- Button: 전환 기능뿐만 아니라, 텍스트와 이미지도 추가할 수 있는 버튼이다.

컴포넌트 레퍼런스에 대한 추가 정보

아래에 적은 Component Reference와 같은 온라인 사이트에서 모든 컴포넌트의 속성과 기능에 대한 추가 정보를 얻을 수 있다.
- http://experimental.appinventor.mit.edu/learn/reference/components/

다른 모든 컴포넌트와 함께 AI 도구 상자에서 Label과 Button AI 도구 상자인 Designer의 왼쪽 Palette 패널에 Label과 Button 컴포넌트가 있는 것도 확인했을 것이다. 이런 컴포넌트는 Basic 그룹의 일부다. 아직 열리지 않았다면, 그룹명을 누르면 열리고 그 안에 담긴 컴포넌트가 보일 것이다. Button은 첫 번째 위치에 있으며, Label은 여섯 번째 위치에 있다.

"Please press the bag!" 메시지가 앱 제목 바로 아래에 나타나도록 먼저 Viewer의 라벨을 가져다 놓는다. 이 컴포넌트는 필요하다면 나중에 이동시킬 수 있다. Palette 패널에 있는 라벨을 Lable 컴포넌트 아이콘이나 이름을 클릭하여 Viewer 패널에 끌어다 놓는다. 마우스를 움직이면 그림 3.3의 Text for Label1 기본 텍스트를 담고 있는 텍스트 필드 위에서 포인터 모양이 변한다.

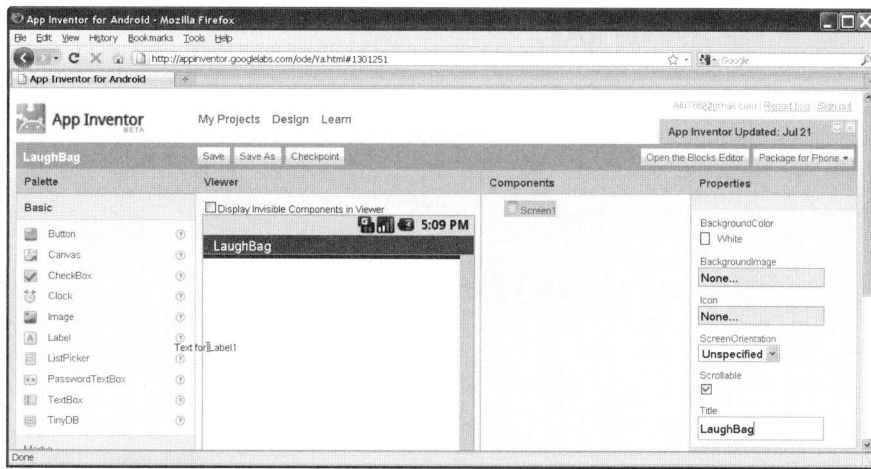

그림 3.3 Palette 패널에서 Viewer 패널로 새로운 라벨 가져오기

Viewer 패널에 라벨을 끓어다 놓으면, 라벨 슬롯이 자동으로 제목 표시줄 바로 아래에 위치한다. 이제 LaughBag 앱에 첫 번째 컴포넌트가 추가된 것이다. 즉 Label 컴포넌트 타입의 오브젝트를 생성했다는 의미다.

추가 사항: 컴포넌트와 컴포넌트 타입간의 차이

Palette의 추상 컴포넌트와 Viewer의 구체 오브젝트간의 차이점에 대해 다시 한번 생각해보자. Palette에서 Viewer로 컴포넌트를 이동한 것처럼 화면엔 표시되지만 실제 이 컴포넌트를 옮긴 게 아니라, 그 컴포넌트 타입의 구체 오브젝트를 생성한 것이다. 일명 컴포넌트 오브젝트다. 이론상으론 동일한 컴포넌트 타입을 갖는 오브젝트들을 얼마든지 생성해 쓸 수 있다. 객체지향 프로그래밍에서의 오브젝트와 클래스간의 차이와 유사하다.

스마트폰 검사하기

스마트폰을 연결했다면 화면에 'Text for Label1'이란 새로운 라벨이 보일 것이다. 이 라벨 이외에도 다른 가시성 컴포넌트를 추가하거나 변경해도 디버깅 모드에 있는 스마트폰에서 즉시 확인 가능하다.

하지만 AI Designer 인터페이스에서 이것만 볼 수 있는 건 아니다. 라벨을 생성했다면, Viewer와 스마트폰뿐만 아니라 Components와 Properties 패널도 있다. 그림 3.4를 보면, Components 패널에서 컴포넌트 오브젝트 형태로 존재하는 새로운 라벨을 볼 수 있다. 이름은 Label1이며, 이 라벨은 컴포넌트 계층 구조상으로 볼 때 가장 핵심 컴포넌트인 Screen1의 하위 계층에 속한다. Label1의 이름과 인덱스 넘버는 오브젝트가 생성될 때 AI가 자동으로 지정해준다. Viewer에서 새로운 라벨 컴포넌트를 옮겨다 놓으면, 두 번째 라벨 오브젝트가 Label2란 이름으로 생성된다. 자유롭게 추가해보자. 두 번째 라벨은 컴포넌트 패널에서와 마찬가지로 첫 번째 라벨 아래에 올 것이다.

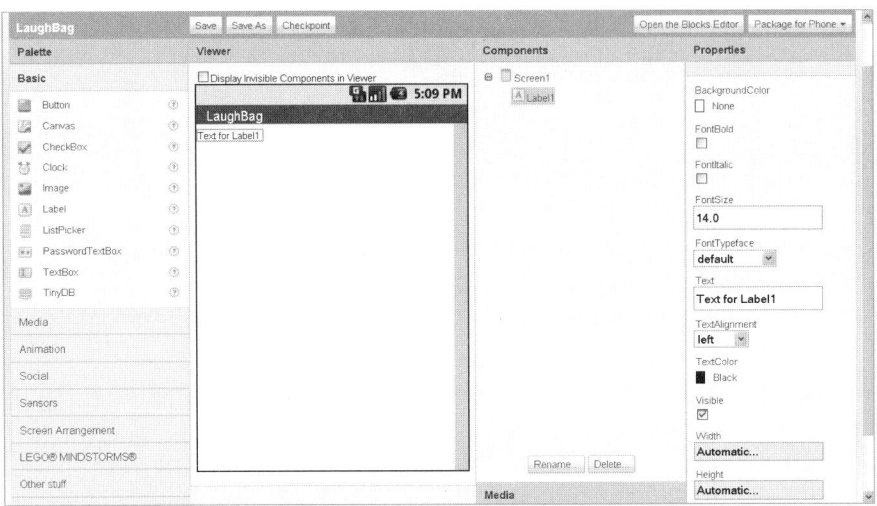

그림 3.4 Viewer, Components, Properties 패널에 있는 라벨

이쯤에서, 첫 번째 라벨을 제외하고 남은 모든 라벨들을 지우자. Viewer나 Components 패널에서 하나씩 클릭하여 선택 상태로 만들고 Components에서 Delete 버튼을 누르면 된다. OK를 눌러 삭제 요구를 확인한다. 계속 하기 전에, 작업 공간은 다시 그림 3.4와 같이 나타나야 한다.

컴포넌트 이름 지정하기

라벨 속성으로 들어가기에 앞서, 나중에 Blocks Editor로 작업할 때 훨씬 편리하게 요소들을 다루려면, 오브젝트에 기억하기 쉬운 이름을 지정해주는 게 좋다. 복잡한 앱을 디자인해 동일한 타입의 컴포넌트를 여러 번 사용해야 하는 경우, 이름을 단순히 번호로만 구별한다면 나중에 기억하거나 구별하기 정말 힘들 것이다. 그래서 이름에 해당 컴포넌트의 기능을 반영하는 단어를 넣어 주는 게 도움이 된다.

추가 사항: 프로그래밍에서의 이름 짓기 방식

프로그래밍에서는 나중에 소스를 수정해야만 할 때 분석하기가 용이 하도록 오브젝트, 상수, 함수, 변수 등에 해당 역할을 설명하는 이름을 짓는 것도 좋은 습관으로 여긴다. 좋은 이름을 지어주는 규칙은 효과적이고 전문적인 앱 개발에서도 필수 요소이다.

라벨 이름을 Label1에서 Message로 변경하려면 Components에 있는 Label1을 클릭하고 Rename 버튼을 누른다. 그러면 창이 하나 나타나는데, New name 란에 이름을 적고 OK 버튼을 눌러 확인한다(그림 3.5 참조). Components 패널을 보면 이제 Message란 새로운 이름으로 된 라벨이 있을 것이다.

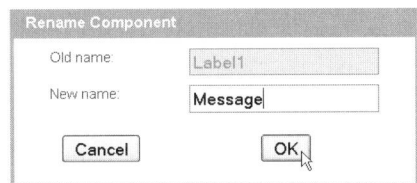

그림 3.5 새로운 라벨에 기억하기 좋은 이름을 할당하기

속성 설정

컴포넌트의 속성을 변경하고 확인하려면, 먼저 Viewer나 Components 패널에서 해당 항목을 클릭해야 한다. Viewer 패널에서 선택된 오브젝트 주변에 녹색 테두리가 생기게 되며, Components 패널에는 녹색 배경색이 생긴다. Properties 패널에는 선택된 컴포넌트의 속성이 나타난다. 라벨 같은 간단한 컴포넌트라도 꽤 눈에 띄는 속성들을 갖고 있다. 텍스트 필드의 경우만 봐도 Alignment, BackgroundColor, FontBold, FontItalic, FontSize, FontTypeface, TextColor 등 여러 가지 속성들이 존재한다.

게다가 라벨의 크기와 같은 컴포넌트와는 별개로 텍스트 필드의 높이와 폭을 지정할 수도 있다. 라벨 크기가 자동으로 텍스트 크기에 맞춰지거나 (Automatic으로 설정했을 경우) 상위 계층의 오브젝트인 Screen1에(Fill Parent로 설정했을 경우) 맞추도록 설정할 수 있다. 아니면 라벨 크기를 픽셀 단위로 직접 지정할 수도 있다(Pixel로 설정했을 경우). 그 안에 담긴 라벨이나 텍스트를 Visible로 설정할지도 선택할 수 있다. 텍스트를 Visible로 설정하지 않는 일이 있을까 궁금할 것이다. 예전에 언급했듯이 컴포넌트 속성은 AI Designer를 통한 개발 기간뿐만 아니라, 나중에 앱이 스마트폰에서 실행되는 동안에도 가능하여 블록 구조체의 로직 정의에 따라 프로그램이 지속적으로 다양한 컴포넌트 속성에 따라 화면을 출력하게 된다. 앱을 처음 실행할 땐 라벨 안에 메시지를 안보이다가 버튼을 누르는 것처럼 특정 이벤트가 발생했을 때만 보이도록 할 수도 있다.

마지막으로, 라벨 역시 'Text'라는 텍스트 필드를 갖고 있어 실제 라벨 텍스트를 입력할 수 있다. 여기서 독자는 기본 텍스트인 Text for Label1을 Please press the bag!으로 고치길 바란다. Viewer 패널이나 스마트폰에서 새로운 메시지를 확인해보면, 별로 대단해 보이진 않을 것이다. 마음껏 배경색이나 글씨체, 글씨 크기 등을 바꿔도 좋다. 다른 설정은 기본 값으로 남겨둬도 좋다. Viewer 패널에서 독사의 앱은 그림 3.6에서 보여주는 것과 비슷해야 한다.

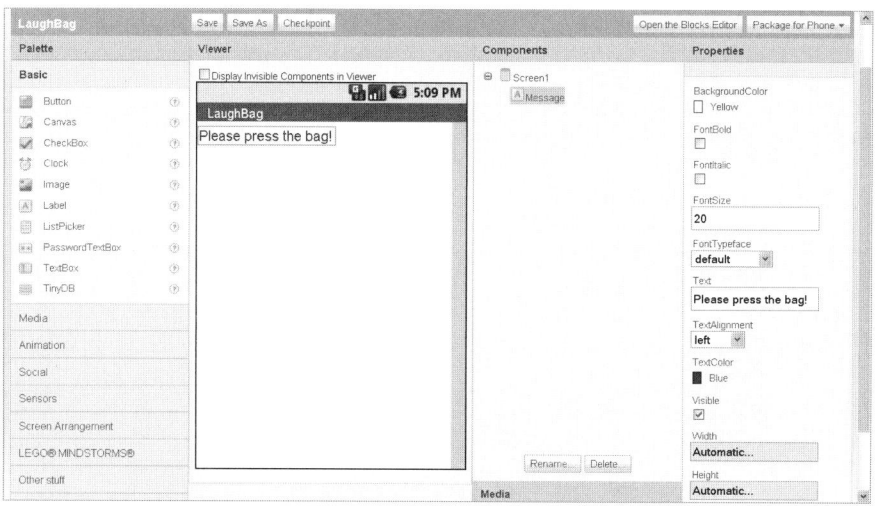

그림 3.6 'Message' 라벨을 위한 새로운 디자인과 속성 변경하기

Button 컴포넌트 추가하기

이제 두 번째 컴포넌트를 다뤄보면서 LaughBag 앱의 UI를 완성해보자. 이전에 말했듯이, 버튼에 사진을 넣어 인터랙티브한 웃음 가방을 만들고자 한다.

인터랙티브 컴포넌트

라벨과 달리 Button 컴포넌트는 UI의 인터랙티브한 요소다. 버튼은 누르기와 같은 사용자 입력을 받아들이고, 앱은 이벤트를 처리하여 결과(웃음 소리)를 반영한다. 버튼과 더불어, AI는 인터랙티브한 컴포넌트를 더 다양하게 제공한다. 예를 들어, 체크박스, 리스트, 사용자의 움직임에 반응하는 센서 등과 같은 선택 요소들이 여기에 해당한다.

Button 컴포넌트 역시 Palette의 기본 컴포넌트 그룹에 속한다. Button 컴포넌트를 Viewer에 가져다 놓는다. Button 컴포넌트를 가져다 놓는 동안 기본 설정을 볼 수 있다. 즉, Text for Button1이라 적힌 버튼 같은 것 말이다. 버튼을 Viewer에 끌어다 놓는 동안 그림 3.7과 같이 파란색의 얇은 수평선도 그려져 있다. 이 선은 Viewer에 컴포넌트를 올려 놓았을 때 위치할 장소를 나타낸다. 예를 들어 라벨 위에 버튼을 끌어다 놓으면, 위치선은 라벨 위로 올라가게 된다. 컴포넌트를 끌어다 놓으면 라벨과 제목 표시줄 사이에 위치하게 된다. 우리의 앱의 경우 컴포넌트를 라벨 밑에 끌어다 놓으면 버튼은 그 아래에 내려온다. Viewer에 있는 오브젝트를 끌어다가 위치를 바꿀 수도 있다.

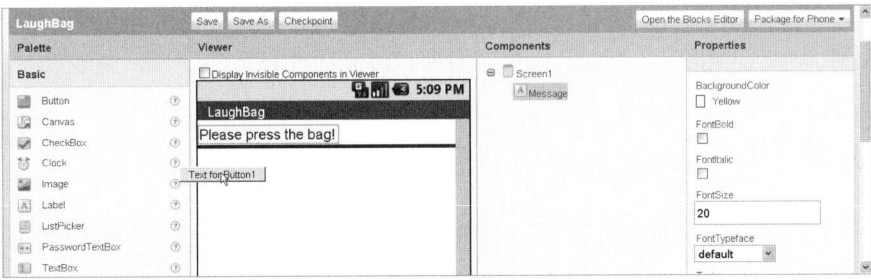

그림 3.7 Palette에서 Viewer로 Button 컴포넌트를 끌어다 놓기

방금전 라벨 컴포넌트를 다뤘듯이, 이번엔 두 번째로 Viewer에서 버튼 타입의 컴포넌트 오브젝트를 생성했다. 이 컴포넌트를 놓고난 다음엔 버튼이 자동으로 선택된다. Viewer는 녹색 테두리가 있는 버튼을 보여주며 스마트폰 화면에서도 새로 생성된 버튼을 확인할 수 있을 것이다. 이제 LaughBag 앱에서 사용할 버튼의 디자인을 수정하고자 한다. 먼저 기억하기 쉬운 이름부터 지어주겠다. 그림 3.8이 보여주듯이, 버튼 역시 Component 패널에서 상위 오브젝트인 Screen1의 자식 오브젝트다. 그리고 버튼은 기본적으로 Button1과

같이 인덱스가 증가하는 방식의 이름이 지정된다. 방금 전처럼 Rename 버튼을 클릭하여 기본 이름을 LaughButton으로 고칠 수도 있다.

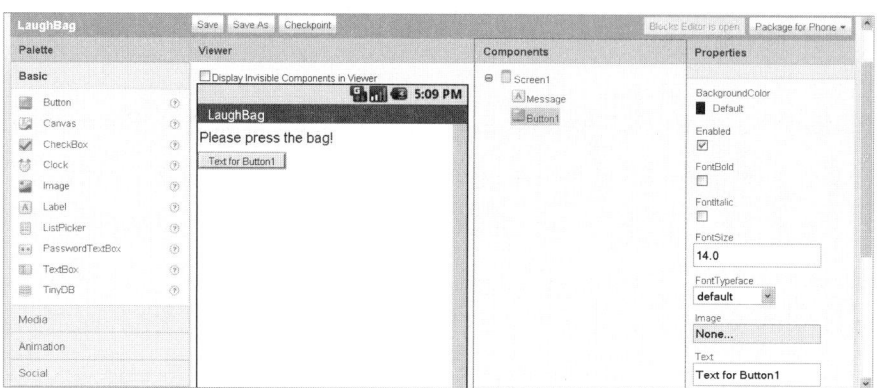

그림 3.8 Viewer, Components, Properties에 표시된 버튼

다음 단계에서, LaughButton의 속성들을 살펴볼 것이다. 이 속성들은 대게 라벨의 속성처럼 동일한 이름을 갖는다. 텍스트 정렬, 배경색, 글씨체, 크기, 타입, 색상 등 여러가지 속성이 존재한다. 여기서도 버튼의 크기(높이와 폭)를 지정할 수 있고, Visible 속성도 지정할 수 있다. 텍스트 필드인 Text에서 텍스트 내용을 바꿀 수 있다. 기본 값인 Text for Button1에서 Press me!로 변경하자. 아마 글씨체와 볼드체, 이텔릭 체 등을 적용하고 싶을 것이다. 아무런 텍스트도 적고 싶지 않으면, 그냥 비워두면 된다.

이러한 익숙한 속성들과 함께, 버튼은 새로운 두 가지 성질을 갖는다. 먼저, 버튼은 Enabled로 체크된 박스를 담고 있다. Visible과 비슷한 경우로, 체크 박스를 사용해 앱을 실행할 경우 버튼을 활성화할지 결정할 수 있다. 두 번째 새로운 속성은 Image 필드로, 이름만 봐도 버튼에 이미지를 추가하려는 의도가 생각난다. 이제 이미지 필드는 None으로 돼 있어 아무런 이미지도 없음을 의미한다. 이제 한번 바꿔보자.

미디어 파일 업로드 및 통합하기

이전에 말했듯이, 가방 이미지로 버튼을 감싸서 인터랙티브한 웃음 가방을 디자인할 것이다. LaughButton은 이미 Viewer에 있으므로 간단히 이미지만 선택할 것이다. 가방 사진을 담은 적절한 이미지 파일이 필요하다. 이쁜 가방 사진 파일이 있다면 사용해도 좋다. 하지만 파일 포맷이 AI와 안드로이드폰에서 지원하는 것인지 확인하도록 하자.

이미지 포맷
안드로이드에서 지원하는 이미지 파일 형식에 대한 자세한 내용은 15장 '도구와 팁'에서 '이미지 포맷' 절을 참조한다.

안드로이드에서 지원하는 이미지 포맷에 대한 정보를 얻고자 한다면 이 책의 웹 자료실에 있는 /MEDIA 폴더에 있는 laughbag.jpg 이미지를 얼마든지 사용해도 좋다.

웹사이트에 대해: 예제 앱을 위한 /MEDIA 경로에 있는 모든 미디어 파일들
모든 오디오, 이미지, 비디오 파일들은 이 책에서 제공하는 웹사이트의 /MEDIA 경로에 있다.

LaughButton에 laughbag.jpg 파일을 사용하기 위해, 먼저 파일을 AI 개발 환경과 원격 서버에 업로드하여 메모리에 접근할 수 있어야 한다. 그림 3.9와 같이 Image 필드에 있는 LaughButton Properties를 클릭하여 선택 리스트를 연다. 아직은 아무런 이미지도 업로드하지 않았으므로 리스트는 아무런 항목도 없으며, None 항목만 있다. Add 버튼을 누르고 로컬 디스크에 저장된 원하는 이미지 파일을 찾는다(이전에 미리 다운로드한 파일). 그림 3.9와 같이 Upload File 팝업창이 열리면 Search 버튼을 눌러 로컬 경로를 연다. 예를 들면 윈도우 익스플로러러 같은. laughbag.jpg 파일을 찾아서 Open을 눌러 선택한다. 파일 이름과 경로가 Upload File 창에 나타나면 OK를 눌러 확인할 수 있다.

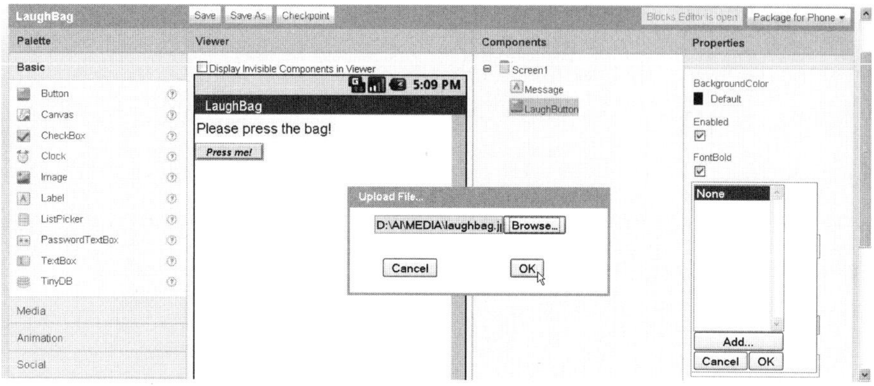

그림 3.9 AI IDE에 laughbag.jpg 이미지 파일 업로드하기

"Uploading laughbag.jpg to the App Inventor server" 메시지를 띄우면서 이미지 파일 업로드를 시작한다. 업로드가 끝나면, 그림 3.10과 같이 Viewer에 모든 꾸밈 요소들과 함께 나타난다. 이미지 파일의 이름은 이제 LaughButton Properties의 Image 필드에 나타난다. laughbag.jpg 파일은 리스트에 대응하여 Media 패널에 나타난 항목을 현재 LaughBag 프로젝트에서 여전히 일반적인 목적으로 사용할 수 있다. 예를 들어 다른 버튼에 기존에 사용했던 이미지 파일을 다시 사용하려고 한다 해도 다시 파일을 업로드할 필요 없이 반복해서 재사용할 수 있다. AI IDE나 AI 제공자의 서버에서 이미지 파일을 지우려면 Media 패널에서 해당 항목을 선택한 다음 팝업 메뉴에서 Delete를 선택하면 된다. 그러면 파일이 제거되어 LaughButton에 이미지가 더 이상 나오지 않을 것이다.

그림 3.10 laughbag.jpg 이미지로 꾸민 LaughButton 버튼

앱 디자인 최적화

기본적으로 최적화 단계는 LaughBag 앱의 외형 디자인을 결정한다. '기본적'이란 말을 쓴 이유는 우리가 여전히 약간은 미세 조정을 하고 싶어하기 때문이다. Viewer와 스마트폰에서 UI를 확인해보자. Message는 LaughButton이 그러하듯이, 항상 스크린의 좌측에 존재한다. 정적인 Viewer 패널이나 위의 모든 요소들은 다양한 스마트폰 화면 크기에 따라 두 요소 모두 스크린 중앙에 위치한다면 좀 더 전문적이고 보기 좋은 외관을 갖게 될 수 있다. 어떻게 최상의 외관 디자인을 할 수 있는지 추측할 수 있다. 라벨을 클릭하고 Properties 패널에서 Width 속성을 Fill parent 속성으로 설정한다. 그러면 라벨의 폭은 자동으로 부모 오브젝트인 Screen1의 폭에 맞춰지고 결과적으로 관련된 스마트폰의 스크린 폭 크기에 맞춰진다. 즉시 Viewer나 스마트폰 화면에서 확인할 수 있다. 하지만, 텍스트는 여전히 라벨의 좌측 코너에 있다. Alignment 속성을 Center로 바꿔 중앙 배열로 바꿔주자.

> **텍스처링**
>
> 컴퓨터 그래픽스에서 2D나 3D 오브젝트를 표현하는 이미지를 종종 텍스처라 표현되고, 그러한 이미지 처리를 텍스처링이라 한다.

이제 우리는 동일한 방법으로 버튼을 최적화하고자 한다. 버튼을 선택하고 Width 속성을 Fill Parent로 지정한다. 아래 이미지가 지금 Viewer 패널이나 스마트폰 스크린 폭만큼 확대된 버튼보다 더 작은 폭을 가지므로 이미지와 라벨은 자동으로 화면 중앙에 온다. 그림 3.11과 같이 시각 디자인을 최적화한 LaughBag 앱은 이제 깔끔해 보일 것이다.

그림 3.11 LG P500 스마트폰에서 최적화된 UI 화면

이미지가 안 보일 경우

가방 이미지가 보이지 않는다고 실망할 필요는 없다. 불행히도, 다양한 컴퓨터 시스템이나 안드로이드 버전 때문에, 가끔은 이미지가 Viewer 패널에서만 출력되거나 스마트폰에서만 보일 경우가 있다. 예를 들어, 이미지가 LG P500에 안드로이드 2.2 버전 혹은 안드로이드 2.1 버전의 에뮬레이터에선 보이지만 HTC Tattoo 기종에 안드로이드 1.6 에선 안 보일 수도 있다. 구글 개발자들은 이러한 문제를 인식하고 해결하기 위해 애를 쓰고 있다. AI의 'Troubleshooting' 웹사이트를 통해 일시적인 해결책을 얻을 수 있다(다음 주소를 통해 "버튼의 이미지 속성을 이미지 파일로 지정했지만 아무것도 보이지 않습니다" 글을 보길 바란다).

- http://experimental.appinventor.mit.edu/learn/troubleshooting.html

그래도 이미지가 계속 안 보인다면, 나중에 앱을 완성했을 때 제대로 보일 가능성이 있다. 잠시 인내심을 갖고 앱을 스마트폰에 로딩시켜 실행하는 섹션을 다룰 때까지 기다려보자. 그 때가 되면, 이미지가 보이는 쾌감을 느낄 수 있을 것이다. 그전까지는 간단히 개발 환경에 이미지가 있다고만 생각하자. 조금전 말했듯이, 일반적으로 앱을 개발할 때나 특히 안드로이드처럼 아주 변화 무쌍한 운영체제의 경우 임시 해결책이나 참고 기다리는 것은 대부분의 경우 좋은 방안이라고 간주된다.

비가시성 컴포넌트: 사운드

두 개의 컴포넌트와 한 개의 이미지 파일로도 꽤 LaughBag 앱이 시각적으로 디자인이 괜찮아 보일지라도, 중요한 것이 빠졌다. 바로 웃음 소리다. 효과적인 웃음소리를 담은 오디오 파일이 필요하다. /MEDIA 디렉토리에서 다시 한 번 laughter.wav 샘플 파일을 찾아볼 수 있다. 모든 미디어 파일과 함께 반드시 오디오 파일 포맷도 AI와 안드로이드에서 지원하는 포맷인지 확인해야 한다.

오디오 포맷
참고 안드로이드가 지원하는 오디오 포맷에 대한 정보를 얻으려면 15장의 '오디오 포맷' 절을 살펴보길 바란다.

앱에 오디오 파일을 추가하려면 Viewer 패널에 또다른 컴포넌트를 가져와야 한다. Sound 컴포넌트는 오디오 파일을 재생하는 역할을 담당하며 Media 컴포넌트 그룹에서 찾을 수 있다. Palette에 있는 그룹 이름을 클릭하여 열어 보자. 이전과 마찬가지로 Viewer 패널에 Sound 컴포넌트를 끌어다 놓는다. 기본 이름인 Sound1은 스크린 영역이 아니라 컴포넌트 바로 아래에 나타난다. '비가시성 컴포넌트'이기 때문에, 사운드 오브젝트는 Viewer 패널의 가시성 영역에 표시되는 게 아니라, 비가시성 컴포넌트란 특수한 영역에 목록으로 표시된다(그림 3.12 참조. Viewer의 하단).

그림 3.12 Viewer에 나타나지 않는 'Sound' 컴포넌트

Sound1 컴포넌트가 자연스럽게 Viewer의 가시 영역에 출력되지 않더라도 (스마트폰도 마찬가지임) 다른 가시성 영역과 마찬가지로 다른 패널들에는 보인다. 컴포넌트 구조 계층에서는 Screen1의 하위 계층이고, Sound1 컴포넌트 오브젝트가 선택되어 녹색 테두리로 강조되면 Properties 측면에서는 일반적으로 특수한 속성들이 나열된다(그림 3.12 참조). 위에서 설명했듯이 설정을 변경할 수 있다. 지금 바로 Components 패널에서 Sound1 이름을 Laughter로 바꾸자.

Properties 패널에서 Laughter 사운드 오브젝트 속성의 개수는 쉽게 파악 가능할 정도로 많지 않다. MinimumInterval 속성을 사용해 오디오 파일의 재생 시간을 밀리초 단위로 설정할 수 있다. 오디오 파일의 재생 길이가 곡 사이 간격인 인터벌 시간보다 짧으면, 파일은 반복 재생된다. 일반적인 규칙처럼, 음향 효과를 만들지 않으려면 재생 시간과 인터빌 시간은 가능한 동일해야 한다. 필요할 경우 나중에 이 기능을 미세하게 사용해 볼 수 있다.

현재 None으로 되어 있는(이미지 파일의 경우와 비슷함) Source 필드에서 오디오 파일을 지정하여 앱에 오디오 파일을 업로드하기 위한 Laughter의 두 번째 속성이 우리가 좀 더 흥미롭게 관심을 갖는 목적이다. 사실 오디오와 이미지 모두 동일한 과정으로 앱에 통합하게 된다. 그래서 Source를 클릭하면 사용 가능한 미디어 파일들이 보일 것이다. 이번 경우에는 선택 리스트가 미디어 파일 타입을 구별하지 않기 때문에 쉽게 laughbag.jpg 파일을 찾을 수 있다. Add 버튼으로 로컬 디스크의 파일을 선택하고 AI IDE에 업로드한다. 이미지 파일과 완전히 동일하지만 이번엔 /MEDIA 경로에서 laughter.wav 파일을 선택한다. 문제없이 업로드 됐다면 그림 3.13과 같이 Properties 패널의 Source 필드와 Media 패널에서 laughter.wav 파일이 등록된 걸 볼 수 있다.

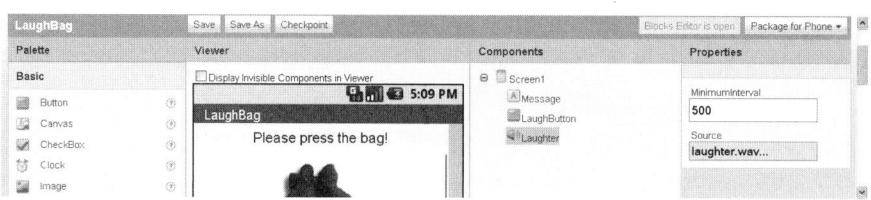

그림 3.13 성공적으로 업로드된 laughter.wav 파일

이제 LaughBag 앱의 UI를 컴포넌트로 디자인하는 작업은 끝났다. 물론 Viewer나 스마트폰에서 LaughButton을 눌러도 아무런 반응이 없을 것이다. 그 이유는 앱의 UI 오브젝트의 동작을 정의하는 로직이 만들어지지 않았기 때문이다. 이제 Blocks Editor를 사용할 차례다.

앱 기능 개발하기

이 단계에서 우리는 AI Designer에서 사용한 컴포넌트가 어떤 작업을 처리할지 정의내릴 것이다. Blocks Editor에서 활성화된 컴포넌트(버튼과 사운드)를 서로 연결하고 이들을 하나의 인터랙티브한 기능(버튼을 눌렀을 때 웃는 기능)으로 조합할 것이다. 이러한 작업은 뭔가 있어 보이는 듯 하지만 앱의 결과가 얼마나 복잡하거나 간단한지와는 무관하게 모든 AI 개발 작업에서 항상 지나쳐야할 작업이다. 이 단계를 완전하게 이해했다면, 기본적인 AI 개발 원리를 깨우쳤으며 좀 더 큰 규모의 프로젝트를 진행할 준비가 된 셈이다.

이 단계는 자바와 같은 프로그래밍 언어로 앱을 개발하는 고전적인 방식에 가깝다. 지금까지는 AI Designer에서 UI 오브젝트들을 생성하고 위치를 배열했다. 이제는 이렇게 생성한 오브젝트의 기능을 Blocks Editor에서 다루면서 앱의 모든 기능(블록 집합체)이나 일부 기능을 디자인할 때 사용할 것이다. 오브젝트 기능과 더불어, 일반 기능(제네릭 블록)을 사용해 앱의 동작 로직과 기능을 완성할 수 있다. 좁은 의미에서의 프로그래밍 언어를 사용하지 않고 필수적으로 곧바로 앱 "프로그래밍"을 시작할 수 있다. 입문자로써 이 과정에 부담을 느껴 머뭇거릴 필요는 없다. 오히려 진행하면서 객체지향 프로그래밍의 원리를 공부하는 즐거움을 누리길 바란다. 아마도 언젠간 자바와 같은 프로그래밍 언어로 앱을 개발할 수 있을 것이다. 그럴 경우 AI를 이용한 개발 경험이 매우 값진 것이었음이 증명될 것이다.

여기서 다루는 개발 과정은 특별히 복잡할 건 없다. Blocks Editor를 실행하지 않았다면 Designer에서 Open Blocks Editor 버튼을 누르자. 좌측의 블록 선택 영역에서 My Blocks 탭을 선택하자. 이제 Viewer에서 별도의 기억하기 쉬운 이름을 지어서 끌어다 놓은 컴포넌트가 보일 것이다(그림 3.14 참조). 예를 들어 Message 라벨이나 Laughter 사운드, 그리고 LaughButton 버튼 등이다. 스크린 컴포넌트는 여전히 Screen1이란 기본 이름을 갖고 있고, My Definetions 영역에서는 독자만의 정의를 입력할 수 있다.

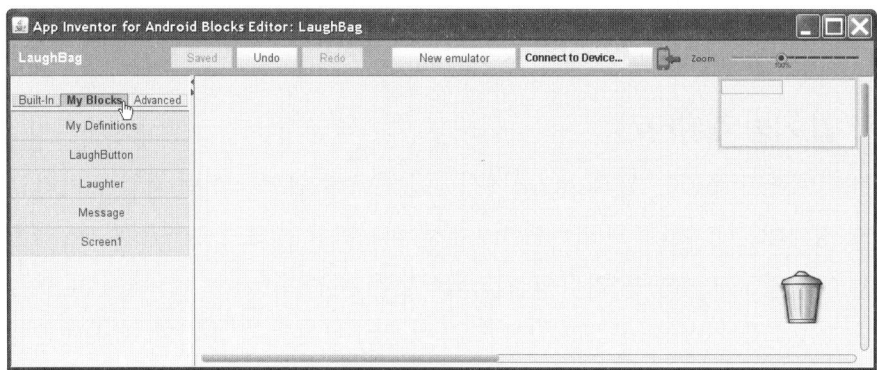

그림 3.14 AI Blocks Editor의 My Blocks에 있는 컴포넌트 오브젝트들

2장에서 설명한 Screen1 컴포넌트 사용 예제와 같이, 이제는 오브젝트 이름을 클릭하여 생성한 커스텀 컴포넌트 오브젝트들의 기능 블록들을 화면에 나타낼 수 있다. 메시지 라벨의 Visible 속성을 기억하는가? AI Designer에서 오브젝트 속성을 설정하는 앞 절에서, 동일 이름의 기능 블록으로 앱이 동작하고 있는 상황에서 기본 설정들을 동적으로 바꿀 수 있음을 짚고 넘어갔다. 그림 3.15에서 동적으로 속성 변경이 가능한 Message.Visible 블록을 볼 수 있다.

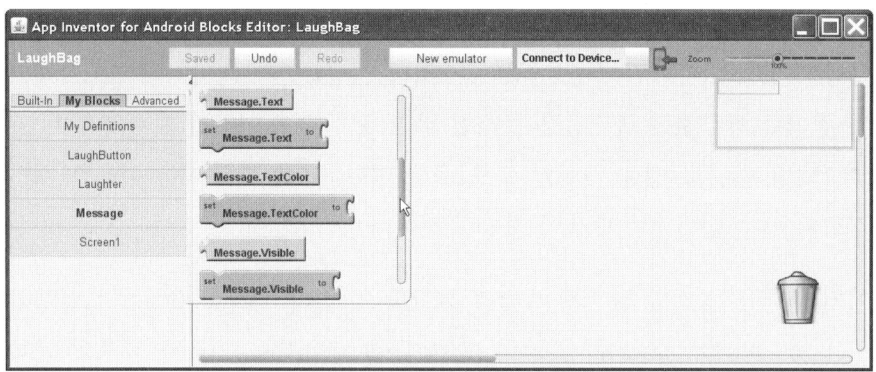

그림 3.15 'Message' 컴포넌트 오브젝트 라벨의 속성들

인터랙티브한 앱의 로직 만들기

지금까지 우리는 LaughBag 앱의 Message 라벨 텍스트를 그대로 남겨두고 모든 기능 블록들을 사용하지 않을 것이다. 대신 우리는 LaughButton에 인터랙티브한 기능을 추가할 것이다. 즉, 버튼을 누르는 등 사용자 입력을 받아서 웃음 소리를 내는 반응을 줄 것이다. 이러한 LaughButton 기능을 말로 옮기면 다음과 같다.

> 사용자가 LaughButton을 누르면, Laughter 사운드를 재생한다!

프로그래밍 지식이 없는 입문자로써, 믿기 힘들 수 있지만 이는 이미 비형식적인 의사코드 형태의 프로그래밍과 비슷한 형태다.

이제부터 LaughBag 앱에서 위 문장이 나타내는 기능을 구현하여 사용자가 버튼을 누르면 사운드를 재생할 것이다. 프로그래밍에서는 일반적으로 이벤트 핸들러라는 말을 쓴다. 이는 특정 이벤트가 발생했을 때만 명령어를 수행하는 루틴(코드상에서 함수를 의미)이다. 이번 예제에서는 버튼을 누르는 행동이 이벤트에 해당하고 "누르면 동작을 수행한다"란 명령이 이벤트 핸들러에 해당하며, 사운드를 재생하는 것이 동작에 해당한다.

이벤트, 그리고 이벤트 드라이븐 프로그램

이벤트란 용어는 객체지향 프로그래밍의 기본 개념인 이벤트 컨트롤을 설명할 때 중요한 키워드로 작용한다. 고전적인 절차지향 프로그램과 대조적으로, 이벤트 주도적 프로그램은 입력이나 특정 이벤트를 기다렸다가 이벤트가 발생하면 적절한 기능을 수행하여 반응한다. 프로그램이나 애플리케이션은 햅틱, 텍스트, 음향 등 여러 센서 입력 뿐만 아니라 전화 걸기, SMS 메시지, 이메일, 트위터 같은 웹 서비스로부터 전송된 뉴스 등 다양한 종류의 이벤트에 반응할 수 있다.

AI의 기능에 대해 일전에 언급했듯이, 단지 두 가지 블록만 있으면 된다(그림 3.16 참조). 첫 번째 블록은 이벤트 루틴의 프레임으로 LaughButton이 클릭 이벤트를 받으면 무언가 동작을 수행하라는 명령어를 담고 있다. 두 번째 블록은 오디오 플레이어를 실행해서 Laughter 오디오 파일을 재생하는 동작을 형성하고 작업을 수행한다.

그림 3.16 LaughButton.Click과 LaughButton.Play 컴포넌트

연속적인 명령 절차를 만들려면, 두 개의 별도 블록을 연결한다. 즉, 동작이 이벤트 루틴의 일부가 돼야 한다. 이때 AI의 블록 조합 문법을 지켜야만 조립이 가능하다. 이번 경우에는 즉시 결과를 확인할 수 있다. 실행 컴포넌트인 Laughter.Play는 퍼즐 조각과 같이 호출 컴포넌트 LaughButton.Click에 들어맞는다. 명령 절차 혹은 블록 구조체의 결과를 그림 3.17에서 볼 수 있다.

그림 3.17 의사코드의 명령 수행 절차를 정의하는 블록 구조체

이제 끝이다! 두 블록을 연결해서 LaughBag 앱의 기능을 구현한다. 이 단계는 처음에 볼 땐 AI가 블록 기능 뒤에 복잡함을 감추고 있기 때문에 별것 아닌것처럼 보일 수 있다. AI 앱 개발자로서, 오디오 파일을 로딩하여 재생하고 시스템의 훌륭한 스피커로 소리를 출력하는 복잡한 프로세스에 대해 신경 쓸 필요가 없어진다. 즉, 버튼 이미지와 터치 입력을 연동한 다음 터치 이벤트와 오디오 플레이어와 연동하는 프로그램 루틴을 작성할 필요가 없어진다. AI같은 고수준의 추상 언어 덕분에 프로그램과 시스템의 기술적인 구현은 거의 모두 AI와 안드로이드에게 맡겨두고 앱의 기능 구현에만 치중하면 된다. 하지만 이러한 작업도 차후에 다른 프로젝트들을 진행해보면 어렵게 느껴질 수 있다.

 추가 사항: AI 시각 개발 언어의 성능과 추상성

물론 이렇게 편리한 방식으로 기능을 디자인하는 데는 그만큼 성능의 희생이 따른다. 예를 들어 자바 언어를 사용하는 안드로이드 개발자들은 자신이 직접 오디오 플레이어를 열거나, 자신만의 방식으로 로딩하는 게 낫다고 말할 것이다. 모든 개발 언어마다 추상화 단계가 다르며, 각각 장단점을 갖고 있다는 걸 꼭 인지하길 바란다. AI는 매우 분명한 장점을 갖고 있다. 바로 아주 빠르고 쉽게 매력적인 앱을 개발할 수 있다는 것이다. 디자인하는 데 AI가 제한적이라는 불만을 토로하면서, 자바 개발자들은 자신들의 프로그램 코드에서 사용할 함수들과 조립식의 오브젝트들을 제공하는 클래스 라이브러리를 사용하는 걸 선호한다.

> 또한 앱 개발은 일반적으로 비용 이득 관계에 의존적이다. 같은 앱이라도 AI로 좀 더 빠르고 쉽게 개발할 수 있다면, 이런 장점을 활용하는 게 이득일 것이다. 반대로 AI 컴포넌트를 창의적인 방법으로 사용해도 특정 요구사항들을 구현할 수 없다면, 자바 프로그래밍에 익숙해 지도록 좀 더 노력해야 할 필요가 있다. 물론 그렇게 말하기 전에 "고양이 가죽을 얻는 방법은 많다"란 말을 심사 숙고하길 바란다. 아마도 AI로 원하는 앱 기능을 구현하는 방법이 분명 존재할 것이다. AI는 첫 번째 예제만으론 그 유용성과 다양한 기능들을 모두 파악하긴 힘들며, 이러한 기능들 조차도 계속 늘어나고 있다. AI가 아직 개발 단계, 즉 베타 버전이란 사실을 잊지 말자. 아마 앞으론 AI의 기능은 기하급수적으로 증가할 것이다. 나중에는 본인이 직접 이미 AI에서 사용 가능한 기능들이 무엇인지 보게 될 것이다. 설령 그것이 빙산의 일각이라 할지라도 말이다.

블록 집합체를 통한 기능 구현하기

이제 우리는 이전에 설명한 블록 집합체로 LaughBag 앱의 로직을 정의하여 구현해봤다. 먼저 전에 언급했던 블록들을 하나씩 Blocks Editor로 가져와야 한다. LaughButton 컴포넌트 오브젝트로 먼저 시작해보자. 좌측의 블록 선택 목록에서 해당 오브젝트 이름을 클릭해 사용 가능한 블록들을 살펴본다. 그러면 그림 3.18과 같이 선택 메뉴가 열리고 최상단에는 LaughButton.Click 블록이 나타난다.

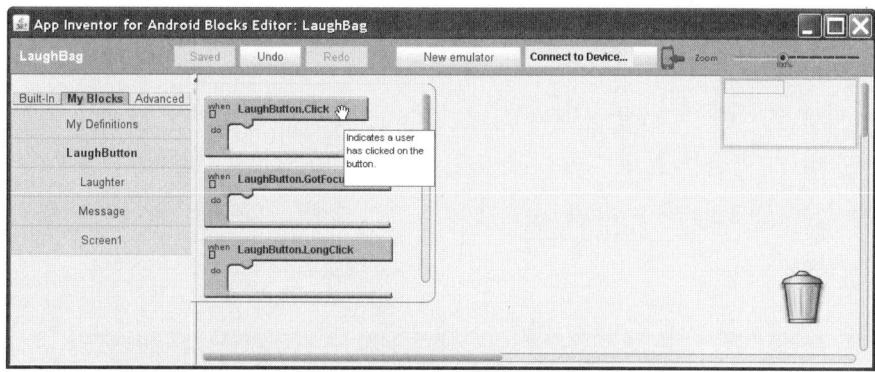

그림 3.18 AI Blocks Editor에서 LaughButton.Click 기능 블록 선택

이 블록을 클릭하면, 간단한 설명 박스가 나타난다. 블록을 드래그 하면 바로 선택 메뉴가 사라지고 블록을 Editor 창의 원하는 위치에 끌어다 놓을 수 있다. 그다음 동일한 방법으로 Laughter.Play 블록을 선택한다. 블록 선택 메뉴에서 Laughter 항목 오른쪽으로 목록이 열리면 Play 블록을 찾는다. 오른쪽에 있는 스크롤 바를 움직여 리스트를 상하로 이동시킬 수 있다. Play 블록은 그림 3.19에서 보듯이 세 번째 항목에 있으며, 이 블록을 Editor로 가져다 놓는다.

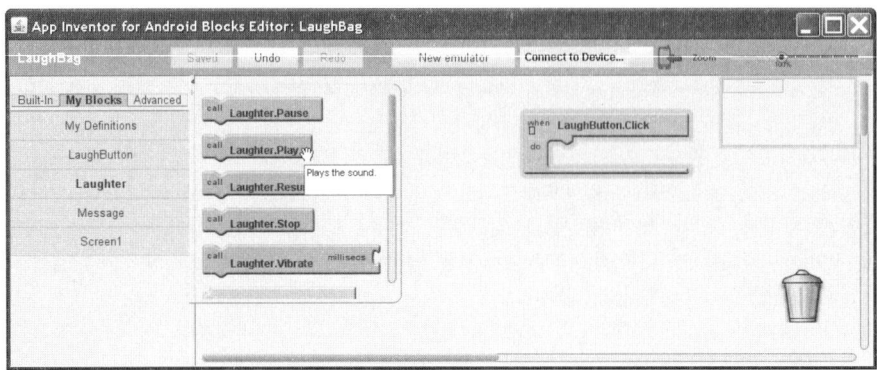

그림 3.19 LaughBag 앱에 Laughter.Play 블록 추가하기

일시적으로 Play 블록을 Editor 창에 끌어다 놓고 나중에 다른 곳으로 옮기거나 직접 명령 블록인 LaughButton.Click 블록에 연결하여 원하는 블록 집합체를 형성할 수 있다.

 다양한 블록 타입의 색상 설정

> 블록 선택 목록에서 블록이 다양한 색상을 갖고 있다는 점을 눈치 챘을 수도 있다. 색상 설정을 통해 관련 블록의 타입이 뭔지 암시한다. 예를 들어, 모든 명령 블록은 녹색이고 기능 블록은 자주색이다. 다양한 색상을 통해 앱을 개발하면서 복잡한 블록 구조를 갖출 때 훨씬 쉽게 블록 구조를 파악할 수 있다.

선택한 두 블록을 연결하기 위해 Laughter.Play 블록을 Laughter.Click 블록에 끌어와 연결한다. 두 블록이 충분히 가까워지면(AI 연결 규칙에 부합한다고 가정했을 때), Laughter.Play 블록은 그림 3.20과 같이 Laughter.Click 명령 블록과 달라 붙는다.

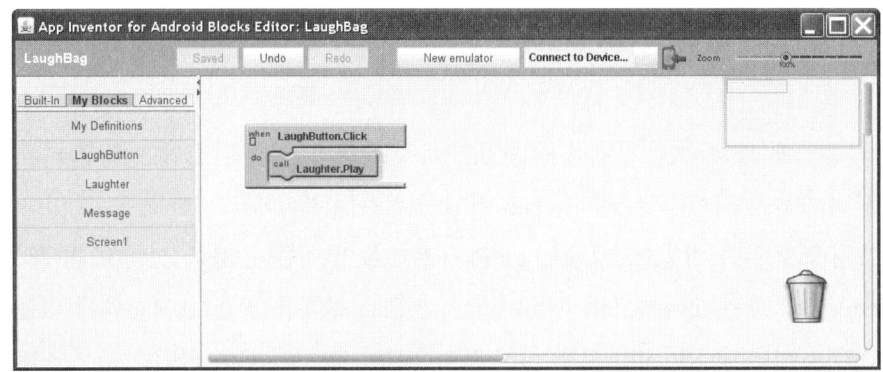

그림 3.20 Editor에서 블록 구조 구현이 완성된 모습

이렇게 LaughBag 앱의 기능을 모두 구현했다. 이제 실제 이 블록이 동작하는 지 스마트폰을 연결하거나 에뮬레이터에서 확인할 수 있다. 스마트폰을 켜고 LaughBag을 눌러서 웃음 소리가 누를 때마다 나는지 확인해보자.

프로젝트 로컬 디스크에 저장하기

AI 프로젝트 개발을 마치면 곧바로 저장을 해주는 게 좋다. 전에도 언급했지만, AI는 자동으로 AI 제공자 서버에 프로젝트를 저장해준다(AI IDE를 종료할 때). 이는 다시 AI를 열 때 최신 상태로 열기 위한 기능이다. 이 외에 별도로 Save, Save As, Checkpoint 같은 버튼을 통해 저장이 가능하다. 이 역시 서버에 저장된다. 이렇게 저장된 프로젝트는 온라인상으로만 다운 받아 접근할 수 있으며, 로그인을 해야만 가능하고 서버에 별다른 오류가 없어야만 한다. 서드파티 솔루션과 연동하거나 다른 특별한 이유로 사용할 경우(예를 들면 가르치기 위한 목적으로 어떤 해결책들이 있을지 토론하기 위한 프로젝트나 전체 프로젝트의 기반이 되는 프로젝트 등)에 로컬 디스크에 프로젝트를 저장하는 게 일반 상식이다. 프로젝트의 백업 파일을 만들어 두는 게 프로젝트를 진행하면서 데이터를 잃어 버릴 위험을 낮출 수 있다.

AI Designer와 Blocks Editor에서 블록 구조체와 모든 컴포넌트가 담겨 있는 프로젝트들을 저장하려면, My Projects 버튼을 눌러서 AI Designer의 프로젝트 뷰로 가야한다. 저장할 프로젝트는 녹색 체크를 한다. 지금은 LaughBag 프로젝트를 그림 3.21과 같이 확인하고 More Actions 버튼을 누른 후 그 아래에 있는 Download Source 메뉴 항목을 선택한다.

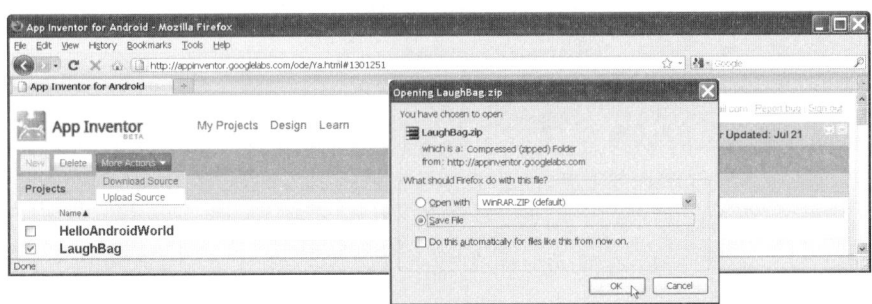

그림 3.21 선택한 프로젝트를 하드 디스크에 저장하는 모습

이러한 일련의 과정을 통해 그림 3.21처럼 다운로드 창이 나타나 LaughBag. zip 압축 파일을 다운로드할지 물어본다. Save File을 선택하고 OK를 누른 다음 원하는 저장 경로를 선택한다. 그러면 안전하게 컴퓨터에 저장된다.

한 번에 모든 프로젝트 다운로드하기

2011년 말에 My Projects 메뉴에 Downlaod All Projects라는 새로운 버튼이 추가되었다. 이 버튼으로 사용자가 생성한 모든 프로젝트를 동시에 ZIP 파일로 다운로드할 수 있다. All-projects.zip 파일은 각 프로젝트들을 zip 파일 형태로 담고 있다. 다운로드한 후 압축을 풀면, 각 압축 파일들을 하나씩 AI 개발 환경에 업로드하여 계속 프로젝트를 진행할 수 있다.

본 서적에서 제공하는 웹사이트의 /PROJECT 디렉토리에 있는 프로젝트 파일들

이 책에서 진행하는 모든 프로젝트 파일들은 지원 사이트의 /PROJECT 디렉토리에 존재한다(소개 글에 나온 주소를 참조하자). 이 사이트에는 현재 진행하고 있는 웃음 가방 프로젝트도 있다. 내려받은 후에는 인터페이스 컴포넌트와 블록 구조체를 직접 입력하지 않고 곧바로 AI 개발 환경에 모든 프로젝트를 업로드할 수 있다. 그럼에도 불구하고, 앱을 단계별로 재생성할 때 독자가 교육적 경험을 얻을 수 있다는 혜택을 과소평가해선 안 된다.

나중에 만들 블록 집합체는 너무 규모가 커서 이 책에 다 담을 수가 없기에, 웹사이트에서 자료를 다운 받아 프로젝트 파일에서 블록 집합체를 Blocks Editor에 업로드하자. 그다음 전체 블록을 연구 및 분석하여 원하는 목적에 맞게 추가로 개발할 수 있다.

다른 사이트 계정으로 프로젝트를 수정하고 싶다면, 해당 AI 제공자의 서버에 프로젝트를 업로드할 수 있다. 다시 말하지만, Designer의 More Options 버튼을 통해 AI로 프로젝트를 업로드할 수 있다. Upload Source 옵션을 클릭하고 Choose File을 누른 다음 zip 확장자의 원하는 로컬 프로젝트 파일을 선택한다. 그림 3.22와 같이 화면이 나타나면 OK 버튼을 눌러 하드 디스크에서 서버로 파일을 업로드하고 현재 프로젝트로 불러온다.

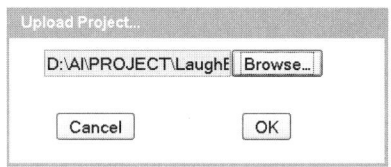

그림 3.22 로컬 디스크에 저장된 프로젝트 AI에 업로드하기

이와 같은 방식으로, 다른 AI 개발자들에게도 독자의 프로젝트 파일을 사용할 수 있도록 한다. 즉 독자의 프로젝트를 그들의 개발 환경에 업로드하는 것

이다. AI 개발자들이 서로 자신들의 프로젝트를 공유하고 블록 집합체나 어려운 문제나 일반적인 해결책에 대한 의견을 교환하는 것이 일반적인 관행이다. 이러한 협력적인 자세를 통해 다른 사용자들에게 검증된 블록 집합체를 제공할 수 있어, 다른 개발자들이 기존에 만들어진 블록을 프로젝트에 곧바로 사용할 수 있다.

ZIP 파일 확장자는 프로젝트 파일이 하나의 단일 파일이 아니라 파일 보관소^{archive}임을 의미한다. 분명 압축 파일을 해제하는 프로그램이 있을 것이다 (WinRAR 같은). 파일 매니저에서 LaughBag.zip 압축 파일을 더블클릭하고 프로젝트 아카이브의 내용물을 확인해보자.

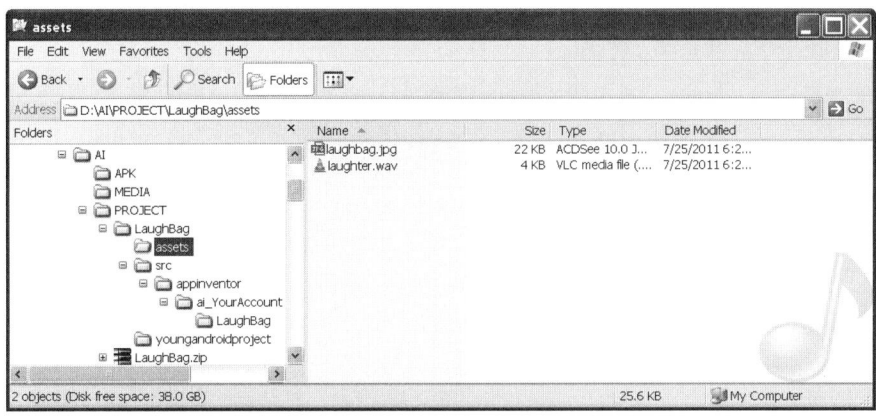

그림 3.23 LaughBag.zip에 저장된 프로젝트의 파일과 디렉토리

그림 3.23에서 보듯이, LaughBag.zip 파일 안에는 수많은 파일과 디렉토리들이 있다. 앱의 기능과 인터페이스 디자인에 대해 각 시스템에 의존하는 설명글과 함께 있는 소스 코드는 /src/appinventor/ai_YourAccount/LaughBag 디렉토리에 있는 세 가지 파일에는 숨겨져 있다. 컴퓨터에는 독자의 구글 계정 이름이 ai_YourAccount 대신 나타날 것이다. /assets 경로는 그림 3.23에서 보여주는 프로젝트에서 사용된 모든 미디어 파일들을 담고 있다. AI IDE 이외의 환경에서는 이 파일들로 할 수 있는 게 별로 없지만, 이 경로 구조를 통해 어떻게 AI가 내부적으로 앱 프로젝트를 관리하는지 알 수 있을 것이다.

웃음 소리가 나지 않는 경우

앱의 최종 기능 테스트가 성공적이지 않다면, 먼저 사운드가 제대로 나오는 소스인지 확인하자. 스마트폰의 볼륨을 충분히 크게 높였는가(에뮬레이터를 쓸 경우엔 컴퓨터 볼륨을 높인다)? 그렇다면, 이전 섹션에서 언급했듯이 AI나 앱에 오디오 파일을 제대로 업로드했는지 확인한다. 정말 Laughter.wav 파일이 Source 속성 버튼에 나타나는지, 파일이 여전히 특정 경로에 위치하고 있는지, 아니면 안드로이드와 AI에서 지원하는 파일 포맷인지 확인한다. 심지어 이미지가 아직도 보이지 않으면('앱 디자인 최적화' 절에서 다뤘던 문제로 인해) 버튼을 눌렀을 때 사운드를 들을 수 있을 것이다.

이런 상황에서 큰 위로는 아닐지라도, 그런 문제를 겪고 있는 사람이 혼자만은 아니다란 사실을 기억하자. 첫 번째 앱은 일부러 공식 지정된 입문자용 프로젝트인 'HelloPurr'에 맞췄다. 이 프로젝트는 동일한 컴포넌트와 블록을 사용하며, 고양이 이미지를 누르면 야옹하는 소리를 들을 수 있을 것이다. 이 앱을 실행해보면, LaughBag 앱과 동일한 문제를 겪을 수 있다고 생각할 수 있을 것이다.

AI 웹사이트에서 제공하는 비슷한 수준의 입문자용 앱

프로젝트들을 비교하려면, 다음 주소에서 비슷한 입문자용 프로젝트를 찾을 수 있다.

- http://experimental.appinventor.mit.edu/learn/setup/hellopurr/hellopurrphonepart1.html

지금 당장 'HelloPurr' 프로젝트를 테스트하고 싶지 않더라도, 여전히 LaughBag 앱이 갖고 있을 수 있는 문제에 대한 해결 팁을 사용할 수 있다. 여전히 아무 소리도 안 난다면 AI 포럼의 Troubleshooting 페이지를 참고하길 바란다.

AI 문제 해결책

아래 페이지는 '사운드와 이미지 파일로 작업하기(Working with Sounds and Images)'란 내용을 담고 있으며, 첫 페이지에는 "본인은 Sound나 Player 컴포넌트의 소스 속성을 설정하지만, 스마트폰을 재생 시켰을 때 아무런 소리도 나지 않았다"라 적혀 있다. 이 문구는 다음 주소에서 찾을 수 있으며 추가로 도움이 될 만한 정보를 제공해준다.

- http://experimental.appinventor.mit.edu/learn/troubleshooting.html#ImagesSounds

구글 AI 팀이 제작한 "Hello Purr 앱에서 아무런 소리도 나지 않는다"란 문서에서도 문제를 해결하기 위한 과정들을 설명하고 있다. 문제가 계속 해결되지 않는다면, 아래 과정을 순서대로 따라가 보면서 도움이 되는지 확인해보자.

1. 스마트폰을 연결하고 AI Blocks Editor에서 Connect to device 버튼을 누르고 다시 앱을 테스트해본다.
2. USB 연결을 해제하고 다시 연결한 후 Connect to device를 누르고 앱을 실행해본다.
3. AI Blocks Editor를 닫고 Designer를 다시 실행한다. 이제 Connect to device를 선택하고 다시 앱을 실행해본다.
4. Blocks Editor에 있는 Media 패널에서 파일이름을 선택하고 Delete 옵션을 선택하여 Laughter.wav 오디오 파일을 지운다.
5. 스마트폰을 완전히 껐다가 켜고(대기모드만 해선 안 된다) 앱을 재실행한다. 그리고 AI Blocks Editor와 재연결한다.
6. 다른 USB 연결 모드로 들어간다. 1장에서 안드로이드 기기 설정에 대한 절을 참고하자. 다른 모드로 스마트폰을 AI Blocks Editor에 연결한다.

위 방법이 통하지 않더라도, 나중에 앱을 다운로드해 실행했을 때 이미지가 제대로 뜨거나 소리가 나올 수 있는 가능성이 있다. 예를 들어 본서에서 앱을 테스트하는 데 사용했던 HTC 타투^{Tattoo} 스마트폰의 경우 해당되는 얘기다. 인내심을 갖고 포기하긴 이르다! 앞으로 몇 가지 절을 더 진행하면서 독립적인 앱으로써 LaughBag 프로젝트를 독자의 스마트폰에 어떻게 다운로드할지 보여줄 것이다.

앱 생성과 설치

LaughBag 프로젝트의 개발 단계를 진행하면서 도중에 문제가 생겨 컴퓨터를 끄거나 스마트폰 연결을 해제했다면 뭔가 알아챘을 수도 있다. 먼저, 자신이 저장하지 않았음에도 AI를 다시 시작하면 가장 마지막에 작업했던 상태로 다시 로딩된다. 이는 AI의 자동 저장 기능 덕분이다. 두 번째로, LaughBag

프로젝트를 스마트폰 어디에서도 찾아볼 수 없을 텐데, 이는 LaughBag 앱이 지금까지 AI 개발 환경이나 서버에만 저장되었기 때문이다. 이제는 이 프로젝트를 완전한 애플리케이션으로 스마트폰에 다운로드할 때가 왔다. AI는 세 가지 방법을 제공하며, 하나씩 살펴보겠다.

- 스마트폰에 직접 설치하기
- 바코드를 통한 온라인 설치
- 컴퓨터에 APK 파일 형태로 다운로드

세 가지 방법 모두 Package for Phone 버튼을 클릭하여 나타난 팝업 메뉴에서 관련 옵션을 선택하여 진행할 수 있다.

스마트폰에 직접 설치하기

먼저 직접 LaughBag 앱을 생성하여 스마트폰에 다운로드 하는 방식을 살펴보자. 핵심 요구사항은 스마트폰이 Blocks Editor에 제대로 연결돼 있어야 한다는 점이다. 물론 앱으로 변환하려는 프로젝트를 수정하거나 활성화하기 위해서 Designer에서 반드시 선택해줘야 한다. Designer에서 Package for Phone 버튼을 눌러 앱을 생성하고 동시에 스마트폰에 내려받는다. 팝업 메뉴에서 Download to Connected Phone을 선택해 다운로드 과정을 시작한다 (그림 3.24 참조).

그림 3.24 연결된 스마트폰에 직접 설치할 앱을 선택하는 모습

이제 AI가 앱 생성과 스마트폰에 다운로드하는 작업을 시작한다. Packaging 과 Downloading to phone 상태 메시지로 이 작업의 진행을 알린다. 약간 시간이 지나면 브라우저의 상태 표시줄에 그림 3.25와 같이 새로운 윈도우가

나타나 데이터 전송에 대한 여러 메시지와 음향 신호 등을 알려주고, 앱의 다운로드 및 설치가 성공적으로 끝났음을 알려준다.

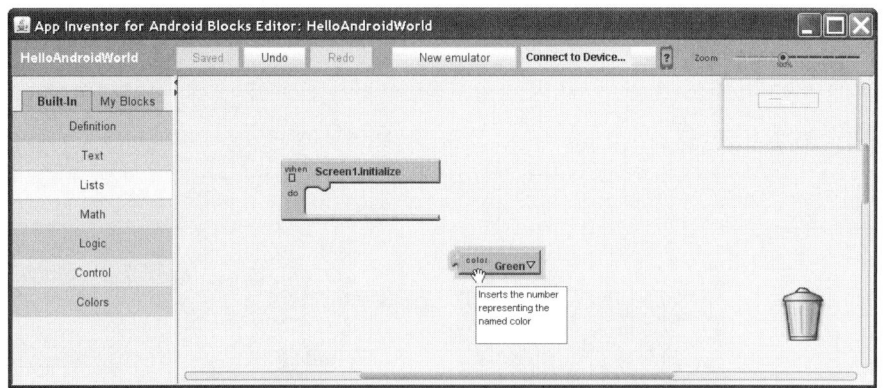

그림 3.25 AI Designer에 앱을 성공적으로 설치했을 때의 메시지

스마트폰에 설치된 앱을 확인하기에 앞서, 먼저 활성화 상태인 AI와 스마트폰상에서 앱 프로젝트가 화면에 출력되는 걸 닫아야 한다. 이전에 설명한 옵션들로 진행할 수도 있다. 스마트폰의 메뉴 버튼을 누르고 메뉴 항목이 나타나면 Stop this application을 선택한 다음(그림 3.26 참조), Stop and exit를 선택하거나 USB 케이블을 뽑는다.

그림 3.26 AI와 스마트폰 연결을 해제하는 모습

이제 스마트폰의 앱 목록 화면으로 가서 LaughBag 앱을 찾는다. 그림 3.27은 LG P500 폰에서 실행한 예제로, 이 앱을 별도의 카테고리인 'AI Apps'에 넣어 놓는 LG 제조사 특유의 옵션을 사용하여 좀 더 분명하게 확인할 수 있도록 했다. 'LaughBag' 앱을 선택하면, 기존의 다른 앱과 동일하게 실행된다. 이때 그림 3.26과 달리 그림 3.27에서 스마트폰 화면의 상태 표시줄의 좌측에 USB 연결 심볼이 없다는 걸 보면 AI와 무관하게 앱만 독립적으로 실행된다는 걸 알 수 있다.

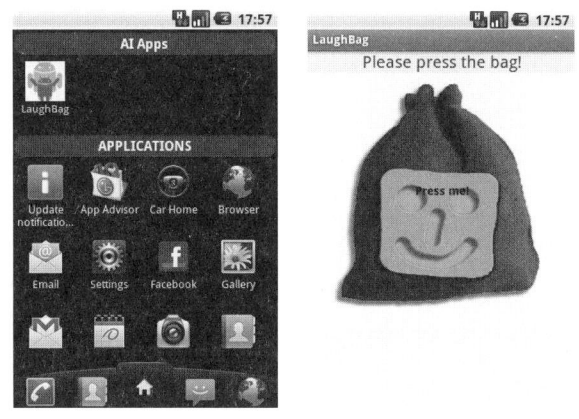

그림 3.27 스마트폰에서 AI와 독립적으로 실행되는 LaughBag 앱

그림 3.27에서 보여준 LaughBag 앱의 아이콘은 AI로 만든 기본 아이콘이다. 두 안드로이드를 묘사한 이 작은 아이콘을 독자가 원하는 아이콘으로 바꾸려면 다음 섹션을 살펴보길 바란다.

앱과 어울리는 아이콘

일반적으로 AI Designer의 인터페이스 디자인에 대해서는 한두 문장으로도 충분히 이번 절의 주제를 설명할 수 있다. 오늘날의 관점에서 말이다. 2010년 12월 10일 AI가 업데이트되기 전까지 공식적으로 기본 AI 앱 아이콘을 별도로 제작한 아이콘으로 바꾸는 건 불가능한 일이었다. 프로젝트 파일의 패키지를 해제하고, 수정하며, 가장 모험적인 방법으로 다른 아이콘을 추가하는 방법들에 대해 수많은 열띤 논쟁이 있었다. 결론적으로, 어떻게 하면 사람들이 앱이 적절한 아이콘을 가지고 있지 않음에도 불구하고 다른 앱처럼 다소 전문적인 앱을 생성하고 몇몇 경우에 있어서 이들을 판매할 수 있을까?

이러한 논쟁을 배경으로, 초창기 AI 사용자들은 구글 개발자들이 아이콘 생성 기능을 넣어주길 바랬다. 기능 요구는 일반적으로 구글 개발자들이 운영하는 'Issues List'를 통해 좀 더 빠르고 분명한 구조로 전달되어 베타 버전인 AI를 사용하면서 발생한 버그들을 보고하거나 성능 개선에 관한 다양한 요청들을 받아들여 수정하게 된다. 예를 들어, 사용자 정의 아이콘 요청은 "앱의 아이콘을 변경하는 기능 추가하기^{Add the ability to change the icon of apps}"라는 제목으로 Issue 43에 등록되었다. 이 숫자는 요청 항목의 아이디 값으로, 우선순위라기보다는 단순히 처리될 순서를 의미한다.

'Issue List'에서 버그 리포트 및 기능 요청하기

구글 개발 팀은 AI 베타 버전을 위해 모든 기술적인 문제 가능성을 열어두기 위한 취지로 'Issue List'라는 버그 모음 공간을 마련했다.

- http://code.google.com/p/app-inventor-for-android/wiki/ReportingBugs

구글은 베타 버전 사용자에게 표준 형식에 맞춰 버그를 보고하도록 권장하였으며, 위 리스트를 통해 기능 요청을 하도록 했다. 새로운 논쟁거리를 만들기 전에, 해당 주제가 이미 다른 사용자들이나 구글 개발자 간에 거론되어 해결된 적이 있는지 확인해야 한다. 여기서 거론하는 주제는 스마트폰에 AI 연동하기 같은 일반적인 관심 사항이 되야 한다. 즉, AI Online Documentation과 Google Group의 주제와 같은 방향이다. 더 구체적으로 주제들을 Isssues List에 올리면, 구글 개발자들은 사소한 일을 신경 쓰지 않고서 더욱 중요한 문제들에 집중할 수 있고 AI 개발을 지속할 수 있다. 그러므로 각 이슈 사항들은 구글 개발자들이 평가하여 다양한 단계로 나뉘어 진행되고, 아래와 같이 상태를 분류한다.

공개 이슈

New	아직 리뷰된 적이 없는 이슈 사항들
Investigating	추가 정보가 필요한 사항들
Noted	내용은 확인됐으나 작업 리스트에 아직 등록되지 않은 사항들
Accepted	곧 처리될 사항들
Started	작업을 착수한 이슈 사항들
Testing	다음 AI 배포 버전을 통해 공개되도록 검증을 거치고 있는 이슈 사항들

비공개 이슈

Fixed	해결된 문제들
Invalid	유효하지 않은 이슈 보고들
Duplicate	다른 이슈와 중복되는 사항들
Won't fix	구글 팀이 작업에 착수 하지 않고 있는 이슈 사항들
Forum	구글 그룹을 통해 참조하는 이슈 사항들

Issue 43은 이제 '수정된' 상태다. 과거에 다른 AI 베타 유저들이 아이콘과 관련된 주제로 내놓은 제안들을 읽고 싶다면 필터 기능을 통해 All issues를 설정하고 Issues Search 페이지에서 43이나 icon을 설정할 수 있다.

> **이슈 검색 및 상태 확인**
>
> 공개 이슈를 다양한 필터 옵션을 적용해 검색이 가능하고, Advanced Search 페이지를 통해 새로운 이슈들을 제출할 수 있다.
>
> - http://code.google.com/p/app-inventor-for-android/issues/advsearch
>
> Issue 43은 아래 페이지에서 곧 바로 찾아볼 수 있다.
> - http://code.google.com/p/app-inventor-for-android/issues/detail?id=43

2010년 12월 10일 이후로 Issue 43은 그림 3.28과 같이 수정된 상태다. 일반적으로 수정이 끝난 이슈들은 AI 포럼에서 새로운 공식 AI 업데이트 내용에서 새로운 기능으로 발표된다. 그래서 새로운 기능이 추가됐는지 확인하기 위해 정기적으로 Issues List를 애써 볼 필요는 없다.

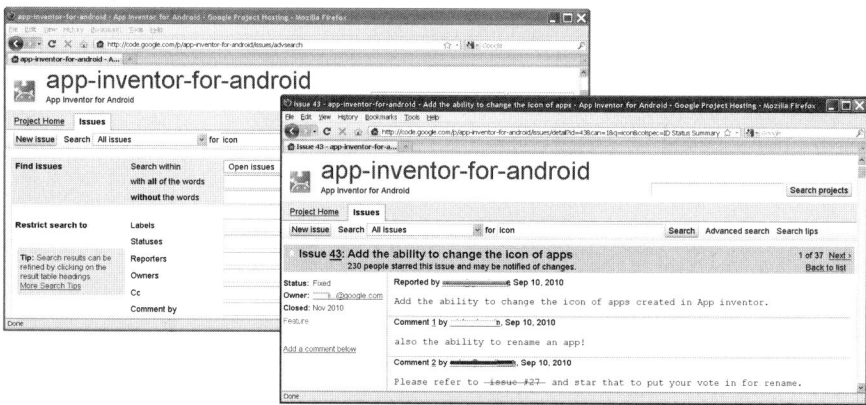

그림 3.28 Issue 43번(Change the icon of apps)의 상태

이제는 정말 간단하게 자신만의 아이콘을 추가할 수 있다. 물론 여전히 특정 포맷에 맞춰 아이콘을 사용해야 한다. 파일 포맷에 대한 안내와는 별개로, Icon Design Guidelines의 형식에 맞춘 자세한 설명은 모든 안드로이드 앱 개발자들이 알아둬야 한다.

아이콘 디자인 가이드라인"

아래 주소는 Android Developers Forum 사이트로, 매우 자세한 포맷 요구 조건 및 안드로이드 앱용 아이콘 디자인 요구사항을 다룬다.
- http://developer.android.com/guide/practices/ui_guidelines/icon_design.html

'Icon Design Guidelines' 페이지는 템플릿과 예제뿐만 아니라, 런처 아이콘, 메뉴 아이콘 등 다양한 아이콘 타입들을 대상으로 픽셀 단위 해상도의 가장 보기 좋은 아이콘을 추천한다. 전문적인 앱을 만들기 위한 아이콘을 디자인할 땐 위 가이드를 학습해보자. 포토샵과 일러스트레이터 같은 전문 그래픽 프로그램을 기반으로 한 템플릿을 사용할 수도 있다. 그래픽 디자이너가 아닐지라도 자신의 이미지 파일을 스마트폰에 최적화시켜 표현 되도록 제공하는 게 알맞다. 대부분의 그래픽 프로그램들은 이미지를 잘라내고 특정 픽셀 크기로 줄이는 기능을 가지고 있다. 원하는 이미지를 아이콘 크기인 48×48 픽셀크기로 줄이면, 메모리를 아낄 수 있으며 자동 크기 조절 기능으로 인해 이미지가 깨지는 일을 방지할 수 있다. 파일 포맷의 경우, 15장에서 설명한 요구 조건을 적용할 수 있다.

그래픽 프로그램으로 사용자 정의 아이콘 디자인하기

LaughBag 앱의 경우, 아이콘에 기존 가방 이미지를 사용하는 것도 좋다. 하지만 수많은 아이콘 중에서 눈에 띄는 아이콘을 사용하고자 한다면 흰색 배경과는 훨씬 대조되는 가방 그림이 필요하다.
그림 3.29처럼 코렐의 Paint Shop Pro와 같은 그래픽 프로그램을 사용해 이미지를 좌측 그림에서 우측 그림으로 수정했다. 첫 번째로, 우리는 '마술봉(Magic Wand)'으로 가방의 아웃라인을 선택하고 'Gradiet'를 통해 배경색을 녹색으로 만들었다. Effects ➤ 3D Effects ➤ Button 순으로 메뉴를 따라가서, 버튼의 외형을 만들어 추가했다. 그다음 Effects ➤ Geometric Effects ➤ Circle을 선택해 둥근 버튼을 만들고, Magic Wand로 배경색을 붉게 칠했다.

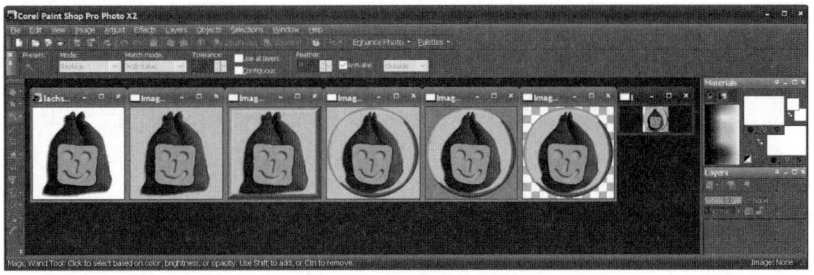
그림 3.29 웃음 가방 이미지를 사용해 아이콘을 디자인하는 과정

투명도 정의를 통해 기존의 사각형 아이콘과 스마트폰 배경색 간의 색상 차이를 부드럽게 이어주는 PNG 포맷을 사용하자. Paint Shop Pro 프로그램에서 File ➤ Export ➤ PNG Optimizer를 따라가

투명 이미지 영역에서 Red 색상 값(255/0/0)을 설정한다. 그러면 그림 3.29에서 오른쪽 그림과 같이 둥근 버튼만 보이게 된다. 그다음 Image ➤ Resize를 선택하여 이미지 크기를 288×288에서 48×48로 축소시킨 후 laughbag_icon.png로 저장한다.

그래픽 프로그램을 사용해 자신만의 아이콘을 만들고 싶다면, 특정 프로그램이나 웹비스를 통한 버튼 생성이 가능하다. 예를 들어, 'Glassy Buttons' 사이트는 다양한 옵션을 통해 모든 크기의 버튼을 생성하고 내려받을 수 있도록 해준다.

'Glassy Buttons' 사이트를 통한 아이콘 생성

Glassy Buttons 웹사이트에서는 무료로 반짝 반짝 빛나는 매력적인 버튼과 아이콘을 만들 수 있다(http://www.netdenize.com/buttonmill/glassy.php). 여러 가지 설정 항목을 통해 크기와 그래디언트, 텍스트 라벨, 이미지 속성 등을 선택할 수 있고 텍스처 이미지도 업로드 가능하다. 완성한 버튼은 PNG나 JPG 포맷으로 다운로드 가능하고(ZIP 파일로 압축됨) 곧바로 사용 조건에 따라 아이콘으로 쓸 수 있다.

아이콘을 앱에 포함시키는 것은 프로젝트에 LaughBag 이미지를 올리는 것처럼 간단하다. 이전에 설명한 UI 디자인 단계에서 두 번째 단계를 통해 삽입이 가능하지만, 그 땐 기본 아이콘을 보지 못했을 것이다.

앱 개발을 하면서 개발 단계를 생략하기도 하고 순서를 바꾸기도 하며 이전 단계에서 진행했던 작업을 수정, 개선, 확장 해나간다. USB를 연결해서 IDE와 컴퓨터에 스마트폰을 재연동하고 Connect to phone을 눌러 아이콘을 변경한다. 그다음 Designer로 가서 Screen1 컴포넌트 오브젝트를 선택한다. 속성 설정은 마지막 위치에 속성 아이콘으로 한다. 두 가지 미디어 파일을 다뤘을 때처럼, 기본 속성값은 None이다. 이제 None을 클릭하고 팝업창이 뜨면 Add 버튼을 눌러 적절한 이미지 파일을 불러오고 LaughBag 프로젝트에 삽입한다. 물론, 여기서도 /MEDIA 경로에서 예제용 파일을 볼 수 있다(즉, 그림 3.29에서 보듯이 방금 생성한 laughbag_icon.png). 이 파일을 선택하면, 다시 한번 이미지의 이름이 Media와 Propertie 패널에서 나타나지만 이미지 자체는 나타나지 않는다(그림 3.30 참조).

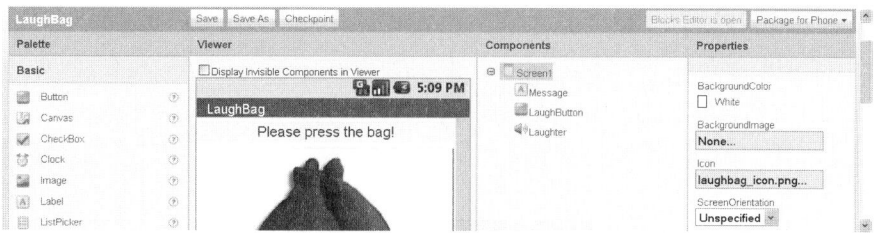

그림 3.30 LaughBag 앱의 기본 아이콘에 사용하기 위한 이미지 파일 추가하기

이제 독자가 선택한 아이콘을 프로젝트에 추가했다. 그러면 앱을 한 번 더 스마트폰에 다운로드해 설치하자. 기존의 앱은 미리 삭제해줘야 한다.

 스마트폰에서 앱을 삭제하는 방법
참고 기존의 자바로 개발된 앱을 삭제하는 방식과 동일하다. AI가 만든 앱의 기본 아이콘을 휴지통에 끌어다 놓거나 그림 3.31과 같이 Setting ➤ Applications ➤ Manage ➤ LaughBag ➤ Uninstall을 선택한다.

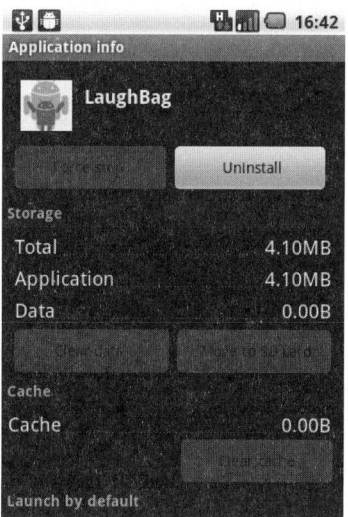

그림 3.31 LaughBag 앱 지우기

그림 3.31에 나타나는 삭제 대화상자에서 LaughBag 앱의 크기가 4.1MB라는 점이 인상깊다. 이 크기는 스마트폰에 '설치된' 앱의 크기로, 보통 기존에 압축된 인스톨 파일보다 더 커진다.

앱이 삭제되면, 수정된 앱을 설치할 수 있다. 이전에 직접 스마트폰에 설치하는 방법에 대해 설명한대로 진행한다. 성공적으로 설치가 끝나면 그림 3.32와 같이 새로 만든 앱의 아이콘과 함께 목록 페이지가 나타난다.

그림 3.32 새로 만든 LaughBag 앱이 목록 화면에 나타난 모습

이제 LaughBag 앱을 사용할 수 있다. 앱 목록 화면(Application 메뉴)에 나타난 아이콘과 더불어 홈 스크린이나 다른 패널에서 직접 위젯을 생성할 수 있다.

별도의 앱에서 올바르게 이미지/사운드 재생하는 방법

이전까지 웃음 가방 이미지를 재생산하거나 사운드 파일을 재생하는 데 있어 문제가 있다면, 지금은 제대로 음악과 이미지가 나타날 것이다. 예를 들어 HTC 타투 기종 위에 안드로이드 1.6 버전에서 실험한 경우는 그러했다. 앱을 개발하는 과정에서는 사운드나 이미지가 제대로 표현되지 않았던 반면, 완전한 앱으로 생성된 경우엔 제대로 동작한다. 개발 도중에 이러한 문제를 겪는 경우, 제대로 AI와 스마트폰에서 특정 컴포넌트를 확인하고 사용할 수 없더라도 최종적으로 앱을 완전한 형태로 스마트폰에 설치하면 제대로 동작할 것이라 가정할 수 있다. 막연한 희망을 갖는 것 같기도 하지만, 전혀 불가능한 가정은 아니다.

물론 직접 스마트폰에 설치하는 과정 이외에도 AI로 개발한 앱에 개인이 만든 아이콘을 할당하는 것도 가능하다. 아이콘을 할당하는 것은 설치 과정과는 별개이기 때문이다. 'Screen1' 기본 컴포넌트에 이미지를 할당함으로써, 앱은 자동으로 대응되는 기본 아이콘을 찾아 삽입한다.

바코드를 통한 온라인 설치

두 번째 설치 방법에서는 USB 케이블 없이 진행된다. 진행에 앞서 USB 케이블을 제거해두기 바란다. 이미 앱을 설치해놨기 때문에, 이 설치 방법이 제대로 동작함을 확인하려면 기존의 앱은 지워두기 바란다. LaughBag 앱을 만들기 위한 블록 집합체가 필요하므로 Blocks Editor와 Designer를 열어둔다.

바코드 방식을 사용하려면, WLAN/WLAN 라우터나 직접 GPRS(GSM 채널은 172Kb/s 정도 속도가 나오며, UMTS는 3G 환경에서 384Kb/s 정도, 3.5G 환경에서 HSDPA는 7.2Mb/s 정도 나온다) 형태로 통신 업체가 제공하는 모바일 데이터 망을 직접 연결하여 인터넷이 되어야 한다. 또한 스마트폰이 바코드를 읽을 수 있게 해주는 앱을 설치해야 한다.

바코드, QR 코드, 바코드 스캐너

바코드는 일반적으로 데이터를 암호화하는 방식으로, 광학 판독 장치에 의해 기호를 읽어 해석한다. 분명 슈퍼마켓에 나열된 거의 모든 상품에 찍혀 있는 1D 바코드에 익숙할 것이다. QR 코드는 2D 코드의 형태로, 점점 인터넷을 통해 확산되고 있다. 이 코드는 웹 주소를 암호화하며 바코드 생성기와 비슷하다. 암호화된 정보는 스마트폰에서 읽어 해석하며, 웹사이트에 직접 연결할 수 있다. QR 코드를 사용하기 위해, 먼저 카메라로 찍은 코드를 처리해주는 스마트폰의 앱을 사용해 QR 코드를 읽어 들인다.

온라인상에서 앱을 설치하려면 바코드나 QR 코드 스캐너가 스마트폰에 설치돼야 한다. Barcode란 검색어로 앱을 찾을 수 있으며, 저자는 ZXing이 만든 ixMat 바코드 스캐너를 사용했지만 구글의 Goggles도 매우 잘 동작한다.

그림 3.33 ixMAT과 Goggles를 다운로드하도록 링크된 QR 코드

물론, 스캐너 앱이 없다면 그림 3.33에 나타난 두 QR 코드론 할 수 있는 게 없다. 앱을 설치 했다면, 두 바코드를 통해 앱을 직접 찾아간다. 예제에서 ixMAT 앱을 통해 AI 앱을 다운로드하기 위한 바코드 스캐너 사용 법을 간단히 살펴볼 것이다.

스마트폰에 바코드 스캐너를 설치했고 인터넷에 연결돼 있다면 계속 진행할 수 있다. Package for Phone 버튼을 클릭하여 Designer에 있는 메뉴를 열고, 그림 3.34와 같이 Show Barcode 옵션을 선택한다.

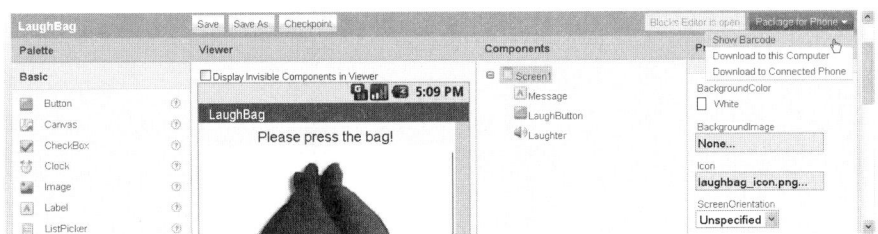

그림 3.34 스마트폰에 LaughBag 앱을 온라인으로 설치하기 위해 선택하는 모습

Saving과 Packaging 상태 메시지가 나타난 다음, AI가 Barcode link for LaughBag 윈도우를 열고 QR 코드를 보여줄 것이다(그림 3.35). 이 QR 코드는 생성된 앱을 다운로드할 수 있도록 AI가 제공한 다운로드 링크를 암호화한 것이다. 앞 절에서 설명한 설치 방법과 달리, 이번엔 앱을 다운로드할 수 있는 구글 서버에 AI가 앱을 저장한다.

그림 3.35 LaughBag 앱의 다운로드 링크를 담고 있는 QR 코드

위 그림에 나타난 QR 코드가 바코드 스캐너에서 읽지 못하도록 의도적으로 변형돼 있음을 주목하자. 대신 독자가 스스로 바코드를 생성하여 AI가 출력한 바코드를 사용해보자. QR 코드 사진을 찍거나(컴퓨터에서 Alt + Print 키를 누른다) 나중에 다운로드하기 위해 저장해둘 수 있다. 또한 QR 코드를 다른

스마트폰에 전송하여 설치할 수도 있다. 하지만, 이 경우 다른 이가 사용할 수 있는 독자의 구글 계정이 필요하다(AI 로그인 계정 같은). 보안상의 이유로 이 방법은 그리 권장하지 않으므로 공식 앱을 만들 땐 사용하지 않길 바란다. 다음 섹션에서 대신 사용할 수 있는 방법들을 알아볼 것이다.

AI가 만든 QR 코드를 스마트폰으로 찍으려면 스캐너 앱을 실행하고 카메라로 코드를 찍는다(컴퓨터 화면이나 인쇄물). 전체 코드가 선명하게 찍혔으면, 스캐너 앱의 안내를 따라가자. 구글의 Goggles는 이미지 분석이 시작되기 전에 적절한 키를 눌러 코드 사진을 찍어야 한다. 반면 ixMAT은 카메라 모드가 실행 중인 상태에서 자동으로 해독된 내용을 그림 3.36과 같이 화면에 보여준다. 카메라에 오토 포커싱 기능이 없어 해상도가 낮다면, 좀 더 큰 QR 코드 그림을 사용해보자.

그림 3.36 ixMAT 스캐너를 통한 QR 코드를 해석한 모습

QR 코드가 성공적으로 인식되면, 다운로드 링크가 나타난다. 그림 3.36은 ixMAT가 링크를 출력한 모습이다. 사용한 바코드 스캐너의 기능 범위에 따라, 링크를 처리하는 다양한 옵션을 제공한다. ixMAT를 사용해 Share via email이나 Share via SMS를 선택하여 주소 링크를 다른 이메일 혹은 전화번호로 전송할 수 있다(보안상 문제가 없는지 확인하자). 우리의 목적에 맞게, Open browser를 선택하여 LaughBag 앱 다운로드 페이지를 연다. 그러면 스마트폰은 웹브라우저를 열어 그림 3.37과 같이 구글 로그인 페이지를 띄운다(HTTPS로 보안 처리함). AI와 동일한 방식으로 로그인한 뒤 Sign In 버튼을 누르자.

그림 3.37 구글 계정으로 로그인한 뒤 LaughBag 앱을 다운로드한 모습

로그인된 후에는 LaughBag 앱이 스마트폰에 다운로드되기 시작한다. 이러한 다운로드 과정은 스마트폰 상태 표시줄에 다운로드 아이콘을 통해 확인할 수 있다. 이 표시줄을 끌어 내리면, 그림 3.37에서 우측 하단의 Notification과 같이 LaughBag.apk 파일 다운로드가 끝났다는 화면을 볼 수 있을 것이다.

APK 파일

안드로이드 파일 확장자인 apk는 Android Package를 의미한다. 패키지란 용어는 여러 파일을 하나로 모아 보관함을 의미한다. 이러한 구조 때문에 AI는 다운로드 과정 중에 'Packaging'이란 메시지를 보여준다. 이 보관함의 포맷은 자바 아카이프 포맷(JAR-Jave Archive)과 비슷하며, 자바로 앱을 개발할 때도 사용된다. 다음 절에서 간단히 APK 보관함에 담긴 내용물에 대해 의논할 것이다.

이제 Notification 섹션에서 LaughBag.apk 파일을 클릭하거나, 스마트폰에 다운로드한 LaughBag.apk 파일을 설치하는 과정을 따라가보자.

미확인 출처(Unknown Source) 허용하기

다운로드한 APK를 설치하려면 Settings ➤ Application에서 'Unknown Source'를 체크하여 안드로이드 마켓이 외에서 얻은 앱을 허용하도록 한다. 이번 설치 방식을 진행하기 위해 이 설정이 반드시 활성화되야 한다.

다른 앱과 마찬가지로 그림 3.38에서 보여주는 단계들을 거친다. LaughBag.apk를 선택했다면, 접근 권한 창이 나타난 후에 Install 버튼을 눌러 실제 설치 과정이 시작된다. 시간이 지나 완료 페이지에서 Open 버튼을 누르거나 앱 목록 화면에서 앱 아이콘을 눌러 실행할 수 있다.

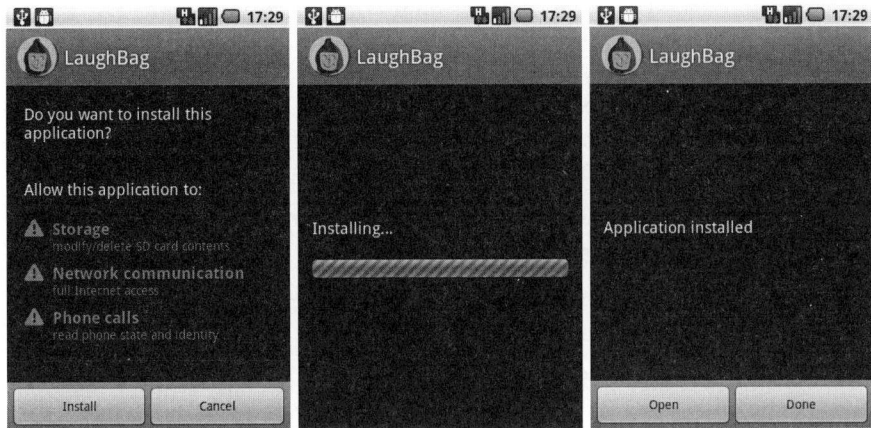

그림 3.38 스마트폰에 LaughBag 앱 다운로드 및 설치하기

이렇게 해서 두 번째 설치 방법을 마쳤다(바코드 방식). 하지만 세 번째 방법이 남았으니 계속 진행해보자.

컴퓨터에 APK 파일 형태로 다운로드하기

세 번째 방법으로, 컴퓨터에 LaughBag.apk 파일을 다운로드하여 특별한 전송 방법을 통해 스마트폰에 다운로드 하고 설치할 수 있다. 위에서 다룬 방식의 편리함을 생각하면 세 번째 방법은 그리 좋아 보이진 않지만, 이 방법이 안드로이드 마켓이나 앱 개발자의 구글 계정 없이 다른 사람에게 앱을 보내줄 수 있는 가장 간단한 방법이다. 이 방법은 온라인상의 개인 웹 서버를 통해 LaughBag.apk 파일을 제공하거나 다른 사람의 이메일로 전송하여 다운로드할 수 있게 해준다.

이 방법을 따라하기 위해, 먼저 다시 LaughBag 앱을 지워놓자. 처음엔 앱을 다운로드하기 위해 컴퓨터와 스마트폰을 연결할 필요가 없지만, 나중엔 두 기기를 연결하여 컴퓨터의 APK 파일을 스마트폰에 다운로드해야 한다. USB를 통해 모든 데이터를 스마트폰으로 다운로드하므로 이 방법을 위해 인터넷 연결을 할 필요는 없다. 컴퓨터에 다운로드한 APK 파일은 Designer의 Package for Phone을 클릭하여 실행할 수 있지만, 이번엔 그림 3.39와 같이 Downlaod to this Computer 옵션을 선택한다.

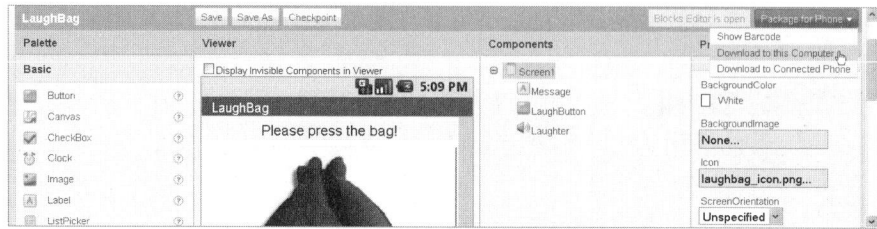

그림 3.39 컴퓨터에 LaughBag.apk 파일을 다운로드하기 위한 옵션 설정

Saving과 Packaging 상태 메시지가 나타난 뒤엔 그림 3.40과 같은 시스템 윈도우가 나타나 파일을 바로 열지, 다운로드만 할지 물어본다. Save File 옵션을 선택하여 OK를 클릭하고 로컬 디스크의 저장 경로를 지정해 저장한다.

그림 3.40 LaughBag.apk 파일을 다운로드하기 위한 팝업 윈도우

다운로드가 끝나면, 지정한 경로에 LaughBag.apk 파일이 있는 걸 확인할 수 있다. 이 책에서 지원하는 웹사이트의 /APK 경로에도 이 파일이 있다. 그림 3.31에서 보여줬던 4.10MB의 설치 크기와 달리, 이번 APK 파일의 크기는 겨우 1.15MB밖에 안 된다.

이제 이 파일을 스마트폰에 옮겨보자. 먼저 USB를 연결한다. 스마트폰에선 USB 디버깅 모드를 활성화하고 USB 저장소 사용하기를 선택한다. 연결 상태를 확인하려면 내 컴퓨터에서 스마트폰을 외부 하드 드라이브로 인식했는지 보면 된다(예를 들어 E 드라이브 같은 추가 드라이브로 나타나야 하며 좀 더 정확히 말하면 SD 카드에 해당된다).

SD 카드는 필수

AI로 개발 작업을 할 때 반드시 SD 카드가 필요하다. 물론 다른 이유에서도 SD 카드가 필요하다. 다른 설치 방법으로도 SD 카드에 AI로 개발한 앱을 다운로드할 수 있다. APK 관련 파일들은 보통 SD 카드의 /downloads 디렉토리에 저장된다. AI의 미디어 파일들은 리소스 파일로 참조되며, AppInventor/assets 경로에 저장된다. 자신의 SD 카드를 살펴보길 바란다. 그러면 laughter.wav, laughbag.jpg, laughbag_icon.png 파일들이 이전 설치 과정에 사용된 걸 확인할 수도 있다. 프로그램을 지운다고 해서 모든 관련 데이터까지 사라지는 건 아니다.

컴퓨터의 파일 관리자에서 스마트폰 드라이브를 확인할 수 없으면, USB 저장소를 직접 활성화할 수 있다. 스마트폰의 상태 표시줄을 당겨서 USB connection을 선택하고 Turn on USB storage를 선택한 뒤 OK를 누른다(그림 3.41은 LG P500을 예로 한 그림이다). 이제 독자의 스마트폰(좀 더 정확히 말하면 SD 카드)이 별도의 외부 하드 드라이브로 잡힐 것이다.

그림 3.41 APK 파일을 복사하기 위해 USB 연결을 활성화하는 모습

스마트폰이 USB 저장 드라이브로 인식되면, 쉽게 LaughBag.apk 파일을 그림 3.42와 같이 스마트폰으로 옮길 수 있다. 자신의 AI 경로인 C:/AI/APK 경로로 가서 APK 파일을 복사한 뒤(단축키는 Ctrl+C) 스마트폰에 원하는 경로를 지정해 붙여넣기 한다(F:/downloads 등, 단축키는 Ctrl+V). 이 경로를 기억했다가 나중에 스마트폰에서 해당 경로를 찾아가 APK를 선택해 설치할 것이다.

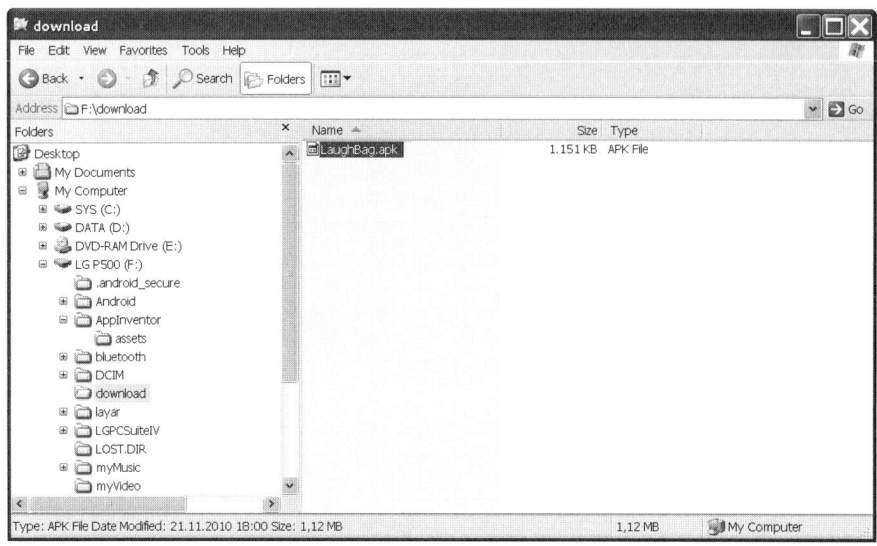

그림 3.42 LaughBag.apk 파일을 스마트폰(SD 카드)에 옮기는 모습

스마트폰의 SD 카드에 LaughBag.apk 파일을 복사했으면, USB 연결을 해제해도 좋다. 그림 3.41에서 오른쪽 그림과 같이 Turn of USB storage 버튼을 클릭하여 연결을 해제하거나 보통 USB 디스크를 제거하듯이 작업 표시줄에서 '안전하게 하드웨어 드라이브 제거'를 선택하면 된다.

하지만 아직 다운로드한 파일을 실행할 수 없다. 앱 목록에 다운로드한 파일을 보려면 반드시 인스톨해야 한다. APK 파일은 그저 설치 파일일 뿐이다. 스마트폰에서 APK 파일을 탐색하여 선택하면, 안드로이드는 자동으로 APK 파일을 이용한 설치 작업을 진행한다. 하지만, SD 카드의 /downloads 경로에 복사한 LaughBag.apk 파일을 어떻게 찾을 수 있을까? 그렇게 하려면, 컴퓨터의 파일 탐색기처럼 스마트폰의 SD 카드에 설치된 파일 시스템을 검색해주는 앱이 필요하다.

안드로이드폰의 파일 탐색기

SD 카드와 스마트폰의 경로를 탐색하려면, 파일 탐색기 기능을 하는 앱이 필요하다. 현재 안드로이드폰들은 보통 모바일 파일 탐색기를 내장하고 있지 않기 때문에, 마켓에서 다운로드하길 바란다(Explorer로 검색하면 된다). Lysesoft의 AndExplorer가 좋은 솔루션이다.

안드로이드용 탐색기를 설치했다면 탐색기 앱을 실행하여 APK 파일을 찾는다. AndExplorer를 실행하고 SD 카드 버튼을 누르면 그림 3.42에서 봤던 내 컴퓨터의 경로를 그림 3.43과 같이 볼 수 있을 것이다. 이제 /download 경로 명을 입력하여 이동하여 LaughBag.apk 파일을 찾는다. 파일 이름을 클릭하면 그림 3.43의 우측 그림과 같이 설치 과정이 시작된다.

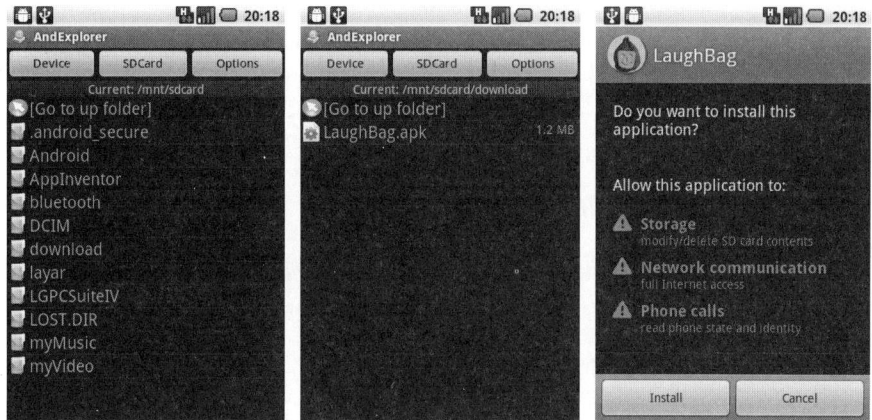

그림 3.43 AndExplorer 파일 탐색기를 이용한 LaughBag.apk 설치

앞 절에서 설명했듯이, APK 파일은 여러 개의 파일과 폴더들을 묶어둔 파일 보관함이다. 예를 들어 7-zip 파일 해제 프로그램으로 이 보관함의 내용물을 확인할 수 있다. 그림 3.43은 이번 프로젝트의 디렉토리 구조를 보여준다. 그림 3.23에 나타난 LaughBag.zip 프로젝트 파일보다 좀 더 크지만, 비슷한 형태를 갖는다. 게다가, APK 파일은 안드로이드 앱의 자바 기반 파일들을 담고 있다 동일한 이름의 안드로이드 메니페스트[XML]과 다양한 메타 파일, 그리고 통합된 자바 클래스(classes.dex)와 /assests 경로에 저장된 세 가지 미디어 파일들이 포함돼 있다(그림 3.44 참조).

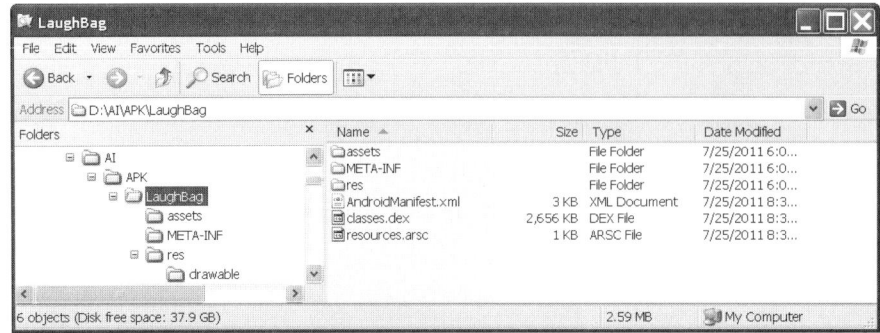

그림 3.44 LaughBag.apk 아카이브의 디렉토리 구조

이제 세 가지 설치 방법을 모두 다뤘다. 어떤 방식을 사용할지는 자신의 선호에 달려있다. 개발을 진행하면서 완전한 앱의 형태로 신속히 테스트해보려면 첫 번째 방법이 가장 빠르다. 테스트할 스마트폰이 여러 개이고, 가장 빠른 방법으로 여러 스마트폰에 앱을 설치하려면 온라인 방식의 QR 코드를 사용하는 게 가장 빠르다. 하지만, 다른 사람에게 테스트나 일반적인 목적으로 앱을 배포하려면 APK 파일 형태로 다운로드하는 게 가장 현명하다.

안드로이드 마켓과 그밖의 배포 방법들

APK 파일로 앱을 생성하는 데 있어, APK 파일로 앱을 제공하는 안드로이드 마켓에 AI로 생성한 앱을 제공할 수 있는지 궁금할 수도 있다. 이 책을 쓰는 시점에서, 이와 관련된 주제는 굉장히 화두가 되고 있으며 여러 가지 방향으로 주제가 뻗어나가고 있다. 안드로이드 마켓에 앱을 배포하려면 먼저 어떤 개발 언어를 사용했고 무료/상용으로 배포할 것인지완 상관 없이 자신을 등록해야 한다.

참고

안드로이드 마켓에 개발자로 등록하기

안드로이드 마켓에 앱을 배포하기 전에, 먼저 한 차례 비용을 지불해야 한다(현재는 25달러다). 아래 주소에서 등록을 진행하자.

- http://market.android.com/publish/signup

추가로 등록 과정에 대해 도움이 될 만한 정보를 얻으려면, Help 페이지를 참조하자.

- http://market.android.com/support/bin/answer.py?hl=en&answer=113468

AI로 개발한 안드로이드 앱을 마켓에 배포하기 전에 나머지 부분을 먼저 읽어보자.

위 Help 페이지는 경제적 측면에서 '넘어야 할 산' 뒤에 존재하는 동기를 설명하고 있으니 읽어보길 바란다. "이 비용을 청구하는 이유는 마켓에 양질의 앱이 배포될 수 있도록 하기 위함이다(의미없이 대량 양산되는 앱을 지양한다)." 앱을 판매하는 경쟁사의 플랫폼들과 마찬가지로, 구글은 가능한 양질의 앱들이 마켓에 올라올 수 있도록 애쓰고 있다. 경쟁사들이 다소 투명한 평가 기준을 내세워 복잡한 승인 절차를 거쳐야만 앱을 등록할 수 있게 해주는 대신, 안드로이드의 승인 기준은 아직 까진 그리 엄격하진 않다. 등록 요금에도 불구하고, 안드로이드 마켓에서 사용 할 수 있는 앱의 수는 폭발적으로 늘고 있다. 그러면서 점차 제대로 된 앱을 찾기도 힘들어지고 있다. 개발자들과 소비들에게 모두 매력적인 마켓으로 보이기 위해, 구글은 앱이 과도하게 포화되는 상태를 방지하려고 노력한다.

이러한 상황을 고려했을 때, 이 책을 쓰고 있는 시점에서 AI로 생성한 앱이 안드로이드 마켓에 공식적으로 배포될 수 있도록 했다는 사실에 놀랄 필요는 없을 듯 하다. AI는 주로 앱 개발 입문자를 위한 소프트웨어 이며, 앱 개발을 위한 기본적은 메소드들을 제공하는 데 치중하고 있다. 그러므로 안드로이드 마켓에 상용 앱 같은 전문적인 앱을 제작하는 전문 자가 개발자들을 대상으로 하지 않는다. 안드로이드 마켓에 'HelloWorld' 수준의 앱이 넘쳐난다고 생각되면 안될 것임은 자명하다. 그래서 AI 포럼에서 논의된 몇 가지 주제들도 '현재 AI의 한계를 가지고도 전문적인 앱을 개발할 수 있는가'와 이런 앱들을 안드로이드 마켓에 올리지 않는 것이 옳은 일인지에 대한 것이었다. 또한 AI가 아직 베타 버전이란 점을 잊지 말아야겠다.

AI 포럼에서 Market이란 검색어로 검색을 해보면 이러한 주제로 진행된 여러 가지 글들을 찾을 수 있다.

http://www.androidworld.it/forum/app-inventor-91/%5Bhow-%5D-publish-app-created-app-inventor-android-market-4597/

위의 주소로 접속해보면, 실력 있는 프로그래머들이 이미 AI로 개발한 앱을 마켓에 배포하려는 의견에 대해 토론을 진행해왔음을 알 수 있을 것이다. 이러한 시도들은 보통 사용 조건 및 규약과 맞지 않거나, 결과적으로 성공적이라 해도 수행하기 쉽지도 않다. 그래서 이런 경우가 특별하다 해도 안드로이드 마켓에 저급한 앱이 홍수처럼 넘치는 일을 막을 수 있는 것이다.

논란이 식은 건 아니지만, 안드로이드 마켓에는 점차 긍정적인 경향이 일어나고 있다. 최소한 부분적으로 AI 개발자 커뮤니티에서 AI에 대한 수요가 점차 증가하고 AI의 꾸준한 기능 증가를 바탕으로 AI를 통한 개발이 점차 자바의 개발 결과를 따라잡고 있어, AI의 기능 범위 확장에 대한 제안서의 일부로 구글 개발자들이 안드로이드 마켓에 AI 앱을 배포하자는 의견을 수렴하려고 한다. 공식 FAQ 페이지에서는 "제가 만든 앱을 마켓에 올릴 수 있나요?"란 질문에 대해 다음과 같이 희망적으로 답변해주고 있다. "현재는 기술적 제한으로 안드로이드 마켓에 AI 앱을 올릴 수 없지만, 저희는 현재 마켓에 AI를 통합할 수 있는 최상의 방법을 찾고 있습니다." "마켓에 앱을 올릴 수 있는 기능을 지원해 주세요"란 요청은 Issue 56번으로 등록돼 있으며, 상태는 잠시 'Started'로 돼 있었다. 이는 머지 않아 공식적으로 마켓에 AI로 만든 앱을 배포할 수 있을 것이라는 점을 말해준다. Issue 56에 링크된 토론을 살펴보자. 아마 이 기능은 이 책이 출판될 때면 활성화돼 있을지도 모른다.

안드로이드 마켓에 AI 앱을 배포하는 것에 대한 진행 상황

다음 주소를 따라가면 'Issues List'에 등록된 Issue 56에서 안드로이드 마켓에 AI로 개발한 앱을 내보내는 기능이 현재 어떤 상태인지 확인할 수 있다.

- http://code.google.com/p/app-inventor-for-android/issues/detail?id=56

더 이상 안드로이드 마켓에 AI로 개발한 앱을 배포하고 싶지 않다면, AI 포럼에서 market이란 검색어를 사용해 Marketizer나 AppToMarket과 같은 무료 온라인 소프트웨어를 통해 앱을 배포하는 방법을 찾아볼 수 있다. 이 소프트웨어를 통해 상대적으로 간단하게 AI로 생성한 APK 파일을 호환성이 높은 APK 파일로 변환하여 등록에 성공하여 안드로이드 마켓에 업로드할 수 있다.

안드로이드 마켓에 올릴 수 있도록 AI 앱을 변환하는 도구들

변환 앱에 대한 정보에 의하면, 아래에 나열된 도구들은 AI로 생성한 APK 파일을 마켓에 성공적으로 등록할 수 있도록 변환, 등록, 배포할 수 있다고 한다.

- AppToMarket: http://amerkashi.wordpress.com/
- Marketizer: http://www.taiic.com/marketizer/

안드로이드 마켓과는 별개로, 또 다른 온라인 플랫폼들 혹은 점차 늘어나고 있는 다른 대안들을 통해 무료/상용 앱을 배포할 수 있다. 자세한 내용은 각 웹사이트들에 대해 조건 및 규약들을 참조하길 바란다.

> **안드로이드 마켓에 배포하는 또 다른 방법들**
> 공식 안드로이드 마켓 말고도, 아래에 나열된 플랫폼들을 통해 앱을 제공할 수 있다.
> - Amazon Appstore for Android: http://www.amazon.com/mobile-apps/b?ie=UTF8&node=2350149011
> - AppBrain: http://www.appbrain.com/
> - GetJar: http://www.getjar.com/
> - Yet Another Android Market: http://yaam.mobi/

어디서, 어떻게 AI 앱을 제공하려든 상관 없이, 반드시 앱을 사용하려는 사용자에 대해 생각해야 한다. 앱이 성공적으로 유명해지려면 마케팅뿐만 아니라 우선 훌륭한 아이디어와 매력적인 개성, 그리고 적절한 구현 완성도가 갖춰져야 한다. 이는 앞으로 배워나갈 것이다.

준비 단계로 시작하는
간단한 프로젝트

이번 파트를 진행하면서 이전에 다뤘던 LaughBag 앱 개발을 지속하면서 AI를 이용해 빠르게 안드로이드 앱을 개발할 수 있도록 이론적 지식을 가르치면서 실질적인 구현 방법에 대해 더욱 많은 내용을 알려줄 것이다. 동시에 관련된 주제들과 AI의 전체 기능들을 빠르게 훑어볼 수 있도록 과정을 구조적으로 접근하는 것을 중요시 여길 것이다. 이러한 이유로, 우리는 단순히 예제들을 열거하여 AI 기능들을 설명하는 데 그치지 않고, AI의 풍부한 기능들을 구조적인 방식에 따라 설명하면서 실용적인 적용 사례에 초점을 맞추며 점진적으로 컴포넌트 그룹들을 소개해나갈 것이다. 각 주제에 어울리는 예제들을 만들었고, 이러한 주제들은 개발에 동기를 불어넣어줄 것이다.

최대한 다양한 AI 컴포넌트를 제시하고 간단한 설명을 통해 각 기능들을 보여주자는 취지로 이번 파트를 진행할 것이다. 실시간으로 스마트폰을 통해 개개의 컴포넌트 동작을 볼 수 있다면, 분명 단순히 이론적 설명을 읽는 것보다 훨씬 이해가 쉬울 것이다. 각 예제들이 항상 유용하거나 이해를 돕기 위한 앱에 대응되는 건 아니더라도, 이 예제들은 독자가 차후 앱 개발자가 되기 위한 새로운 지식들을 직관적으로 이해할 수 있도록 도와줄 것이다. 자신이 갖고 있는 아이디어를 컴포넌트를 이용해 실제 앱으로 구현할 수 있도록 하는 것과 반대로 기존에 개발한 앱의 기능들을 AI의 다양한 블록 구조로 분류하여 생각할 수 있는 사고력을 길러 주는 것이 목적이다. 이러한 창의적인 개발 과정을 잘 따를 수 있도록 블록을 사용해 개발할 수 있는 유용한 앱을 다양하게 보여준 다음 컴포넌트에 대한 기초적인 설명이 항상 뒤이을 것이다. 나중에 AI를 통한 고급 애플리케이션 개발에 대해 설명할 때도 동일한 구조를 유지할 것이다.

이러한 전개 방식은 AI의 공식 문서와도 일치하며, 이 문서에서 AI 개발자들이 자신들의 생각을 기술하는 방식이기도 하므로 의견 공유에 있어 매우 큰 장점이 있다. 결과적으로, 더욱 쉽게 온라인 문서를 통해 추가 정보를 검색하고 커뮤니티를 통해 다른 개발자들과 의견을 나누면서 개발을 진행할 수 있을 것이다. 또한 AI에 변경사항이 생겨도 충분히 적절한 대응을 할 수 있을 것이다. AI에 새로운 기능이 추가되면 분명히 관련 내용이 공식 문서에 통합되고 개발자들이 새로 알게 된 내용들을 토대로 업데이트 사항들을 쉽게 검색하여 사용할 수 있을 것이다. AI 문서에서 가장 중요한 부분은 레퍼런스 문서로, 현재는 세 가지 종류의 참고 내용들을 담고 있다(컴포넌트, 블록, 개념으로 나뉨). 이번 파트에서는 주요 기초 용어들과 AI 레퍼런스를 조사하면서 먼저 기본적인 그래픽 UI 디자인 컴포넌트와 멀티미디어 앱을 설명한 후에 잘 만들어진 예제들을 다루면서 마칠 것이다.

4장
기본 용어와 핵심 개념

특별한 목적으로 AI 문서를 활용하고 일반적으로 앱을 개발하면서 정보와 내용물들을 교환하기 위해서는, 기본적인 용어와 관련 개념들을 먼저 확실히 이해하는 게 필요하다. 그래서 저자는 미리 알아야 할 용어와 개념들을 빠르게 소개하여 4장에서 소개하는 주제들을 이해하기 위해 특별히 필요한 주요 측면들만 집중 조명할 것이다. 물론 이러한 측면들은 5장의 기반이 되는 중요한 내용이기도 하다. 4장에서 중요시 하는 것은 AI 컴포넌트를 사용하는 방법과 관계된 개념과 기본적인 용어다.

속성과 속성 블록

이미 LaughBag 프로젝트를 수행하면서 알았겠지만, 컴포넌트는 저마다 특수한 속성들을 가지고 있어 초기 속성 값을 Designer에서 설정할 수 있다. 이미 Properties 패널에서 LaughButton 컴포넌트 오브젝트의 다양한 속성들을 다뤘다(예를 들면 Press me! 버튼의 Text 속성과 그림 4.1에 보이는 Image 입력 필드를 통한 laughbag.jpg 배경 이미지 설정 같은).

그림 4.1 AI Designer에서 초기 속성을 설정하는 모습

대부분의 속성들은 앱을 실행하는 도중에 얼마든지 변경할 수 있다. 예를 들면 사용자가 버튼을 눌렀을 때 그에 대한 반응을 결정하는 속성들이 있다. 이런 속성들을 다룰 수 있도록 AI는 컴포넌트 오브젝트들의 속성을 제어하는 속성 블록Property Blocks를 제공한다. 이는 Blocks Editor의 My Blocks 탭을 선택하면 블록 선택 영역에서 볼 수 있다. 이 블록들을 사용하면 현재 설정된 속성 값들을 알 수 있다(LaughButton.Text 블록을 예로 들 수 있음). 아니면 원하는 속성값을 지정할 수도 있다(Set LaughButton.Text to). 그림 4.2는 두 가지 속성 블록을 보여주고 있으며, 이 블록들은 LaughButton 컴포넌트 오브젝트를 선택했을 때 선택 목록을 펼치면 보이는 패널에서 찾을 수 있다.

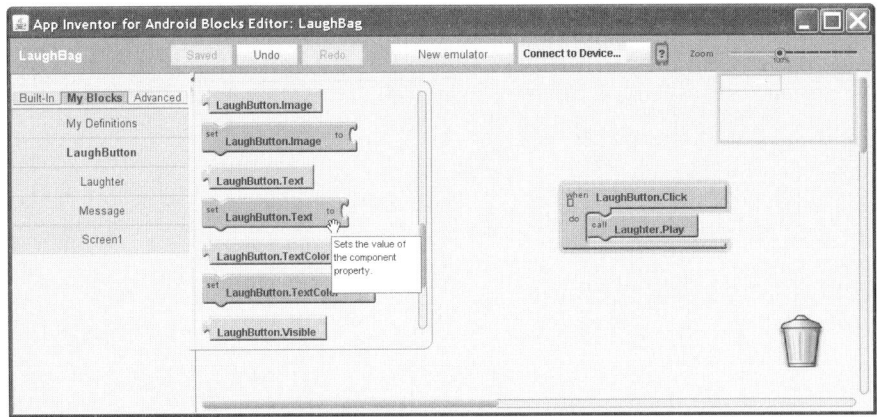

그림 4.2 속성 블록을 통해 실시간으로 속성을 변경하는 모습

AI에서 속성 블록의 모습은 일정한 패턴으로 나타난다. 속성 값을 읽는 블록은 밝은 파란색이며, 마침표를 구분자로 하여 오브젝트와 속성을 구별해 표현한다(LaughButton.Text를 예로 들 수 있다). Getter 버튼에는 플러그가 좌측에 있어 다른 오브젝트 블록이 갖고 있는 속성을 읽어 들이는 기능을 갖고 있다는 걸 의미한다. 반대로, 약간 어두운 파란색의 블록은 setter 블록인데, 이 블록들은 소켓이 우측에 있어 getter 블록의 속성 값을 읽을 수 있으며, 기존의 속성 값을 덮어 쓸 수 있다. 블록에 적힌 텍스트는 자신의 역할을 말해준다(set LaughButton.Text to를 봐도 알 수 있다). 그림 4.3에서 Button1.Text와 Label1.Text 블록은 서로 타입이 달라도 둘 다 Button2.Text의 속성 값을 설정하는 기능을 한다.

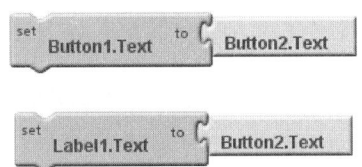

그림 4.3 서로 다른 오브젝트의 Setter 블록과 Getter 블록

이벤트와 이벤트 핸들러

블록을 통한 속성 설정과 달리 앱이 실행되는 도중에 속성을 설정하는 일은 이벤트를 통해 발생한다. 사실 이렇게 할 수밖에 없다. 이벤트에 의존해야만 언제 어떤 컴포넌트 오브젝트의 속성을 할당하고 앱의 상태를 정의할 수 있기 때문이다. 정의되지 않은 상태는 결코 없어야 한다. 시스템 에러나 충돌이 발생할 것이다. 그러므로 기능을 설명하기 위한 예제에서는 그림 4.3에서 본 별도의 명령 블록처럼 따로 떨어져 있는 블록들을 볼일은 결코 없을 것이다. 어떤 앱이든 언제 Button2의 속성을 Buton1 컴포넌트 오브젝트에 할당할지 알아야 한다. 이벤트는 버튼을 누르거나, GPS 위치를 바꾸거나, SMS 메시지를 수신하거나, 아니면 웹 서비스를 통한 이벤트에 응답하는 등 매우 다양한 성질을 갖고 있다. 필수적으로, 앱은 항상 기다리는 상태로 존재하며 특정 이벤트가 발생하면 즉시 개발자가 정의한 방식대로 반응해야 한다. 이는

윈도우 같은 운영체제에서 모든 이벤트 지향 프로그램의 기반이 되는 동작 방식이다.

이벤트를 등록하려면, 대부분 AI의 컴포넌트는 특정 이벤트 핸들링 루틴을 갖고 있어 이를 참조해주면 된다. 이미 3장에서 LaughBag 앱을 인터랙티브 하게 디자인하면서 이러한 주제와 관련된 내용들을 접했었다. 눌림 동작에 반응하는 일반 속성들과 부합하도록, LaughButton은 의사코드로 표현된 `when LaughButton.Click do`란 이벤트 핸들러를 포함한다. 이 핸들러는 사용자가 버튼을 눌렀을 때 [the action]에 해당하는 동작을 수행하겠다는 의미다. My Blocks 탭을 찾아보면 각 컴포넌트 오브젝트들과 대응하여 역할에 맞는 이벤트 핸들러를 사용할 수도 있다. 예를 들면, 그림 4.4처럼 LaughButton 컴포넌트 오브젝트는 네 개의 이벤트 블록들을 갖고 있다.

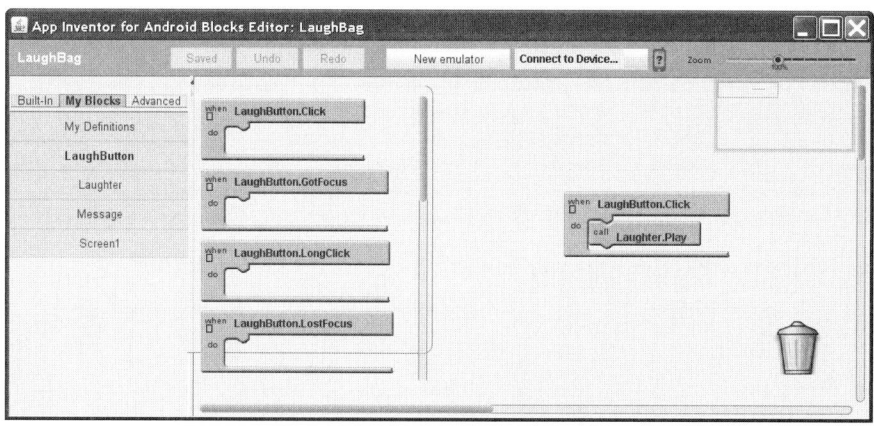

그림 4.4 LaughButton 컴포넌트 오브젝트의 네 가지 이벤트 블록

AI에서 이벤트 핸들러 역할을 하는 블록들도 일정한 패턴을 가지고 있다. When과 do 키워드 사이에는 보통 자신의 역할(오브젝트)이나 이벤트 이름이 오며, 이 역시 마침표를 구분자로 사용한다(예를 들어 `when LaughButton.Click do` 블록이 있다). 이벤트 블록은 밝은 녹색이며 자신이 받아들일 수 있는 블록 집합체 주변에 시각적으로 프레임을 제공한다. 이벤트가 발생하면 이 블록 집합체의 로직이 수행된다. 연결 규칙만 따른다면, 의도한 순서에 맞게 이벤트 블록을 다른 이벤트 블록에 연결할 수도 있다. 예를 들어, 위에서 언급

한 속성 블록의 경우엔 오직 속성 설정setter 블록만(set Button1.Text to) 이벤트 블록의 소켓에 연결 할 수 있는 반면, getter 속성 블록은(Button2.Text) setter 블록과 조합을 한 뒤에 간접적으로 이벤트 블록에 연결할 수 있다(그림 4.5 참조).

그림 4.5 이벤트 핸들러 역할을 하는 이벤트 블록과 setter 블록

이러한 문법은 매우 직관적이어서 아래와 같은 의사코드만 잘 생각해두면 쉽게 따라할 수 있다.

```
버튼이 눌리면 Button1의 속성 값으로 Button2의 텍스트 속성 값을 설정한다(When the
LaughButton is pressed, do set Button1 to the text of Button2!).
```

둥근 모서리를 갖는 이벤트 블록은 시각적으로 다른 블록을 그 모서리에 연결할 수 없다는 걸 의미한다. 대신 독립적인 단위로써 존재한다. 모든 이벤트 핸들러의 집합은 앱의 전체적 기능을 형성하며 곧 해당 앱과 어떤 소통을 할 수 있는지 나타낸다. 이벤트 블록은 기능이 정의된 블록 집합체와 연결 되었을 때만 이벤트 핸들러가 된다. 이러한 블록 집합체는 속성 블록과 다른 블록 타입을 연결할 수 있다. 즉 메소드를 의미한다.

•• 메소드와 메소드 블록

물론 이벤트 블록은 이벤트가 발생했을 때 그에 반응할 수 있는 하나 이상의 기능 블록 집합체를 연결했을 때만 자신의 역할을 수행한다. 이전 섹션에서 설명했듯이, 이러한 블록 집합체는 컴포넌트 오브젝트의 속성을 바꿀 수도 있다. 속성 블록과 더불어 몇몇 컴포넌트에는 특정 작업을 수행하는 블록이 있다. 이렇게 기능이 미리 정의된 블록을 메소드라 부르며 이러한 메소드 블록은 해당 컴포넌트 오브젝트의 My Blocks 탭에서 찾을 수 있다. 이미 LaughBag 프로젝트를 다루면서 메소드 오브젝트를 본적이 있다. Laughter.wav 파일을 비가시성 컴포넌트인 Laughter의 초기 속성으로 할당하고나서 call Laughter.Play란 컴포넌트 메소드를 호출하여 오디오 파일을 재생할 수 있었다. 이 메소드는 when LaughButton.Click do 이벤트 블록에 내장되어 있기 때문에 call Laughter.Play 메소드는 버튼을 클릭할 때마다 호출되며, 그 때마다 오디오 파일이 재생된다(그림 4.6 참조).

그림 4.6 이벤트 블록에 내장된 사운드 메소드 Laughter.Play

메소드 역시 AI에서는 일정한 형태를 띤다. 모든 메소드는 call로 시작하며 그다음 오브젝트와 메소드 이름이 붙고, 이 역시 마침표로 이름을 구분한다(예로 call Laughter.Play를 들 수 있다). 밝은 자주색 메소드는 상단에 소켓이 있어 이벤트 블록과 연결할 수 있다. 반면, 간간히 어떤 메소드 들은 우측 모서리에 소켓이 있고, 대게는 call Laughter.Play 메소드처럼 막혀 있다. 그러므로 전에 언급한 오디오 파일은 한 번 전체적으로 재생된다. 재생 시간이 얼마가 길든지 무관하게 말이다.

몇 몇 메소드들은 기능을 수행하는 데 있어 한 가지 이상의 데이터를 필요로 한다. 예를 들어 Laughter 사운드 컴포넌트 오브젝트를 담고 있는 슬라이드 패널을 찾아보면 call Laughter.Vibrate millisecs 같이 우측에 소켓이 있는 메소드를 볼 수 있다. 메소드 이름만 봐도 알 수 있듯이, 스마트폰의 진동을 발생시킨다. 사운드 컴포넌트 오브젝트에 오디오 파일이 담겨져 있지 않더라도 진동 메소드를 호출할 수 있다면, 진동 시간은 오디오 파일의 재생 시간에 무관하게 밀리초 단위로 직접 지정할 수 있을 것이다. parameter(매개변수)로 값을 전달하는 방식으로, 즉 그림 4.7과 같이 메소드의 소켓으로 상수 값을 전달하는 것이다. Number 블록은 Built-In 탭의 Math 그룹의 일반 블록 선택 목록을 찾아보면 있다.

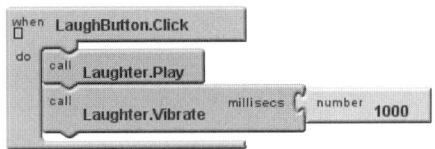

그림 4.7 LaughButton을 눌렀을 때 웃음소리와 진동으로 반응 하도록 한 블록 집합체

그림 4.7에서는 진동 시간을 1초로 지정했다(1초는 1000밀리초임). 그러므로 LaughButton을 누르면 웃음 소리와 1초간의 진동을 느낄 수 있을 것이다. 전문적인 프로그램 용어를 빌리자면, 이러한 동작은 이벤트 블록 LaughButton.Click이 이벤트를 받아 Laughter.Play 메소드와 Laughter.Vibrate 메소드를 호출하면서 매개변수로 상수 1000을 전달한 것이다. 의사코드로 표현하자면 이벤트 핸들러를 아래와 같이 쓸 수 있다.

LaughButton을 누르면 Laughter.Play와 Laughter.Vibrate를 호출하면서 1000을 매개변수로 전달한다!

이미 독자는 개발자들의 전문 용어를 사용하고 있다. 그리고 더 많은 컴포넌트와 속성 블록, 메소드로 작업할 준비가 됐다. 모든 컴포넌트와 블록에 대한 목록은 AI 레퍼런스에 나와 있다(5장 참조).

5장
●●● AI 레퍼런스

다른 프로그래밍 언어와 같이 AI는 명세서를 갖고 있으며, 이는 레퍼런스 문서에서 찾아볼 수 있다. 이 명세서에는 AI의 모든 컴포넌트에 대한 설명을 담고 있다. 이 글을 쓰고 있는 시점에서, 명세서는 세가지 참조 타입으로 나뉜다(컴포넌트 레퍼런스, 블록 레퍼런스, 그리고 기타 관련된 사항들(개념)).

온라인 레퍼런스 문서
현재 온라인 레퍼런스 문서는 아래 주소나 기타 AI 제공자가 지원하는 웹사이트에서 찾아볼 수 있다.
- http://experimental.appinventor.mit.edu/learn/reference/

'명세서'나 '레퍼런스'라는 용어가 다소 이론적으로 보일 지라도, 레퍼런스를 참조하는 작업은 굉장히 유용하다. 물론 이 책도 포함한다. 레퍼런스를 사용해 빠르게 온라인으로 컴포넌트가 어떤 속성을 갖고 있는지 체크하고 어떤 이벤트 블록이나 메소드를 사용할 수 있는지 살펴볼 수 있다. 또한 빠르고 쉽게 특정 컴포넌트나 일반 블록에 어떤 기능들이 있는지도 확인 가능하다(블록이 매우 많으므로 전체를 외워두기란 불가능에 가깝다). 다음 절을 읽으면서 레퍼런스를 빠르게 훑어볼만한 가치가 있으며, 효과적으로 레퍼런스를 사용하는 연습을 해보는 게 좋다.

●● 컴포넌트 레퍼런스

컴포넌트 레퍼런스 혹은 Components는 모든 컴포넌트에 대한 설명을 담고 있다. 이 레퍼런스는 AI Designer의 Palette 패널에 들어있는 컴포넌트 항목들을 나타낸다. Palette 항목들은 레퍼런스 페이지에 링크되어 있다. 그래서 Palette 항목 옆에 있는 물음표를 선택하여 컴포넌트와 관련한 설명창이 나타나며, 이 창안에는 컴포넌트 레퍼런스의 항목들에 대한 정보를 담고 있는 More Information 페이지 주소 링크가 있다(그림 5.1 참조).

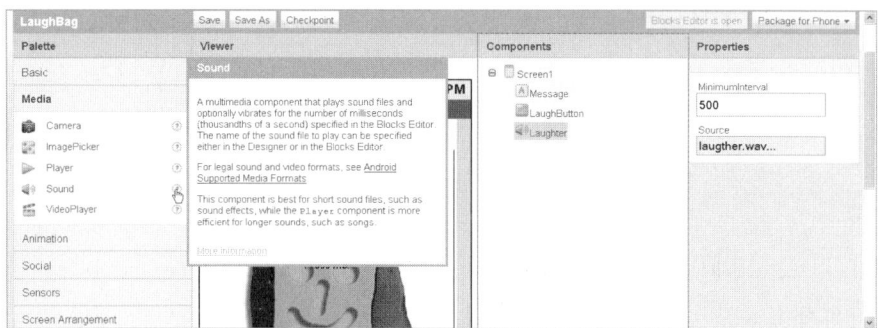

그림 5.1 Palette에 있는 컴포넌트 레퍼런스 링크

해당 링크를 클릭하면 컴포넌트 레퍼런스가 새 창에서 열리고 관련 항목들은 생략하고 넘어간다. 대신 AI 온라인 문서를 통해 컴포넌트 레퍼런스로 접속한다.

온라인 컴포넌트 레퍼런스

참고　다음 주소에서 컴포넌트 레퍼런스를 열 수 있다.
- http://experimental.appinventor.mit.edu/learn/reference/components/

컴포넌트 레퍼런스의 시작 페이지(그림 5.2 참조)에는 컴포넌트가 속성과 아벤트 핸들러, 메소드를 포함할 수 있으며 속성 블록을 통해 속성 값을 설정하거나 읽어올 수 있다고 설명한다(이 개념들은 이 책 앞부분에 이미 소개되었다). 하지만 몇 가지 예외도 존재한다. 예를 들어 스마트폰의 스크린 크기는 일정하다(이는 Screen 컴포넌트의 Width와 Height 속성을 통해 알 수 있다). 몇 몇 속성들은 읽기 전용이며(Component 레퍼런스에는 이탤릭체로 돼 있다) 앱이 실행 상태일 땐 어떤 블록도 초기 속성값을 제어할 수 없다.

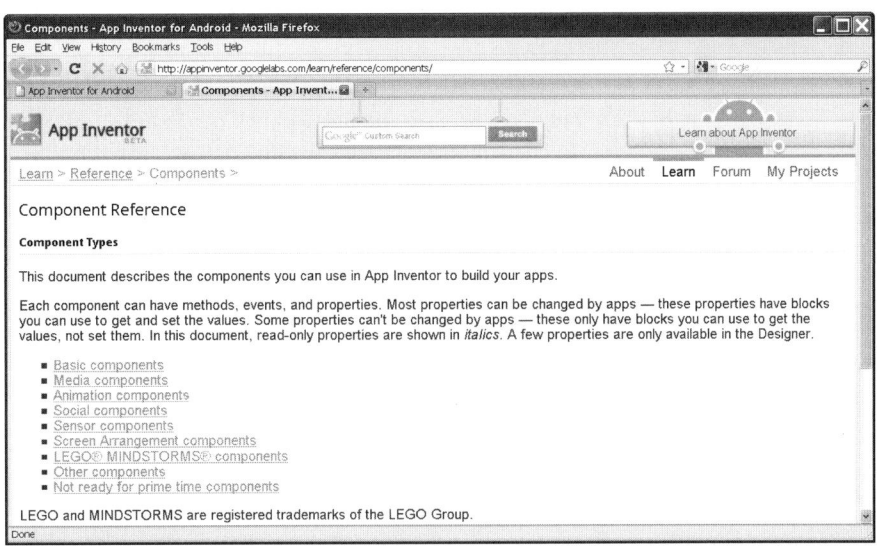

그림 5.2 컴포넌트 레퍼런스의 시작페이지에 나와 있는 목차

그림 5.2에 나온 컴포넌트 레퍼런스에 등록된 링크를 통해 명세서에 있는 다양한 컴포넌트 그룹들을 보여주고 있다. AI Designer의 Palette 패널과 비슷하다. 예를 들어 Basic components를 클릭하면 Basic 컴포넌트의 모든 명세 사항들이 화면에 목록으로 나타난다. 목차에는 첫 번째 항목인 Button 컴포넌트와 예제 버튼이 나와 있다(Translate라 적혀 있다). 설명문을 대충 훑어보면 컴포넌트에 어떤 속성과 이벤트를 사용할 수 있는지 알 수 있다(그림 5.3).

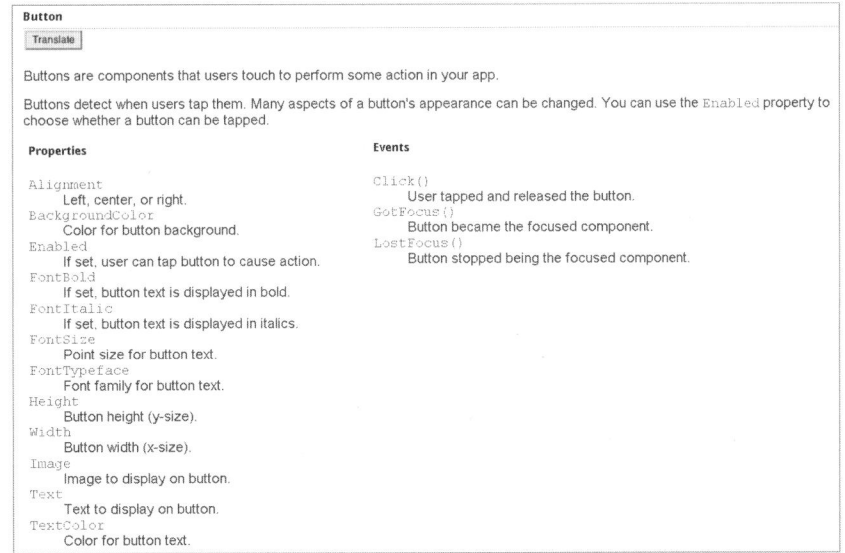

그림 5.3 컴포넌트 레퍼런스에 나와 있는 Button 컴포넌트의 명세사항

Button 컴포넌트는 단지 속성들과 이벤트 블록들만 포함하는 반면, Media 그룹에 있는 Sound 컴포넌트는 그림 5.4와 같이 오디오 파일을 재생해주는 메소드들도 있다. Sound 컴포넌트는 사용자와 직접적인 인터랙션이 필요 없기 때문에 이벤트 블록은 갖고 있지 않다. 대신 다른 컴포넌트(버튼과 같은)의 이벤트 블록을 통해 간접적으로 이벤트를 받아들인다.

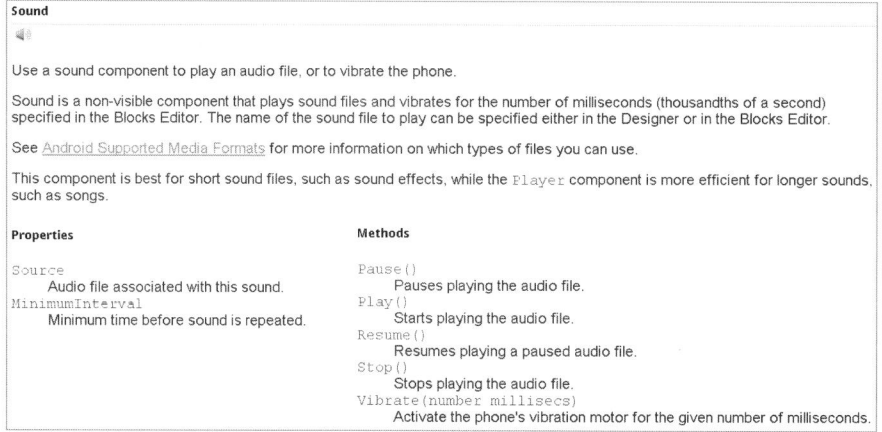

그림 5.4 컴포넌트 레퍼런스에 나와 있는 Sound 컴포넌트의 명세사항

그림 5.4와 같이 즉시 참고할만한 Sound 컴포넌트 명세사항을 보면 안드로이드에서 지원하는 미디어 포맷에 대한 전체적인 내용들이 있다. 이 예제를 통해 어떻게 컴포넌트에 대한 핵심 정보들을 레퍼런스를 통해 얻을 수 있는지 알 수 있으며, 컴포넌트와 관련된 모든 정보와 문서들을 찾아볼 수도 있다. AI로 작업할 땐 항시 이 정보들을 참고하길 강력히 권장한다.

블록 레퍼런스

두 번째 레퍼런스 타입인 블록 레퍼런스(혹은 Blocks)는 AI로 개발 작업을 진행하면서 참고하기 좋은 자료다. Designer나 Blocks Editor로 블록 레퍼런스를 열 순 없으며, AI 온라인 문서를 통해 접근할 수 있다.

온라인 블록 레퍼런스

온라인 블록 레퍼런스의 주소는 다음과 같다.

- http://experimental.appinventor.mit.edu/learn/reference/blocks/

블록 레퍼런스는 Blocks Editor의 Built-In 탭에 있는 블록 선택 목록에 있는 모든 일반 블록들에 대한 명세사항들을 담고 있다. 지금까지는 대충 훑는 정도로만 이 부분에 대해 다뤘었지만, 그림 4.7과 같이 `LaughButton.Click` 이벤트 핸들러를 확장하기 위해 4장에서 본 예제에서 이 블록들 중 한 가지는 이미 사용해봤다. 이벤트 핸들러에는 `Laughter.Vibrate` 메소드를 호출하도록 추가하고 상수 인자로 1000은 전달하여 밀리초 단위의 진동 시간을 정의했다. Math 블록 그룹에 있는 Number 블록에 있는 기본 값인 123을 더블클릭하여 1000으로 바꿨다. 그다음 소켓을 통해 `Laughter.Vibrate` 메소드에 1000을 매개변수로 전달했다.

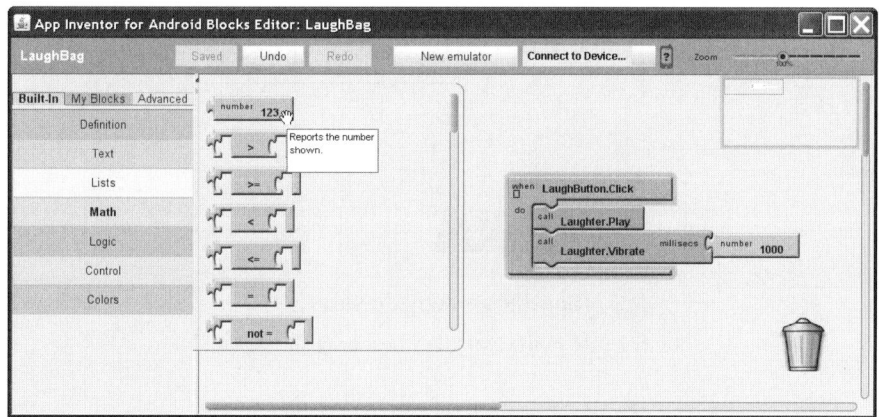

그림 5.5 매개변수로 상수 블록을 선택하는 모습

블록 레퍼런스는 모든 블록들을 대상으로 명세사항들을 제공한다. 컴포넌트 레퍼런스와 마찬가지로, 블록 레퍼런스의 목차에는 Blocks Editor에 있는 모든 블록 선택 목록의 그룹들을 담고 있다. 그림 5.6에 나와 있는 링크를 통해 특정 블록 그룹에 대한 정보를 얻을 수 있다.

그림 5.6 블록 레퍼런스의 시작 페이지에 나온 목차

그림 5.7의 number 블록을 보면 알 수도 있지만, 이 항목들은 상대적으로 간단하다.

그림 5.7 블록 레퍼런스에 있는 number 블록의 명세사항

블록 레퍼런스를 탐색하면서, 개발 과정에서는 중요성을 몰랐거나 앱의 기능을 더 향상시켜 줄만한 기능을 갖고 있는 한두 가지 흥미로운 블록을 발견할 수도 있다. 블록 레퍼런스가 제공해주는 정보를 최대한 활용하도록 하자.

콘셉트 레퍼런스

AI 레퍼런스는 컴포넌트 및 블록 레퍼런스와 더불어 주요 기본 콘셉트 레퍼런스도 제공한다(예전엔 Notes and Details였다). 일반적으로 온라인 문서를 통해 이러한 항목들을 찾아볼 수 있다.

온라인 콘셉트 레퍼런스

다음 주소는 AI와 관련된 주제들로 채워진 추가 정보를 제공하는 문서들을 담고 있다.
- http://experimental.appinventor.mit.edu/learn/reference/other/

그림 5.8과 같이 콘셉트 레퍼런스에는 AI에 관한 다양하고 흥미로운 문서들을 링크로 걸어놓고 있다. 이 문서 모음 리스트에서 유용하지만 복잡해서 접근하기 어려웠던 정보도 찾을 수 있으며, 특히 특정 주제에 관한 정보를 찾고 싶을 때 살펴보면 좋다.

그림 5.8 콘셉트 레퍼런스의 시작 페이지와 전체 목록

AI로 작업을 하면서 이 레퍼런스는 필수 참고 자료로 도움을 줄 것이다. 앞으로는 가끔씩 독자가 추가 문서들을 참고하도록 지시할 것이다. 이 문서에는 최신 정보들을 광범위하게 담고 있기 때문이다.

6장
●●● 그래픽 유저 인터페이스

AI 레퍼런스에서 핵심 개념과 용어들을 살펴봤으니 이제는 체계적으로 컴포넌트를 다루면서 다양한 속성들과 이벤트 핸들러, 메소드 들을 살펴볼 차례다. Designer의 Palette 패널에 있는 카테고리나 컴포넌트 레퍼런스를 엄격히 지키며 진행하기 보단, 앱을 개발하기 위한 개념들을 점점 더 많이 발견하면서 자신만의 테마를 형성하여 정보를 카테고리화할 수 있도록 할 것이다. 간단한 앱들을 사용해 몇 가지 컴포넌트 기능들을 시연할 것이며 자신만의 프로젝트를 만드는 데 효과적으로 AI의 기능들을 활용할 수 있도록 전체적인 감을 잡을 수 있게 도와줄 것이다. 독자는 레퍼런스를 읽고 꾸준히 증가하는 기능들을 조사해가면서 이 책에서 자세히 다루지 않은 기능들도 쉽게 이해할 수 있다.

6장은 그래픽 UI에 중점을 맞췄다. 이 주제는 그래픽 요소가 가미된 애플리케이션을 개발하는 모든 작업과 프로그래밍 언어와 관련된 것이다. AI는 버튼이나 텍스트 필드 같은 다양한 그래픽 요소들을 제공하며 이들은 안드로이드 마켓에서 사용 가능한 모든 앱에서도 친숙하게 사용되는 요소들이다. 이러한 요소들이 UI를 디자인하는 데 있어 얼마나 유용한지 보이기 위해 한 가지 시연용 앱을 예로 들어 이러한 종류의 컴포넌트를 사용할 것이다. 그다음은 점차 다른 컴포넌트를 추가할 것이다. 그래서 순서대로 각 컴포넌트를 시연하고 의논해볼 것이다. 시각적인 속성과 더불어, 컴포넌트는 해당 컴포넌트의 특성에 따라 특별한 방식으로 발생하는 이벤트 블록과 연동될 수 있다. 예제를 통해 각 이벤트 블록의 이름을 보여주면서 이러한 이벤트 블록을 소개할 것이다. 그러므로 버튼을 누르면 Button1.Click이라는 텍스트가 나타날 것이고, 텍스트를 출력하기 위해 라벨 컴포넌트를 사용해 보겠다.

●● 라벨 컴포넌트에 텍스트 출력하기

라벨의 주요 기능은 역시 텍스트 출력이다. 앞서 LaughBag 프로젝트를 다룰 때 버튼위에 Please press the bag!이란 텍스트를 출력하는 라벨을 만들어 봤었다. 또한 텍스트 필드의 배경색이나 글씨 크기, 색상들을 수정하면서 라벨의 초기 속성들을 바꿔보기도 했다. 이러한 초기 속성들과 이 속성에 대응되는 블록들을 통해 이미 라벨 컴포넌트는 거의다 알아본 셈이다. 컴포넌트 레퍼런스를 빠르게 훑어보길 바란다. 이벤트 블록이나 메소드가 라벨과 연관되진 않았지만, 이 컴포넌트는 마치 전문적인 텍스트 디자인 프로그램을 쓰듯이 독자가 원하는 텍스트를 만들 수 있도록 매력적인 옵션들을 제공해준다.

위에서도 언급했듯이, 이벤트가 발생하면 반응하는 이벤트 블록의 이름을 화면에 출력하기 위해 라벨을 사용했다. 6장에서는 다양한 이벤트 블록과 이벤트들을 다뤄볼 것이며, 지금은 간단히 새로운 AI 프로젝트를 시작해보면서 첫 번째 컴포넌트로 라벨부터 다뤄 볼까 한다. AI Designer를 웹브라우저에서 실행하고 Blocks Editor를 연다. 원한다면 스마트폰을 USB로 연결해도 좋고, 에뮬레이터를 써도 좋다. Designer의 My Project로 가서 New 버튼을 눌러 새 프로젝트를 생성한다. 모든 데모 앱의 이름은 demo_로 시작할 것이다. 그래서 전체 프로젝트 목록에서 데모용 프로젝트만 쉽게 선별해낼 수 있을 것이다. 첫 번째 프로젝트는 demo_GUI란 이름으로 지어보자. 여기서 GUI는 그래픽 유저 인터페이스의 약자다.

Designer에서 새로운 프로젝트를 열고나서 Screen1의 Title 속성을 사용하여 Demo App:GUI란 이름을 지어준다. 이제 Palette 패널의 Lable 컴포넌트를 Viewer 패널로 가져와서 생성된 오브젝트의 이름은 EventLabel로 짓는다. 이는 Components 패널에서 Rename 버튼을 사용하면 된다. 다음으로 기본 텍스트 값을 "..."으로 바꾼다. 결과는 그림 6.1과 같다.

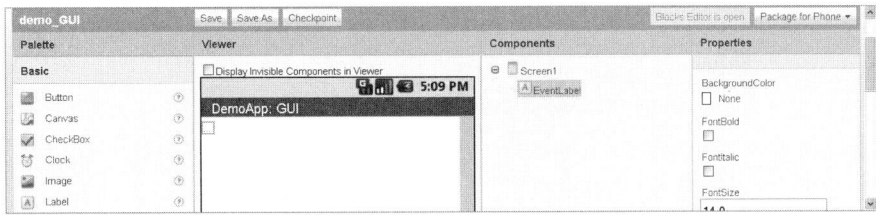

그림 6.1 demo_GUI 프로젝트의 초기 단계 화면

아직은 demo_GUI 프로젝트가 그리 멋있어 보이진 않는다. 조금더 치장해주기 위해 EventLabel에 짤막한 정보를 보여주는 두 번째 라벨을 추가해보자. 이 라벨은 다른 컴포넌트와 구별해둘 것이다. Viewer로 새로운 라벨 컴포넌트를 가져다 놓고, 생성된 오브젝트는 EventLabel 위에 올려 놓는다. 이름은 DivisionLabel1로 짓고, 구분 라인의 글자들을 강조하기 위해 초기 속성을 표 6.1과 같이 설정한다.

표 6.1 DivisionLabel1의 초기 속성 변경

초기 속성	새로운 속성값
BackgroundColor	Gray
Text	"Last active event block:"
TextColor	White
Width	Fill parent

 테이블 형태로 할당하는 효과적인 방법
정보를 분명하게 구별하기 위해 자주 테이블을 사용할 것이다. 테이블은 데이터를 함축적이고 효과적으로 표현한다. 이 책의 인쇄본에서 혹시라도 테이블의 텍스트 필드 값이 물음표로 된 부분이 있다면, 실제 AI에 적용할 땐 무시하고 입력해주기 바란다. 물음표는 무언가를 입력해야할 시기일 때, 기존 설정 값을 선택할 수 없을 때나 사용한다.

표 6.1에 나열된 초기 값대로 설정을 마쳤으면, 이제 아래 그림과 같이 데 앱이 나타날 것이다. `Width` 속성을 `Fill parent`로 지정하면 전체 화면의 수평 폭만큼 효소가 늘어나 보인다. 즉 마치 구분 선처럼 늘어난다. 회색 배경에 흰색 글씨체로 적용함으로써 나중에 컴포넌트를 추가하더라도 계속 이 라벨의 내용이 강조되도록 처리해주는 것이 이 라벨의 역할이다.

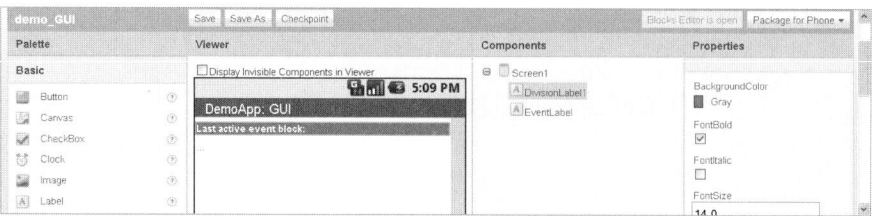

그림 6.2 demo_GUI 프로젝트의 두 라벨 컴포넌트

이렇게 해서 첫 번째 단계를 완성했다. AI Blocks Editor에서 이벤트 설정 블록인 set EventLabel.Text to 블록을 사용하여 현재 활성화 상태인 이벤트 블록을 표시할 수 있도록 할 것이다.

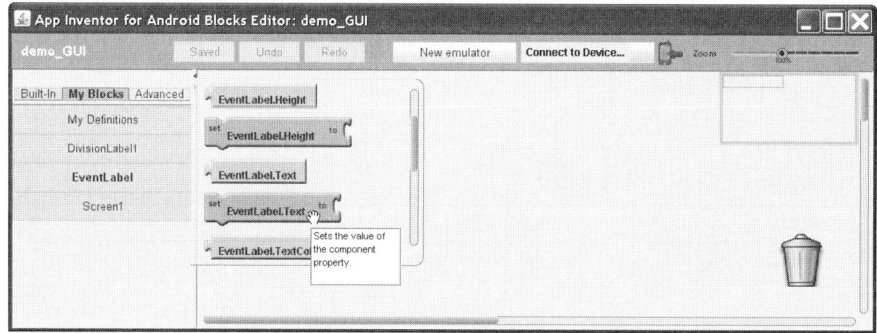

그림 6.3 이벤트 설정 블록 'set EventLabel.Text to'

그럼 이제 demo_GUI 프로젝트에 새로운 컴포넌트를 추가해보자.

●● 특정 동작을 발생시키는 버튼 컴포넌트

이제 버튼 컴포넌트를 추가할 차례다. 물론, 이미 앞서 살펴본 예제에서 여러 번 버튼 컴포넌트에 대해 알아봤었다. 버튼은 GUI 프로그램에서 정말 자주 사용하는 요소로, 다양한 행태를 띠며 직관적인 조작을 가능케 한다. 사용자는 버튼을 통해 동작을 실행시키거나 질문에 대한 대답을 할 수 있다. 버튼에 텍스트나 이미지를 추가하여 다면적인 방법으로 매우 다양한 문맥에서 사용가능하다. 버튼 컴포넌트는 그림 5.3과 같이 여러 가지 다양한 속성을 가지고 있어, 컴포넌트 레퍼런스의 명세서를 보면 설명돼 있다. 텍스트 디자인과 관련된 속성들과 함께(라벨과 비슷한 속성들로 이뤄진다) Image 속성이 있음을 볼 수 있다. 이 속성을 사용해 초기 속성으로나 실행 도중에 변경 가능한 속성으로나 set Button1.Image to 속성 블록을 통해 이미지를 추가할 수 있다. 초기 속성을 Enabled로 설정하여 사용하거나 set Button1.Enabled to 속성 블록으로 사용해 회색으로 버튼이 처리되어 사용 불가능 하다는 점을 알려주는 기능을 하는 것도 흥미로운 점이다. 이러한 옵션은 특정 조건이 성립할 때만 사용된다. 예를 들어, 사용자가 특정 옵션을 선택한 다음에야 OK 버튼을 활성화시킬 때 사용할 수 있다. 이러한 처리 방식은 Visible 속성을 이용해 옵션을 나타내거나 숨기는 동작을 처리하기 위한 대안으로도 흔하게 사용된다.

라벨과 달리, 버튼은 사용자와 상호작용하는 GUI 컴포넌트이므로 이벤트를 제어하는 블록들과도 연동된다. 이미 when Button1.Click do 이벤트 블록을 프로젝트에서 사용했었다. 즉 클릭 이벤트를 인지하여 반응하는 기능을 담당했다. 이벤트와 더불어, 버튼 컴포넌트는 두 가지 이벤트를 받아들인다. 즉 버튼이 포커스를 잡고 있는지(when Button1.GotFocus do), 포커스가 다른 오브젝트로 넘어갔는지(when Button1.LostFocus do) 감시한다. 여기서 포커스란 마우스나 손가락으로 선택 가능한 요소 중에서 의도적으로 선택하지 않았음에도 포인팅을 통해 요소가 활성화된 상태를 말한다. 예를 들어 버튼이 포커스를 잡고 있다는 말은 버튼을 누르지 않은 상태에서 짧막한 상태 메시지를 화면에 표시하는 경우를 볼 수 있다.

이번 데모 프로젝트에서는 when Button1.Click do 이벤트 블록을 통해 버튼의 기능을 살펴볼 것이다. Palette 그룹의 Basic 요소에 있는 버튼 컴포넌트를 Viewer로 끌어다 놓아 생성된 오브젝트를 DivisionLabel1 오브젝트 위에 놓는다. 그리고 오브젝트 이름은 기본 값인 Button1로 놔둔다. 나중에 앱을 다루면서 더욱 분명하게 EventLabel을 통해 구별되는 이벤트를 만들기 위해 또 다른 버튼을 끌어다 놓고 Button1 밑에 놓는다. 이 역시 기본 이름 값인 Button2로 놔둔다. 최종 결과 모습은 그림 6.4와 같다.

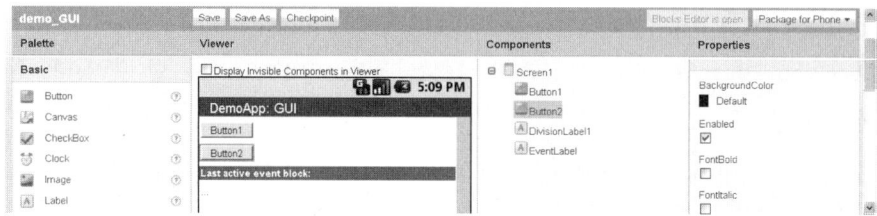

그림 6.4 버튼 두 개를 추가한 demo_GUI 프로젝트의 모습

이제 프로젝트에서 두 가지 버튼이 갖고 있는 기능을 정의해보자. 먼저 Editor로 가서 My Blocks를 선택한다. 블록 선택 목록이 나타나면 Button1, Button2 컴포넌트 오브젝트에 대응되는 블록을 볼 수 있을 것이다. 나중에 어떤 버튼을 누르는 지에 따라 EventLabel은 Button1.Click이나 Button2.Click 메시지를 출력한다.

먼저 Button1.Click 이벤트를 만든다. 슬라이드 아웃 패널을 열고 블록 목록에서 Button1을 선택한다. 다음 이벤트 블록을 이벤트 핸들러의 로직을 담은 블록 집합체로 채우도록 한다. EventLabel에 새로운 텍스트를 할당해보자. 속성 설정 블록인 set EventLabel.Text to 블록을 사용할 것이며, 이 블록은 EventLable이란 이름으로 슬라이드 아웃 패널에서 찾을 수 있다. 블록을 이벤트 블록 안에 넣어서 이벤트 슬롯과 블록 집합체의 슬롯을 연결한다. 이제 속성 블록에 Button1.Click이란 텍스트를 할당해주자. 이는 텍스트 블록을 생성하면 된다. 텍스트 블록은 Built-In 탭의 Text 그룹의 첫 번째 항목이다. 텍스트 블록은 이전에 진동 시간을 정하기 위해 사용했던 상수 블록과 비슷하다. Editor에서 텍스트 블록을 가져와 속성 블록 옆에 놓고 플러그를 소켓에 연결한다. 텍스트를 클릭하여 text라 적힌 내용을 Button1.Click으로 고친다. when Button1.Click 이벤트 핸들러 블록의 수정 결과는 그림 6.5와 같다.

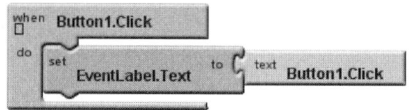

그림 6.5 Button1.Click 이벤트 핸들러 블록

그림 6.5에 나온 결과 블록을 아래와 같은 의사코드로 옮겨 보면 분명하게 이해할 수 있다.

Button1을 클릭하면 EventLable의 텍스트를 Button1.Click으로 지정한다.

이제 Button2에 해당하는 이벤트 핸들러도 동일하게 만들 수 있다. Editor 에 Button2.Click 이벤트 블록을 가져와서 속성 설정 블록인 EventLabel1. Text 블록에 연결하고 Button2.Click 텍스트를 텍스트 블록에 설정한다.

함축적인 표현법

눈치 챘을 수도 있지만, 컴포넌트를 다루는 데 경험이 쌓일 수록 더욱 효과적으로 서술하고자 한다. EventLabel1.Text 같은 속성 블록들이 속성 설정 역할을 하는 블록으로 다소 명확하게 구별할 수 있는 반면, 몇몇 컴포넌트 오브젝트(Button1.Click 같은)는 when과 do와 같은 키워드 없이도 이벤트 블록 기능을 한다고 분명하게 설명했었다. 앱 개발자로써 이러한 함축적인 표현법에 익숙해지면, 개발을 효율적으로 할 수 있다. 처음은 의도적으로 어떻게 컴포넌트를 표현할지 생각해야 하지만, 한 번 숙달 되고 나면 아무렇지 않을 정도로 쉽게 느껴질 수 있다.

이제 두 번째 이벤트 핸들러를 추가함으로써, 설명 기능을 하는 버튼 컴포넌트 제작을 마쳤다. AI Editor에서 보면 그림 6.6과 같은 결과를 확인할 수 있다.

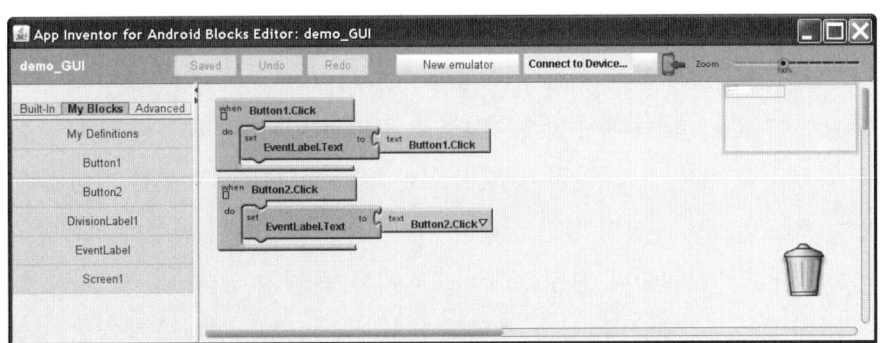

그림 6.6 demo_GUI 프로젝트에서 버튼 두 개에 할당된 이벤트 핸들러 블록들

현재 demo_GUI를 아직 테스트해보지 않았다면 지금 한 번 해보길 바란다. 그림 6.7은 에뮬레이터에서 실행했을 때의 모습이다.

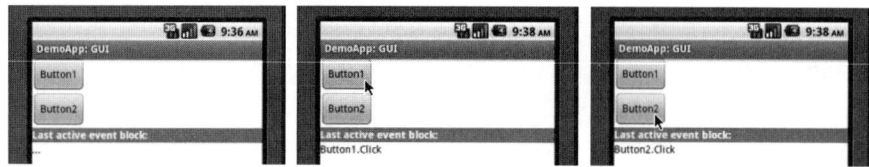

그림 6.7 demo_GUI 앱에서 이벤트를 받아들였을 때 메시지를 출력하는 모습

EventLable을 처음 실행하면 여전히 "..."을 초기 텍스트로(좌측 그림) 갖고 있으며, Button1을 클릭하면 Button1.Click 메시지가 뜨고, Button2를 클릭하면 Button2.Click 메시지가 뜬다. 그러므로 지금의 데모 앱은 두 이벤트 핸들러와 조화를 이루는 기능을 가지고 있으며 각 이벤트 핸들러는 텍스트 필드의 속성을 변경해주고 있다.

CheckBox 컴포넌트로 선택 옵션 만들기

체크박스는 GUI 프로그래밍에서 사용자가 설정을 변경하거나 체크할 때 자주 사용하는 장치다. 체크박스에 체크함으로써, 설정이 활성화되고 체크를 해제함으로써 설정이 비활성화된다. 녹색 체크 마크는 사용자가 현재 설정이 활성화돼 있다는 것을 쉽게 확인할 수 있도록 도와주는 표식자다. 설정값을 지정함으로써 앱의 특정 기능을 결정할 수 있다. 예를 들어 안드로이드 자체만 봐도 Settings 메뉴에 수많은 체크박스를 갖고 있다. 이 메뉴를 통해 버튼을 눌렀을 때 나는 소리, 알림 방식, 스크린 잠금 등의 설정 여부를 지정할 수 있다. 체크박스는 옵션의 설정 상태를 나타낸다. 즉, 옵션이 활성화 상태인지^{true} 아닌지^{false} 보여준다. 프로그래밍 로직에서 두 가지 상태(true와 false)는 불린 타입으로 참조할 수 있고, 종종 프로그램의 메소드 안에서 동작 로직의 방향을 결정하는 기초적인 요소로 사용된다. 이 책을 진행하면서 9장을 통해 다양한 로직 구조들을 살펴보겠지만, 여기서는 CheckBox 컴포넌트의 두 가지 '통합' 상태에만 집중하고자 한다.

그림 6.8에서 보듯이, CheckBox 컴포넌트의 명세서나 초기 속성을 보면 체크박스를 정의하는 속성들(예를 들어 체크박스 옆에 있는 텍스트 필드 같은)이 버튼의 속성들과 비슷하다는 점을 알 수 있다. 체크박스만의 특수한 점이 바

로 Value 속성으로, 불린 타입의 속성 값이다. 이 초기 속성을 설정하지 않으면(체크되지 않으면) false로 설정된다. 반대라면 true로 설정된다. 나중에 Designer의 Viewer 패널에서, 그리고 스마트폰이나 에뮬레이터에서도 초기 속성의 설정 상태에 따라 녹색 체크 표시가 나타나거나 없어지는 것을 살펴볼 것이다.

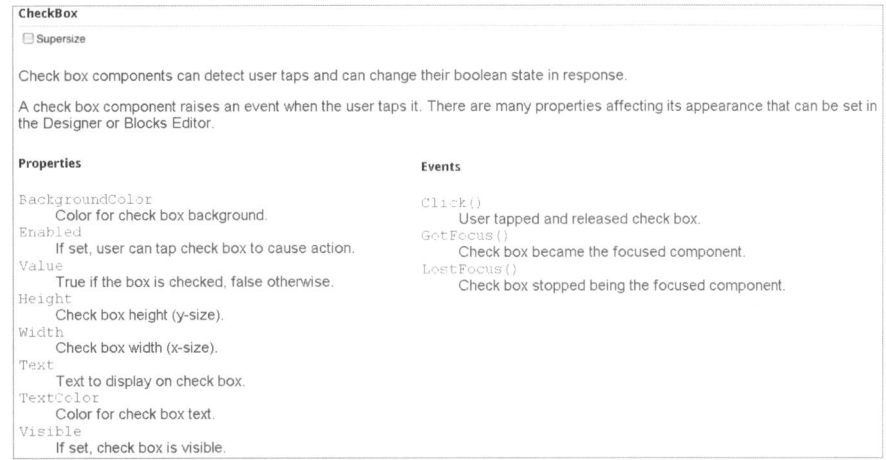

그림 6.8 CheckBox 컴포넌트의 명세사항

이벤트를 핸들링할 때, 체크박스의 이벤트 블록은 대체로 버튼의 그것과 유사하다. 세 가지 이벤트 블록을 사용할 수 있으며, 체크 상태에 따라(CheckBox1.Changed), 포커스를 잡고 있는지에 따라(CheckBox1.GotFocus 혹은 CheckBox1.LostFocus) 반응한다.

 참고

블록 항목 중 Changes로 바뀐 업데이트 사항에 대해 문서화 작업이 지연되는 경우

Editor의 블록 선택 목록을 보면, 먼저 CheckBox 컴포넌트의 이벤트 블록에 더 이상 Click 키워드가 없는 걸 볼 수 있다(그림 6.8 참조). 대신 Changed란 키워드가 있다. AI의 개발 속도가 워낙 빨라서, 변경사항을 문서화해 놓은 작업 속도가 이를 따라잡지 못하는 것같다. 그래도 블록의 기능 설명은 여전히 정확하게 적혀 있다. 독자들도 Component Reference에 나와있는 정보를 맹신해선 안 된다. 때로는 변경사항들이 문서화되지 못한채 AI에 곧바로 적용될 수 있기 때문이다.

이제 CheckBox 컴포넌트가 demo_GUI 데모 프로젝트에서 활성화되는지 확인해보자. 체크박스를 클릭하면, 이벤트 설정 블록의 이름이 일반적으로 갖는 형태로 이벤트와 현재 설정 값(불린 타입)을 화면에 보이고자 할 수 있다.

Designer의 Basic 그룹에서 CheckBox 컴포넌트를 가져와 Viewer 패널에 놓고, Button2와 DivisionLabel1 블록 사이에 놓는다. 생성된 CheckBox1 컴포넌트 오브젝트의 초기 설정에서 Text 필드를 CheckBox1로 속성 값을 바꾼다. 다른 속성들은 그대로 둔다. 컴포넌트 오브젝트 이름도 그대로 둔다. 초기 속성인 Value의 값을 보여주기 위해, 두 번째 CheckBox 컴포넌트를 Viewer에 가져와 CheckBox1 밑에 놓는다. Text 필드를 사용해 새로운 체크박스 컴포넌트의 속성을 CheckBox2로 지정하고, Value 속성 필드에서 체크 마크를 표시해 활성화한다. 이제 두 번째 체크박스는 이제 그림 6.9와 같이 Viewer와 스마트폰에서 볼 때 녹색 체크 표시로 미리 선택돼 있는 걸 볼 수 있다.

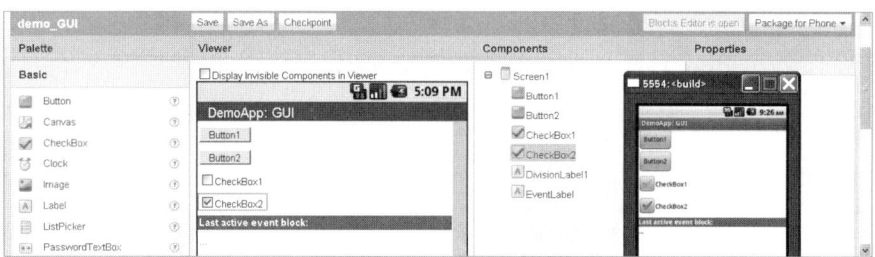

그림 6.9 두 체크박스의 Value 속성이 미리 선택된 모습과 미리 선택되지 않는 모습

다음 단계로, 위에서 만든 체크박스를 데모 프로젝트의 이벤트 메커니즘으로 연결한다. 이전에 만들어 놓은 버튼과 마찬가지로, 체크박스를 클릭했을 때 EventLable에 해당 문구가 출력되도록 만들 것이다. 먼저 CheckBox1부터 시작하자. Editor를 열고 My Blocks에서 블록 선택 목록을 연다. CheckBox1 블록 그룹에서 이벤트 블록(when CheckBox1.Changed do)을 Editor로 가져다 놓느다. 활성화 상태인 이벤트 블록 이름을 화면에 표시하기 위해 또 다른 이벤트 설정 블록인 set EventLabel.Text to 블록을 EventLabel 이벤트 블록 그룹에서 가져와 CheckBox1.Changed 이벤트 블록에 연결한다(그림 6.10 참조).

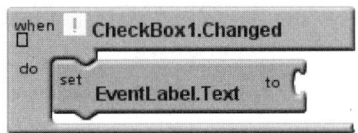

그림 6.10 EventLabel에서 이벤트 블록의 이름을 출력하도록 하는 블록 집합체

 미완성 이벤트 핸들러에 대해

그림 6.10에서 이벤트 블록을 보면 노란색 느낌표 아이콘이 when과 CheckBox1.Changed 키워드 사이에 있는걸 볼 수 있다. Editor에서 이 아이콘을 사용하여 블록 집합체의 구조가 완전하지 않다는 걸 표시한다. 커서를 느낌표 위로 이동시키면, 문제점이 무엇인지 설명하는 박스가 나타난다. 이 경우 메시지에는 "경고: 이 블록 그룹은 빈 소켓이 포함돼 있으며 스마트폰에 전송될수 없습니다(Warning: This clump contains an empty socket and won't be sent to the phone)." 이 경고 메시지는 이벤트 핸들러가 완성된 상태가 아니며 현재 상태로는 스마트폰에 코드가 전송될 수 없다는 걸 의미한다. 이는 AI가 제공하는 기능들 중 하나다.

이제 일반 텍스트 블록을 추가하고 이 블록을 사용해 `CheckBox1.Changed` 문구를 입력하여 `EventLabel.Text`에 활성화된 이벤트 블록의 이름을 할당할 수 있다. 하지만 이번 예제에서 우리는 CheckBox1의 불린 값을 이름 텍스트로 출력하려 한다. `CheckBox1.Value` 속성 블록^{getter}을 통해 상태 값을 읽어 오며, 이 블록은 `CheckBox1` 블록 그룹에 들어있다. 현재 불린 값을 `CheckBox1.Changed` 블록이 읽을 수 있도록 하고 `CheckBox1.Changed with the value[Value]`이란 완전한 문장을 만들기 위해 텍스트 블록의 텍스트 값을 `CheckBox1.Changed with value` 텍스트로 확장하고(이때 문구 안에 공백 문자가 들어갈 수 있다는 점을 눈여겨보자) `CheckBox1.Value`의 값을 직접 연결한다. 여기서 텍스트를 전달하기 위해 AI는 Built-In의 블록 선택 목록에 있는 make text 호출 메소드를 제공한다(Blocks Reference ➤ Text Blocks ➤ make text를 참조한다). make text 메소드를 가져와 Editor에 놓고 `EventLabel.Text` 속성 설정 블록에 연결한다(그림 6.11 참조).

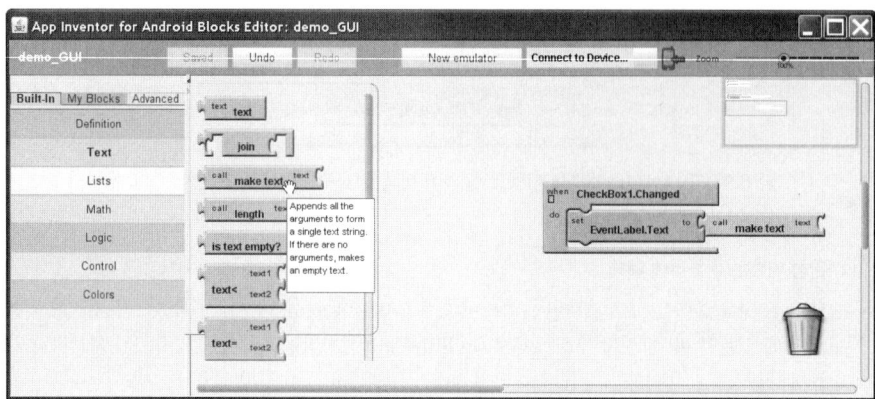

그림 6.11 텍스트끼리 조합하기 위해 make text 일반 메소드를 추가하는 모습

make text 메소드는 텍스트 조각들을 연결하는 역할을 한다. 처음엔 메소드에 한 개의 소켓만 있지만 텍스트를 추가할 때마다 이 블록은 소켓을 하나씩 늘려나간다. 먼저 CheckBox1.Changed with value란 문구를 텍스트 블록에 적고 메소드 블록에 연결한다. 이제 추가된 두 번째 소켓에 속성 블록[getter]인 CheckBox1.Checked를 연결한다(그림 6.12 참조).

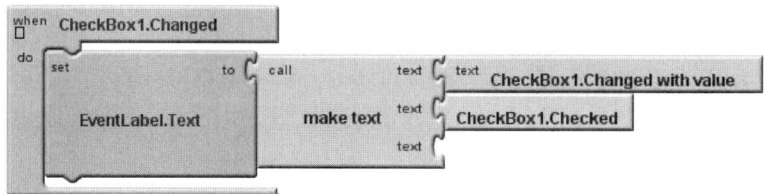

그림 6.12 이벤트 블록의 텍스트에 라벨의 상태 값을 결합한 블록 구조

이렇게 해서 CheckBox1의 조합 과정을 마쳤다. 이제 스마트폰이나 에뮬레이터에서 체크박스를 조작할 때마다 화면에 문구가 바뀌는 걸 볼 수 있다. 분명히 확인 하기위해, 다음과 같은 의사코드로 이벤트 핸들러의 로직을 표현할 수 있다.

CheckBox1이 선택되면, 텍스트 블록의 텍스트 값을 CheckBox1의 텍스트 값과 연결하고 EventLabel에 값을 출력한다!

이제 두 번째 체크박스인 CheckBox2에 해당하는 블록 집합이나 기능을 현재 프로젝트에 추가할 수 있다. 완전한 블록 구조는 그림 6.13과 같다.

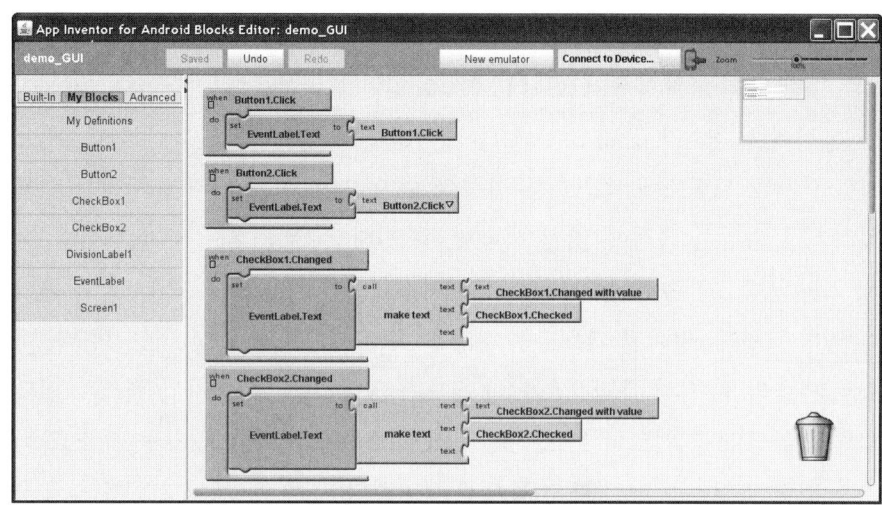

그림 6.13 두 개의 버튼과 체크박스를 생성한 데모 프로젝트의 블록 구조도

이제 UI에 두 개의 인터랙티브 요소를 추가하자. 스마트폰에서 데모 앱을 실행하고 텍스트 필드를 보면 이번엔 어떤 체크박스가 선택됐는지 알 수 있을뿐만 아니라, 현재 불린 값도 확인할 수 있다. 아래 그림은 에뮬레이터에서 확인한 결과다.

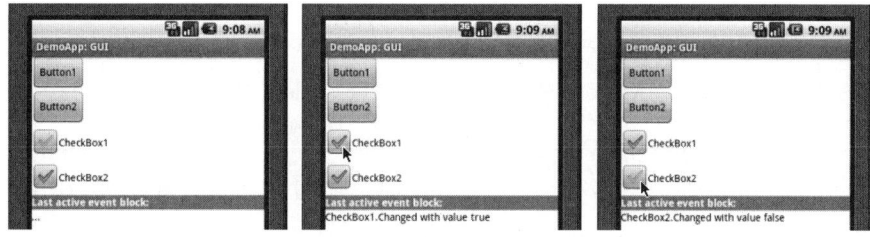

그림 6.14 체크박스 데모를 실행하여 불린 값을 화면에 표시한 모습

그림 6.14를 보면 CheckBox2가 활성화돼 있다(좌측). 가운데 그림과 같이 CheckBox1을 클릭하여 활성화하면 이벤트 설정 블록이 화면에 텍스트를 출력한(불린 값이 true로 돼 있다). 우측 그림을 보면 CheckBox2를 처음 클릭해서 비활성화하고 블록의 상태 값인 불린 타입의 false 값을 화면에 출력한다. 이 단계에서 데모앱의 기능은 총 네 가지 이벤트 핸들러로 확장되었고 프로그램의 상태를 동적으로 확인할 수 있었다.

●● TextBox 컴포넌트로 텍스트 입력하기

GUI의 핵심 기능은 사용자로부터 텍스트 입력을 받아들이는 것이다. AI는 이런 목적에 부응하기 위해 Basic 그룹에 TextBox 컴포넌트를 제공한다. 사용자는 이 텍스트박스에 텍스트를 입력할 수 있으며, 이 데이터를 처리하고 분석하거나 다양한 목적에 맞게 사용할 수 있다. 때로는 사용자가 버튼을 통해 입력을 종료할 수 있게 앱을 제작하며, 이는 키보드에서의 엔터 키와 유사한 역할을 한다. 입력된 텍스트는 다양한 속성 필드처럼 포맷을 형성한다. 텍스트 박스의 한 가지 특징으로 Hint 필드가 있다. 이는 사용자가 텍스트 필드 입력을 완성할 수 있도록 힌트 문구를 표시해주며, 이 힌트 문구는 텍스트 박스가 입력 포커스를 가질 때 자동으로 사라진다. 또한 두 개의 이벤트 블록을 통해 포커스에 대한 반응을 취할 수도 있다(when TextBox.GotFocus do와 when TextBox.LostFocus do).

두 단계를 거치면서 텍스트 박스의 기능을 살펴봤다. 첫 번째 단계에서, 텍스트 박스가 포커스를 잡으면 EventLabel에서 이벤트 설정 블록의 이름을 화면에 표시한다. 이러한 기능을 구현하는 것은 지금까지의 연습을 통해 상대적으로 쉽게 느껴졌을 것이다. 먼저 Designer를 열고 TextBox 컴포넌트를 Palette 패널의 Basic 그룹에서 Viewer로 가져와 CheckBox2 밑에 둔다. 컴포넌트 이름은 TextBox로 짓는다(그림 6.15 참조). Hint 속성 필드는 Message라고 적는다. 이제 Editor를 열고 My Blocks의 선택 목록에서 TextBox.GotFocus 이벤트 블록을 가져다 놓는다. 이렇게 일반적인 화면 표시 기능을 구현했다. 데모 앱을 스마트폰이나 에뮬레이터에서 실행해보면, 텍스트 필드가 포커스를 잡을 때 문자 입력을 위해 안드로이드가 자동으로 키보드를 띄워주는 걸 확인할 수 있다. 텍스트 입력을 마치고 입력 모드를 닫으면(일반적인 종료 키를 사용하여) 이벤트를 통해 키보드가 뜨지 않고 EventLabel에 문구가 출력됨을 알 수 있다.

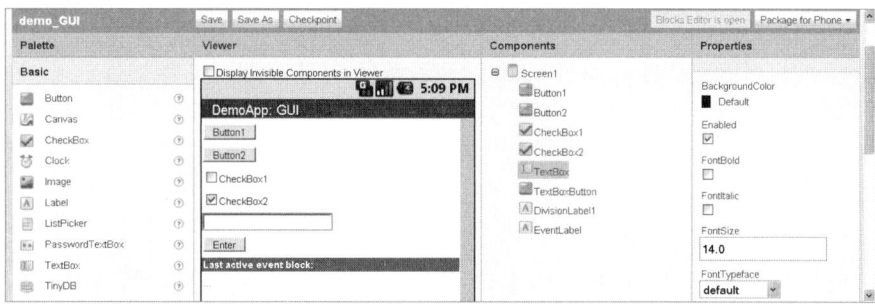

그림 6.15 텍스트 박스 생성을 시연하기 위해 컴포넌트 추가하기

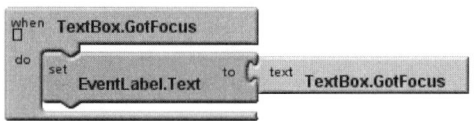

그림 6.16 EventLabel 블록과 이벤트 설정 블록

텍스트 박스의 기능을 시연하는 두 번째 단계로, 사용자가 입력한 텍스트를 EventLabel에 출력할 것이다. TextBox.GotFocus('TextBox.GotFocus'란 텍스트로 덮어쓴다)나 TextBox.LostFocus('TextBox.LostFocus'란 텍스트로 덮어쓴다) 이벤트 블록으론 화면에 문구를 출력할 수가 없다. 대신 다른 이벤트 블록을 사용해야 한다. 앞서 언급했듯이 텍스트 입력은 종종 엔터 버튼을 눌러서 종료하게 된다. 이제 추가로 버튼을 넣고 이 버튼의 이벤트 블록을 사용해 텍스트 박스에 입력한 문장을 화면에 출력하겠다. Designer에서 TextBox 오브젝트 아래에 새로운 버튼 오브젝트를 가져다 놓고 TextBoxButton이라 이름 짓는다. 내용에는 EventLabel.Text를 적는다(그림 6.15 참조). Editor에서는 TextBoxButton.Click 이벤트 블록을 가져와서 속성 블록인 EventLabel.Text 블록에 연결한다. 이제 EventLabel.Text 속성 블록은 TextBox.Text 속성 블록에 사용자가 텍스트 박스에 입력한 내용을 전달한다(그림 6.17 참조).

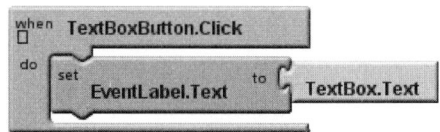

그림 6.17 EventLabel 이벤트 블록에서 텍스트 박스로부터 입력 받은 내용을 출력하는 블록 구조도

그림 6.17에서 보여주는 블록 구조와 같이, Enter 버튼을 눌렀을 때 라벨에 있는 체크박스로부터 입력한 내용을 출력하는 명령을 내리도록 만들었다. 이 로직을 의사코드로 작성하면 다음과 같다.

`TextBoxButton`을 누르면, `TextBox`가 가진 현재의 입력 값을 `EventLabel`에 출력한다.

그림 6.18은 에뮬레이터에서 앱을 실행했을 때의 모습으로, 엔터키와 텍스트 박스가 하단에 있다. 좌측과 같이 처음 앱을 실행하면 Hint 필드에는 초기 속성 값인 Message가 출력되지만, TextBox에 포커스를 주면 동시에 세 가지 반응 동작이 일어난다. 메시지 텍스트가 사라지고, EventLabel의 이벤트 블록이 활성화되며 안드로이드 키보드가 나타난다(가운데 그림). 문장을 입력하고(hello), Enter를 누르고 나면 EventLabel에 문장이 나타난다(오른쪽 그림).

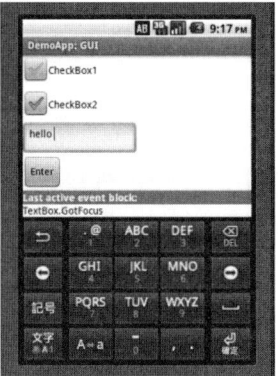
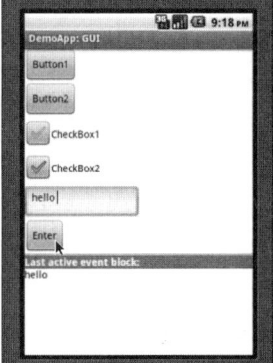

그림 6.18 텍스트 박스에 입력한 내용과 이벤트 블록이 포커스를 잡았을 때의 모습

데모 프로젝트의 기능을 추가해보면서, 텍스트 박스 내용을 화면에 출력했을 뿐만 아니라 앞으로 하게 될 개발 작업의 기반이 되는 초석을 닦아놓았다. 이제는 어떻게 사용자 입력을 받아들이고 처리하는지 알게 된 것이다.

에뮬레이터에서 안드로이드 키보드의 언어 변환하기

에뮬레이터의 기본 언어 설정은 영어다(즉, 영어 자판 배열이다). 다른 언어의 키보드 배열을 사용하고자 한다면, 에뮬레이터나 스마트폰 모두 동일한 방식으로 할 수 있다. 메뉴 키를 눌러 데모 앱을 종료하고 홈 스크린에서 앱 목록 화면으로 들어간다. 이제 Settings 아이콘을 누른 뒤, Language & Keyboard를 클릭하여 Select Launguage 서브메뉴가 나타나면 원하는 언어를 선택하면 된다. 원하지 않는 언어들의 체크 상태를 모두 해제하고 홈 스크린으로 돌아온다. AI Blocks Editor에서 'Restart app on device' 버튼을 눌러 앱을 재실행 해보자. 그러면 텍스트 박스를 선택했을 때,

새로운 키보드 언어 배열이 나타날 것이다. 다시 쿼티 키보드로 복구하려면 위에서 설명한 과정을 다시 따라간 뒤, 'Select Language' 메뉴에서 'English(U.S)'를 선택한다(그림 6.19 참조). 아무튼, 에뮬레이터에서 제공하는 키보드를 사용하지 말고, 그냥 간편히 컴퓨터 키보드를 쓰는 게 낫다.

그림 6.19 쿼티 키보드(영문) 배열로 다시 복귀시키는 과정

•• PasswordTextBox 컴포넌트로 비밀 내용 입력하기

절 제목만 봐도 알 수 있듯이, AI는 비밀 정보를 담는 텍스트 박스를 제공한다. 이 컴포넌트는 Basic 그룹에서 찾을 수 있다. 이전에 설명했던 TextBox 컴포넌트가 사용자의 입력 내용을 일반적인 텍스트 형태로 화면에 보여주는 것과 달리, PasswordTextBox는 입력한 내용을 점자로 출력하여 읽을 수 없도록 한다. 컴포넌트는 특히 비밀 번호 입력에 사용하면 적당하다.

비밀번호 상자의 기능은 텍스트 박스의 기능과 동일하기 때문에 여기서는 간단하게 이전에 사용했던 데모 프로젝트를 통해 두 단계에 걸친 메커니즘을 보여줄 것이다. 흥미로운 점은 사용자가 입력을 끝내고 엔터 버튼을 누르면 입력 내용이 EventLabel에서만 제대로 출력된다는 것이다. 그러므로 패스워드 박스와 또 다른 엔터 버튼을 생성하고 여기에도 이벤트 핸들러 두 개를 연동해 기능을 화면에 출력하도록 만들고자 한다. Designer에서 Basic 그룹에 있는 PasswordTextBox 컴포넌트를 Viewer에 있는 가장 하단 엔터 버튼 아래에 놓는다. 이름은 PasswordTextBox라고 짓는다. Hint 속성에는

Password라는 친숙한 단어를 입력한다. 이제 PasswordTextBox 아래에 버튼을 가져온다. 여기에도 Enter라 적는다. 이 예제의 UI는 그림 6.20과 같다.

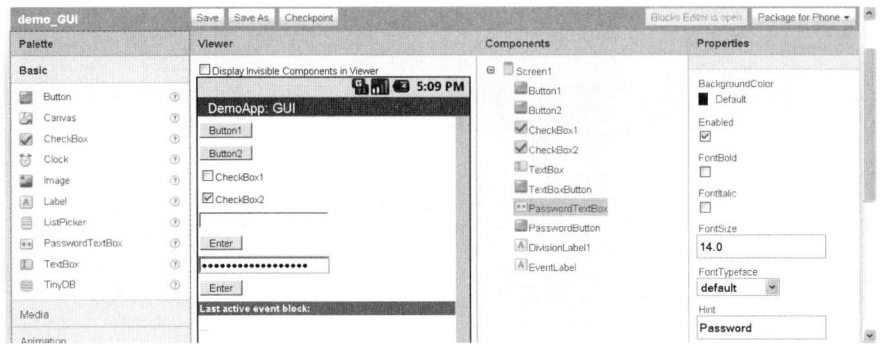

그림 6.20 데모 프로젝트에 패스워드 박스와 엔터 버튼을 추가한 모습

패스워드 박스의 포커스 이벤트와 사용자 입력 문장을 화면에 출력하기 위한 두 이벤트 핸들러는 이전 섹션에서 텍스트 박스에 사용했던 핸들러와 거의 똑같다. 첫 번째 핸들러의 경우, `PasswordTextBox.GotFocus` 이벤트 블록을(My Blocks에 있다) Editor로 가져와서 `EventLabel.Text` 속성 블록과 연결하고, `PasswordTextBox.GotFocus` 텍스트 블록을 메소드 블록에 추가한다(그림 6.21 상단 항목 참조).

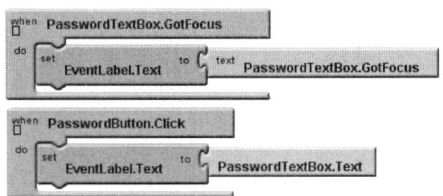

그림 6.21 이벤트 블록과 패스워드를 화면에 출력하는 이벤트 핸들러 블록 구조도

두 번째 이벤트 핸들러도 텍스트 박스에서의 두 번째 핸들러와 동일한 로직을 갖는다. 사용자가 버튼을 누르면 점자로 출력되는 입력 내용을 읽어 들인다. 두 번째 엔터 버튼과 연동할 이벤트 블록(`PasswordButton.Click`)을 Editor로 가져오고, `EventLabel.Text`와 연결한다. 이 블록에는 `PasswordTextBox.Text` 블록이 갖고 있는 입력 내용을 할당할 것이다(그림 6.21 하단 항목 참조). 사용자가 그림 6.22의 좌측 그림과 같이 `Hint`란을 선택해 포커스를 주고

문장을 입력하면, 이벤트 설정 블록의 내용이 EventLabel에 출력되고, 입력된 내용의 각 글자수에 해당되는 점자가 화면에 출력된다(가운데 그림). 두 번째 Enter 버튼을 누르면 이와 연동된 이벤트 핸들러가 활성화되면서 EventLabel에 감춰졌던 내용을 출력한다(오른쪽 그림).

 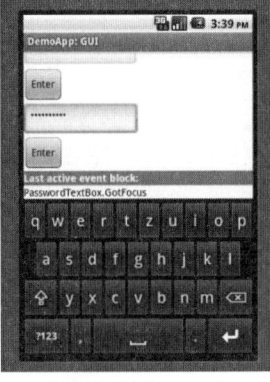 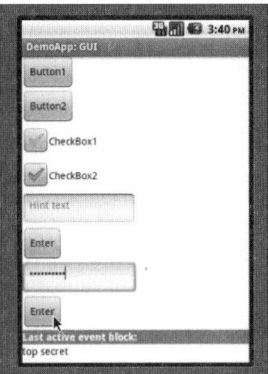

그림 6.22 데모 앱에서 암호 'topsecret'을 입력한 화면

다른 사람이 못 보도록 안전하게 입력하려면, AI의 패스워드 박스 컴포넌트를 사용해 적절한 UI로 개발할 수 있다. 물론 보안의 내부적인 목적은 수치적인 보안 수단을 제공하는 것이다. 예를 들어, 패스워드를 사용해 함수나 앱에 접근할 수 없도록 하거나 내부 처리를 위해 입력 값을 숨겨 비밀 정보를 입력할 수 있게 할 수 있다. 사용자에겐, 패스워드 박스란 보안의 개념을 시각적으로 표현한 결과다(어떤 형태를 취하든). 이 컴포넌트의 효과를 과소평가해선 안 된다. 아주 많은 사용자가 보안을 중요하게 여긴다.

●● 알림 컴포넌트로 경고 메시지 출력하기

특수한 상황에서는 사용자에게 특별한 사실에 대해 알려주는 게 유용할 수 있다. 간단한 메시지를 라벨에 출력하는 정도로는 그다지 특별하게 보일 수 없다. AI는 Notifier 컴포넌트를 Other stuff 그룹에 제공한다. 이 컴포넌트를 사용하면 특별히 중요한 사실을 팝업 창을 띄워 알려줄 수 있다. 팝업 창이 열리면, 앱 자체는 포커스를 잃고 사용자는 개발자가 정의한 컴포넌트의 동작에 따라 알림자를 처리하도록 강제로 요구하게 된다. 사용자는 알림자

(Notifier)가 자동으로 사라질 때까지 기다리거나(ShowAlert), OK 버튼을 눌러 명시적으로 알림자에게 의사를 확인시켜야 한다(ShowMessageDialog). 이 외에 두 가지 버튼 중 하나를 선택하거나(ShowChooseDialog), 텍스트를 입력할 수도 있다(ShowTextDialog). 그림 6.23에서 보여주듯이 이러한 내용들을 컴포넌트 레퍼런스에도 나와 있다.

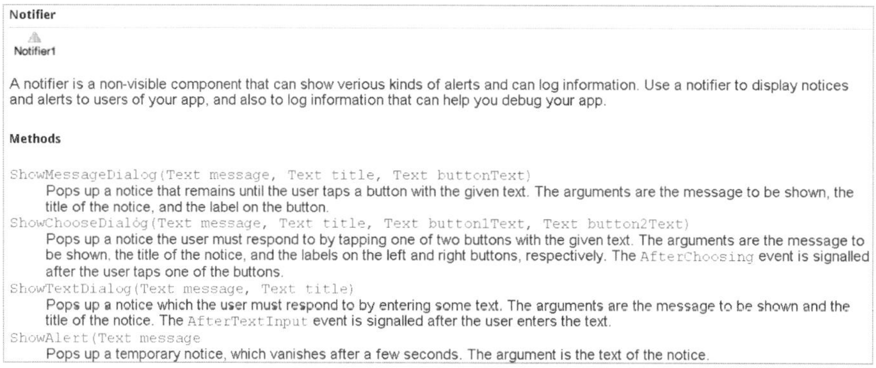

```
Notifier
  Notifier1
A notifier is a non-visible component that can show verious kinds of alerts and can log information. Use a notifier to display notices
and alerts to users of your app, and also to log information that can help you debug your app.

Methods
ShowMessageDialog(Text message, Text title, Text buttonText)
    Pops up a notice that remains until the user taps a button with the given text. The arguments are the message to be shown, the
    title of the notice, and the label on the button.
ShowChooseDialog(Text message, Text title, Text button1Text, Text button2Text)
    Pops up a notice the user must respond to by tapping one of two buttons with the given text. The arguments are the message to
    be shown, the title of the notice, and the labels on the left and right buttons, respectively. The AfterChoosing event is signalled
    after the user taps one of the buttons.
ShowTextDialog(Text message, Text title)
    Pops up a notice which the user must respond to by entering some text. The arguments are the message to be shown and the
    title of the notice. The AfterTextInput event is signalled after the user enters the text.
ShowAlert(Text message)
    Pops up a temporary notice, which vanishes after a few seconds. The argument is the text of the notice.
```

그림 6.23 컴포넌트 레퍼런스에서 발췌한 내용: Notifier 컴포넌트

이상의 방법과 더불어, Notifier 컴포넌트는 두 개의 이벤트 블록과 연동할 수 있다. 이 블록들은 두 가지 버튼 중 하나를 눌렀을 때 반응할 수도 있고(AfterChoosing), 대화상자에서 텍스트 입력을 처리할 수도 있다(AfterTextInput). Notifier 컴포넌트는 디버깅(프로그램 오류가 발생 할 때 오류 정보를 알려주는 것) 수행을 위해 특별히 LogError란 메소드도 지원하지만 앱 자체에서 어떤 기능을 지원하는 건 아니다. 흥미로운 사실은, Notifier 컴포넌트가 비가시성 컴포넌트라서 앱에서는 평소에 볼 수 없고(LaughBag 앱에서 사용한 Sound 컴포넌트와 비슷하다), 오직 이벤트에 반응할 때만 화면에 나타난다는 것이다.

데모 프로젝트를 통해 Notifier 컴포넌트와 그 기능을 보여주고자 한다. 이전 섹션에서 보안의 중요성을 다루고 나서, 이제 이 주제를 좀 더 확장하여 알림창에 대해 알아보겠다. 결국 암호를 안전하게 사용하는 방법에 대해 논의한다는 측면에서 볼 때, 사용자에게 경고를 주는 건 당연한 것이다. 사용자가 PasswordTextBox에 암호를 입력하고 PasswordButton을 누르면, EventLabel에 일반적인 형태의 텍스트가 출력된다. 사용자가

PasswordButton을 누를 때, 부주의한 사용자에게 암호가 그대로 노출된다는 사실을 경고하는 창을 보여주고자 한다(사용자가 다시 화면을 알아보기 힘들도록 만들 수 있도록 다른 버튼을 누르게 하는 것이다). 그러기 위해서 Security advice! 란 제목의 팝업창을 띄우고 "사용자의 암호는 아래와 같습니다 Your password is displayed below"라는 메시지를 담도록 하여 사용자가 OK 버튼을 눌러야만 팝업창이 닫혀서 메시지를 확인할 수 있도록 한다.

이러한 기능을 구현하기 위해 Designer에서 Notifier 컴포넌트를 Other stuff 그룹에서 가져와 Viewer에 놓는다. Notifier는 비가시성 컴포넌트로, Viewer 패널 아래에 나타난다(그림 6.24 참조). Notifier 컴포넌트에는 초기 속성이란 개념이 적용되지 않기 때문에, Designer에서 할 일은 단지 컴포넌트 오브젝트의 이름을 Notifier로 고치는 것밖에 없다.

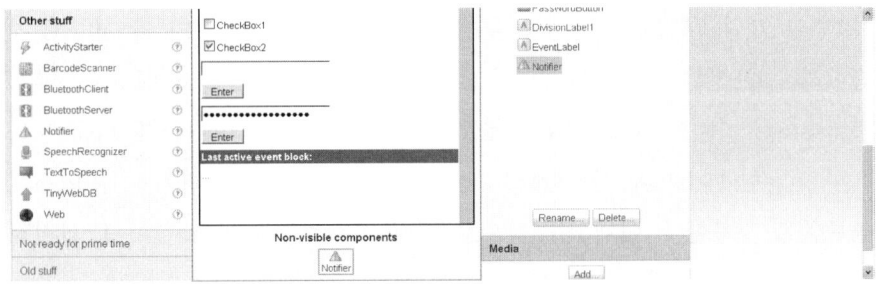

그림 6.24 Designer의 비가시성 컴포넌트인 Notifier 컴포넌트의 모습

사용자가 PasswordButton을 누를 때 경고창을 띄우고자 할 것이므로, 단순히 `Notifier.ShowMessageDialog` 메소드를 `PasswordButton.Click` 이벤트 핸들러에 추가하는 것 외에 다른 이벤트 블록은 없어도 좋다. 매개변수로 `title`, `message`, `buttonText`(경고창의 버튼)에 해당하는 세 가지 텍스트들을 전달할 것이다. 아래의 의사코드가 나타내는 기능을 따라 개발을 해보겠다.

```
사용자가 PasswordButton을 누르면
  TextBox의 입력 값을 EventLabel에 할당하고
  매개변수로 "Your password is displayed below." 메시지와
  "Security advice!" 제목과
  "OK!" buttonText를 전달하여
  Notifier.ShowMessageDialog를 호출한다.
```

의사코드에서 들여쓰기를 한 것은 각 코드 라인마다 계층적 관계를 나타내기 위함이다. 동일한 들여쓰기 수준을 갖는 항목들은 모두 동일한 계층 수준에 속하며, 더 많이 들어간 코드 라인이 덜 들어간 코드 라인의 하위 계층이다. 이러한 관점과 표기 방식은 이미 기존의 프로그래밍 언어에서 사용했던 것들과 굉장히 밀접하다. AI에서 이벤트 핸들러의 기능은 그림 6.25와 같다.

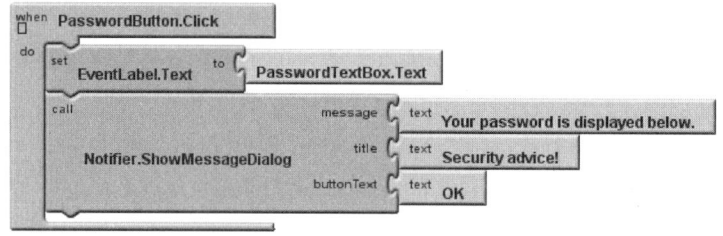

그림 6.25 화면에 출력되는 암호에 대해 경고 메시지를 내보내는 확장된 이벤트 핸들러

아직 위 그림에서 보여준 블록 구조도만큼 블록을 완성하지 않았다면, 지금이라도 완성하고 진행하자. Notifier.ShowMessageDialog 메소드를 My Blocks에서 가져와 Editor의 EventLabel.Text 블록 밑에 연결한다. 다음은 위에서 언급한 메소드에 전달할 세 가지 텍스트 매개변수에 대응 되는 텍스트 블록들을 추가한다. 이제 성공적으로 앱의 기능들을 개발한 것이며, 실질적으로 확장판 데모 앱을 실행해볼 수 있다(그림 6.26 참조).

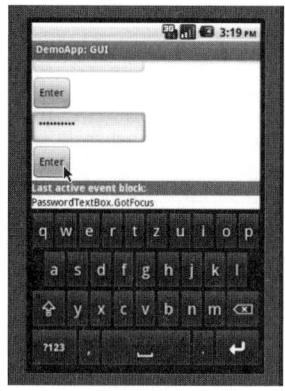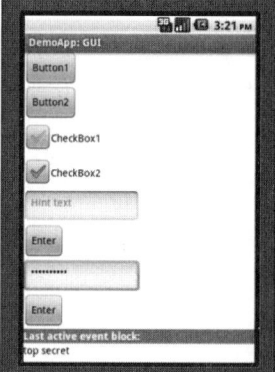

그림 6.26 암호를 입력한 뒤 경고창을 출력하는 모습

이제 그림 6.26과 같은 경고창으로 데모앱은 GUI의 전형적인 기능을 갖게 되었다. 게다가, 얼마나 간단하게 이벤트 핸들러에 원하는 기능을 추가할 수 있었는지 그리고 통합적으로 이러한 기능들을 호출할 수 있는 방법을 살펴 봤다. 전문적인 GUI 환경의 앱을 AI로 굉장히 쉽게 만들 수 있다는 점은 아주 인상깊다.

Screen Arrangement 컴포넌트로 스크린 정렬하기

그래픽 요소의 수가 일정 수준 이상 증가하면, 특정 방식으로 이들을 정렬 해줄 필요가 있다. 예제에서도 모든 컴포넌트를 보려면 스크롤해야 할 정도 로 요소가 늘어났고, 아래로 늘어선 사용자 요소들은 정렬 구조가 없어 난잡 해 보인다. 이런 외관상 단점은 생각 보다 영향력이 크다. 구조적으로 잘 짜 여진 앱이 기능성만 추구하는 앱보다 더 전문적으로 보일 수 있다. 그래서 AI 가 디자인 작업을 위한 Designer를 지원하는 것이다. Palette에 있는 Screen Arrangement 컴포넌트 그룹을 통해 유연하게 GUI 요소들을 배열하고 다소 선형 정렬 방식의 단조로운 형태를 방지할 수 있다. 이번 섹션에서는 한 번에 세 가지 컴포넌트를 다루면서(그림 6.27) 외형을 다듬어볼 것이다.

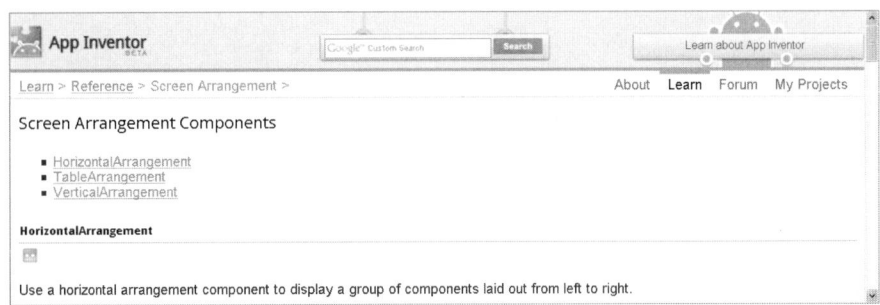

그림 6.27 GUI 정렬을 위한 세 가지 정렬 컴포넌트

콘셉트 레퍼런스에 있는 추가 정보들

컴포넌트 레퍼런스에서 다루는 Screen Arrangement 컴포넌트 그룹의 명세사항과 더불어, 콘셉트 레퍼런스에도 "Specifying Sizes of Components"라는 스크린 디자인 관련 문서가 존재한다. 이 문서에서는 일반적인 Width, Height 속성 설정 기준에 대한 설명과 특정 Screen Arrangement 컴 포넌트에 대한 설명이 있다. 주소는 다음과 같다.

- http://experimental.appinventor.mit.edu/learn/reference/other/sizes.html

Screen Arrangement 그룹에 있는 세 가지 컴포넌트에 대한 설명이 다소 많아 보일 순 있지만 사실 사용하기 정말 간단하고 직관적이다. 이런 컴포넌트에는 모두 특별한 정렬 방식이 있어서 다른 그래픽 요소들을 정렬해준다. Screen Arrangement 컴포넌트는 다른 요소들을 그 안에 넣어 놓고 정렬하는 프레임을 형성한다. 이는 마치 텍스트 편집기나 테이블 계산기에서의 테이블과도 비슷하다(그림 6.27 참조). 이름만 봐도 알겠지만, 이 요소들은 각각 수평 방향 정렬(HorizontalArrangement), 수직 방향 정렬(VerticalArrangement), 행렬 형태의 정렬(TableArrangement - x개의 행과 y개의 열이 존재하며, 각 칸의 크기를 지정할 수 있음)로 나뉜다. 또한 이런 컴포넌트를 무제한으로 조합할 수 있어 실질적으로 생각하는 모든 디자인이 가능하다.

스크린 정렬은 주로 Designer의 Viewer에서 곧바로 디자인한다. GUI 요소들을 정렬 요소 안에 끌어다 놓는 식으로 쉽게 요소들을 정렬할 수 있다. Screen Arrangement 컴포넌트는 Viewer에서 보면 마치 아웃라인처럼 나타난다. 이 아웃라인들은 최종 완성된 앱에선 보이지 않고, 그 안에 들어 있는 요소만 정의된 위치에 정렬되어 화면에 나온다. 이제 이론은 접어두고 실제로 만들어도 보자. 순전히 디자인 작업만 하므로 이번엔 Designer만 사용하면 된다. 그림 6.28과 같이 초기 버전으로 시작해보자.

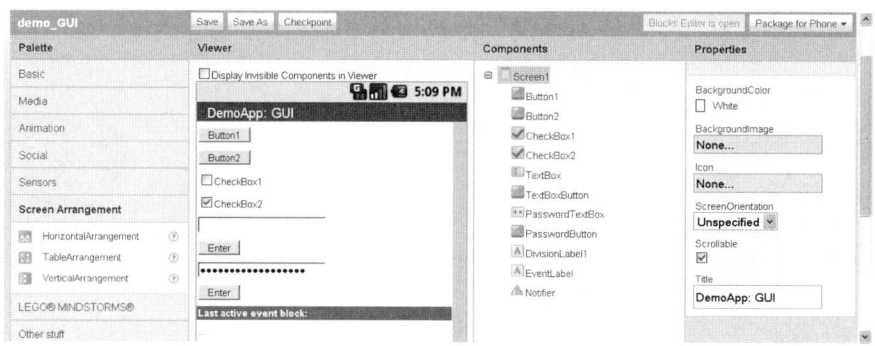

그림 6.28 초기 버전 상태에서 스크린 정렬 요소를 사용하는 모습

Viewer에 TableArrangement 컴포넌트부터 가져와서 Button1 바로 위에 놓는다. 테이블 정렬 요소의 경우, 네 개의 기본 칸만 있으면 되겠다. 즉, 2 행 2열이다(그림 6.29-이 그림에는 TableArrangement1 컴포넌트 오브젝트의 속성

이 나타났다). 그다음 정렬하고 싶은 요소들을 그 안에 끌어다 놓고 적절한 위치에 둔다. 이때 정렬 요소의 테두리가 녹색으로 바뀐다. 끌어오는 동안 TableArrangement1 요소 안의 칸 주변에는 파란색 테두리가 생겨서 요소가 어떤 칸에 배치될지를 나타낸다. 그림 6.29에서는 상단 좌측 칸(x=1, y=1)에 Button1을 놓는 모습이다.

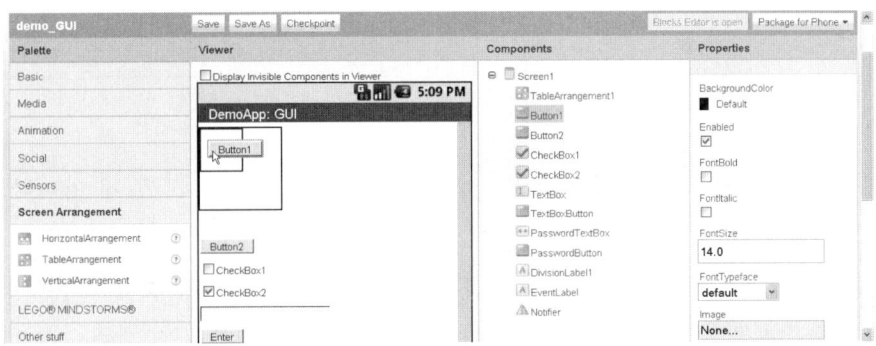

그림 6.29 TableArrangement1의 좌측 상단에 Button1 요소를 놓는 모습

동일한 방식으로 Button2를 1, 2번 칸에, CheckBox1을 2, 1칸에, CheckBox2를 2, 2칸에 놓아 보자. 이때 버튼과 체크박스 사이의 수평 거리가 너무 작다고 느끼면 두 칸 사이에 새로운 칸을 넣어서 `Width` 속성을 `Automatic`으로 설정한 다음 원하는 크기를 픽셀 단위로 지정하면 된다. AI는 이렇게 자유로운 디자인이 가능하다. 두 수평 정렬 컴포넌트를 추가하면서 작업을 마치겠다. HorizontalArrangement1과 HorizontalArrangement2 컴포넌트를 가져와서 각 컴포넌트 안에는 TextBoxButton과 함께 TextBox를 위칸에, 그리고 PasswordButton과 함께 PasswordTextBox를 아래칸에 둔다. 이제 예전보다 깔끔하고 공간 적으로 효율적인 형태를 갖춘 것 같다. 결과를 그림 6.28과 6.30을 비교해보면 확연히 느낄 수 있다.

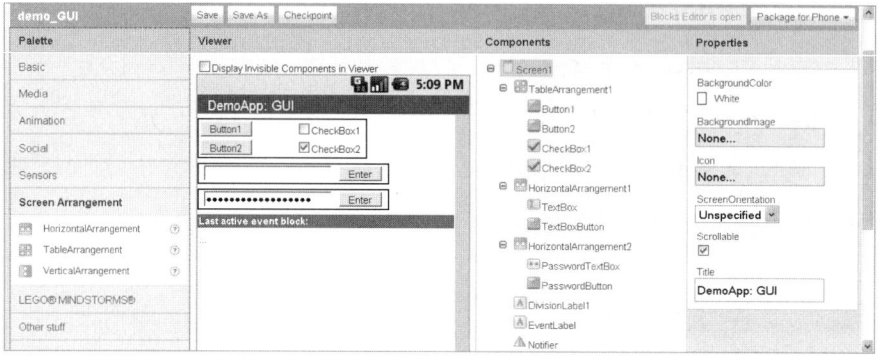

그림 6.30 공간에 맞춰 효율적으로 정렬한 결과

그림 6.30에서 봤듯이, Viewer에서 UI 정렬 요소만 정렬이 바뀐 게 아니라, Components 패널의 컴포넌트 오브젝트들의 정렬도 변화했다. UI 요소들을 정렬 요소를 통해 깔끔히 정렬한 것과 비슷한 방식으로, 프로그램 내부에서도 동일한 효과를 줄 수 있다. 즉, 대응 컴포넌트 오브젝트들을 계층 구조상의 서브루틴으로 삽입하는 것이다. Screen Arrangement와 사용할 컴포넌트는 두 가지 목적으로 사용된다. 즉, 사용자를 위한 UI 요소와 개발자를 위한 프로그램 구조 모두를 구조적으로 정리한다. 이제 예제도 매우 근사하고 깔끔하게 스마트폰이 에뮬레이터에서 실행된다(그림 6.31 참조).

그림 6.31 외관을 다시 디자인한 후에 실행한 모습

스크린 정렬과 같은 간단하지만 강력한 디자인 기능을 최대한 활용해 보도록 하자. AI의 디자인 기능 덕분에, 언제든지 시각적인 디자인을 적용하여 블록 집합체 개발을 하기 전, 후, 도중에도 결과를 확인할 수 있다. 이는 굉장히 유연한 디자인 개발 작업 수행 능력을 이끌어준다. 다른 어떤 코드 기반의

프로그래밍 언어에서도 이 정도로 간단하고 효과적인 디자인을 보지 못했을 것이다.

앱이 실행될 때 스크린 컴포넌트 동작

이제 UI를 디자인하는 과정의 거의 막바지에 이르렀으며, 이전에 다소 정밀하게 다룬 예제에서 사용했던 컴포넌트를 별도로 소개하고자 한다. AI를 소개하면서 스크린 컴포넌트의 특별한 성질에 대해 강조했고, 이는 AI로 개발된 모든 앱에서 한 번씩은 사용된 요소다. AI로 개발한 어떤 앱이든지 한 개의 스크린만 가질 수 있으며, 메시지 창 이외엔 추가할 수 없다. 이럴 때 스크린 정렬 요소들을 숨기고 나타내는 방식으로 마치 여러 개의 스크린을 가진 것 같은 효과를 줄 수 있다. 이 글을 쓰는 시점에서 "서브스크린"이란 특수한 기능은 MIT에서 제공하는 AI에서만 쓸 수 있었다. 이 기능도 기존의 스크린 컴포넌트 사용엔 제한이 따른다. 즉, Designer의 Palette 패널에서 스크린 컴포넌트를 선택할 수 없으며, 대신 새로운 프로젝트를 생성할 때 최상위 컴포넌트 오브젝트인 Screen1 컴포넌트만 존재한다. 하지만 그림 6.32와 같은 AI 레퍼런스를 살펴보면, 스크린 컴포넌트가 이미 흥미로운 속성들을 갖고 있다는 사실을 알 수 있다.

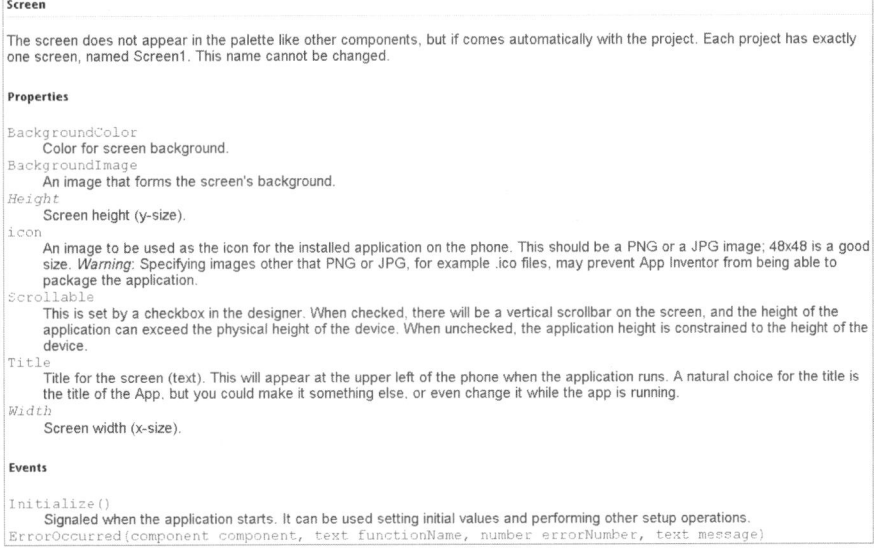

그림 6.32 AI 레퍼런스에 소개된 특수 컴포넌트인 Screen의 명세사항

Screen 컴포넌트로 배경색, 배경 이미지, 제목 등을 정할 수 있다. 이 컴포넌트는 앱이 실행 상태에서는 변경 불가능한 읽기 전용의 속성인 Height와 Width를 가지고 있으며, 레퍼런스에도 이탤릭체로 강조돼 있다(그림 6.32 참조). 이렇게 재차 강조하는 이유는 안드로이드는 자동으로 스크린 크기를 기기에 맞추므로 앱의 화면 크기를 지정하면 화면과 맞지 않을 수도 있기 때문이다.

모든 예제에서 스크린 컴포넌트를 사용해왔지만 새롭고 유용한 기본 기능을 소개하고자 한다. 이는 앞으로 앱을 개발하는 데 있어 매우 중요한 역할을 할 것이다. 스크린 컴포넌트는 앱에서 부가적인 이벤트 없이도(사용자가 신호를 보낸 다든지 하여) 자신의 이벤트 블록인 Initialize를 통해 앱이 시작되어 실행을 준비하는 과정에서 특정 로직을 미리 수행할 수 있다. 웹을 통해 데이터를 로딩하거나 GPS로 현재 위치를 파악하는 등 다양한 용도로 이 기능을 사용할 수 있다. Screen.Initialize 이벤트 블록에 미리 수행할 작업 블록을 연결하면, 앱이 실행을 시작하면서 해당 작업이 수행된다.

이러한 기본 동작을 앱을 실행할 때 간단한 인사말을 잠시 보여주는 식으로 시연하고자 한다. 눈치 챘을 수도 있지만, Notifier 컴포넌트와 ShowAlert 메소드를 사용해 구현하겠다. 먼저 이벤트 핸들러부터 생성하자. 이미 스크린 컴포넌트(Screen1)가 프로젝트에 존재하므로, Editor를 통해서만 작업하면 된다. My Blocks 선택 목록에서 Screen1 항목 바로 밑에 있는 Screen1.Initialize 이벤트 블록을 가져와 Notifier.ShowAlert 메소드 블록과 연결한다. 그리고 text 텍스트 블록을 추가하여 "Welcome to the DemoApp!"이라 적은 다음 그림 6.33과 같이 메소드의 매개변수 소켓에 연결한다(notice 부분).

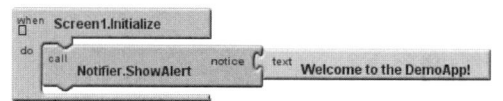

그림 6.33 앱을 호출할 때 인사 메시지를 출력하는 블록 구조도

그림 6.33에서 보여준 이벤트 핸들러를 통해 앱을 호출할 때마다 사용자는 친숙한 인사 메시지를 보게 될 것이다(스마트폰이나 에뮬레이터는 그림 6.34와 같이 회색 배경의 인사 메시지를 몇 초간 띄운다).

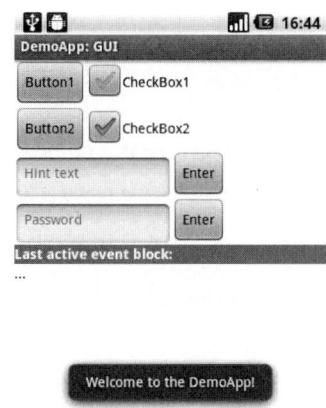

그림 6.34 안드로이드 기기에 인사 메시지를 출력한 모습

사용자에게 친숙한 제스처와 UI로, 이번 예제는 개발을 완료할 때가 왔다. 이제 지금까지 수행한 작업들을 복습하면서 GUI를 생성하는 데 사용했던 컴포넌트를 다시 세밀하게 살펴보길 바란다. 동시에 얼마나 간단하고 효과적으로 AI의 강력한 옵션을 사용해 전문적인 앱에 어울리는 UI를 만들어 낼 수 있는지 느껴보자. 전체적으로 다시 블록 구조를 살펴보고 어떤 블록이 어떤 기능을 하는지 보면서 앱의 기능을 포괄적으로 보는 시각을 갖길 바란다(그림 6.35 참조).

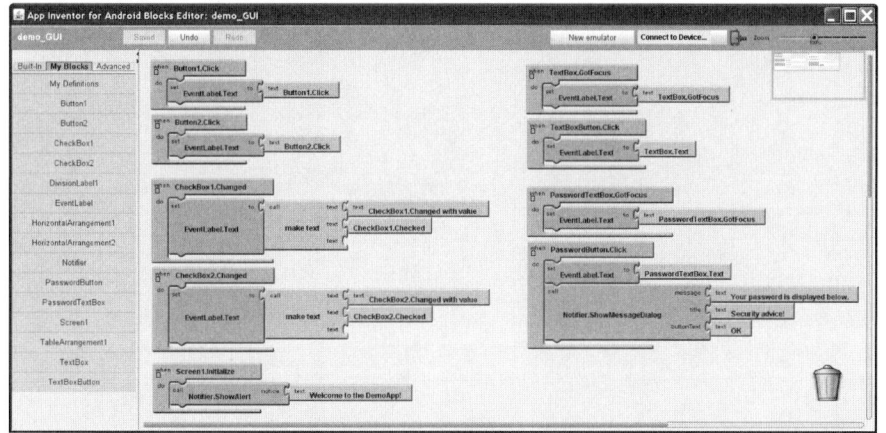

그림 6.35 demo_GUI의 전체적인 블록 구조도와 기능

원한다면, 이 예제를 사용해 새로운 앱을 만들어도 좋다. 이미 어떻게 하는지는 LaughBag 앱을 공부하면서 알고 있을 테니 말이다.

이 책에서 제공하는 웹사이트에 등록된 프로젝트 파일들

데모 프로젝트에 사용한 모든 파일들을 아래 경로에서 다운로드할 수 있다(앞서 소개 페이지에 사이트의 주소를 적어두었다).

- /APK: 바로 실행 가능한 앱 파일인 demo_GUI.apk
- /PROJECT: 패키지화된 압축 파일인 demo_GUI.zip

물론, GUI를 디자인하는 컴포넌트를 설명했다고 해도 AI의 어마어마한 옵션들을 다 다룬 것은 아니다. 오늘날엔 컴퓨터나 스마트폰에 보기 좋은 UI를 제공하는 것만으론 충분하다고 볼 수 없다. 외관뿐만 아니라, 사진과 음악, 비디오도 추가할 필요가 있는 것이다.

7장

멀티미디어

일반적으로 입문자용 개발 서적에서 '멀티미디어'를 이렇게 빨리 소개하는 경우는 별로 없을 것이다. 멀티미디어 앱이 꽤나 고난도 작업을 요할뿐더러 일반적으로 숙련된 개발자들이 다루는 영역이기 때문이다. AI의 기능을 사용한다면 이러한 작업도 입문자가 처리할 수 있어 간단한 메소드를 사용해 인상 깊은 멀티미디어 앱을 개발할 수 있다. 다양한 멀티미디어 파일을 사용해보면서 어떻게 이들을 처리하고 생산하는지 공부할 것이다. 7장에서는 demo_Media 앱을 더욱 개선된 방식으로 개발해보면서 여러 가지 멀티미디어 컴포넌트를 사용하고 어떻게 적용할지 설명할 것이다. 7장 후반부까지 진도를 나갈 때쯤이면 자신만의 멀티미디어 프로젝트를 만들 수 있는 동기를 부여해줄 굉장히 강력한 멀티미디어 앱을 개발한 상태일 것이다.

미디어 액세스 옵션

거의 모든 멀티미디어 앱들이 이미지나 사운드, 비디오 같은 다양하고도 핵심적인 '미디어 타입'을 기반으로 한 미디어 파일들을 기반으로 동작한다. 타입의 종류가 그리 많지는 않지만, 굉장히 다양한 접근 방식과 저장 방식이 존재한다. 예를 들어 로컬 디스크의 파일에 접근하는 것도 스마트폰의 경우 내부 스마트폰 메모리나 SD 카드 메모리에 있는 일부 멀티미디어 파일들만 가능하다. 로컬 파일 이외에도 실질적으로 인터넷을 통해 접근할 수 있어 접근성에는 제한이 없다. 인터넷에 올라온 이미지, 음악, 비디오들을 앱에 곧 바로 통합하여 화면에 출력할 수 있다. 이게 끝이 아니다. 동적인 멀티미디어 앱으로 만들어서 미디어 내용이 시간이 흐르면서 변하는 사실을 반영해 웹캠 같은 디바이스로 촬영한 현재 이미지를 사용할 수도 있다.

지원 가능한 미디어 포맷

안드로이드가 지원하는 미디어 포맷에 대한 모든 정보는 15장의 '지원 가능한 미디어 포맷' 절에서 다룬다.

이번 주제와 맞물려서, 앞으로 미디어 통합 방법들을 더욱 자세히 살펴볼 것이다. 구조적인 방식으로 처리하기 위해, 미디어 파일들을 앱에 통합하는 다양한 모든 방법들에 대해 간단히 살펴보면서 각 컴포넌트를 설명하는 것으로 섹션을 시작하겠다. 이는 실질적으로 모든 미디어 파일을 대상으로 적용 가능한 방식이다. 또한 AI 레퍼런스인 'Notes and Details'에도 문서화돼 있다.

안드로이드 앱에 미디어 파일을 통합하는 방법

다양한 방식으로 미디어 파일을 앱에 통합하여 사용하는 것은 아래 주소에 나와 있는 'Accessing Images and Sounds' 콘셉트 레퍼런스에 설명되었다.
- http://experimental.appinventor.mit.edu/learn/reference/other/media.html

미디어 파일을 통합하기 위해, AI는 다음과 같은 파일 저장 혹은 파일 접근 방식들을 제공한다.

- **앱 패키지에서 컴포넌트의 초기 속성 사용하기**: 이미 이 방식을 통해 LaughBag 프로젝트에서 미디어 파일을 불러왔었다. 즉, LaughButton의 Image 필드에 laughbag.jpg 이미지 파일을 할당하였다. 이러한 방식은 오디오나 비디오 파일에서도 동일하게 적용할 수 있다. 미디어 파일을 앱 프로젝트의 고정 파트로 만들고 나중에 APK 파일과 함께 첨부 파일로 패키징할 수 있다. 이는 앱이 실행될 때 항상 미디어 파일로 사용 가능한 전략이지만 파일의 용량, APK 파일의 다운로드 시간, 메모리 크기 등의 크게 증가할 수 있는 단점도 내포한다.
- **스마트폰의 내부 메모리에 있는 미디어 파일 참조하기**: 이 방식을 사용하면 원하는 미디어 파일을 저장할 위치의 전체 경로를 지정하게 된다. 그러면 미디어 파일을 앱과 동시에 메모리에 올리지 않고 디스크에 저장한 체 저장 위치만 가지고 참조 하기 된다. 이 방식은 APK의 크기를 줄여주며, 미디어 파일의 이름만 동일하다면 내용이 바뀌어도 상관 없다. 하지만, 각 스마트폰마다 파일이 위치할 경로가 달라질 수 있어 적용대상이 제한적일 수

있다는 단점이 있다. 안드로이드폰에서 파일 경로는 '컨텐트 URL' 포맷을 따른다. 일반적으로 다양한 타입의 미디어 파일들은 다음과 같은 경로로 스마트폰에 저장된다.

- 이미지 파일: content://media/external/images/media/image1.jpg
- 오디오 파일: content://media/external/audio/media/music1.mp3
- 비디오 파일: content://media/external/video/media/video1.3gp

- SD 카드에 있는 미디어 파일 참조하기: SD 카드에 저장된 파일을 통합하려면, 내부 메모리의 파일 접근 방식과 동일한 방식을 따르게 된다. 데이터 액세스 또한 경로를 지정해줘야 하지만 개별적인 '파일 URL'은 위의 URL 방식 보다 훨씬 더 스마트폰의 파일 경로 구조에 의존적이다. 하지만 경로가 file:///sdcard로 시작하면 항상 동일한 경로를 갖게 된다(슬래시가 세 개인 점에 주목하자).

    - 미디어 파일: file:///sdcard/downloads/video.3gp

- 인터넷에 있는 미디어 파일 참조하기: 인터넷에 올라온 미디어 파일을 앱과 통합하려면 완전한 인터넷 URL 주소를 사용해야 한다(http:// 포함). 이 주소는 기본적으로 컴퓨터의 파일 경로와 동일하지만, 차이점이 있다면 가장 원천이 되는 경로(루트 경로)가 로컬 디스크가 아닌 인터넷 서버라는 것이다. 이렇게 함으로써 외부 미디어 파일이 다소 크더라도 인터넷에 연결돼 있다면 스마트폰에서 사용할 수 있다는 것이다. 그래서 가장 좋은 방안으로 평가 받기도 한다. 상대적으로 APK 파일이 작을수록 다운로드 시간이 다. 게다가 APK 파일을 한번 다운로드하면 더 이상 변경할 필요 없이 새로운 이미지나 음악, 비디오 파일을 서버로부터 업데이트하거나 동일 파일명으로 저장할 수도 있다. 이러한 방식은 효율성 덕분에 그 중요성이 커지고 있다. 효율성이야 말로 전문적인 멀티미디어 앱에서 가장 중요한 기준이다. 웹 컨텐츠에 접근할 때, 미디어 파일의 주소는 다음과 같은 형태를 갖는다.

    - 미디어 파일: http://experimental.appinventor.mit.edu/static/images/appinventor_logo.gif

스마트폰에 저장된 미디어 파일의 로컬 경로 찾기

몇몇 안드로이드폰만 자체적으로 파일 관리자를 내장하고 있다. 스마트폰에 저장된 파일의 경로를 알고 싶다면 마켓에 있는 관리자 앱을 다운로드하는 게 좋다(특히 Lysesoft사가 만든 AndExplorer 앱을 추천한다). 이 앱을 사용하여 선택한 파일의 경로를 복사, AI에 붙여 넣기 할 수 있다. 이 관리자 앱을 통해 미디어 파일을 다른 경로에 옮길 수 있다. 자세한 방법은 해당 관리자의 안내서를 찾아보길 바란다.

그림 7.1은 AndExplorer로 본 전형적인 디렉터리 경로와 내부 메모리에 저장된 이미지들(좌측), 그리고 SD 카드에 저장된 파일들(우측)을 보여주고 있다.

그림 7.1 AndExplorer로 본 내부 메모리와 SD 카드의 폴더 내부

위에서 소개한 미디어 파일을 앱에서 제어하는 네 가지 방법과 더불어 셀 수 없이 많은 방법으로 멀티미디어 앱을 개발할 수 있다. 새로운 데모 앱을 개발하면서 이러한 방법들을 조합해보면서 알아갈 것이다.

기본 원리: 시너지

로컬 디스크에서 온라인 원격 저장소로 전송하는 자연스러운 방법은 안드로이드의 주요 원리이자, AI 클라우드 환경을 반영하기도 한다. 점차 안드로이드와 AI 사이에 있는 저장소의 벽이 허물어지고 있으며, 각 애플리케이션 사이에 있는 데이터 교환도 점차 쉬워지고 있다. 끊임없이 기능을 추가하고 앱의 규모를 늘려 나가면서 제한된 모바일 리소스를 과하게 늘리는 대신, 안드로이드와 AI는 앱과 앱 사이의 협력을 이끌어 내는 시너지 효과를 노렸다. 이렇게 함으로써 모바일 기기의 용량 제한을 극복하면서도 자신의 앱을 위해 다른 앱에 있는 기능을 사용할 수도 있다. AI는 문제없이 시스템 애플리케이션과 통신이 가능한 컴포넌트를 조합하여 로컬 디스크나 온라인 서버에 있는 다른 애플리케이션과 통신할 수 있는 인터페이스를 제공한다.

특히 멀티미디어 예제에서는 앞으로 반복해서 이 핵심 원리인 시너지를 사용하게 될 것이다. 시너지를 통해 큰 노력 없이 블록의 복잡도를 최소화하면서도 매우 강력한 앱의 기능을 구성할 수 있다. 확실히 시스템 애플리케이션을 공유하여 사용하는 것은 앱이 갖고 있는 개개의 특성을 결정지을 수 있는 핵심적 요소다. 숙련된 자바 프로그래머들은 이 방식이 갖는 제한성을 짚으려 하겠지만, 그들조차도 운영체제가 지원하는 함수 라이브러리를 활용하고 있다. 게다가, 고유의 개성을 갖는 것은 앱의 사용성을 결정짓는 요소가 될 수 있다. 컴퓨터 시스템과 모바일 기기 모두, 일반적으로 사용자들은 새로운 앱이라도 빠르게 동작시키는 환경에 친숙하다. 예를 들어, 별도의 가상 키보드를 사용해 텍스트를 입력하는 것은 결코 좋은 효과를 낳지 못한다.

이러한 상황에서, 수많은 시너지 효과들을 조합하여 이익을 내는 것이야 말로 기존의 단점들을 충분히 극복해낸다. 안드로이드와 AI는 이러한 개념을 구현하는 데 매우 탁월한 기술을 갖고 있다. 이러한 기술력이 안드로이드를 크게 성공시킨 요인이라고 본다. 마켓에서 전문 앱의 규모가 빠르게 증가하는 이유도 안드로이드에서는 운영체제의 강력한 기능과 시스템 애플리케이션을 사용할 수 있으며 구글에서 제공하는 흥미로운 애플리케이션들을 통합할 수 있기 때문이다. 지리 정보를 출력하는 전문 안드로이드 앱이라도 구글 맵, 구글 어스, 구글 스트릿 뷰Google Street View 등을 활용하며, 이렇게 구글이 지원하는 앱 없이는 많은 앱들이 동작하지 않을 것이다. 자신만의 앱을 만들 경우에도 역시 위에서 언급한 방법들을 활용하여 시스템 애플리케이션들의 시너지를 구현해야겠다. 7장에서는 앱을 이용해 시너지 효과를 낼 수 있는 강력한 방안들을 소개하면서 감을 잡을 수 있도록 하겠다.

◆◆ Image 컴포넌트로 로컬 디스크와 온라인 이미지 출력하기

이미지나 사진이 다소 간단한 미디어 타입이지만 가장 자주 사용되는 타입이기도 하다. 사진 앨범에서 사진을 보기 위해서나 더 높은 수준의 복잡함과 전문성을 가질 수 있도록 배경 이미지를 제공하기 위해서 이미지를 화면에 출력한다. 예를 들어, 웃음 가방 앱에서의 간단한 버튼이나 또한 보기 좋은 음악 플레이어로 만들기 위해 오디오 파일을 선택하는 여러 버튼을 텍스처로 처리하여 화면에 출력하였다. 게다가, 이미지를 바꾸는 것은 화면에 출력되는 이미지의 동적인 특성이다(예를 들어, 웹캠으로 현재 사진을 찍어 출력하는 등).

앞서 언급한 여러 가지 기능으로 이미지를 다루기 위해, AI는 Basic 그룹에 Image 컴포넌트를 제공한다. 이 컴포넌트는 이미지의 높이나 폭을 지정하고, 이미지를 로딩하거나 화면에 출력하는 것과 관련된 속성들만 가지고 있으며, 이벤트 블록이나 메소드는 없다. 그러므로 이미지를 창의적으로 사용하고 다양한 출처의 이미지에 접근하기 위한 여러 가지 방법들을 활용하는 게 관건이다. 기본 기능과 유연한 미디어 액세스를 시연하기 위해, 다음 섹션에서는 Image 타입의 미디어를 사용하기 위한 두 가지 방법에 대해 보여줄 것이다. 즉, 정적인 초기 속성으로써의 이미지와 동적인 온라인 이미지를 통합하겠다.

지원되는 이미지 포맷

참고   어떤 이미지 포맷이 지원되는 지는 15장에서 다룬다.

6장과 마찬가지로, 실질적인 적용 사례를 보이고 연속해서 다른 미디어 컴포넌트를 다루면서 앱의 기능을 확장해 나갈 것이다. 새로운 프로젝트를 생성해보자. Designer를 열고 My Project로 가서 New 버튼을 눌러 demo_Media란 이름으로 프로젝트를 만든다. Screen 속성에서 'Demo app:multimedia'란 새로운 앱 제목을 지어준다. 화면에 미디어 컴포넌트를 구별해 출력하기 위해, Image 컴포넌트부터 시작해서 각 미디어 컴포넌트를 라벨 형태로 대응되는 헤더와 함께 처리하겠다. Viewer에 Label 컴포넌트를 가져오고 DivisionLabel1로 이름을 지은 다음 초기 속성을 표 7.1과 같이 지정해준다.

표 7.1 DivisionLabel1의 초기 속성

초기 속성	속성 값
BackgroundColor	Gray
Text	"Webcam image: retrieve online (Image)"
TextColor	White
Width	Fill parent

위와 같은 준비 작업이 끝나면, 이제 Image 컴포넌트 자체를 처리하는 데 집중하겠다. Viewer에 Basic 그룹에 있는 Image 컴포넌트를 가져와서 DivisionLabel1 아래에 두고 WebcamImage라고 이름 짓는다. 일시적으로 플레이스 홀더로 Viewer에 나타난다. WebcamImage이란 이름이 나타내듯이, 추가할 게 더 있지만 지금은 첫 번째 단계이니 초기 속성 값으로 이미지를 하나 할당하겠다. 나중엔 첨부 파일 형태로 APK 파일 형태로 통합할 것이다. 통합할 이미지는 testpattern.jpg이며, 이 파일의 크기는 약 5KB로 작은 편이다.

이 책에서 지원하는 웹사이트의 미디어 파일들
다른 미디어 파일들처럼, 이번 예제에서 사용하는 이미지 파일(textpattern.jpg)은 /MEDIA 경로에 있다.

LaughBag 프로젝트에서 Laughbag.jpg 이미지 파일을 LaughButton 컴포넌트의 `Image` 속성을 통해 할당하는 식으로 이미지 통합을 해봤다. 동일한 방식으로 WebcamImage 컴포넌트의 `Picture` 속성을 사용하여 textpattern.jpg 이미지를 할당한다(그림 7.2 참조). 이렇게 Image 컴포넌트의 초기 속성으로 이미지 파일을 통합하여 APK 파일의 일부 리소스로 포함되는 예제를 마쳤다.

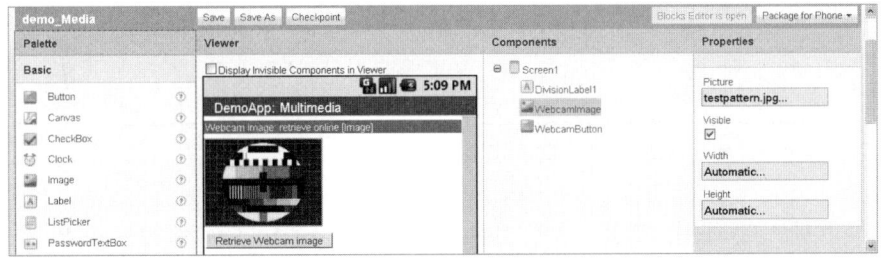
그림 7.2 demo_Media 예제의 테스트 이미지를 화면에 출력하는 초기 디자인의 모습

물론, 이렇게 이미지를 정적으로 삽입하는 정도로 만족하지 않고, 동적인 이미지 삽입을 하고자 한다. 테스트 이미지는 단지 일시적으로 저장된 초기 이미지일 뿐이며, 앱이 실행되는 도중에 바뀔 것이다. 버튼을 클릭하면 사용자가 온라인 웹캠을 통해 최신 업데이트 이미지를 작용할 수 있도록 할 것이다. 하지만 지금은 최종 기능을 개발하기 위해 필요한 모든 필수 요소들을 갖추었다. 먼저 Designer에서 버튼을 추가한다. WebcamButton 컴포넌트 타입으로 Viewer에 가져와서 WebcamImage 밑에 놓고 'Retrieve Webcam image'를 적는다. 다음 Editor에서 설명한 기능들을 구현한다.

현재 웹캠 이미지를 가져와서 화면에 출력하는 기능을 AI로 구현하는 작업은 굉장히 간단하다. 앞 절에서 버튼을 눌러 EventLabel에 입력한 텍스트를 할당한 것과 마찬가지로, 이 예제에서도 버튼을 눌렀을 때 새로운 이미지를 WebcamImage에 할당할 수 있다. 그다음 WebcamButton을 클릭하면 지정한 웹사이트로부터 최신 이미지를 다운로드해 업데이트한다. 인터넷을 통한 웹캠은 동일한 주소를 통해 새로 생성된 이미지를 동일한 파일 이름으로 저장하는 방식으로 동작한다(기존 이미지를 덮어쓴다). 그래서 간단하게 사용자가 버튼을 클릭할 때마다 동일한 파일 주소로 계속해서 파일을 다운로드해 화면에 출력하면 된다. 그러면 사용자는 최신 업데이트된 이미지를 보게 되며 이 예제 앱을 동적인 모바일 온라인 앱으로 간주할 수 있을 것이다. 이벤트 핸들러는 그림 7.3과 같이 간단하게 생성한다.

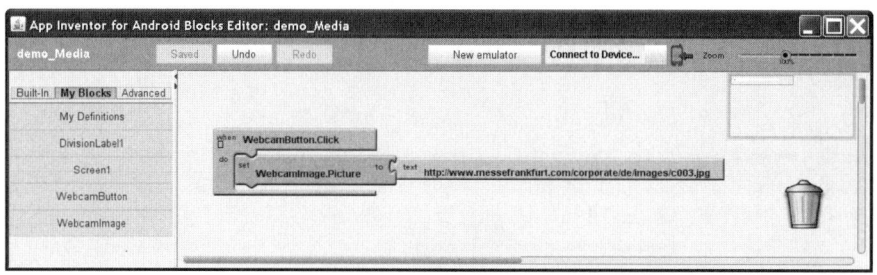

그림 7.3 버튼을 눌러 웹캠 이미지를 받아오는 이벤트 핸들러

특정 텍스트 대신, 그림 7.3에 나온 `WebcamImage.Picture` 속성 블록의 소켓을 통해 `text` 텍스트 블록의 값을 넘겨준다. 이 텍스트는 이미지파일의

주소 값이 담겨 있다. 이미지 파일이 로딩되고 WebcamImage 오브젝트의 `Picture` 속성을 통해 출력된다. 사용자가 버튼을 눌러 `WebcamButton.Click` 이벤트가 발생했을 때마다 지정한 이미지 파일이 다시 로딩되어 사용자는 가장 최신의 웹캠 이미지를 얻을 수 있게 된다. 의사코드는 아래와 같이 간단하게 표현된다.

`WebcamButton`을 누르면, 특정 웹 주소로부터 이미지를 가져와 `WebcamImage`에 설정한다.

웹 주소와 웹 이미지 파일은 단지 AI의 기능을 시연하기 위해 사용한 것이다. 독자가 앱을 개발 할 땐 물론 독자가 원하는 주소를 사용하자. 하지만 웹캠 이미지를 사용할 때 먼저 사용 조건 및 규약을 꼭 체크해야 한다.

스마트폰에서 실행한 데모 앱은 그림 7.4와 같다. 이 그림은 이벤트가 발생할 때마다 프랑크푸르트와 독일의 하늘을 찍은 사진이다. 앱을 실행했을 때(좌측), 처음 버튼을 누른 후에(중앙), 두 번째 버튼을 눌렀을 때(우측)다.

그림 7.4 데모 앱에서 본 정적 이미지와 동적 웹캠 이미지

이번 예제를 통해 얼마나 쉽고 빠르게 AI를 사용한 멀티미디어 앱 개발이 가능한지, 동시에 효과적으로 웹 리소스를 통합할 수 있는지 알 수 있었다. 진도를 나가면서 AI와 안드로이드의 기반이 되는 주요 시너지 개념에 관련된 여러 가지 예제들을 접하게 될 것이다. 이를 통해 가장 간단한 방법으로 탁월한 기능을 사용할 수 있는 것이다. 다음 섹션에서는 통해 앱에서 카메라를 사용하는 방법을 알아보면서 간단히 안드로이드의 카메라 지원 기능을 공부한다.

Camera 컴포넌트를 통해 카메라로 찍은 사진 화면에 출력하기

앞 절과 같이, 이번 절에서도 이미지에 치중할 것이다. 하지만 단지 이미지를 로딩하여 화면에 띄우는 정도에 그치지 않고, 우리가 이미지를 만들어서 저장한 다음 저장 경로와 함께 화면에 나타낼 것이다. 입문서 치곤 너무 복잡한 작업이 아닌지 놀랐다면, 이러한 작업을 AI로 했을 때 너무 간단히 처리된다는 걸 알게 되면 더욱 놀랄 것이다. 기본적으론 우리만의 카메라를 개발할 것이다. 이전 섹션을 읽고 추측했을 수도 있지만, 여기서 처음부터 카메라의 기능을 개발하는 게 아니라, 안드로이드에서 제공하는 하드웨어 시스템 서비스를 사용할 것이다. 이번 예제(demo_Media)는 안드로이드폰과 AI를 연동했다는 가정 하에(에뮬레이터는 제외), 직접 기기에서 앱의 기능을 확인할 수 있고 카메라 같은 시스템 서비스 컴포넌트를 사용할 수도 있다.

스마트폰 카메라와 연동될 하드웨어 의존적인 인터페이스나 센서의 메모리로부터 이미지 정보를 읽어 들이고, 이 정보를 표준 이미지 포맷으로 변환하고, 파일 형태로 저장, 이미지 선택 및 화면 출력을 위한 파일 관리자를 직접 프로그래밍 할 필요는 없다. 이러한 모든 기능들은 이미 안드로이드 운영체제에서 지원하는 것들이다. 그러므로 우리가 할 일은 단지 필요한 요소들을 창의적으로 재조합하여 새로운 앱을 개발하는 것뿐이다.

기본 기능을 제어하기 위해 AI는 Media 그룹에 Camera 컴포넌트를 제공한다. 그림 7.5와 같이 Camera 컴포넌트는 매우 직관적이다. 모든 추상적이고 복잡한 작업은 완전하게 자체적으로 처리하거나 다른 시스템 컴포넌트에게 위임한다. 비가시성 컴포넌트인 Camera 컴포넌트는 사실 자신만의 속성은 아무것도 갖고 있지 않다. 오직 시스템 카메라 서비스를 호출하는 `TakePicture` 메소드와 이미지 파일을 처리하는 `AfterPicture` 이벤트 블록만 있다.

```
Camera
```

Use a camera component to take a picture on the phone.
Camera is a non-visible component that takes a picture using the device's camera. After the picture is taken, the path to the file on the phone containing the picture is available as an argument to the AfterPicture event. The path can be used, for example, as the Picture property of an Image component.

Properties
none
Methods
`TakePicture()`
　　Opens the phone's camera to allow a picture to be taken.
Events
`AfterPicture(Text image)`
　　Called after the picture is taken. The text argument image is the path that can be used to locate the image on the phone.

그림 7.5 AI 레퍼런스에 수록된 Camera 컴포넌트의 명세사항

카메라 개별적인 기능을 디자인하는 방법은 그리 많지 않다. 이러한 트레이드 오프*는 강력한 앱을 간단하게 개발하기 위해 필수 불가결하다.

간결성 + 기능성 VS 유연성 + 개성 등 각 특성들의 타협점

간단하면서도 강력한 기능을 구사하는(AI처럼) 개발언어를 만들려면 어느 정도 타협이 반드시 필요하다. 물론 자바 언어를 사용해 자신만의 디자인으로 카메라 앱을 만들 수도 있지만, 이를 수행하기 위해 자바 및 안드로이드 프로그래밍을 공부하고 카메라 관련 지식까지 감수해야 한다.

AI로 카메라 컴포넌트 사용이 쉽듯이, 이 요소의 레퍼런스도 간단하다. 이 요소를 앱의 일부로 통합하고자 한다. 버튼을 누르면, 사용자는 카메라 기능을 호출하여 사진을 찍고 이미지를 저장하여 저장 경로를 화면에 함께 출력하는 등 다양한 동작 선택 권한을 얻어야 한다. 이러한 기능들을 개발하기 위해 표 7.2에 나온 다섯 가지 컴포넌트를 사용하고 테이블에 정의된 대로 속성을 수정할 것이다.

표 7.2 카메라 컴포넌트의 초기 속성

컴포넌트	오브젝트 이름	수정된 속성
Label	DivisionLabel2	"Text": Photo: take photo + show (Camera) Otherwise, see Table 7.1
Camera	Camera	
Image	CameraImage	
Button	CameraButton	"Text": Take photo
Label	CameraPathLabel	"Text": Local path to photo file

*_방법의 다양성이 줄어드는 대신 구현의 편의성이 증가하게 된다. – 옮긴이

Designer에서 카메라 UI를 디자인하기 위해, 표 7.2에 열거한 컴포넌트를 Viewer 패널에 가져와서 차례대로 특정한 순서에 따라 배치하고 테이블에 적힌 내용을 참고하여 속성들을 수정한다. UI와 블록 구조가 복잡할수록, 더 많은 테이블을 사용해 구조적이고 함축적인 방식으로 개별 컴포넌트를 표현할 것이다. 작업이 끝났다면 그림 7.6과 같이 나타날 것이다.

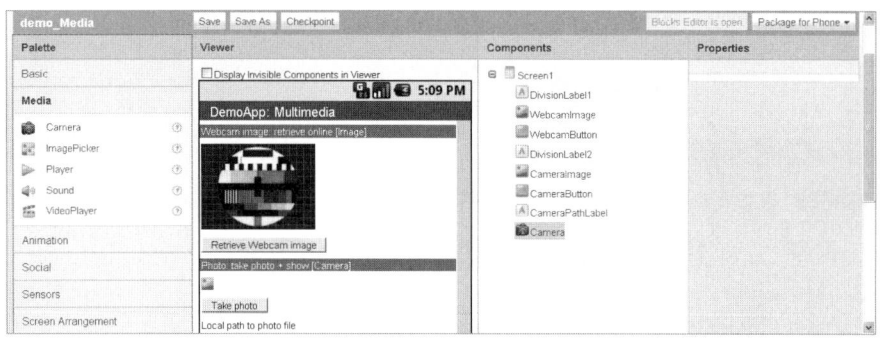

그림 7.6 표 7.2에 열거된 속성을 기반으로 설정한 카메라의 UI

DivisionLabel2로 구분선을 나눴다면, `CameraButton`를 통해 카메라 시스템 서비스를 호출하고자 한다. 사진을 찍고 나면, 시스템 애플리케이션을 다시 종료하고 나서 사용자가 원래의 UI 화면으로 돌아가도록 해야 한다. 이렇게 찍은 사진이 `CameraImage` 컴포넌트를 통해 화면에 나타나야 하고, 이미지 파일의 전체 경로는 자동으로 시스템에 저장되어 `CameraPathLabel`에 출력돼야 한다. Editor에서 두 이벤트 핸들러를 통해 이러한 기능들을 구현하겠다.

첫 번째 이벤트 핸들러는 `CameraButton`을 눌렀을 때 시스템 카메라 기능을 호출하는 것으로 구현이 간단하다(인터페이스를 매우 사용하기 편하게 추상화하여 처리해준 덕분이다). `CameraButton.Click` 이벤트 블록을 가져와서 카메라 메소드인 `Camera.TakePicture`에 연결한다(그림 7.7 참조). 이 메소드는 시스템 서비스를 호출하는 데 필요한 모든 작업들을 개발자가 신경 쓰지 않아도 되게끔 대신 수행한다. 이렇게 간단한 이벤트 핸들러를 통해 사용자가 버튼을 누르면 카메라 시스템 서비스를 호출하여 사진을 찍을 수 있다(아직 결과는 데모 앱에 출력되지 않고 있다).

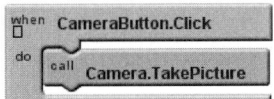

그림 7.7 CameraButton을 눌렀을 때 카메라 서비스를 호출하는 이벤트 핸들러

두 번째 이벤트 핸들러의 경우, Camera 컴포넌트가 갖고 있는 유일한 이벤트 블록인 AfterPicture만 사용한다. 그림 7.5에서 이벤트 블록에 대해 설명했듯이, 이 핸들러는 시스템 서비스가 동작을 시작하면 자동으로 호출된다. 사용자가 사진을 찍고 난 이후엔 이벤트 호출자는 시스템 애플리케이션을 종료한다. 이 시스템 애플리케이션은 AfterPicture 이벤트 메소드에게 사진 파일의 경로를 전달한다. 그 경로는 시스템 애플리케이션에 의해 image라는 기본 이름을 갖는 변수에 텍스트 타입으로 저장된다. 그다음 이 변수를 동일 이름을 갖는 블록을 통해 이벤트 핸들러로 전달한다(그림 7.8 참조). 이러한 기능을 구현하려면, My Blocks로부터 Camera.AfterPicture 이벤트 블록을 가져다 놓는다.

그림 7.8 AfterPicture 이벤트 블록과 파일의 저장 경로를 담은 image 변수 블록을 연결한 모습

현재 이미지 파일의 경로는 Camera.AfterPicture 이벤트 핸들러로 전달되어, 이 핸들러와 연동될 블록 집합체에서 사용하게 된다. image 변수를 이벤트 핸들러에 연동된 다른 블록에서 사용하려면, My Blocks에서 특수한 카테고리인 My Definition에서 작업한다. 데모 프로젝트에서 두 가지 목적(파일 경로와 사진을 화면에 보여주기 위한)을 충족하기 위한 파일 경로를 사용할 것이다.

예상했겠지만, Image 컴포넌트 오브젝트인 CameraImage 오브젝트에 사진을 출력하며 image 변수에 파일 경로를 할당한다. 이전 섹션에서 웹캠 이미지의 고정 주소를 할당하는 방법에 대해 설명했던 것과 거의 동일한 방식으로 동작한다. 단, 한 가지 주목해야 할 차이점이 있다. 앞 절에서 웹 주소는 text 블록을 통해 고정적으로 입력되어 동일한 파일명으로만 파일을 업데이트할 수 있었다(그림 7.3 참조). 이번 절에서는 업데이트마다 새로운 이름으로 파일 경로를 CameraImage.Picture 이벤트 블록에 할당한다.

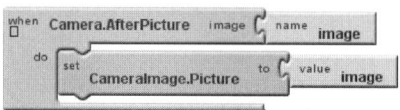

그림 7.9 image 변수에 사진의 파일 경로를 출력하는 블록 구조

물론, CameraPathLabel에 텍스트 타입으로 파일의 현재 경로도 출력하고자 한다. 이 기능은 CameraImage.AfterPicture 이벤트 핸들러의 일부로 쉽게 추가할 수 있다. 그림 7.10과 같이 CameraPathLabel.Text 이벤트 블록을 이벤트 핸들러에 연결하고 image 변수를 연결한다. 파일 경로를 imgae 변수에 텍스트 타입으로 지정하므로, 라벨은 간단히 화면에 출력만 하면 된다.

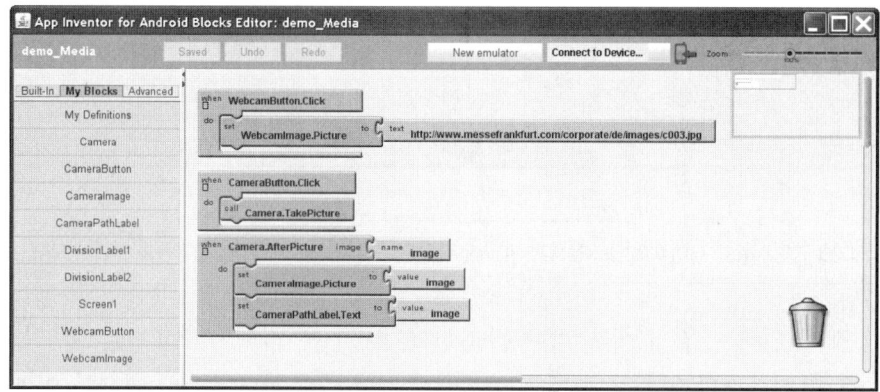

그림 7.10 표 파일 경로와 사진을 화면에 출력하는 이벤트 핸들러 블록 구조도

카메라 컴포넌트로 만들어낼 기능의 구현이 끝났다. 이제 스마트폰에서 실행해볼 수 있다(그림 7.11 참조). 테스트 이미지를 지정하지 않았기 때문에, 데모 앱을 실행하면(좌측) 아무런 이미지도 나타나지 않는다. Take photo 라벨이 있는 버튼을 누르면, 카메라 서비스가 실행되고 사진을 찍게 된다. 찍은 이미지를 저장하고 저장된 파일의 전체 경로를 제대로 애플리케이션이 받아들이려면 서비스를 종료해야 한다. 스마트폰으로 사진을 찍고 나서 Home 버튼이나 Back 버튼만 누른다고 서비스가 종료되진 않는다. LG P500 모델의 카메라 서비스를 예로 들면, 페이퍼 클립 심볼 버튼을 눌러야만 사진이 저장되

고 시스템 애플리케이션이 종료되어 데모 앱 화면으로 돌아가서 사진과 사진의 경로가 화면에 출력된다(우측). 자신의 스마트폰에 맞는 서비스 종료 방법을 찾아보자.

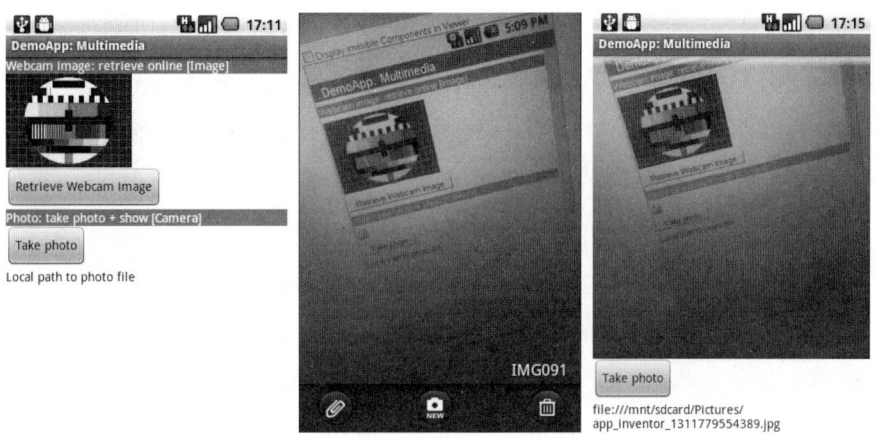

그림 7.11 카메라 앱으로 사진을 찍어 화면에 출력하는 모습

이러한 예제를 통해 직접 스마트폰으로 사진을 찍고 화면에 출력하거나 사용할 수 있을 것이다. 자신만의 애플리케이션을 제작하여 기능을 확장하는 방법에 대해 생각해볼 수 있다. 예를 들면, 앱을 개발하여 사진을 찍고 자동으로 이메일을 통해 친구에게 사진을 전송하는 애플리케이션을 만들 수도 있다. 앞으로 진행하면서 흥미로운 애플리케이션을 만들 수 있는 동기가 될 만한 여러 요소들을 만날 수 있을 것이다.

ImagePicker 컴포넌트로 이미지 처리하기

분명 AI 레퍼런스에서 이번 절에서 다루는 컴포넌트를 이전 섹션에서 소개한 Camera 컴포넌트 다음에 설명하는 건 우연이 아니다. 직접 혹은 다른 사람이 앱을 이용해 카메라 서비스에 접근하고 사진 앨범처럼 파일을 열어 보는 건 이제 별 것 아닌 일이 됐다. ImagePicker 컴포넌트를 통해 간편하게 이러한 기능을 구현할 수 있다. 다시 말하지만, 다른 시스템 애플리케이션의 기능이 공유되는 것이다. 즉, Picture Gallery는 거의 모든 안드로이드폰에서 사용할 수 있다.

참고

파일 선택

컴포넌트 이름에서 Picker라는 단어가 나오면 ImagePicker와 관련된 컴포넌트 임을 의미한다. 이 컴포넌트는 이미지를 고르는 작업을 도와준다. 나중에 시스템 애플리케이션으로부터 연락처나 이메일 주소를 고를 때 다른 종류의 'Pickers'를 만나게 될 것이다.

Camera 컴포넌트와 비슷하게 ImagePicker 컴포넌트를 사용해 Picture Gallery를 실행하여 일반적인 앱과 같이 사용자가 로컬 저장소에 저장된 이미지 파일들을 선택할 수 있다. 선택된 이미지는 원래 호출한 앱에 다시 전달되고 일반적인 과정을 따라 화면에 출력되거나, 개발자가 원하는 방식으로 처리된다. 하지만 이미지 경로를 전달할 때 별도의 변수가 필요 없고, 이미 컴포넌트에 이벤트가 있기 때문에 호출 이벤트를 발생시킬 버튼이 추가로 없어도 되므로 ImagePicker 컴포넌트는 Image 컴포넌트보다 더 사용하기 간단하다. 그림 7.12는 명세사항에서 발췌한 내용을 보여주고 있으며, ImagePicker 컴포넌트는 Button 컴포넌트의 속성과 비슷하다는 걸 알 수 있다.

ImagePicker

Tap to pick a picture

Use an image picker component to choose an image from your image gallery.

An image picker is a kind of button. When the user taps an image picker, the device's image gallery appears, and the user can choose an image. After the user picks an image, the property `ImagePath` is set to a text string that represents that image. You can then use that result, for example, to set the image of a button.

Properties

ImagePath
The image the user chose, represented as a text string that gives the location of the images.
`Enabled`
If true, image picker can be used.
`Alignment`
Left, center, or right.
`BackgroundColor`
Color for image picker background.
`Enabled`
If set, user can tap image picker to cause action.
`FontBold`
If set, image picker button text is displayed in bold.

Events

`AfterPicking()`
User selected an item from the image picker.
`BeforePicking()`
User has tapped the image picker but hasn't yet selected an item.
`GotFocus()`
Image picker became the focused component.
`LostFocus()`
Image picker is no longer the focused component.

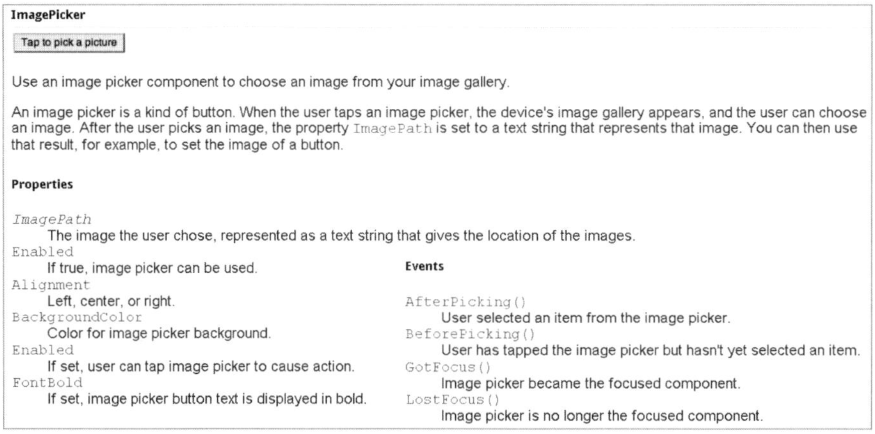

그림 7.12 ImagePikcer 컴포넌트의 명세사항

ImagePicer 버튼의 모양을 디자인하기 위한 일반적인 속성들과 더불어, 읽기 속성인 `ImagePath`는 이번 예제에서 가장 중요한 요소다. 나중에 이미지 파일의 경로를 이 속성에 전달할 것이다. 마치 Camera 컴포넌트를 사용할 때 봤던 `image` 변수의 사용법과 비슷하다. ImagePicker 컴포넌트도 `AfterPicking` 이벤트 블록을 포함하고 있어 사용자가 이미지를 선택한 후에 시스템 애플

리케이션인 Picture Gallery가 이벤트를 발생시킨다.

데모 앱에서 사진 앨범으로써 ImagePicker 컴포넌트를 구현하기 위해, 이전 섹션에서 카메라 컴포넌트를 다루면서 설명했던 내용과 거의 비슷한 과정을 다룰 것이다. 표 7.3에 나열된 속성대로 Designer에서 UI를 디자인한다.

표 7.3 Photo Album의 컴포넌트와 초기 속성

컴포넌트	오브젝트 이름	설정할 속성
Label	DivisionLabel3	"Text": Image: pick + display (ImagePicker) 아니면 표 7.1 참조
Image	PickerImage	
ImagePicker	ImagePicker	"Text": Pick image
Label	PickerPathLabel	"Text": Local path to image file

표 7.3을 참고하여 지정한 순서에 따라 Designer에서 컴포넌트를 수정하고 추가했다면, 결과는 그림 7.13과 같을 것이다.

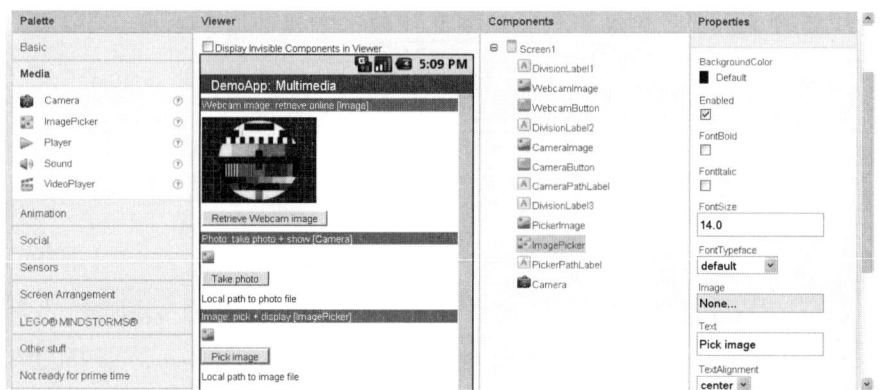

그림 7.13 '사진 앨범'을 만들기 위한 컴포넌트

이제 Blocks Editor로 가서 Picture Gallery를 동작시켜 이미지를 선택하고 화면에 표시하는 이벤트 핸들러를 만들어 보자. 이전에 언급했듯이, 이런 기능을 구현하는 이벤트 핸들러는 AI의 고수준 추상화 기술 덕분에 ImagePicker 컴포넌트에 필요한 기능들은 거의 모두 이미 갖추고 있기 때문에 정말 대단히 간단한 구조를 갖는다. Picture Gallery를 실행하기 위해 자동으로 호출되는

이벤트 핸들러를 포함하는 사진 찍기 버튼은 효과적으로 ImagePicker 컴포넌트에 통합되었으니 이를 생성할 필요는 없다. 대신 선택한 이미지를 받아들여서 화면에 출력하는 이벤트 핸들러만 만들어주면 된다.

`ImagePicker.AfterPicking` 이벤트 블록을 Editor로 가져와 `PickerImage.Picture` 블록과 연결한다. `Camera.AfterPicture` 이벤트 핸들러와 마찬가지로, 시스템 애플리케이션에서 보내온 이미지를 Image 컴포넌트에 출력하고자 한다. 변수를 추가하는 대신 `ImagePicker.ImagePath` 속성 블록에 이미 ImagePicker 블록이 완전한 형태로 통합되어 파일의 경로를 담고 있으므로, `ImagePicker.ImagePath` 속성 블록을 `PickerImage.Picture` 블록에 할당하여 이미지를 출력할 수 있다. 텍스트 타입으로 파일의 저장 경로를 보여주기 위해 ImagePicker.ImagePath 컴포넌트를 `PickerPathLabel.Text` 블록에 연결하여 전달하겠다. AI에서는 사진 앨범의 전반적인 기능을 그림 7.14와 같은 이벤트 핸들러에서 다루게 된다.

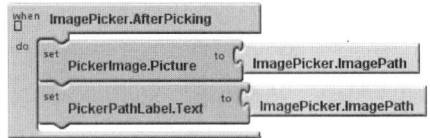

그림 7.14 하나의 이벤트 핸들러에서 처리하는 사진 앨범의 전체 기능

믿기 힘들겠지만, 그림 7.14에 나온 블록이 사진 앨범을 만들기 위해 필요한 전부다. 그림 7.15와 같이 데모 앱을 실행해보고 앱이 어떻게 실행하는지 확인할 수 있다. ImagePicker 버튼을 누르면(좌측), Picture Gallery는 중앙 그림과 같이 시스템 애플리케이션을 실행한다. 갤러리에서 이미지를 선택하면, 이 애플리케이션은 자동으로 종료되고 원래 데모 앱으로 돌아가서 선택한 이미지를 좌측 그림과 같이 화면에 보여준다.

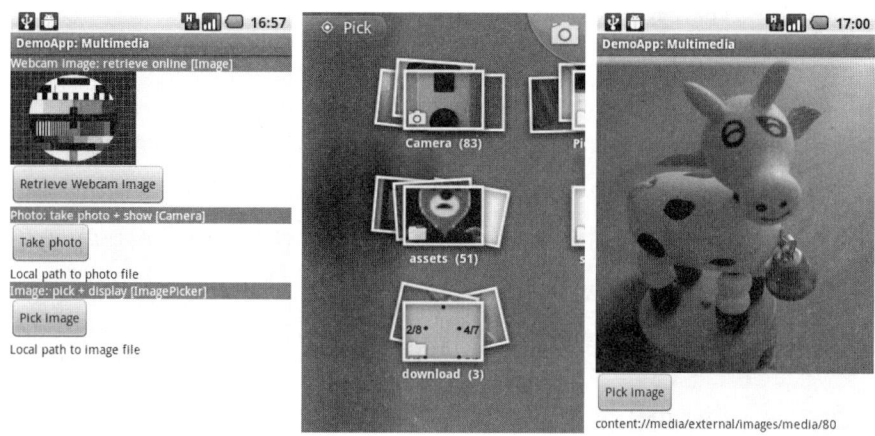

그림 7.13 Picture Gallery에서 시스템 애플리케이션을 호출해 이미지를 선택하고 화면에 출력하는 과정

ImagePicker 컴포넌트를 살펴보면서 다시 한번 얼마나 간단하게 안드로이드가 지원하는 시스템 애플리케이션을 사용할 수 있었는지 알 수 있었다. 이제 이미지를 처리하는 다양한 방법에 대해 알아봤으니 다른 미디어 타입을 다루면서 시스템 애플리케이션을 어느 정도 범위까지 미디어와 연결하여 효과적으로 사용할 수 있도록 살펴보자.

•• 사운드 컴포넌트를 이용한 음향 효과와 진동 기능

이번 섹션에서는 멀티미디어 앱에 다채로운 이미지 타입과 더불어 또 다른 미디어 타입을 추가하고 다른 센서 기능을 다뤄볼 것이다. 음향 효과를 앱에 추가함으로써 더욱 친근한 앱을 만들 수 있다. 짤막한 음향 효과를 예로 들면, 이 효과를 통해 사용자에게 새로운 메시지가 도착했거나 배터리가 별로 남지 않았다는 사실을 알릴 수 있다. 몇 몇 사운드 효과는 귀에 거슬릴 수 있지만 (다행히 사운드를 끌 수 있다), 이러한 음향 피드백은 꼭 필요한 기능이며 특히 모바일 폰에는 팔방미인 같은 존재다. 사운드 효과에 신경을 곤두세우진 않지만, 이러한 효과가 없으면 뭔가 빠진 것 같은 이상한 느낌이 들 것이다. 이는 사운드 효과가 얼마나 사용성에 중요한 요소인지 보여준다. 매력적인 디자인과 적절한 오디오 신호를 만드는 일은 전문 사운드 디자이너에게 맡기고, 이번 섹션에서는 간단히 사운드 효과를 통합하는 방법에 대해 다뤄볼 것이다.

지원 가능한 오디오 포맷
지원 가능한 오디오 포맷은 15장에서 다룬다.

AI는 음향 효과 재생을 위한 비가시성의 Sound 컴포넌트를 Media 그룹에 제공한다. 그림 7.16에 나와 있듯이, Sound 컴포넌트는 잠깐의 음향 효과만을 위한 컴포넌트이지, 노래나 곡을 재생하기 위해 만들어진 건 아니다. 음악은 Player 컴포넌트로 처리한다. Sound 메소드인 Vibrate를 사용하면 4장에서 Laugh 앱을 다루면서 봤던 진동 기능을 활성화할 수 있다.

 음향, 촉각, 시각적 피드백
Sound라는 이름으로 사운드 효과와 진동 기능을 하나의 컴포넌트에서 조합돼 있다는 게 처음엔 이상하게 느껴질 수 있지만, 음향효과와 촉각(햅틱)적인 진동이 Notifier처럼 시각적으로 피드백을 전달하는 알림 기능을 한다는 점과 순전히 신호를 전달한다는 측면을 생각하면 이해가 갈 것이다. 이러한 관계는 왜 Sound 컴포넌트가 음악을 재생하는 데 쓰이지 않는 지도 설명한다. Sound 컴포넌트를 UI 디자인을 위한 하나의 멀티미디어 장치라고 간주하도록 하자.

진동 기능과 비슷하게, 사운드 컴포넌트도 `MinimumInterval` 속성을 통해 지속 시간을 정할 수 있다. 이 컴포넌트는 DVD 플레이어처럼 오디오 재생 기능들을 갖고 있다(일시정지, 재생, 재게, 정지). 짧은 사운드 효과의 경우, 이러한 기능들은 음악 재생 보단 상대적으로 훨씬 사용률이 낮다.

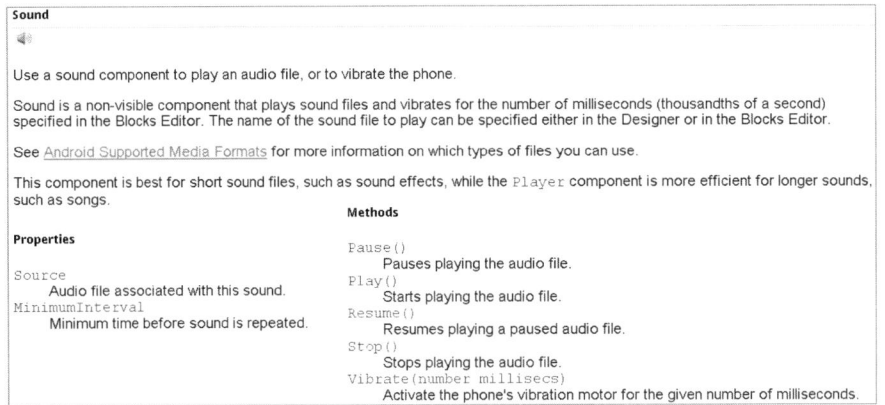

그림 7.16 Sound 컴포넌트의 명세사항

오디오 미디어 타입을 사용하는 것은 여러 가지 측면에서 볼 때 이전에 설명한 이미지 타입을 사용하는 것과 비슷하다. AI에서 오디오 파일도 파일 경로를 통해 앱과 통합한다. 이미지를 화면에 보여줄 때 사용하는 Image 컴포넌트 대신, 이번엔 Sound 컴포넌트를 통해 사운드 효과를 재생해보겠다. 게다가, 사운드 파일은 Sound 속성인 Source를 통해 오디오 파일을 첨부 파일 형태로 지정하거나, 아니면 동일한 이름의 속성 블록을 사용하여 로컬 혹은 온라인 소스에 있는 음향 효과 파일을 가져올 수 있다. 짧은 길이의 음향 효과의 경우, 매번 사용할 때마다 온라인을 통해 불러와서 재생하는 경우는 거의 없다. 사실, 음향 효과 피드백에 있어서 너무 긴 다운로드 시간으로 인해 딜레이가 생기는 것은 정말 사용자를 짜증나게 하는 요소다. 사운드 효과가 제때 나지 않는 것도 마찬가지다. 그래서 되도록 사운드 효과 파일은 APK 파일에 포함하는 걸 추천한다.

LaughBag 프로젝트를 다루면서 어떻게 오디오 파일을 초기 속성으로 설정하는지 다뤄봤다. 완성하기 위해 이 기능을 다시 이번 데모 프로젝트에 통합하고, laughter.wav 오디오 파일을 다시 한번 사용하겠다(이 파일은 /MEDIA 경로에 있다). 버튼을 누를 때마다 스마트폰이 진동하고 진동하게 된다. 이 기능을 구현하기 위해 표 7.4에 나와 있는 컴포넌트를 데모 프로젝트에 추가해보자.

표 7.4 Sound 효과를 적용하기 위한 컴포넌트와 각 초기 속성들

컴포넌트	오브젝트 이름	수정된 속성들
Label	DivisionLabel4	"Text": Sound: play + vibrate (Sound) 아니면 표 7.1 참조
Sound	Sound	"Source": laughter.wav
Button	SoundButton	"Text": Play sound

표 7.4에 나와 있는 컴포넌트와 속성대로 수정을 마쳤으면, 그 결과는 그림 7.17과 같다.

그림 7.17 Sound 컴포넌트를 추가하여 기능을 확장한 데모 앱의 모습

AI Editor의 기능을 구현에 있어서 더 이상 설명할 내용은 없다. 사용된 이벤트 핸들러는 4장에서 다룬 LaughBag 프로젝트의 기능 확장을 위해 사용했던 핸들러와 동일하다(그림 7.18 참조).

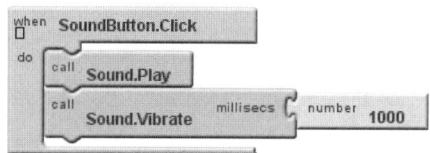

그림 7.18 버튼을 눌렀을 때 웃음과 진동을 만들어 내는 이벤트 핸들러

SoundButton을 누르면 관련 이벤트 핸들러가 동작하여 Sound 컴포넌트의 Sound.Play 메소드(오디오 재생 기능을 수행)와 Sound.Vibrate 메소드(오디오 파일과 동시에 진동한다. 진동 주기는 1s, 즉 1000ms다)가 동작한다. 스마트폰을 켜고 앱을 실행해보면 평소 봤던 진동과 사운드 효과를 볼 수 있을 것이다.

●● Player 컴포넌트로 오디오 파일 재생하기

음악이나 오디오 북 같이 재생 시간이 긴 오디오 파일을 재생하려면, Media 그룹에 있는 Player 컴포넌트를 사용하면 된다. 명세사항에 따르면, 이 컴포넌트는 오디오나 비디오 파일을 재생하는 프로젝트로, 실질적으로 거의 모든 오디오 파일 재생에 사용된다. 이는 부분적으로 AI가 비디오 재생을 위한 추가 컴포넌트를 갖고 있기 때문이다. 이 부분은 다음 섹션에서 다루겠다. 이번 섹션에서는 편리한 오디오 플레이어의 기능으로 써 사용되는 Player 컴포넌트에 대해 면밀히 살펴보겠다. 다양한 측면에서 볼 때 그림 7.19에 나온 Player 컴포넌트는 그림 7.16에 나온 Sound 컴포넌트와 굉장히 유사하나 속성과 메소드가 한 개씩 더 적다. Player 컴포넌트는 재생할 곡이나 유사 부류의 음악이 고정된 재생 길이를 갖고 있으며 처음부터 끝까지 한 번에 재생될 확률이 높기 때문에 MinimumInterval 같은 속성이 필요 없다. 사운드 효과의 경우, 이러한 재생 길이를 줄이거나 늘일 필요가 있다. 하지만, Resume 메소드가 없다는 것은 이해하기 힘들다. 이 메소드는 일시 정지 이후에 재생을 재개하기 위해서라도 더 긴 오디오 파일을 필요로 하기 때문이다.

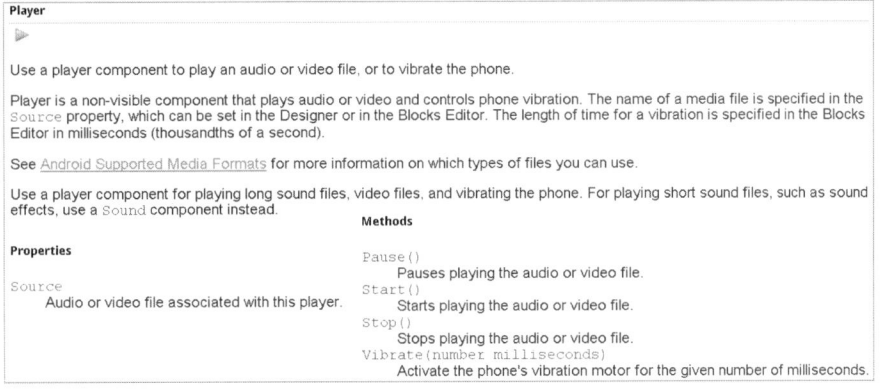

그림 7.19 Player 컴포넌트의 명세사항

지원 가능한 오디오 포맷 등, 다른 속성들 또한 거의 모든 측면에서 Sound 컴포넌트의 속성들과 비슷하다 그럼에도 불구하고, Player 컴포넌트로 미디어를 다루기 위한 다양한 방법들을 사용하는 건 당연한 일이다. 음악이나 오디오 북의 일부분을 재생하기 위한 오디오 파일들은 일반적으로 큰 용량을 차지하므로, APK 파일로 통합하는 대신 외부 리소스로 포함시키는 것이 좋다. 그래서 데이터 풀을 형성하기 위해 웹이나 로컬 디스크에 저장하게 된다 (하지만 꼭 조건 및 규약을 확인하자!).

물론, 큰 오디오 파일을 인터넷을 통해 접근하는 것은 꽤 오랜 시간이 걸리므로(비용 측면에서도 정액제에 가입하지 않았다면 큰 요금을 지불해야 할 것이다), 한 번 음악을 듣기 위해 노래를 다운로드한다는 것은 비상식적인 일일 것이다. 이러한 상황에서, 로컬 디스크에 저장된 오디오 파일에 접근 하는 것이 가장 최선책이 될 수 있다. 로컬 디스크란 스마트폰의 내부 메모리나 SD 카드를 말한다.

예제에 사용하기 위한 자신만의 오디오 파일 사용하기

분명 독자가 마음 속에 골라둔 mp3 오디오 파일이 있을 수도 있고, 다른 포맷의 오디오 파일을 갖고 있을 수도 있다(오디오 포맷은 15장 참고). 아니라면, 인터넷에서 mp3 파일을 다운로드 받거나 PC에 있는 음악 파일을 직접 스마트폰에 전송할 수도 있다. 필요 하다면 파일 관리자를 사용하여 저장된 mp3파일의 경로를 확인해도 좋다. 예제로 작업할 때, 독자가 갖고 있는 별도의 오디오 파일을 사용해주길 바라며, 예제에 사용한 경로 대신 독자의 스마트폰에 해당하는 경로를 적어주길 바란다. Mp3 파일이 없을 경우, /MEDIA 경로에 있는 파일을 사용해도 좋지만, 이 파일들은 음향 효과용 파일일 뿐이며, 로컬 디스크 액세스를 위해 먼저 스마트폰에 복사해야만 한다.

오디오 재생 컨트롤 메소드는 Player 컴포넌트에도 존재하며, 긴 오디오 파일과 함께 사용하는 것이 일반적이다. 이 파일들을 사용해서 오디오 재생을 제어하기 위한 사용자 컨트롤 요소에 대응되는 오디오 플레이어를 앱에 갖출 수 있다. 이는 CD 플레이어 같은 개인 음악 재생기와 마찬가지 경우이다. 우리의 데모 프로젝트에서, 우리는 거의 완전한 오디오 플레이어를 추가하여 이러한 기능을 맛보고자 한다. 독자는 SD 카드에 저장된 음악 파일의 재생, 일시 정지, 정지 등의 기능을 수행하는 오디오 플레이어를 만들어 화면 터치 방식을 통해 사용할 수 있다. 그러므로 Player 컴포넌트와 함께 우리는 세 개의 버튼과 표 7.5에 나온 컴포넌트를 통해 Designer에서 오디오 플레이어의 UI를 디자인할 것이다.

표 7.5 Audio Player를 구성하는 컴포넌트 및 초기 속성들

컴포넌트	오브젝트 이름	수정된 속성들
Label	DivisionLabel5	"Text": Music: play (Player) 아니면 표 7.1 참조
Player	Player	
HorizontalArrangement	HorizontalArrangement1	
Button	PlayerPlayButton	"Text": Play "Width": 100 pixels
Button	PlayerPauseButton	"Text": Pause
Button	PlayerStopButton	"Text": Stop "Width": 80 pixels

DivisionLabel5를 새로 추가해 기존의 개발 영역과 이번에 새로 개발할 오디오 플레이어 영역을 구별할 것이다. 오디오 플레이어의 컨트롤 버튼들을 정렬하기 위해 HorizontalArrangement1 컴포넌트 오브젝트를 삽입해 그 안에 세 개의 버튼을 넣는다. Play와 Stop 버튼의 크기를 늘려서 그 기능의 중요성을 강조한다. 스마트폰에서도 스크롤 바를 이용해 화면을 스크롤할 수 있다.

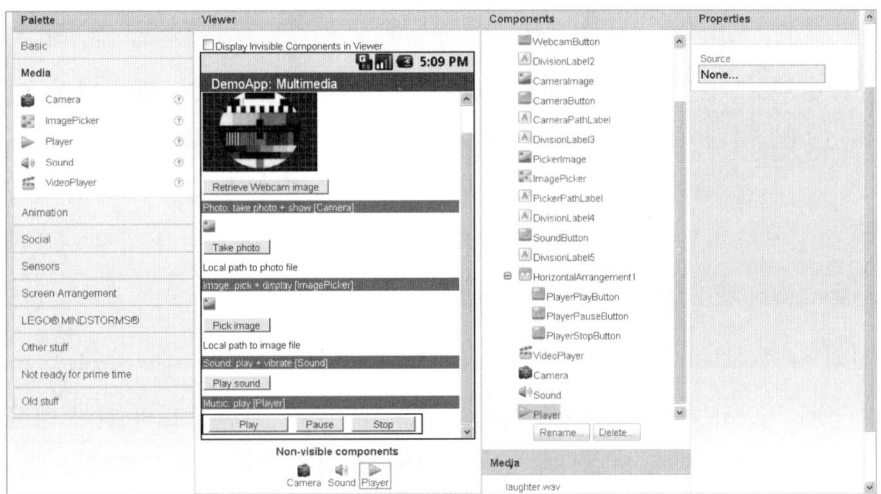

그림 7.20 데모 프로젝트의 오디오 플레이어 컨트롤 인터페이스

이제 컨트롤 인터페이스를 디자인했으니 Editor에서 오디오 플레이어의 기능을 생성해보자. 먼저 PlayerPlayButton 컴포넌트 오브젝트인 Play 버튼을 구현하는 것으로 시작하겠다. 이 버튼을 클릭하면 오디오 파일 재생이 시작된다. 재생 기능을 제공하기 위해, PlayerPlayButton.Click 이벤트 블록을 Editor 영역으로 가져온다. 오디오 파일을 재생하기 전에 먼저 메모리로 로딩해야 한다. 이전에 살펴본 Image 컴포넌트와 마찬가지로, Player 컴포넌트에 오디오 파일의 경로를 전달해줘야 플레이어에서 파일을 찾아 재생할 수 있다. 그러려면 Player.Source 속성 컴포넌트를 text 블록에 할당한다. 이 블록에는 적절한 음악 파일 경로가 저장될 것이다. 그다음 두 블록을 이벤트 핸들러에 연결한다(그림 7.21 참조). 그림 7.21에 나와 있는 텍스트를 해당 오디오 파일의 경로로 바꿔서, 오디오 플레이어가 스마트폰에 저장된 파일을 재생할 수 있게 한다.

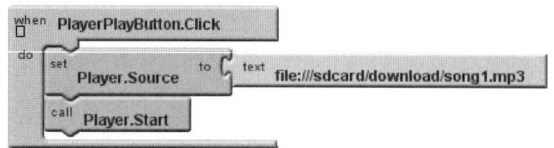

그림 7.21 오디오 플레이어의 Play 버튼에 사용되는 이벤트 핸들러

그림 7.21에서 볼 수 있듯이, Play 버튼의 기능은 아직 구현이 끝난 게 아니다. 이제 Player 컴포넌트는 스마트폰상에서 오디오 파일의 위치만 알고 있는 것이다. 이를 재생하려면 `Player.Start` 메소드를 호출하도록 해줘야 한다. 이 메소드는 파일 경로를 할당하는 `Source` 블록 밑에 추가돼야 한다. 이제 오디오 플레이어를 스마트폰에서 테스트해보면(오디오 파일의 경로가 제대로 적혀있다는 전제하에), 독자는 오디오 파일의 소리를 들을 수 있을 것이다. 일시 정지나 정지 버튼이 없다면 현재 오디오 파일은 어쩔 수 없이 끝까지 재생된다(데모 앱을 계속 끝내지 않는다는 가정하에).

앞서 얘기했듯이, 플레이어에 일시 정지 및 정지 기능을 추가할 것이다. 이 기능에 해당하는 이벤트 블록이나 버튼을 사용하여, 그림 7.22와 같이 적절한 Player 메소드에 연결한다. 상단의 블록과 같이 `Player.Pause` 메소드를 `PlayerPauseButton.Click` 이벤트 블록에 연결하고 `Player.Stop` 메소드를 `PlayerStopButton.Click` 이벤트 블록에 연결한다.

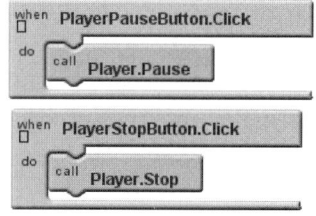

그림 7.22 일시 정지 및 정지 버튼을 위한 이벤트 핸들러 추가

세 가지 이벤트 핸들러를 추가하였으니, 이제 오디오 플레이어에서 음악 재생, 일시 정지, 정지 버튼에 해당하는 기능을 구현한 것이다. 이제 스마트폰에서 직접 테스트해보자. AI가 오디오 파일을 재생하는 시스템 레벨의 플레이어 애플리케이션까지 사용한다고 해도, 적어도 시각적인 UI 디자인을 고려

하면 시너지 효과를 낼 수 있는 Player 컴포넌트를 자유롭게 사용할 수 있다. 반대로, 컨트롤 엘리먼트들은 비디오 플레이어를 위한 컴포넌트 안에 포함되었으며, 이는 다음 절에서 논의할 것이다.

VideoPlayer 컴포넌트로 영화 재생하기

비디오 파일을 재생하기 위해, AI는 VideoPlayer라는 컴포넌트를 Media 그룹 안에 제고된다. 이 컴포넌트가 고수준의 추상화를 제공하고 심지어 재생을 위한 일반적인 형태의 컨트롤 버튼까지 갖고 있지만, 안드로이드의 비디오 플레이어를 간단하게 호출하거나 화면을 전환하지는 않는다. 대신, videoPlayer 컴포넌트는 전적으로 앱 안에 통합되어 구현된다. 그래서 플레이어를 실행해서 재생할 때 화면이 멈추거나 하지 않는다. 이러한 플레이어를 사용하지 않고, 그림 7.23에 나온 VideoPlayer 컴포넌트 명세사항들과 같이, 비디오 플레이어 기능을 하는 자신만의 사용자 정의 컨트롤 요소를 구현할 수 있다.

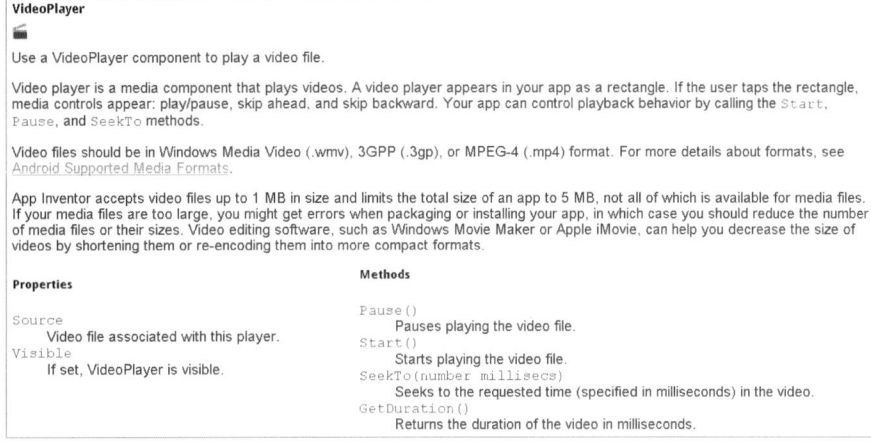

그림 7.23 VideoPlayer 컴포넌트의 명세사항

안드로이드에서 지원하는 비디오 포맷에 대한 일반적인 언급들과 더불어, 그림 7.2에 나온 명세사항에는 AI에서 사용할 수 있는 비디오 파일의 최대 크기에 대한 중요한 정보를 담고 있다. 비디오 파일은 1MB까지만 가능하다. 이정도 크기는 APK 파일의 일부로 통합되는 비디오 파일에만 적용된다. 전체 파일

크기의 제한은 5MB다. 이러한 내용을 염두에 두고, 필요하다면 비디오 파일의 크기를 줄일 수 있는 팁을 참조하자. 용량이 큰 오디오 파일의 경우와 비슷하게, 일반적으로 큰 용량의 비디오 파일을 앱의 초기 속성으로 통합하는 일이 거의 없을 것이라 가정할 수 있다. 하지만 대신 스마트폰이나 웹상에서 외부 파일 소스로써 다운로드할 수는 있다. 인터넷을 통해 비디오 파일 접근은, 위에서 언급했던 인터넷을 통한 오디오 파일 접근의 한계점과 동일한 논리가 적용된다.

컴포넌트 이름을 보면 알겠지만, 비디오 플레이어 기능은 위에서 언급한 오디오 플레이어와 다양한 측면에서 동일하다. 오디오 파일과 마찬가지로, 비디오 파일도 반드시 재생 전에 메모리에 로딩돼야 하고, 일시 정지나 시작 버튼도 분명 필요한 요소들이다.

Player 컴포넌트를 다뤄봤으므로, 데모 앱에서 VideoPlayer 컴포넌트를 사용하는 것은 매우 쉬운 일이다. 사용자가 버튼을 눌렀을 때 스마트폰에 저장된 비디오 파일을 재생시키려 한다. 이번엔 재생을 위해 다른 버튼들을 구현할 필요는 없다. 이미 그러한 버튼들이 VideoPlyaer 컴포넌트에 포함됐기 때문이다.

예제 프로젝트에 사용할 자신만의 비디오 파일 사용하기

참고

오디오 파일과 마찬가지로, 스마트폰에 저장된 자신만의 비디오 파일을 예제에 사용할 수 있다. 비디오 파일의 경로를 적용시킨다. 가지고 있는 파일이 안드로이드에서 지원하지 않는 포맷이라면, 스마트폰으로 직접 촬영해도 좋다(일반적으로 3gp 포맷을 갖는다). 필요하다면, 파일 관리자 앱을 통해 비디오 파일의 경로를 확인해보자.

우리가 사용하는 비디오 플레이어의 UI는 매우 구현이 간단하며, 표 7.6에서 정의한 설정을 사용해 Designer에서 디자인할 수 있다.

표 7.6 Video Player의 컴포넌트와 초기 속성들

컴포넌트	오브젝트 이름	수정된 속성들
Label	DivisionLabel6	"Text": Video: play (VideoPlayer) 아니면 표 7.1 참조
VideoPlayer	VideoPlayer	
Button	VideoPlayerPlayButton	"Text": Play "Width": 100 pixels

비디오 플레이어의 기능은 Editor를 통해 매우 쉽게 구현할 수 있으며, 오디오 플레이어의 패턴을 그대로 따른다. 이번엔 단지 재생 버튼만 생성하기 때문에 하나의 버튼과 `VideoPlayerPlayButton.Click` 이벤트 핸들러만 사용해 비디오 파일을 메모리에 로딩하고 재생할 것이다. 다시, 비디오 파일 로딩을 먼저 해야 한다(`VideoPlayer.Source` 속성 블록에 연결된 text블록에 파일 경로를 전달하여-이때 독자의 스마트폰에 해당하는 경로를 지정해줘야 한다는 걸 절대 잊지 말자!). 이 과정이 끝난 다음에야 로딩된 비디오 파일을 `VideoPlayer.Start` 메소드를 통해 재생할 수 있다(그림 7.24 참조).

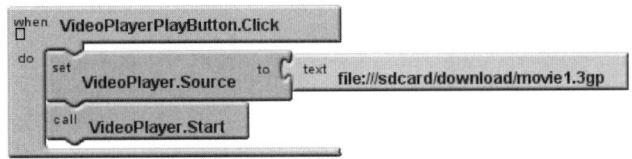

그림 7.24 비디오 플레이어의 재생 버튼을 위한 이벤트 핸들러의 구조도

이제 비디오 플레이어의 모든 기능을 구현해봤다. 직접 스마트폰에서 재생 버튼을 눌러 테스트해보자. 불행히도 재생 전과 후에 비디오 출력 영역이 여전히 보기 안 좋은 검은색 박스로 돼 있어서, 가끔 화면을 스크롤할 때 재생 버튼과 다른 컴포넌트를 구별하기 힘들게 만든다. 이를 해결하기 위해 비디오가 정지 상태일 때는 비디오 출력 영역을 감출 수 있다. 이는 `VideoPlayer`의 `Visible` 속성으로 처리한다. Designer에서 `Visible`의 초기 속성의 체크 상태를 비활성화한다. 그러면 출력 영역이 사라져 있을 것이다.

물론 지금은 비디오 출력 영역이 비가시성으로 되었기 때문에 더 이상 비디오를 볼 수 없다. 그러므로 Play 버튼을 눌렀을 땐 다시 출력 화면을 가시성으로 바꿔놔야 한다. `VideoPlayer.Visible` 속성 블록을 `VideoPlayerPlayButton.Click` 이벤트 핸들러의 첫 번째 위치에 추가한다. `VideoPlayer.Visible` 속성 블록의 상태를 현재의 기본 값인 `false`에서 `true`로 전환시켜야 한다. Built-In 블록 선택 목록에 있는 Logic 그룹에서 `true` 제네릭 블록을 `VideoPlayer.Visible` 속성 블록에 연결한다. 이제 재생 버튼을 눌러 재생이 시작되면 출력 영역에 화면이 나타날 것이다. 재생이 끝나면, 비디오 출력 영역은 다시 검은색 박스로 남아있게 된다. 그래서 비디오 재생이 끝나면 자동으로 이벤트가 발생하는 `VideoPlayer.Competed` 이벤트 블록을 추가해 이 영역을 숨겨야 한다. 이번엔 `true`가 아닌 `false`로 설정해야 하며 결과 블록 구조도는 그림 7.25와 같다.

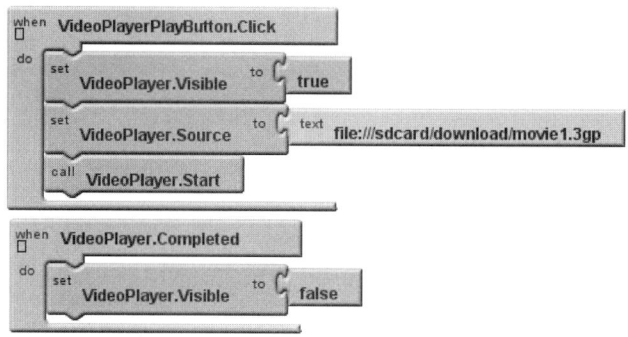

그림 7.25 비디오 플레이어의 출력 화면을 동적으로 표시했다가 숨기는 이벤트 핸들러 블록 구조도

그림 7.25와 같이 블록 구조를 조립하면, 이제 그림 7.26과 같이 스마트폰에서 결과를 확인할 수 있다. 좌측과 같이 앱을 실행할 때 보기 싫은 검은색 화면은 나오지 않으며, 재생 버튼을 누르면 비디오 화면이 나타난다. 재생 중간에 재생을 제어하기 위해 비디오 출력 영역을 선택하여 중앙 그림과 같이 VideoPlayer 컴포넌트가 제공하는 컨트롤러를 사용할 수 있다. 재생이 끝나면, 출력 영역이 자동으로 숨겨진다(우측 그림).

그림 7.26 스마트폰에서 확인한 '깔끔한' 외관의 비디오 플레이어

이제 데모 프로젝트에 강력한 비디오 플레이어를 추가해봤다. 웹캠 이미지, 사진 앨범, 음향 및 햅틱 시그널, 오디오 플레이어와 더불어, 마지막 미디어 타입으로 비디오 플레이어를 다루었다. 직접 Camera 컴포넌트로 찍은 사진을 제외하면, 기존의 미디어 파일을 사용해왔다. 단순히 기존의 멀티미디어 컨텐츠를 가져다 쓰는 대신, 직접 미디어 컨텐츠를 제작하는 방법에 대해 다음 섹션에서 논의하고자 한다.

SoundRecorder 컴포넌트로 오디오 녹음하기

멀티미디어 프로젝트를 진해하는 동안 주로 기존에 만들어 놓은 파일에 접근하여 재생해왔다. 하지만 7장을 마치기 전에 데모 프로젝트에 직접 창의적으로 제작한 컨텐츠를 통합해보겠다. 이미 Camera 컴포넌트로 이미지를 제작해봤지만, 이 과정은 거의 데모 앱에 의존하지 않았으며, 안드로이드가 제공하는 시스템 서비스를 차용한 것이었다. 이제는 다른 미디어 타입(즉 오디오 타입)의 파일을 생성해볼 것이며, 눈에 띄는 '끊김' 없이 순전히 앱 자체에서 처리하도록 만들 것이다. 이전에 설명한 오디오 플레이어와 비슷한 유저 인터페이스를 디자인할 것이고, 차이점이 있다면, 이번엔 녹음 시작, 종료, 저장, 재생 등 네 가지 버튼을 포함할 것이다. 기본적으로, 앱에 추가할 것은 정확히 사용자 엘리먼트들이 일반적으로 갖고 있는 '딕터폰(음성을 녹음하고 재생하는 장치)'의 기능이다.

사운드 녹음 기능을 지원하기 위해 비가시성 컴포넌트인 SoundRecorder 컴포넌트를 Not ready for prime time 그룹에 제공한다(그림 7.27 참조). 예상했겠지만 SoundRecorder 컴포넌트는 녹음을 '시작'하고 '정지'하는 두 개의 메소드를 제공한다. 또한 녹음 시작 및 종료 이벤트에 해당하는 `StartedRecording` 이벤트 핸들러 블록과 `StoppedRecording` 이벤트 블록이 지원되며, 녹음한 오디오 파일의 경로를 전달하고 사용하기 위한 `AfterSoundRecorded` 이벤트 블록이 존재한다.

```
SoundRecorder
●
Multimedia component that records audio.

Properties
none
Events
AfterSoundRecorded(text sound)                              Methods
    Provides the location of the newly created sound.
StartedRecording()                                          Start()
    Indicates that the recorder has started, and can be stopped.    Starts recording.
StoppedRecording()                                          Stop()
    Indicates that the recorder has stopped, and can be started again.    Stops recording.
```

그림 7.27 SoundRecorder 컴포넌트의 명세사항

다양한 멀티미디어 컴포넌트를 다뤄 보면서, 아마도 이미 그림 7.27의 이벤트 블록과 메소드를 관찰할 때 어떤 영감을 얻었을 수도 있다. 이번엔 좀 더 정교하게 UI를 만들어보자. 녹음 버튼은 옆에 나란히 정렬된 정지와 재생 버튼과는 다른 색상으로 눈에 띄게 나타내 보자. 표 7.7에 나열된 값으로 딕터폰을 디자인하고 `HorizontalArangement2`를 추가해 그 안에 세 개의 버튼을 추가한다.

표 7.7 딕터폰을 디자인하기 위한 컴포넌트와 초기 속성들

컴포넌트	오브젝트 이름	수정된 속성들
Label	DivisionLabel7	"Text": Audio: record + play (SoundRecorder) 아니면 표 7.1 참조
SoundRecorder	SoundRecorder	
HorizontalArrangement	HorizontalArrangement2	
Button	RecorderRecordButton	"FontBold" enabled "TextColor": Red "Text": Record "Width": 100 pixels
Button	RecorderStopButton	"Text": Stop "Text": Stop "Width": 80 pixels
Button	RecorderPlayButton	"Text": Play "Width": 80 pixels
Label	RecorderPathLabel	"Text": 오디오 파일의 저장 경로

표 7.7에 설정된 속성 값에 따라 딕터폰의 UI는 그림 7.28과 같이 나타난다.

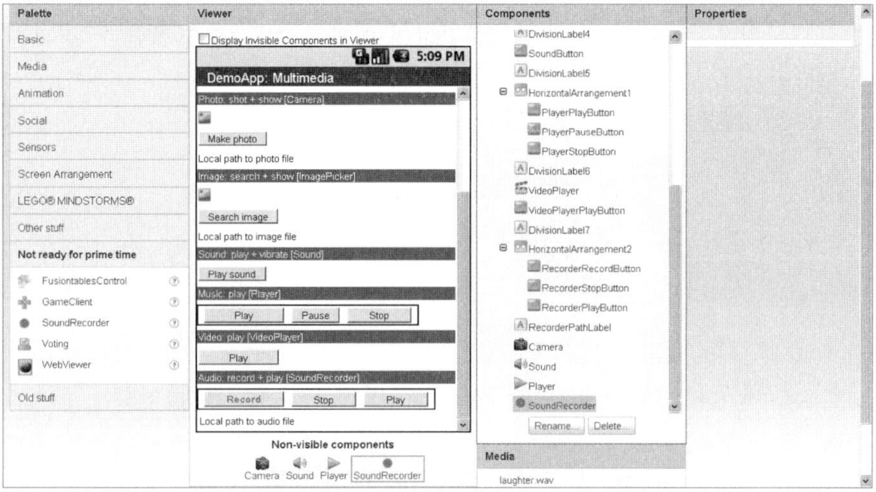

그림 7.28 딕터폰의 UI를 포함한 데모 프로젝트

이제 딕터폰의 기능을 구현하기 위해 Editor에서 필요한 컴포넌트 오브젝트를 생성하여 모든 준비를 해두자. 다음으로, 사용자가 녹음을 시작할 수 있도록 녹음 버튼을 생성하자. 이러한 기본 기능을 위해, RecorderRecordButton.Click 이벤트 블록만 있으면 되며, 이 블록을 SoundRecorder.Start 메소드와 연결한다(그림 7.29 참조).

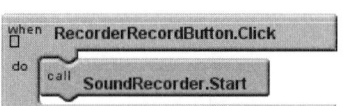

그림 7.29 녹음을 시작하는 이벤트 핸들러의 블록 구조

이전에 언급 했듯이, 딕터폰의 디자인을 이전 예제보다 더욱 정교하고 사용성이 좋게끔 만들 것이다. 그림 7.29에 나온 이벤트 핸들러에 두 컴포넌트 오브젝트를 더 추가하겠다. 녹음을 하는 동안 RecorderPathLabel에 중요한 상태 피드백 메시지인 'RECORDING!'을 표시해보자. 사용자는 현재 스마트폰이 녹음을 진행하고 있는지 알 수 있을 것이다. 또한, 녹음 중간에는 녹음 버튼을 비활성시켜 버튼을 다시 누르는 일을 방지하면서 동시에 현재 녹음이 진행 중임을 나타낸다. RecorderPathLabel.Text 속성 블록을 그림 7.29

와 같이 이벤트 핸들러에 추가하고 text 블록에 메시지를 적어서 연결한다. 그다음 RecorderRecordButton.Enabled 속성 블록을 추가하고 불린 타입으로 false 값을 갖는 속성 블록을 연결하여 이벤트 블록에 연결한다. 결과는 7.30과 같다.

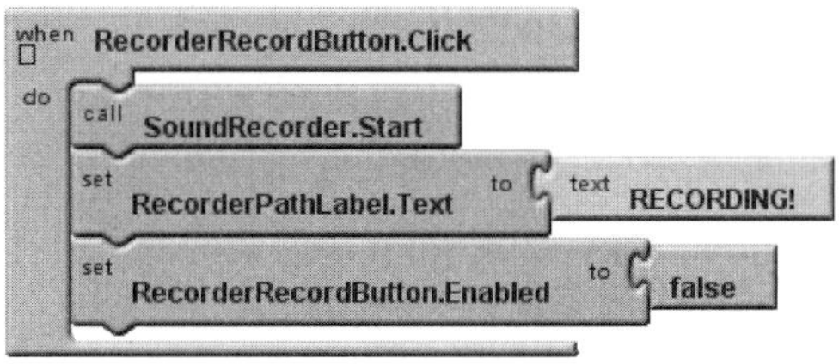

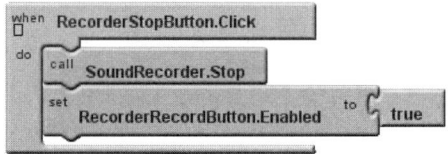

그림 7.30 녹음을 시작할 때 높은 사용 편의성을 제공하기 위한 이벤트 핸들러

스마트폰에서 녹음 버튼을 누르면 녹음이 시작되지만, 스마트폰의 메모리가 꽉 차거나 데모 앱을 종료하면 바로 중지된다. 물론 시각적으로 녹음을 중단시키는 버튼이 있어야 한다. 정지 버튼을 만들기 위해, SoundRecorder.Stop 메소드를 RecorderStopButton.Click 이벤트 블록에 연결한다. 그리고 사용자가 필요할 때 새롭게 녹음을 시작할 수 있도록 비활성화됐던 녹음 버튼을 다시 활성화시킬 수 있게 RecorderRecordButton.Enabled 속성 블록을 다시 사용해야 한다. 하지만, 이번엔 불린 값을 true로 지정해 연결한다. 정지 버튼의 전체 기능을 정의한 블록 구조는 그림 7.31과 같다.

그림 7.31 녹음 버튼을 정지하고 재활성화시키는 이벤트 핸들러의 블록 구조도

딕터폰이 높은 수준의 사용자 편의성을 갖도록 하기 위해 자동으로 녹음한 파일을 재생시키고자 한다. 재생이 끝날 때 발생하는 After 이벤트를 통해 이를 구현하겠다. Camera 컴포넌트에서 사진을 찍고 나면 자동으로 발생했던 After 이벤트와 비슷하게(image 변수와 함께 Camera.AfterPicture 블록을 사용했었다), SoundRecorder.AfterSoundRecorded 이벤트 블록을 사용해 자동

으로 오디오 파일을 재생하겠다. 이 블록은 녹음한 파일의 경로를 텍스트 타입으로 sound 블록을 통해 반환한다(그림 7.32 참조).

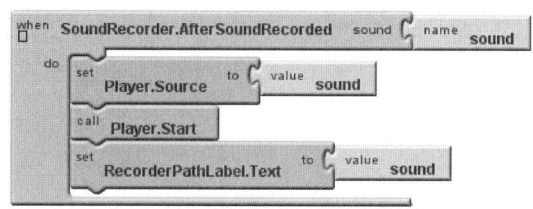

그림 7.32 녹음된 파일을 자동으로 로딩하여 재생하고, 저장 경로를 출력하는 블록 구조

녹음 파일을 재생하기 위해 기존의 데모 프로젝트에 존재하는 비가시성 오브젝트인 Player를 사용하겠다. Player.Source 속성 블록을 통해 파일의 경로를 전달하는 대신, sound 변수에 텍스트 타입으로 할당하여 전달한다. 그 다음 Player.Start 메소드를 호출하여 오디오 플레이어를 실행한다. 완성도를 높이기 위해 RecorderPathLabel.Text 속성 블록에 sound 변수를 연결해 이 변수 블록이 갖는 파일 경로 값을 화면에 출력한다. 이 이벤트 블록을 통해(그림 7.32 참조), 이제 정지 버튼을 누른 후에 녹음된 파일을 로딩하여 재생할 수 있게 됐다. 게다가 'RECORDING!'으로 된 문구도 현재 파일 경로로 대체되었다.

물론, 딕터폰의 기능은 사운드 녹음이 언제든지 재생될 수 있을 때만 제 기능을 한다고 볼 수 있다. 이는 재생 버튼 혹은 이벤트 핸들러가 수행할 작업이다. 이미 파일의 경로를 이벤트 핸들러를 통해 오디오 플레이어로 전달하는 로직을 구성했기 때문에, 이 과정을 반복해 동일한 녹음 파일을 반복 재생할 필요는 없다. 대신 간단하게 RecorderPlayButton.Click 이벤트 블록에 Player.Start 메소드를 연결하여 오디오 플레이어를 재실행하고 플레이 버튼을 누를 때마다 현재 녹음 파일을 재생하면 된다(그림 7.33 참조).

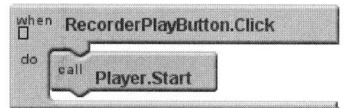

그림 7.33 사운드 녹음을 재생하기 위한 이벤트 핸들러 블록

이제, 딕터폰의 기능을 완성했다. 그림 7.34는 개별 컴포넌트와 이벤트 핸들러들을 조합한 전체 블록 구조의 모습을 보여준다.

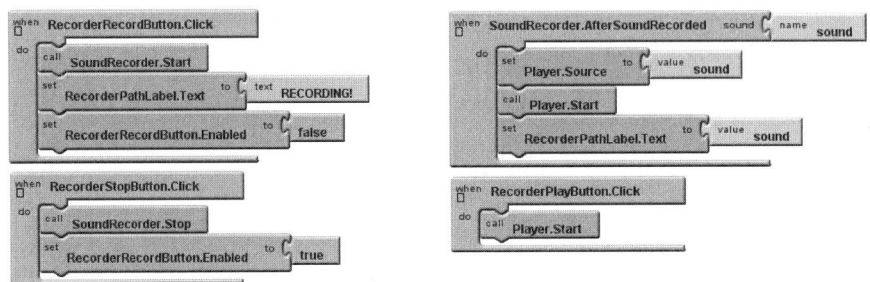

그림 7.34 딕터폰을 구성하는 네 가지 이벤트 핸들러의 전체 구조도

이제 더욱 정교한 기능을 갖춘 딕터폰을 스마트폰에서 실행해보자(그림 7.35 참조). 좌측 그림과 같이 기본 상태에서 녹음 버튼을 눌러 기능을 비활성화하면 "RECORDING!," 메시지가 나타나고, 스마트폰의 마이크를 통해 녹음을 할 수 있다. 노래를 부르거나, 좋아하는 음악을 녹음해보자(중앙 그림). 녹음이 끝나면, 저장된 파일의 경로가 기존의 메시지 대신 나타나고 자동으로 녹음 파일을 재생한다(우측 그림). 이렇게 자동 재생이 끝나면 재생 버튼을 눌러 반복해서 녹음 파일을 들을 수 있다. 아니면, 녹음 버튼을 눌러 새로운 녹음 작업을 할 수도 있다.

그림 7.35 스마트폰에서 실행한 딕터폰의 동작 과정

딕터폰의 기능 구현을 마치면서, 우리는 조금 더 숙련된 프로그래밍 작업 능력을 갖추게 되었고, SoundRecorder 컴포넌트의 기본 기능을 간단히 시연하는 수준 이상의 능력을 갖게 되었다. 지금까지 개발을 진행하면서 편리한 사용성을 갖추는 게 얼마나 중요한지 알 수 있었고, 기존 컴포넌트 오브젝트들(오디오 플레이어 등)을 공유하여 어떻게 시너지를 이끌 수 있지, 그리고 기존의 데이터(예를 들면, 기존에 오디오 플레이어에 로딩한 파일의 경로 데이터)를 반복 사용하고 심지어 서로 다른 이벤트 핸들러에서도 이를 수행하는 방법을 공부하였다. 남은 과정뿐만 아니라 이 책을 끝내고 스스로 개발 작업을 진행하면서도, 독자는 의심 없이 AI라는 높은 효율성을 갖춘 개발 언어를 통해 더더욱 기술적이고 효과적인 개발을 할 수 있을 것이다.

이 책에서 지원하는 웹사이트에 등록된 데모 프로젝트 demo_Media
언제나 그랬듯이, 이번 예제 프로젝트도 웹사이트의 일반적인 디렉토리에 담겨 있다.

앞으로 작업을 진행하면서, 이벤트 핸들러와 이 핸들러가 담고 있는 컴포넌트를 작은 단위로 분석하는 방식으로 큰 규모의 복잡한 애플리케이션을 더 쉽게 다룰 수 있을 것이다. 예를 들어, 그림 7.36을 보면 demo_Media 프로젝트를 구성하는 완전한 형태의 블록 구조가 나와 있다. 처음 봐선 이 구조를 이해하기 쉽지 않아 보일 수 있다. 하지만 각 블록 집합체들을 개별적으로 살펴본다면, 기억하기 훨씬 쉬워질 것이다. 모든 개발자들은 반드시 이러한 과정을 거쳐야 한다. 자바 같은 특정 언어를 사용하는 프로그래머들은 수백, 수천 줄의 코드 라인을 머리에 담고 있으며, AI 개발자들은 이러한 블록 요소들을 머리에 담아야 한다. 걱정할 필요는 없다 이는 연습을 거듭할 수록 더욱 쉽게 느껴질 것이다. 남은 과정을 진행하면서 AI IDE를 통한 개발 작업을 도와줄 몇 가지 도구들도 소개할 것이다.

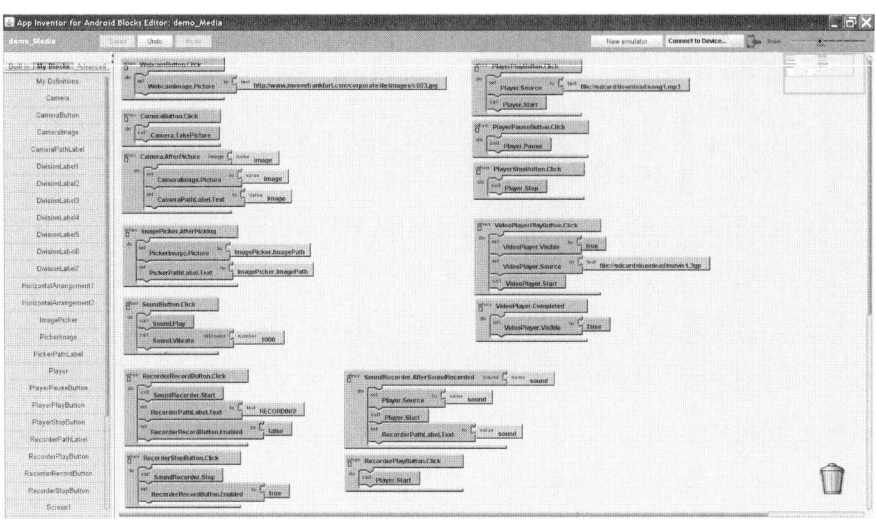

그림 7.36 demo_Media 데모 프로젝트의 완성 블록 구조도

앞서 여러 프로젝트를 경험해봤기에 독자는 AI 개발자가 될 수 있는 자신만의 길을 걸을 수 있도록 올바른 개념을 잡을 수 있었다.

8장
예제 프로젝트: 미디어 센터 생성하기

2부의 머리글에서 언급했듯이 특별한 예제 프로젝트를 통해 우리가 공부한 내용들을 시연해 보겠다. 예제 프로젝트는 일반적으로 다소 일정 범위의 주제에 초점을 맞춰, 앞서 다룬 컴포넌트를 기반으로 한 가지 솔루션(여러 가지 개발 가능한 솔루션 중 가장 효과적인 솔루션을 택하여)을 개발하게 된다. 더 이상 Bottom-Up 방식의 개별 컴포넌트의 기능이 아닌 실질적으로 개발을 함에 있어 구체적인 작업에 적용할 수 있는 Top-Down 방식으로 진행해 나갈 것이다.

이러한 관점에서, 첫 번째 프로젝트에서는 보여주기 식의 학습을 진행해 나갈 것이다. 반면 두 번째 데모 프로젝트인 demo_Media를 통한 실질적인 애플리케이션을 집중 조명해보면서 GUI 요소를 사용했고, 동시에 새로운 멀티미디어 컴포넌트를 보여주자(예를 들어, 버튼 없이 오디오나 비디오 플레이어를 실행할 수 없는 상황 등)는 취지로 구성했다. 두 종류의 학습 방식과 데모와 예제 프로젝트를 번갈아 진행하면서 때로는 차이를 느낄 수 없을 수도 있다. 이러한 방식은 앞으로도 계속 이어질 것이다. 즉, 새로운 프로젝트들을 통해 이전 섹션에서 배운 내용을 실제로 구현하면서 실력으로 만들어 나가는 식으로 진행할 것이다.

사용성을 고려한 미디어 센터의 재디자인

이러한 상황에서 두 번째 프로젝트인 demo_Media에서는 웹캠, 카메라, 사진 앨범, 오디오/비디오 플레이어, 딕터폰의 기능을 구현하는 실질적인 작업에 초점을 맞췄으므로, 독자는 이미 효과적인 멀티미디어 애플리케이션을 제작할 수 있는 예제들을 갖고 있다고 말할 수 있다. 이제 시각적으로나 사용성 측면에서 봐도 더욱 매력적인 GUI를 앱에 통합해주는 미디어 센터를 생성함으로써 멀티미디어의 기능을 확장하겠다. 이제 관련 컴포넌트를 더 이상 살펴보지 않고, 대신 이전에 다뤘던 두 가지 주제를 전체적으로 살펴보는 예제를 통해 이번 파트의 막을 내릴 것이다. 먼저 demo_Media에서 만들어봤던 기능을 별 다른 변경 없이도 사용할 수 있지만, 이 기능들의 동작과 제어 로직은 다시 설계하여 상당히 실용적으로 사용할 수 있도록 할 것이다.

진행 과정에서, 독자는 어떻게 하면 데모 프로젝트의 기능을 확장하여 전문가가 만든 것 같은 앱을 만들 수 있는지 감을 잡을 수 있을 것이다. 이를 통해 마켓에 배포 중인 실제 앱들과 질적으로 비교해도 손색이 없는 앱을 만들 수 있을 것이다. 게다가 예제 프로젝트를 통해 드디어 서브스크린 효과를 만드는 방법을 배울 것이다. 그림 7.1을 보면, 기존의 demo_Media 프로젝트의 기능을 확장하여 미디어 센터 기능이 추가된 모습을 볼 수 있다.

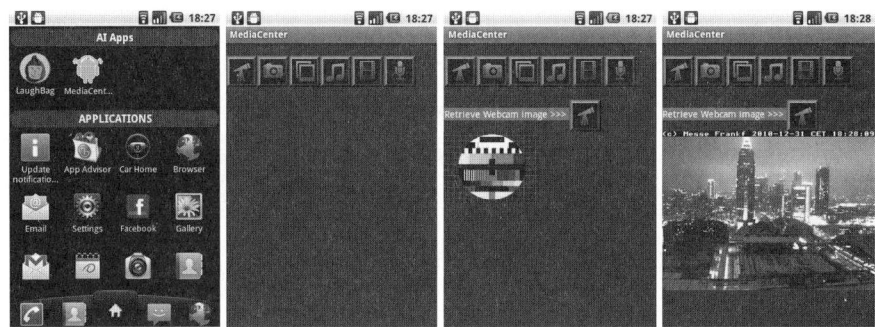

그림 8.1 스마트폰에서 살펴본 미디어 센터

그림 8.1과 같이 기존의 외형 디자인과 사용자 콘셉트는 미디어 센터에 최대한 맞춰 상당히 바뀔 것이다. 앱을 실행시키면(Screen ➤ Icon:media_appIcon.png 선택), 멋진 회색 배경의 앱 화면이 뜨고(Screen ➤ BackgroundColor: Dark gray) 스타일리시한 메뉴 막대 위에 우아한 메뉴 버튼이 나열돼 있는 걸 볼 수 있다(이 아이콘들은 glyphish.com의 조셉 웨인 씨가 제작한 것이다).

이 책에서 지원하는 웹사이트에서 미디어 센터
미디어 센터 제작에 필요한 모든 이미지 파일들과 전체 프로젝트, APK 파일 모두 이 책에서 지원하는 웹사이트에서 찾아 볼 수 있다. 사이트 주소는 이 책의 앞 부분에 소개했다.

그림 8.2 미디어 센터의 여섯 가지 미디어 영역들을 실행한 모습

메뉴 키를 선택하면, 관련 미디어 영역이 별도의 서브스크린 안에 나타나며, 기능 알림자와 선택한 미디어 키$^{media\ key}$가 그 위에 중첩된다. 이를 통해 대부분의 경우 미디어 기능을('active' 미디어 키) 실행할 수 있다. 예를 들어, 그림 8.1에서 서브스크린 위에 있는 액티브 미디어 키를 누르면(망원경 아이콘) 웹캠 이미지를 가져온다. 예상했을 수도 있지만, 이러한 기능 알림자와 미디어 키는 7장에서 제작했던 DivisionLabel1과 WebcamButton 컴포넌트 오브젝트와 정말 잘 맞는다. 두 오브젝트와 현재 이미지 모두 WebcamImage 안에

포함된다. 동일한 방식으로, 다른 메뉴 키들도 사용할 수 있다(왼쪽부터 차례로 카메라, 사진 앨범, 오디오/비디오 플레이어/딕터폰 순서다). 이때 진동과 음향 효과 컴포넌트는 미디어 센터에 통합되지 않았으므로 Designer와 Editor에서 관련 컴포넌트를 모두 삭제해야 한다. 그림 8.2는 미디어 센터가 갖는 여섯 가지 미디어 영역을 실행한 모습을 보여주고 있다.

이전 데모 프로젝트에서 현재와 같은 미디어 센터 형태로 수정하는 일이 어려울 거라 생각하면 오산이다. 간단하게 미디어 아이콘을 만들기 위해 버튼을 이미지 파일로 꾸미고 DivisionLabel을 사용해 HorizontalArrangement 컴포넌트와 함께 정렬하여 화면에서 '헤더'를 형성한다.

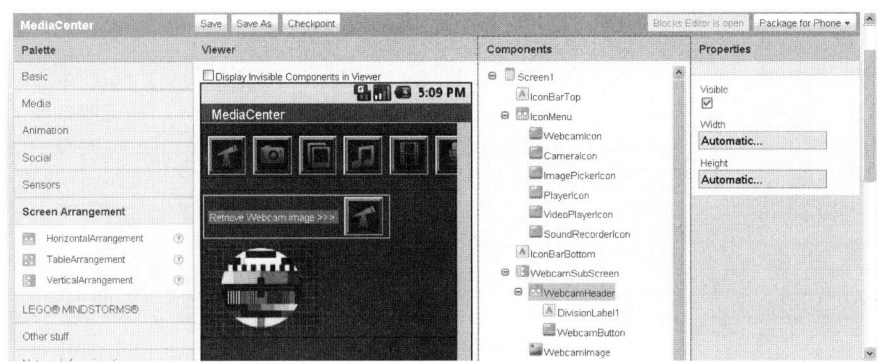

그림 8.3 헤더를 형성하는 active 미디어 키와 라벨을 조합한 모습

미디어 영역에서 미디어 컨트롤 엘리먼트(오디오 플레이어, 딕터폰 등), 미디어 키를 심볼로 나타낸다. 이 심볼은 현재 선택된 미디어 영역을 Image 컴포넌트를 이용해 나타낸 것이다(passive 미디어 키). 예를 들어 그림 8.4를 보면 Musicplayer 미디어 영역이 있다. 여기서 PlayerHeader는 DivisionLabel5와 더불어 Image 컴포넌트 오브젝트인 PlayerImage만 포함한다. 하지만 뮤직 플레이어의 시작 버튼인 PlayerPlayButton은 서브스크린의 'body' 안에 포함된다. PlayerPlayButton, PlayerPauseButton, PlayerStopButton 등의 기능 키들도 텍스트가 아닌 해당 심볼의 이미지로 처리돼 있으며 HorizontalArrangement 컴포넌트 오브젝트인 PlayerBody로 정렬하였다. 동일한 방식으로 Dictahphone 미디어 영역의 헤더와 바디 영역을 만들었다.

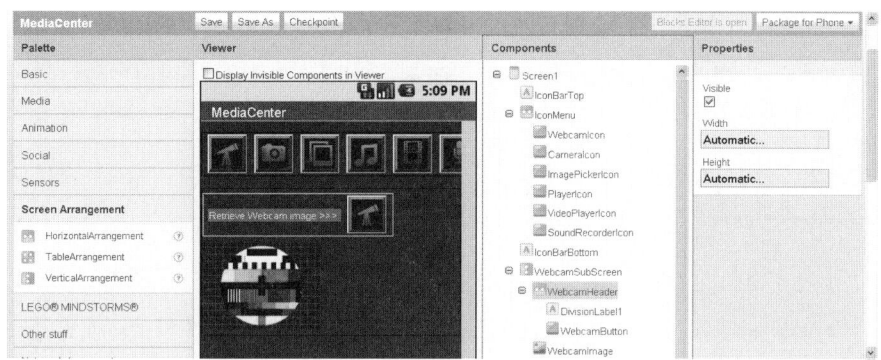

그림 8.4 헤더에 포함된 Passive 미디어 키와 바디에 포함된 기능 키들

6장의 'Screen 컴포넌트로 스크린 정리하기' 절에서 다뤘던 지식을 통해 독자는 쉽게 demo_Media 프로젝트에서 봤던 블록 구조들을 Designer에서 다시 만들 수 있을 것이다(Save As ➤ MediaCenter). 데모 프로젝트의 복사본을 저장하고 Designer에서 프로젝트를 새로 만들어서 작업한다. 멀티스크린을 만들기 전까진 Editor에서 작업할 필요는 없다.

미디어 센터의 멀티스크린

이 글을 쓰는 시점에서 AI가 멀티스크린을 공식적으로 지원하진 않고 있지만(Issue 46 참조), 그렇다고 멀티스크린 효과를 만들 수 없는 건 아니다. MIT에서 지원하는 실험 버전의 AI에서는 멀티스크린을 제한적으로나마 지원하지만, 독자는 이보다 더 유연한 디자인 방안을 선호할 것이다. 멀티스크린을 사용은 (어떤 형태로든) 여러 가지 기능을 복합적으로 앱에 담아 분명하고, 사용 편리성이 뛰어나며, 구조적으로 앱을 설계하기 위해 필요한 중요 요소다. 독자의 데모 프로젝트 역시 한 가지 이상의 기능을 담고 있으며, AI Designer로 개발하면서 금방 UI와 구조가 복잡해지는지 경험했다. 각 미디어 타입마다 별도의 스크린을 할당하여, UI 측면과 구조적으로 상당한 개선을 이룰 수 있다.

앞 절에서 재구성 과정의 첫 번째 단계를 완성했다. 이제 미디어 영역의 모든 컴포넌트를 헤더와 바디로 나누어 구조적 요소로 그룹을 나눴고 개개의 미디어 영역들을 짜임새 있게 재구성 하였다. 다음 단계에서, 각 미디어 영역의 헤더와 바디를 하나의 카테고리, 즉 서브스크린으로 모은다. 계층적으로 모든 미디어 영역들의 컴포넌트를 이 스크린으로 모아지고, 메뉴 키를 통해 미디어 영역을 선택하면 보고 싶은 구조적 요소들을 보여주는 구조적 요소다. 개발자의 관점에서, 서브스크린은 Screen Arrangement 그룹의 한 컴포넌트에 지나지 않는다(Screen Arrangement는 개별 컴포넌트 형태를 갖는 대신, 헤더와 본체가 계층 구조로 합쳐진 형태를 갖는다). 이렇게 중첩된 계층 구조 안에서 서브스크린은 메인 카테고리에 해당하며, 헤더와 본체는 두 개의 종속 카테고리를 형성한다. 안에 담겨 있는 개별 컴포넌트들은 개별 요소를 형성한다(프로그래밍에서 보편적으로 사용하는 트리 구조에서 잎leaf과 가지(branch)의 개념과 유사하다).

정확하게 말하면, 이러한 계층 구조는 곧 AI Designer의 Components 패널에 반영돼 있다. 그림 8.5에서 Components 패널에 있는 계층 구조의 모습을 확인할 수 있다. 먼저 메인 카테고리로써 RecorderSubScreen이 존재하고, 여기에 두 개의 하위 카테고리인 RecorderHeader와 RecorderBody가 있으며, 이러한 하위 카테고리에 다시 개별 컴포넌트가 종속돼 있다. 다른 미디어 영역에도 동일한 방식을 따라서 계층 구조가 적용된다. 능동적인 미디어 키를 갖는 미디어 영역과 수동적인 미디어 키를 갖는 미디어 영역 간의 유일한 차이점은, 전자에서는 실제 실행되는 미디어 컴포넌트들이 중간에 매개체 없이 메인 카테고리로써 서브스크린에 직접 종속된다는 점이다. 이러한 구조가 그림 8.5에 서브스크린인 VideoPlayerSubScreen과 미디어 컴포넌트인 VideoPlayer로 나타나 있다.

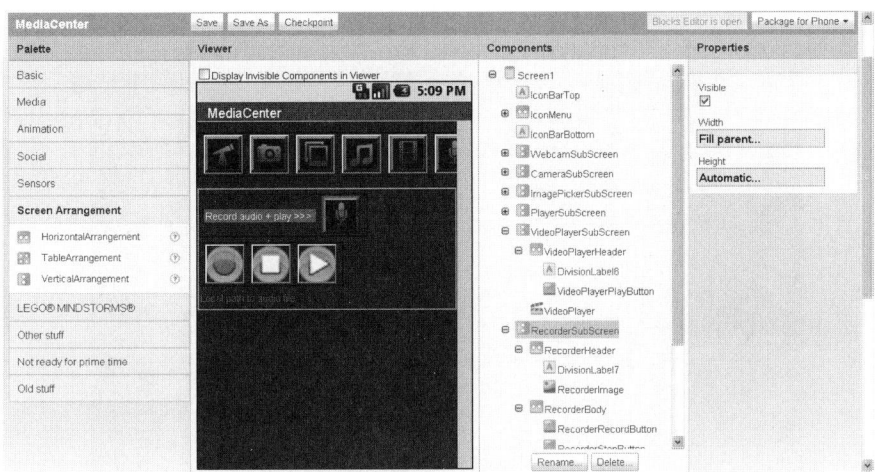

그림 8.5 헤더, 본체, 요소 등이 계층적인 구조로 서브스크린을 구성하고 있는 모습

그림 8.5를 보면, AI Designer에서 프로그램의 구조가 어떻게 말끔하게 나타날 수 있는지 알 수 있다. 모든 서브스크린은 루트 요소인 'Screen1'에 직접적으로 종속되며, AI Designer Components 패널에서 왼쪽에 있는 작은 네모 칸을 클릭해서 숨기거나(-) 나타낼 수(+) 있다. 그림 8.5에서는 VideoPlayerSubScreen과 RecorderSubScreen을 제외한 모든 서브스크린을 접어서 개발자가 전반적인 프로젝트를 쉽게 따라갈 수 있도록 만든 상태다.

하지만 이 단계에서는 Designer를 통한 멀티스크린 구현에 필요한 모든 준비 과정을 진행하진 않는다. 모든 서브스크린의 초기 속성에서 한 가지 중요한 기본 설정이 필요하다. 미디어 영역들이 한꺼번에 다른 미디어 아래에 겹쳐져서 나오지 않고, 미디어 센터를 실행하려면 모든 미디어 영역을 `Visible` 속성을 통해 비가시성으로 만들어야 한다(체크박스에서 체크 표시를 지운다). 그러면 앱을 실행할 때 메뉴 막대만 나타난다. 앱 개발 과정에서 Viewer를 통해 모든 컴포넌트를 보려면, 그림 8.6과 같이 Display Invisible Components in Viewer의 체크박스를 활성화해 비가시성 컴포넌트를 화면에 띄우면 된다.

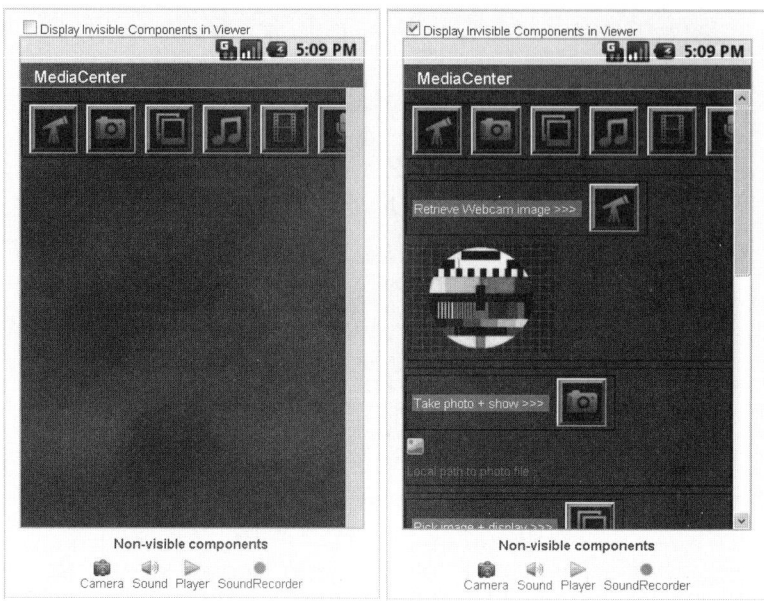

그림 8.6 Viewer에 비가시성 컴포넌트를 띄우도록 설정한 모습

메뉴 막대 안에 배열된 각 메뉴 키들도 IconMenu 컴포넌트 오브젝트 안에 구조적으로 구성된다. 그러면 그림 8.7과 같이 Components 패널 안에 다양한 메뉴 키들이 그룹을 이룬다.

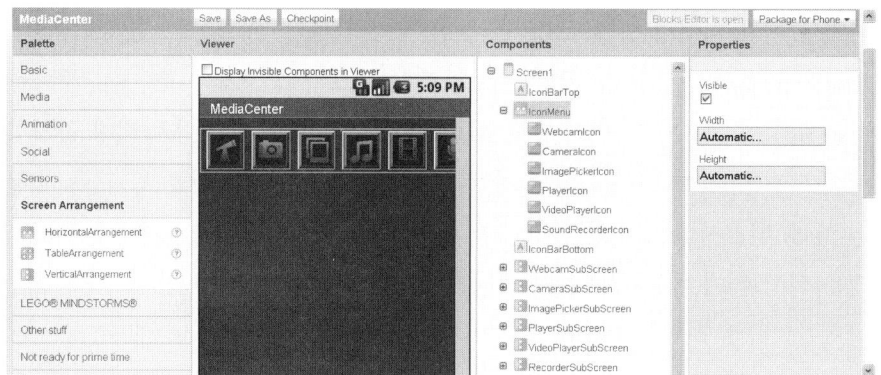

그림 8.7 구조적으로 정렬된 IconMenu 가시성 컴포넌트와 메뉴 키들

이제 우리는 Editor를 통해 메뉴 막대의 기능을 개발하여 서브스크린을 만들 때가 되었다. 중대한 작업을 시작하는 듯하지만, 단순히 특정 메뉴 키가 눌렸을 때 다른 서브스크린들을 감추고 적절한 서브스크린만 화면에 띄워주면

된다. 구성 준비를 마치고 나면, 아무 것도 아니다. 간단히 모든 메뉴키들의 이벤트 블록에서 Visible 속성을 true나 false로 설정한다. 예를 들어, 그림 8.8과 같이 WebcamIcon.Click 이벤트 블록과 연결된 여섯 가지 메뉴 키에 각각 Visible 속성 블록을 연결하고 불린 타입의 로직 블록을 연결하여 true나 false로 할당해주자. 웹캠 메뉴 키를 눌렀을 땐 웹캠 서브스크린만 볼 수 있도록 만들기 위해 WebcamSubScreen.Visible 속성 블록만 true로 지정한다. 동일한 방식으로 나머지 메뉴들의 이벤트 핸들러 블록에도 같은 속성 블록을 연결한다. 각 스크린마다, 자신의 이벤트 블록만 Visible 속성 블록을 true로 설정해야 한다.

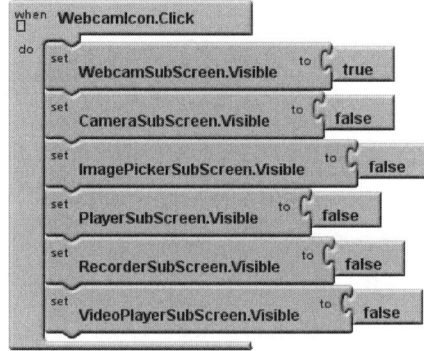

그림 8.8 Webcam 서브스크린을 화면에 나타내는 이벤트 핸들러

이렇게 해서 총 여섯 가지 서브스크린의 속성 설정을 해줘야 메뉴 키를 통해 각 미디어 영역을 전환할 수 있다. 이제 이렇게 만든 웹캠 이벤트 블록을 복사, 붙여 넣기 하여 여섯 개의 다른 이벤트 핸들러 블록들을 Editor에 추가해주자.

> **Editor에서 블록 복사, 붙여 넣기 작업하기**
>
> 작업을 조금 더 재미있게 하려면 Editor에서 '복사' 및 '붙여 넣기' 기능을 활용하면 된다. 일단 Editor에서 하나의 블록 집합체를 완성하면 Ctrl+C/Ctrl+V 단축키로 간단히 복사할 수 있다. 이벤트 핸들러를 선택한 다음 Editor의 빈 공간에 붙여 넣기 하여 배치 한다. 이벤트 블록 안에 있는 최상단의 속성 블록을 끌어당기면, 나머지 속성들도 함께 이동한다. 이제 빈 이벤트 블록을 지우고(휴지통으로 옮긴다), 새로운 이벤트 블록을 블록 선택 목록에서 가져온다. 그다음 다시 속성 블록들을 끌어와서 이벤트 블록에 연결해준다. 이제 복사된 속성 블록에 연결된 불린 타입의 블록을 설정 해주면 된다. 이러한 과정을 반복해서 여섯 가지 메뉴 키들의 기능을 모두 구현한다.

그림 8.9는 이렇게 만든 결과를 보여준다. 여섯 가지 메뉴 키의 모든 이벤트 핸들러들을 볼 수 있다. 기존에 만들어뒀던 진동과 사운드 효과 블록을 꼭 지워주자.

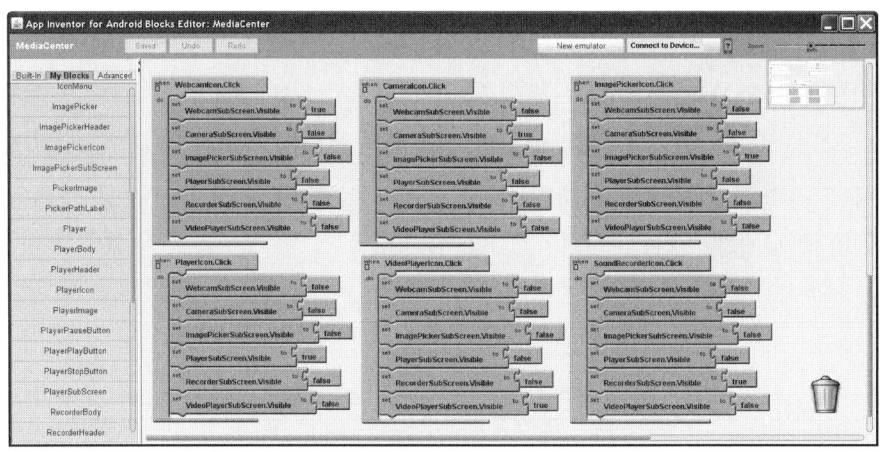

그림 8.9 서브스크린을 전환하기 위한 모든 이벤트 핸들러들의 블록 구조도

이렇게 여섯 가지 핸들러를 추가하여 모든 미디어 영역들을 성공적으로 구현했다. 이제 Designer에서 다시 디자인 작업을 수행해야 한다. 물론, 서브스크린의 개념을 쉽게 다른 애플리케이션에도 적용할 수 있다. 이제 매력적인 GUI와 멀티미디어 컨텐츠를 포함하는 앱을 개발할 수 있도록 도와주는 핵심 개념과 도구들을 배워보았다. 앞으로 자신만의 앱을 개발하는 데 있어 큰 도움이 될 것이다.

MIT에서 지원하는 AI의 멀티스크린 기능

MIT의 AI 버전에서 제공하는 멀티스크린 기능은 2011년 11월 20일에 처음 소개되었다. Designer에 Add Screen과 Remove Screen 버튼을 새로 추가하여 Screen1에 새로운 스크린을 추가하고 제거할 수 있다. Screen1.OtherScreenClosed과 같은 이벤트나 open another screen or close screen with result과 같은 메소드 블록을 통해 매개변수를 컴포넌트끼리 교환할 수 있다. 아래 주소는 MIT AI에서 이러한 기능들을 어떻게 사용하는지 소개한 페이지의 주소다.
- http://cs.wellesley.edu/~eni/aitutorial/multiplescreen.html

어떤 방법으로 서브스크린을 개발할지는 독자의 선택에 달렸다.

앱 개발자가 되는 과정

이미 독자는 AI 안드로이드 앱 개발자가 되기 위한 길을 걷고 있다. 입문자를 위한 초급 수준의 프로젝트를 다루면서, 다양한 그래픽 컨트롤 요소를 통해 어떻게 UI를 구성하는지, 어떻게 다양한 멀티미디어 컴포넌트 사용하는지, 어떻게 멀티스크린을 구현하여 강력한 앱을 만드는지 알아보았다. 그 과정에서 Designer를 사용해 컴포넌트의 초기 속성을 설정하고 Editor에서 이벤트 블록을 통해 초기 속성을 변경하거나 미리 정의된 메소드를 사용해 이 메소드가 반환하는 데이터를 앱에 통합하는 방법까지 핵심 개념을 학습하였다. 이러한 지식들을 기반으로, 미디어 센터라는 형태의 근사한 애플리케이션도 만들 수 있었다. 하지만 AI의 기능은 아직도 무궁무진하다.

개발자의 관점으로 보면 이렇게 프로젝트를 진행하면서 우리는 대게 사용자가 동작을 하면 그에 대해 단순히 일차원적인 반응만 하는 식으로 개발하는 데 초점을 맞췄다. 예를 들어, 버튼을 누르면 항상 동일한 결과만 보여준다(이벤트 이름을 화면에 띄우거나, 사운드 효과를 재생하는 등). 간단한 앱에는 이런 단순한 기능이 어울릴 수도 있지만, 대부분의 앱에서는 더 많은 요소들을 고려해야 한다. 예를 들어, 계산기를 만든다고 했을 때, "="키를 누르면 어떤 계산 기능을 수행 하느냐에 따라, 그리고 어떤 숫자가 입력되었는지에 따라 결과가 달라진다. 게다가 음수를 표현하기 위한 색상을 코딩하는 경우, 결과 값이 0보다 작은 값인지도 확인해야 한다. 어떤 계산기든, 잠재적 결과와 의존성 체크는 데이터와 데이터 구조로부터 유도된다. 더군다나 이들은 형태와 본질이 변화한다. 데이터 구조가 없다면, 앱은 적절한 원동력이 없는 빈 껍데기와 같다(가솔린 없는 차와 같다). 안드로이드와 AI가 구별하는 데이터 변수들 및 이러한 데이터들을 처리하고 관리하는 방법이 9장의 주제이자 세 번째 파트의 첫 장이다. 이러한 개념을 분명 실제 앱을 개발하는 데 있어 적용할 날이 올 것이다(계산기, 퀴즈 게임, 단어 학습기 등).

이러한 훌륭한 개발자의 노하우를 통해, 독자는 AI의 강력한 기능을 더욱 자세히 알게 될 것이다. 스마트폰에서 데이터를 영구적으로 저장하는 방법이나 스마트폰 혹은 클라우드 서버의 데이터베이스에 접근하는 방법을 다룬다. 3부를 마치고 나면, 강력한 컴포넌트를 갖추면서 현명한 사용이 가능한 앱을 개발할 수 있을 것이다. 이러한 요소들을 성공적으로 조합함으로써 정말 뛰어난 앱을 개발하게 되는 것이다. 다시 말하지만, 자기 자신만의 프로젝트를 진행할 수 있도록 동기를 부여하기 위한 예제 프로젝트를 진행하며 3부를 마칠 것이다.

9장
●●● 프로그램 개발의 기본

그렇다, 9장의 제목을 제대로 읽은 것이다. 이번 장을 마치고 나면 '프로그램'을 개발할 수 있을 것이다. 앱이란 프로그램에 지나지 않으며, AI는 그저 시각적인 개발 언어일 뿐이다. 지금까진 주로 Designer에서 컴포넌트를 끌어다 놓고, Editor에서 해당 블록을 사용해 로직을 정의해왔다. 하지만 이제는 더욱 프로그램에 어울리는 구조를 만들고 프로그램이 갖는 개성에 맞춰 디자인해볼 것이다. 앞으로는 제네릭 블록을 활용할 것이다(Built-In 블록 그룹에 들어있다). 레퍼런스에 따르면 이 블록은 복잡한 프로그램의 흐름을 정의하며 실제 데이터들을 처리하는 근본적인 블록들을 구성하는 요소이다. 하지만 걱정할 필요는 없다. 언제나 그렇듯이, 우리는 잘 짜여진 단계들을 거쳐나가면서 앱을 만들 것이다. 지금까지 공부한 내용만 숙지하면 된다. 단계별로 독자를 성공적인 앱 개발자가 될 수 있도록 이끌어 주겠다.

제네릭 블록을 소개할 땐, 주로 어떻게 알고리즘(코드의 흐름을 제어하는 논리)을 개발하고, 어떤 것이 프로그램의 기반이 되는지 보여주고자 한다. 이러한 알고리즘들은 굉장히 간단하며, 그 중 몇몇은 이미 3장의 LaughBag 앱을 만들면서 아래와 같은 의사코드를 통해 다뤄본 것들이다.

사용자가 `LaughButton`을 클릭하면, `Laughter!` 사운드 효과를 재생한다.

프로그램 지침서들이 설명하는 애플리케이션의 부분 혹은 전체의 기능들은 더욱 넓은 의미에서 볼 때 알고리즘에 해당한다. 주로 프로그램 구조를 말할 때 알고리즘이란 용어를 사용하고자 한다. 이러한 구조 안에서 복잡한 작업들을 프로그램의 명령들로 나누게 되고, 이 명령들은 전체적으로 보면 어떤 문제를 해결하기 위한 개개의 솔루션들이다. 계산기 앱을 예로 들면, 각 버튼들은 자신에게 할당된 작업을 수행하게 된다. 하지만 모든 버튼들이 서로 통합되어 앱의 전체적인 기능을 구성하게 된다. 계산기 기능 말이다. 이렇게 개별적인 기능들과 전체적인 기능 간의 차이점을 꼭 숙지한 후에 알고리즘 개발을 위한 블록 구성 방법을 공부하길 바란다.

아마 컴포넌트와 제네릭 블록 간의 관계와 유사한 예를 설명하면 위에서 언급한 개념을 이해하는 데 도움이 될 것이다. 지금까지 사용했던 컴포넌트나 블록을 마치 항공기 조종석의 컨트롤러 장치라고 상상해보자. 고도계나 방위계 같은 각 컴포넌트는 저마다의 역할이 주어졌지만, 조종사에게 이러한 각 기능을 어떻게 구현됐는지는 별로 중요하지도 않고 자세히 몰라도 된다. 예를 들어, 카메라 컴포넌트로 사진을 찍을 때, 관련 시스템 애플리케이션이 어떻게 사진을 찍는지는 미디어 센터를 개발하면서 거의 신경 쓰지 않아도 될 부분이며, 단지 사진이 찍혔고, 이 사진을 앱에서 사용할 수 있다는 점만 알고 있으면 된다. 조종사에게 중요한 것은 각종 기기들로부터 얻은 자료들이다. 이 자료들을 통합하여 전체적인 조종 업무를 수행할 수 있고 안전하게 목적지까지 항공기를 운전할 수 있는 것이다. 제네릭 블록의 동작원리도 이와 같다. 이 블록들은 각 컴포넌트나 이들이 만들어낸 데이터들을 연결한다(기존의 관계를 나란히 이어 간다라기 보단 새로 형성한다). 이는 아리스토텔레스가 말한 "전체는 부분의 합보다 크다 The whole is more than the sum of its parts"란 명언을 따른 것이다. 만약 독자가 전체 프로젝트를 통해 독자의 요구를 충족시킬 수 있다면 앱을 성공적으로 개발했다고 볼 수 있다.

데이터 처리 요소

이제 AI가 제공하는 블록들을 조립하여 전체 앱을 구현해보는 작업으로 돌아가보자. 컴포넌트를 다룰 때와 마찬가지로, 제네릭 블록 역시 해당 AI 레퍼런스를 기반으로 논의를 진행할 것이며, 일곱 가지 다양한 블록 그룹을 개별적으로 소개할 것이다(Definition, Text, Lists, Math, Logic, Control, Colors 등). 너무 이론적인 내용에 치우치지 않기 위해 간단히 몇 가지 블록들은 그 기능을 실제로 시연해 볼 것이다. 이는 매우 짧은 시연이 될 것이다. 블록은 개별적으로 다루는 것이 아닌 서로 조합을 통해 진정한 효과를 만들 수 있기 때문이다. 이러한 효과는 예제 프로젝트를 통해 보여줄 것이다. 그러므로 간단한 시연 작업은 단순히 블록의 기능을 보여주기 위함이다. 바로 간단한 데모 프로젝트를 실행해보고 싶다면, 웹사이트에서 demo_Data 프로젝트를 찾아보길 바란다.

 웹사이트에 등록된 미니 데모 프로젝트들
demo_Data 프로젝트처럼 제네릭 블록의 시연을 위한 미니 데모 프로젝트들은 /APK와 /PROJECT 경로에서 찾을 수 있다.

이 프로젝트들의 고유한 특징과는 별개로, 프로그램의 흐름을 형성하는 데 있어 개개의 고유한 역할을 생각하면 이 블록 그룹들은 매우 다양한 기능을 한다. 예를 들어, 몇몇 그룹은 주로 데이터를 수신하는 데 초점이 맞춰져 있으며, 몇 몇은 처리하는 역할을 한다. 나머지 그룹들은 데이터를 조합하여 더 큰 규모의 데이터 구조체를 형성하기도 하고, 형식적인 방식에 따라 이러한 데이터를 추가로 처리할 수 있도록 가공하기도 한다. 데이터와 데이터 구조체를 어떻게 처리하는지 해당 컨트롤 구조체를 통해 직접 관여하기도 한다. 알고리즘을 개발한다는 취지에서, 제네릭 블록 그룹은 세 가지 영역으로 구별할 수 있다. 바로 데이터 타입, 데이터 구조, 그리고 컨트롤 구조다.

데이터 타입

'별도'의 데이터와 연결되고 이를 처리하는 제네릭 블록 그룹들이 '데이터 타' 카테고리에 해당된다. 예를 들어, 텍스트는 숫자보다는 더욱 다양한 형태의 데이터 타입에 해당된다. 이미 텍스트와 숫자 등 두 가지 데이터 타입을 다뤄봤지만, 데이터를 기록하고 할당하며, 색상 값이나 불린 값을 처리할 수 있는 타입들이 더 존재한다. 그러므로 작은 범위로 제한하여 카테고리를 만든다면 데이터 타입은 네 가지 블록 그룹으로 나뉜다.

- Color
- Math

- Logic
- Text

일반적인 프로그래밍 언어와 달리 AI는 데이터 타입에 있어 굉장히 수용적이다. 예를 들어, 숫자 블록에서의 숫자 2와 텍스트 블록에서의 문자 '3'을 더해도 문제가 없다. 분명 타입이 다른데도 말이다. 하지만, 숫자 2와 문자 b, 혹은 two 같은 문자를 더하면 에러가 난다. 이러한 문자는 형변환에 실패하기 때문이다. 그러므로 여러 가지 데이터 타입을 사용할 땐 주의를 기울여야 한다. 그래도 AI 덕분에 개발 작업이 훨씬 간단해진 건 사실이다.

> **일반적인 프로그래밍 언어에서 말하는 데이터 타입이란**
>
> 다른 프로그래밍 언어에서 데이터 타입은 상당히 세밀하게 구별된다. 예를 들어, 숫자의 범위는 더욱 심화적으로 구별된다. 즉, 정수(int) 타입, 실수(float/double) 타입, 그리고 변수의 크기에 따라 short와 long 타입도 존재한다. 텍스트 타입은 단일 문자 타입(char)과 문자열(string)로 나뉜다. 다시 강조하지만, AI는 이러한 복잡한 타입 들을 최소화 해주었다.

특수한 데이터 타입을 처리하기 위한 메소드들도 존재한다(컴포넌트 메소드와 유사하다). 예를 들어, + 연산 메소드는 두 정수 값을 더하는데 사용되며, length 메소드는 문자열의 길이를 구하는 데 사용된다.

데이터 구조

데이터 구조의 카테고리가 다른 두 가지 카테고리보다 조금 동질감이 떨어질 순 있지만, 일반적인 성질은 모든 데이터 구조가 동일하다. 이러한 구조들은 자신만의 데이터 타입을 형성하지 않고, 오히려 타입과 무관하게 데이터를 받아들인다. 이 데이터들은 대게 추가로 처리하기 위해 다른 곳에 전달되며, 주로 컨트롤 블록에 전달된다. 그러므로 데이터 구조 카테고리는 다음과 같은 두 가지 블록 그룹으로 나뉜다.

- List
- Definition(프로시저와 변수)

일반적으로 정상적인 프로그램은 반드시 여러 가지 데이터를 처리하기 때문에, 짜임새 있는 처리 과정이나 데이터 관리 측면에서 개별 데이터들을 잘 짜여진 데이터 구조체로 통합시키는 것이 좋다. 데이터 베이스에는 이름, 전화번호 같은 데이터들이 수천 가지의 항목들로 나뉘어 저장된다. 예를 들어, 미국의 국제 전화번호를 기존의 스마트폰에 저장된 전화번호에 추가하고 싶다면, 각 번호들을 하나씩 읽어 오는 것 보다 가능한 리스트 형태로 한 번에 많은 전화번호를 읽어 와서 리스트를 수정하고 다시 번호를 적는 작업을 하나의 동작으로 처리하는 것이 효과적이다. AI는 이러한 상황에서 쓸 수 있는 여러 가지 블록 그룹들을 지원하고 있으므로, 이 요소들을 사용해 모든 종류의 데이터 타입을 담을 수 있는 리스트를 생성, 처리, 관리할 수 있다.

좀 더 넓은 의미에서, 각 항목들을 함께 모아둔 문자열 형태의 텍스트 항목을 데이터 구조라고 간주할 수 있다. 예를 들어 Text 블록 그룹에는 하나의 텍스트 문자열을 여러 조각으로 나누는 특정 메소드들과 개별 항목들을 모아 리스트를 생성하는 메소드들을 담고 있다. 다양한 데이터 타입의 모든 데이터들을 텍스트 타입으로 표현하거나 이러한 타입으로 형변환 할 수 있을 거라 생각한다면, Text 블록 그룹의 기능들은 List 그룹의 기능과 거의 유사하다. 적어도 개별 데이터를 저장할 수 있다는 측면에서 본다면 말이다. 하지만 개별 데이터 요소를 처리하기 위해선, 텍스트 문자열을 적절한 리스트로 변환하여 이와 어울리는 리스트 메소드로 수정할 수 있어야 한다.

일반적인 프로그래밍 언어에서의 데이터 구조

다른 프로그래밍 언어에서 리스트와 함께 다양한 데이터 구조를 사용할 수 있다(배열, 스택, 해시 테이블 등). 프로시저와 변수들은 일반적으로 고려되지 않으며, 오히려 자신만의 카테고리를 상징한다. 명확성을 위해, 여기서는 이 구조들을 데이터 구조 카테고리의 일부로 간주하겠다. 이 구조들도 다른 데이터를 받아들이거나 구조를 프로그래밍하는 데 사용될 수 있기 때문이다.

Definition 블록 그룹도 데이터를 받아들이는 블록들을 담고 있다. "프로시저procedures" 안에서는 모든 블록 집합체들 모아 프로그램의 어떤 로직에서든 효과적으로 사용할 수도 있다. 또한 프로시저는 데이터를 매개변수로 받아들인다. 이렇게 받은 변수를 단순히 수동적으로 관리하는 게 아니라 프로시저 내부에서 다른 처리를 하기 위해 다른 프로시저에 넘겨주기도 한다. 어떠한 데이터 타입이든지 데이터를 전달하는 운반자 역할을 하는 변수를 코드에서 볼 수 있을 것이다. 변수는 어떤 데이터를 가져오는 게 아니라 단순히 개별적으로 받아들이는 것이다. 자신만의 데이터 타입을 형성하진 않지 않으며, 대신 프로그램 내부적으로 전달되는 데이터의 타입을 띤다.

컨트롤 구조

마지막 카테고리인 컨트롤 구조는 조건 체크, 데이터 구조 처리, 프로그램 흐름 제어 등의 작업 수행에 필요한 모든 블록들을 포함하는 단 한 가지의 블록 그룹만 포함하고 있다.

일반적인 프로그래밍 언어에서의 데이터 구조

컨트롤 구조라는 용어는 분기문과 순환문을 별도의 로직으로 구별하는 명령적 프로그래밍 언어(Imperative Programming Language)에서 유래됐다. 앞으로 AI를 공부하며 이러한 타입의 컨트롤 구조를 사용해볼 것이다.

다음 섹션에서는 다양한 컨트롤 구조들을 다뤄보겠다. 먼저 데이터 처리와 데이터 타입 블록 등 기본적인 블록들부터 조립해보자.

●● Color 블록 그룹으로 색상 지정하기

먼저 평소에 가장 보기 힘든 데이터 타입인 '색상' 타입부터 살펴보겠다. AI는 색상 타입만의 제네릭 블록 그룹을 제공해준다. 이 그룹에 있는 블록들을 사용하여 원하는 GUI의 색상 요소를 적용해줄 수 있다.

기존에 정의된 색상

이러한 데이터 타입은 지금까지 다뤘던 것과 달리 다소 거리감이 느껴질 것이다. 다른 데이터 타입들과는 다르게, 이 데이터 타입의 용도는 굉장히 엄격하게 정의됐으며 거의 다른 타입과의 호환성이 없다. Color라 알려진 제네릭 블록 그룹에서 개개의 블록들은 특정 색상만 표현해야 한다는 한 가지의 목적을 갖고 있다. AI는 현재 곧바로 사용하기 위한 검정색과 흰색, 투명색 등 14가지의 미리 정의된 색상 블록을 제공한다. 이 블록들을 통해 쉽게

TextColor나 BackgroundColor 블록 등 컴포넌트의 색상 블록을 설정하거나 (그림 9.1 참조) 변경할 수 있다(demo_Data 참조).

그림 9.1 컬러 블록으로 컴포넌트의 색상 속성을 변경하는 블록

사용자 정의 색상

프로그래밍에 있어, 일반적으로 색상은 '색상 값(color value)'이라고 일컫는다. 실제 상황에서는 색상 자체는 한 가지만 단독으로 쓰지 않고, 상황에 따라 적, 녹, 청^{RGB} 원색을 적절히 조합하여 소위 첨가식 색상계$^{additive\ color\ system}$라고도 불린다. 각 색상 요소의 값은 0(최소)~255(최대) 사의 값으로 정의된다. 그러므로 삼원색을 혼합하여 1670만 개 이상(256×256×256)의 색상 혹은 음영 효과를 만들어 스마트폰에 출력할 수 있다. AI를 통해 기존에 정의된 색상 블록 이외에도 Color 블록 그룹을 통해 자신만의 색상도 만들어 쓸 수 있다. RGB 삼원색과는 별개로, 네 번째 색상 요소인 '투명도'를 적용해 불투명도를 설정할 수 있다. 투명도의 범위는 완전 불투명도(255)에서 완전 투명도(0)까지의 값을 갖는다. AI에서는 네 번째 색상 값을 별도로 지정하여 혼합할 수 없다. 대신 특정 공식에 의해 첫 번째 값이 처리되어 전체 값을 만들어야 하고, 그다음 해당 색상 값으로 지정할 수 있다.

참고

AI에서 사용자 정의 색상 값을 계산해 사용하기

블록 레퍼런스의 'Color Blocks' 항목을 살펴보면, AI로 개발을 진행하면서 별도의 색상 값을 계산하여 쓸 수 있는 방법에 대해 상세히 설명하고 있다. 이 레퍼런스는 또한 블록 구조를 사용해 원하는 색상 값을 계산할 수 있는 방법을 소개한다. 사이트 주소는 다음과 같다.

• http://experimental.appinventor.mit.edu/learn/reference/blocks/colors.html

이 공식에 대한 설명과 계산 알고리즘은 방금 언급한 사이트에서 찾아볼 수 있다. 그 내용을 요약하자면, 아래와 같이 나타낼 수 있다.

색상 값 = ((((((투명도 * 256) + 적색 값) * 256) + 녹색 값) * 256) + 청색 값) − 4294967296

예를 들어, 완전 불투명도를 적용하여(O=255), R = 139, G = 69, B = 19를 적

용하면 갈색(-7650029) 값이 계산된다. 이렇게 계산한 색상 값은 해당 숫자를 할당한 숫자 블록을 연결하여(색상 블록 대신) 컴포넌트의 색상 속성으로 할당할 수 있다(그림 9.2와 demo_Data 참조).

그림 9.2 버튼의 색상 속성에서 갈색의 색상 값을 할당하는 블록 구조도

이렇게 사용자 정의 색상을 혼합하는 방법을 활용함으로써, 독자도 개발자로써 자신만의 색상을 디자인할 때 마음껏 자유를 누릴 수 있을 것이다. Color 블록 그룹에서 적절한 색상을 선택하는 것도 이러한 방식으로 굉장히 광범위 하게 확장될 수 있다. 색상 값을 사용하려면, RGB 색상 테이블을 참고하는 것도 도움이 된다. 이 테이블은 인터넷으로 쉽게 찾아볼 수 있다.

인터넷을 통한 RGB 색상 테이블

적절한 색상을 선택하고 계산해내려면, 인터넷에 있는 RGB 색상 테이블을 활용하는 것이 좋다. 색상 예제와 더불어, 테이블에는 RGB 관련 값들도 있다(자주 사용하는 16진수의 색상 값을 나열해 놓았다). 이 값들은 AI 색상 값을 계산하는 데 사용할 수 있다. Muenster 대학이 제공하는 웹사이트에 이러한 리스트를 찾아 볼 수 있다.

- http://gucky.uni-muenster.de/cgi-bin/rgbtab

색상을 혼합하여 다채로운 색상을 만들어 다른 모든 앱들 중에서도 독자의 앱이 눈에 띄도록 만들 수 있다면 충분히 노력할 가치가 있을 것이다.

●● Math 블록 그룹으로 숫자 처리하기

하나의 프로그램을 구성하는 수많은 처리 과정 흐름들은 수치 데이터에 의해 영향을 받거나, 이러한 데이터로 직접 작업을 수행한다. 그렇다 해도 독자가 수학자 수준의 지식을 갖출 필요는 없다. 바이너리 계산은 모두 스마트폰의 프로세서가 수행하기 때문이다. 그래도 가끔은 수학적 데이터나 동작에 의존해야 할 때가 온다(계산기 관련 기능을 만들거나, 리스트에서 인덱스를 계산하거나, 제어 흐름을 계산 하는 작업을 할 때 등). 수치 작업은 다양한 데이터 타입을 다루게 되며 사용 영역도 매우 광범위하므로, Math 블록 그룹이 제공하는 여러 가지 블록을 사용하면 좋다. 이 블록들의 적용 범위는 크게 몇 가지 그룹으로 나뉜다. 블록 레퍼런스에 더욱 자세한 정보들이 수록되었다.

기본 산술 계산

수치 데이터를 정의하는 number 블록과 함께(그림 9.3 참조), 기본 산술 연산을 수행하는 블록도 존재한다(그림 9.4 참조). 이 블록들에는 두 가지 number 블록을 연결할 수 있어, 두 데이터를 가지고 연산을 수행하게 된다. 예를 들어, 계산 결과를 Label1.Text 컴포넌트에 전달하여 화면에 출력할 수 있으며, 이때 수치 데이터는 자동으로 텍스트 타입으로 변환된다.

그림 9.3 number 수치 블록을 통한 수치 데이터 설정

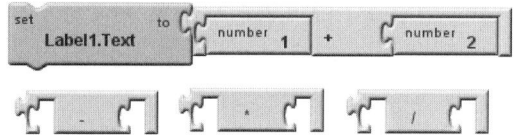

그림 9.4 기본 산술 계산을 수행하는 블록들

과학과 관련된 산술 계산

기본 산술 연산만으로 부족하다면, 추가 연산 블록을 사용할 수 있다(그림 9.5 참조). 이 블록들은 학교에서 배웠던 전문 계산기에나 나올 법한 아련한 기억의 요소들로, 거의 경험해본 일이 없을 수도 있다. 블록 레퍼런스의 Math 섹션에 이러한 블록들의 자세한 설명이 담겨 있다.

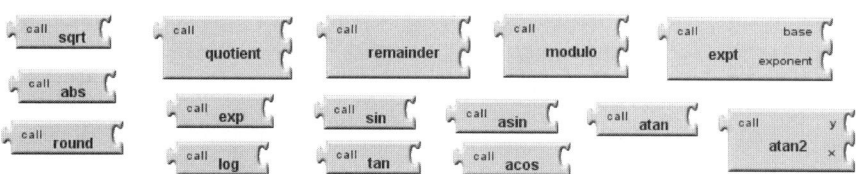

그림 9.5 수학적 연산을 수행하는 블록들

난수 생성

계산 작업이나 수치 데이터를 사용해야 하는 작업을 수행해야 할 경우, 먼저 수치 데이터가 필요할 것이다. 기존의 정해진 수치 데이터를 사용할 수 없거나, 이를 초기 값으로 사용할 수 없는 경우, AI가 제공하는 난수 생성 기능을 쓸 수 있다. 생각보다 이 기능은 자주 쓰인다. 예를 들어, 게임 개발에도 대게 여러 가지 상황에서 난수를 생성할 때가 자주 있다. AI는 난수를 생성하는 두 가지 메소드를 제공한다(그림 9.6 참조).

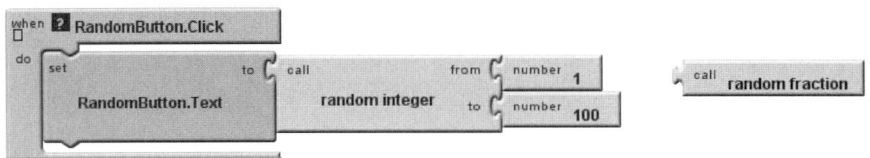

그림 9.6 난수를 생성하는 블록들

`random integer` 메소드를 호출함으로써, `from`에 지정한 최소 값과 `to`에 지정한 최대 값을 범위로 삼아 정수 타입의 난수를 생성할 수 있다. 그림 9.6에서, 사용자가 버튼을 누를 때마다 1~100 사이의 새로운 난수가 `RandomButton` 요소를 통해 화면에 출력된다(demo_Data 프로젝트 참조). 대신 `random fraction` 메소드를 호출하여 0.0~1.0 사이의 임의의 소수점을 생성할 수도 있다. 이 범위도 꽤 자주 사용된다. 예를 들어, 그래픽 게임이나 애니메이션을 제작할 때, 특정 물체의 위치를 화면 영역 안의 임의의 상대 좌표로 지정하기 위해 (0.0~1.0 사이 값을 지정) 사용하거나, 화면을 벗어난 위치를 지정(0.0미만, 1.0초과)할 수도 있다. 차후에 예제 프로젝트를 다루면서 난수 생성기에 대해 설명하겠다.

정렬과 변환

계산기와 수치 데이터 처리와 함께, `Math` 블록의 메소드들은 다양한 데이터 베이스를 구성하는 정렬 순서를 만들고 유지하는 이상적인 기능들을 제공한다. 예를 들어, 데이터 베이스에서 개별적인 데이터 요소를 읽어 들일 때, 데이터 오름 차순으로 수신한 것을 프로그램에서 처리한 후에 다시 동일한 순서로 데이터 베이스의 원래 위치에 입력할 수 있다. 수치 인덱스는 일반적으로 배열이나 리스트 구조체에서 데이터에 접근하기 위해 필수적인 키 값의 역할을 한다. 데이터베이스의 데이터 정렬 순서가 어떤 이유로 섞여 있는 경우, AI가 제공하는 메소드를 통해 빠르게 최소 값^{min}이나 최대 값^{max}, 한 단계 낮은 값^{floor}이나 한 단계 높은 값^{ceiling}을 검색할 수 있고, 역순으로 정렬하거나^{invert} 이러한 기능을 조합해 특정 알고리즘을(버블 소트 등) 만들어 오름 차순/내림 차순으로 정렬할 수 있다.

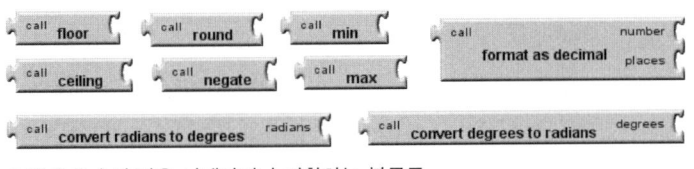

그림 9.7 수치 값을 선택하거나 변환하는 블록들

정수가 갖는 핵심 특성만으로는 앱을 구현하기 불충분할 경우, `format as decimal` 메소드를 사용해 정수를 소수로 변환할 수 있으며, 이때 소수점도 조절할 수 있다. 또한 `convert degree to radians` 메소드나 `convert radians to degree` 메소드를 사용하면 도 단위(0~360도)와 라디안 단위(0~2 PI)를 서로 변환할 수 있다.

관계 연산자

앞서 `Math` 블록 그룹을 다루면서 언급했듯이, 이 블록 그룹에서 제공하는 메소드들은 간단히 수치 데이터를 계산하는 데만 쓰이지 않는다. 숫자의 정렬 순서를 오름차순으로 만드는 것은 리스트 같은 데이터 구조에 담긴 항목에 접근하기 위한 인덱스 값을 반영하기도 하며, 이번에 다루는 관계 연산자들은 분기문이나 순환문 같은 컨트롤 구조체에서 조건 결과를 검사하기 위해 사용된다. 예를 들어 리스트의 모든 항목을 순환할 때까지(순환 횟수 < 리스트의 항목의 개수가 참일 경우)는 순환문의 계산이 반복될 것이며, 동일해지면 연산을 멈출 것이다. 그림 9.8은 이러한 조건을 검사하기 위해 사용할 수 있는 블록들을 보여준다.

그림 9.8 대소 비교나 참, 거짓 판별을 통해 조건 검사를 수행하는 블록들

물론, 비교 대상이 정말 수치 타입을 갖고 있는지 확인해야 하며, 그렇지 않은 경우 소위 무한 루프에 빠질 수도 있다. 이를 방지 하기 위해 is a number? 라는 블록을 사용하여 초기 조건이 만족되는지 확인할 수 있다. 이러한 블록이 존재함으로 인해, Math 블록 그룹과 Logic 블록 그룹 사이의 경계가 거의 사라졌다. 게다가 '=' 관계 연산 블록은 두 블록 그룹에 모두 포함된다.

Logic 블록 그룹으로 프로그램 상태 확인하기

프로그래밍을 할 땐 대부분 논리적 상태 값을 통해 결정을 내린다. 리스트에 항목이 담겨있는지, 리스트에 담긴 모든 항목들을 처리 했는지, 체크박스가 활성화 됐는지 등 이러한 조건은 항상 참 혹은 거짓으로 판정이 내려지며, 곧 불린 타입을 갖는다는 의미다. Logic 블록 그룹에는 여러 가지 블록이 존재하여, 이러한 불린 로직의 법칙을 자신의 알고리즘에 적용할 수 있다.

불린 변수

두 가지 불린 상태 값인 '참'과 '거짓'은 true와 false로 표현된다. 이는 이미 CheckBox 컴포넌트를 다루면서 알고 있을 것이다. 불린 값이 없다면, 앞으로 다루게 될 컨트롤 구조체에서의 다양한 초기 조건 검사 작업은 불가능 해질 것이다. 수학적 관계 연산자와 함께, Logic 블록은 컨트롤 구조체를 사용하는 데 필요한 기본적인 요구사항들을 충족시켜 준다.

그림 9.9 'true'와 'false' 값을 갖는 불린 타입 블록

불린 연산자

종종 개개의 컴포넌트의 상태를 확인하는 것만으론 충분하지 못할 때가 있다. 때로는 알고리즘 내부적으로 여러 가지 변수를 고려해 어떤 조건들이 충족되야만 참으로 판별될 경우도 있다. 결정을 내릴 때 여러 가지 컴포넌트의 상태를 고려할 때나 고차원적 조건을 만들기 위해 Logic 그룹에 있는 AND 연산과 OR 연산 메소드 블록을 사용할 수 있다(그림 9.10 참조).

그림 9.10 'AND'와 'OR' 값을 갖는 불린 타입 블록

AND와 OR 연산자 블록을 통해 둘 이상의 조건 값을 비교하여 전체 항목들의 조건 결과를 얻어낼 수 있다. 불린 타입의 컴포넌트를 새로 추가할 때마다, 그림 9.10에 나온 관계 연산자 블록에는 새로운 소켓이 만들어진다. 개개의 논리 상태 블록을 논리적 표현으로 조합된 블록에 연결함으로써 원하는 복잡도를 갖는 의존성을 생성하고 조건을 검사할 수 있다.

예제를 통해 두 개의 CheckBox 컴포넌트와 함께 AND 연산자를 어떻게 사용하는지 다뤄볼 것이다. 체크박스의 상태(활성화=true, 비활성화=false)는 전체 상태(둘 다 활성화=true, 둘 다 비활성화=false)를 결정한다.

의사코드로 표현하면 다음과 같다.

```
CheckBox1을 선택하면,
CheckBox1과 (AND) CheckBox2 모두 체크 상태인지 검사하고
결과 값을 (불린 타입) Label1에 쓴다.
```

CheckBox1을 선택하여 체크박스의 논리 상태가 변하면, CheckBox1.Changed 이벤트가 발생해 현재 CheckBox1의 논리 값과 CheckBox2의 논리 값이 모두 true인지 확인한다. 두 체크박스 모두 체크된 경우에만 true를 반환한다. 하나라도 체크되지 않으면 false를 반환한다. 그림 9.11은 이러한 로직을 수행하는 이벤트 핸들러 블록 구조로, "Both check boxs checked: true / false"란 문장을 라벨에 출력하여 논리 검사 결과를 보여준다(demo_Data를 참조해도 좋다).

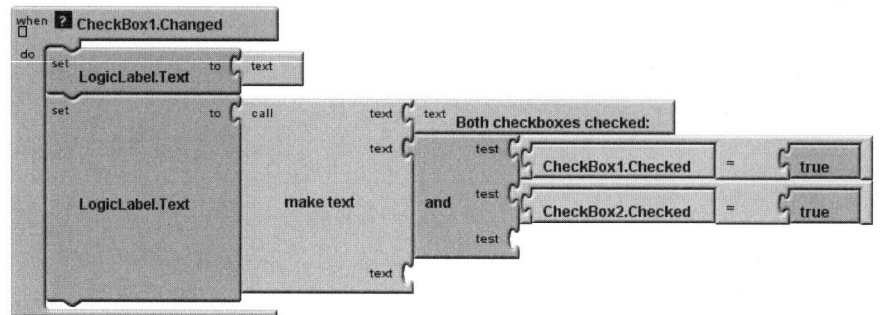

그림 9.11 두 체크박스가 모두 활성화된 상태인지 검사하는 이벤트 핸들러 블록 구조도

AND, OR 연산 블록과 더불어, NOT 블록도 Logic 그룹에 존재한다. 조건이 적용되지 않을 때 이 블록을 사용할 수 있다(그림 9.12 참조). 이 연산자도 생각보다 자주 사용된다.

그림 9.12 NOT 연산자 블록

Math 그룹에 있는 관계 연산자들도 논리 값으로 사용할 수 있다. 두 비교 대상을 검사한 결과도(<, <=, >, >=, = 등의 연산자를 통해) 불린 타입이다. 위에서 언급 했듯이 '=' 관계 연산자 블록은 Math 그룹과 Logic 그룹에 모두 들어있다.

•• Text 블록 그룹으로 구성된 문자열과 텍스트 수정하기

가장 널리 쓰이는 기본 데이터 타입으로 Text 블록 그룹에 있는 다양한 형태의 텍스트를 들 수 있다. 오늘날 멀티미디어를 통해 자신을 표현 하는 방법이 있음에도 불구하고, 사용자들이 즐기는 의사소통 수단의 대부분을 텍스트 방식이 차지한다. 수치, 논리, 색상 데이터 마저 텍스트 타입으로 간주하여 처리할 수 있으며, 텍스트 박스에 입력된 내용과 라벨을 통해 출력된 내용들을 자동 형변환 기능을 통해 알파벳과 숫자를 함께 쓴 텍스트로 간주할 수도 있으므로, 요즘은 text 데이터 타입과 호환이 안 되는 인터랙티브한 프로그램을 보기 힘들어졌다. 공식적으로, AI는 알파벳과 숫자가 함께 쓰인 개별 문자들, 개별 문자들의 순서, 전체 문자열의 데이터 타입을 동일하다고 간주한다. 세 가지 변수 모두 그림 9.13에 나온 text 텍스트 블록으로 설정할 수 있다.

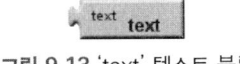

그림 9.13 'text' 텍스트 블록

Text 그룹에 있는 여러 가지 메소드들은 Math 그룹의 블록만큼 광범위하다. Math 그룹의 메소드들과 비슷하게, Text 그룹의 메소드들도 적용 대상에 따라 크게 몇 가지 그룹으로 분류된다. 블록 레퍼런스를 참고하면 텍스트를 수정하고 처리하는 기능들에 대한 자세한 정보를 얻을 수 있다.

문자열 비교 및 정렬

텍스트의 경우에도 Math 그룹이나 Logic 그룹에 있는 것과 비슷한 관계 연산자를 갖고 있다. 예를 들어, 두 문자열을 문자 단위로 비교하면서 문자 순서가 같은지 검사한다(text = 메소드). 그러므로 그림 9.14에 나와 있는 TextEqualsButton 버튼을 누를 경우, 현재 TextBox1에 입력된 데이터는 TextBox2의 데이터와 비교된다(demo_Data 참조). 두 텍스트 박스에 입력된 내용이 동일하면(예를 들어, 둘 다 'hello'라 입력됐을 경우), 라벨에 출력되는 결과 값은 true이다. 반대일 경우 false를 반환한다. 이때 대소문자를 구별한다는 점에 주의하자. 즉, 'Hello'와 'hello'를 다르게 취급한다.

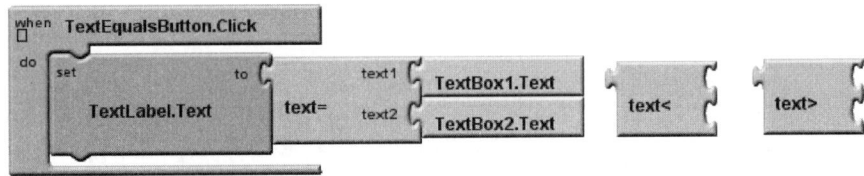

그림 9.14 관계 연산자를 통해 두 문장이 동일한지 검사하는 블록 구조

동일한 방식으로 TextBox1에 입력된 문자나 문자의 순서, 문자열을 검사하여 TextBox2의 내용보다 큰지(text>), 작은지(text<) 검사할 수 있다. 이러한 비교 연산은 아스키 코드 문자 테이블을 기반으로 한다. 이 테이블은 문자의 사전적 정의 순서와 숫자의 수치적 정의 순서를 모두 정의한다. 아스키코드

값을 통해 문자를 비교함으로 써 어떤 것이 큰지 알 수 있다. 예를 들어, 그림 9.15에 나온 이벤트 핸들러에서 text> 메소드를 사용할 경우, TextBox1의 'James'가 TextBox2의 'Emily'보다 크다고(true) 판정될 것이며, 'Jason'보다는 작다고(false) 판정될 것이다. 이러한 사실을 잠시 숙고해보고 원리가 이해될 때까지 직접 다른 값을 입력해가며 실험해보자(demo_Date 참조).

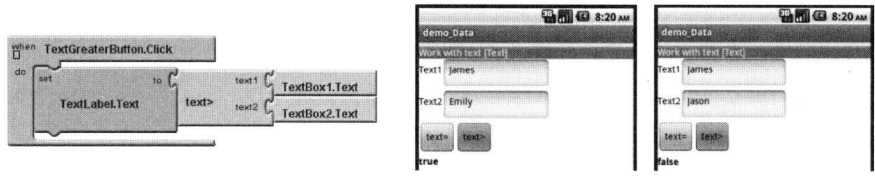

그림 9.15 두 문자열의 크기를 비교하는 모습

Text 블록 그룹의 관계 연산 메소드들은 자신만의 알고리즘을 사용하여 데이터 베이스나 기타 소스로부터 알파벳과 숫자가 섞인 모든 종류의 데이터를 정렬해주는 탁월한 도구로 사용할 수 있다. 게다가, 독자는 Math, Logic 블록 그룹뿐만 아니라 Text 그룹에서도 '=' 관계 연산자를 사용할 수 있다. '=' 연산자는 수치 값으로만 이뤄진 문자열은 숫자로 해석하지만, 'text=' 연산자는 순수한 문자열로 해석한다. 그림 9.16을 보면 확연한 차이를 느낄 수 있다. '0123'과 '123'을 '='연산자로 비교 연산하면 true를 반환한다. 두 문자열 모두 123이란 동일한 수치 값을 갖고 있기 때문이다. 반면, 'text=' 연산자는 두 문자열을 다르다고 보기 때문에 false를 반환한다.

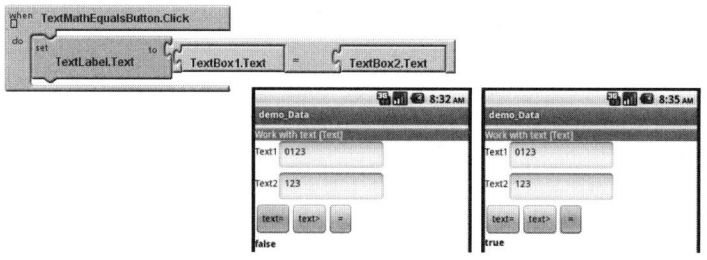

그림 9.16 두 문자열을 수치 데이터로써 비교하는 경우와 문자열 데이터로써 비교하는 경우

문자열 합치기 및 뒤바꾸기

텍스트 섹션의 숫자를 조합하여 새로운 텍스트를 만들 수 있다 (concatenation). 예를 들어 그림 9.11에서 make text 메소드를 사용했던 것처럼, 여러 텍스트들을 자연스럽게 조합하여 논리 정연한 문자열로 만들 수 있다. 대신, 하나의 단위로써 합쳐야 하는 일련의 개별 문자들을 순서대로 만든 새로운 문자열을 만들고 싶다면, 그림 9.17에 나온 join 메소드를 쓰면 된다.

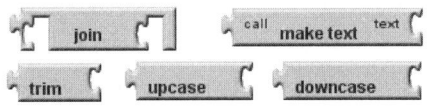

그림 9.17 문자의 순서를 합치고 변경하는 메소드들

처리 작업을 자동화하기 위해, 종종 문자 순서를 바꿔야 할 때가 있다. 예를 들어, 이름을 입력하다가 우연히 처음 두 글자를 대문자로 입력해버린 경우, 아스키코드 기반의 알파벳 순서와 관련된 문제를 피하고 싶다면 downcase나 upcase 메소드를 통해 모든 항목들을 자동으로 소문자나 대문자로 변환할 수 있다. 또한 trim 메소드를 사용하면 문자열 처음과 마지막에 실수로 공백 문자를 입력할 경우 이를 자동으로 삭제할 수 있다. 그림 9.18을 보면 이러한 메소드들을 연달아 사용한 예가 나와 있다.

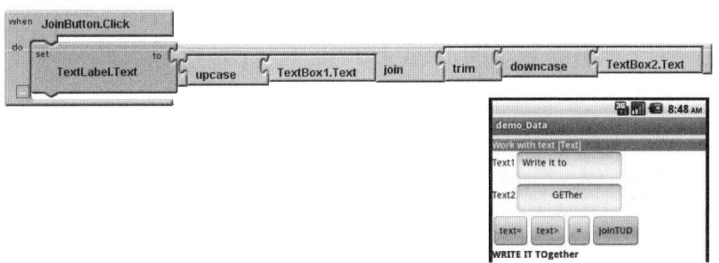

그림 9.18 문자열을 바꾸거나, 공백 문자를 제거하거나, 두 문자열을 합치는 블록들

그림 9.18에 나와 있는 JoinTUD(JoinTrimUpDown의 약자) 버튼은 입력란에 입력된 두 개의 문자열을 여러 번 수정함을 의미한다. TextBox2의 GETher 문자열은 소문자로 변환되며, 앞에 있는 공백 문자들은 trim 함수에 의해 제거되고, 위에 입력된 'Write it to' 문자열을 대문자로 변환한 뒤 합쳐져 결국

'WRITE IT TOgether'이란 문자열을 형성하여 TextLabel.Text로 화면에 출력한다.

문자열 검색과 검사

Text 블록 그룹에 있는 또 다른 그룹은 주로 텍스트 문자열이나 그 내용에 관한 정보를 얻어오는 데 사용된다. length 메소드는 문자열의 길이(문자열을 구성하는 전체 문자의 개수)를 반환하며, contains 메소드는 문자열(text)에 검색하려는 문자열(piece)이 포함되는지 불린 값으로 알려준다. starts at 메소드는 검색하려는 문자(piece)가 검색 대상의 문자열(text)에서 몇 번째에 위치하는지 알려준다. 검색에 실패하면 0을 반환한다(그림 9.19 참조).

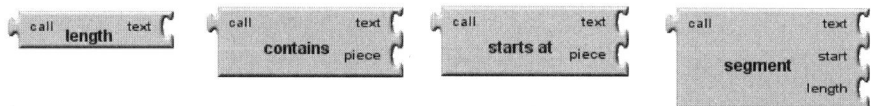

그림 9.19 문자열 자체의 정보나 문자열이 포함한 일부 문자열에 대한 정보를 말해주는 메소드들

segment 메소드를 통해 전체 문자열(text) 중에서 독자가 지정한 시작 지점으로부터(start) 특정 길이 만큼의 문자열(length)만 추출할 수 있다. 이 메소드는 단일 구조의 데이터 베이스로부터 정보를 읽어 들일 때 특히 유용하다. 그림 9.20에 나와 있는 예제처럼, 특정 패턴(YEAR:USD)을 쉽게 지정하여 검색어를 입력하면(최근 연도의 보험 지불액 같은) 수많은 문자열 항목들을 검색하여 적절한 항목을 화면에 출력할 수 있다(119 USD).

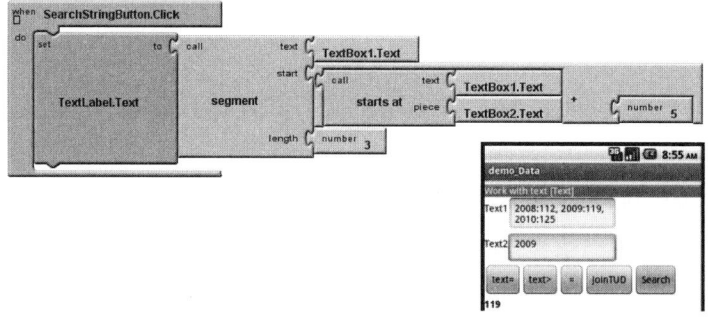

그림 9.20 텍스트 리스트에서 항목을 검색하여 출력하는 모습

그림 9.20에 나와 있는 이벤트 핸들러는 starts at 메소드를 사용해 TextBox2에 입력된 검색어가 TextBox1의 문자열의 몇 번째 문자부터 일치하는 지(position(x)) 검색한다. 검색된 위치 값은 검색어(연도)와 콜론(총 다섯 자리 뒤에 이어서) 뒤에 따라오는 (USD) 단위로써 5(x+5)씩 증가한다. 이 위치부터, 세 번째 문자(x+5부터 x+8까지)는 TextLabel에 출력된다(demo_Data 참조).

리스트 생성과 문자열 분할하기

앞 절에서 다룬 블록들을 사용하여 일부 문자열이 갖고 있는 개별 정보를 알아내거나 데이터 집합을 구조적으로 처리하고 관리하는 작업들을 텍스트 문자열로 작업하는 경우는 매우 드물다. 대신 이러한 목적에 부합할 수 있도록 특별히 설계된 리스트 구조체를 사용할 수 있으며, 다음 섹션에서 다룰 예정이다. 문자열을 갖는 보편적인 특성과 텍스트 데이터 타입이 갖는 높은 수준의 독립성, 핵심적인 입/출력 인터페이스 기능을 갖고 있기 때문에, 전형적으로 문자열 내의 일부 문자열을 사용하여 프로그램 흐름에서 다량의 데이터를 처리할 수 있다. 문자열 데이터를 리스트 구조로 변환하여 최적화된 연산 처리를 수행 하기 위해, Text 블록 그룹은 다양한 메소드들을 제공한다. 이 메소드들은 문자열을 개별 문자열을 기준으로 리스트 요소나 전체 리스트로 분할하기 위해 특별히 설계된 것들이다. 이러한 다섯 가지 메소드들 모두 이름이 split으로 시작한다는 점을 알 수 있다. 이러한 메소드들을 split 메소드라 부르며, 특정 문자열로 시작하는 지점을 기준으로 문자열을 분할시킬 수 있다. 분할 방식도, 메소드마다 약간씩 차이가 있다. 분할된 문자열을 분할 요소 혹은 구분자^{split element}라고 부른다. 문자열을 분할하면, 분할 기준이 되는 분할 요소는 제거된다.

세 가지 분할 메소드는 한 개의 분할 요소만 인자로 받는다. split at spaces 메소드는 분할 요소를 공백 문자로 설정한다. 이렇게 하는 이유는 공백 문자를 종종 데이터 베이스에서도 구분자로 사용하기 때문이다. 이러한 메소드들은 문자열을 그 안에 있는 모든 공백 문자들을 기준으로 나눈다. split 메소드는 더욱 사용하기 용이하다. 이 메소드는 at 요소로 구분 기준이 되는 문자를 받아들이며, 전체 문자열(text)에서 이 구분자가 있는 모든 구간들을 분할한다. split at first 메소드는 전체 문자열(text)에서 가장 앞에 있는 구분자(at)의 위치를 기준으로 두 개의 문자열로 나눈다.

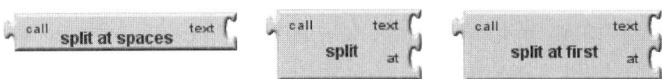

그림 9.21 한 개의 구분자만 인자로 받는 split 메소드들

예제를 통해 그림 9.22와 같이 'Water, Soda, Beer, Wine, Liqueur' 문자열을 대상으로 직접 split 메소드들을 사용해 보면, 각 메소드 간의 차이점을 더욱 확연하게 느낄 수 있을 것이다. 좌측의 split at spaces로 문자열을 나누면 'Water,', 'Soda,', 'Beer,', 'Wine,', 'Liqueur,' 등 다섯 개의 문자열을 항목으로 갖는 하나의 리스트를 생성한다(콤마가 포함돼 있다). 나머지 두 개의 메소드는 콤마를 구분자로 사용해보자. 중앙의 split 메소드로 다시 실험해보면, 이번엔 'Water', 'Soda', 'Bee', 'Wine', 'Liqueur' 같이 콤마가 제거된 다섯 개의 항목을 갖는 리스트를 생성한다. 콤마를 구분자로 지정하여 split at first로 문자열을 나누면(우측), 한 번만 분할 작업이 이뤄져서 'Water', 'Soda,', 'Beer,', 'Wine,', 'Liqueur,'로 나뉜다. 이때 'Water'만 콤마가 없다는 점에 주목하자. 이 외에 다른 문자열을 대상으로 실험해보면 더욱 확실한 감을 잡을 수 있을 것이다.

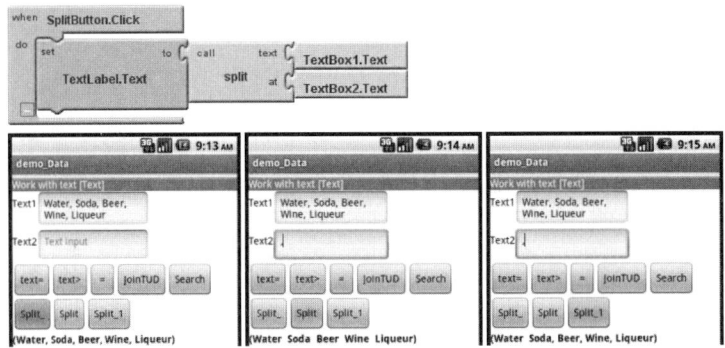

그림 9.22 하나의 텍스트 문자열을 여러 개의 리스트 요소들로 분할하는 메소드

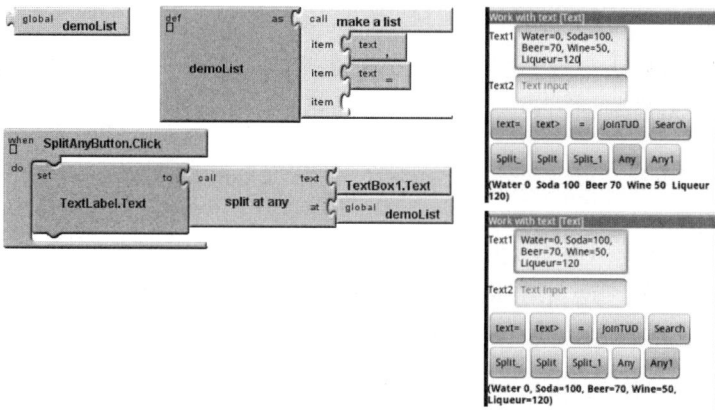

그림 9.23 다양한 구분자를 사용하는 분할 메소드들

그림 9.23과 같이 음료수의 칼로리 수치를 텍스트 문자열로 입력돼 있다 ("Water=0, Soda=100, Beer=70, Wine=50, Liqueur=120"). 이 문자열을 split at any 메소드로 분할하면(콤마나 '=' 표시를 구분자로 지정하여), 10개의 항목을 갖는 리스트가 만들어진다(Water 0 Soda 100 Beer 70 Wine 50 Liqueur 120). split at any at first를 사용하면 split at first와 마찬가지로 가장 앞의 구분 문자를 기준으로 두 문자열로 나뉜다(Water와 0, Soda = 100, Beer = 70, Wine = 50, Liqueur = 120).

시간을 들여서 차이점을 이해하도록 하자. 다음으로 AI 구조 정의 요소에 대해 다뤄보겠다.

Definition 블록 그룹으로 컨테이너 구조 정의

큰 규모의 데이터 베이스를 처리하는 작업은 높은 효율의 데이터 처리 알고리즘이 필요하다. 동일한 타입과 데이터 구조로 이뤄진 수천 가지의 데이터를 포함하는 데이터베이스를 대상으로 그 안에 담긴 각 항목들을 개별적으로 처리한 뒤에 별도의 프로그램 구조로 부가적인 처리를 하는 것은 듣기만 해도 매우 비상식적인 일일 것이다. 만약 이런 식으로 처리한다면, 데이터베이스 관련 프로그램 코드는 당연히 항목 수에 비례하게 증가할 것이다. 대신 효율적인 알고리즘을 개발하면 일반적인 상황을 가정하여 프로그램 흐름을 디자인하는 것이 매우 중요하므로, 그 흐름은 동일한 방식으로 모든 데이터 요소들에 적용될 수 있어야 한다. 고된 수작업에 치중하기보단, 기계적인 과정이 연쇄적으로 발생하는 방식을 따라 앱을 개발하고 프로그램 흐름을 실행하게 된다.

AI는 일반적인 알고리즘 개발을 돕기 위해 Definition 블록 그룹에 다양한 데이터 구조들을 제공하며, 이 구조들을(container 같은) 사용해 특정한 형태의 요소들을 받아들인다. 이러한 컨테이너 구조를 사용해 애플리케이션에서 특정 컨테이너의 컨텐츠를 처리하는 흐름을 구현하거나 설명할 수 있다. 이러한 필수적인 함수와는 별개로, Definition 블록 그룹의 컨테이너 구조 블록들을 사용해 사용자 정의 기능 함수들을 만들 수도 있다. 이는 보편적으로 '직접 제작한' 데이터 타입이나 메소드를 통해 앱을 개발할 때 사용된다. 이를 통해 자신만의 블록을 정의하고 AI가 규정한 기존의 개발 방식을 확장할 수 있다. 이러한 확장성을 과소평가해선 안 된다. 앱을 개발하면서 대용량 데이터를 처리하지 않는다 해도 이러한 컨테이너 구조를 더욱 자주 다루게 될 것이다. 이제 이론을 실제로 다뤄보기 위해 더욱 자세히 컨테이너 구조에 대해 살펴보자.

'컨테이너'란 용어

'컨테이너'는 보통 다양한 데이터 포맷을 담을 수 있는 데이터 포맷을 일컫는다. AVI 컨테이너는 MPEG-4 비디오 포맷과 MP3 오디오 포맷을 포함할 수 있다. 비슷한 논리로, AI의 컨테이너 구조체 역시 다른 요소들을 포함할 수 있다.

변수

변수의 일반적인 속성으로 인해, 변수는 다양한 방식으로 사용된다. 예를 들어, 변수는 그림 9.23과 같이 리스트를 생성하는 기반을 형성한다(곧 나올 리스트 구조 섹션에서도 설명했다). 또한 반복적으로 사용될 특정 값을 변수에 할당하여 기존에 정의된 데이터 타입의 범위를 확장할 수 있다. 예를 들어, PI 값을 사용할 경우도 PI 값이 Math 그룹에 미리 정의되지 않았기 때문에 이 방식을 사용할 수 있고, 갈색 색상을 Color 그룹에 추가하고 싶을 경우도 마찬가지다. 이를 구현하려면 def variable 변수를 Definition 그룹에서 가져오고 적절한 이름을 지정한 다음(variable을 선택하여 기존의 이름을 덮어쓴다), 원하는 값을 할당하면 된다(그림 9.24 참조).

그림 9.24 사용자 정의 변수(PI와 "brown")

간단히 원하는 데이터 타입의 블록(number나 text 블록)을 Built-In 패널에서 가져온 후, 변수에 연결한다(그림 9.24 참조). 그리고 초기 값을 설정한다. 어떤 값을 지정하느냐에 따라, 변수는 자동으로 해당 데이터의 타입을 띠게 되고, 기존에 정의된 것처럼 사용할 수 있다.

 변수와 상수
참고 고정 변수 데이터를 상수라고 부른다.

AI에서 변수는 전역 변수로 작용하기 때문에 다른 블록 구조체의 외부에서 정의되고, 각 변수들은 자신만의 고유한 이름을 가지고 있어야 한다(이 이름은 다른 변수가 다시 사용할 수 없다). 이렇게 함으로써 전역 변수나 변수의 데이터를 모든 이벤트 핸들러와 전체 블록 집합체에서 처리할 수 있다는 장점이 있다. 예를 들어, A라는 이벤트 핸들러는 x의 초기값을 x+5로 바꿀 수 있으며, 다른 이벤트 핸들러 B는 현재 5라는 변수 값을 x+7로 증가시켜 x=12로 만들 수 있다. 이러한 변수는 상수로써 마치 기존에 정의된 다른 블록들처럼 이벤트 핸들러에서 사용할 수 있다. 이러한 동작은 고정된 색상 값을 사용한 변수/상수인 'brown'을 예제로 사용한 모습인 그림 9.25에 나와 있다.

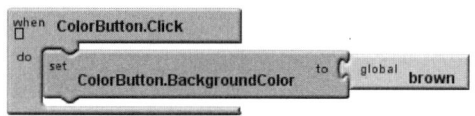

그림 9.25 brown이란 고정 값을 가지는 색상 값을 상수 변수로 사용하는 블록 구조도

사용자 정의 변수를 다른 블록에서 사용할 수 있도록 AI는 자동으로 변수 값을 읽어 오는 블록(global)과 변수에 데이터를 설정하는 블록(set global)을

생성한다. 이러한 블록들은 Editor의 My Definitinos 그룹의 My Blocks에 포함돼 있다.

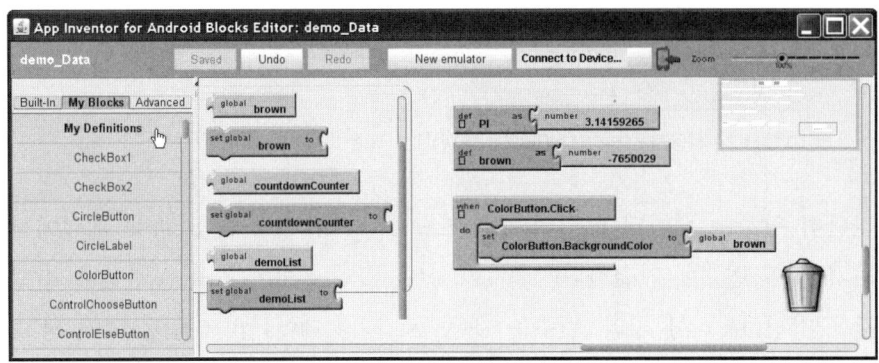

그림 9.26 자동으로 생성된 변수 데이터 읽기/쓰기 블록

변수의 이름을 별도로 바꾸고 싶다면, 원래 생성된 변수와 함께 def 블록을 사용해 바꿀 수 있다. 그러면 이미 사용 중인 모든 변수 블록들은 자동으로 Editor에 의해 다른 블록 집합체에 맞게 처리된다.

프로시저와 인자

자신만의 혹은 추가로 데이터 타입을 만들기 위해 변수를 사용할 수 있는 반면, 프로시저를 통해 자신만의 메소드를 만들 수 있다. 고정 변수에 담긴 상수와 비슷하게, 프로시저에도 일반적인 하위 작업이나 고정된 로직을 처리하는 블록 집합체를 포함시킬 수 있으므로, 자주 처리되는 메소드를 만들어 실행시킬 수 있다. 전역 프로시저를 정의에 따라 간단히 다른 블록에서 호출할 수 있다(이 블록에 동일한 하위 작업의 로직을 다시 구현할 필요 없다). 이러한 방식에 따라, 프로시저를 사용해 더욱 효율적이며 구조가 선명한 프로그램 구조를 형성할 수 있다. 하나의 프로시저 안에 담긴 블록 집합체의 범위는 굉장히 광범위하며, 사소한 부가 기능부터 큰 규모의 하위 작업까지(그 자체만으로도 하나의 완전한 작업을 형성한다), 모든 수용 가능한 구조들을 포괄한다.

Definition 그룹에 있는 두 가지 블록들을 통해 프로시저를 정의할 수 있다(그림 9.27 참조). 이벤트 핸들러와 비슷하게 to procedure do란 프로시저 블록에서 프로시저의 블록 구조를 설정한다. 다시 말하지만, 직접 만든 프로시저에는 고유의 이름을 정해줘야 하며, 가능한 정확한 기능을 나타내는 이름을 정해주는 게 좋다('procedure1'이란 메소드 이름을 클릭하고 덮어쓰면 수정된다). 이러한 데이터들을 매개변수를 통해 전달하면, 이후의 처리를 위해 프로시저 내에서 사용할 수 있다. 매개변수는 name 블록으로 정의할 수 있으며, 이 블록 역시 고유한 이름을 지어줘야 한다.

그림 9.27 매개변수를 갖는 사용자 정의 프로시저를 정의하기 위한 블록

프로시저 하나에 여러 매개변수를 정의할 수 있다. arg 소켓에 블록을 연결하면 새로운 매개변수 소켓이 생성된다. 그러므로 원하는 만큼의 매개변수를 전달할 수 있어 굉장히 유연한 로직을 만들 수 있다. 또한 매개변수가 아예 없는 프로시저를 만들 수도 있다(arg 소켓에 아무런 블록도 연결하지 않으면 된다).

 'Parameter'와 'Argument'의 차이

프로그래밍에서 Parameter와 Argument의 차이점을 두고 이렇게 정의한다. 파라미터는 특정 데이터를 매개변수로 받아들이는 프로시저 내부에 정의된 변수이고, AI에서 프로시저가 갖는 arg 소켓이 바로 Parameter다. 프로시저를 호출하는 입장에서 이 파라미터에 전달하는 변수가 Argument다. 이런 차이점을 앞으로 크게 중요하게 생각하지 않을 것이며, 매개변수란 용어를 계속 사용할 것이다.

이제 예제를 통해 더욱 분명하게 개념을 정립해보자. 도형 데이터를 사용하는 앱에서, 원주를 계산하는 프로시저(PI * 2 * r)를 별도로 만들어 처리할 수 있다. PI와 2가 상수이므로, 이 값들은 프로시저 안에 고정된다. r 값만 변수다. 즉, 이 프로시저를 호출할 때는 매개변수로 원의 반지름 값을 전달해줘야 한다. 그림 9.28과 같이 showCircumference 프로시저는 radius란 매개변수를 통해 데이터를 받아들이고, PI * (2 * radius) 공식을 통해 계산한 결과를 CircleLabel에 출력한다(demo_Data 데모를 참조하자).

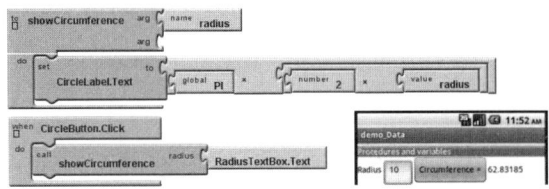

그림 9.28 원주를 계산하여 화면에 출력하는 프로시저

이제 showCircumference 프로시저는 간단히 CircleButton.Click 이벤트 핸들러에서 call showCircumference 블록을 통해 radius 소켓으로 전달된 데이터와 함께 호출할 수 있다. RadiusTextBox에 10을 입력하고 CircleButton을 클릭하면 showCircumference 메소드로 데이터가 전달되어 원주 계산 공식에 따라 결과 값이 CircleLabelText 라벨에 출력된다. 그림 9.28에 소개된 예제를 자세히 살펴보면서 이러한 처리 과정을 숙지하길 바란다. demo_Data 프로젝트를 진행하면서 이렇게 효과적인 개발하는 방법들을 계속 보게 될 것이다.

변수를 생성할 때와 마찬가지로, 사용자 정의 프로시저에 해당하는 블록이 자동으로 생성된다. 이 블록을 통해 프로시저를 호출할 수 있으며(call), 프로시저 내부에서 매개변수(value)의 데이터를 읽어 사용할 수 있다. 이러한 블록들은 My Definitions 그룹의 My Blocks에서 찾아볼 수 있다(그림 9.29 참조).

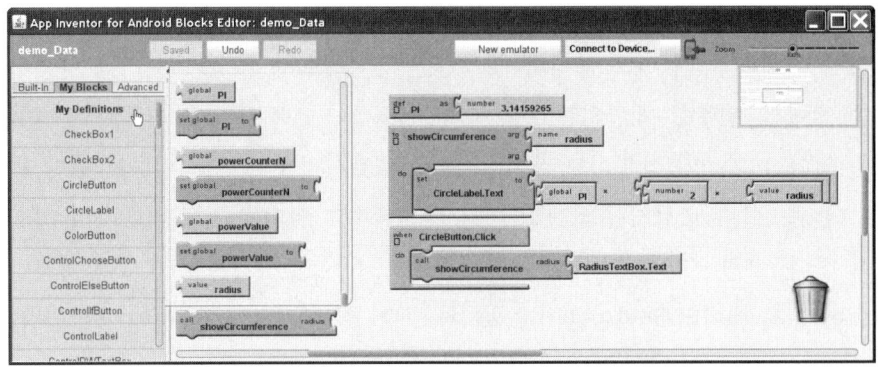

그림 9.29 매개변수를 전달하고 프로시저를 호출하기 위해 제공되는 블록들

결과 값을 반환하는 프로시저

앞서 언급했던 매개변수를 갖는 기본 프로시저들과 함께, AI는 프로시저에서 데이터를 처리한 후에 결과 값을 다시 반환하는 메소드를 Definition 블록에 제공한다. 이 결과 값은 보통 프로시저의 처리 결과로, 반환 값이라고도 불린다. 계산 결과와 같이 숫자 형태의 결과뿐만 아니라, 하위 처리 작업을 성공적으로 완수했음을 의미하는 불린 타입의 true를 반환할 수도 있다. 파일 경로와 같이 더욱 복잡한 형태도 가능하다(8장에서 설명한 멀티미디어 컴포넌트도 이와 같이 처리했으니, 참고해보자).

직접 이러한 메소드를 만들기 위해, AI는 procedureWithResult 블록을 제공한다. 이 블록은 return 소켓을 하단에 갖고 있으나(그림 9.30 참조), procedure 기본 메소드와 동일한 방식으로 arg 소켓을 통해 매개 변수를 받아들이고 동작한다.

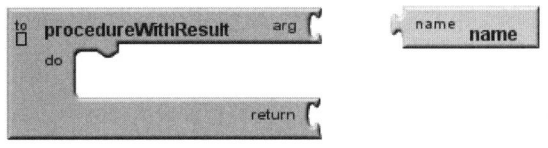

그림 9.30 결과 값을 반환하는 사용자 정의 프로시저를 구성하기 위한 블록들

procedureWithResult 블록을 사용하기 위해, 앞서 색상 혼합에 대해 공부하면서 느꼈을 수도 있는 '정말' 필요한 기능을 다룰 것이다. 직접 계산기를 사용해 RGB 값을 계산하는 대신, 네 개의 초기 값(적, 녹, 청, 투명도에 해당)을 전달할 수 있는 프로시저를 만들면 된다. 그리고 결과 색상 값을 반환하는 것이다. 이러한 프로시저는 특히 기존의 정의된 색상 블록처럼 다른 블록 집합체와 연동하여 사용할 때 효과적이다. 그림 9.31은 calculateColorValue 프로시저를 사용하는 예를 보여주고 있다. 이 프로시저는 네 가지 색상 값을 받아들여서 계산한 결과를 곧바로 rgbColorValueLabel의 텍스트와 rgbColorLabel의 배경 색상으로 지정한다. 우측을 보면 brown 색상 값을 사용한 입/출력 결과를 확인할 수 있다.

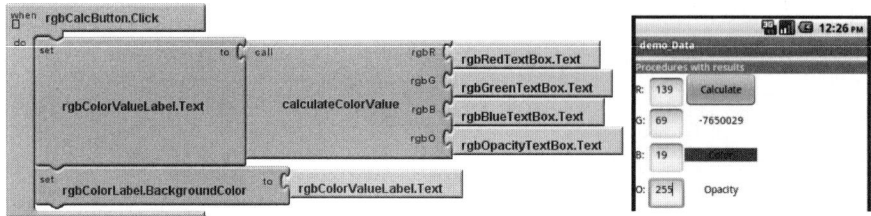

그림 9.31 프로시저 호출을 통해 직접 데이터를 반환하도록 색상 값을 할당하는 블록 구조도

색상 계산법을 다뤘던 절에서 AI에서 사용할 수 있는 색상 계산공식을 제공했다. 이 공식을 블록으로 만든다면 그림 9.32와 같을 것이다.

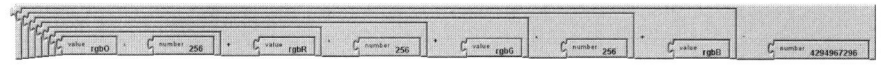

그림 9.32 갈색 색상을 계산하는 완전한 형태의 계산 공식 블록

네 가지 매개변수인 rgbR, rgbG, rgbB, rgbO(투명도)를 통해 그림 9.33과 같이 to calculateColorValue do 프로시저를 만들어 봤다. call calculateColorValue 프로시저 호출 블록만큼 복잡해 보일 수 있지만, 결국 색상 값 계산을 곧바로 수행해서 그 결과를 return 블록으로 반환하는 정도다. 네 개의 매개변수를 통해 계산에 필요한 모든 데이터를 가지고 있으므로 결과를 얻을 수 있는 것이다. 이렇게 계산한 후로는 더 이상 작업을 해줄 필요는 없다. 'do' 부분은 간단히 계산 과정에서 텍스트의 상태를 보여주는 블록으로 연결했다. 대신 Definition 그룹에 있는 더미 소켓을 연결하거나, 아무런 연결을 하지 않아도 좋다. 또한 초기 값이 0~255 사이 값을 갖는지 검사하는 블록을 추가해도 좋다.

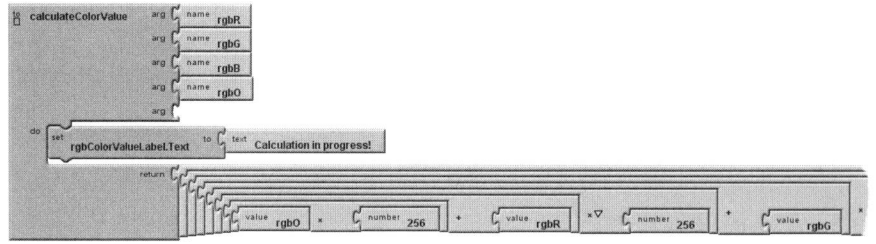

그림 9.33 색상 값을 계산해서 반환하는 프로시저 블록

결과 값을 반환하는 프로시저를 사용해 프로그램의 흐름과 구조를 최적화 할 수 있다. 프로그래밍에 빠져들수록, 효과적인 프로그램을 개발하기 위해 이러한 구조를 더욱 자주 사용할 것이다.

리스트 블록 그룹으로 리스트 관리하기

이제 여러 가지 컨테이너 구조체들을 살펴보았으니, 고전적인 데이터 구조를 적절히 나타내는 방법에 대해 알아보자. 앞서 언급했듯이, 리스트는 현재 유일하게 구조적인 방법으로 개별 데이터 요소들을 조합하고, 할당하며 관리할 수 있는 수단이다.

그러므로 리스트는 큰 규모의 데이터를 처리할 때나, 데이터베이스의 입출력 작업, 사용자 입력이나 다른 파일 컨텐츠를 읽어 들이는 작업에서 가장 중요한 타입이다. 분명 문자열 같은 개개의 데이터들을 간접적으로 관리할 수 있었지만, 일반적으로 이러한 데이터들을 직접 다루려면 분할 메소드를 사용해 리스트로 변환해줘야 했다. 이렇게 문자열을 간접적으로 리스트로 만드는 방식과 더불어, 직접 리스트를 생성해 수정하거나 관리하는 메소드들도 존재한다(List 블록 그룹).

`make a list` 메소드는 리스트를 관리하는 중요한 역할을 한다. 이 메소드는 우선 리스트를 생성한다(초기화). 모든 리스트들은 리스트 자신이나 자신의 항목들을 포함할 컨테이너가 필요하다. 이 작업은 어떤 변수 타입을 사용해도 문제없이 처리된다. `make a list` 메소드를 리스트 변수에 할당한 뒤 적절한 리스트 이름을 지주면, 이 리스트를 초기화할 수 있다. 일반적인 변수들과 마찬가지로, 리스트 메소드도 My Definition 그룹의 My Blocks에서 찾을 수 있다. 초기화 과정이 끝나면, 언제든지 리스트에 있는 항목을 바꾸거나 제거할 수 있다. 그림 9.34는 두 가지 기본 블록인 `variable`(emptyList라 이름을 바꾸었다)과 `make a list`(좌측) 블록으로 구성된 빈 리스트를 보여준다. 리스트의 이름은 `digitList`이며, 이 리스트에 우선 두 텍스트 블록을 할당하고 one, two 텍스트 값을 할당한다(리스트 항목의 초기화 과정).

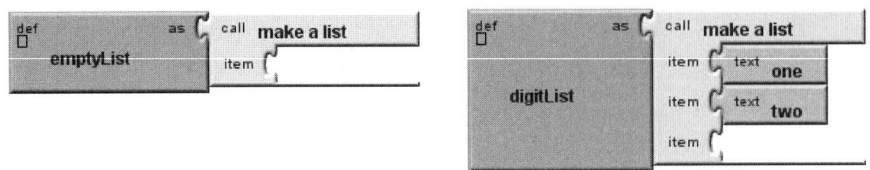

그림 9.34 빈 리스트를 초기화 하는 블록과 두 개의 초기화된 항목을 포함하는 리스트

AI에서 리스트는 고정된 표기에 따라 출력된다. 예를 들어, 라벨에 리스트를 출력하면 괄호가 양단에 있는 걸 볼 수 있다. 이때 리스트의 각 항목들은 공백 문자로 구별되어 나타난다. 예를 들어 그림 9.34의 digitList 리스트는 (one two)와 같이 출력된다.

리스트 변환과 내용 확인

리스트를 사용한 알고리즘(리스트를 프로시저에 전달하거나 각 리스트 항목을 처리하는 작업을 시작 하는 등)을 구현하기 전에, 리스트의 항목들을 검사하는 것도 매우 유용하다. 그림 9.35와 같이 AI가 제공하는 List 블록 그룹의 세 가지 메소드를 사용해보자. Boolean 메소드인 is a list?는 변수 혹은 변수 값이 리스트인지 아닌지 검사해준다. 이 메소드에서 처리한 결과 리스트가 비어 있다고 확인되면 한 가지 이상의 리스트 처리 과정을 한꺼번에 생략할 가능성도 있다.

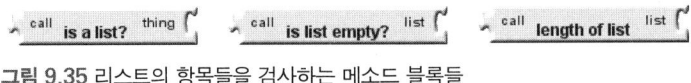

그림 9.35 리스트의 항목들을 검사하는 메소드 블록들

length of list 메소드는 리스트가 비어 있는지(비어 있다면 0을 반환함) 검사한다. 리스트의 항목들을 반복적으로 수정하는 작업을 할 때, length of list 메소드를 통해 리스트 항목의 개수를 알아내 순환문에서 사용할 수 있다(컨트롤 구조체에 대해 참고하길 바란다).

그림 9.36은 demo_Data 데모 앱에서 사용된 length of list 메소드의 사용 사례를 보여준다. 그림 9.34의 digitList 리스트의 경우(Screen1.Initialize 이벤트 핸들러에서 리스트를 할당하며, Box1 오브젝트에 리스트가 출력된다), ListLengthButton을 눌러 항목의 개수가 2임을 확인할 수 있다.

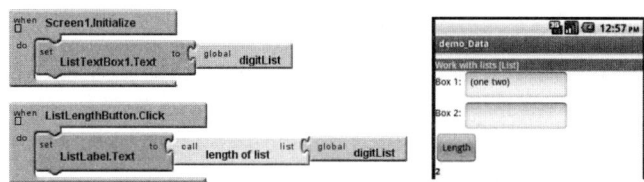

그림 9.36 disigList 리스트의 항목 개수를 검사하는 블록 구조도

특정 애플리케이션의 경우, 다른 리스트 포맷을 사용해야 할 때도 있다. 예를 들어, 데이터베이스로부터 전체 데이터 테이블을 가져오거나 내보내는 경우, 대게 CSV^{Comma-Separated Values} 포맷의 파일을 사용할 것이다. 이 포맷을 통해 각 테이블 항목들을 따옴표로 감싸고, 항목 사이는 콤마로 구분한다. 각 테이블 행은 별도의 파일 라인으로 구분되며, 이 파일 라인은 개행 문자나 두 개의 아스키 코드인 CR(캐리지 리턴)과 LF(라인 피드)로 형성된다.*

CSV 포맷의 파일을 효과적으로 처리하려면, 그림 9.37에 나와 있는 네 가지 메소드를 사용해(List 그룹에 있음), 리스트를 테이블로 변환해야 한다(그 반대도 가능). `list to csv row` 메소드를 사용해 리스트를 각 테이블의 행으로 변환할 수 있고, `list to csv table` 메소드를 사용해 리스트를 하나의 테이블로 만들 수도 있다.

게다가, CVS 포맷에서 행과 열은 `list from csv row`나 `list from csv table` 메소드를 통해 리스트로 변환할 수 있다. 초기 AI에서 지원하는 포맷으로 된 데이터를 보호하기 위해 변환 작업을 진행하기 전 저장을 수행하는 `copy list` 메소드를 사용할 수도 있다.

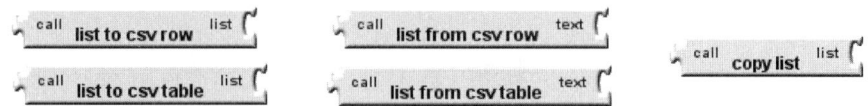

그림 9.37 CSV 테이블과 리스트를 변환하는 메소드 블록들

---

* 하나의 라인에서 문자열을 왼쪽 끝으로 밀어주는 것이 CR(\r)이고, 다음 줄에 입력할 수 있게 아래로 내리는 것이 LF(\n)라 할 수 있다. DOS/윈도우 계열에서는 엔터를 CR+LF(\r\n)으로 처리하고, 유닉스/리눅스 계열에서는 엔터를 LF(\n)으로 처리하고 매킨토시 계열에서는 엔터를 CR(\r)로 처리한다. – 옮긴이

그림 9.38은 간단한 구조적 예시를 들어 두 포맷을 서로 변환하는 예제를 보여준다. ListToCsvButton을 누르면, Box1의 digitList를 CSV행 포맷인 'one', 'two'로 변환한다. 반대도 가능하다. ListFromCsvButton을 누르면 Box1의 CSV행을 리스트 포맷으로 변환해준다(one two three).

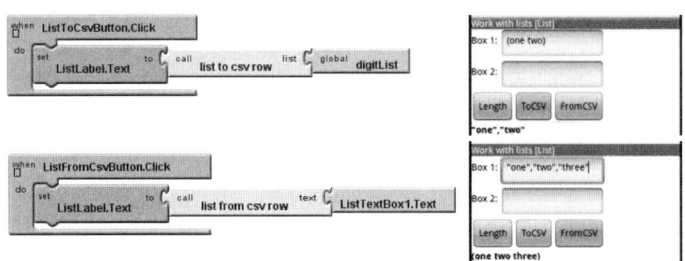

그림 9.38 리스트 포맷을 CSV행 포맷으로, CSV행 포맷을 리스트 포맷으로 변환

리스트 아이템 읽기와 검색

리스트로 작업을 하면서 알아야 할 필수 기능 중 하나가 바로 리스트에서 항목을 검색하고 읽어 들이는 것이다. 그림 9.39는 AI가 제공하는 네 개의 메소드를 보여준다(List 그룹). is in list? 불린 타입 메소드를 통해 thing에 저장된 데이터가 리스트에 들어 있는지 검사할 수 있다. thing으로 지정된 알파벳-숫자 시퀀스는 반드시 정확하게 리스트 항목과 일치해야 검색 대상으로 인정된다.

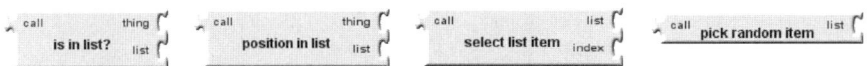

그림 9.39 리스트 항목을 검색하고 읽어 들이는 메소드 블록들

position in list 메소드를 통해서도 간접적인 검사가 가능하다(일치하는 항목이 없으면 0을 리턴함). 이 메소드의 역할은 사실 리스트에서 검색 항목인 thing의 위치를 검출하여 반환하는 것이다. 예를 들어 select list item 메소드를 활성화하여 반환 값을 리스트의 인덱스로 사용할 수 있다. 그림 9.40은 digitList 리스트에서 'two'라는 항목의 위치를 어떻게 찾아 화면에 출력하는지 보여준다(demo_Data 프로젝트를 참조하자).

그림 9.40 리스트에서 특정 항목을 검색하여 인덱스 값을 반환한 결과

아이템 항목에 숫자를 매기는 것은 0이 아니라 1로 시작한다. pick random item 메소드는 리스트 항목을 처리하는 특별한 기능을 제공한다. 이 메소드를 사용해 난수를 기반으로 한 인덱스를 만들어 항목을 선택할 수 있다.

리스트 아이템 추가, 교체, 삭제

물론 리스트는 형태가 변하는 구조를 갖고 있어, 새로운 아이템이 추가되거나, 기존 아이템이 제거, 대체되기도 한다. 리스트는 메모리와 동작이 비슷하며, 운영체제에서 앱을 실행할 때 데이터를 메모리에 로딩하고, 이벤트가 발생함에 따라 메모리상의 데이터 구조가 변하며, 항시 새로운 데이터들이 메모리에 기록된다. 그림 9.41에 나온 다섯 가지 메소드를 통해 리스트를 처리할 수 있다.

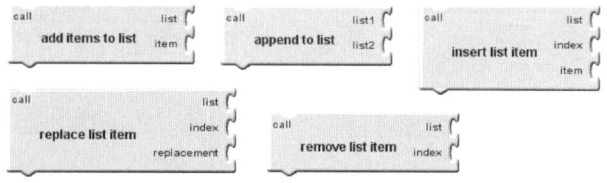

그림 9.41 리스트 요소를 추가, 교체, 삭제 하는 메소드 블록들

append to list 메소드를 사용해 list2를 list1와 결합하여 확장할 수 있는 반면(list1은 list2만큼 더 커지고, list2는 변화가 없다), add items to list 메소드는 리스트에 여러 item 항목들을 할당해준다(새로운 항목이 추가될 때마다 자동으로 메소드 블록에 소켓이 생성된다). 두 메소드 모두, 새로운 항목들이 추가되는 위치는 리스트의 끝단이다. 그림 9.42의 우측과 같이 Box2에 three를 입력하여 새로운 항목을 기존의 리스트 (one two)에 추가할 수 있다(결과는 (one two three)다). 블록 집합체에서, 다음과 같이 변경해보자.

ListAddButton을 누르면 `digitList` 리스트에 현재 `ListTextBox2`의 데이터가 할당되어 ListLabel에 표시된다(demo_Data 참고). 아니면, `insert list item` 메소드를 통해 list의 index 위치에 새로운 item 항목을 추가할 수도 있다.

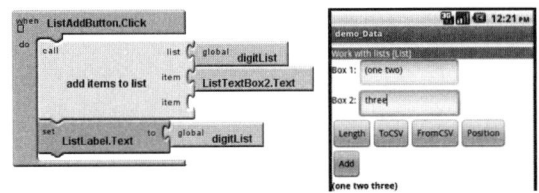

그림 9.42 리스트 끝 단에 새로운 항목을 추가하는 블록과 결과 화면

새로운 항목으로 기존 항목을 대체하려면, 반드시 세 개의 매개변수인 기존 리스트와 추가할 위치, 그리고 대체할 요소를 매개변수로 `replace list item` 메소드에 넘겨 줘야한다. 그림 9.43을 보면(우측), Box1에 기존 리스트가, Box2에 새로운 항목이 담겨 있고, Replace 버튼 옆에 입력 필드는 위치 값을 담고 있다. 좌측의 블록 구조도를 보면, digitList의 ListReplaceButton을 누를 때 ListIndexTextBox 인덱스에 해당하는 항목(one)이 ListTextBox2의 데이터(three)로 교체된다. 결과는 (three two)다.

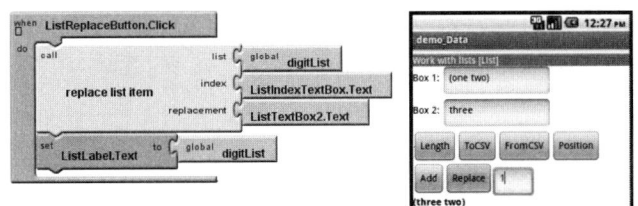

그림 9.43 새로운 항목으로 원하는 인덱스의 항목을 교체하는 블록과 결과 화면

유사한 방식으로, `removeListItem` 메소드를 사용하여 리스트의 index 위치에 있는 항목을 제거할 수 있다. 물론 이 경우 세 번째 매개변수를 갖는 리스트의 항목은 지워지고 나서 비게 된다. 다음 절은 각 리스트 항목을 순서대로 처리하는 방법에 대해 알아본다.

•• Control 블록 그룹으로 프로그램 흐름 제어하기

구조적인 프로그램 흐름과 동적 알고리즘의 가장 기본은 프로그래밍이나 개발 언어의 '컨트롤 구조'에 의해 제공된다. AI에서는 `Control` 블록 그룹에 있는 블록을 조합하여 컨트롤 구조를 만든다. 현재의 상태 조건이나 프로그램의 상태, 데이터와 무관하게 앱이 항상 동일한 방식으로 모든 사용자 입력에 반응하는 일을 방지하려면, 프로그램은 반드시 프로그램의 상태에 따라 적절하면서도 다른 방식으로 반응하고 조건을 검사해야 한다. 여기서 말한 조건들은 주로 논리적이고 가끔은 수학적인 연산을 통해 검사하게 되며, 이러한 내용은 앞서 데이터 타입을 다루면서 이미 공부한 내용이다.

예를 들어, 새로운 문자 메시지를 수신하면 사운드 효과가 활성화된 경우에만 소리가 나야 한다. 또한 비밀 정보들은 특정 암호를 입력해서 승인돼야 화면에 출력되야 한다. 구조적 프로그래밍에 있어서, 이러한 개념들을 '조건문conditional statement'이라 일컫는다. 이는 특정 조건이 충족돼야만 정의한 로직을 수행함을 의미한다. 조건문은 주로 두 파트로 나뉜다(if-then). 바로 조건 확인 부분과 조건 충족 시 수행될 로직이다. 조건문은 조건 확인 부분이 충족돼야 그다음 로직이 수행되는 반면, 분기문branch은 조건의 결과가 긍정이냐 부정이냐에 따라 '어떤' 로직을 수행해야 할지 결정한다. 예를 들어, 암호를 올바로 입력했을 경우, 사운드 효과를 내면서 가벼운 인사말로 반겨줄 수 있는 반면, 암호가 틀리면 그에 맞는 경고 사운드를 들려줄 수 있다. 분기문은 세 가지 파트로 구성된다(if-then-else). 조건문과 조건이 충족된 경우에 진행될 로직과, 충족되지 않았을 경우에 진행될 로직이다.

앞서 언급한 컨트롤 구조(조건이 딱 한 번만 검사되고 적절한 프로그램 코드가 단 한 번만 실행된다)와 반대로, 다른 프로세스들은 반드시 순환문(loop나 iteration)에서 반복적으로 수행돼야 한다. 조건을 충족하면, 로직을 수행한 뒤 다시 조건을 검사한다. 다시 조건이 충족되면 이번에도 로직을 수행하고 이 동작을 반복한다(while). 조건이 더 이상 충족되지 않으면, 로직 수행 동작을 멈추고 그다음 블록의 로직을 수행한다. 무한 루프에 빠지지 않기 위해서 순환문에서의 로직은 보통 조건 문에서 검사한 값을 변경하여 특정 시점에 다다르면 더 이상 조건이 충족되지 않는 상황을 만든다. for 루프의 경우, 순환문의 반복 횟수는 최대 순환 조건으로 미리 결정된다. 예를 들어, for each 순환문에서 리스트에 들어 있는 항목의 개수를 최대 순환 조건으로 걸고, 연속적인 처리 작업을 진행할 수 있다.

일반적인 컨트롤 구조에 대해 좀 더 상세히 알아보고 차이점과 특정 적용 사례를 살펴보자.

조건문과 분기문(if-then-else)

조건문과 분기문을 동시에 다뤄볼 것이다. 이 둘의 구조는 매우 비슷하며, 순환루프나 컨트롤 구조의 카테고리와는 구별된다. AI가 지원하는 조건문과 분기문을 생성하는 세 가지 메소드를 살펴보면(그림 9.44 참조), 기본 기능을 계속 확장해 나가고 있다는 사실을 알 수 있다(좌측 그림부터 우측 그림 순으로). 프로시저의 구조와 비슷하게, 세 가지 컨트롤 구조체 모두 처음엔 헤더에 있는 test 조건을 검사한 뒤 수행 로직에서 then-do 로직을 수행한다. if 조건문은 then-do 영역만 갖고 있지만(보통 if-then 문이라 일컫는다), 두 분기문 ifelse(if-then-else)와 choose는 두 개의 영역을 갖고 있다(결과가 긍정일 때 수행하는 then-do와 부정일 때 수행하는 else-do).

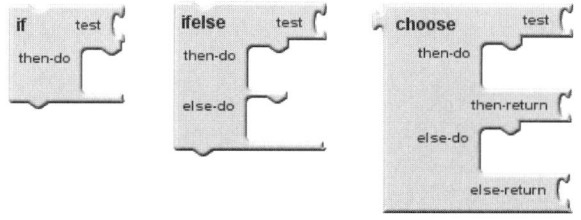

그림 9.44 조건문과 분기문을 생성하는 메소드 블록

조건문의 주 목적은 조건이 충족될 경우 개개의 수행문이나 여러 수행문들을 순서대로 따라가면서 동작하거나 특정 수행문을 골라 동작하는 것이다. 그러므로 프로그램 하위 섹션은 특정 이벤트가 발생할 경우 변함없이 수행되는 게 아니라 오히려 특정 조건을 충족할 때만 수행된다고 표현하는 게 맞다. 이는 전체적인 프로그램의 흐름에 미치는 영향의 수준을 결정한다.

'when-do'와 'if then-do'의 차이

두 블록 타입이 서로 확연하게 다르다 해도, when-do 이벤트 핸들러와 if then-do 조건문의 근본적인 차이점을 확실히 알아 두는 게 좋다. 입력에 의해 동작하는 이벤트 핸들러는 보통 블록 구조에 따라 외부 이벤트(해당 애플리케이션의 외부에서 발생하는 이벤트다)에 반응한다. 이러한 외부 이벤트로는 임의의 버튼을 누르거나 SMS 메시지를 수신할 때를 예로 들 수 있다. 로직의 구조에 영향을 미치는 조건문은 일반적으로 애플리케이션의 내부적인 동작 상태를 검사한다. 이는 외부 이벤트의 결과로 작용할 수도 있지만, 이러한 이벤트는 프로그램 구조의 순서에 따라 간접적으로 조건 검사를 유도한다. 조건문의 검사 결과가 긍정인 경우에만 조건문이 수행되는 반면, 이벤트 핸들러는 어떠한 경우에도 자신이 담고 있는 블록 구조체의 로직을 수행한다. 일반적으로 두 블록 타입은 함께 동작하며, 조건문은 이벤트 핸들러 블록의 일부분으로써 동작한다. 이는 사용자의 입력이나 여타 이벤트에 따라 다른 반응을 만들 게 해주는 역할을 한다.

조건문을 실습하기 위해, 암호를 물어보는 예제를 다뤄볼 것이다. 그림 9.45는 전형적인 조건문과 이벤트 핸들러 간의 상호작용을 보여주고 있다. 여기서 이벤트 핸들러는 어떤 경우라도 사용자 입력에 반응하지만, 조건문의 경우 정의된 조건이 충족될 때만(올바른 암호가 입력된 경우) "Password correct!" 메시지를 출력한다. 이를 구현하기 위해, `ControlIfButton.Click` 이벤트 핸들러에 조건문인 `if` 메소드 블록을 연결한다. 조건문을 검사하기(test) 위해서 논리적-수학적 관계 연산자인 = 블록을 통해, 텍스트 박스(`ControlPWTextBox`)에 입력한 암호가 미리 설정된 암호(`confidential`)와 일치하는지 확인한다(대소문자를 구별한다!). 비교 결과가 일치하면, then-do 수행문을 따라 동작하고 `ControlLabel`에 Password correct! 문구가 출력된다. 일치하지 않으면 아무 일도 일어나지 않는다(demo_Data 참조).

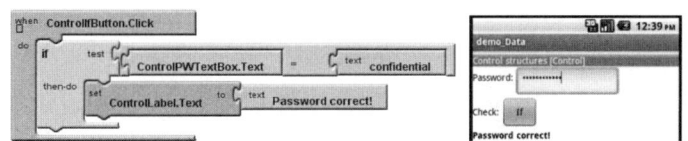

그림 9.45 입력한 암호가 올바를 경우에만 확인 메시지를 출력하도록 만든 블록과 결과 화면

사용자에게 입력된 암호가 틀렸다는 사실을 알리고 싶다면, `if-then-else` 분기문을 사용하면 된다. 사용자가 입력한 내용에 따라 둘 중 하나의 로직이 동작할 것이므로, 암호가 옳거나 틀렸다는 메시지를 화면에 출력할 것이다. 그림 9.46에서, `ifelse` 메소드 블록이 쓰였다는 사실을 확인할 수 있다. 여기서도 이전과 동일한 조건으로 검사를 수행하며, 결과 값이 긍정일 경우에

동일한 알림 메시지를 띄운다. 하지만 이번엔 잘못된 암호가 입력될 때마다 else-do 영역의 수행문에서도 Password invalid!라는 메시지를 띄운다(demo_Data 프로젝트를 참고하자).

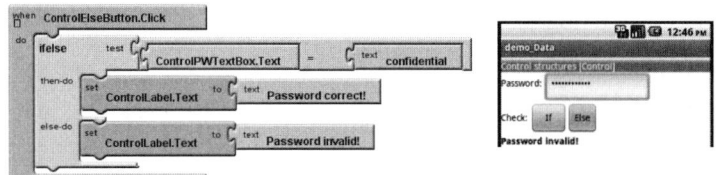

그림 9.46 옳거나 잘못된 암호에 다르게 반응하는 알림자(notifier) 블록

의사코드로 표현하자면, 그림 9.46에 나타낸 이벤트 핸들러와 알고리즘을 아래와 같이 쓸 수 있다.

```
버튼을 눌렀을 때
"confidential"과 입력한 문자열이 동일한지 검사하고
동일하다면 "Password correct!"를 출력한다.
다르다면 "Password invalid!"를 출력한다.
```

choose 메소드와 함께 분기문은 ifelse 블록을 대체하는 수단을 제공한다. 또한 조건 확인 test와 두 수행 영역인 then-do와 else-do과 함께 동작한다. 게다가, choose 메소드는 두 수행 영역에 각각 고유의 반환 값을 갖고 있다(then-return과 else-return으로, 이는 procedureWithResult 프로시저 블록이 return 반환 값을 갖는 것과 비슷하다). 이 메소드를 통해 조건 검사를 직접 블록 집합체 내부에서 효과적으로 사용할 수 있다. 예를 들어 그림 9.47에서 choose 블록을 고정적인 텍스트 블록처럼 사용할 수 있지만, 이 블록은 검사 결과에 따라 다른 알림 메시지를 띄울 수 있다(demo_Data 참조). 여기서도 반환 값을 결정하기 위한 처리 블록이 필요 없다면 수행문 블록 자체를 비워 둘 수도 있다.

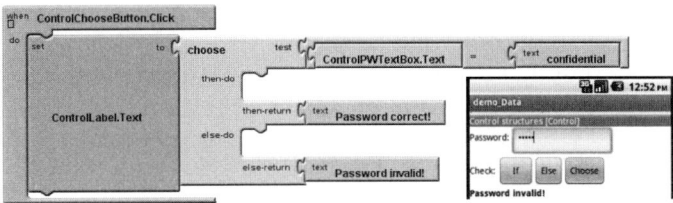

그림 9.47 조건에 따라 다른 알림 메시지를 출력하는 블록 구조도와 결과 화면

리스트나 수치를 이용한 순환문(for)

컨트롤 구조체에서 두 번째로 중요한 그룹인 순환문을 통해 일반적으로 여러 횟수에 걸쳐 로직을 반복적으로 수행하게 된다. 동일한 데이터 구조에 반복적으로 접근한다면(예를 들어, 동일한 수행문 거쳐 리스트의 순서를 따라 모든 리스트 항목들을 처리하는 경우), 처리 과정을 '반복문^{iteration}'이라고 한다. 반복 횟수가 초기 값으로 고정된 경우, 해당 순환문은 `for loop` 안에서 동작하게 된다. for 순환문은 여러 종류가 있지만, 순환문이란 이름이 말해주듯이, 일반적으로 각 항목마다 한 번씩 처리하여 처음부터 끝까지 순환하는 게 순환문의 특징이다. for 루프가 반드시 리스트의 항목을 기반으로 반복 수행돼야 할 필요는 없지만, 다른 데이터 타입이나 구조체에 적용될 수도 있다. 수치 데이터를 늘려나가거나, 줄여 나가는 식으로 임의의 지정 값에 도달 할 때까지 루프가 반복 실행되게 된다.

AI는 `Control` 블록 그룹에(그림 9.48 참조) 한 가지 메소드를 제공한다. `foreach` 순환 메소드가 리스트 타입을 대상으로 동작하는 것과 달리, for range 순환문은 수치 값을 카운트하며, 일반적인 반복 작업에 사용된다. 이 경우 반복 횟수는 별도로 지정 가능하다.

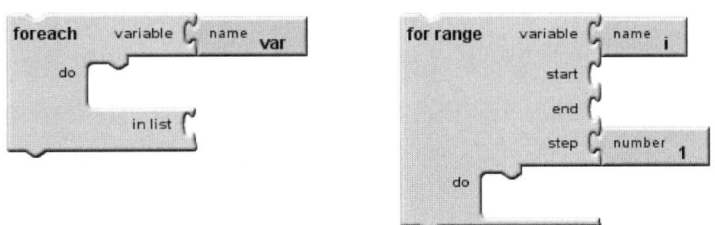

그림 9.48 두 종류의 'for' 순환문 : foreach와 for range

foreach 메소드를 통해 리스트의 항목들을 연속적으로 안전하게 처리할 수 있다. 즉, 리스트 항목이 몇 개인지, 루프가 중지될 조건을 검사해야 할 필요가 없어졌다. 이 메소드는 또한 모든 사항들을 자동으로 처리해주기 때문에 무한 루프에 빠질 가능성도 없다. 독자는 그저 루프 안에서 개개의 리스트 항목을 가지고 어떤 처리를 할지에만 치중하면 된다. foreach 루프는 간단하게 처리할 리스트 항목들을 하나씩 진행해 나간다.

그림 9.48과 같이 foreach 루프의 구조는 결과 값을 반환하는 프로시저와 다소 비슷한 측면이 있다. foreach에도 소켓이 두 개 있다. 하나는 variable이고, 다른 하나는 루프 밑에 있는 in list다. Control 블록 그룹에서 foreach 메소드 블록을 가져왔다면, 이에 맞는 var 변수가 자동으로 추가된다. 이 변수에 꼭 적절한 이름을 정해주길 바란다. 이 변수를 통해 현재 가리키고 있는 리스트의 항목을 나중에 루프를 반복할 때마다 루프 안에서 사용할 수 있으며, 추가로 처리하기 위한 블록을 삽입해 여기서 사용할 수도 있다. 마지막 소켓인 in list는 독자가 처리하려는 리스트를 연결하면 된다.

실제로 foreach 루프를 다뤄보기 위해, 임의의 리스트 타입으로 출력을 하도록 만들어 보겠다. 리스트 타입으로 만든 포맷은 리스트를 구성할 항목들로 구성된다. 표준 출력 형태와 같이 괄호로 감싸져 있거나 연속적으로 나열 된 대신 각 항목마다 별도의 행을 갖게 되며, 각 항목들을 차례로 아래 방향으로 나열한다. 사용자는 원하는 모든 종류의 리스트를 입력할 수 있고(그림 9.49 우측), 버튼을 눌러 포맷을 형성할 수 있다(demo_Data 참조).

리스트를 더욱 유연하게 사용하기 위해, 빈 리스트로 forList 변수에 초기화된다. ForEachButton 버튼을 누르면, ForTextBox에 입력한 텍스트를 모든 공백문자를 기준으로 분할되고(split at spaces), 처리가 끝난 리스트는 forList 변수로 전달된다. 포맷 형성을 끝낸 리스트를 출력할 For Label을 먼저 List items:\n 텍스트로 덮어씌운다(이 단계는 루프가 시작되기 전에 수행된다). 이때 텍스트 끝에 있는 첨부 문자(\n)을 보자. 이 문자는 아스키 코드 문자 10에 해당하는 개행 문자라는 '컨트롤 문자'다. 이 문자 자체를 화면에 출력하는 게 아니라, 이 문자 다음에 나오는 문자열이나 리스트 항목이 바로 밑 줄의 첫 열의 위치로 내려간다.

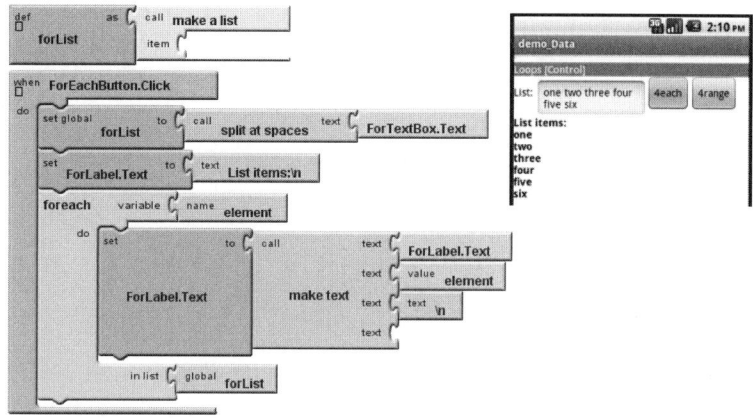

그림 9.49 foreach 루프를 사용해 리스트의 출력 포맷을 만드는 블록 구조와 결과 화면

그림 9.49와 같이, 루프를 수행하기 전에 미리 준비하는 과정이 이제 완성되었으니, foreach 루프문은 얼마든지 처리 작업을 시작할 수 있다. 루프 요소의 기본 이름인 var를 좀 더 정확한 의미를 나타내는 element로 바꿨다(각 순환 마다 현재 리스트의 '엘리먼트'를 가리키기 때문이다). 이제 리스트를 적절히 처리할 수 있다. 현재 리스트 항목을 가리키는 element로 ForLabel 라벨에 출력할 항목을 구성한다(각 항목 끝에는 개행 문자인 \n이 붙어있다). 현재 리스트 항목의 직전 항목을 현재 항목으로 덮어쓰는 일을 방지하기 위해, make text 메소드를 통해 각 항목들을 하나의 텍스트 문자열로 조합하게 된다(새로운 항목을 문자열의 끝에 계속 붙여나간다). 개행 문자를 각 항목 끝에 붙여서 ForLabel에 출력되는 최종 형태는 아래 방향으로 항목들이 나열된다. 그림 9.49에 나와 있는 블록 집합체를 의사코드로 표현하면 다음과 같다.

```
버튼을 누르면
ForTextBox의 데이터로 리스트를 생성하고 이를 forList에 할당한다.
ForLabel에 "List items: \n" 문자열을 입력한다.
forList의 각 항목을 순회하면서
  현재 ForLabel의 텍스트를 가져온 다음
  현재 루프가 가리키는 리스트의 요소를 이 텍스트에 추가하고 \n을 붙인다.
  그리고 이렇게 새로 만들어진 텍스트를 다시 ForLabel에 입력한다.
```

그림 9.49에 나온 프로그램 흐름과 블록 구조체를 자세히 살펴보자. foreach 루프를 통해 현재 리스트 항목을 어떤 식으로 읽어 와서 루프 안에서 처리할 변수로 사용할 수 있는지 기본 메커니즘을 완전히 이해해야 한다. 프로그래밍 초보자라면, 루프 구조의 일반적인 동작 원리를 완전히 파악하기 힘들 수도 있다. 하지만 이러한 이해를 하고 나면, 필요한 알고리즘을 개발하기 위한 가장 중요한 요소 중 하나를 사용할 수 있다. 위 예제에서 다룬 특정 처리 과정에 너무 열중한 나머지 방향을 잃거나 처리 과정을 당장 이해 못했다고 걱정하지 않도록 하자. 여러 리스트 항목을 순환하며 새로운 형태로 조합하는 일은 결코 사소한 작업이 아니다. 하지만 foreach 루프를 사용하지 않는 다면, 루프를 수행하고 나서 ForLabel에 출력된 항목은 리스트의 마지막 항목뿐일 것이다.

foreach 루프에서 리스트의 포맷을 재구성하여 화면에 출력하기

AI 레퍼런스인 'Notes and Details'에 있는 특별 섹션인 'Displaying a List'를 보면, foreach 루프를 통해 출력 포맷을 어떻게 재구성하는지 자세히 나와 있다. 아래 링크를 따라 루프의 동작원리를 더욱 자세히 알 수 있도록 참고하길 바란다.

- http://experimental.appinventor.mit.edu/learn/reference/other/displaylist.html

for range 루프를 시연하기 위해서는 반복문의 기본 요소로 사용할 리스트가 필요하진 않다. 그림 9.48에 나와 있듯이, 이 메소드는 사용자가 지정할 start 값과, 어떤 루프 횟수만큼 반복을 수행할지 나타내는 step 값, 그리고 언제까지 루프를 수행할지 나타내는 end 값을 인자로 받아들인다. step의 크기는 +1 혹은 -1보다 더 크게 지정할 수 있다. 미리 정의한 i 변수에 step만큼 변화한 루프 카운트 값이 기록된다. 이 메소드는 그림 9.50에 나온 루프를 통해 쉽게 시연할 수 있다. foreach 루프와 비슷하게, 각 항목들을 매 순환마다 조합하여 새로운 텍스트를 형성한다. 이때 make text 메소드를 통해 최종 텍스트를 아래 방향으로 나열해 출력할 수 있도록 \n을 순환마다 텍스트에 추가한다.

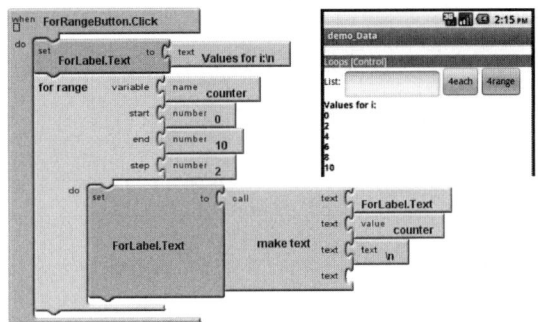

그림 9.50 for range 루프의 카운트를 2씩 증가시켜 숫자를 출력하는 블록과 결과 화면

루프 순환 과정에서 순환마다 다른 카운트 값으로 결과 값이 계산된다. 그림 9.50과 같이 숫자 시퀀스 0 2 4 6 8 10을 만들기 위해 `for range` 메소드의 시작 값을 0으로 할당하고, 목표 값을 10으로, step 크기를 2로 지정하였다. i 카운터 변수의 이름을 counter로 수정했다. do 영역의 수행문은 단순히 0부터 10까지 2씩 카운트를 증가시키고, 이때마다 텍스트에 카운트 값을 텍스트로 덧붙여서 최종 결과 문자열을 ForLabel.Text에 출력한다. 의사코드로 나타내면 다음과 같다.

```
버튼을 누르면
ForLabel에 "Values for: \n" 텍스트를 적고
카운터의 시작 값을 0으로 설정한다.
카운터가 10보다 클 때까지
  현재 ForLabel의 텍스트 데이터를 가져오고
  이 텍스트에 카운트 값과 \n을 덧붙인다.
  그리고 새로 만들어진 텍스트를 ForLabel에 다시 입력한다.
  그리고 카운트를 2만큼 증가시킨다.
```

이러한 방식대로라면, 리스트의 길이가 아무리 커도 순환 범위로 지정할 값과 카운터 증가 값을 통해 모든 반복 처리 작업을 제어할 수 있다. 하지만 이게 끝이 아니다. 반복문을 수행함에 있어서 이러한 유연성은 다른 루프 메소드를 통해 더욱 개선시킬 수 있다. 이는 거의 모든 경우에 있어서 강력한 순환 구조를 가지는 프로그램을 만들 수 있다는 것이다.

일반적인 순환문(while)

더욱 효과적으로 순환 구조와 알고리즘을 만들기 위해 Control 블록 그룹의 while 루프 블록을 사용해보자. 이 블록의 적용 영역과 작업 범위는 for 루프보다 훨씬 광범위 하다. while 루프를 특별히 어떤 루프 타입이라고 명확하게 말하기도 애매하다. while 문을 사용해 전형적인 while 루프의 구조와 기능을 만들 수 있을 뿐만 아니라 for 루프나 카운팅 역할로 사용할 수 있기 때문이다. 이번 섹션을 진행하면서 이 루프 그룹을 사용하는 수많은 방법들을 소개할 것이다. 원하는 알고리즘을 만들기 위해 while 메소드가 제공하는 높은 수준의 유연성과 능력에 깜짝 놀랄 것이다. while 루프의 처리 과정을 자세히 공부해보자. while 루프는 함축적인 형태를 갖고 있어, 단지 몇 개의 블록 집합체만 포함한다. 프로그래밍 경험이 별로 없어 각 요소들의 동작 원리를 곧바로 이해하기 어렵다고 공부를 미루진 말자. 다른 요소들과 마찬가지로, 연습만이 살길이다! 먼저 그림 9.51에 나와 있는 while 블록(겉으로 보기엔 손쉽게 다룰 수 있을 것 같은)에 대해 더욱 상세히 알아보자.

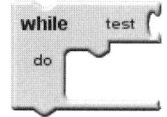

그림 9.51 다양한 순환 작업에 사용 가능한 while 루프 블록

조건문과 분기문과 마찬가지로, 그림 9.51의 while 루프 블록도 처음엔 test의 조건이 충족되는지 확인한 다음 do 루프의 수행문을 수행한다. 수행을 끝내면, 다시 조건 검사를 한다. 조건이 다시 충족되면, 한 번 더 수행문을 수행하고 이러한 과정이 계속된다. 조건문이 더 이상 충족되지 않으면 루프 수행이 종료되고, 그다음 블록의 수행문을 계속 실행한다.

> **루프 수행 전 조건 감사, 후 조건 검사**
>
> while 루프는 '수행 전 조건 검사(pre-test)'인 while-do 블록과 '수행 후 조건 검사(post-text)'인 do-while 블록으로 나뉜다. 전자는 적어도 한 번은 조건이 충족돼야 수행문을 실행하며, 후자는 무조건 수행문을 한 번 수행한 뒤 조건을 검사하여 while 루프를 수행한다. 후자의 형태는 다른 프로그래밍 언어에서도 자주 볼 수 있다. 몇 몇 프로그래밍 언어에서는 두 종류의 루프문을 모두 지원한다.

일반적인 특성과 더불어, while 루프는 일반적으로 카운터나, 최종 결과 값이나 중간 수행 과정에서 계산된 값을 기록하여 사용할 목적으로 변수들을 사용한다. 변수를 카운터로 사용할 때는 일반적으로 루프를 수행할 때마다 1씩 증가시키거나, 반대로 1씩 감소시킨다. 그러므로 그림 9.52와 같이 while 루프에서 countdownCounter 변수를 감소시키면서 쉽게 타이머 카운트다운 기능을 구현할 수 있다. 이 예제에서 카운트 변수는 두 가지 역할을 한다(루프를 진행하는 카운터 값과 수행 중간에 사용할 카운트 값). 사용자가 텍스트 박스에 숫자를 입력하고 Countdown 버튼을 누르면, while 루프는 이 숫자를 0까지 거꾸로 카운트를 세다가 0이 되면 "Countdown over!" 메시지를 출력한다(demo_Data 참조).

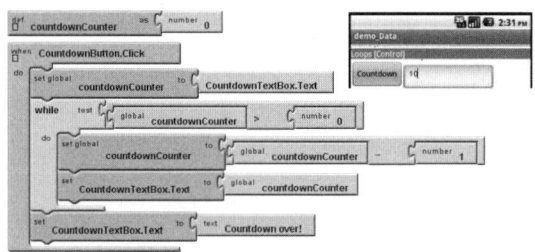

그림 9.52 while 루프로 구현하는 카운트다운 타이머 블록과 결과 화면

그림 9.52와 같이 카운트다운 카운터를 구현하기 위해, countdownCounter 변수를 생성하고 0으로 초기화한다. 예를 들어 사용자가 CountdownTextBox 입력란에 10을 입력하고 CountdownButton 버튼을 클릭하면, 이 숫자를 먼저 버튼의 이벤트 핸들러에 연결된 countdownCounter 변수에 전달한다. 이제 while 루프가 활성화되고, 현재 변수의 값이 0보다 큰지 검사한다. 현재 카운트 값이 10이 되면서 조건이 충족되므로, 처음엔 루프를 수행한다. 루프를 수행한 다음 countdownCounter의 값을 1 만큼 감소시킨다(countdownCounter = countdownCounter - 1). 이렇게 감소된 값(9)이 두 번째 루프 수행문에서 수행되고, 텍스트 박스에 출력된다. 다시 조건을 검사한다. 이번에도 0보다 크기 때문에, 루프를 수행한 뒤 8로 감소하고 다시 검사가 이뤄지며 이러한 동작이 반복된다. 그러다 변수 값이 1에서 0이되면 조건 검사 결과는 부정이 된다(불린 타입으로 false 값을 갖는다). 이 경우, 루프는 종료되고 다음 이벤트

핸들러 블록이 수행되어 Countdown over! 텍스트가 출력된다. 의사코드로 나타내면, 그림 9.52의 블록 구조는 다음과 같다.

```
버튼을 누르면
countdownCounter를 텍스트 박스에 입력한 값으로 설정한다.
countdownCounter가 0보다 클 때까지
countdownCounter 값을 1 감소시키고
새로운 countdownCounter 값을 텍스트 박스에 쓴다.
"Countdown over!" 문자열을 텍스트 박스에 입력한다.
```

시간을 들여 그림 9.52에 나온 블록 집합체의 흐름을 파악하길 바란다. while 루프를 사용할 때 미리 정의돼 있어서 더욱 안전한 foreach 루프보다 훨씬 더 신중할 필요가 있다. while 루프를 사용할 땐, 루프의 반복 횟수가 올바른지 확인해야 한다. 언제 루프를 종료할지 결정해야 하며, 먼저 조건이 반드시 충족돼야 한다. 이때 요소들을 차례로 실행 중인 블록으로 전달하고, 각 순환마다 카운터를 증가 혹은 감소시켜야 한다. 직접 눈으로 프로그램 흐름을 확인해보면서 블록 구조를 재구성해보자. 왜냐하면 나중에 스스로 루프 구조를 만들 땐, 반드시 기획을 미리 해놔야 하기 때문이다. while 루프를 구현할 땐, 루프를 구성하는 요소들을 빠짐없이 상세히 살펴봐야 하며, 특히 조건 검사에 사용되는 변수를 처리하는 수행문에 주의해야 한다. 예를 들어, 그림 9.52에 나와 있는 루프 구조를 보자. 단순히 countdownCounter 변수를 계산하는 - 연산자를 + 연산자로 바꾸기만 해도, 매번 1씩 증가하므로 항상 변수의 크기가 0보다 커서 무한 루프에 빠지게 된다.

무한 루프에 빠지지 않도록 주의하자!

스마트폰이나 에뮬레이터로 앱을 실행하기 전에, 마음속으로 프로그램 흐름을 상상하고 주의 깊게 루프의 순환 조건 검사에 사용될 매개 변수나 조건문을 계산해보면서 무한루프에 빠질 위험이 없는지 확인하도록 하자. 무한 루프에 빠지면, 강제로 루프를 종료해야 한다. 필요하면 무한 루프를 발생 시킨 원인을 분석하고 수정하기 위해 디버깅 메소드를 활용해도 좋다.

나중에 디버깅 모드에 대해 다루면서, 앱이 올바르게 동작하도록 루프의 구조를 검사하는 핵심적인 방법에 대한 몇 가지 팁을 제공할 것이다. 문제를 풀어나갈 때, 매 순환마다 변수가 어떻게 변하는지 따라가 보는 것도 중요하다.

디버깅 메소드를 사용하면 countdownCounter 변수의 카운트 값을 실시간으로 추적할 수 있다.

하지만 안타깝게도, 루프 수행문에 이 명령이 포함돼 있음에도 불구하고, 그림 9.52에서 다루는 예제에서는 중간 계산 값이 출력되지 않는다. 반복 루프가 실행되고 있는 도중에는 다른 입출력 채널이 완전하게 차단되기 때문이다. 이를 통해 처음부터 무한 루프에 빠지지 않도록 구조를 잘 설계하는 것이 정말 중요하다는 걸 느낄 수 있을 것이다.

예전에도 강조했지만, while 루프는 주로 가장 동적으로 변화하는 수행 문맥에서 사용될 때, 이 루프가 갖는 높은 수준의 유연성이 특히 두드러진다. 이러한 유연성을 시연하기 위해, 또 다른 사용 사례를 다뤄보겠다.

바로, 기하급수의 기능을 while 루프를 통해 만들어 보는 것이다. 기하급수란 기본적으로 수학적으로 정의된 로직을 반복하는 것이다. 여기서 급수의 대상이 반복해서 곱해진다. a^n의 의미는 밑수 a를 급수 n만큼 반복해서 자신을 곱한다는 뜻이다($a^n=a*a*a...$). 그러므로 예를 들어 2^3은 $2\times2\times2 = 8$로 계산된다.

while 루프는 이러한 수학적 연산을 처리할 때 이상적이다. 그림 9.53에서, 사용자가 PowerATextBox에 밑수를 입력하고 PowerNTextBox에 급수를 입력하고 '=' 버튼을 누르면, n번 while 루프가 동작한다.

루프를 순환할 때마다 밑수를 곱해준다. 루프가 종료되면, 밑수를 급수만큼 반복해서 곱한 결과가 출력된다(demo_Data 참조).

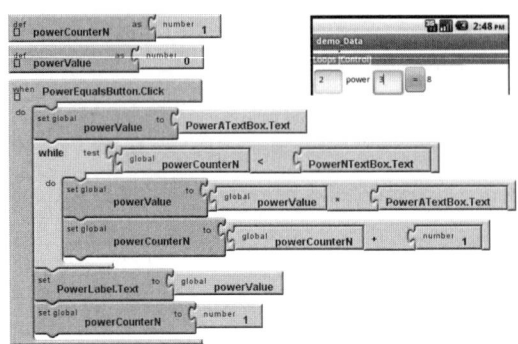

그림 9.53 while 루프를 사용해 기하급수를 계산하는 블록 구조와 결과 화면

그림 9.53에 나와 있는 블록 집합체를 구현하기 위해, 두 변수가 필요하다. powerCounterN 변수는 급수 n을 의미하며, 이는 루프가 반복 수행될 횟수이다(초기값이 1임). 루프를 수행하면서 중간 계산 결과 혹은 최종 계산 결과는 powerValue 변수에 담긴다. 만약 그림 9.53에서 사용자가 a=2(PowerATextBox), n=3(PowerNTextBox)을 입력하고 PowerEqualsButton을 누르면, 이 값들이 기하급수 연산의 초기 값으로 설정된다.

다음으로 while 루프의 초기 조건에서 현재 powerCounterN에 담긴 값이 PowerNTextbox에 앞서 입력한 3보다 작은지 검사한다. 작다면, 루프를 수행한다.

첫 do 수행문 수행에 있어, 기존의 powerValue인 $2^1(=2)$를 PowerATextBox에 담긴 밑수 2를 곱하여 새로운 powerValue 값 4가 저장된다. powerCounter 값이 1 증가해 2가 된다. 여전히 3보다 작기 때문에, 루프를 반복한다. 기존의 powerValue 값인 4를 다시 밑수 2로 곱하여 결과는 $2^3(=8)$이 된다(powerValue에 저장된다). 다시 powerCounter를 1만큼 증가시켜 3이 된다. 이제 더 이상 조건이 충족되지 않으므로, 루프 블록을 지나 다음 블록을 수행한다. 현재 powerValue 값(8)이 PowerLabel에 출력된다.

다음에 PowerEqualsButton을 눌렀을 때 계산을 다시 수행하도록 준비하기 위해, powerCounterN 값을 다시 1로 초기화한다.

휴, 이제 숨을 한 번 크게 내쉬고, 잠시 그림 9.53에 나와 있는 함축적인 블록 집합체의 다소 복잡한 처리 과정을 자세히 살펴보자. 앞서 언급했듯이, 루프를 사용해 원하는 알고리즘을 매우 효과적으로 개발할 수 있다. 의사코드를 보면 알겠지만, 사실 루프 구조가 그렇게 복잡한 것도 아니다. 의사코드를 통해 이전 문단에서 설명한 내용을 더욱 쉽게 이해할 수 있다.

---

powerCounterN를 1초 초기화한다.
버튼을 누르면
PowerATextBox에 입력된 밑수를 powerValue에 할당한다.
powerCounterN < PowerNTextBox가 성립할 때까지
밑수에 powerValue를 곱하고
결과 값을 다시 powerValue에 할당한다.
powerCounterN를 1만큼 증가시킨다.
PowerLabel에 powerValue 값을 출력한다.
powerCounterN을 다시 1로 초기화한다.

하지만 이 구조를 그냥 내버려 두지 않을 것이다. 다른 예제를 통해 while 루프의 유연성을 시연하고자 한다. whlie 루프를 통해 foreach 루프를 재구성해보겠다. 전혀 문제될 것 없이 쉽게 작업할 수 있지만, 이번엔 반드시 직접 개개의 리스트 항목을 읽어서 반복 횟수만큼 처리하는 작업을 신중하게 해야 한다. 이러한 노력에도 불구하고, 그림 9.54에 나온 블록 집합체는 9.49에 나온 블록보다 그리 차이가 날 정도로 길거나, 정교하진 않다. 두 기본 데이터와 결과 값은 동일하다. 즉, 두 경우 모두 개별 항목들은 동일한 텍스트 박스로부터 입력되어 리스트 형태로 각 라인마다 출력된다.

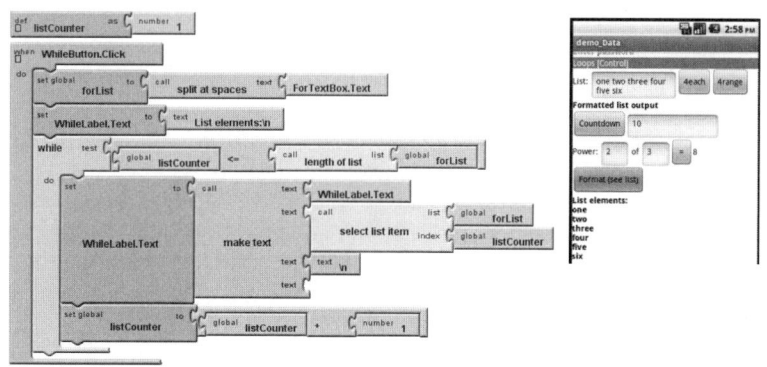

그림 9.54 while 루프의 출력 리스트(그림 9.49와 동일한 포맷)

foreach 루프를 사용할 때와 차이점은 우선 그림 9.54의 while 루프의 경우 listCounter라는 변수를 추가하여 반복 순환을 위한 카운터로 사용해야 한다. 이 변수는 1로 초기화 할 것이다. WhileButton.Click 이벤트 핸들러에서 기존 텍스트 박스인 ForTextBox와 foreach 예제에서 사용했던 forList 리스트 변수도 그대로 사용한다. 한 가지 새로 추가된 항목은 바로 새로 저장된 텍스트 문자열의 길이를 저장할 WhileLabel 변수다. while 루프를 수행하기 전, 프로그램은 listCounter(1)가 forList 리스트의 길이보다 작거나 같은지 (< =) 확인한다(메소드 길이 함수를 사용한다). 루프를 수환할 때마다 현재 가리키는 리스트 항목을 문자열에 계속 추가하는 것도 이전과 같지만, 이번에는 개개의 현재 가리키는 리스트 항목이 반드시 명시적으로 select list item 리스트 메소드를 통해 listCounter에 저장된 현재 인덱스 값을 읽어 들여야 한다.

그래서 우리는 다음의 리스트 항목을 호출할 수 있게 된다. 다음 순환문을 진행하면서 다른 리스트 항목을 호출할 수 있으며, 동시에 루프 카운터를 1만큼 증가시킨다. listCounter 변수 값도 매 루프마다 1씩 증가하며, 이는 세 번째 차이점을 말해준다. listCounter 변수가 length 리스트의 listCounter의 데이터와 동일하게 되면 곧바로 while 루프의 초기값이 충족되지 않으므로, 루프 과정을 종료한다.

더욱 확실히 이해하기 위해, 블록 구조를 다음과 같이 그림 9.54에 의사코드로 나타내었다.

listCounter에 초기값 1을 할당한다.
버튼을 누르면
ForTextBox로부터 리스트를 생성하고 이를 forList에 할당한다.
WhileLabel에 "List elements:\n" 문자열을 입력한다.
 (listCounter < = forList 리스트의 길이) 가 성립할 때까지
WhileLabel의 텍스트를 가져오고
리스트의 항목을 텍스트에 추가한다.
listCounter 인덱스 위치에 있는
\n문자를 덧붙인다.
그리고 새로운 텍스트를 WhileLabel에 입력한다.
listCounter를 1 증가시킨다.

이러한 높은 수준의 유연성과 강력한 성능을 가진 메소드의 가장 근본적인 원리를 while 블록을 사용하는 예제를 다루면서 더욱 분명하게 이해했을 것이다. 동질의 데이터베이스를 반복적으로 처리하기 위한 일반적인 프로그램 구조의 복잡한 흐름을 함축적으로 줄이면서, 이미 우리는 개발자의, 궁극적으로 프로그래머의 깊은 주제에 빠졌다. 이러한 컨트롤 구조체의 위대한 잠재력뿐만 아니라 앞서 언급했던 근본적인 데이터 타입과 구조들을 통해 다시 한 번 너무나도 간단하고 쉽게 사용할 수 있는 앱 인벤터가 실제로 얼마나 강력하고 현실성 있는 개발 도구인지 알 수 있었다. 특정 컴포넌트와 일반적인 블록 그룹간의 연결 및 상호작용을 통해, 창의력과 함께 앱을 개발하는데 필요한 요구되는 지식들을 갖춘다면, 독자는 AI로 자신이 상상할 수 있는 모든 알고리즘과 기능을 개발할 수 있다. 결국은 그렇게 되기 위해 이 책을 읽는 것이다.

안전하게 앱 종료하기

Control 블록 그룹은 네 가지 메소드를 담고 있으며, 이들은 프로그램에 직접적인 영향을 미치는 건 아니며 단지 처음 실행 단계와 종료 시점에만 동작한다. close screen 메소드를 사용해 실행 중인 앱을 종료할 수 있다. 그러므로 AI로 앱을 개발 할 때, AI는 Stop this application. 메뉴 항목을 통해 앱을 중지시키는 표준 수단을 제공한다. 물론 최종적으로 앱이 종료 되는 것은 다른 앱과 마찬가지로 안드로이드 OS가 메모리 관리를 할 때 메모리에서 앱을 제거하는 것이다. 그림 9.55를 보면, EndButton을 눌러 demo_Data 앱을 종료할 수 있다. 완전히 앱을 종료하여 메모리에서 제거하기 위해, 특별한 메소드를 사용할 수도 있다. 이 메소드는 앱만 종료될 경우, 백그라운드에서 실행되어 계속 동작하고 있는 사운드 효과나 타이머도 종료한다.

그림 9.55 앱을 실행하고 종료하는 메소드들

완성도를 높이기 위해, 간단하게 그림 9.55에 나와 있는 나머지 두 개의 메소드들도 다뤄보겠다. 13장에서 이 메소드를 제대로 사용할 것이다. 종료하려는 앱이 다른 애플리케이션에서 호출해야 하는 상황이라면, `close-screen-with-result` 메소드를 통해 종료될 앱에서 호출할 앱에 반환 값을 전달할 수 있다(반환 값은 미리 정의돼 있는 APP_INVENTOR_RESULT란 값이다). 반면, 이러한 반환 값이 호출자 앱에 전달된 경우 `get start text` 메소드로 다른 앱에서도 이 반환 값을 가져올 수 있다. 앱 간의 데이터를 전달하거나 상호 호출하는 방법은 13장에서 자세히 다루게 될 고급 주제이다.

앞으로 앱 개발자가 되기 위해 이 책을 공부하면서 어떤 프로그램 문맥이나 컴포넌트를 사용하든지 간에, 제네릭 블록을 사용할 일이 자주 있을 것이다. 제네릭 블록에 익숙해지면, 다양한 컴포넌트를 조합하여 훨씬 유연한 기능들을 만들 수 있으며, 앞서 다뤘던 조급용 프로젝트에서 생성했던 기능들을 더욱 다양하게 응용할 수 있을 것이다. 제네릭 블록을 어떻게 쓰는지 아직 확신이 서지 않더라도, 일단 그냥 진행해보면서 앞으로 나올 프로젝트들을 통해 지식을 더 넓혀 나가자. 원한다면 프로그램 개발 기본에 대해 다뤘던 섹션들을 다시 읽어봐도 좋다. 그래도 일단 이번 장을 마칠 때쯤이면, 확실히 완전한 앱 개발자가 되기 위해 필수적인 지식들을 얻을 것이다.

프로그램 개발 팁

프로그램 개발의 기본에 대한 내용을 적절히 마치기 위해, 몇 가지 개발에 도움이 될 만한 도구와 리소스들을 소개하려 한다. AI와 동일한 방식으로 좀 더 나은 앱을 개발하기 위한 귀중한 리소스로써 AI가 제공하는 전형적인 도구들과 개발 환경의 속성들을 사용할 수 있다. 다음 절에서 우리는 이러한 도구들과 속성들을 간단히 설명하여 이번 주제(일반적인 프로그램 개발 방법론과 AI를 사용하는 방법)를 마칠 것이다.

AI 레퍼런스에 소개된 부가적인 팁들

AI의 콘셉트 레퍼런스를 참고하면 팁과 정보뿐만 아니라, AI에서 사용할 수 있는 도구에 대한 문서도 (Live Development, Testing, and Debugging) 찾아볼 수 있다.

- http://experimental.appinventor.mit.edu/learn/reference/other/testing.html

앞서 예제들을 다뤄보면서 "이러한 기능이 있었으면 좋겠다" 싶었던 유용하고도 필수적인 AI의 기능들을 살펴보자. 자신만의 앱을 개발하면서 더 광범위한 프로젝트들을 다뤄봤을 수도 있지만, 그림 9.56과 같이 앱 프로젝트가 복잡해질수록 블록들이 한 화면에 모두 담기지 않아 점점 불편함을 느낄 수 있다.

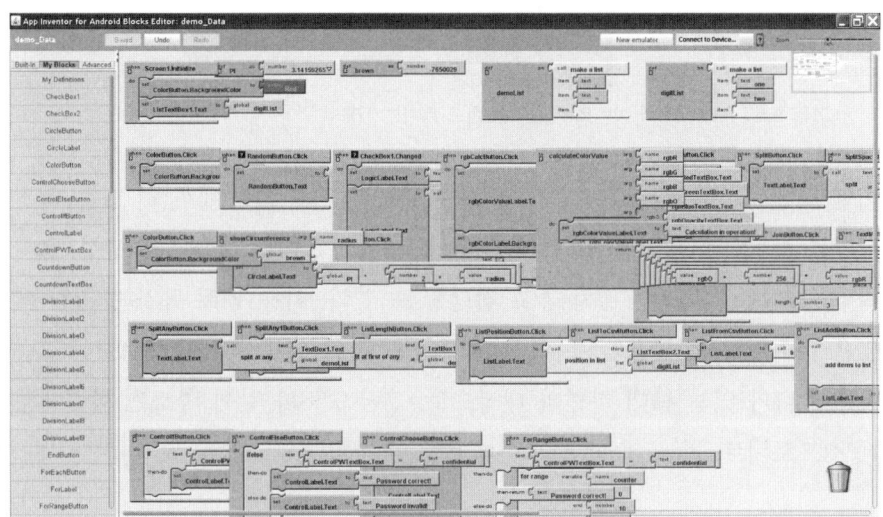

그림 9.56 큰 규모의 프로젝트를 진행할 때 볼 수 있는 Editor의 공간 부족 현상

고전적인 프로그래밍 언어와 비교해보면, AI와 같은 시각적인 방식의 개발 언어는 훨씬 더 많은 화면을 필요로 한다. 화면에 나타난 작업 공간을 더 늘릴 수도 있지만, 머지않아 또 다시 한계에 부딪힐 것이다. 작업 공간을 확대하는 정도로는 그리 도움이 되지 않는다. 컴포넌트가 어디에 뭐가 있는지 찾기 힘들기 때문이다. 이러한 상황에서, AI는 큰 규모의 프로젝트를 다루기 위한 대안을 제시한다. 바로 이벤트 핸들러나 프로시저의 블록 구조를 접었다 펼치는 방식이다(접으면 제목만 나타난다). 예를 들어, 그림 9.57에 나와 있는 WhileButton.Click 이벤트 핸들러를 우측에서 좌측 그림과 같이 줄일 수 있다.

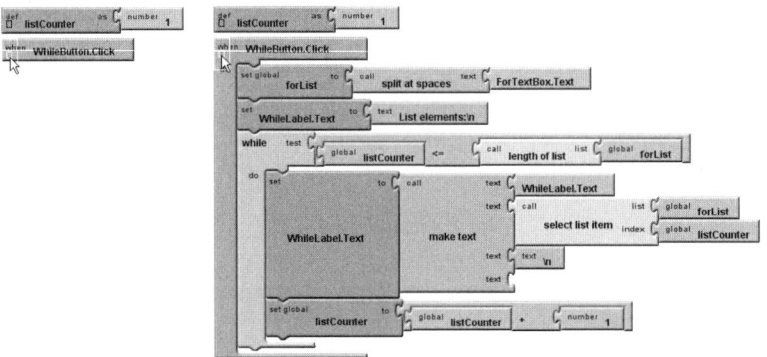

그림 9.57 Editor에서 이벤트 핸들러를 접고 펼치는 기능

이벤트 핸들러나 프로시저 블록을 접는 기능은 왼쪽 측면에 달려 있는 작은 상자를 클릭하여 활성화 할 수 있다(그림 9.57 참조). 이 기능을 사용하여, 현재 작업 중인 블록구조만 펼쳐 놓고 진행할 수 있다. 이를 통해 독자는 훨씬 더 많은 작업 공간을 활용할 수 있어, 블록들을 훨씬 쉽게 추적할 수 있다. 그림 9.56에 나와 있는 확대 화면의 대안으로, 그림 9.58과 같이 축소된 화면에서 데모 프로젝트 demo_Data를 화면에 출력할 수 있다.

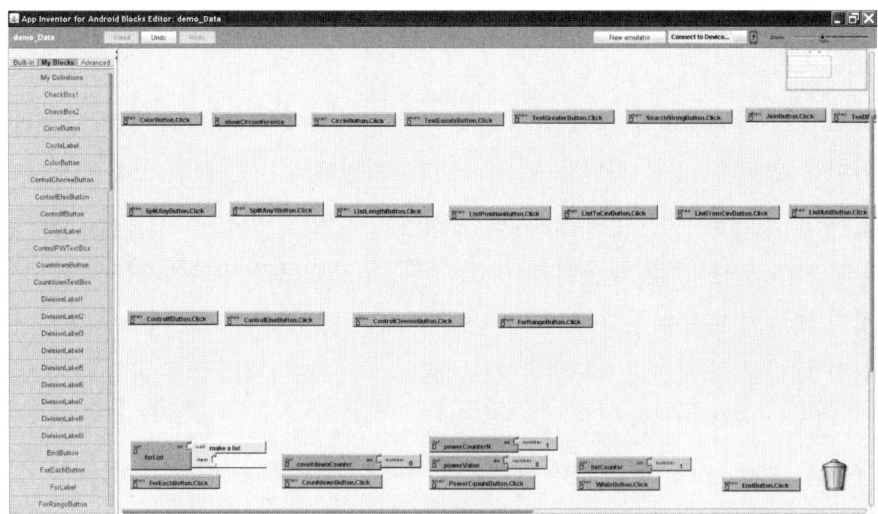

그림 9.58 그림 9.56에 나온 프로젝트의 블록들을 접은 화면

그림 9.58을 보면 접어놓은 블록 집합체들을 특정 간격으로 줄을 맞춰서 나란히 배열해 놓았다. 이렇게 정렬함으로써, 즉시 필요한 블록 집합체만 펼쳐서 작업을 진행할 수 있다. 이렇게 함으로써, 일반적으로 다른 블록 집합체에 서로 가려지는 일을 방지할 수 있다. 이는 블록 정렬의 여러 가지 방법 중 하나에 지나지 않는다. 자신이 선호하는 방법을 찾아보자.

AI는 또한 작업 공간을 깔끔하게 정리해주는 수단을 제공해준다. 간단히 Editor의 빈 공간을 클릭하여 나타난 메뉴에서 Organize all blocks 항목을 선택하자(그림 9.59 참조). 그러면 자동으로 블록 집합체들이 테이블 형태로 깔끔하게 정렬된다.

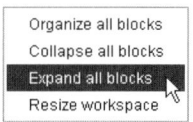

그림 9.59 작업 공간을 정렬하기 위한 Editor의 컨텍스트 메뉴

그림에 나온 컨텍스트 메뉴를 통해 모든 블록 집합체들을 한꺼번에 접거나(Collapse all blocks) 펼칠 수 있다(Expand all blocks). Resize workspace 메뉴를 선택하면, Editor의 작업 공간을 원하는 크기로 조절할 수 있다. 예를 들어, 사용했던 큰 규모의 블록 집합체를 지우고 나서 화면을 줄일 수 있다. 어떤 영역이나 블록을 오른 클릭하는지에 따라 다양한 컨텍스트 메뉴가 나타난다. 이렇게 함으로써 찾으려는 항목들만 담은 관련 메뉴를 쉽게 찾을 수 있다. 다음 섹션에서도 몇 가지 컨텍스트 메뉴를 접하게 될 것이다.

컴포넌트를 사용한 고급 검사 방법

블록 집합체를 접어 집합체를 특정 방식에 따라 정렬하고 개개의 이벤트 핸들러와 프로시저들의 이름을 다시 지어줄(고유의 기능을 잘 설명할 수 있도록) 수 있다고 해도, 여전히 다양한 블록 집합체들의 관계와 기능들을 추적하기란 쉽지 않을 것이다. 특히 앱의 구조가 점차 복잡해질수록, 독자의 마지막 작업 세션이 길어질수록 이러한 현상은 더욱 심해진다. 다른 개발자가 독자의 프로그램 구조를 본다면 백발백중, 프로그램 구조나 의도를 파악할 수 없을 것이다. 자신이 만든 프로젝트라도 얼마간 프로젝트에 손을 대지 않다가 보면 자신이 그 다른 개발자가 돼버리는 경험을 할 수 있을 것이다. 예를 들어, 과거에 특정 알고리즘을 구현해둔 블록 집합체를 나중에 다시 살펴볼 경우, 예전의 프로그램 구조를 쉽게 파악할 수 있도록 조치를 취해놔야 한다. 이러한 상황에서, 블록 집합체에 관련 변수, 이벤트 핸들러, 프로시저의 기능을 적어 놓은 주석을 달아 놓을 수 있다. Editor에서는 개별 테마 영역 간에 구조적으로 구별을 해놓는 식으로 시각적인 강조 효과를 만들 수 있다. 이는 Designer의 Viewer에서 만들었던 구분선과도 비슷하다. 그림 9.60에서 주석 형태로 DivisionLabel과 같이 사용하는 몇 가지 헤더를 볼 수 있다.

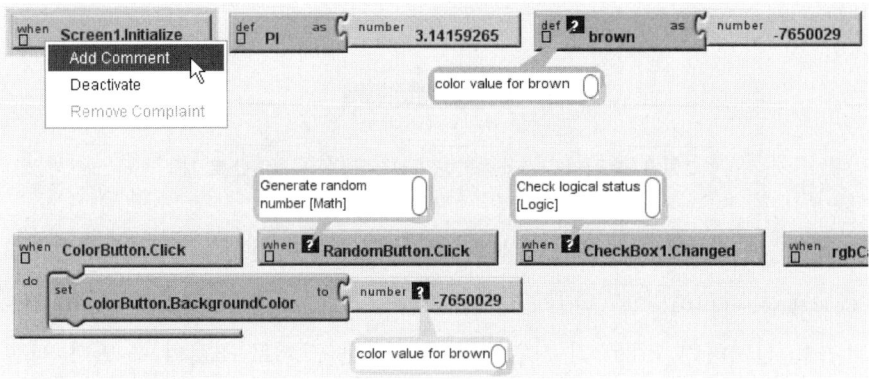

그림 9.60 주석을 달아놓은 Editor의 블록과 블록 집합체

이벤트 핸들러, 프로시저 등 다양한 종류의 블록을 오른 클릭하여 나타난 컨텍스트 메뉴에서 Add Comment를 선택해 주석을 달 수 있다(그림 9.60 참조). 그런 다음 입력란에 주석을 적어 크기를 조절하고 원하는 곳에 끌어다 놓을 수 있다.

주석을 생성하면, 블록의 물음표 아이콘을 클릭하여 이를 펼치거나 접을 수 있다.

개발 중간에 실시간으로 오류 메시지 확인하기

안드로이드 앱 개발을 위한 주요 소스는 AI의 특징으로 아직 까진 특별히 언급하진 않았지만 이미 집중적으로 사용해왔다. 고전적인 컴파일러(C 나 C++

용)에서는 반드시 실행 가능한 코드를 먼저 편집기에 입력하고 나서, 독립적인 애플리케이션 형태로 최종 테스트를 해야 한다. 반면, AI 같은 인터프리터형 언어를 사용하여 간단하게 새로운 컴포넌트를 Viewer로 가져와 직접 에뮬레이터나 스마트폰에서 그 기능을 테스트할 수 있다. 이렇게 점진적인 개발 방식의 장점은 별다른 노력 없이도 개개의 블록들을 테스트할 수 있고, 개발자들이 올바르게(혹은 올바르지 않게) 동작하는 모든 항목들에 대해 직접적이고 선택적인 피드백을 얻을 수 있기 때문에, AI를 통해 매우 쉽게 실시간으로 개발을 할 수 있다는 것이다.

상당한 개발 시간을 절약할 수 있다는 장점과 더불어(전형적인 프로그래밍 언어에선는 코드수정-컴파일-테스트 주기에 많은 시간을 쏟아 붓는다), 개발 초기에 알고리즘을 구현하기 위한 기획 단계에서도 그리 많은 고민을 하지 않고도 처리할 수 있다. 이러한 직관적이고, 자연스러우며, 때로는 즐겁기까지 한 개발 방식 덕분에, 인터랙티브한 AI 개발 프로세스가 일반적으로 더욱 간단해졌다(특히 프로그래밍 초보자들에게). 또한 더욱 빠르게 성취감을 느낄 수 있다(개발 동기를 부여한다는 측면에서 이 점을 과소평가해선 안 된다). AI의 근본 원리를 파악하기만 하면, 나중에라도 전형적인 프로그래밍 언어를 사용해야 할 때 훨씬 쉽게 언어를 전환할 수 있을 것이다.

앱을 개발하면서 누릴 수 있는 AI의 다양한 장점들과 더불어, AI는 프로그램 수행 도중 발생할 수 있는 오류를 방지하여 개발자를 직접적으로 지원해준다. 블록 집합체들을 더 큰 프로젝트에 통합할 때, Editor는 발생 가능한 비호환성이나 오류에 대해 경고해주고, 심지어 치명적인 오류와 잠재적인 오류를 구별해주기도 한다. 예를 들어, 그림 9.61은 AI IDE가 출력하는 경고 메시지다(compaint) "경고: 이벤트 핸들러가 중복됩니다". 블록 위에 노란색 느낌표 상자가 나타난다. 이 메시지는 하나의 이벤트에 두 가지 이벤트 핸들러가 존재한다는, 좀 더 구체적으로 말하면 ColorButton이란 이름이 중복되어 ColorButton.Click 이벤트를 어디에 할당해야 할지 결정할 수 없다는 점을 말해준다. 에러 메시지를 출력하려면 AI에 안드로이드 기기나 에뮬레이터를 연결해주면 된다.

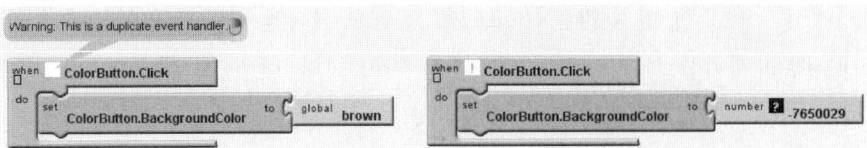

그림 9.61 똑같은 이름을 갖는 두 이벤트 핸들러로 인한 경고 메시지

그림 9.61에서 이벤트 핸들러를 의도적으로 같은 이름으로 만든 것이고 이를 그대로 두고 싶은 경우, 컨텍스트 메뉴에 있는 Deactivate 항목으로 둘 중 한 이벤트 핸들러를 비활성화시키고 Remove Complaint 항목을 통해 오류 complaint 메시지를 지울 수 있다(그림 9.62 참조). 비활성화된 블록은 흰색으로 표시된 채로 남아있지만, 앱으로 패키징하여 다운로드할 때 APK 파일에 포함되지 않는다. 일반적으로 AI는 오류에 민감하지 않으므로, 이벤트 핸들러가 중첩되더라도 문제없이 실행될 수 있다.

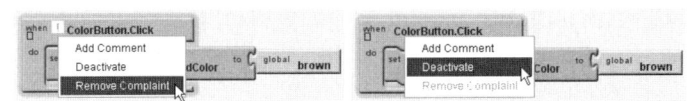

그림 9.62 중첩된 이벤트 핸들러를 비활성화시키거나 오류를 무시하도록 설정한 모습

Editor에서 오류를 만드는 블록 구조라도 실행이 가능하다. 하지만 치명적인 오류는 프로그램이 충돌하는 결과를 낳을 수 있다. 그래서 Editor는 개발자가 서로 호환되지 않는 블록을 연결하는 일이 없도록 에러 메시지를 띄워 방지한다. 예를 들어, 그림 9.63 ColorButton.BackgroundColor 속성 설정 블록은 숫자 타입의 블록이나 이에 해당하는 변수 블록만 연결할 수 있다(text 블록은 불가능하다).

그림 9.63 호환되지 않는 블록끼리 연결했을 Editor에서 띄우는 에러 메시지

이러한 지원 기능에도 불구하고, Editor를 완전히 신용해선 안 된다. 한 가지 예를 들자면, Editor는 입력을 받는 동안 모든 오류를 찾아내지 못한다. 즉, 그림 9.64와 같이 random integer 메소드에 필요한 입력 값 from이 빠져 있다면, AI는 경고 메시지를 출력하고(상단 좌측), 에러 메시지를 띄워 호환되지 않는 데이터 타입의 블록을 연결하지 못하도록 막는다. 하지만 from 필드에 이미 연결된 숫자 블록이 우연하게 텍스트 블록으로 변형된 경우, 이러한 에러는 프로그램이 실행될 때만 발생하여 결국 충돌이 날 것이다(우측 그림).

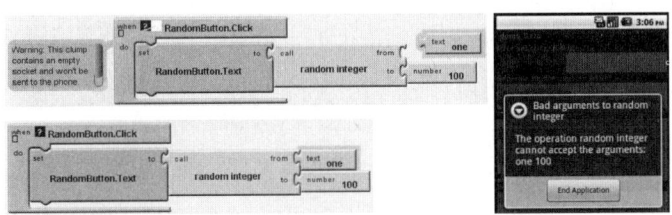

그림 9.64 미리 발견하지 못한 문제점이 만들어낸 프로그램 충돌

그림 9.64와 같이 문제가 생겼다 해도, 오류의 원인을 매우 분명하게 분석하여 찾을 수 있으므로, 독자는 상대적으로 쉽게 문제를 수정할 수 있다.

Editor는 문법 오류가 발생 했을 때 매우 높은 수준의 해결책을 지원해준다 (주로 개발자가 만들어낸, 시멘틱 에러(의미상 오류)들을 수정해준다).

> **문법 오류와 의미 오류**
>
> 개발자를 대신에 찾아낸 오류를 문법 오류라 한다. 블록 집합체와 이벤트 핸들러에 별도의 블록을 연결 할 때는 AI의 문법 규칙을 따라야 한다. AI Editor는 이러한 규칙이 지켜 졌는지 검사하여 에러 메시지나 적절한 경고(complaints)로 문법 오류를 지적해준다. 반면, 의미상 오류는 프로그램이 실행 중이나 잘못된 컨텐트를 만든다든지, 아니면 예상과 다르게 동작한다든지 등의 결과를 통해 정의된다. 이런 경우엔 프로그램 문법이 올바르더라도, 동작 로직이 성립되지 않아 의도대로 동작하지 않는다. 의미상 오류를 찾아내 수정하는 일은 대게 매우 어려운 작업이며, 자동으로 고칠 수도 없다. 일반적인 개발 환경은 테스트와 디버깅 도구를 제공하는 정도로만 의미 오류를 분석할 수 있도록 개발자를 지원할 수 있다.

테스트와 디버깅

에러 메시지 없이 에뮬레이터나 스마트폰에서 앱을 성공적으로 실행했다면, 일단 문법 오류는 없다고 볼 수 있다. 하지만, 의도대로 동작하지 않는다면 의미상 오류가 있다는 것이다. 예를 들어 카운트다운 예제에서 무한 루프에 빠지거나, 기하급수를 계산하는 블록 집합체에서 잘못된 결과를 계산할 수도 있다. 가끔 이러한 의미 오류는 for 루프나 while 루프 같은 컨트롤 구조체에서 발생하기도 한다. 루프를 통한 반복적인 프로그램 흐름은 순식간에 매우 복잡해져서 개발자가 예측하기 힘들거나 도저히 프로그램이 어떻게 동작할지 추적할 수 없게 된다. 의미상 오류와 오류의 원인은 Editor에서 자동으로 추적하여 분석할 수 없는 영역이다. 이들은 특별히 전형적인 형태를 띠지 않기 때문이다. 그러므로 개발자는 반드시 문제 해결troubleshooting 및 오류 수정fixing errors 과정을 거쳐야 한다. 하지만 고맙게도, AI IDE는 이러한 힘든 작업을 도와주는 몇 가지 지원을 해주고 있다.

복잡한 블록 집합체, 다중 분기문, 너무 성능 효율을 위해 의미를 파악하기 힘든 루프 구조 등 모든 기능들을 분석하기란 매우 힘든 일일 것이다. 때로는 의미 오류의 근본적인 원인이 단 한 개의 잘못된 수행 구문이나 생략, 잘못된 로직 순서가 될 수 도 있다. 이런 상황에서, Editor는 블록 집합체의 개개의 수행문들을 하나씩 테스트 할 수 있도록 해준다. 시각적으로 확인 가능한 동작의 경우, 스마트폰이나 에뮬레이터에 통합시킨 단일 수행문의 결과를 확인할 수 있으며, 사용자 입력을 시뮬레이션 할 수도 있다.

Editor에서 직접 프로그램을 실행시키면서 프로그램의 내부 상태를 관찰해 가며 분석의 일부 과정으로 분석 내용을 평가해보는 것도 매우 괜찮은 오류 추정 방법이다. 간단히 확인해보고 싶은 수행 구문 블록을 오른 클릭하여 컨텍스트 메뉴에서 Do it을 선택하면 된다. 그러면 해당 수행 구문이 실행되고, 프로그램 내적인 결과가 알림자notifier에 효시된다(그림 9.65 참조).

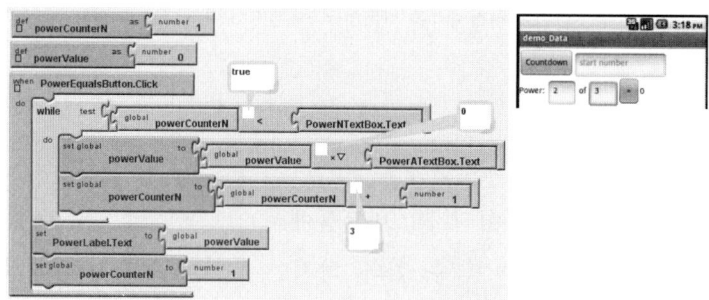

그림 9.65 "Do it"을 통해 각 수행 구문을 테스트하여 분석하는 모습

그림 9.65에서, 그림 9.53에 나온 기하급수 값을 계산하는 이벤트 핸들러의 오류를 해결하는 과정이 어떠한지 확인할 수 있을 것이다. 이 프로그램은 여전히 2의 3승을 8로 올바르게 계산하고 있지만, 이번엔 동일한 값을 입력 했을 때 0이란 잘못된 결과를 계산하는 오류가 드디어 모습을 드러냈다. 원인을 찾기 위해, 이벤트 핸들러의 각 수행문을 검사해보자. 예를 들어, while 조건문에서 Do it 메뉴를 선택하고, 관계 연산자를 실행해 검사해보면 true 값이 나온다. 이는 현재 2와 3이라는 현재 입력 값으로 루프문을 진입하는 조건이 올바르게 충족됨을 의미한다.

powerCounterN에 저장된 값이 3이 될 때까지 계속 기하급수 값을 계산해보면, 로직이 제대로 동작함을 볼 수 있다. 하지만 PowerATextBox에 저장된 값으로 powerValue 값을 곱할 때, Do it으로 수행한 결과가 계속 0으로 남아 있는 걸 보면 뭔가 문제가 있음을 알 수 있다. 의심 가는 영역을 더욱 조사하기 위해 PowerATextBox 값을 Do it으로 출력해보면, 역시 올바른 값(2)이 나온다. 그러므로 오류의 원인은 곱셈에 사용된 첫 번째 인자에 있는 것이다. 이제 문제의 원인을 찾았으며, 루프가 제대로 동작함에도 왜 이벤트 핸들러가 계속 잘못된 값(0)을 내놓는지 알았다(즉, 계속 0을 곱한 것이다). 알고리즘 개발자로써, 독자는 즉시 이 값이 실제로 a1을 초기값으로 갖는 각 수행문의 중간 계산 값임을 인지하게 된다. 이번 예제에서는 첫 번째 인자가 2다. 그림 9.65에서 블록 집합체를 다시 보면, set global powerValue to PowerATextBox.Text 수행문이 빠져 있음을 알 수 있다. 이 수행문은 이벤트 핸들러의 첫 번째 수행문(루프 수행 전에 동작)으로 동작해서 초기값을 할당하는 작업을 해줘야 한다. 이제 이 수행문을 추가하고 나면 올바른 계산 결과가 나오는 걸 확인할 수 있다.

프로그램이 제대로 동작하는지 확인하기 위해, 아니면 다른 오류는 없는지 탐색하기 위해, 전체적인 프로그램 흐름을 진행 과정에서 매우 중요한 데이터가 변화하는지 관찰해보는 것도 좋다. 이를 위해, Editor는 일반적인 개발 환경과 마찬가지로 디버거라는 도구를 제공한다(일종의 진단 도구다). 컨텍스트 메뉴의 Watch 항목을 선택하여 작은 팝업 창이 나타나면 현재 각 변수의 데이터뿐만 아니라, 다른 블록 타입에 대해서도 화면에 나타낸다. 디버거를 통해 실시간으로 프로그램의 '뒷배경'에서 어떤 일들이 일어나고 있는지 확인할 수 있다. 예를 들어 그림 9.66의 좌측을 보면, `PowerEqualsButton.Click` 이벤트 핸들러가 동작하는 동안에도 `powerCounterN`와 `powerValue` 변수의 데이터를 추적할 수 있다.

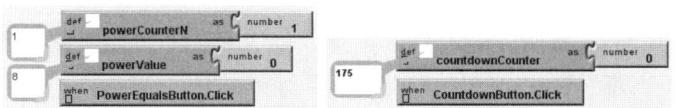

그림 9.66 "Watch" 항목을 통해 실시간으로 데이터를 추적하는 모습

그림 9.66의 우측을 보면, 그림 9.52에 나온 카운트다운의 카운터 변수를 대상으로 `Watch`를 수행하는 모습을 볼 수 있다. 이를 통해 카운트를 줄여 나가면서 프로그램이 정말 제대로 동작하는지 실시간으로 확인할 수 있다. 별도의 `Watch` 창은 언제든지 컨텍스트 메뉴의 Stop Watching 항목을 선택하여 종료할 수 있다. 이러한 테스트 및 디버깅 기능으로, AI IDE는 중요하고 도움이 되는 도구들을 제공한다. 이 도구들은 의미 오류를 찾아 분석하고 수정하는 데 많은 힘이 될 것이다. 자유롭게 이러한 도구들을 사용해보자. 특히 복잡한 분기문이나 순환 구조와 관련된 문제는 체계적으로 접근해야 하고, 이러한 디버깅 과정에서 어떤 처리들이 발생하고 있는지 눈으로 확인하는 것이 매우 중요하다.

또한 AI 컴포넌트를 통해 자신만의 디버깅 기능을 구현할 수 있다. 예를 들어 라벨에 변수 값을 출력하거나, Notifier 컴포넌트로 특정 지점에서 중단점을 지정하는 것이다. 이는 Notifier 컴포넌트가 프로그램 흐름을 중단시킨다는 점을 응용한 것으로, 이때 처리 중인 데이터를 출력하여 분석에 이용할 수 있다. 어느 정도 창의력을 발휘하여 다른 방식의 분석 도구를 상상해 볼 수 있다. 프로그램 내부적 오류와 별개로, 앱이 갖고 있는 오류는 시스템 문제로도 발생할 수 있다. 물론 이런 문제는 프로그래밍 초보자들이 쉽게 건들 수 있는 영역은 아니지만 말이다. 이런 오류들은 앱이 실행되고 있는 안드로이드 OS나 AI로 앱을 개발 중인 자바 환경에서 발생할 수 있다. 두 환경 모두 처리 과정과 모든 오류 기록들을 로그 파일로 저장한다. 로그 파일을 분석하는 것은 전문 자바 프로그래머가 주로 사용하는 고급 기술이다. 안드로이드 로그와 ADB(안드로이드 디버그 브릿지)에 대한 상세한 정보들은 일반적인 안드로이드 문서에서 찾아볼 수 있다.

참고 | 안드로이드 로그와 안드로이드 디버그 브릿지(ADB), 그리고 자바 시스템 로그

전문적인 개발자 입장에서 보편적으로 사용되는 오류 분석 도구를 사용할 수도 있다. 이 도구들은 개발자가 운영체제 수준에서의 프로세스에 대한 개념과 자바 프로그래밍 지식이 어느 정도 있다는 전제를 한다.

이에 대한 정보를 더 얻고 싶다면 아래 링크를 찾아보자.
- http://experimental.appinventor.mit.edu/learn/reference/other/testing.html

안드로이드 디버그 브릿지(ADB)에 대한 추가 정보는 아래 링크를 참고 하자.
- http://developer.android.com/guide/developing/tools/adb.html

자바 시스템 로그에 대한 추가 정보는 15장의 "자바 콘솔 제어" 섹션을 참고하자

더 빠르고 편안하게 개발하기

에러의 원인을 수정하는 데 있어 활발한 지원을 받는 것이 앱 프로젝트를 더욱 빠르고 성공적으로 완수 하는 데 큰 도움일 되더라도, AI는 작업 효율을 올려주는 몇 가지 수단을 제공해준다. 예를 들어, Editor의 빈 공간을 왼 클릭하여 Built-In 단축 아이콘을 선택하면 모든 제네릭 블록 그룹에 접근할 수 있다. 이 그룹 중 한 가지를 선택하여 각 메소드를 선택해보자(그림 9.67 좌측).

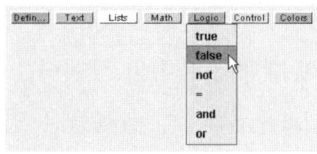 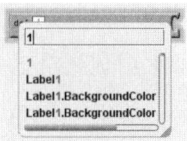

그림 9.66 작업 속도를 향상시키기 위한 AI Editor에서 단축 아이콘과 타입블로킹

타입 블로킹이라 알려진 기술을 통해, 간단히 문자를 입력하여 Editor에 블록을 삽입할 수 있다. Editor가 입력한 문자나 문자열을 포함하는 모든 종류의 데이터 타입, 메소드 등 여러 항목들을 보여준다. 단지 이 항목 중 원하는 항목을 선택해주면 된다. 그러면 해당 블록이 Editor에 삽입될 것이다. 설정 블록이 활성화되면, 타입블로킹을 통해 선택된 블록이 이 설정 블록에 자동으

로 삽입된다. 예를 들어 그림 9.67과 같이 간단히 1을 입력하고 엔터를 눌러 변수를 1로 초기화할 수 있다.

이보다 더 빠르고 편하고 직관적으로 개발하기란 어려울 것이다. 또한, 복사 및 붙여 넣기 같은 효과적인 수단도 자주 사용해보자. 간단히 필요한 블록, 블록 집합체, 혹은 이벤트 핸들러를 클릭하여 전체를 강조^{highlight}한 다음, Ctrl+C로 복사하고 Ctrl+V로 원하는 위치에 붙여 넣기한다. 복사된 블록 구조를 곧바로 사용할 수 있다. 특히 이벤트 블록을 복사할 땐, 반드시 핸들러 안에 담긴 블록 집합체를 재사용하고 생성된 이벤트 핸들러를 다른 핸들러로 바꿔야 한다. 아니면 하나의 이벤트에 다른 두 이벤트 핸들러가 존재하여 프로그램 구조의 일관성을 깨뜨리게 된다(그림 9.61 참조).

블록을 삭제하려면, 휴지통에 끌어다 놓거나 Del 키를 눌러 정말 블록을 삭제하겠다고 승인한다. 독자가 나중에 앱을 개발 할 때가 되면, 이러한 종류의 방법들을 점점 더 많이 사용하면서 개발 작업을 최적화 하고 더욱 효과적으로 만들 수 있을 것이다.

●● 예제 프로젝트

지금까지 프로그램 개발의 기본에 대한 이론적인 내용을 살펴봤으니 이제는 몇 가지 실용적인 예제를 다뤄보겠다. demo_Data 프로젝트를 통해 Built-In 블록을 실질적으로 어떻게 사용하는지 배웠다 해도, 구체적으로 어떻게 사용하는지 예제를 다뤄본다면 특히 제네릭 블록의 잠재력을 선명하게 느낄 수 있을 것이다(물론 자신이 직접 다뤄봐야 한다). 이 블록들은 멀티미디어 컴포넌트 보다 훨씬 응용 범위가 넓다. 멀티미디어 컴포넌트는 특정 영역에 맞춰져 사용되기 때문이다. 반면 특정 영역에 묶여 있지 않는 Built-In 블록을 통해 다른 모든 종류의 컴포넌트를 효과적으로 연동할 수 있고, 이를 통해 중요하고 근본적인 기능들을 추가할 수 있다. 어떻게 이러한 일들이 가능한지 시연하기 위해 다음 섹션부터는 9장에서 다뤘던 내용을 매우 자주 응용할 것이다. 앞으로 개발자로써 자신이 직접 만든 프로젝트에도 적용할 수 있다. 다음에 다룰 프로젝트들은 이러한 과정을 어느 정도 파악하고 Built-In 컴포넌트를 실질적으로 사용해 보기 위한 것들이다. 이를 통해 복잡한 프로그램 로직을 갖는 프로젝트들도 기획할 수 있을 것이다.

보편적인 계산기

처음 보기엔, 계산기 앱을 구현하는 일이 결코 쉽지 않아 보일 것이다. 요즘 나온 스마트폰은 크기만 작은 컴퓨터라고 볼 수 있다. 그러므로 계산 장치다. 이러한 생각은 기본인 측면에선 틀린 말은 아니지만, 다시 한 번 들여다보면 어떠한 계산기도 찾아볼 수 없다는 것을 알 수 있다(적어도 Private 영역만큼은). 아마도 마이크로 소프트의 윈도우 같은 진보된 운영체제라도 우연으로 계산기 프로그램을 갖추고 있진 않을 것이다(기본적으로 내장된 강력한 계산기에 지금도 간단한 계산 모드를 갖추고 있을 지라도 몇몇 사람들은 아직도 별도의 계산기를 책상 위에 두고 쓴다 해도 말이다). 하지만 밖에 나갈 땐(쇼핑 등), 스마트폰에서 계산기 기능을 구현하는 게 유용하고 이로울 수 있다. 이때 계산기 앱을 최대한 일반적인 계산기와 동일한 방식으로 동작하도록 만들어야 할 것이다. 다시 말하면, 계산기 앱은 숫자를 입력하는 키와, 사칙 연산 키, 계산 출력 화면 혹은 텍스트 입력 화면 등의 요소를 갖추고 있어야 한다. 피연산자마다 별도의 화면을 갖추거나, 스마트폰의 기본 키보드를 사용한다면 별로 실용적이지도 않고, 사용성이 높지도 않으며, 방해만 될 것이다.

용어 정의 : 피연산자, 연산자, 수식
수학에서, 수치 연산이 수행될 때 필요한 숫자를 피연산자라 한다. 이러한 수치 연산을 연산자로 표현하게 된다. 수학적으로 2+3이란 수식에서, 숫자 2와 3은 피연산자에 해당하고, +가 연산자에 해당한다.

이제 그림 9.68과 같은 계산기 앱을 구현할 차례다. 이 작업은 Math 그룹을 사용해 안드로이드 키보드를 사용해 입력한 수식을 계산하는 것보단 훨씬 많은 작업을 해줘야 한다. 키보드를 통해 다수의 피연산자를 문자 타입으로 입력해야 하고, 이 데이터들을 연산자와 조합하여 수식을 형성한다. 사용자가 '='키를 누르면 계산이 수행되고 결과를 화면에 출력한다. 음수는 적색으로 출력한다. 숫자와, 연산자 키, 그리고 '='키와 함께, 결과 삭제 명령인 C 키(Clear)와 현재 입력을 리셋하고 계산기를 종료하는 Off 키도 추가해야 한다.

그림 9.68 사용성이 높은 디자인을 갖춘 계산기 앱을 실행한 모습

Calculator 앱 프로젝트를 개발하기 위해(그림 9.68), 먼저 AI Designer의 'My Projects'에서 New 버튼을 누르고 'Calculator'라고 이름 짓는다. 'Screen1'의 'Calculator'라고 고친다음, 배경색을 회색으로 설정한다. calculator.png 이미지 파일을 앱 아이콘으로 로딩한다(이 책에서 지원하는 웹사이트의 \MEDIA 경로에 있다).

이 책에서 지원하는 웹사이트의 프로젝트 파일

언제나 그랬듯이, Calculator 프로젝트에 필요한 모든 파일들은 이 책에서 지원하는 웹사이트의 경로에서 찾을 수 있다(이 책의 앞부분에 링크 주소가 나와 있다).

이제 계산기의 키에 해당하는 버튼들을 생성해보자. 그림 9.68과 같이 키들을 대칭적으로 정렬하기 위해 Screen Arrangement 컴포넌트를 사용한다. HorizontalArrangement 컴포넌트를 가져와 'DisplayHArr'라고 이름 짓는다. 여기에 상단에 입/출력 화면과 Off 버튼을 배치할 것이다. 화면 아래 숫자 키들을 배열할 TableArrangement (3×4)의 이름을 'NumbersTArr'로 짓는다. C 키와 +, ?, = 키를 배치할 VerticalArrangement 컴포넌트의 이름을 'FunctionVArr'로 짓는다(그림 9.69 참조).

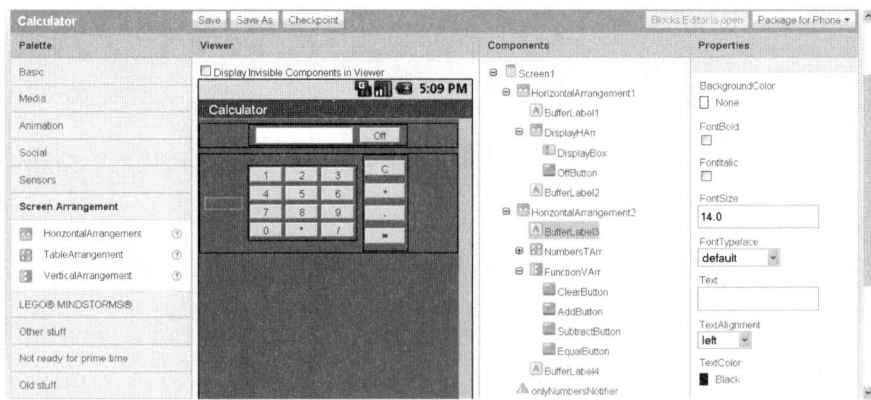

그림 9.69 AI Designer의 계산기 UI를 디자인하는 모습

다음으로, 표 9.1에 나와 있는 키에 해당하는 컴포넌트를 Viewer로 하나씩 가져와 그림 9.69과 같이 Arrangement 컴포넌트 안에 배열한다.

표 9.1 계산기 앱을 구현하기 위한 컴포넌트와 초기 속성 값

컴포넌트	오브젝트 이름	수정할 속성 값들
TextBox	DisplayBox	"Alignment": right "Enabled": disable "BackgroundColor": White "Width": 120 pixels
Button	OffButton	"Text": Off "Width": 50 pixels
Button (12x)	Button0-9, MultiplyButton, DivideButton	"Text": 0?9, *, / "Width": 40 pixels
Button (4x)	ClearButton, AddButton, SubtractButton, EqualButton	"Text": C, +, -, = "Width": 50 pixels
Notifier	onlyNumbersNotifier	

표 9.1에 나와 있는 컴포넌트를 정렬 컴포넌트 안에 제대로 배치했다면, Viewer와 스마트폰/에뮬레이터의 상단 좌측 코너에 계산기 요소들이 나타날 것이다. 스마트폰의 스크린 크기에 따라 항상 중앙에 정렬하기 위해, 간단한 트릭을 적용하고자 한다. HorizontalArrangement 컴포넌트에 가로 방향으로 중심에 배치하려는 요소들을 넣고 빈 라벨을(텍스트를 입력하지 않으면 보이지 않는다) 좌측과 우측 모서리에 배치한다. 각 라벨의 `Width` 속성을 `Fill parent`로 설정한다. 이렇게 하면 두 라벨의 크기가 동적으로 변하여 두 라벨 사이에 있는 컴포넌트를 중앙으로 계속 밀어낸다.

> **트릭 : 화면 중앙에 컴포넌트를 동적으로 배치하는 방법**
>
> 이 글을 쓰고 있는 시점에서, AI는 컴포넌트를 중앙 정렬 해주는 기능을 제공해주지 않고 있다. 그래서 HorizontalArrangement 컴포넌트와 두 개의 빈 라벨을 사용해(Width 속성을 'Fill parent'로 설정) 중앙 정렬 효과를 만들어야 한다. 이제 두 라벨 사이에 컴포넌트를 배치하면 이 요소는 스크린 중앙으로 밀려나게 되어(스마트폰 화면 크기에 비례하여), 어떤 화면 크기라도 중앙 정렬 효과를 낼 수 있다.

그림 9.69에서 DisplayHArr 컴포넌트를 그 안에 놓인 컴포넌트(BufferLabel1, BufferLabel2)와 함께 정렬했다. NumbersTArr, FunctionVArr, BufferLabel3 라벨과 BufferLabel4 라벨을 (그림 9.69에 강조돼 있다) HorizontalArrangement2 컴포넌트로 정렬한다. BufferLabel 오브젝트와 마찬가지로, 두 HorizontalArrangement 컴포넌트 오브젝트도 `Width` 속성을 `Fill parent`로 설정하여 화면에 그림 9.68과 같이 나타나도록 한다. 이렇게 계산기의 UI와 기타 필요한 컴포넌트를 모두 생성했다. 이제, AI Editor를 실행하여 계산기의 동작 로직을 정의해보자. 가장 쉬운 부분인 숫자 키에 해당하는 이벤트 핸들러부터 시작하겠다. 이 계산기 앱의 입력 피연산자는 오른쪽 자리맞춤으로 나타난다(DisplayBox 컴포넌트 오브젝트의 `Alignment` 속성을 살펴보자). 피연산자는 한자리 이상의 숫자를 가질 수 있으며, 사용자가 숫자키를 누르면 기존의 수식 문자열 끝에 연속해서 덧붙여 나가야 한다. 이렇게 함으로써 사용자가 5, 0, 1을 차례대로 누르면 '501'이 화면에 출력되야 한다(105가 아님). 단일 문자를 합쳐 여러 자릿수의 숫자로 만들기 위해 Text 제네릭 블록 그룹의 메소드를 사용할 수 있다. 즉, `join` 메소드를 통해 사용자가 누른 숫자 키들을 문자열 끝에 이어 붙여 수정된 문자열을 DisplayBox에 출력하는 것이다. 이러한 처리 방식과 이벤트 핸들러는 모든 숫자 키에 동일하게 적용된다. 그림 9.70은 1, 2 숫자 키를 눌렀을 때를 모사한 블록 구조다.

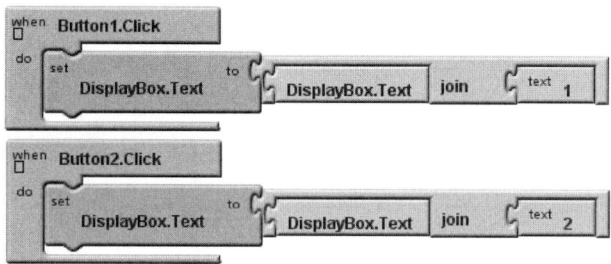

그림 9.70 '1', '2' 숫자 키의 이벤트 핸들러 구조

다음 할 일은 계산기의 모든 입/출력 결과를 한 화면에 나타내는 것이다. 이를 통해 연산자 키와 두 피 연산자 값을 합쳐 수식을 형성하고 계산하여 결과를 출력한다. 두 피연산자에 해당하는 변수가 필요하다. 이 변수 중 lastValue를 통해 첫 번째 피연산자 값 Operand1을 저장하고, currentValue를 통해 두 번째 Operand2 값을 저장한다. 나중에 우리는 calculationType 변수를 사용해 적절한 수학적 연산을 수행할 것이다. 그러므로 모든 변수를 0으로 초기화하겠다(그림 9.71 참조).

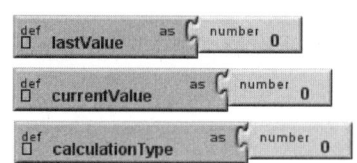

그림 9.71 피연산자와 연산자에 해당하는 변수 블록들

연산자 키를 누르면 각 이벤트 핸들러에 맞는 동작을 수행한다? 모든 수학적 연산은 동일한 방식으로 이뤄진다. 핵심적인 프로시저를 생성한 뒤 이벤트 핸들러에서 호출하여 이러한 작업을 처리할 수 있다. 그림 9.72을 보면 buttonClicked 프로시저에서 두 연산자 키인 "+", "?"를 어떻게 처리하는지 알 수 있다. 각 경우마다 calculationType 변수에 연산자를 가리키는 인덱스 값을 어떤 식으로 할당하는지 확인할 수 있다.

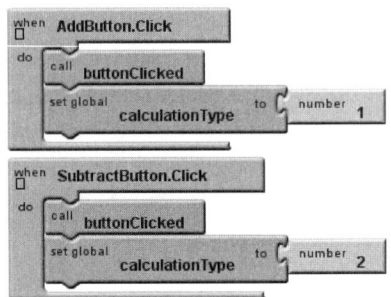

그림 9.72 각 연산자 키에 해당하는 기능을 호출하는 블록 구조도

그림 9.72에 나와 있는 buttonClicked 메소드를 호출하기 전에, 반드시 buttonClicked에 해당하는 프로시저를 생성해야 한다. 이 프로시저의 주된 역할은 현재 숫자 시퀀스를 첫 번째 피연산자로써 lastValue를 통해 화면에 출력하는 것이다.

즉, 현재 입력된 숫자 데이터를 이 변수에 임시로 저장하여 나중에 수학 계산에 사용하는 것이다. 그다음 DisplayBox 스크린에서 기존의 텍스트를 비우고 사용자는 두 번째 피연산자를 입력할 수 있다. 이때 buttonClicked 프로시저의 일반적인 역할에 대해 확실히 인식하고 있어야 한다. 어떤 연산자 키를 선택하든지, 현재 입력된 데이터를 lastValue 변수에 저장하여 피연산자(operand1)로 사용하는 것이다.

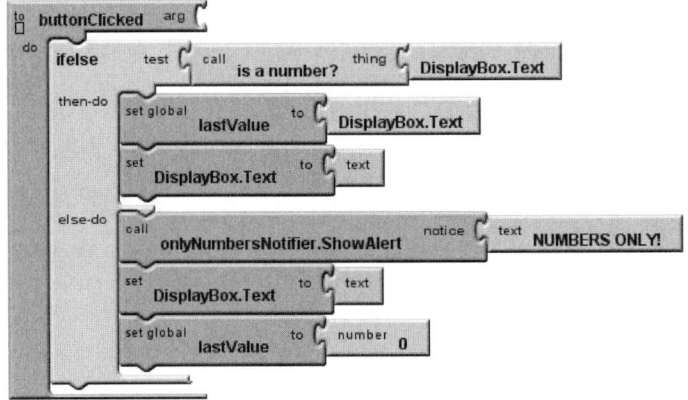

그림 9.73 operand1을 검사한 뒤 이를 operand2 값으로 덮어씌우는 프로시저의 블록 구조도

이러한 주요 기능과 더불어, 그림 9.73에 나온 프로시저는 다른 기능을 수행한다. 예를 들어, `ifelse` 분기문은 초기 조건을 검사하여 현재 화면에 출력되는 입력 값이 실제로 숫자인지, 아니면 문자인지 확인한다. 여기서 우리는 AI 자동 형변환 기능을 활용할 것이다. 간단히 `Math` 블록의 `is a number?` 메소드를 `DisplayBox`의 문자열과 연동해보자. 이는 입력란에 입력된 내용이 수치 값일 때만 다음 연산을 진행하도록 해준다. 그렇지 않으면 나중에 입력을 할 때 심각한 런타임 에러나 프로그램 충돌을 일으킬 것이다. 숫자가 아닌 다른 어떠한 문자가 입력되면, "NUMBERS ONLY!" 알림 메시지가 `onlyNumbersNotifier`를 통해 화면에 출력되고, 계산기에 입력된 내용이 제거되어 새로운 입력을 가능하게 해준다. 또한 `lastValue`는 다시 0으로 초기화된다.

사용자가 '='버튼을 누를 경우에만 적절한 수학 연산을 수행한다. `EqualButton.Click` 이벤트 핸들러(그림 9.74 참조)는 모든 수학적 연산들을 캡슐화^{encapsulate}하여 약간 거대해 보이기까지 한다. 반면 개개의 수칙 연산은 상당히 간단하다. 이벤트 핸들러의 첫 번째 수행문에서, 현재 DisplayBox에 입력된 데이터는 `currentValue` 변수로 전달되어 operand2로써 저장된다. 이제 `lastValue`와 `currentValue`, 그리고 특정 수학 연산을 가리키는 인덱스 값 `calculationType`까지, 계산을 수행하기 위한 모든 데이터를 갖췄다. 여기서 인덱스 값은 어떤 조건문이 선택됐는지 판별하여 해당 수학 연산을 수행하고 결과 값을 DisplayBox에 출력한다.

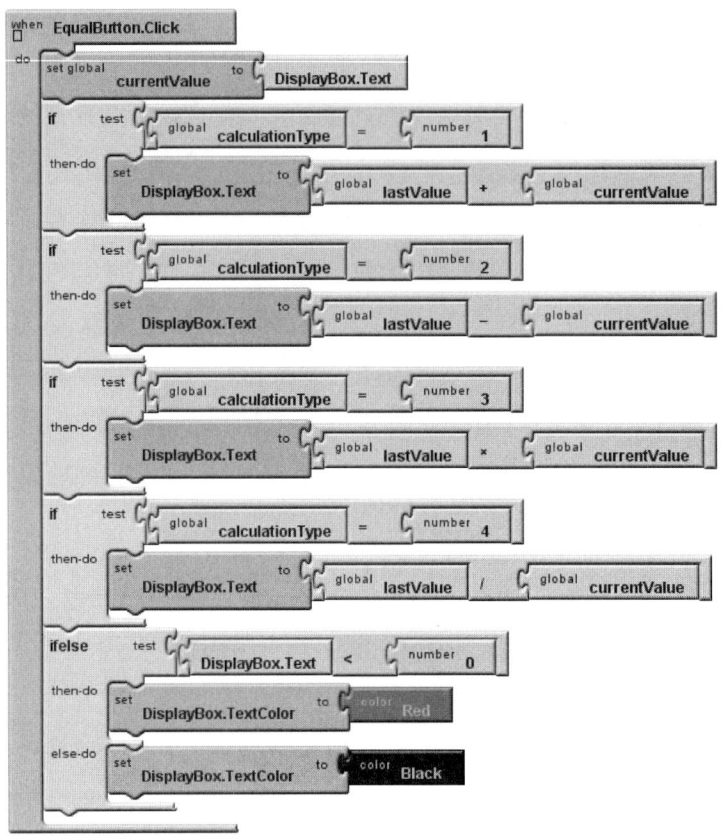

그림 9.74 사용자가 '='버튼을 눌렀을 때 수치 계산을 수행하는 블록 구조도

그림 9.74와 같이 이벤트 핸들러의 수치 계산을 마치고 나면 마지막 ifelse 분기문을 수행한다. 여기서 결과 값이 음수면 출력되는 글자를 빨간색으로 설정하고, 양수면 검은색으로 설정한다. 계산 결과가 이렇게 화면에 출력되기 때문에 이 텍스트를 곧바로 다음 계산에 사용할 수 있다. 이제 나머지 두 개의 버튼을 다뤄보자(별도의 이벤트 핸들러를 추가해야 한다). 사용자가 C(Clear) 버튼을 누르면, ClearButton.Click 이벤트가 동작하여 전반적인 계산을 리셋한다. 그래서 저장된 모든 변수들의 값을 0으로 설정하고 DisplayBox의 내용도 지워진다(그림 9.75 좌측 참조).

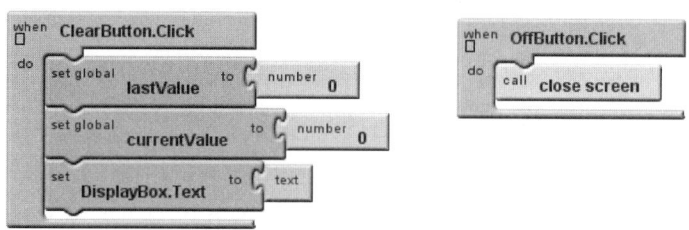

그림 9.75 입력값을 초기화하는 이벤트 핸들러와 앱을 종료하는 이벤트 핸들러

Off 키를 눌러 `OffButton.Click` 이벤트 핸들러에서 `Control` 메소드인 `close screen`가 호출되어 계산기를 종료하거나 스위치 오프$^{switch-off}$한다. 이제 프로그램에 필요한 모든 구현 내용을 다뤄봤으며, 스마트폰으로도 일상적으로 사용해온 계산기와 같은 느낌이 나는 앱을 만들 수 있었다. 필요하다면 이 프로젝트를 계속 진행하여 개선시킬 수 있다. 아마도 계산기 기능을 확장하여 더 많은 수학적 연산 기능을 추가하고 싶을 것이다.

숫자 맞추기 게임

이번 섹션의 제목이 말해주듯이, 다음 예제에서는 또 한 번 숫자를 다루도록 하겠다. 하지만 이번엔 좀 재미있고 흥겨운 방향으로 진행할 것이다. 프로그램의 기본 원리에 대해 지금까지 공부해왔으니 아마도 그리 쉽진 않았을 거다. 특히 프로그래밍 초보자에겐 부분적으론 다소 지루했을 수도 있다. 재미있게 진행한다고 다치는 일은 없다. 이제 프로그래밍의 근본적인 원리 같은 딱딱한 내용들을 뒤로하고, (완전히 이해했다는 전제하에) 앞으로는 "와우!"하고 놀랄 만한 컴포넌트를 훨씬 더 많이 다룰 것이다. 재미있다고 생각이 들 때쯤이면, 이미 프로젝트는 시작된 것이다.

이번 섹션에서는 정교한 디자인 작업은 생략하고, 주로 기능 구현에 초점을 둘 것이다. 개발자로써 거듭날 수 있도록, 이번 프로젝트는 앱의 상태를 효과적으로 알 수 있는 방법에 대해 초점을 둘 것이다. 이는 여러 가지 요소에 의해 영향을 받으며, 사용자에게 독립적인 피드백을 인터랙티브하게 줄 수 있다. 재미난 게임을 개발하려면, 앱이 다양한 환경과 조건에서도 역동적이고, 재빠르게 적절한 반응을 해줘야 한다. 근본적인 결정 구조와 의존도는 원하는 만큼 복잡하게 만들 수 있다. 이번 게임 개발에 필요한 개념을 전달하겠지만, 숫자 추측하기 게임은 너무 정교하진 않을 것이다. 기술적으로 약간 낮은 수준의 스마트폰 환경에서 동작하는 게임이므로, 정교한 3D 그래픽 효과를 기대하긴 힘들다. 대신 간단하면서도 인상적인 아이디어가 사용자의 마음을 사로잡을 수 있다. 카드나 보드 게임처럼 말이다. 그림 9.76에 나온 간단한 게임을 자세히 살펴보자.

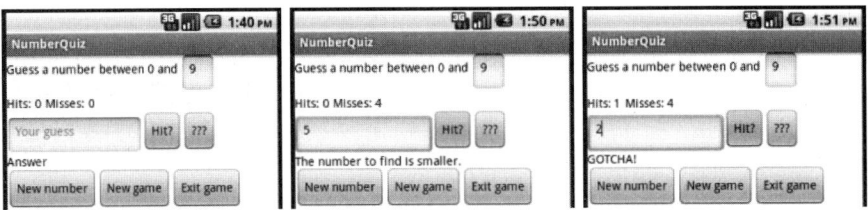

그림 9.76 인터랙티브한 숫자 맞추기 게임

이번에 개발할 게임에서 사용자는 반드시 0과 9 사이의 숫자를 추측해야 하며, 이 숫자는 프로그램이 임의로 만든 것이다. 사용자가 추측한 값을 'Your guess' 입력란에 적고 'Hit?' 버튼을 누르면, 그 값이 맞는지 검사한다. 적은 값보다 크거나 작다면, 적절한 힌트가 창에 나타나면서 기록 중인 틀린 횟수 값을 증가시킨다. 이제 사용자는 New number를 선택해 새로운 숫자를 생성하여 계속 추측을 진행할 수 있다. 성공 횟수와 실패 횟수를 계속 기록하게 되어, 사용자는 여러 게임에 걸쳐 자신의 전체 점수를 확인할 수 있다. 예를 들어, 사용자가 어렵사리 다섯 번 정답을 맞춘후, 예전 사용자의 승점 비율을 이겼는지 알고 싶다면 New game 버튼을 눌러 카운터 값을 리셋할 수 있다. 경험이 쌓이면서 0~9 범위론 재미가 떨어진다면, 9로 지정된 입력란을 통해 이 범위를 증가시킬 수 있다. 게임이 너무 어려워 도저히 맞추기 힘들다고 생각되면, ???를 눌러 정답을 확인할 수 있다. 앱을 종료하려면 'Exit game' 버튼을 누른다.

> **참고** 이 책의 웹사이트에서 지원하는 프로젝트 파일
> 이 책의 웹사이트에서 NumberQuiz 프로젝트에 필요한 모든 파일들을 찾을 수 있다(이 책의 소개 페이지에 링크 주소를 적어 놨다).

자신만의 숫자 놀이 게임에 대한 아이디어가 있다 해도, 개발자의 관점에서 어떻게 인터랙티브하고, 역동적이며, 확장성이 좋은 게임을 개발할 수 있을지 고려해보자.

인터페이스는 표 9.2에 나와 있는 컴포넌트를 통해 디자인하면 쉽게 할 수 있다.

표 9.2 NumberQuiz 프로젝트에 필요한 컴포넌트와 초기 속성 값들

컴포넌트	오브젝트 이름	수정될 속성 값
Label	IntroLabel	"Text": Guess a number between 0 and
TextBox	MaxTextBox	"Text":
Label (2x)	Label3, Label4	"Text": Hits: , Misses:
Label (2x)	HitsLabel, MissesLabel	"Text": 0, 0
TextBox	Guess	"Hint": Your guess
Button	HitsButton	"Text": Hit?
Button	ToFindButton	"Text": ???
Label	AnswerLabel	"Text": Answer
Button	NewNumberButton	"Text": New number
Button	NewGameButton	"Text": New game
Button	ExitButton	"Text": Exit game

표 9.2에 나와 있는 컴포넌트를 네 개의 HorizontalArrangement 컴포넌트로 그림 9.77과 같이 정렬한다. 이는 이번 앱의 외형을 결정하며, 이제 우리는 프로그램의 동작 로직에 집중할 수 있다.

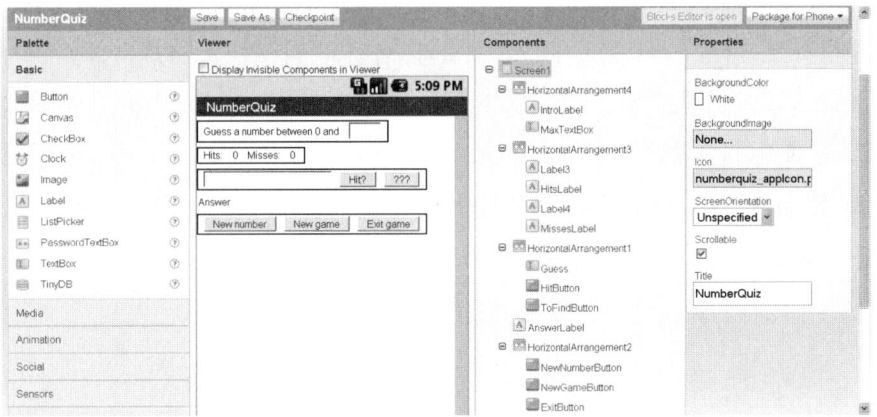

그림 9.77 NumberQuiz 프로젝트의 컴포넌트

Editor에서, 먼저 그림 9.78에 나온 세 가지 변수를 생성한다. 나중에 현재 생성된 난수 값을 이 변수에 기록할 것이다. 두 변수는 각각 최소 값과 최대 값으로 초기화화여 난수가 만들어질 범위를 결정한다.

그림 9.78 현재 난수와 숫자의 범위를 기록할 변수들

새로운 이벤트가 발생할 때마다 난수를 생성할 것이므로, new라는 이름의 프로시저를 만들기 위한 블록들을 조립해보겠다. 지정한 범위 내의 난수를 생성하기 위해, Math 메소드인 random integer를 호출하고 전역 변수인 number에 생성된 난수를 저장한다. 새로운 난수를 생성하는 것은 Guees 입력 박스와 AnswerLabel의 값을 리셋하기도 한다. 그래서 그림 9.79에 나온 프로시저와 같이 이러한 내용을 반영하는 블록들을 포함하겠다.

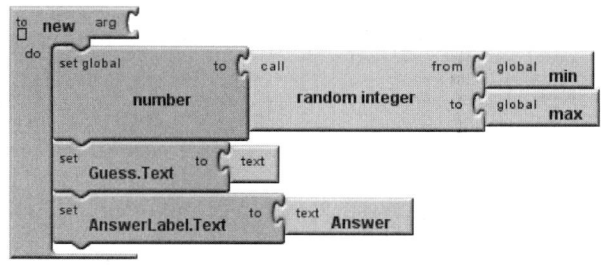

그림 9.79 새로운 난수를 생성하기 위한 "new" 프로시저

이제 그림 9.80에 나와 있는 이벤트 핸들러들을 사용하여 새로운 난수를 생성하고, 다시 new 프로시저를 호출해 화면을 리셋할 수 있다. Screen1.Initialize 이벤트 핸들러를 호출하는 것도 max 변수 값을 읽어 와서 최대 값을 출력하는 반면, New game 버튼을 누르면 NewGameButton.Click 이벤트 핸들러를 호출하고 승패 카운터를 0으로 초기화한다.

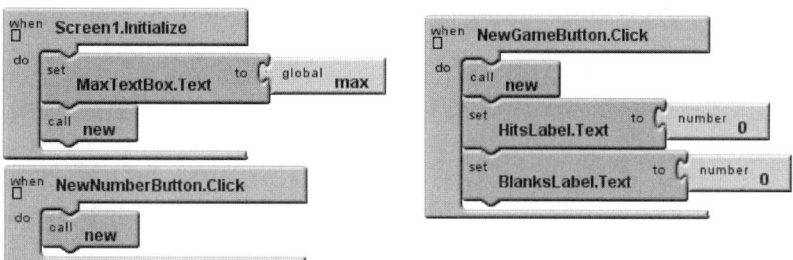

그림 9.80 다른 이벤트가 발생할 경우 새로운 난수를 생성하는 블록 구조도

실제 사용자 입력 값을 분석하고 Hit? 버튼을 눌렀을 때 호출되는 HitButton.Click 이벤트 핸들러를 통해 적절한 반응을 나타내보자. 처음 봤을 때 그림 9.81과 같이 ifelse 분기문이 세 번 중첩되는 등 다소 복잡한 구조를 갖고 있어 의존도가 높다는 사실을 알 수 있다.

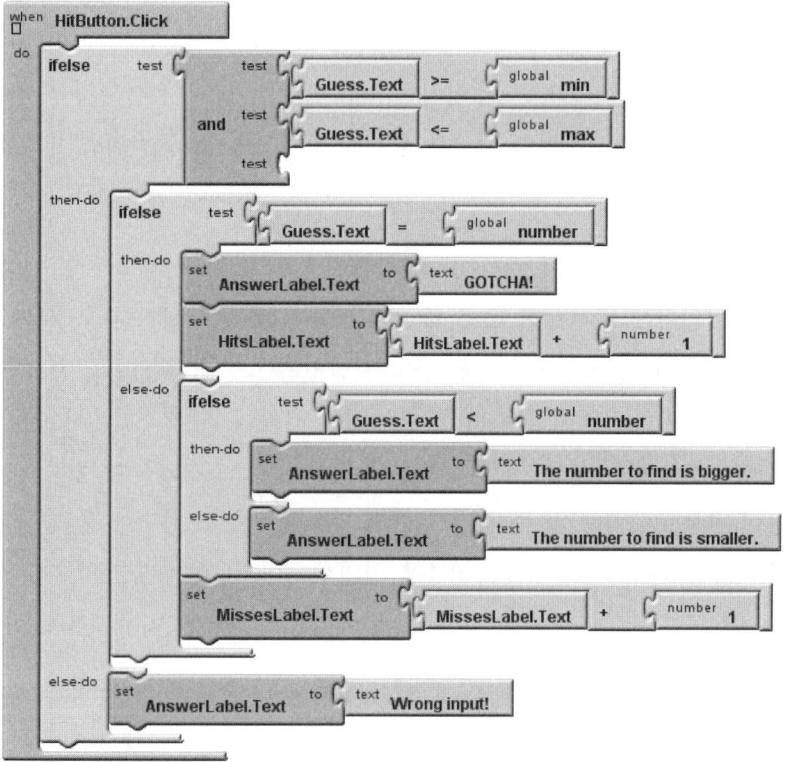

그림 9.81 사용자의 입력 값을 계산, 판별하여 적절한 반응을 보이는 블록 구조도

조건 검사 수행문들을 중첩시켜, 개별적인 프로그램 동작 로직을 일일이 모두 수행하는 방식 보다 훨씬 적은 의존도로 낮출 수 있다. 예를 들어, 입력한 추측 값이 특정 범위 안에 들어올 경우에만 정답일 가능성이 있다고 간주할 수 있다. 이 범위를 벗어나면, 프로그램은 결코 정답 일리가 없으니 일일이 확인하지 않아도 된다. 비슷하게, 추측 값이 특정 범위 안에 들어 왔지만 정답은 아닐 경우, 정답보다 크거나 작은 지만 확인하면 된다. 매번 새로운 추측 값을 힘들게 검사하는 경우를 최소화하기 위해 그림 9.81과 같이 중첩 ifelse 구조에 이러한 논리적 의존성을 사용한다.

이 정도 규모의 게임에서는 이러한 효과적인 알고리즘을 사용한들 놀라운 성능 향상 확인할 순 없겠지만, 입력 값이나 조건 검사 횟수가 매우 많은 경우엔 큰 차이를 만들 수 있다. 사용자아 입력한 추측 값을 검사하는 HitsButton.Clicks 이벤트 핸들러 작입은 다음과 같다. 민저 ifelse 분기문에서 추측 값이 특정 범위 안에 들어오는지 확인한다. 즉, 추측 값이 변수에 저장된 최소 값과 같거나 큰지, 아니면 최대 값보다 작거나 같은지 검사한다. 부정 값으로 검출되면, 입력된 추측 값은 숫자가 아니거나 범위 밖에 있다고 볼 수 있다.

이때는 "Wrong input!"을 else-do 영역에 연결해 화면에 출력할 수 있다. 추측 값이 범위안에 들어오면 두 번째 ifelse 분기문을 실행한다. 이 분기문은 추측 값이 number 변수에 저장된 난수와 일치하는지 검사한다. 일치하면, 정답으로 인정되어 화면에 출력되고, 승점이 올라간다. 일치하지 않으면, 오답으로 인정되고 패점이 올라간다. 이제 세 번째 ifelse 분기문이 동작하여 추측 값이 난수보다 작거나 큰지 검사하고, 적절한 힌트를 화면에 출력한다. 이렇게 상세히 추측 값 판별 알고리즘을 설명했으니 이제는 세 가지 기능만 구현해주면 되겠다(더 정확히 말하면 그림 9.82과 같은 이벤트 핸들러를 구현해야 한다).

사용자가 원하는 것보다 더 넓거나 좁은 범위를 만들 수 있는 수단을 제공해 주도록 하겠다(기본 값인 9에서 사용자가 입력한 값으로 바꾸도록 하자). 이를 구현하기 위해 MaxTextBox.LostFocus 이벤트 블록을 사용할 것이며, Guess 텍스트 박스에 입력된 새로운 추측 값부터 달라진 범위가 적용된다. 이때부터 (Guess 텍스트 박스에 포커스가 이동했을 때부터) MaxTextBox의 LostFocus 이벤트가 발생하여, 핸들러의 정의에 따라 새로운 범위가 설정되기 때문이다.

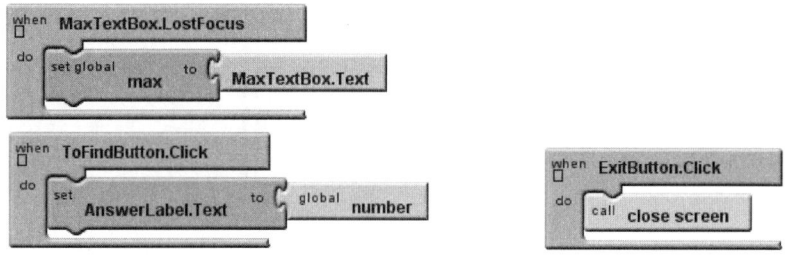

그림 9.82 NumberQuiz의 남은 이벤트 핸들러들

그림 9.82에 나와 있는 나머지 이벤트 핸들러들은 매우 자명하다. ??? 버튼을 누르면 `ToFindButton.Click` 이벤트가 발생하여 난수를 화면에 출력한다. Exit 버튼을 누르면 `ExitButton.Click` 이벤트 핸들러가 앱을 종료한다. 이 간단한 퀴즈 게임은 숫자 놀이를 좋아하는 사용자들이 좋아할 만한 게임이다.

어휘 학습 훈련기: English-German

9장의 마지막 예제 프로젝트로, 다시 한 번 리스트를 다룰 것이다. 여기서 집중적으로 실험할 리스트로 데이터 구조가 가진 잠재력을 명확히 보여줄 것이다. 지금까지는 데이터 베이스와 리스트를 사용해 구조적인 방식으로 수많은 데이터들을 저장하고 수정하며 읽어 왔었다. 이러한 컴포넌트로 할 수 있는 굉장히 다양한 용도 중 하나로써, 정말 유용하고 완전한 기능을 갖춘 언어 학습기를 구현할 것이다. 이 Vocab 앱은 한 가지 언어의 단어를 단순히 선형 방식으로 검색할 뿐만 아니라, 다른 언어의 단어도 학습할 수 있도록 돕는 여러 가지 훌륭한 기능(새로운 외국어를 학습하는 데 매우 필수적인)들을 제공할 것이다(그림 9.83 참조).

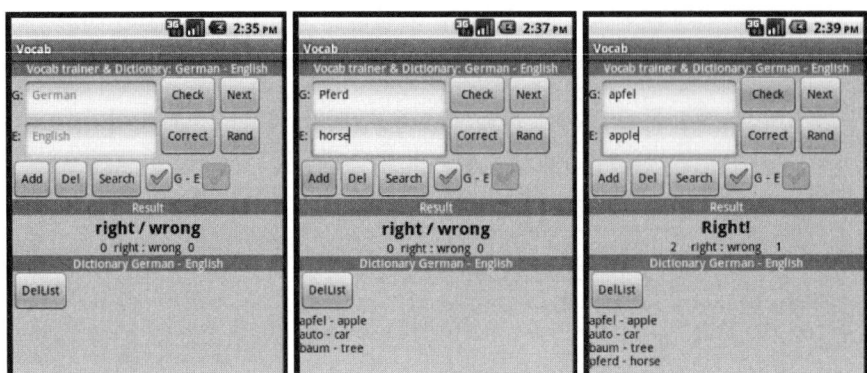

그림 9.83 새로운 외국어를 학습하거나 단어를 검색 해주는 단어 학습기 앱

사용자가 그림 9.83에 나온 앱을 처음 실행하면(좌측), 데이터 베이스에 아무런 항목도 없기 때문에 어떤 단어도 화면에 나타나지 않는다. 일반적으로 사용자들은 'G'와 'E' 입력란을 통해 입력을 시작하며, 그다음으로 Add 버튼을 눌러 입력한 단어를 사전에 추가하거나 Del 버튼으로 삭제할 수 있다. 이미 사전에 검색할 단어가 들어 있다면(중앙), 사용자는 해당 어휘를 검색해 공부할 수 있다(우측). 단어를 검사하기 위해, 여러 가지 메소드를 사용할 수 있다. Next 버튼을 눌러 사전에 저장된 단어들을 하나씩 살펴볼 수 있다. Rand(Random) 버튼을 누르면, 임의의 순서대로 어휘들을 살펴볼 수 있다. 체크박스를 활용하여 언어를 변경할 수도 있다. 예를 들어 독일어나 영어 번역 모드로 변경할 수 있다. Check 버튼을 누르면 입력된 답을 검사하고, 결과가 화면에 출력된다('Right!' 혹은 'Wrong!'). 사용자가 단순히 번역어가(상대 국가의 어휘)이 무엇인지 기억하지 못한다면, Correct 버튼을 눌러 답을 확인할 수 있다. 사전에서 단어를 찾으려면, Search 버튼을 눌러 독일어나 영어로 입력한 어휘의 번역어를 검색할 수 있다. 검색한 단어가 사전에 들어 있다면, 화면에 번역어가 출력될 것이다. 마지막 버튼인 DelList을 사용하여 사전에 입력된 전체 리스트를 한 번에 삭제할 수 있다(물론 삭제 전에 확인 절차를 거친다).

> **이 책의 웹사이트에서 지원하는 프로젝트 파일**
> 이 책의 웹사이트에서 Vocab 프로젝트에 필요한 파일들을 찾을 수 있다. 소개글에 링크 주소를 적어 놓았다.

이상으로 설명한 기능들을 구현하기 전에, 먼저 그림 9.83에 나와 있는 UI를 디자인해야 한다. Designer에서 새 프로젝트를 열고, 'Vocab'이란 이름을 지은 뒤 표 9.3에 나온 컴포넌트를 배치 및 수정한다. 직접 DivisionLabels, BufferLabels, Arrangements 컴포넌트를 직접 추가해보자.

표 9.3 Vocab 프로젝트에 필요한 컴포넌트와 초기 속성 값들

컴포넌트	오브젝트 이름	수정될 속성 값
Screen	Screen1	"BackgroundColor": Light gray "Icon": vocab_appIcon.png (지원 사이트의 /MEDIA 경로에 들어 있다)
Label (2x)	Label1-2	"Text": G:, E:
TextBox (2x)	GerTextBox, EngTextBox	"Hint": German, English
Button (4x)	CheckButton, CorrectButton, NextButton, RandButton	"Text": Check, Correct, Next, Rand
Button (3x)	AddButton, DelButton, SearchButton	"Text": Add, Del, Search
CheckBox	GerEngCheckBox	"Text": G - E "Checked" enable
CheckBox	EngGerCheckBox	"Text": "Enabled" disable
Label	ResultLabel	"Text": right/wrong
Label (2x)	HitsLabel, MissesLabel	"Text": 0, 0
Label	Label9	"Text": right : wrong
Button	DelListButton	"Text": DelList
Label	DictLabel	"Text":
Notifier	Notifier	

DivisionLabels, BufferLabels, Arrangements와 함께, 그림 9.84와 같이 UI를 디자인해보자.

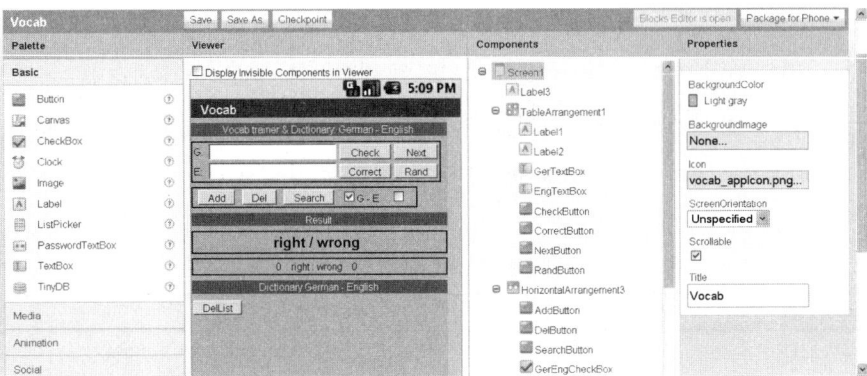

그림 9.84 AI 디자이너에서 본 Vocab 프로젝트

이제 디자인 작업이 끝났으니, Editor에서 동작 로직을 구현 해보자. 먼저 그림 9.85과 같이 일반적으로 필요한 변수들을 생성하여 초기화해보자. 두 가지 공백 리스트 gerList와 engList를 통해 나중에 단어들을 받아들이며(독일어와 영어를 별도로), 동일한 인덱스로 짝을 이루게 된다. listIndex 전역 인덱스 값을 통해 현재 단어에 해당하는 한 쌍의 리스트 항목에 접근할 수 있다. 이러한 방식은 여러 가지 이벤트 핸들러에서 사용된다. 반면, 변수 i를 제어 및 증감시켜 일부 루프를 다양한 핸들러에서 동작하도록 한다.

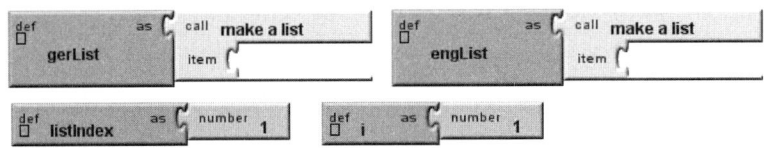

그림 9.85 어휘와 인덱스 값을 저장하는 리스트 변수 블록들

앱을 실행시키면서, 구현된 기능 키들을 사용해 봄으로 써 이벤트 핸들러들을 소개하고자 한다. 먼저 AddButton.Click 이벤트 핸들러로 시작해보자 (그림 9.86 참조). 이 핸들러는 Add 버튼을 눌렀을 때 동작하며, 새로운 단어를 리스트에 추가한다. 두 개의 add items to list 리스트 메소드를 통해 GerTextBox와 EngTextBox에 입력된 두 단어를 gerList와 engList 리스트에 추가한다. 이를 더욱 쉽게 처리하고 대소문자 구별 없이 단어를 검사할 수 있도록, 입력된 단어들을 즉시 downcase 메소드로 변환시킨다.

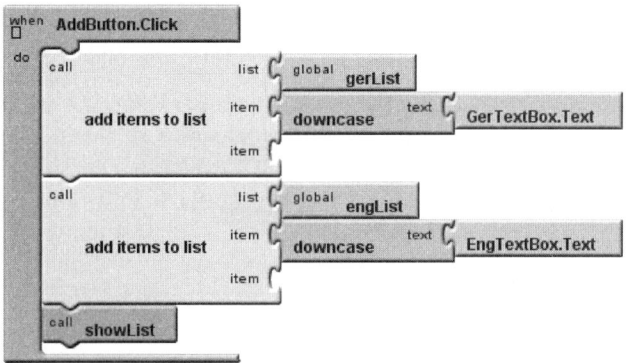

그림 9.86 새로운 어휘 짝을 Add 버튼으로 추가하는 블록 구조도

사용자가 새로운 어휘 쌍을 추가할 때마다, 늘어난 전체 리스트를 사전 영역에 출력한다. 포맷을 설정해 둔 두 리스트의 출력 모습은 showList 프로시저로 처리한다. 그림 9.54에서 봤던 demo_Data에서 사용했던 기법들과 비슷하게, while 루프를 통해 i 변수를 증가시키면서 gerList와 engList 리스트에 있는 모든 항목들을 읽어 들이고, 별도의 텍스트 형태로 연속적으로 늘어난 DictLabel 텍스트에 추가해 나간다. 최종 결과 문자열을 DictLabel에 출력한다. 한 어휘 쌍이 저장되면 곧바로 새로운 어휘 쌍을 입력할 수 있도록, 두 입력 필드인 GerTextBox와 EngTextBox에 있는 첫 어휘 쌍을 삭제한다 (emptyBoxes 프로시저를 통해).

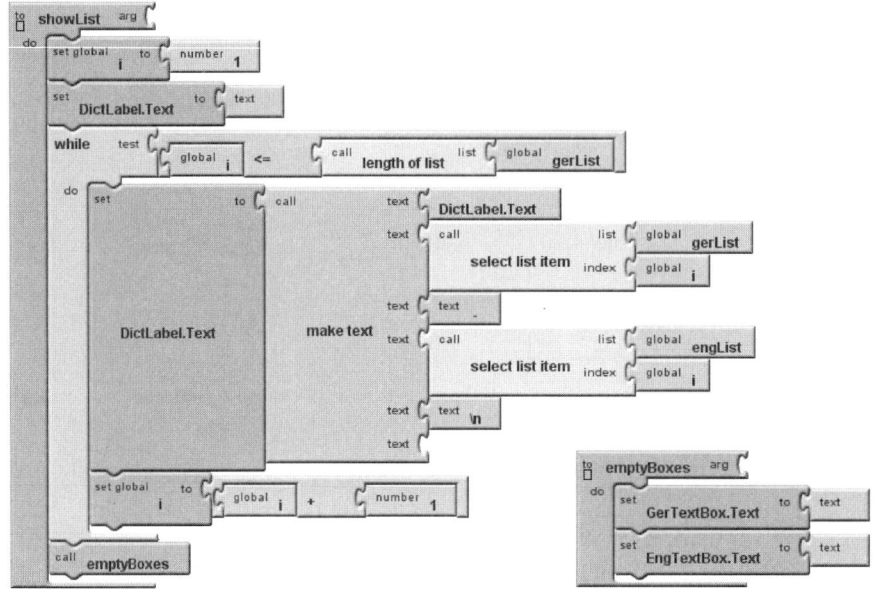

그림 9.87 단어 리스트의 출력 형태를 설정하는 블록 집합체와 입력 필드를 지우는 블록 집합체

리스트에서 이전에 출력된 어휘 쌍을 지우고 싶다면, 그림 9.88과 같이 DelButton.Click 이벤트 핸들러에서 remove list item 메소드를 현재 인덱스 값인 listIndex를 매개변수로 전달해 호출하면, 현재 가리키고 있는 리스트 항목을 간단하게 삭제된다. 그다음 showList를 호출하여 사전의 출력 화면을 갱신한다.

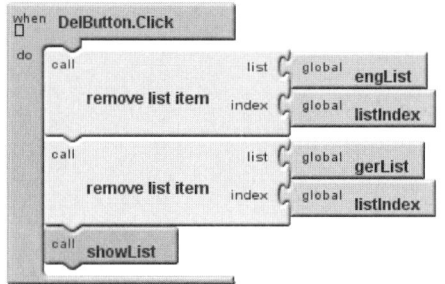

그림 9.88 Del 버튼으로 사전에서 어휘 쌍을 삭제하는 블록

사전에 충분히 많은 양의 어휘를 입력하면, 어휘 훈련 기능이 시작된다. GerEngCheckBox나 EngGerCheckBox를 활성화하여, 독일어를 영어로, 아니면 그 반대로 검색을 하도록 설정할 수 있다. 이때 그림 9.89과 같이 언

어를 전환하기 위한 효과적인 알고리즘을 사용해보자. GerEngCheckBox. Changed 이벤트 핸들러를 추가하고 불린 타입 변수인 gerEng의 초기값으로 true를 설정한다. 이 속성값은 표 9.3에 나열된 값을 기반으로 한 것이다. 이제 사용자 가 처음 체크박스(GerEngCheckBox)를 클릭하면, gerEng 변수에 새로운 상태 값인 false가 저장되고(활성화된 경우가 false임) 다른 체크박스인 EngGerCheckBox는 반대로 true가 저장된다(not 블록의 결과다). 다음에 GerEngCheckBox 체크박스를 선택하면 두 체크박스의 값이 다시 뒤바뀐다. 이러한 방식으로, GerEngCheckBox를 사용해 두 체크박스를 서로 반대되는 값으로 설정할 수 있다. EngGerCheckBox의 초기 값을 비활성화 것도 이러한 이유에서다. 현재 gerEng에 설정된 값은 나중에 어휘 체크의 방향(여기서 방향은 독일어에 해당하는 영어 어휘나 영어에 해당하는 독일어 어휘 등 어떤 언어로 번역된 단어를 선택할 방향을 의미)을 결정한다.

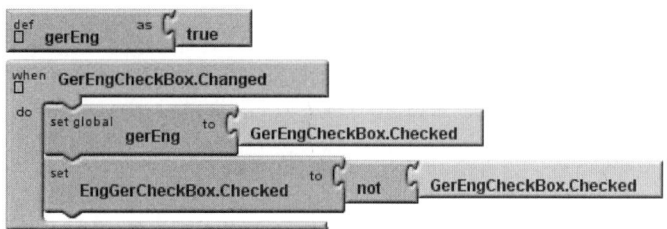

그림 9.89 'G?E' 체크박스 하나로 어휘 체크의 방향을 설정하는 블록 구조도

앞서 언급했듯이, 사용자는 두 가지 체크 방법 중 하나를 선택할 수 있다. 사용자가 Next 버튼을 누르면 NextButton.Click 이벤트 핸들러가 동작한다(그림 9.90 참조). 그러면 사전에 입력된 순서대로 연속해서 어휘들을 체크한다.

emptyBoxes 프로시저를 통해 GerTextBox EngTextBox에 입력된 데이터가 제거된 다음, 먼저 ifelse 분기문에서 gerList 리스트를 사용해 마지막 리스트 항목이나 사전의 마지막 항목을 가리키고 있는지 확인한다.

마지막이 아니라면, listIndex 카운터 값을 1 증가시키고, then-do 수행문을 실행한다. 마지막 항목이라면, listIndex를 1로 리셋하여 일련의 어휘 체크를 끝없이 반복하여 시작할 수 있다.

이렇게 리셋된 전역 인덱스 카운터 listIndex를 기반으로, showVocab 프로시저가 호출된다. 또 다른 ifelse 분기문에서, select list item 메소드를 두 리스트 중 하나에 적용하여 다음 단어를 선택해 화면에 출력한다.

리스트 및 텍스트 박스 선택은 어휘 체크의 방향에 따라 다르다. 이는 이전에 gerEng 변수에 설정했었다(true면 G-E 방향이고, false면 E-G 방향이다).

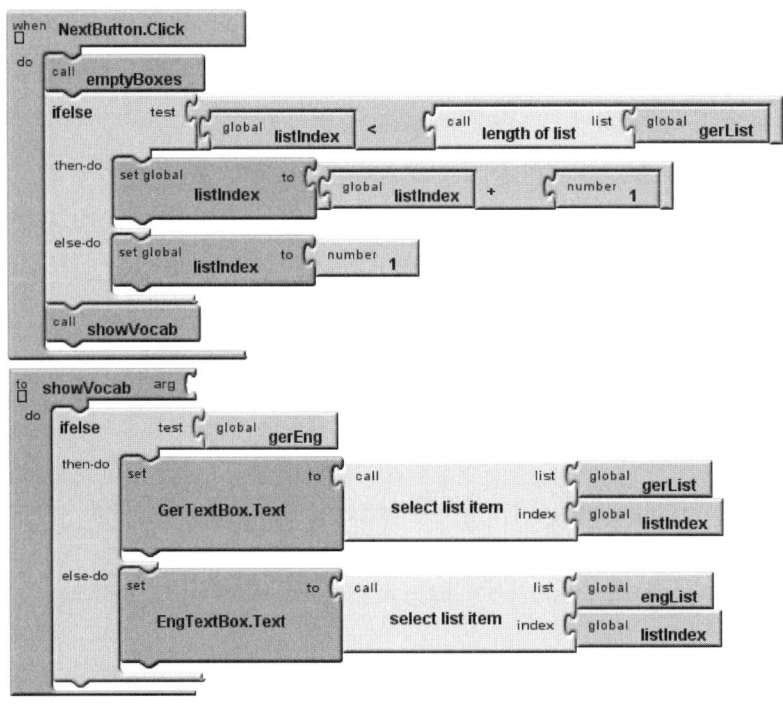

그림 9.90 Next 버튼을 통한 연속적인 어휘 훈련

사용자가 Rand 버튼을 통해 임의의 순서로 어휘들을 얼마나 알고 있는지 체크하는 또 다른 방법도 비슷하게 동작한다. 버튼을 누를 때마다 RandButton.Clic의 이벤트 핸들러가 호출되고(그림 9.91) random integer 메소드가 1과 현재 리스트의 길이 값 사이의 난수를 생성한다.

그다음 전역 변수이자 인덱스 카운터 역할을 하는 listIndex에 이 난수를 저장한다. 이렇게 설정한 인덱스 값을 기반으로 검색한 단어를 showVocab 프로시저를 통해 선택하여 적절한 텍스트 박스에 출력하게 된다.

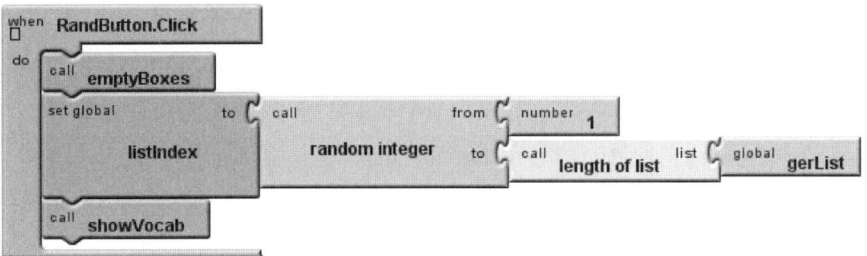

그림 9.91 Rand 버튼을 통해 임의의 순서로 훈련하는 방식의 구조도

사용자는 Check 버튼을 사용하여 입력한 단어가 맞는지 확인할 수 있다. 즉, 입력했던 단어와 저장돼있던 사전의 항목과 일치하는지 검사한다. 이때 CheckButton.Click(그림 9.92) 이벤트 핸들러는 ifelse의 분기문에서 초기 조건을 검사한다. 단어의 방향성 검사를 무시한 채, 현재 GerTextBox와 EngTextBox에 입력된 두 단어 쌍이 gerList와 engList 리스트에서 현재 listIndex 인덱스가 가리키고 있는 단어와 맞는지 판별한다. 대소문자 구별 없이 단어를 검사하기 위해, downcase 메소드를 사용해 단어를 모두 소문자로 변환한 뒤 검사를 수행한다(저장도 소문자로 이뤄진다). 두 단어 쌍이 일치하면, 올바른 단어가 입력된 것이므로, 분기문의 then-do 섹션이 수행되어 "Right!" 문자열을 ResultLabel에 출력하고 승점을 기록하는 HitLabel의 숫자를 1 증가시킨다. 틀린 경우엔, else-do 섹션이 실행되어 "Wrong!"을 출력하고, 패점을 기록하는 라벨의 숫자를 1 증가시킨다.

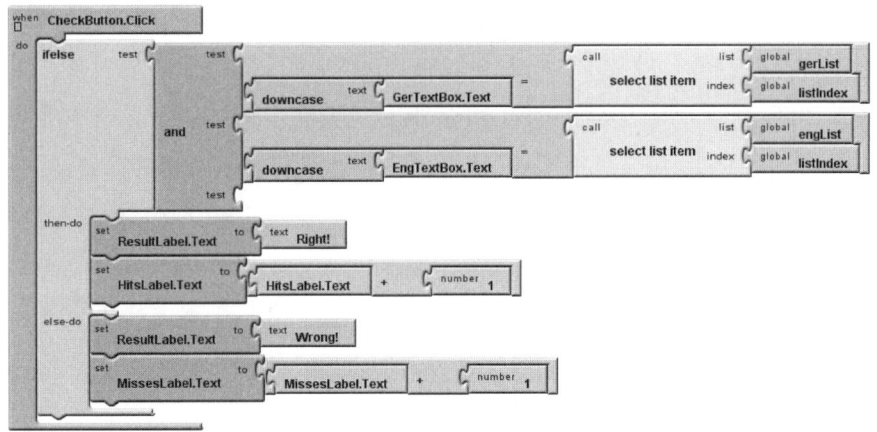

그림 9.92 Check 버튼으로 입력한 단어가 올바른지 판별하는 블록 구조도

사용자가 단순히 외국어를 기억하지 못하거나, 어휘를 학습하는 동안 처음 본 단어를 읽을 경우, Correct 버튼을 통해 뜻을 출력할 수 있다. 버튼이 눌리면 CorrectButton.Click(그림 9.93) 이벤트 핸들러에서 현재 listIndex가 가리키고 있는 단어 쌍을 읽어서 두 텍스트 박스에 출력한다(단어의 방향성 무시).

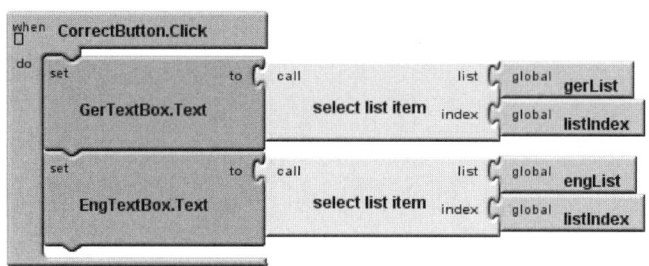

그림 9.93 Correct 버튼으로 정답(상대 국가 어휘)을 출력하는 블록

번역 방향에 따라 해당 텍스트 박스에 사용자가 입력한 단어의 번역된 어휘를 다루기가 점점 복잡해지고 있다. Search 버튼을 누르면 검색을 수행한다. 이때 사용되는 쿼리query는 전형적인 데이터베이스 쿼리와 비교해 볼 수 있다. 데이터 베이스에서는 쿼리를 이용해 특정 항목을 검색하여 화면에 출력하게 된다. 이번 어휘 학습기 예제에서, 사전은 일종의 데이터 베이스에 해당되며, 입력된 단어는 데이터 베이스의 검색어와 대응된다. SearchButton. Click(그림 9.94) 이벤트 핸들러가 동작하면, 변수 i가 매우 중요한 역할을 한다. if-else 분기문에서 입력된 검색어를 리스트(gerList 혹은 engList)에서 찾아 나간다(미리 정해 놓은 방향에 따라 달라지며, gerEng 변수에 true나 false를 저장해 방향을 정한다). 이 경우, position in list 메소드를 사용해 일치하는 항목을 찾은 경우 해당 인덱스 값을 반환하고, 반환된 인덱스 값을 i 변수에 할당한다. 일치하는 항목이 없다면, 변수 i는 0으로 할당된다. 변경된 i값은 두 번째 ifelse 분기문에서 초기 조건을 검사하는 데 사용된다. 이 값이 0보다 클 경우(이는 일치하는 항목을 발견한 경우다), then-do 섹션의 수행문이 실행되어 해당 인덱스의 어휘 쌍을 읽어 온 후에 텍스트 박스에 출력한다. 일치하는 항목이 없다면, then-do 영역에서 두 텍스트 박스를 비우고 'Search term unknown!'을 출력한다.

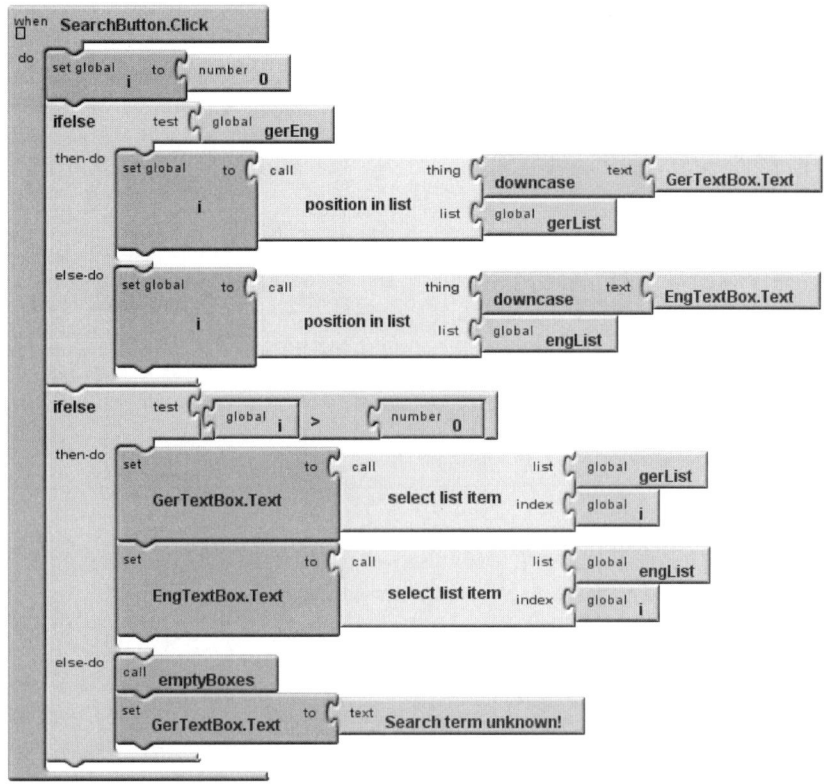

그림 9.94 Search 버튼으로 검색어를 찾아 출력하는 블록 구조도

이제, 어휘 학습기의 모든 핵심 기능들을 구현해봤다. 이제 사전의 전체 리스트를 한 번에 지우는 기능만 구현하면 된다. 삭제 동작과 삭제 확인 요청 동작을 조합하기 위해, 두 개의 간단한 이벤트 핸들러를 만들어 보겠다(그림 9.95). DelList 버튼을 누르면 DelListButton.Click 이벤트가 발생해 Notifier. ShowChooseDialog 메소드를 호출하고, 정말 삭제할 것인지(Yes) 아니면 취소할 것인지(No) 확인한다. 사용자가 둘 중 한 버튼을 누르면, Notifier. AfterChoosing 메소드가 자동으로 호출되어 눌린 버튼에 해당하는 값(Yes 혹은 No)을 choice 지역 변수에 전달한다(이 값은 두 버튼에도 출력되는 글자다). 사용자가 Yes를 선택한 경우에만 리스트를 지우도록 하기 위해, 삭제 수행 구문은 if 조건문 안에 들어 있다. 그다음 then-do 영역은 choice 값이 Yes일 경우에만 수행된다. Yes를 선택한 경우 두 gerList, engList 리스트는 간단히 빈 텍스트로 덮어써 지워진다. 게다가, 비워진 사전의 내용이 DictLabel에 출력된다.

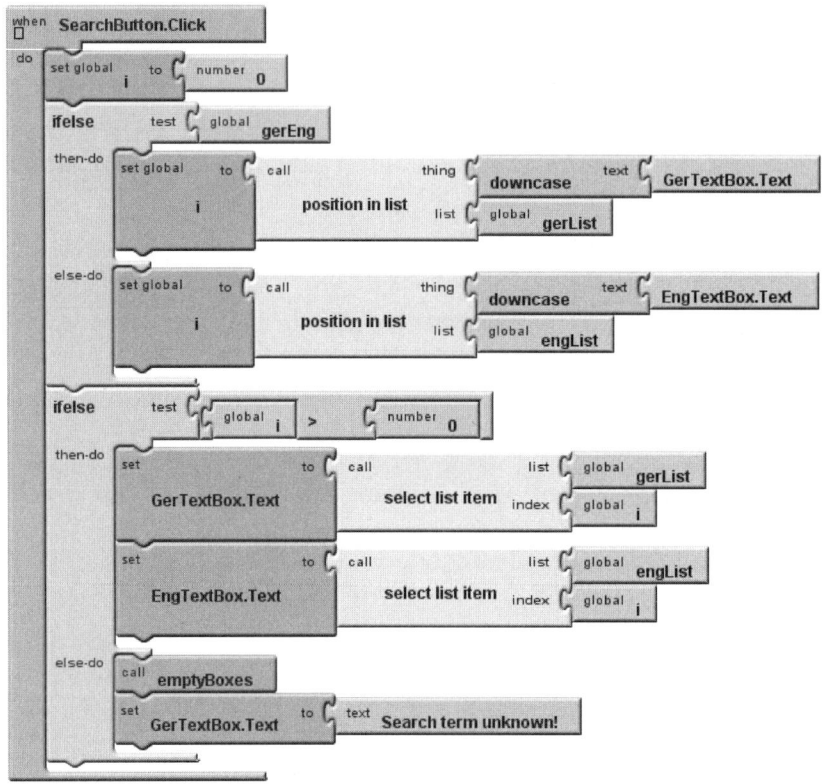

그림 9.95 DelList 버튼으로 전체 리스트를 삭제하는 블록 구조도

이제 모든 기능을 구현했다. 단순히 외국 어휘를 검사하는 수준에서 그치지 않았다. 아마도 여기에 더욱 다양한 기능을 추가해 직접 사용하거나, 서드파티 프로그램과 연동하고 싶다는 마음이 생겼을지도 모르겠다. 어떤 경우든지, 이번에 다룬 다소 큰 규모의 프로젝트를 통해, 전역 변수와 간접적으로 상호작용하고 동일한 데이터 풀pool을 활용하는 여러 가지 이벤트 핸들러로 이렇게 복잡한 앱의 기능들을 어떻게 나눌 수 있는지 알 수 있을 것이다. 더욱 넓은 범위의 기능을 추가할수록, Editor의 작업 공간은 더욱 넓어져야 할 것이다. 그림 9.96과 같이, 블록 접기 기능을 통해 모든 블록 집합체를 접을 수 있다. 이 책을 공부하면서 미리 여러 프로젝트들이나 개개의 기능들을 다뤄 봤다면, 디버깅 도구를(예를 들어, Editor의 'Watch' 기능 같은) 사용해 문제가 있는 부분을 추적하고 일반적인 데이터를 기반으로 하는 개개의 이벤트 핸들러와 복잡하게 얽힌 상호작용 관계를 분석한 경험이 있을 수도 있겠다.

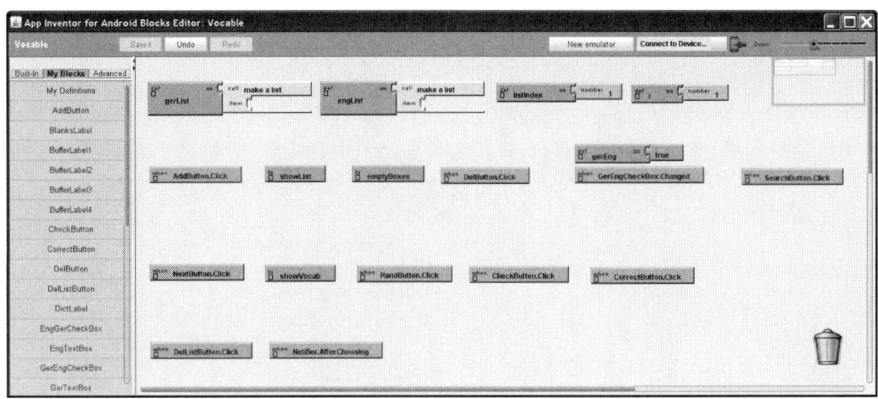

그림 9.96 Vocab 프로젝트의 전체 블록 구조도

축하한다. 이제 독자는 점차 정교하고, 실용적인 안드로이드 앱 개발의 중간 단계까지 도달했다. 특히 9장에서 다뤘던 제네릭 블록은 매우 큰 잠재력을 갖고 있으며, 이 블록들은 모든 프로그래머와 앱 개발자들이 사용하는 기본적인 도구의 일부이기도 하다.

이 책의 남은 예제들과 독자가 나중에 개발할 프로젝트에서는 제네릭 블록을 거의 끼고 살 것이다. 제네릭 블록만이 수많은 기능들과 인상적인 안드로이드 앱을 개발하기 위한 컴포넌트를 완전히 구현할 수 있기 때문이다.

10장
저장 공간과 데이터베이스

데이터를 저장하는 일은 컴퓨터로 하는 작업 중 가장 기본적인 것이다. 오늘날엔 스마트폰도 예외가 아니다. 스마트폰을 재부팅하거나, 대기 모드에서 돌아와도 여전히 설치해둔 앱이나 아이콘, 전화 목록이 그대로 있는 것을 볼 수 있다. 하지만 이 책에서 다뤘던 예제를 중단시키고 재실행하면, 이전에 입력했던 데이터가 모두 사라진 것을 알 수 있다. 기존 데이터를 재사용, 확장, 변경하기 위해 힘들게 입력한 데이터가(이름, 전화번호, 주소, 단어장에 기록할 어휘 등) 허무하게 사라진다면 정말 짜증나는 일일 것이다. 9장에서 다뤘던 단어장 예제에서도, 단어를 영구적으로 저장할 수 없다면 단어장 자체가 아무런 의미를 지니지 못할 것이다. 이는 데이터를 저장해야 하는 모든 앱에 해당되는 부분이다. 즉, 앱의 주요 기능이라 말할 수 있다. 그러므로 데이터 저장 공간은 독립적이어야 하며, 일반적으로 개발자가 앱에 연동해야 하는 필수 요소다.

AI는 데이터 저장소를 지원하는 세 가지 변수 블록을 제공한다. 앱이 실행 중이라면(포그라운드foreground에서 동작 중일 때나, 안드로이드 OS의 스케줄링에 의해 백그라운드에서 동작 중일 때 모두), 앱에서 요청하는 모든 데이터 혹은 사용자가 입력한 모든 데이터는 스마트폰의 작업 메모리로 저장된다. 이 메모리는 휘발성 메모리로, 앱이 동작 중일 때만 데이터가 유지된다. 데이터를 내부 메모리나 SD 카드에 지역적으로locally 저장하는 경우도 이에 해당된다. 대신, 클라우드 서버에 데이터를 저장할 수도 있다. 즉, 독자의 스마트폰뿐만 아니라 권한이 인정된 모든 스마트폰, 컴퓨터에서도 인터넷을 통해 전 세계에 퍼져 있는 데이터 서버에 접속해 마치 데이터베이스처럼 사용할 수 있는 것이다. 영구적으로 저장된 데이터를 영구 데이터$^{persistent\ data}$라고 한다. 특히 웹 기반의 저장소는 전형적인 그룹웨어^{groupware}나 협동적이고 서로 공유되는 애플리케이션, 그리고 소셜 네트워크나 모바일 커뮤니티, 멀티유저 게임, 위치 추적, 생활 패턴 로깅 등 다양한 용도에 부합하도록 셀 수 없이 많은 수단을 제공한다.

10장에서 우리는 두 가지 비휘발성 저장 방법을 다룰 것이다. AI를 통해 로컬 저장소와 클라우드 데이터 서버에 얼마나 쉽게 접근할 수 있는지 알면 매우 놀랄 것이다. 9장에서 배웠던 어휘 학습기 예제로 계속 진행하면서, 데이터베이스를 갖춰 진정한 사전의 형태를 갖는 유용한 앱으로 구현할 것이다. 클라우드를 통해 데이터를 가져오게 만들면, 다른 사용자들은 서로의 사전에 담긴 일반적인 데이터를 기반으로 어휘를 공부할 수 있을 뿐만 아니라 단어를 번역하거나 검색할 수도 있다. 아직은 일반적인 수준의 예제이지만, 이 앱이 전달하는 영감을 통해 독자만의 모바일 앱을 개발할 때 훌륭한 동기부여가 될 것이다.

TinyDB 컴포넌트로 로컬 공간에 데이터 저장하기

영구 데이터는 사용자 앱에 의해 생성되거나 변경되며, 앱을 종료한 후에도 지속적으로 저장되므로 데이터를 다시 입력할 필요가 없다. 이렇게 데이터를 유지하는 것을 간단히 데이터를 저장한다고 말하며, 평상시 컴퓨터에 설치된 텍스트 편집기나 스프레드시트 프로그램으로 처리했던 일과 다를 바 없다. 지인의 주소, 전화번호, 일정 등을 기록할 때 스마트폰에서는 자연스럽게 이러한 과정을 수행한다. 그다음 앱에서 자동으로 새로 추가된 데이터가 로컬 메모리나 SD 카드에 저장됐는지 확인하여 영구적으로 사용할 수 있게 한다.

데이터를 영구적으로 저장하기 쉽게 Basic 그룹에 비가시성 컴포넌트인 TinyDB를 제공한다. DB는 데이터베이스의 약자이며, 베이스란 단어에서 뭔가 큰 규모를 뜻하는 어감이 느껴지지만, 'Tiny'가 붙은 걸 보면 그 정도까진 아닌 것 같다. TinyDB는 AI로 생성한 앱에서 영구적으로 사용할 수 있도록 안드로이드에서 만든 저장 공간으로, 스마트폰의 내부 메모리를 사용하며 실제 필요한 저장 공간을 기반으로 동적인 메모리 할당을 수행한다. 동적인 메모리 할당 방식을 통해 데이터를 많이 사용하는 앱이 다른 일반적인 앱보다 더 많은 저장 공간을 사용할 수 있어, 안드로이드는 항상 시스템 메모리를 최적화시킬 수 있다. 데이터 저장소는 대부분의 앱에서 필요로 하는 중요한 기능이지만(아마도 이러한 이유에서), TinyDB 컴포넌트에는 매우 간단한 기능만 있다. 또한 개발 중인 프로젝트에서 사용하기도 간단하다(자세한 내용은 그림 10.1 참조).

```
TinyDB
Use a TinyDB component to store data that will be available each time the app runs.
TinyDB is a non-visible component.
Apps created with App Inventor are initialized each time they run. If an app sets the value of a variable and the user then quits the app,
the value of that variable will not be remembered the next time the app is run. TinyDB is a persistent data store for the app, that is, the
data stored there will be available each time the app is run. An example might be a game that saved the high score, and retrieved it
each time the game is played.
Data items are stored under tags. To store a data item, you specify the tag it should be stored under. Subsequently, you can retrieve
the data item that was stored under a given tag. If there is no value stored under a tag, then the value returned is the empty text.
Consequently, to see if a tag has a value stored under it, test whether the return value is equal to the empty text (i.e., a text box with no
text filled in).
There is only one data store per app. If you have multiple TinyDB components, they will use the same data store. To get the effect of
separate stores, use different keys. Also each app has its own data store. You cannot use TinyDB to pass data between two different
apps on the phone.

Properties      Methods
none
                StoreValue(text tag, valueToStore)
Events              Store the value under the given tag. The tag must be a text string; the value can be a string or a list.
none            GetValue(text tag)
                    Gets the value that was stored under the given tag. If no value was stored, returns the empty text.
```

그림 10.1 TinyDB 컴포넌트의 명세사항

어떠한 이벤트 핸들러나 속성도 갖고 있지 않으며, 단지 데이터를 저장하고 로딩하는 메소드만 지원한다. 이러한 성질 덕분에 효율성이 최상이다. 각 메소드는 한 가지 데이터 저장소를 갖고 있으며, 이를 통해 프로그램이 실행되는 동안 어떤 규모의 데이터도 저장할 수 있다.

변수에 저장된 데이터의 저장 및 로딩

참고 데이터를 앱에 저장하려면, 반드시 데이터를 저장할 변수가 필요하며, StoreValue 메소드로 전달해야 한다. 로딩 과정에서 동일하거나 호환 가능한 데이터 타입의 변수도 필요하다. GetValue 메소드는 이 변수를 통해 메모리에 저장된 데이터를 가져와 할당할 수 있다.

AI의 전역 변수가 다양한 데이터 타입의 데이터를 저장할 수 있듯이 TinyDB 컴포넌트도 텍스트, 숫자, 리스트까지 저장할 수 있으며, 나중에 다시 로딩하여 변수에 할당할 수도 있다. 예를 들어, 어휘 학습기 예제에서 전체 사전 리스트, 승패 기록, 마지막으로 기록된 어휘 체크 방향 등 다양한 데이터를 저장했다가 다시 로딩할 수 있다. TinyDB 메소드인 `StoreValue`를 통해 저장을 진행하고, 이 메소드에 고유의 `text tag`와 저장할 데이터를 갖고 있는 변수(`valueToStore`)가 전달된다. 데이터를 로딩할 땐, `GetValue` 메소드가 호출되며 `text tag`가 필요하다. 이를 통해 메모리에 로딩된 데이터를 읽어서 실행 도중에도 변수에 이 데이터를 할당할 수 있다.

영구 데이터 타입으로 변수 값 저장하기

데이터 저장 및 로딩 개념을 더욱 이해하기 쉽게 어휘 학습기 예제(Vocab. apk)를 개선하는 방법으로 실습할 것이다. 지금 당장 사용자는 직접 `GerTextBox`와 `EngTextBox`에 단어을 입력하고 **Add**를 눌러 어휘를 추가해야 한다. 이렇게 입력된 단어는 앱이 활성화 상태에 있는 도중에는 `gerList` 리스트와 `engList` 리스트에 할당된다. 앱을 재실행할 때마다 리스트와 사전은 다시 데이터가 지워진 상태로 돌아간다. 영구 저장이 안 된 것이다. 이제 두 리스트에 할당된 각 데이터 항목을 로컬 저장소에 저장해 부족한 점을 고쳐 나갈 것이다. 사용자나 다른 앱(갑자기 전화가 걸려 오는 경우)으로 인해 학습기 앱이 종료돼도 마지막까지 저장된 데이터를 영구적으로 유지할 수 있다. 다음에 앱을 실행하면 자동으로 메모리에 데이터가 로딩되고 언제든지 단어를 검사할 수 있는 준비 작업을 한다. 이번에 새로 확장할 예제에서도 변수 값을 저장한 더욱 복잡해진 리스트 구조를 어떻게 처리할지 시연할 것이다. 대부분의 데이터베이스 연동 애플리케이션에서 기본으로 삼는 개념이기도 하지만, 데이터를 저장하고 로딩한다는 관점에서 보면 그저 하나의 데이터를 담고 있는 변수를 다루는 것과 별반 차이가 없다.

 앱만을 위한 영구 데이터, 개발 환경을 벗어나다!

영구 저장소는 스마트폰에 APK 파일 형태로 설치된 독립적인 앱에서만 존재할 수 있다. 이 환경이 갖춰진 다음에야 안드로이드에서 앱에 할당할 데이터 예약 공간을 마련해주므로, 이 공간을 통해 데이터를 저장하고 로딩할 수 있다. 그러나 AI 개발 환경과 스마트폰을 연동한 상태에서 실행하는 앱의 경우, 애플리케이션을 재실행하는 일은 앱을 재설치하는 것과 마찬가지이므로, 예약된 저장 공간이 사라지고 다시 처음부터 생성되는 과정을 반복한다(AI 사이트의 컴포넌트 레퍼런스에서 TinyDB 항목을 찾아보자). 그러므로 저장소 기능을 확인하려면 스마트폰에 독립적인 앱의 형태로 완전히 다운로드하여 설치를 해서 테스트해야 한다.

이번에 추가할 기능은 거의 대부분이 비가시성 컴포넌트를 사용하므로, Designer에서 몇 가지 추가 및 조정해야 할 일이 있다. 먼저 My Project ➤ Vocab을 선택해 Designer에 Vacab 프로젝트를 로딩한 다음 Save As 옵션을 선택해 복사본으로 저장해둔다(Vocab1이란 이름으로). 겉보기에도 구버전이 아닌 사전 자동 저장 기능을 갖춘 새로운 Release 1.1 버전인지 구별할 수 있게 'Screen1'이란 제목을 'Vocab1(auto save)'로 변경한다. 이제 표 10.1을 보고 두 개의 컴포넌트를 추가한다.

표 10.1 Vocab1 프로젝트를 진행하기 위해 추가할 컴포넌트

컴포넌트	오브젝트 이름	변경될 속성들
Screen1	Screen1	"Icon": vocab1_appIcon.png(이 책의 웹사이트의 /MEDIA 경로에 포함됨)
TinyDB	TinyDB	
Button	OffButton	"Text": OFF

이 책에서 지원하는 웹사이트에서 Vocab1 프로젝트 찾기

이번 예제에 필요한 파일은 다른 예제와 동일한 경로에서 찾을 수 있다. 이 책의 소개글에 링크 주소를 적어 놓았다.

Off 버튼을 추가해 사용자가 가벼운 마음으로 데이터를 손실할 걱정 없이 앱을 종료할 수 있게 한다. 표 10.1을 보고 컴포넌트를 추가했다면 그림 10.2와 같은 화면을 볼 수 있을 것이다. Properties 섹션에서 볼 수 있듯이 TinyDB 컴포넌트는 정말로 아무런 속성이 없음을 알 수 있다.

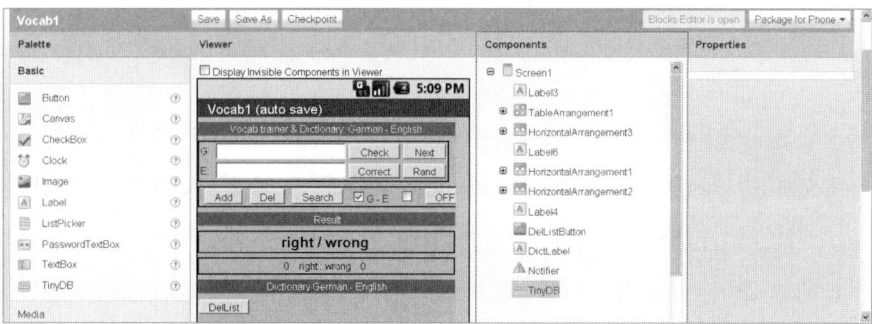

그림 10.2 AI Designer를 통해 기능을 확장한 Vocab1 프로젝트 화면

Off 버튼으로 예제를 종료하도록 버튼 이벤트 핸들러를 구현하는 일은 매우 간단하다. 이미 close screen에 대해선 예전 프로젝트에서 다뤘다(그림 10.3 참조).

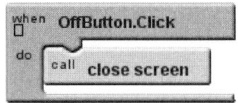

그림 10.3 Vocab1 앱을 종료하는 이벤트 핸들러

이제 직접 gerList와 engList 리스트를 저장하는 수행문을 구현해보자. 이 처리 작업은 다양한 이벤트 핸들러를 통해 수행되므로, 별도의 프로시저인 saveLists 블록 집합체를 만들어 재사용할 것이다. 그림 10.4에서 보는 바와 같이, AI의 저장 기능은 정말 간단하고 편리하다. 그저 gerList와 engList 리스트를 valueToStore 소켓으로 gerListTinyDB 혹은 engListTinyDB 같은 고유한 태그와 함께 TinyDB.StoreValue 메소드에 전달하면 된다.

프로시저가 호출되면, 현재 데이터를 갖고 있는 두 리스트를 해당 태그를 통해 로컬 저장소에 저장한다.

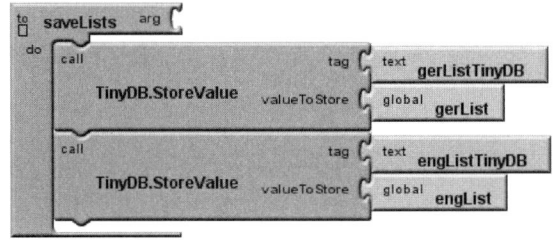

그림 10.4 별도의 태그로 로컬 저장소에 두 리스트를 저장하는 블록

이제 그림 10.4에 나와 있는 프로시저를 호출해 실행 도중 언제든 저장이 가능하도록 하면 된다. 이번 예제에서, Add 버튼을 눌러 한 쌍의 새로운 단어를 추가하거나, Del 버튼으로 기존에 있던 한 쌍의 단어를 지우거나, DelList 버튼으로 전체 사전 리스트를 제거할 때 이 saveLists 프로시저를 호출한다 (그림 10.5 참조).

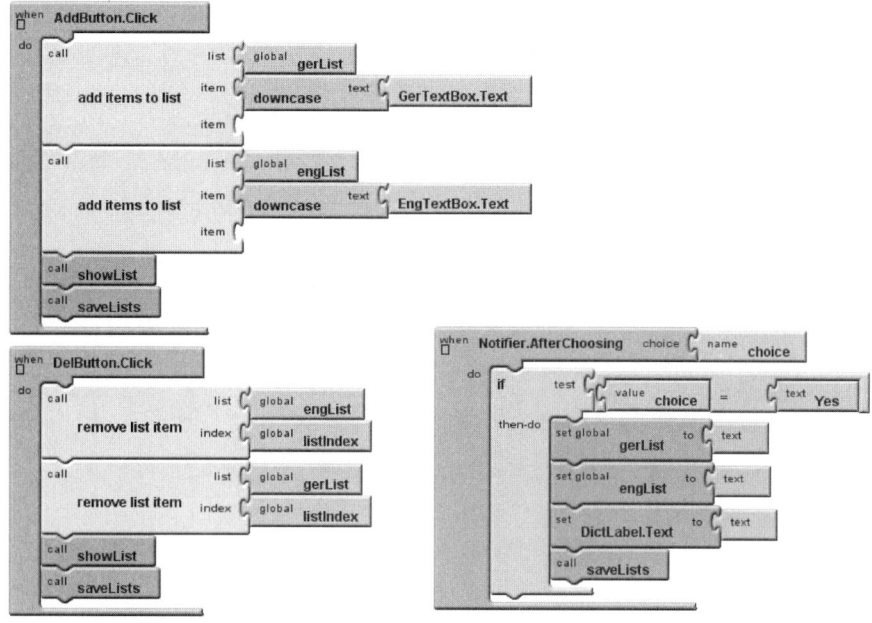

그림 10.5 리스트 저장 프로시저를 호출하는 다양한 이벤트 핸들러

이제 리스트 내용이 변경될 때마다 자동으로 데이터를 저장하며, 항상 현재 데이터를 다음에도 그대로 유지하여 사용할 수 있다.

사전 앱에 로컬 데이터 불러오기

이제 두 리스트를 자동으로 저장할 수 있으니 이번엔 앱을 재실행했을 때 자동으로 로딩하는 기능을 구현해보자. 사용자에게 또 다른 어떠한 요청을 하지 않고도 두 리스트를 즉시 사용할 수 있게, 로딩 수행을 Screen1.Initialize 이벤트 핸들러에서 처리하겠다. 로딩 기능은 TinyDB로 수행했던 저장 기능만큼 간단하게 구현할 수 있으나, 한 가지 더 알아야 할 것이 있다.

참고

공백 리스트를 로딩할 땐 주의하라!

공백(empty) 리스트를 로딩하는 일은 일반적으로 빈 문자열을 반환하기 때문에 문제를 일으킨다. 이런 문제를 일으키지 않으려면, 리스트를 로딩할 때나 리스트를 변수에 할당하기 전에 검사해야 한다. 그렇지 않으면 리스트 연산을 빈 문자열에 적용하게 되고, 이는 전형적인 시스템 충돌의 원인이 된다.

마지막으로 저장된 사전이 비어 있는 경우라면, 변수에 저장됐던 데이터를 읽어들인 결과는 공백 리스트가 아니라 공백 문자열(text 타입)이다. 이러한 반환 값은 일반적으로 text나 number 타입의 데이터일 경우엔 아무런 문제가 되지 않지만, 메소드에서 list 타입의 데이터를 읽어 들이도록 구현했을 경우엔 분명하게 인터셉트(intercept)되야 한다. 변수에 로딩한 데이터로 작업을 해야 하는 수행문에 리스트를 처리하는 내용이 포함된 경우 리스트 항목 1에 접근하려 할 수 있다. 물론 빈 문자열엔 이 항목은 존재하지 않으므로, 이러한 접근 시도는 프로그램 충돌을 일으킨다. 저장된 데이터를 검사하여 리스트인지 빈 문자열인지 확인하기 위해 그림 10.6에 나온 도우미 기능을 활용할 것이다. 먼저 TinyDB 메소드 TinyDB.GetValue와 tag 타입의 gerListTinyDB 변수를 사용해 저장된 리스트 중 한 가지 리스트를 변수 i에 할당하겠다. 그다음 이 변수 i를 if 문의 초기 조건에서 검사하여 텍스트 길이 (length i)가 0보다 큰지 확인한다. 이는 빈 문자열인지 검사한다는 의미다.

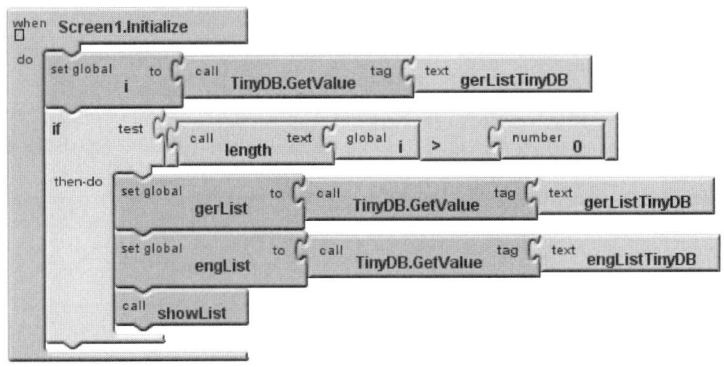

그림 10.6 두 리스트를 로딩하여 빈 문자열인지 검사하는 블록 구조도

이 조건문이 충족되어 로딩된 데이터가 빈 문자열이 아니라고 판정되면 gerListTinyDB와 engListTinyDB 태그를 이용해 리스트를 읽어 들일 수 있다. 이 두 태그를 TinyDB.GetValue 메소드에 전달해 반환 값을 gerList와 engList 리스트에 할당한다. Screen1.Initialize 이벤트 핸들러를 통해 로딩이 끝나면, 두 리스트는 프로그램이 실행됐을 때 즉시 사용 가능하며, 마지막 showList 프로시저를 호출하여 화면에 출력한다.

공백 문자열을 고려해 조건을 검사하는 것과는 별개로, 저장된 데이터를 앱에 로딩하는 작업은 AI로 매우 쉽게 처리할 수 있다. 몇 개의 수행문만으로

Vocab의 제한된 기능을 확장하여 정말 유용한 앱으로 발전시킬 수 있었다(그림 10.7).

그림 10.7 Vocab1 앱에서 데이터를 유지하는 화면

릴리스 1.1 버전의 어휘 학습용 앱에는 Off 버튼이 추가돼 앱을 종료하고 사전 리스트 데이터를 메모리에서 해제할 수 있다(좌측). 다시 앱을 실행하면(가운데), 마지막 상태가 복원된다(우측). 이제 영구 데이터를 곧바로 사용해 자신의 어휘력을 확인하고, 새로운 단어를 추가하거나 기존의 단어를 삭제할 수 있다.

안드로이드 시스템에서 앱 지우기

모든 앱이 어휘 학습기처럼 편리하게 데이터를 관리해주진 않는다(개별 항목을 제거하거나, 전체 리스트를 제거하는 기능 등). 영구 데이터를 직접 삭제하고 싶다면 Settings 메뉴에서 시스템 설정을 변경하여 삭제할 수 있다. Settings ➤ Applications ➤ Manage Applications 메뉴 항목을 선택하자. 그림 10.8과 같이 원하는 앱을 선택하면 Storage ➤ Data 항목을 선택해 Application info를 통해 영구 데이터가 차지하는 저장 공간의 크기를 볼 수 있다. 이 데이터를 삭제하고 싶다면 Clear data 라벨이 표시된 버튼을 누를 수 있다. OK를 눌러 확실히 데이터를 지우면, 더 이상 영구 데이터는 저장소에 남아 있지 않게 된다. 완전히 제거된 것이다.

그림 10.8 시스템 메뉴를 통해 앱에 할당된 메모리를 해제하는 화면

그림 10.8에서 어휘 학습기의 데이터 크기를 확인할 수 있다. 즉, 그림 10.7에 나타낸 세 개의 단어 쌍은 4KB를 차지한다. 앱의 소스코드가 4000KB(4.14MB) 정도 차지하는 것과 비교하면 어휘 데이터가 차지하는 비율은 미미한 수준이다.

TinyWebDB 컴포넌트로 웹상에서 데이터 저장하기

앞서 언급했듯이, AI로 개발한 앱에서는 로컬 저장소에 저장된 좀 더 전형적인 방식뿐만 아니라, 클라우드 서버에 저장된 데이터도 사용 가능하다. AI로 외부 저장소에 데이터를 저장하거나 읽어 들이는 일은 로컬 저장 미디어로부터 데이터를 저장하거나 읽어 들이는 것만큼 간단하지만, 유연하고 광범위하게 분산된 온라인 저장소가 갖는 잠재성은 생각하는 것보다 훨씬 더 크다. 예를 들어, 강력하고 거의 무한한 용량을 갖춘 클라우드 서버에 집중적으로 데이터를 저장할 수 있으므로 다양한 사용자가 자신의 기기를 사용해 데이터를 수정하거나 추가, 변경할 수 있다. 일반적으로 분산 데이터베이스(공유 데이터베이스)로 전문적인 애플리케이션을 개발하는 작업은 상대적으로 충족하기 어려운 요구사항들을 충족해야 한다. 매우 중요한 데이터에 접근하려면 안전하고 일관성 있는 고급 수준의 메커니즘이 요구된다. 그럼에도 불구하고, 기본적인 메커니즘은 사용하기 쉽다(특히 AI를 사용했을 경우). 그리고 구글이 제공하는 다양한 도구를 통해 스마트폰을 웹 서비스와 연동할 수 있다(구글의 서비스를 일명 클라우드 컴퓨팅이라고 부른다).

온라인으로 데이터를 저장하기 위해서는 자신만의 웹 서버를 갖출 필요가 없다. 구글은 자신만의 웹 서비스를 통해 온라인상으로 리소스를 사용할 수 있도록 했다. 예를 들면, 앱에서 사용될 데이터를 저장하는 것 말이다. 온라인 데이터 저장소를 빠르고 실험적으로 사용할 수 있게 특별히 디자인된 클라우드 환경에서, 개발자들은 1,000개의 엔트리까지 저장할 수 있는 공유 데이터 서버에 접근할 수 있다. 이러한 서비스는 명백히 '테스트 플랫폼'의 기능을 수행하며, 두 가지 이유에서 실험 목적으로만 사용해야 한다. (1) 서버에 저장된 모든 데이터는 서버에 접속 중인 모든 사용자가 접근할 수 있다. (2) 저장 공간을 초과하면 경고 없이 데이터가 오버라이팅된다. 웹브라우저를 실행하고 테스트 서버의 주소를 입력해서 주변•의 지인(개발자)이 제공하는 예제 데이터를 살펴보자.

AI 개발자가 테스트할 수 있도록 돕기 위해 제공하는 공유 데이터 서버

아래 주소를 통해 구글이 제공하는 AI 웹 서비스를 이용해 AI 앱에 온라인 데이터 스토리지를 연동하는 작업을 테스트해보자.

- http://appinvtinywebdb.appspot.com/

이 서버 주소는 AI 컴포넌트의 온라인 스토리지의 기본 설정 값에 대응되기도 하므로, AI는 자동으로 이 서비스에 접근한다. 서버가 수용할 수 있는 엔트리 수는 최대 1000개다. 하지만, 주의하자. 이 사이트의 모든 접속자가 이 서버에 저장된 데이터를 볼 수 있으며, 로딩해 조작까지 할 수 있다. 용량이 초과되면 데이터는 연속적으로 경고 없이 그냥 오버라이팅된다. 이 공식 웹 서비스는 중요한 비밀 자료를 영구적으로 저장하기엔 적합하지 않다.

영구적으로 중요한 자료를 온라인으로 저장하려면 데이터 서비스를 갖고 있는 자신만의 웹 서비스를 생성해야 한다. 이는 구글이 제공하는 서비스를 통해 수행 가능하며, AI의 콘셉트 레퍼런스에 있는 'Custom TinyWebDB Service' 페이지에 설명돼 있다. 이 페이지 주소는 아래와 같다.

- http://experimental.appinventor.mit.edu/learn/reference/other/tinywebdb.html

대신 사용할 수 있는 방안이나 비슷한 서비스를 알고 싶다면 독자가 다운로드한 AI 사이트를 참고하길 바란다.

정보 공유가 제한된다고 해서, 이렇게 훌륭한 서비스와 놀라운 온라인 저장 기능을 사용하지 못한다는 것은 비극일 것이다. 최소한 직접 온라인 데이터를 써보기라도 하자. 클라우드 서버에 저장된 안전하고 신뢰할 만한 데이터를 가볍게 가져오긴 힘들더라도, 매우 제한된 크기의 저장 공간과 컴퓨팅 리소스를 갖고 있는 스마트폰에겐 클라우드의 중요성이 점차 커지고 있다. 일반적으로, 점점 더 다양해지고 있는 모바일 기기로부터 중앙 데이터 저장소에 접근할 수 있는 기능은 날이 갈수록 중요한 요소로 작용한다. 클라우드와 관련된 흥미진진한 주제들을 자세히 살펴보는 것도 가치 있는 일이며, AI 덕분에 믿을 수 없을 만큼 적은 노력만으로도 이러한 대세를 따를 수 있다. 하지만, 이렇게 밝은 전망에도 불구하고 무료 WLAN 접속을 통한 웹 서핑을 하지 않거나 데이터 정액제를 들지 않았다면 스마트폰을 통해 데이터에 접근하거나 온라인 저장소를 활용하는 서비스 모두 부가 서비스 요금을 내야 한다는 사실을 모두가 알고 있어야 한다.

클라우드를 통해 편리하게 데이터를 저장할 수 있도록(다시 말하면, 웹에 데이터를 저장하고 로딩할 수 있도록) AI는 Not ready for prime time 그룹에 TinyWebDB 컴포넌트를 제공한다(비가시성). 이름대로, 이 컴포넌트는 TinyDB와 유사하다. 매우 친숙한 로컬 스토리지 미디어로 데이터를 처리하듯이, 아주 쉽게 기능을 사용할 수 있다. 복잡한 네트워크 통신 처리 과정은 거의 신경 쓰지 않아도 된다. 그림 10.9에 나와 있는 TinyWebDB 컴포넌트의 명세사항은 두 개의 메소드(데이터를 저장하는 StoreValue와 데이터를 읽어오는 GetValue)만 설명한다. 이 역시 TinyDB 메소드와 기능이 유사하다.

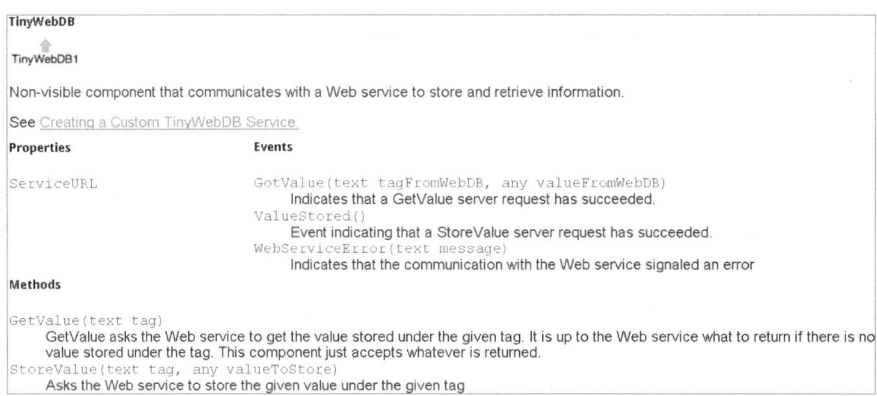

그림 10.9 TinyWebDB 컴포넌트의 명세사항

온라인을 통한 데이터 저장 및 로딩은 두 단계의 과정을 거친다. 일반적으로 온라인 통신은 비동기 통신을 기반으로 한다. 즉, 인터넷을 통해 클라이언트에서 서버에 요청을 하면, 응답이 곧바로 도착하지 않고 일정 시간이 지나야 한다(통신 속도나 트래픽, 전송할 데이터 크기 등 관련된 요소가 많다). 반면, 로컬 저장

소로부터 데이터를 읽어 들이는 것은 거의 동시에 처리된다. `StoreValue` 메소드는 `ValueStored` 시간 지연 이벤트를 통해 호출되며, `GetValue` 메소드는 `GotValue` 이벤트를 통해 호출되어, 데이터를 성공적으로 웹 서버에 저장할 수 있다. `GetValue` 메소드 역시 읽어 들인 데이터와 식별을 위한 태그 값을 반환한다. 온라인 통신에 오류가 발생하면, 오류 내용이 반환돼 `WebServiceError` 이벤트를 통해 메시지를 전달한다. `ServiceURL` 속성을 통해서만 앞서 언급한 웹 서비스의 주소가 기본 값인 http://appinvtinywebdb.appspot.com으로 지정되지만, 직접 자신만의 'Custom TinyWebDB Web-Service'로 대체할 수 있다 (예를 들면, 구글 앱엔진[AppEngine]에서 실행 중인 웹 서비스 등).

클라우드를 통한 사전 데이터 저장

이제 어휘 학습기 앱 예제를 통해 TinyWebDB 컴포넌트를 실제로 다뤄보겠다. 버튼을 눌러 구글 웹 서비스를 통한 테스트 플랫폼에 사전 데이터를 저장할 수 있는 기능을 추가해 기존 Vocab1 프로젝트의 기능을 더욱 확장할 것이다. 이러한 기능을 활용하여 '마스터' 앱을 만들 수 있다. 예를 들어, 교사나 언어 지도사가 자신의 학생에게 새로운 어휘를 가르치고 싶은 경우, 온라인으로 사용 가능한 앱을 만들고 얼마나 많은 학습 단계를 진행했는지에 따라 다른 수준의 단어를 공부할 수 있게 학생들이 가진 '클라이언트' 앱을 사용해 점진적인 단계를 따라가면서 학습할 수 있다.

한 번 더 어휘 학습기 앱을 확장하는 작업은 주로 비가시성 기능을 활용하기 때문에 Designer에서 해줄 일은 그리 많지 않다. My Projects ➤ Vocab을 선택해 Vocab1 프로젝트를 Designer로 로딩한 다음 Vocab2로 복사본을 저장한다. 이렇게 복사된 새로운 프로젝트의 제목을 Screen1에서 Vocab2(webmaster)로 바꿔서 릴리스 1.2 버전의 새로운 기능을 추측할 수 있게 한다. 이제, 네 가지 컴포넌트만 추가하면 된다(표 10.2 참고). 구글 테스트 플랫폼을 사용해 사전 데이터를 저장할 것이므로, TinyWebDB 컴포넌트의 `ServiceURL` 속성을 (http://appinvtinywebdb.appspot.com) 그대로 둔다. 다른 서비스를 사용한다면 해당 서비스 주소로 바꿔야 한다.

표 10.2 Vocab2 프로젝트에 필요한 컴포넌트

컴포넌트	오브젝트 이름	변경할 속성들
Screen1	Screen1	"Icon": vocab2_appIcon.png(이 책에서 지원하는 웹사이트의 /MEDIA 경로를 찾아보자)
TinyWebDB	TinyWebDB	
Button (2x)	UploadButton, DownloadButton	"Text": Upload, Download
Label	StatusLabel	"Text": not loaded

참고   **이 책에서 지원하는 웹사이트의 Vocab2 프로젝트 파일**
이 책의 웹사이트에 있는 다른 프로젝트와 동일한 경로에서 이번 예제 프로젝트 파일을 찾아볼 수 있다.

두 개의 버튼 UploadButton, DownloadButton을 사용해 나중에 사용자는 웹 서버에 데이터를 업로드(저장)하거나, 다운로드(로딩)할 수 있다. StatusLabel 라벨을 통해 현재 업로드 및 다운로드 상태를 표시할 것이므로, 사용자는 눈으로 볼 수 없는 온라인상의 로딩 과정을 시각적으로 확인 가능하다. 그리고 너무 성급하게 다운로드를 취소하는 경우를 방지거나 다시 재실행할 수 있다. 온라인 사전 데이터가 아직 자동으로 로딩되지 않았으며, 사용자가 Download 버튼을 누른 경우에만, 앱을 실행하면 StatusLabel 라벨에 'not loaded' 메시지가 나타난다. 별다른 수정 없이 그림 10.10과 같이 Vocab2 프로젝트를 만들 수 있다.

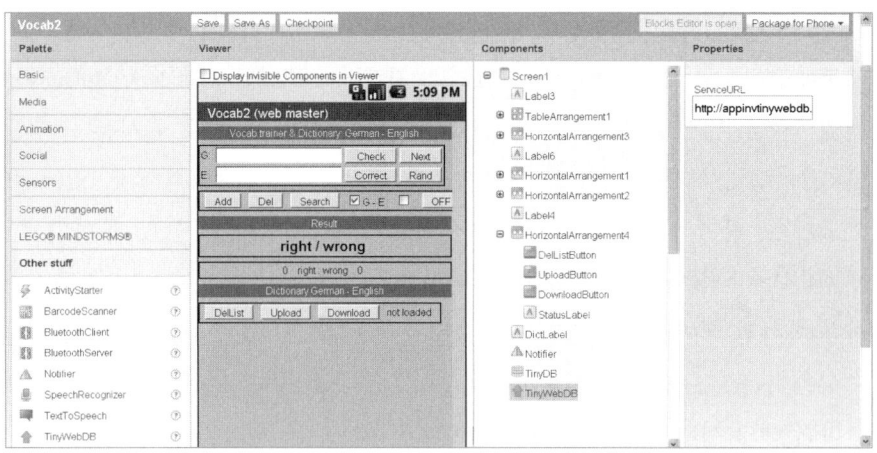

그림 10.10 TinyWebD 컴포넌트를 통해 기능을 확장한 Vocab2 프로젝트 작업 화면

디자인 준비가 끝났으니, Editor에서 온라인 접속 기능을 구현할 수 있다. 기존의 블록 집합체는 전체적으로 바뀌지 않았다. 그러므로 새로운 어휘 훈련기 앱을 실행하면 스마트폰의 로컬 저장소에 설치된 기존 사전 데이터가 자동으로 로딩돼 화면에 출력된다. 사용자는 Add, Del, DelList 버튼을 사용해 이러한 초기 리스트 데이터를 원하는 만큼 추가할 수 있고, Upload 버튼을 눌러 수정된 사전 데이터 들을 웹 서버에 업로드할 수 있다. AI와 연동된 에뮬레이터나 스마트폰에서는 앞서 언급했듯이, 오직 웹 서비스만 이용이 가능하다. `UploadButton.Click` 이벤트가 발생하면 사전 데이터를 웹 서버에 업로드한다(그림 10.11 참조). `TinyWebDB`의 `TinyWebDB.StoreValue` 메소드의 `valueToStore` 소켓에 연결된 두 리스트(gerList, engList)를 각 식별자 태그를 통해(gerListTinyWebDB와 engListTinyWebDB) 온라인으로 저장된다(기본 구글 웹 서비스 주소로). 마치 `TinyDB.StoreValue` 메소드를 통해 데이터를 로컬 디스크에 저장하는 것과 같다. 업로드 과정이 진행되는 동안 `StatusLabel`을 통해 사용자에게 'uploading' 메시지를 출력하여 현재 업로드 작업이 진행 중임을 알려준다.

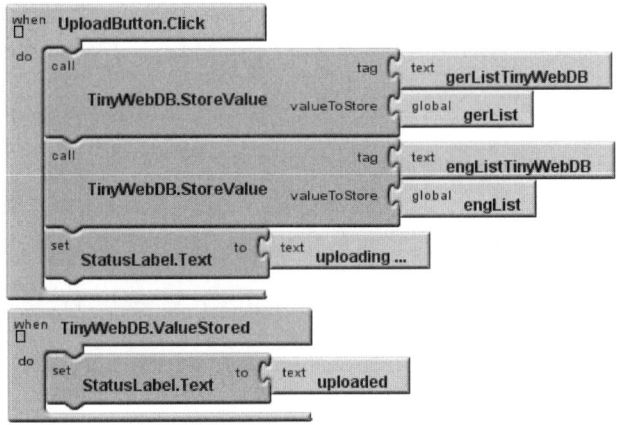

그림 10.11 웹 서버에 데이터를 비동기적으로 업로드하는 두 가지 단계의 블록 구조도

업로드도 비동기 작업이므로, 성공적으로 데이터가 전송됐음을 확인하는 일은 `UploadButton.Click` 이벤트 핸들러 내부에서만 처리할 수 없다. 약간의 지연 시간이 지나면, 성공적으로 데이터가 업로드돼 웹 서비스에

서 `ValueStored` 이벤트를 발생한다. 이 이벤트로 인해 앱의 `TinyWebDB.ValueStored` 이벤트 핸들러에서 데이터를 수신한다. 이 핸들러는 조건문의 결과가 긍정일 경우에만 호출되고, '업로드' 메시지를 `StatusLabel` 라벨에 출력한다.

하지만 데이터 전송에 오류가 발생했다면 웹 서비스는 `WebServiceError` 이벤트를 되돌려 보내고, `TinyWebDB.WebServiceError` 이벤트 핸들러에서 이를 수신해 `StatusLabel`에 실패 메시지를 출력한다(그림 10.12 참고). 일시적인 네트워크 통신 문제라면 사용자가 Upload 버튼을 다시 누르면 발생하지 않을 것이다. 문제가 계속 발생한다면, 먼저 웹 서비스 주소를 확인하고 인터넷이 제대로 연결돼 있는지 확인해야 한다. 근본적인 오류 원인을 확인했으면 좀 더 자세히 오류를 분석해야 한다.

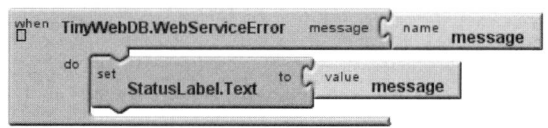

그림 10.12 인터넷을 통한 데이터 전송에 실패한 경우 출력되는 에러 메시지

업로드 프로세스의 경우 데이터 전송에 성공했음을 반드시 확인하도록 할 필요는 없지만, 온라인 서버에 저장된 데이터를 다운로드하는 경우엔 확인 절차가 있어도 좋다. 그리고 두 처리 단계가 구현된 경우에만 가능하다. 첫 번째 단계에서 Download 버튼을 누르면 `DownloadButton.Click` 이벤트 핸들러가 호출되어 웹 서비스에 다운로드 요청을 하여 `TinyWebDB.GetValue` 메소드를 통해 수신을 시작한다. 하지만, 이 메소드는 다운로드된 데이터를 수신하지 않는다.

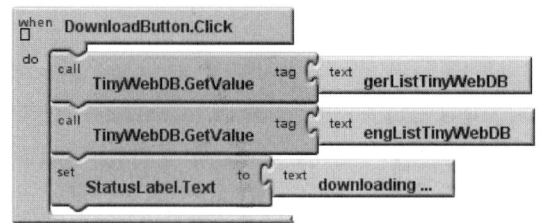

그림 10.13 웹 서비스에 저장된 데이터를 다운로드하도록 요청하는 블록 구조도

비슷한 부분이 많으면서도 두 메소드 `TinyDB.GetValue`와 `TinyWebDB.GetValue`의 결정적인 차이는 자체의 퍼즐 모양에 나타난다. 후자의 경우 getter 소켓이 없어 수신한 데이터를 전달할 수 없다(그림 10.13 참조). 인터넷으로 데이터를 요청하고 수신하는 작업은 엄격하게 나뉘어져 진행된다. 비동기 데이터 전송의 기본 원리는 더욱 파악하기 쉽다. 오랜 다운로드 작업이 진행되는 동안 완전히 차단되지 않으며, 오히려 잠시 다른 이벤트 핸들러를 동작시킬 수 있기 때문이다. 온라인을 통해 데이터가 완전히 다운로드한 경우에만, 이 데이터를 처리할 수 있다. 이와 동일한 원리가 이번 어휘 학습기 예제에서도 적용된다. 스마트폰에서 온라인 데이터 전송 요청이 완전히 수신된 다음에서야 `GotValue` 이벤트가 발생해 지역 변수인 `valueFromWebDB`에 데이터와 `tagFromWebDB` 식별 태그가 `TinyWebDB.GotValue` 이벤트 핸들러에 전달된다(그림 10.14 참조). 그때부터 수신한 데이터를 처리하는 작업을 시작할 수 있다.

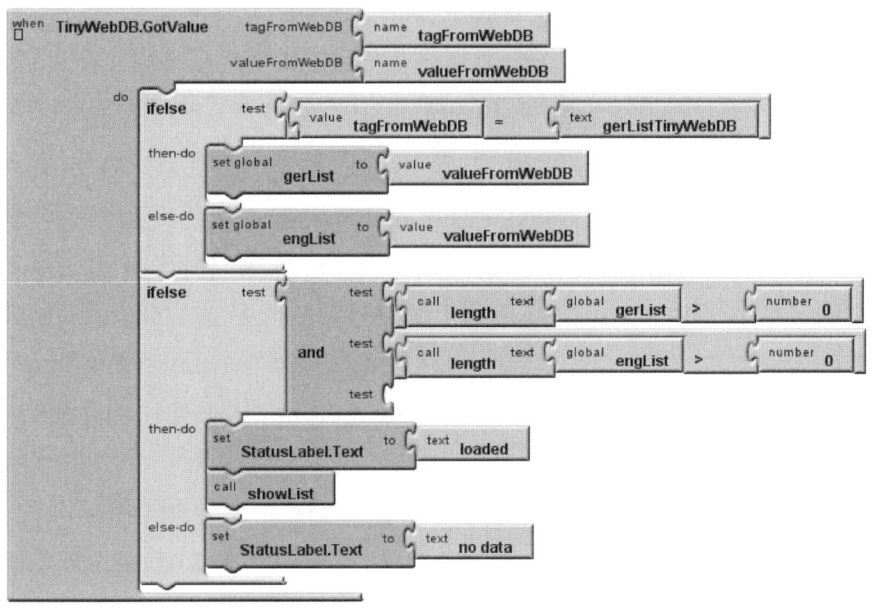

그림 10.14 웹 서비스를 통해 데이터를 요청해 수신하고 테스트하는 블록 구조도

`GotValue` 이벤트 핸들러는 가장 중요한 역할을 한다. 앱에 한 번만 나타나며, 네트워크로 전송되는 모든 데이터를 받아들인다. 그러므로 여러 개의 요청

된 데이터가 시간 지연 방식으로 수신되면, 수신된 데이터는 먼저 반드시 해당 요청 핸들러에 할당돼야 한다. 이번 예제에서 `DownloadButton.Click` 이벤트 핸들러를 통해 두 개의 서로 다른 데이터 집합을 요청한다(그림 10.13 참조). 즉, `gerList`와 `engList` 리스트와 식별 태그다. 이러한 데이터 집합은 반드시 요청된 순서대로 도착하지 않기 때문에(한 치 속도 알 수 없는 인터넷 전송 방식을 원망하자), 먼저 그림 10.14와 같이 `GotValue` 이벤트 핸들러의 `ifelse` 분기문에서 `valueFromWebDB` 변수에 전달된 데이터 집합을 할당하는 작업을 수행한다. 해당 식별자가 이전에 지정한 태그 텍스트인 `gerListTinyWebDB`에 대응되면, 수신이 완료된 데이터 집합이 완전한 리스트인 `gerList`가 되고, `valueFromWebDB`에 저장된 해당 데이터를 `gerList` 전역 변수로 전달된다. 대응되지 않는 경우, 데이터 집합은 분명 또 다른 리스트인 `engList`일 것이다. 데이터 집합이 해당 변수로 전달되면 해당 리스트를 앱에서 일반적인 변수처럼 사용하면 된다.

인터넷을 통해 다운로드하면, 반환된 데이터 집합을 검사해 정말 데이터 집합이 리스트 타입인지를 리스트 메소드에 전달하기 전에 확인해야 한다. 예를 들어, 사용자가 처음 Download 버튼을 눌렀을 때 식별자가 가리키는 데이터 집합이 웹 서비스에 없으면 빈 문자열이 반환될 것이다. 두 리스트를 모두 요청할 경우(예를 들어, `showList` 메소드를 통해 사전의 전체 내용을 출력해야 한다거나) 반드시 두 데이터 집합이 완전히 수신됐는지 확인해야 한다. 이러한 모든 요청은 두 번째 `ifelse` 구문에서 `TinyWebDB.GotValue` 이벤트 핸들러를 통해 철저히 검사된다(그림 10.14 참조). 다운로드 후에 `gerList`와 `engList` 리스트에 데이터가 할당되고, 두 항목 모두 빈 문자열이 아닌 경우, 성공적으로 다운로드를 수행했음을 알리는 'download' 메시지를 출력할 수 있을 것이며, `showList`로 사전의 내용을 나타낼 수 있다. 이외의 모든 경우에는 웹 서버에 아무런 데이터를 사용할 수 없으며, 'no data'란 메시지를 출력한다고 볼 수 있다. 물론, 다운로드한 데이터를 분석하는 일은 좀 더 개선될 수 있지만, 이번 예제의 경우 이 정도면 충분히 빈 문자열이나 존재하지 않는 데이터를 구별할 수 있고 에러 메시지를 띄워야 하는 프로그램 충돌을 방지할 수 있다.

이렇게 어휘 학습기를 '웹 마스터'로 확장했으며, 이를 통해 계속 부분적으로 사전 내용을 수정할 수 있을 뿐만 아니라, 인터넷을 통해 데이터를 저장할 수도 있다. 직접 한번 사용해보길 바란다. 로컬 디스크에 데이터를 저장하는 것과 반대로, AI를 통해 에뮬레이터나 스마트폰에서 웹 서버에 저장된 데이터를 온전히 요청할 수 있다. 독립적으로 설치한 앱에서는 두 가지 저장소 로컬 디스크와 온라인을 사용한다. 물론, 로컬 저장소는 여전히 앱을 재실행하면 텅 비게 된다. 여기에 저장되는 데이터는 당시 실행됐던 앱에만 할당된 것들이기 때문이다. Vocab2 앱을 실행하면 그림 10.15의 좌측과 같을 것이다. 몇 가지 어휘 쌍을 입력하고 Upload 버튼을 눌러 데이터를 웹 서버에 업로드할 수 있다. 업로드에 성공하면 'uploaded'란 메시지가 나타난다(가운데). 그러면 우측과 같이 로컬 저장소에 저장된 데이터를 DelList 버튼을 눌러 삭제할 수 있으며, 언제든지 Download 버튼을 눌러 다시 로컬 저장소에 다운로드할 수 있다.

그림 10.15 어휘 리스트를 입력하고 업로드해 로컬 디스크에 저장된 데이터를 삭제하는 모습

구글 테스트 서버 페이지를 열어 보면, 웹 서버에 저장된 두 리스트 데이터가 태그로 구별돼 있음을 알 수 있음을 알 수 있을 것이다(주소는 http://appinvtinywebdb.appspot.com다). 그림 10.16과 같이 브라우저에서도 gerListTinyWebDB와 engListTinyWebDB 식별 태그로 검색해보면, 그림 10.15에 나온 어휘들을 찾을 수 있다. 단, 이 식별자들은 고유한 값을 갖고 있어야 하며, 다른 AI 개발자가 정의한 값과 중복되면 안 된다.

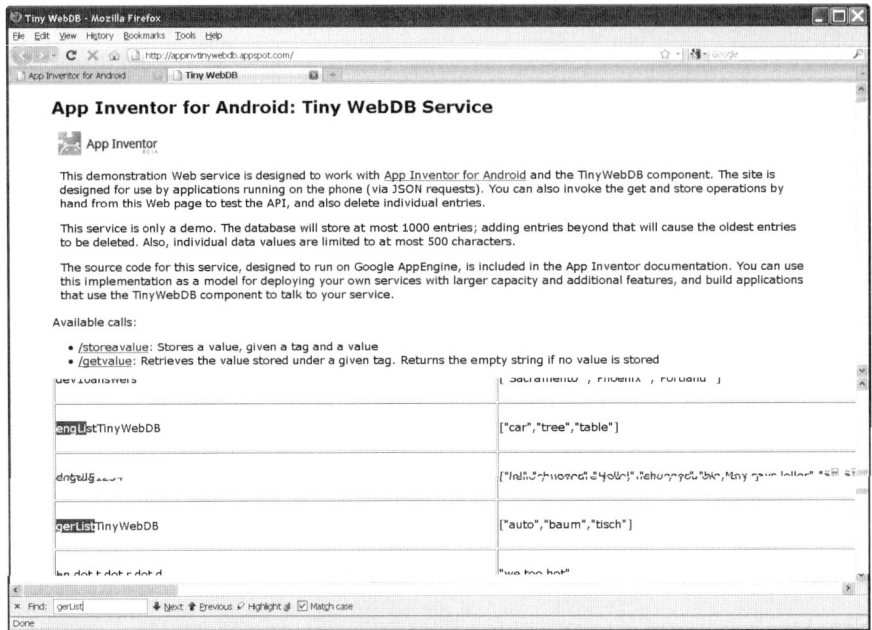

그림 10.16 AI 테스트 서버에 두 어휘 리스트를 업로드한 모습

AI 테스트 서버에 올바르게 데이터를 저장했다는 전제하에, 이제 '웹 마스터' 로써의 역할을 하는 이번 앱을 통해 스마트폰으로 데이터를 다운로드할 수 있다. Download 버튼을 누르고, 상태 메시지를 확인하면서 조금 기다리면, 사전 데이터가 다시 화면에 나타난다(그림 10.17).

그림 10.17 AI 테스트 서버로부터 어휘 리스트를 다운로드하는 모습

이제 로컬 저장소와 온라인 저장소를 다소 유연하게 사용할 수 있게 되었다. 온라인 데이터를 다시 제거할 수도 있다. 우선 DelList 버튼을 눌러 로컬 저장소의 데이터를 삭제한 뒤, 공백 리스트를 업로드하면(Upload 버튼) 기존의 데이터를 덮어쓰게 되므로 데이터가 제거되는 것이다.

마스터와 클라이언트 앱을 위한 공유 데이터베이스

위에서 작업한 준비 과정 덕분에, 이제 정말 간단하게 클라이언트 앱을 만들어 웹 마스터 앱을 보완할 수 있다. 클라이언트 앱에서는 로컬 저장소를 전혀 사용하지 않고, 오로지 인터넷을 통해서만 어휘를 읽어 들인다. 다음 수업 준비를 위해 언어 교사가 온라인에 새로운 어휘 리스트를 추가하는 상황을 가정해보자. 언어 교사는 학생들에게 클라이언트 앱을 다운로드하게 하고, 학생들은 클라이언트 앱을 통해 언어 교사와 마찬가지로 공유 데이터베이스에 접속할 수 있다. 이러한 교육 방식은 매우 유용하고 매력적이며, 개발자 역시 웹 마스터 앱의 기능을 축소해 클라이언트 앱을 제작하기만 하면 된다. 이번 확장 버전에서는 몇 가지 로컬 저장소와 관련된 요소와 기능을 제거할 것이다(단어 추가, 삭제, 출력 등).

이 책에서 지원하는 웹사이트를 통해 Vocabc 프로젝트 파일 찾아보기
이 책의 웹사이트에 있는 다른 프로젝트들과 동일한 경로에서 이번 예제 프로젝트 파일을 찾아볼 수 있다.

먼저 클라이언트 앱을 제작하기 위해 Vocab2 프로젝트를 다른 이름으로 저장해 복사한다. 프로젝트 이름을 VocabC로 지정하고, Screen1을 VocabC(web client)로 수정한 뒤 웹사이트에서 vocabc_appIcon.png 아이콘을 다운로드한다. 다음 클라이언트 앱에는 불필요한 모든 이벤트 핸들러를 하나씩 휴지통으로 드래그하여 삭제한다. 또한 Viewer에서도 해당 컴포넌트를 하나씩 선택하고 Component 섹션 아래에 있는 Delete 버튼을 눌러 제거한다. 표 10.3에 나열된 이벤트 핸들러와 컴포넌트를 제거하면 된다.

표 10.3 클라이언트 앱을 위해 삭제할 Editor와 Designer에 있는 요소들

핸들러/메소드	오브젝트	제거될 기능
AddButton.Click	AddButton	어휘를 개별적으로 추가하는 Add 버튼
saveList		새로운 어휘를 로컬 영역에 저장함
DelButton.Click	DelButton	어휘를 개별적으로 제거하는 Del 버튼
DelListButton.Click	DelListButton	전체 어휘 리스트를 제거하기 위한 DelList 버튼
Notifier.AfterChoosing	Notifier	DelList 버튼을 눌렀을 때 확인을 위한 프롬프트
showList		딕셔너리 내용을 출력함
	LexLabel	딕셔너리의 출력 영역을 형성하는 라벨
UploadButton.Click	UploadButton	데이터를 온라인으로 저장하기 위한 Upload 버튼
TinyWebDB.ValueStored	StatusLabel	데이터를 성공적으로 업로드했는지 확인

학생들은 로컬 저장소를 기반으로 하는 데이터베이스가 필요 없으므로, 이 앱을 실행하면 자동으로 온라인 사전 데이터를 다운로드해 로딩할 수 있어야 한다. Screen1.Initialize 이벤트 핸들러에 있는 예전 블록 집합체를 삭제하고(로컬 저장소 데이터를 로딩하는 로직), 이 위치에 DownloadButton.Click 이벤트 핸들러의 로직을 삽입한다(온라인 데이터를 로딩하는 로직). 이제 DownloadButton.Click 이벤트 핸들러도 불필요하므로 DownloadButton 컴포넌트와 함께 제거한다. 추가로, Designer에서 비가시성 컴포넌트인 TinyDB 컴포넌트 오브젝트도 삭제한다(더 이상 로컬 저장소를 사용할 필요가 없으므로). 이외에 모든 컴포넌트와 이벤트 핸들러는 변경하지 않은 채로 둔다. 결과는 그림 10.18과 같다.

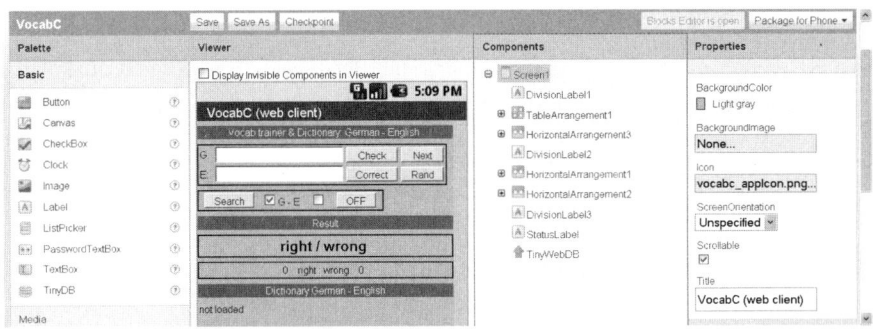

그림 10.18 VocabC 클라이언트 앱을 구성하는 줄어든 기능

에디터를 보면 블록 집합체의 수가 확연히 줄었다. 이뿐만 아니라, 그림 10.19는 새로 수정된 Screen1.Initialize 이벤트 핸들러를 보여준다. 이 핸들러는 앱을 실행했을 때 온라인 사전 데이터를 다운로드하는 로직을 수행한다.

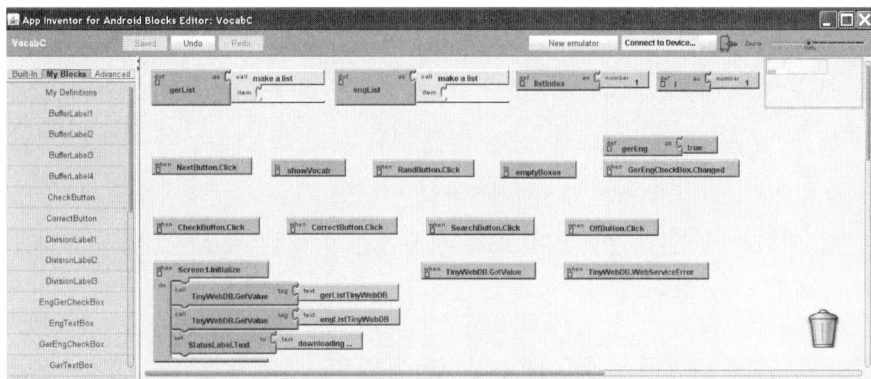

그림 10.19 VocabC 클라이언트 앱을 구성하는 줄어든 블록 집합체

이제 서로 다른 사용자가 서로 다른 어휘 학습기 앱을 사용해(마스터 앱을 사용하는 교사와 클라이언트 앱을 사용하는 학생) 어디서든 사전 데이터가 저장된 서버에 접속해 그림 10.20에 나와 있듯이 공유 데이터베이스를 통해 공동으로 학습을 진행할 수 있다.

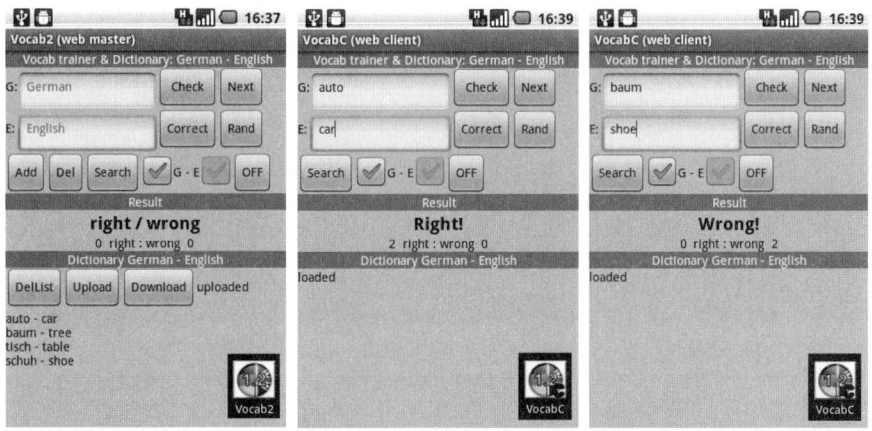

그림 10.20 동일한 데이터를 기반으로 한 여러 가지 앱을 동시에 실행하는 동작 화면

클라우드 서버에 데이터를 저장하고, 서로 다른 사용자들이 하나의 데이터베이스에 접속할 수 있는 이러한 앱은 엄청난 잠재력을 갖고 있다. 고전적인 데이터베이스에 대한 관념을 벗어나서, 이러한 새로운 개념을 독자만의 앱에 적용해보는 건 어떨지 고려해보자. 예를 들어, 한 무더기의 차량을 제어하고 관리하는 상황을 가정해보면, 트럭 운전사가 모두 중앙 웹 서버를 통해 일정 주기로 차량의 위치를 저장하는 클라이언트 앱을 설치된 스마트폰을 갖고 있을 수 있다. 약간 더 개선하면 근처에 있는 친구들과 자동으로 함께 있고 싶을 때 유용할 수 있다. 이러한 앱을 지금 당장 만들어야 할 것처럼 보일 수도 있지만, 뒤이어 나오는 내용을 통해 이러한 기능을 구현하려면 꼭 알아야 할 지식부터 습득해야 한다. AI를 사용하면 이러한 프로젝트를 구현하는 일은 매우 쉬워진다.

영구 데이터를 저장하고 로딩하는 방법을 배웠으니(로컬 및 온라인 저장소에), 원하는 앱을 개발하는 데 필요한 중요한 내용을 습득한 것이다. 새로 알게 된 지식은 프로그램 개발의 기본적인 이해와 함께 조화를 이루기 때문에, 이제 광범위하고 일반적인 근본 지식을 쌓게 된 것이다. 이를 통해 거의 무한한 범위의 앱을 제작할 수 있다. 11장부터는 모바일 기기용 앱을 개발하는 것과 연동되는 고유한 영역 및 다양한 특수 기능을 소개하고자 한다. 이들은 모두 지금까지 공부한 기본 지식을 기반으로 한다. 거의 모든 로직에서 데이터를 사용하며, 대체로 데이터를 영구적으로 저장해야 하는 상황에 있을 것이다. 아마도 자주 데이터를 저장하고 로딩하는 컴포넌트를 사용하게 될 것이다.

매력적인 앱 개발하기

물론, 어떤 앱이 매력적인가에 대한 판단 기준을 말할 땐 "아름다움이란 보는 사람의 생각에 달린 것이다$^{beauty\ is\ in\ the\ eye\ of\ the\ beholder}$"란 속담이 어울릴 수 있다. 4부의 제목은 우리가 지금까지 앱 개발자가 되기 위해 어느 정도 수준에 도달했음을 말해주기 위해 지었다. 앞으로 AI의 인상적인 컴포넌트를 계속해서 새롭게 맞이할 것이며, 빠른 속도로 매력적인 앱을 구현해 나갈 것이다. 4부의 주제와 예제는 상당히 고급 개발 영역에 해당되며, 지금까지 공부한 지식을 매우 자연스럽게 실무에 적용할 수 있을 것이다.

4부에서는 세 개의 장에 걸쳐 고급 주제들을 공부할 것이며, 이를 통해 사용자의 눈길을 사로잡는 앱을 개발할 수 있다. 컴퓨터와 마찬가지로, 대다수 스마트폰 유저는 화려한 그래픽과 애니메이션 효과에 빠져든다. 이러한 시각적인 매력 요소를 넘어서면 스마트폰의 센서 기능과 연동되어 완전히 새로운 영역이 열리며, 이러한 기능들이 갖는 잠재력은 아직도 완전히 다뤄지지 않고 있다. 위치 기반 서비스는 최근 들어 새로운 트랜드를 이끌고 있다. 전화나 SMS, 이메일 등 여러 가지 형태의 통신 방식은 이제 전형적인 방식으로 자리잡았으며, 여기서도 이동성과 정적인 웹 서비스를 조합한 영역이 완전히 새롭게 조명되고 있다. AI를 통해 이러한 새로운 트랜드를 직접 사용해볼 수 있을 뿐만 아니라, 자신이 만든 앱에 이 요소들을 능동적으로 생성할 수 있다. 4부는 이런 일을 어떻게 하는지 알려주고자 만든 것이다.

11장
그래픽과 애니메이션

컴퓨터에서 그래픽이나 애니메이션 효과와 같은 주제는 매우 흥미로울 뿐만 아니라, 광범위하면서도 수요가 많은 영역이라, 이들을 모두 다루기엔 이 책 한 권으론 역부족이다. 지금 우리는 상상하기 힘들 정도로 정교한 HD 사진과 그래픽, 애니메이션 등 무결점의 실사 같은 영상 자료 속에서 살고 있다. 게다가, 대중 시장을 선도할 3D입체 영상 기능도 최근 들어 보급되고 있다. 물론, 스마트폰의 성능이 급속도로 발전된다고는 하지만, 연산 처리 프로세서도 너무나 성능이 떨어지며 메모리 용량도 매우 부족하고 배터리도 금방 소진되어 현재의 스마트폰 성능이 이러한 최첨단 영상 처리 기술을 지원하기엔 상대적으로 갈 길이 멀다. 모바일 기기로는 그래픽과 애니메이션 효과는 다소 역할 비중이 낮다. 안드로이드폰과 AI도 마찬가지다.

애니메이션이라고 해서 다채로운 애니메이션 영화처럼 반복 재생이 가능한 고화질 영상을 말하는 게 아니다(영화라면 7장의 'VideoPlayer 컴포넌트로 영화 재생하기' 절을 참조하길 바란다). 11장에서는 이러한 애니메이션을 직접 만들어 스마트폰에서 실시간으로 이들을 화면에 출력하기 위해 연산을 수행하도록 구현하는 내용을 다룬다. 예상했겠지만, AI 개발자로써 컴퓨터 그래픽 원론을 공부한다거나 기계어 수준에서 OpenGL ES 라이브러리를 기반으로 하는 그래픽 처리 기능을 공부하는 등 엄청난 고생을 할 필요는 없다. AI가 지원하는 최고 수준의 추상화 인터페이스를 통해 다른 컴포넌트처럼 애니메이션이나 그래픽 요소를 처리할 수 있다. 하지만 너무 큰 기대를 하기엔 이르다. 현재 AI는 자바처럼 인터랙티브 3D 실시간 그래픽 처리를 지원하지 않으며, 제한적인 범위 내에서 인터랙티브 2D 실시간 그래픽 처리만 지원한다. 그래도 스마트폰 기기란 측면에서 보면, 최신이면서 가끔은 재산권이 붙은 기능들을 광범위하게 사용할 필요도 없이, 사용자가 받아들일지, 그리고 성공할 수 있을지를 결정하는 그래픽 앱을 매력적으로 구현하는 일은 때에 따라서 좋은 아이디어라 할 수 있다. 그 누가 Witan에서 만든 Morrhuhn 같은 게임이나(영어 버전으론 Crazy Chicken) 로비오Rovio가 만든 앵그리 버드가 그렇게 성공하리라 예상했겠는가?

정교한 3D 게임이 넘쳐 나는 요즘, 그림 그리기 앱이나 간단한 2D 게임 프로그램의 매력을 잊고 사는 것 같다. 예전에 나온 모바일 기기에서는 이러한 프로그램이 대세를 이뤘으며, 11장에서는 다시 이런 프로그램을 개발하는 재미를 살펴볼 수 있는 기회로 삼고자 한다. 큰 노력을 들이지 않아도 되며, AI가 제공하는 컴포넌트의 개수도 해볼 만한 수준이다. 그래픽과 애니메이션 효과의 기본 원리를 공부하고 구현하면서, 현재 나와 있는 그래픽 게임과 애니메이션 프로그램의 원리도(비슷한 원리다) 가늠해 볼 수 있을 것이다. 그러므로 11장을 공부하면 여러 가지 측면에서 이득이다.

●● 캔버스 컴포넌트로 도화지가 있는 것처럼 그림 그리기

어떤 안드로이드 앱 화면에서도 어딘가에 간단히 선 하나 그릴 수 없다. 그래픽 요소에 점이라도 찍을 수 있으려면, 우선 도화지처럼 그림을 그릴 수 있도록 해주는 요소가 필요하다. 실제 상황에서는 책상 위에 그림을 그릴 일은 별로 없을 것이다. 대신 메모장이나, 도화지, 그림판 같은 도구가 필요하다. AI에서 그림을 그릴 때도 마찬가지다. Basic 컴포넌트 그룹을 보면 Canvas 컴포넌트가 있다. 이 컴포넌트는 도화지 역할뿐만 아니라, 그래픽 및 애니메이션과 관련하여 모든 픽셀 기반의 기본이 되는 요소다. 일반적인 애플리케이션 배경화면인 Screen1과 달리, Canvas 컴포넌트 오브젝트에서는 특정 내부 픽셀을 지정해 이동할 수 있다. 이 기능은 점을 찍거나, 선 그리기, 그림 이동 등의 작업을 수행할 때 필요하다. 이러한 기능을 다루기 전에, 그림 11.1에 나온 Canvas 컴포넌트의 내용부터 자세히 살펴보자.

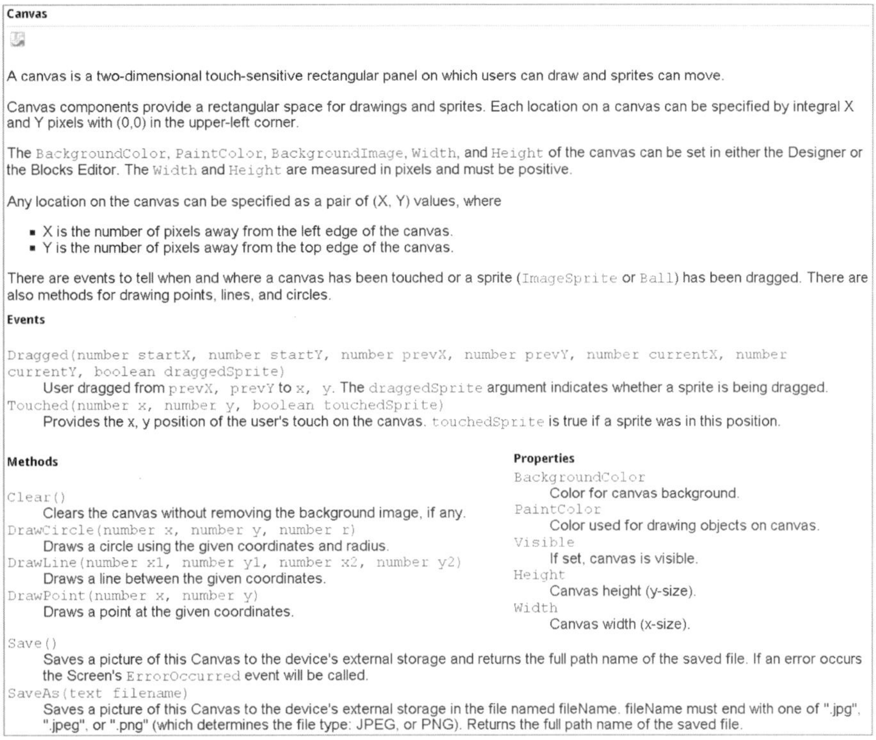

> **Canvas**
>
> A canvas is a two-dimensional touch-sensitive rectangular panel on which users can draw and sprites can move.
>
> Canvas components provide a rectangular space for drawings and sprites. Each location on a canvas can be specified by integral X and Y pixels with (0,0) in the upper-left corner.
>
> The `BackgroundColor`, `PaintColor`, `BackgroundImage`, `Width`, and `Height` of the canvas can be set in either the Designer or the Blocks Editor. The `Width` and `Height` are measured in pixels and must be positive.
>
> Any location on the canvas can be specified as a pair of (X, Y) values, where
>
> - X is the number of pixels away from the left edge of the canvas.
> - Y is the number of pixels away from the top edge of the canvas.
>
> There are events to tell when and where a canvas has been touched or a sprite (`ImageSprite` or `Ball`) has been dragged. There are also methods for drawing points, lines, and circles.
>
> **Events**
>
> `Dragged(number startX, number startY, number prevX, number prevY, number currentX, number currentY, boolean draggedSprite)`
>   User dragged from prevX, prevY to x, y. The draggedSprite argument indicates whether a sprite is being dragged.
> `Touched(number x, number y, boolean touchedSprite)`
>   Provides the x, y position of the user's touch on the canvas. touchedSprite is true if a sprite was in this position.
>
> **Methods**
>
> `Clear()`
>   Clears the canvas without removing the background image, if any.
> `DrawCircle(number x, number y, number r)`
>   Draws a circle using the given coordinates and radius.
> `DrawLine(number x1, number y1, number x2, number y2)`
>   Draws a line between the given coordinates.
> `DrawPoint(number x, number y)`
>   Draws a point at the given coordinates.
> `Save()`
>   Saves a picture of this Canvas to the device's external storage and returns the full path name of the saved file. If an error occurs the Screen's ErrorOccurred event will be called.
> `SaveAs(text fileName)`
>   Saves a picture of this Canvas to the device's external storage in the file named fileName. fileName must end with one of ".jpg", ".jpeg", or ".png" (which determines the file type: JPEG, or PNG). Returns the full path name of the saved file.
>
> **Properties**
>
> `BackgroundColor`
>   Color for canvas background.
> `PaintColor`
>   Color used for drawing objects on canvas.
> `Visible`
>   If set, canvas is visible.
> `Height`
>   Canvas height (y-size).
> `Width`
>   Canvas width (x-size).

그림 11.1 AI 레퍼런스의 Canvas 컴포넌트 명세사항

위 Canvas 컴포넌트 명세사항은 2차원 캔버스에 X(수평 위치), Y(수직 위치) 좌표 값을 통해 특정 픽셀 위치를 지정하는 방법을 중점적으로 다룬다. 이때 좌측 상단 모서리를 항상 원점(X=0, Y=0)으로 간주한다. 그러므로 우측 하단의 좌표 값은 캔버스 크기의 절대 값이 된다(픽셀 단위). 그러므로 캔버스 크기가 250×200픽셀이면, 우측 하단 모서리의 좌표는 X = 250, Y = 200이다(짧게 250, 200). 두 좌표 값을 통해 일반적으로 캔버스의 모든 픽셀을 명확하게 지정할 수 있으며(그림 11.2 좌측 그림), 세 가지 좌표를 지정할 수도 있다(우측 그림).

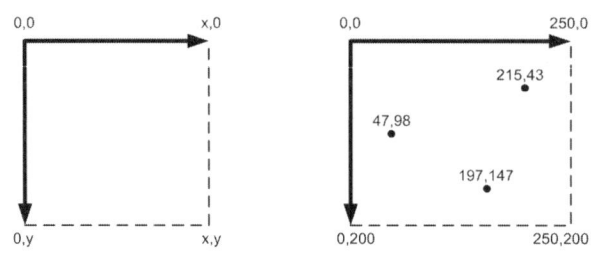

그림 11.2 Canvas 컴포넌트의 표면에 그림을 그리기 위한 2차원 좌표 값

그림 11.1에 나와 있는 Canvas 컴포넌트의 속성은 그리 많지 않다. 지금까지 봐왔던 컴포넌트처럼 크기와, 가시성, 배경색 등을 설정해줄 수 있다. 이보다는 PaintColor 컴포넌트에 더 재미난 것들이 있다. 이 컴포넌트를 사용하면 칠하고 싶은 색상을 지정하거나 변경할 수 있다. 다른 그래픽 적용 방식과 같이 Canvas 컴포넌트의 메소드는 한 번에 모든 그림을 지워주는 도구(Clear), 특정 좌표에 점을 그리는 도구(DrawPoint), (x1, y1)부터 (x2, y2)까지 라인을 그리는 도구(DrawLine), 특정 지점을 기준으로(x, y) 반지름 r을 갖는 원을 그리는 도구^{DrawCircle}까지 지원한다.

스마트폰의 SD 카드에 캔버스 오브젝트가 담고 있는 데이터를 영구적으로 저장해 자신의 작품을 완성할 수 있다. 그림을 저장하는 방법은 두 가지다. Save 메소드를 사용하면 AI가 자동으로 파일 이름을 생성하여 이름과 완전한 파일 경로를 함께 반환한다. SaveAs 메소드를 사용하면, 자신이 직접 파일 이름을 짓고 파일 포맷을 지정할 수 있다(PNG 혹은 JPEG). 또한 파일 이름 끝에 적절한 파일 확장자를 입력해줘야 한다(PNG 포맷은 .png를, JPEG 포맷은 .jpg나 .jpeg를 적는다).

그림 11.1의 두 이벤트 핸들러는 특별히 언급할 부분이 있다. 이 핸들러를 사용해 직접 캔버스와 상호작용할 수 있다. 다시 말하면, 손가락으로 스마트폰 화면을 눌러서 캔버스 위에 점, 선, 도형을 그리거나 이미지 오브젝트를 움직일 수도 있다. Touched 이벤트 핸들러는 하나의 터치 입력 좌표 데이터를 반환한다. 이를 통해 사용자는 활성화된 이미지 오브젝트가 선택됐는지 확인할 수 있다. 반면에 손가락으로 캔버스 위를 드래그하면 Dragged 이벤트 핸들러에서 연속적인 좌표 데이터를 생성해준다.

여러 가지 크기의 브러시로 다양한 색상의 점 찍기

점묘법 같은 인상파 화가들의 화법 스타일이라는 비유로 이번에 다룰 그림 그리기 방식을 정당화할 수는 없지만, Canvas 컴포넌트에 다양한 색상과 다양한 크기를 가진 점들을 찍어보고자 한다. 점찍기는 이미 간단한 그림 그리기 프로그램이 갖는 특성 중 하나이지만, 우리가 개발할 앱에 이런 기능부터 갖추는 게 좋을 것 같다. 데모 앱의 모습은 그림 11.3과 같이 작은 그림 그리기 프로그램처럼 나타난다.

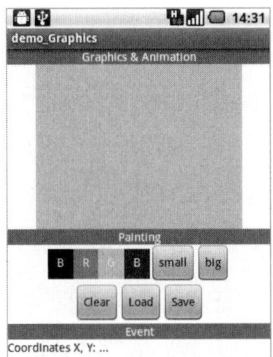

그림 11.3 demo_Graphics 프로젝트의 모습

 이 책에서 지원하는 웹사이트에서 demo_Graphics 프로젝트 찾기
이번 예제에 필요한 파일은 다른 예제들과 동일한 경로에서 찾을 수 있다. 이 책의 소개글에 링크 주소를 적어 놓았다.

프로젝트 이름을 demo_Graphics라 지어 생성하고, Screen1도 demo_Graphics로 고친다. 표 11.1에 나열된 모든 컴포넌트를 Designer 화면에 가져다 놓는다.

표 11.1 그림 그리기 프로그램의 컴포넌트 및 초기 속성

컴포넌트	오브젝트 이름	수정될 속성 값
Label (3x)	DivisionLabel1, DivisionLabel2, DivisionLabel3	"Text": 그림 11.4 참조. 아니면 앞서 다뤘던 DivisionLabel 참조
Canvas	Canvas	"Width": 250 pixels "Height": 200 pixels
Button (4x)	blackButton, redButton, greenButton, blueButton	"BackgroundColor": as names "Text": B, R, G, B

(이어짐)

컴포넌트	오브젝트 이름	수정될 속성 값
Button (4x)	blackButton, redButton, greenButton, blueButton	"BackgroundColor": as names "Text": B, R, G, B "TextColor": White
Button (2x)	smallButton, bigButton	"Text": small, big
Button (3x)	clearButton, loadButton, saveButton	"Text": Clear, Load, Save
Label	Label1	"Text": Coordinates X,Y:
Label	EventLabel	"Text": ...

그림 11.4와 같이 에디터에서 프로젝트 요소를 꾸미려면 몇 가지 정렬 컴포넌트를 사용해야 한다. 보면 알겠지만, 수평 정렬을 하려면 HorizontalArrangement 컴포넌트를 사용한다. 캔버스를 화면 중앙에 배치하기 위해, 9장의 계산기 예제에서 사용했던 방식을 여기서도 써먹을 수 있다. HorizontalArrangement2 컴포넌트 안에 두 개의 라벨 컴포넌트를 양 끝 단에 배치시킨 후 Width 속성을 Fill parent로 지정한다. 그리고 캔버스 컴포넌트를 라벨 사이에 배치하는 것이다. 그러면 회색의 캔버스가 스마트폰 화면 중앙에 나타나게 될 것이다. 마찬가지로, 캔버스 아래에 HorizontalArrangement 컴포넌트를 놓고, 그 안에 두 BufferLabel 컴포넌트를 넣어 두 줄의 버튼을 중앙에 배치시킨다.

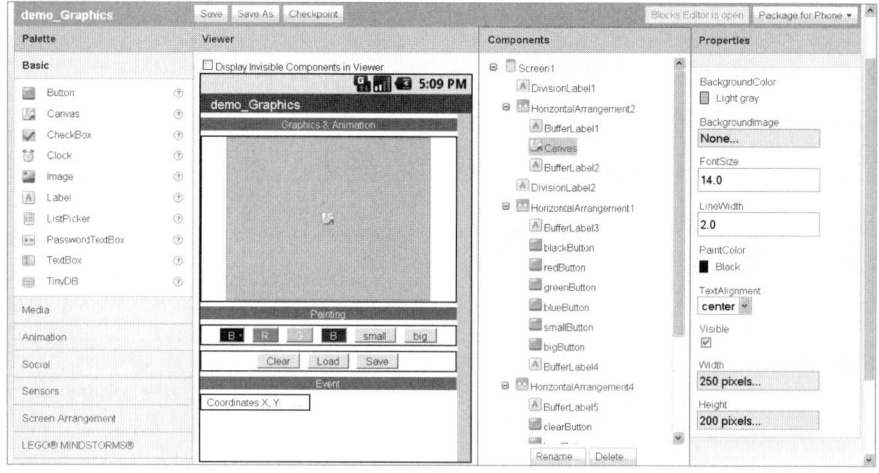

그림 11.4 Designer에서 채색 작업을 하려고 컴포넌트를 사용하는 모습

이제 에디터로 가서 동작 로직을 구현해보자. 손으로 화면에 점을 찍을 수 있도록 하기 위해, 사용자가 누른 터치 입력을 앱에서 검출하여 위치를 계산하고 해당 위치에 점을 표시하겠다. 위치 검출을 위해 그림 11.5의 좌측에 나와 있는 Touched 캔버스 이벤트 블록을 사용한다. 사용자가 Canvas 컴포넌트를 누르면, 이 이벤트가 발생해 두 전역 변수인 name x와 name y 블록으로 X, Y 입력 좌표를 전달한다. 특정 이미지를 클릭한 경우에도, 세 번째 지역 변수인 touchedSprite를 통해 불린 타입의 변수인 true를 표시한다(이 부분은 차후에 논의할 것이므로, 지금 당장은 무시하고 넘어가도 좋다). 이제 value x와 value y 변수 블록을 통해 X, Y 좌표를 얻을 수 있으며(이런 데이터는 자동으로 생성됨), 나중에 에디터에서 Touched 블록을 통해 수행문 안에서 사용할 수 있다(My Blocks ▶ My Definitions). 캔버스 메소드인 DrawPoint를 이벤트 핸들러의 do 소켓에 연결하면, 이벤트 핸들러에서 이 메소드를 호출하면서 인자로 두 좌표 변수를 전달한다(그림 11.5 우측). 그러면 정확히 사용자가 누른 입력 지점에 점이 기본 크기로 찍힌다.

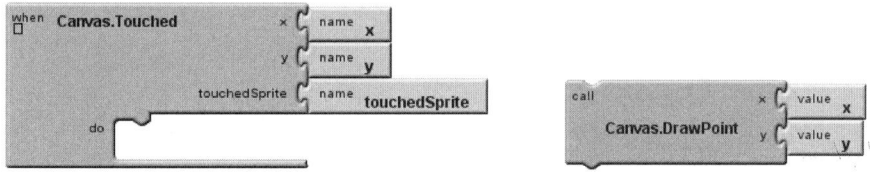

그림 11.5 입력 지점에 기본 크기의 점 찍기 블록 집합체

실제 개발할 때는 점의 기본 크기만 고수할 경우는 별로 없으므로 DrawPoint 메소드 대신 DrawCircle 메소드를 사용하겠다(그림 11.6). 이 메소드는 좌표와 더불어 전역 변수인 brushSize 변수로 점의 반지름 r을 지정할 수 있다. 이 메소드로 그려지는 점은 외곽선과 그 안까지 채워지므로 점처럼 그려낼 수 있다.

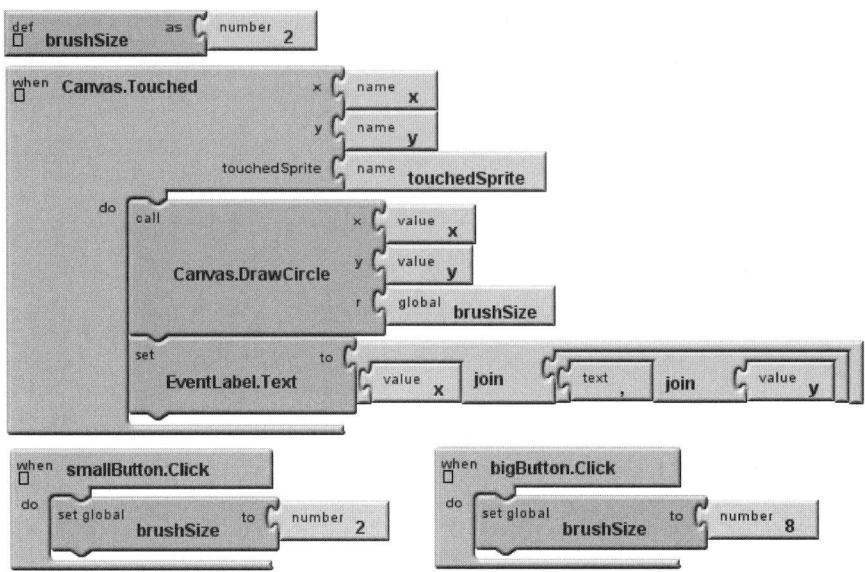

그림 11.6 다양한 점의 크기를 지징할 수 있는 블록 집합체

사용자는 small과 big 버튼을 눌러 점의 크기를 지정할 수 있으며, 이때 `smallButton.Click` 혹은 `bigButton.Click` 이벤트 핸들러가 동작해(그림 11.6 참조), `brushSize`로 지정된 값을 2에서 8픽셀로 변경해준다. 개발 단계에서는 상당히 재미난 점묘화를 스마트폰으로 그려볼 수 있다(그림 11.7 좌측). 데모 프로젝트의 목적에 부합하도록 EventLabel에 찍힌 점의 좌표를 출력하겠다. 이때 `join` 메소드를 `Canvas.Touched` 이벤트 핸들러의 do 영역에 있는 적절한 수행문 위치에 넣어, 문자열과 콤마 기호를 같이 출력한다. 캔버스의 모서리에 점을 찍어 각 좌표들을 화면에 출력해보면 캔버스 크기를 좀 더 확실히 알 수 있을 것이다. 그림 11.7 우측과 그림 11.2의 우측을 비교해보자.

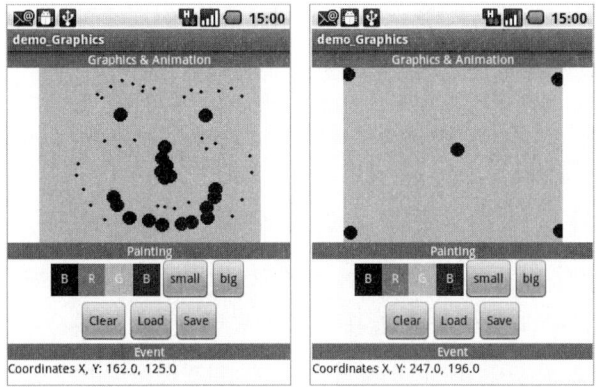

그림 11.7 다양한 크기의 점을 찍으면서 해당 좌표가 출력되는 모습

이제 B, R, G, B 색상 버튼을 통해 검정, 빨강, 초록, 파랑 등의 색상 속성을 지정해 점을 찍어 보자. 먼저 그림 11.8과 같이 해당 버튼의 클릭 이벤트 핸들러를 통해 Canvas 속성에 사용 가능한 색상 중 하나를 할당한다.

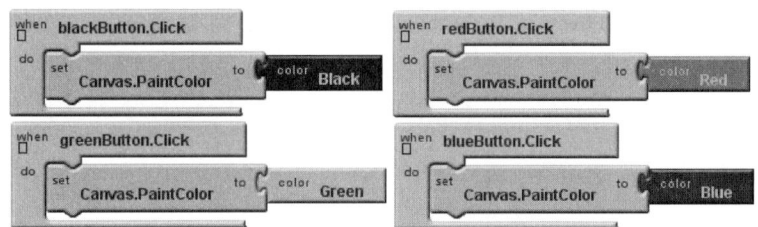

그림 11.8 다양한 색상 선택 및 색상 전환 기능을 하는 블록

그림 11.9와 같이 채색된 점묘화 그림을 볼 수 있다(이 책이 컬러판으로 출판됐다는 가정하에). 그림 11.7과 비교해보면 놀라운 발전이다.

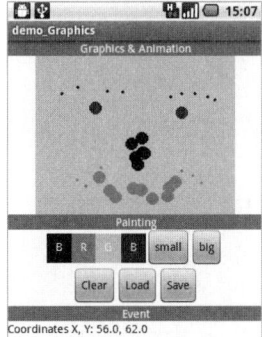

그림 11.9 다양한 색상의 점을 찍어 그린 얼굴 그림

이제 여섯 가지 그림 그리기 버튼을 구현해봤다. 여기에 다른 기능들을 추가할 수 있다. 점묘화 같은 그림만 그릴 수 있는 건 아니다.

스크린에 라인 그리기

사용자가 터치 입력을 통해 점을 그릴 수 있는 것과 더불어, 라인 그리기도 반드시 추가해야 할 기능이다. 손가락 움직임을 입력 받기 위해서 AI는 Dragged라는 캔버스 이벤트 블록을 제공한다. 이 블록은 연속적으로 입력되는 움직임 좌표를 다양한 지역 변수에 저장해둔다. Touched 이벤트 블록이 단 한 번만 X, Y 좌표를 저장하는 반면, 총 여섯 가지의 변수를 통해 (draggedSprite 이외에) Dragged 이벤트 블록에서 연속적으로 전달된 움직임 데이터를 받아들여, do 영역에서 처리할 수 있도록 한다(이 변수 블록은 My Blocks ▶ My Definitions에 있다). 자세히 말하면, 그림 11.10과 같이 이 지역 변수들은 움직임의 시작 위치(startX, startY)와 이전 좌표 값(prevX, prevY), 그리고 현재 입력되는 좌표 값(currentX, currentY)을 저장한다. 시작 위치는 이동 중에도 변하지 않지만 나머지 값은 계속 변한다.

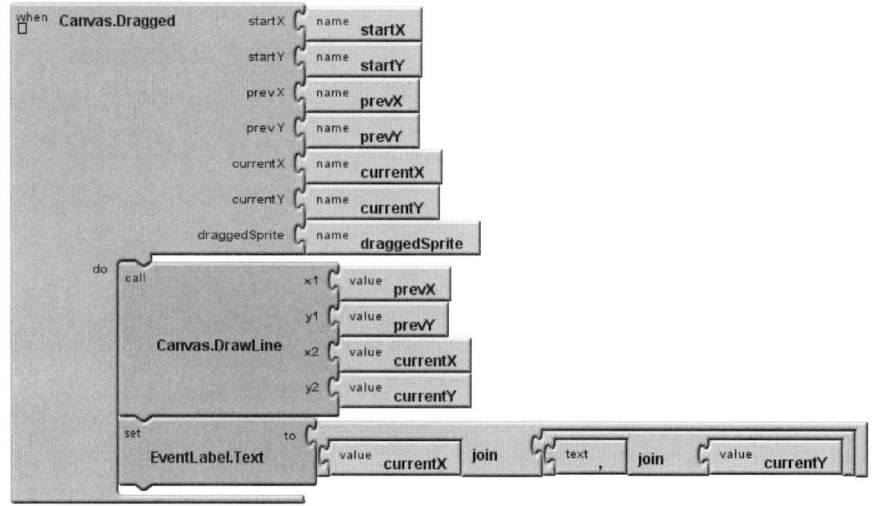

그림 11.10 선을 긋기 위한 이벤트 핸들러 블록

하나의 점을 그릴 때와 마찬가지로, 선을 그리는 것도 두 컴포넌트의 상호작용에 의해서만 가능하다. 그림 11.10을 보면 앞서 언급한 여섯 가지 변수 중 네 가지 변수를 사용할 수 있는 캔버스 메소드인 DrawLine 메소드를 Canvas. Dragged 이벤트 블록의 do 영역에 연결하고 있다. 이 메소드의 역할은 두 입력 좌표 (x1, y1)과 (x2, y2)를 연결하는 선을 그려주는 것이다. 이 좌표에 어떤 값을 넘겨주느냐에 따라 다양한 채색 효과를 만들 수 있다. (x1, y1)에 startX, startY를 전달하고 (x2, y2)에 currentX, currentY를 넘겨주면 움직임의 시작과 현재 지점을 이어주는 직선이 그려진다. 예를 들어, 이런 효과를 사용해 재미난 별을 그려볼 수 있다(그림 11.11 좌측). 대신 그림 11.10과 같이 (x1, y2)에 (prevX, prevY)를 전달하면, 현재 누르는 위치와 바로 직전 위치를 이어주는 한 픽셀 정도의 매우 짧은 직선이 그려진다. 결과적으로 연속적으로 이어지는 곡선이 그려질 수 있다(그림 11.11 중앙). 이러한 그리기 기능은 모든 그림 그리기 앱에 기본적으로 갖춰진 것들이다.

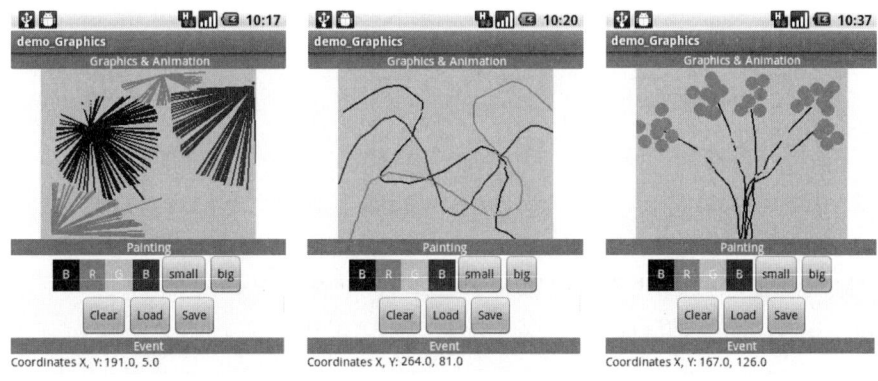

그림 11.11 DrawLine 메소드를 통해 다양한 그림 효과를 내는 모습

이렇게 해서 demo_Graphics의 그리기 기능을 구현해봤다. 이제 다양한 색상과 크기를 갖는 점이나 선을 선택해 그림 11.11과 같이 원하는 그림을 그릴 수 있다. 물론, 새로운 그림을 그리고 싶을 때마다 앱을 다시 실행하지 않기 위해 Clear 버튼을 생성해 캔버스에 그려진 모든 그림을 지우는 것도 좋은 방법이다. 이 기능도 그림 11.12와 같이 캔버스의 Clear 메소드로 매우 간단히 구현할 수 있다.

그림 11.12 캔버스의 Clear 메소드를 통한 그림 삭제 블록

혹시 독일 학생들에게 큰 인기를 모은 'Haus vom Nikolaus(산타클로스의 집)'이라는 게임을 알고 있는가? 이 게임은 손가락을 떼지 않고 한 번에 집을 그려내는 것이 목표다. 즉, 연결된 선 8개를 단 한 번에 지나가는 것이다. 아마 영어권 국가에서는 그리 잘 알려진 게임은 아닐 수 있지만, 이 게임의 수학적 원리는 매우 널리 알려져 있다. 바로 단 한 번에 모든 다리를 건너는 '오일러 길찾기'란 문제로 유명한 원리 말이다. 어린이들은 집을 그리는 동안 "This is the house of San-taClaus"라는 구절을 8박자의 리듬에 맞춰 부르게 된다. 이번 예제에서 이렇게 집을 그릴 수 있는지 확인해보자.

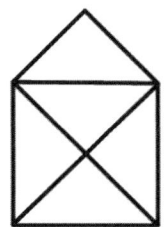

그림 11.13 'This is the house of Santa Claus' 게임에서 그려야 할 집의 모양

'This is the house of Santa Claus'를 그리는 방법을 찾을 수 있게 도와주는 새로운 기능을 추가해보겠다. 예제에서, Load 버튼을 누르면 집을 올바르게 그릴 수 있도록 점을 있는 순서가 나와 있는 'painting with numbers' 스크린을 화면에 띄울 것이다. 배경 이미지를 출력하기 위해, 그림 11.14와 같이 `Canvas.BackgroundImage` 속성을 설정해보자. 이 예제를 앱으로 변환하여 스마트폰에 설치했을 때, 반드시 앱에서 이 이미지에 접근할 수 있어야 한다. 스마트폰에 저장해둔 painting.png 파일을 배경 이미지로 사용하겠다. 이 이미지는 예제 지원 사이트의 /MEDIA 경로에서 찾을 수 있다. 물론 원하는 이미지를 대신 사용해도 좋다.

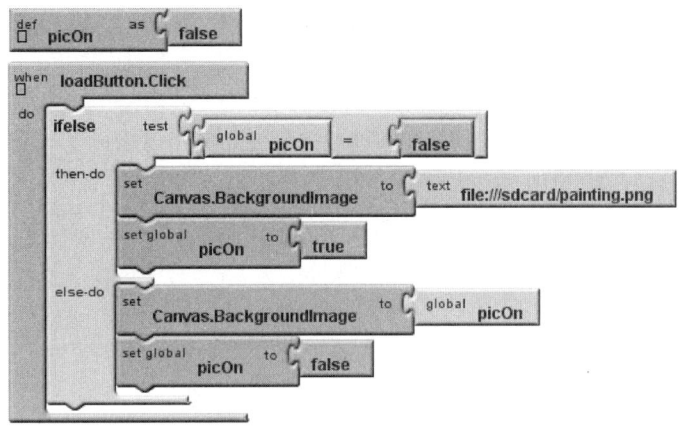

그림 11.14 캔버스에 배경 이미지를 띄우고 감추는 기능의 블록 집합체

배경 이미지를 차례로 띄우고 감추기 위해, picOn이라는 전역 변수를 만들어 불린 타입으로(false면 off 상태, on이면 on 상태) 현재 배경 이미지의 속성 상태를 저장한다. 앱을 실행하면, 캔버스에는 아무런 이미지도 나타나지 않는 상태가 돼야 하므로 picOn 변수를 false로 초기화한다. 처음 Load 버튼을 누르면 그림 11.14의 이벤트 핸들러가 호출되고, then-do 영역에 있는 ifelse 분기문에서 적절한 수행문을 수행한다(분기 조건이 현재 picOn=false로 설정돼 있으므로). 이제 배경 이미지가 로딩되고, picOn 변수는 true가 된다. 다음에 Load 버튼을 누르거나 loadButton.Click 이벤트 핸들러가 호출되면 ifelse 조건을 충족하지 못하므로(picOn=true이므로), else-do 문이 동작해 둘 다 배경 이미지를 띄우고 picOn 변수는 다시 false가 된다. 이 프로세스는 Load 버튼을 누를 때마다 반복된다. 이제 사용자는 직접 배경 이미지 위에 그림을 그릴 수 있으며, 다음엔 도움 그림 없이 자유롭게 그릴 수 있도록 연습해볼 수 있다(그림 11.15).

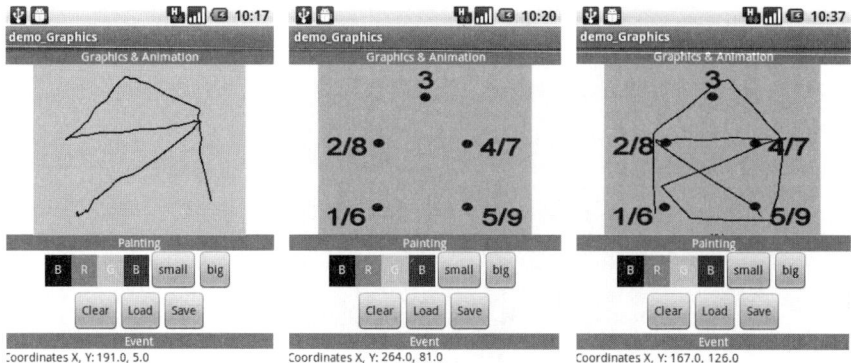

그림 11.15 배경 이미지에 숫자를 표시해 그림을 그리도록 도와주는 모습

사용자가 Save 버튼을 눌러 자신의 그림을 영구적으로 저장하거나, 나중에 못다한 그림을 완성할 수 있게 SD 카드에 그린 그림을 저장해 보겠다. 간단히 처리하기 위해 방금 배경 이미지를 로딩하거나 출력하는 데 사용했던 `SaveAs` 메소드로 캔버스에 그려진 내용을 동일한 파일명으로 저장할 것이다. 결과적으로, 처음 Save 버튼을 누르면 현재 캔버스 이미지가 'This is the house of Santa Claus' 원본 이미지를 덮어쓴다. 이 역시 버튼을 누를 때마다 동일한 동작을 수행한다. 그림 11.16과 같이 필요한 블록은 매우 분명하다.

그림 11.16 SD 카드에 캔버스 그림을 저장하는 블록

이 작업을 하려면 그림 11.16과 같이 `Canvas.SaveAs` 메소드로 저장할 현재 그림의 파일명을 전달해야 한다. 적절한 경로를 지정하지 않았다면 그림 파일은 SD 카드의 루트 디렉터리에 저장되어 `EventLabel`에 저장 경로가 출력된다(/sdcard/painting.png). 다시 Load 버튼을 누르면 `loadButton.Click`(그림 11.14) 이벤트 핸들러가 호출돼 이전에 저장해둔 이미지를 동일한 경로로부터 로딩하여 캔버스 오브젝트 안에 출력한다. 이렇게 하여 저장 및 로딩 기능을 완성했다.

되돌리기 기능을 갖춘 그림 그리기 프로그램

이제 매력적인 그림 그리기 앱에 적용할 수 있을 정도로 Canvas 컴포넌트의 그림 그리기 기능에 대해 어느 정도 감을 잡았을 것이라 생각한다. 9장에서 다룬 프로그래밍 기본기에 관한 내용을 토대로, 지금부터는 더욱 다양한 기능을 추가 및 확장하여 정말 강력한 앱을 만들어보자. 예를 들어, 작업 되돌리기(undo) 기능을 통해 잘못된 순서로 그린 선을 취소할 수 있도록 할 수 있다. 이 기능이 없다면 매번 실수할 때마다 앱을 재실행하여 처음부터 다시 그려야 한다. 이 기능은 단지 캔버스 컴포넌트만이 갖는 고유의 특수 기능이라기보다는 제네릭 블록이 갖는 기본적인 기능이 얼마나 특화돼 있는지 유용한 기능을 구현하기 위해 좋은 아이디어를 조합할 수 있는지 가늠할 수 있는 예시가 된다. 간단히 이 기능을 어떻게 구현할지 언급하겠다.

> **이 책에서 지원하는 웹사이트에서 예제 프로젝트 찾기**
> 이번 예제에 필요한 파일은 다른 예제들과 동일한 경로에서 찾을 수 있다. 이 책의 소개글에 링크 주소를 적어 놓았다.

demo_Graphics 데모 프로젝트를 페인터 예제용 앱으로 확장하면, 그림 11.17의 좌측과 같은 슬픈 표정의 그림에서 단 몇 개의 점들만 취소시켜 우측과 같이 웃는 표정으로 변경할 수 있다.

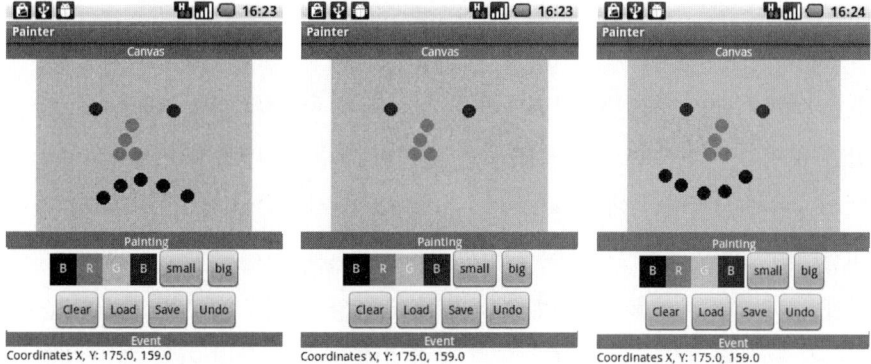

그림 11.17 그림 그리기 앱의 Undo 기능을 활용한 예시

Undo 기능을 구현하기 위해 그림 11.18에 나온 블록 집합체와 같이 두 리스트 xList, yList를 사용하겠다. Canvas.Touched 이벤트 핸들러에서 새로 그린 점의 X, Y 좌표를 리스트에 추가한다. 게다가, 매번 점이 찍힐 때마다 xyIndex 전역 변수 값을 1씩 증가시켜 점의 개수를 기록한다. 이렇게 하면 각 점들의 위치를 입력된 순서대로 리스트에 저장할 수 있다.

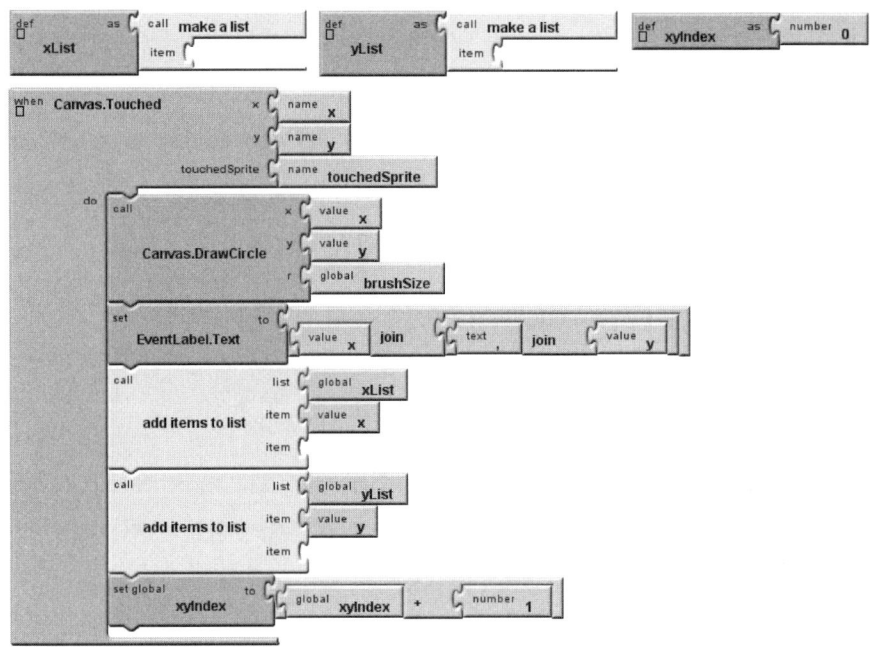

그림 11.18 입력된 점의 위치와 순서를 저장하는 블록 집합체

점을 하나씩 지우기 위해 이번에는 역순서로 지울 점의 색을 배경색으로 덧칠할 것이다. 이는 Undo 버튼을 누를 때마다 그림 11.19에 나온 UndoButton.Click 이벤트 핸들러에서 처리한다. 처음엔 Canvas.PaintColor 색상 값이 배경색인 '밝은 회색'으로 설정되며, Canvas.DrawCircle 메소드에서 이 색상을 통해 리스트의 xyIndex번째에 기록된 점의 좌표에 새로운 점을 그린다. 그다음 remove list item 메소드를 통해 리스트에 저장된 가장 최근 좌표가 제거되고, xyIndex를 1 감소시킨 뒤 Canvas.PaintColor 색상을 기본 색인 검정 색으로 리셋한다.

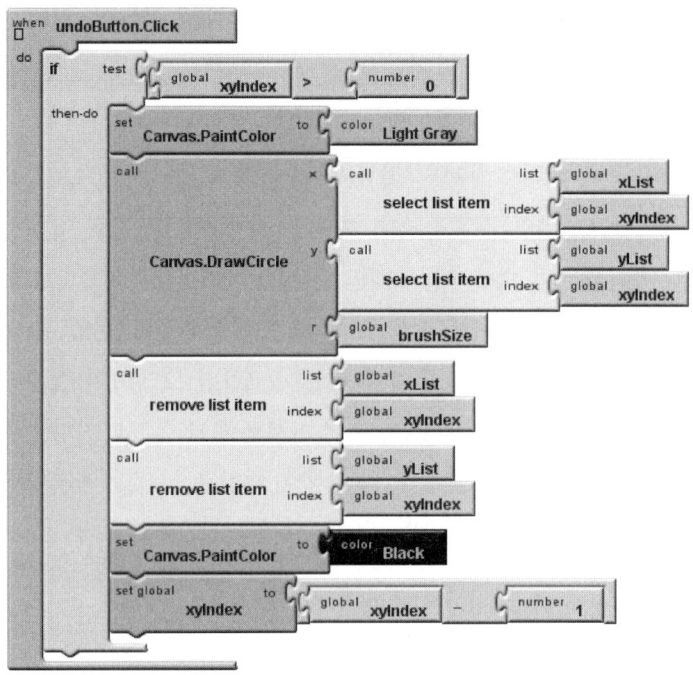

그림 11.19 역순으로 그려진 점을 덧칠해 제거하는 블록 집합체

Undo 버튼을 누를 때마다 xyIndex 값이 0이 될 때까지 이러한 동작을 반복한다. 0이 되면 리스트에 있는 모든 데이터가 제거되며 캔버스엔 아무런 점도 없게 된다. 사용자는 이를 통해 마음껏 새로운 점을 찍거나 취소할 수 있다. 새로 찍은 점은 모두 리스트에 동적으로 추가되며, 모든 되돌리기 동작도 매끄럽게 수행된다. 직접 Painter 앱을 실행하여 눈으로 확인해보자.

비슷하게, Dragged 이벤트 핸들러에서 라인을 동적으로 저장하거나 취소시킬 수 있다. 이 경우 라인을 구성하는 각 점의 좌표를 저장해둬야 하므로, 데이터의 양이 훨씬 더 커진다. 하지만, 리스트에 곡선 같은 데이터가 저장되는 경우, 다른 용도로도 사용할 수 있다. 예를 들어, 곡선을 통해 움직이는 애니메이션 경로를 만들 수 있다. 이 경로를 따라 그래픽 이미지가 캔버스 위에서 이동할 수 있다. 이는 현재 대부분의 애니메이션 프로그램에서 주로 사용하는 방식이다. 이제 AI를 통해 사용자가 직접 손으로 그린 경로를 따라 이미지가 움직이도록 구현해보겠다. 우선 AI에서 어떻게 애니메이션 효과를 줄 수 있는지 살펴보자.

●● Ball과 ImageSprite 컴포넌트로 애니메이션 구현하기

종종 컴퓨터 그래픽 이론을 그대로 따라, 컴퓨터나 스마트폰에서 그래픽 이미지의 애니메이션을 통해 아주 매력적인 화면을 만들 수 있다. AI가 제공하는 애니메이션 기능들은 대체로 현재 출시된 스마트폰의 성능에 맞는 수준으로 맞춰졌으므로 컴퓨터에서 봤던 화려한 실시간 그래픽을 기대하긴 힘들다. AI 애니메이션은 현재 2차원 그래픽만 지원하지만 2차원만으로도 대부분의 좋은 아이디어들을 구현할 수 있으며 적절한 효과를 구현할 수 있다. 3차원 그래픽 시대와 반대되는 흐름이지만, 현재 2차원 그래픽의 컴퓨터 게임이 르네상스 시대를 맞이하고 있다. 특히 스마트폰에서 두드러진다. 예를 들어, 모든 컴퓨터 게임의 원조라고 불리는 퐁^{Pong} 게임은 1972년 아타리^{Atari}에 의해 개발됐으며, 이 게임은 공을 두 막대를 수직으로 움직여 테니스를 치듯이 진행한다.

2D 애니메이션을 구현하기 위해 AI는 Animation이라는 특수한 컴포넌트 그룹을 제공한다. 이 그룹에는 딱 두 개의 컴포넌트만 들어있으며, 이들은 순수한 애니메이션 효과를 넘어서는 훌륭한 블록을 다수 제공한다. 두 컴포넌트와 각 속성들은 대부분 동일하며, Ball 컴포넌트가 주로 2차원의 원형 디스크 형태를 갖는 반면 ImageSprite 컴포넌트는 어떠한 2D 이미지도 적용할 수 있다는 점만 다르다. 둘 다 애니메이션 효과를 줄 수 있다.

컴퓨터 그래픽 용어인 'Sprite'란

Sprite는 평평한 2D 이미지나 그래픽 오브젝트를 의미하며, 배경 이미지 위에서 이동시킬 수 있다. 마치 윈도우에서 마우스 커서와 같다. 스마트폰의 열악한 프로세서로 이미지의 위치를 실시간으로 계산하기 위해, 이 스프라이트 오브젝트들을 일반적으로 직사각형의 꼴에 대응된다. 스프라이트는 스마트폰 앱의 아이콘과 비슷하게 투명한 영역을 갖는 외곽선을 포함할 수 있다. 프로세서의 열악한 로딩 성능과는 별개로, 스프라이트는 자동 충돌 검출과 중첩 효과를 낼 수 있다는 특징을 갖는다. 스프라이트는 주로 컴퓨터 게임이 발달되기 시작하던 시기에 사용됐으며, 오늘날에도 3D 게임에서 자주 등장한다. 스프라이트에 대한 역사적인 내용을 아래 링크 주소에서 확인할 수 있다.

- http://en.wikipedia.org/wiki/Sprite_%28computer_graphics%29

두 Animation 컴포넌트는 특정 속성만 차이가 있다. 이 속성은 애니메이션 효과를 적용할 그래픽 오브젝트의 타입을 반영한다. 예를 들어, Ball 컴포넌트에서는 반경(`Radius`)과 색상(`PaintColor`)dmf 설정할 수 있는 반면, ImageSprite 컴포넌트에서는 컴포넌트를 꾸밀 이미지^{Picture}와 중심 좌표(X, Y), 크기(Width, Height)를 정할 수 있다. 특정 색상의 디스크 이미지를 ImageSprite 컴포넌트로 로딩하고, 그 크기를 `Width`와 `Height` 속성으로 변경할 수 있다고 간주한다면, 이 두 컴포넌트가 갖는 차이점을 사실 없다고 볼 수 있다. 특히 Ball 컴포넌트의 명세사항이 둥근 스프라이트 형태에 적절하다는 점을 고려한다면 말이다. 그러므로 둥근 형태의 이미지를 애니메이션으로 사용하고자 한다면 Ball 컴포넌트를 사용하고, 이외에는 ImageSprite 컴포넌트를 사용하면 된다. 그림 11.20은 Ball 컴포넌트의 명세사항을 보여준다. ImageSprite 컴포넌트의 명세사항까지 더욱 자세히 알고 싶다면 AI 레퍼런스를 참조하자.

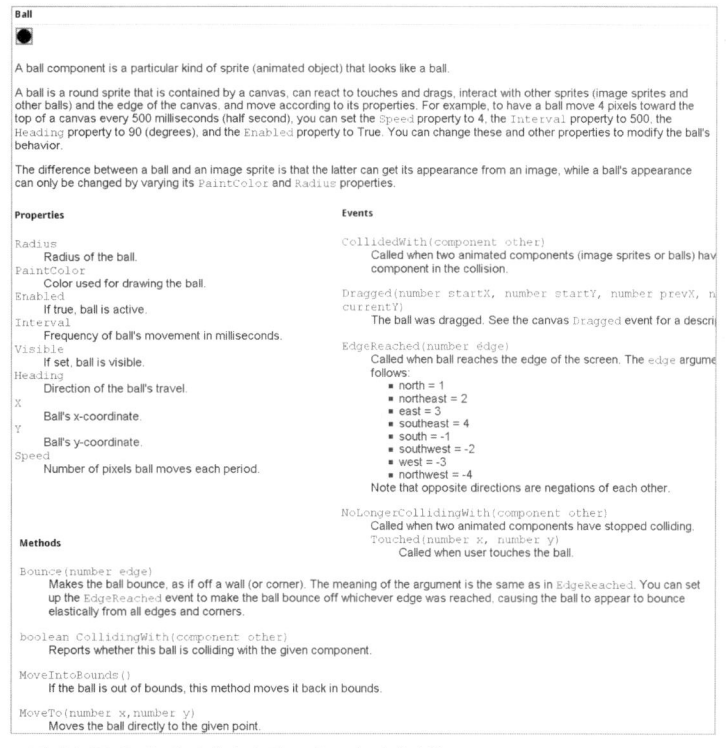

그림 11.20 Ball 애니메이션 컴포넌트의 명세사항

이전에 별도의 디자인 애니메이션 효과를 줄 수 있는 도구를 다뤄본 경험이 있다면, AI가 사용하는 특별한 애니메이션 접근 방식에 주목해야 할 필요가 있다. 대개의 3D 애니메이션 도구들이 사용하는 메커니즘은 서로 독립적이고 중립적이다. 하지만, AI에서는 Ball과 ImageSprite 그래픽 오브젝트에

직접적으로, 유일하게 링크를 걸어둔다(Clock 컴포넌트를 다루는 절에서 예외적인 사항에 대해 언급할 것이다). 이 애니메이션 기능은 그래픽 오브젝트에 직접적으로 적용된다. 결과는 비슷할지 몰라도 원리는 전혀 다르다.

컴퓨터 애니메이션에서 사용되는 일반적인 기본 원리

컴퓨터 애니메이션에서는 시간에 따라 변하는 그래픽 오브젝트의 속성을 활용한다. 위치 값뿐만 아니라 크기, 형태, 색상도 변한다. 이동 속도는 시간당 이동 거리의 크기에 따라 변하며, 이는 그래픽 오브젝트의 픽셀 단위 좌표 값이 시간당 이동하는 정도가 변함을 의미한다. 이동 거리가 크거나(Speed) 시간 단위가 작을수록(Interval), 전체적인 이동 속도는 더욱 커진다.

AI의 두 애니메이션 컴포넌트에도 이러한 원리가 적용되지만, 여기서는 `Speed`와 `Interval` 속성만 사용해 X, Y 값을 변경시킬 수 있다. 이를 보이기 위해(그리고 그림 11.20에 나온 다른 애니메이션 컴포넌트의 기능까지) 하나씩 컴포넌트를 소개할 것이다. 예제 프로젝트는 2차원 그래픽 게임인 스쿼시^{Squash} 게임이다. 이 예제는 겉으로 보기엔 제어 방식이나, 진행 방식이 퐁과 비슷해 보인다. 평면 필드 안에서, 사용자는 라켓을 사용해 둥근 공을 벽에 튕기거나 라인 위로 날리게 되고, 공을 쳐낼 때마다 승점이 올라간다. 게임 속도는 사용자의 숙련도에 따라 자유롭게 바꿀 수 있다.

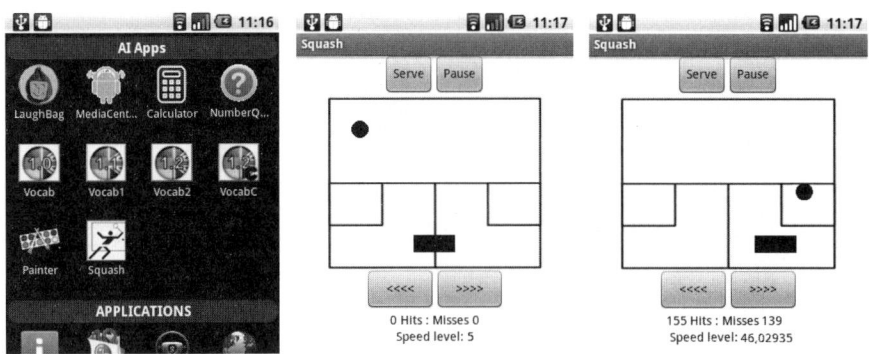

그림 11.21 인터랙티브한 2D 게임인 스쿼시의 모습

이 책에서 지원하는 웹사이트에서 Squash 프로젝트 찾기

이번 예제에 필요한 파일은 다른 예제들과 동일한 경로에서 찾을 수 있다. 이 책의 소개글에 링크 주소를 적어 놓았다.

새로운 프로젝트를 생성해 'Squash'로 이름을 짓고, 표 11.2에 나와 있는 컴포넌트를 Viewer에 기본적으로 설정해놓자. 그림 11.21(가운데)과 같이 `FieldCanvas` 위에 원하는 지점에 직접 Ball과 RacquetSprite 애니메이션 컴포넌트를 가져다 놓는다.

표 11.2 스쿼시 게임에 사용할 컴포넌트와 초기 속성 값

컴포넌트	오브젝트 이름	수정될 속성 값
Screen	Screen1	"Icon": squash_appIcon.png(지원 사이트의 /MEDIA 경로 참조)
Button (2x)	ServeButton, PauseButton	"Text": Serve, Pause
Canvas	FieldCanvas	"Width", "Height": 250 × 200 pixels "BackgroundImage": squash.png (com-panion website see /MEDIA)
Ball	Ball	"X", "Y": any position on the canvas "Radius": 10
ImageSprite	RacquetSprite	"Picture": bar.png(지원 사이트의 /MEDIA 경로 참조) "X", "Y": 100, 160
Button (2x)	LeftButton, RightButton	"Text": 〈〈〈〈, 〉〉〉〉
Label	Label1	"Text": hits : misses
Label (2x)	HitsLabel, MissesLabel	"Text": 0, 0
Label	Label2	"Text": Speed level
Label	SpeedLabel	"Text": 5

표 11.2에 나와 있는 컴포넌트를 모두 생성했다면 Squash 프로젝트의 UI는 그림 11.22와 같을 것이다.

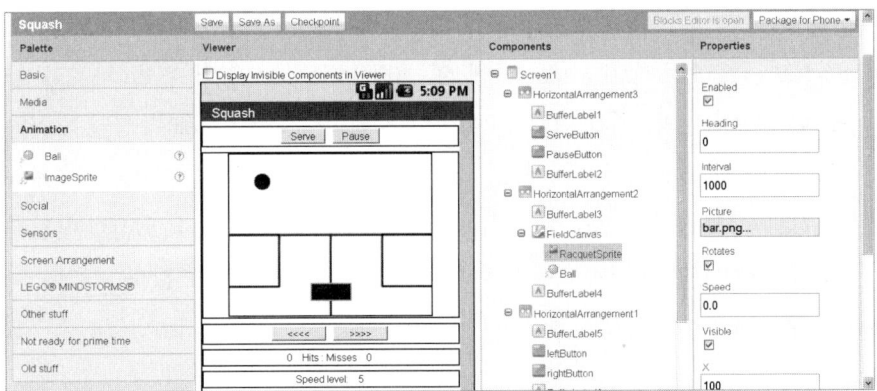

그림 11.22 Squash 프로젝트에서 사용되는 UI와 초기 속성 값들

물론, 중앙에 각 컴포넌트를 배치하는 일은 HorizontalArrangement 컴포넌트와 BufferLabel 컴포넌트를 사용해야 한다. 이 컴포넌트를 그림 11.22와 같이 가져다 놓는다. 이렇게 모든 정적인 디자인 준비가 완성되면, 이제부터 애니메이션 효과를 생성할 수 있다.

그래픽 오브젝트 이동

스크린 위에 그래픽 이미지를 이동하려면(Ball이나 ImageSprite 같은), 첫 번째로 에디터에서 작업할 필요도 없다. Designer에서 컴포넌트의 초기 속성을 설정해 두 애니메이션 컴포넌트를 움직일 수 있다. 단지 Canvas 컴포넌트만 있으면 되며, 캔버스 경계 안에서만 그래픽 오브젝트를 이동할 수 있다(픽셀 단위의 좌표 값에 연관된다). 캔버스에 점이나 라인을 그리는 과정과 비슷하게, 그래픽 오브젝트의 이동 범위는 캔버스 컴포넌트의 영역이 결정하며, 그 크기는 개발자가 지정해준다. Squash 프로젝트에서는 Ball과 FieldCanvas 컴포넌트 오브젝트에 전적으로 기반하여 애니메이션 자체를 적용할 것이다. 이 Ball 오브젝트의 이동은 다음과 같은 속성을 통해 결정된다.

- 초기 위치(X, Y)
- 방향(Heading)
- 속력
- 단위 크기(Speed)
- 단위 구간(Interval)

Ball 컴포넌트 오브젝트를 Viewer에 있는 FieldCanvas 영역 위에 가져다 놓아서 이 컴포넌트의 '초기 위치'는 이미 지정된 상태다. 두 Ball 속성인 X, Y는 FieldCanvas의 좌표계를 기반으로 자동으로 기록되는 2차원 데이터다. 예를 들어, Ball을 FieldCanvas의 중앙에 올려 놓으면, 초기 위치는 125, 100이 된다(그림 11.23 좌측). Viewer에서 공을 이동시키면, 그에 따라 좌표 값도 변한다.

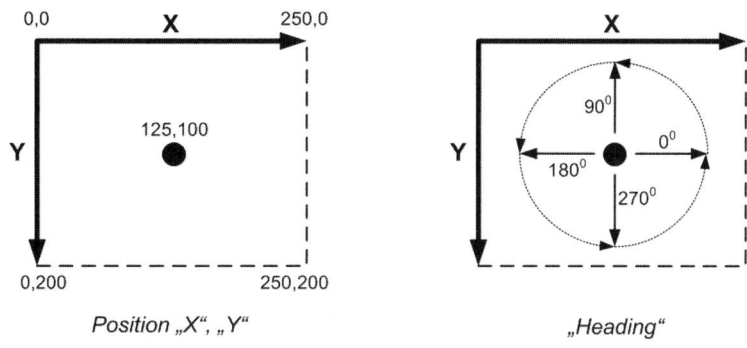

그림 11.23 애니메이션 효과를 적용한 Ball 컴포넌트의 초기 위치와 방향

Ball 컴포넌트를 이동시키기 위해서는 반드시 Heading 속성으로 이동 방향을 지정해줘야 한다. 이 방향은 도^{degree} 단위로 인식되며, 0~360도 사이의 범위를 갖는다. 0도를 지정하면 오른쪽, 90도는 위 방향, 180도는 왼쪽, 270도는 아래 방향을 의미한다. 이외에도 그림 11.23 우측과 같이 적절한 각도를 지정할 수도 있다. Ball 컴포넌트 오브젝트의 초기 방향 속성은 0이므로, 오른쪽으로 이동한다.

하지만, 이 오브젝트가 오른쪽으로 이동하려면 반드시 공의 속력을 지정해줘야 한다. 애니메이션은 두 요소를 모두 적용해야 이뤄진다. 스텝의 크기$^{step\ size}$가 클수록, 일시적인 타임 스텝$^{time\ step}$이 작을수록, 더욱 빠르게 이동한다. 사람의 이동 속력은 시간당 킬로미터(km/h)나 시간당 마일(mph) 단위로 표현된다. 동일한 관계가 적용된다. Speed 속성에서 더 큰 스텝 크기를 지정하거나 Interval 속성에서 더 작은 타임 스텝을 지정할수록 더욱 빠르게 그래픽 이미지가 이동한다(밀리초당 픽셀 단위-p/ms).

이동 속력은 Speed × Interval의 결과 값이 되므로, 두 요소 중 하나라도 0 이라면 공은 움직이지 않는다(0 × x = 0). 이러한 이유로 Ball 컴포넌트 오브젝트가 아직 움직이지 않는 것이다. Interval 속성 값을 초당 한 스텝을 갖도록 지정했지만(1초 = 1000밀리초), Speed 속성에 지정한 스텝 크기는 여전히 0이므로, 최종 속력은 초당 0픽셀을 이동한다. 예를 들어, Speed 속성을 5로 지정하면 Ball은 오른쪽 방향으로 초당 5픽셀씩 이동한다. 직접 에뮬레이터나 스마트폰에서 확인해보자(그림 11.24에서도 이러한 움직임을 개략적으로 확인 가능하다). 그다음 원하는 대로 두 요소 값을 설정해 애니메이션 움직임을 변화시킬 수 있다. 예를 들어, 스텝 크기를 줄여서 속력을 부드럽게 줄일 수 있고, 반대로 스텝 크기를 늘려서 더 빠르고 활동적인 움직임을 표현할 수 있다.

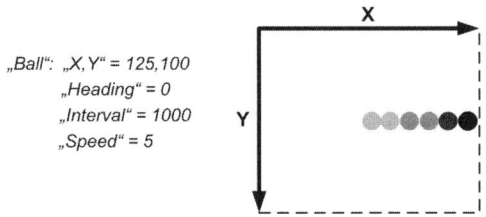

그림 11.23 초기 위치에서 5p/s 속력으로 오른쪽을 향해 이동하는 공 애니메이션의 전개도

그림 11.24에 나타낸 애니메이션 매개변수를 다양하게 바꿔가면서 원하는 움직임을 찾아보자. 중심에 있는 공을 아래 방향으로(270도) 향하게 하여 이동시켜 공이 떨어지는 효과를 낼 수도 있고, 대각선(225도) 방향을 설정하여 이동시킬 수 있다. 여기서도 움직임은 `Interval`과 스텝 크기를 조합해 계산된다.

충돌 검사

공이 벽(캔버스)에 닿으면 그 지점에서 정지해 있게 된다. 계속 이동시키기 위해, 즉 공을 튀기도록 만들기 위해 Editor로 동작 로직을 구현해야 한다. 원하는 동작을 만들려면, 공이 벽에 닿는 즉시 충돌 이벤트가 발생해야 한다. 이러한 충돌을 검출하기 위해서 AI는 두 애니메이션 오브젝트 타입에 각각 해당되는 이벤트 블록을 제공한다. 그림 11.25와 같이 Ball 컴포넌트 블록의 `EdgeReached` 이벤트 블록을 사용해 공을 튀기게 할 수 있다.

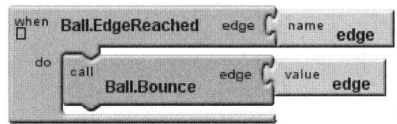

그림 11.25 벽에 튕겨 나오는 애니메이션 효과 주기 블록

Ball 애니메이션 오브젝트가 벽에 닿으면, `Ball.EdgeReached` 이벤트 핸들러가 호출되어 부딪힌 벽이나 코너를 인자로 전달한다. 이때 매개변수는 인코딩된 수치 값을 갖는다(edge라는 기본 이름의 지역 변수). 벽이나 코너는 표 11.3에 나와 있는 인코딩 값을 갖는다.

표 11.3 벽이나 모서리에 닿았을 때의 수치 코드

코드	충돌 벽면 위치	코드	충돌 코너 위치
1	상단(북쪽)	2	상단 우측(북동쪽)
3	우측(동쪽)	4	하단 우측(남동쪽)
-1	하단(남쪽)	-2	하단 좌측(남서쪽)
-3	좌측(서쪽)	-4	상단 좌측(북서쪽)

공과 닿은 벽면이 `Ball.EdgeReached` 이벤트 핸들러의 edge 지역 변수를 통해 기록되면, 프로그램은 해당 수행문을 통해 반응한다. 그림 11.25에서 Ball의 `Bounce` 메소드를 사용해 Ball 애니메이션 오브젝트가 충돌 이후에 적합한 반작용 방향으로 튕기도록 하여, 공이 계속 캔버스 안에서 돌아다니도록 만들 것이다. 이 기능은 그림 11.25에 나와 있는 간단한 이벤트 핸들러로 구현한다. 그림 11.24에 나와 있는 애니메이션 속성들을 유지해두면, 공은 그림 11.26과 같이 캔버스 오브젝트의 좌우 벽면 사이를 끊임없이 튕겨져 나온다(그림 11.26 좌측). 직접 에뮬레이터나 스마트폰으로 확인해보자.

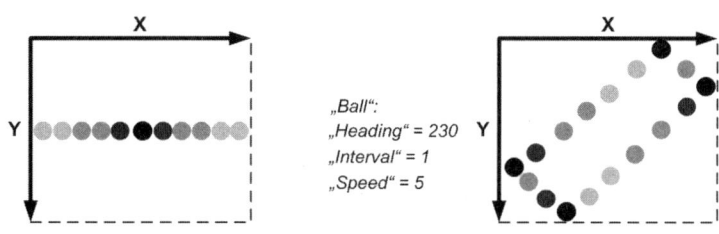

그림 11.26 대각선 혹은 수직 방향으로 벽면을 튕겨져 나오는 움직임

Ball 오브젝트의 움직임을 더욱 사실적으로 만들기 위해, 애니메이션 속성을 변경할 수 있다. 예를 들어, Designer에서 초기 속성 값을 그림 11.26 우측에 나와 있는 대로 변경하면, 공은 캔버스의 모든 모서리를 튕겨져 나오면서 더욱 현실적인 움직임을 보여줄 것이다.

이제 스쿼시 공의 기본적인 움직임을 구현했으니, 검은 막대인 RacquetSprite로 스쿼시 라켓을 구현해볼 차례다. 이 라켓의 목적은 공을 위로 쳐내서 공이 바닥에 떨어지지 않도록 하는 것이다. 지금까지 공은 단순히 라켓을 무시하고 통과했다. 이제는 라켓에 공이 닿으면 튕겨지도록 하여, 사용자가 실제 스쿼시 게임을 하듯이 라켓을 움직여 진행하도록 해보자.

라켓 움직임을 적용하려면 두 가지 방법이 있으며, 모두 구현해볼 것이다. 첫 번째 방법은 그림 그리기 앱에서 이미 다뤘던 방법이다. 캔버스 위에 라인을 그리는 것과 마찬가지로 ImageSprite 이벤트 블록인 Dragged를 사용해 캔버스 위에 그래픽 오브젝트를 손가락으로 움직이는 것이다. RacquetSprite.Dragged 이벤트 블록은 드래그하는 동안 이동 좌표를 전달해주므로, 이를 활용해 이벤트 핸들러의 수행문에서 지역 변수로 받아와서 사용할 수 있다. 그림 11.27처럼 현재의 손가락 좌표 (currentX, currentY)를 RacquetSprite의 위치 좌표로 설정해 손가락을 따라다니도록 한다. RacquetSprite.Dragged 이벤트 핸들러를 구현하여 에뮬레이터나 스마트폰에서 직접 손가락으로 막대를 당기는 실험을 해보길 바란다.

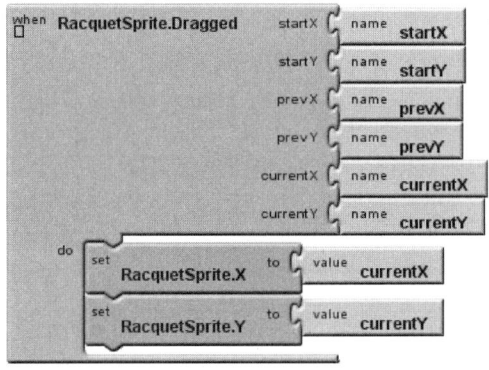

그림 11.27 스쿼시 라켓을 드래그하는 블록

두 번째 방법은 두 개의 컨트롤 버튼인 LeftButton과 RightButton을 사용해 라켓을 수평 방향으로 움직이는 것이다. 초기 좌표를 (125, 160)으로 설정하여(goX, goY 전역 변수에 저장), 두 버튼 중 하나를 누를 때마다 해당 방향으로 막대를 30픽셀씩 움직이는 것이다(goX에 30을 증감시킨다). 각 버튼이 눌렸을 때 LeftButton.Click이나 RightButton.Click 이벤트 핸들러가 호출되고, goX의 값이 10~240 사이의 범위(캔버스의 벽면에 닿지 않을 만큼의 범위) 안에서 변하도록 한다. ImageSprite 메소드인 MoveTo는 버튼이 눌릴 때 호출되어 RacquetSprite의 위치를 바꾼다. 두 컨트롤 버튼을 통해 그림 11.28의 두 이벤트 핸들러를 직접 동작시켜 라켓을 움직여보자.

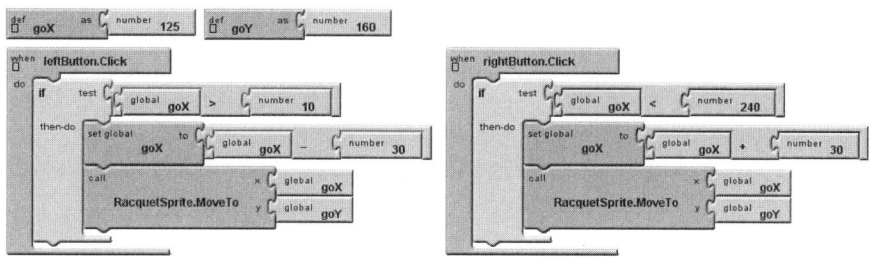

그림 11.28 두 컨트롤 버튼을 통해 스쿼시 라켓을 움직이는 블록 구조도

이제 게임판 위에서 스쿼시 라켓을 움직이는 두 방법을 알았으니 스쿼시 게임을 즐길 수 있게 해보자. 지금까지는 공이 라켓에 튕기지 않고 그대로 통과해 버렸다. 캔버스 벽면과 공의 충돌 검출 방식과 마찬가지로, Ball 컴포넌트와 RacquetSprite 컴포넌트의 충돌을 검출해줘야 한다. `EdgeReached` 이벤트 블록 대신, `CollideWith` 이벤트 블록을 사용해보자. 이 블록의 지역 변수인 other를 통해 충돌 컴포넌트의 이름이 전달된다. 공이 라켓에 부딪히면 그림 11.29에 나와 있는 `RacquetSprite.CollidedWith` 이벤트 핸들러가 호출되고, other 변수에 Ball 컴포넌트 오브젝트 이름이 전달되는 식이다.

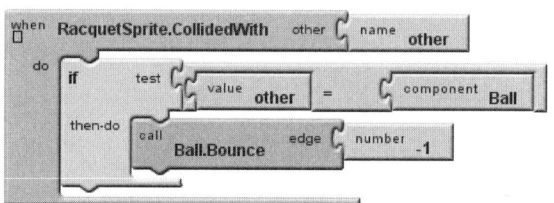

그림 11.29 스쿼시 라켓으로 공을 튕겨내는 블록 구조도

스쿼시 게임에 서로 충돌할 수 있는 그래픽 오브젝트는 단 두 개뿐이지만, 그림 11.29에 나와 있는 `if` 수행문에 Ball 오브젝트와의 충돌 시 반작용 효과를 만드는 수행문을 넣어 보겠다(My Blocks > Ball > 컴포넌트 Ball). 이렇게 하면 다양한 애니메이션 오브젝트와의 충돌을 구별할 수 있다. 예를 들어, RacqueteSprite 오브젝트가 특정 그래픽 오브젝트와 충돌하며 그 오브젝트가 Ball이라면, `Ball.Bounce` 메소드를 통해 캔버스의 바닥에 부딪히듯이 라켓에서 튕겨져 나오게 할 수 있다.

이 이벤트 핸들러를 통해 스쿼시 게임의 가장 기본에 해당되는 기능의 거의 완성되었다. 하나만 더 추가해보자. 라켓의 모든 면에서 공이 튕겨져 나올 수 있어야 한다. 이 외에 점수 기록이나 다양한 난이도, 그리고 나머지 버튼에 할당할 기능 구현 등 전형적인 공 튀기기 게임의 요소들이 구현되길 기다리고 있다.

역동적인 애니메이션이 가미된 2D 스쿼시 게임

장시간 게임을 진행해도 게임의 재미를 유지하기 위해, 갑자기 등장하는 이벤트나 다양한 게임 난이도를 제공하는 것은 사용자에게 놀라움과 재미를 선사하면서 마치 사용자가 경험치를 모으는 듯한 도전 의식을 갖게 할 수 있다. 적당한 범위 안에서 이러한 목적을 달성하기 위해 처음에 임의의 방향이나 위치에서 공을 서브하고, 역동적으로 애니메이션 속도를 사용자의 게임 숙련도에 맞추도록 한다. 숙련도는 타격 성공 카운트와 실패 카운트를 비교해 측정한다(라켓으로 공을 쳐내는 데 성공하면 +1이, 실패하면 -1만큼 총점에서 증감된다). 사용자가 공을 대게 잘 쳐낸다면 해당 게임 난이도에 적응했다고 볼 수 있다. 게임의 재미를 유지하기 위해 공의 속도를 증가시켜보겠다. 사용자의 타격 실패율이 증가하면, 사용자가 당황해 게임을 종료하는 일을 방지하도록 다시 게임의 속도를 낮추는 게 좋다. 이런 식으로 게임의 난이도를 사용자의 숙련도에 맞춤으로써, 사용자가 지속적인 흥미를 갖도록 할 수 있다. 구현 방식이 그리 어렵진 않았지만, 이 간단한 원리는 컴퓨터 게임을 포함하여 수많은 게임에서 사용자들을 충분히 즐겁게 하기 위한 전략으로 사용되고 있다.

위에서 언급한 추가 기능(즉, 점수 기록이나 속도 조절 등)을 구현하기 위해 먼저 그림 11.30에 나와 있는 변수를 기존 프로젝트에 추가해 초기화한다. speed 변수는 현재 속도를 관리하며, minSpeed 변수는 최소 속도(2p/ms)를 저장하고 있다. Hits 변수는 타격 횟수를, misses는 타격 실패 횟수를 기록한다. 두 점수 기록 변수를 1로 초기화하여, 나중에 속도를 계산할 때 0으로 나누는 오류를 방지하도록 한다. Ball 오브젝트는 앱을 실행했을 때와 Pause 버튼이 눌렸을 때 계속 정지 상태로 있기 때문에, 별도의 reset 프로시저를 만들어

`Ball.Speed`와 `Ball.Interval` 속도 매개변수를 리셋하겠다. 이제 `Screen1.Initialize`와 `PauseButton.Click` 이벤트 핸들러에서 이 프로시저를 호출할 수 있다. 움직임 인터벌을 1로 설정하여(시간 구간이 밀리초라는 의미) 최대한 부드러운 움직임을 만든다.

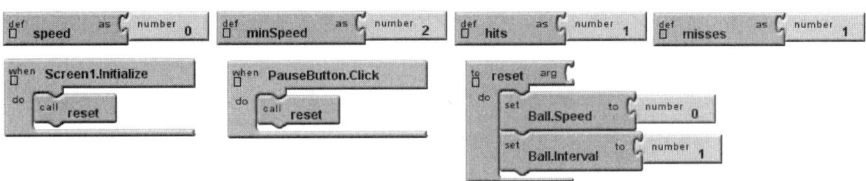

그림 11.30 스쿼시 게임의 초기 변수

이제 한 가지 놀라운 요소를 구현해보자. 처음 스쿼시 공을 서브할 땐 캔버스 상단의 임의 지점에서 임의 방향으로 공이 날아오도록 하면 모든 기본 기능을 성공적으로 구현하게 된다. Serve 버튼을 누르면 그림 11.31의 `ServeButton.Click` 이벤트 핸들러가 호출되고, 이 핸들러는 `Ball.Speed`이 초기값으로 `minSpeed(2p/ms)`에 저장된 값을 할당한다. 이 값은 `SpeedLabel`에 현재 속도로 출력된다. 그러면 `random interger` 메소드를 통해 임의의 픽셀 좌표인 캔버스 상단의 Ball.x 지점이 생성되어 Ball 오브젝트를 위치시킨다. 마지막으로, `Ball.Heading` 변수를 200도에서 340도 사이 값으로 임의 지정해 Ball 오브젝트가 2p/ms의 속력으로 임의 방향을 향해 날아가도록 한다(캔버스 상단에서 출발해 라켓이 있는 하단을 향해 임의의 방향으로 날아간다).

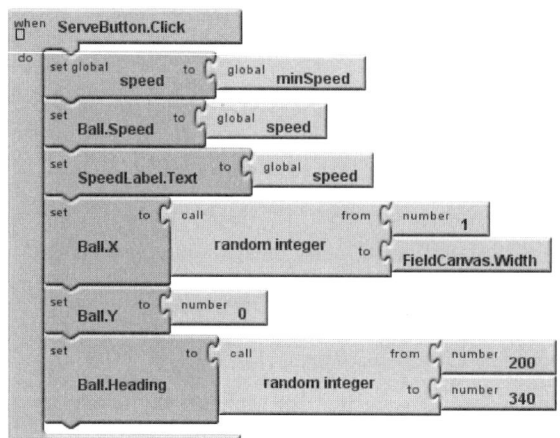

그림 11.31 임의 각도와 위치에서 처음 공이 날아가게 하는 블록 구조도

초기 서브 방향과 속도가 구현됐으니, 이제 점수 기록 기능(성공 횟수와 실패 횟수)을 구현해보자. 이 기록을 통해 게임의 진행 속도를 계산하겠다. 기존의 이벤트 핸들러 두 개를 확장할 것이다. 먼저 그림 11.29에 나와 있는 RacquetSprite.CollidedWith 이벤트 핸들러부터 다뤄보자(RacquetSprite 오브젝트와 Ball 오브젝트의 충돌 시 동작을 정의했던 이벤트 핸들러). 그림 11.32를 보면 확장된 기능을 갖춘 핸들러의 모습을 볼 수 있으며, 두 오브젝트가 충돌했을 때 hits에 저장되는 카운터 값은 이제 1만큼 증가시켜 HitsLabel 라벨에 출력하게 된다. 증가한 숫자를 기반으로, 기존의 속도에 성공 횟수/실패 횟수를 새로운 진행 속도 값으로 정의하여 speed 변수에 저장한다. 즉, new speed = old speed + (hits / misses)의 관계를 갖는다. 성공 횟수가 타격 횟수에 비해 많아질수록 진행 속도가 증가한다. 새로운 계산되어 증가한 speed 값은 이제 Ball.Speed 변수에 할당되고 SpeedLabel에 출력된다.

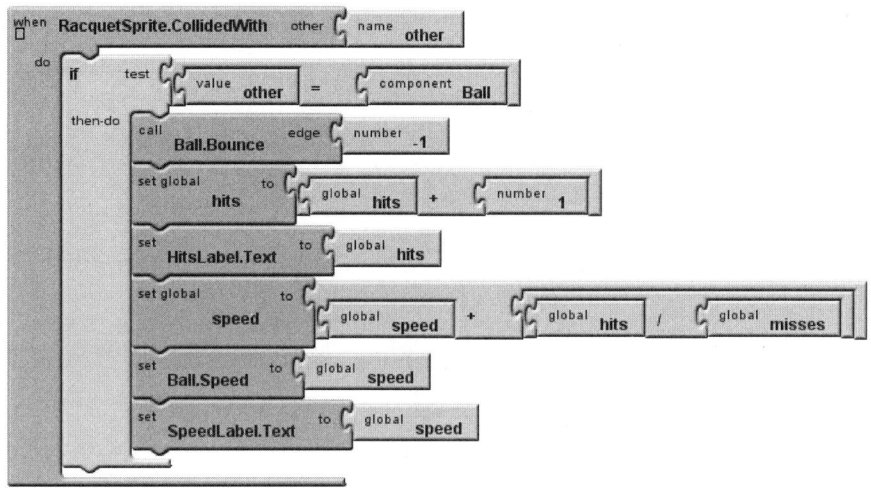

그림 11.32 공의 타격 횟수와 속도를 증가시키는 블록 구조도

비슷한 방식으로 공 오브젝트가 캔버스 벽면에 부딪혔을 때 튕겨지는 효과를 구현한 Ball.EdgeReached(그림 11.25) 이벤트 핸들러의 기능을 확장해보자. 그림 11.33에 나와 있는 핸들러를 보면, 기존 핸들러에 새로운 로직을 내포시켰다. 이 로직은 두 가지 if 수행문으로 구성된다. 이제 Ball 오브젝트가 어떤 면에 부딪혀도 Ball.EdgeReached 이벤트 핸들러가 호출되지만, 이 이벤트 핸들러에서는 캔버스 바닥(-1 값으로 정의된)에 부딪혔을 때만 반응하도록 구성하겠다. 바닥에 충돌했는지(edge = -1)를 첫 번째 if 문에서 확인한다. 즉, 라켓 뒤에 있는 벽에 공이 부딪히면 실패 횟수(misses 변수 값)가 1 증가하고 MissesLabel에 값이 출력된다. 게임 속도가 현저히 줄어드는 일을 막기 위해(거의 움직이지 않는 정도로), 두 번째 if 문에서 현재 속도가 최소 속도 값인 2p/ms보다 크거나 같은지 확인한다. 크거나 같다면 현재 속도 계산식에서 타격 성공 횟수를 실패 횟수로 나눈 값을 갱신하되, 이번엔 더하지 않고 차감한다. 그러면 줄어든 속도 값이 speed 변수에 할당되고 Ball.Speed에 전달된 뒤 SpeedLabel에 출력된다.

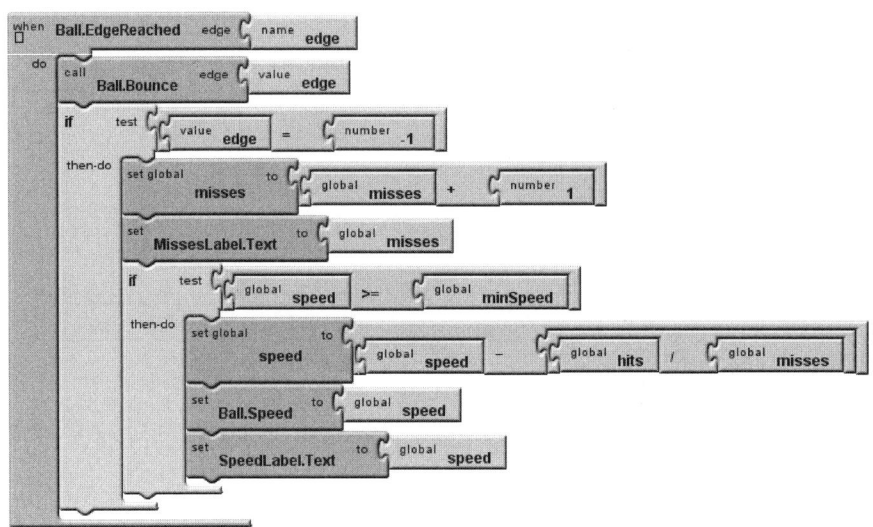

그림 11.33 타격 실패 횟수를 감소시키고 게임의 속도를 줄이는 로직의 이벤트 핸들러 구조도

이제 스쿼시 게임을 완성했다. 특정 사용자와의 상호작용을 통해서만 게임의 난이도가 설정되어 진행되며, 매우 높은 수준의 유연성과 다양성을 제공하게 된다. 이처럼 2차원 애니메이션 게임을 AI를 통해 매우 빠르고 쉽게 구현할 수 있다는 것은 매우 인상적인 점이다.

Clock 컴포넌트로 자동화 프로세스 제어하기

앞서 언급했듯이, AI 애니메이션 적용 방식은 다른 애니메이션 소프트웨어와는 다른 방식으로 동작하며, AI의 방식을 Ball과 ImageSprite 그래픽 컴포넌트에 직접적으로 적용한다. 하지만 규칙엔 언제나 예외 상황이란 게 있다. 즉, 3D 애니메이션 프로그램에서 사용하는 방식과 비슷하게 AI 외부 소프트웨어에서 그래픽 오브젝트에 애니메이션 효과를 줄 수 있다. 무엇보다도 AI는 비가시성 컴포넌트인 Clock 컴포넌트를 Basic 그룹에 제공한다. 이 컴포넌트의 타이머 기능인 TimerInterval은 애니메이션의 핵심 제어 요소이며, 겉으로 보기엔 앞서 언급했던 두 그래픽 컴포넌트의 Interval 속성과 기본적으로 동등한 역할을 한다. 실제 타이머처럼 Clock 컴포넌트의 Timer 속성은 일정한 인터벌을 주기로 이벤트를 발생시킨다. 이러한 이벤트는 스텝 크기와 맞물려 일정한 스텝 인터벌을 생성하는 데 사용할 뿐만 아니라, 매우 보편적으로 사용된다.

일정한 이벤트 주기는 1밀리초가 최소 단위이며, 이 시간은 스마트폰이나 컴퓨터의 시스템 클럭$^{System\ Clock}$이 생성한다. 그러므로 AI에서 타이머를 사용해 최소 1밀리초(1인터벌), 혹은 1초(1,000인터벌)나 1분(60,000인터벌) 이상의 주기로 이벤트를 생성할 수 있다(1시간, 하루, 1년 등 모든 주기가 가능하다). 그래픽 오브젝트를 어느 정도로 이동시킬지, 확대 정도나 시간당 변화율을 얼마나 줄지는 전적으로 개발자가 정하는 것이다. 이메일 계정을 확인할 때, 매 시간 사운드 효과를 재생하거나 지리적 위치를 기록할 때도 마찬가지다. 게다가, Clock 컴포넌트를 사용해 현재 시간과 날짜까지 나타낼 수 있다. 보면 알겠지만, 이 컴포넌트는 매우 유연하며, 다양한 종류의 '자동화된' 프로세스(시간에 따라 특정 동작을 자동으로 수행해 나가는 절차)를 지원하는 일반적이면서 기본적인 기능이라 할 수 있다. 그럼 그림 11.34를 통해 Clock 컴포넌트의 명세사항을 살펴보자.

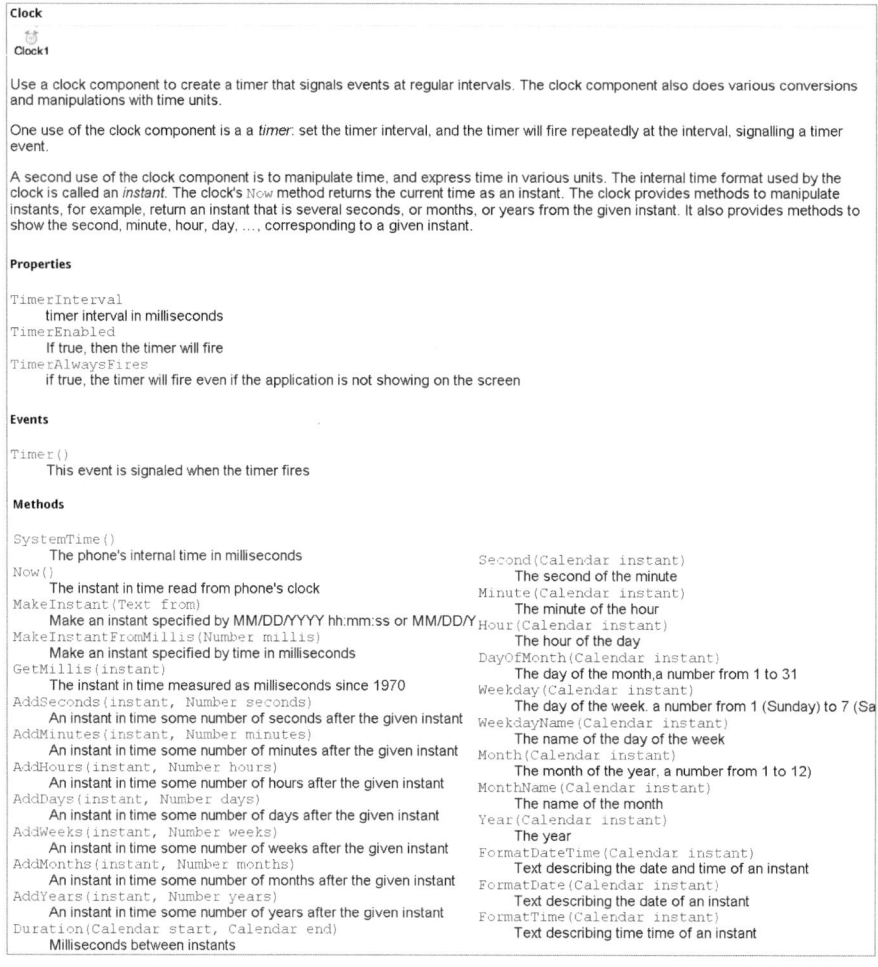

그림 11.34 AI 레퍼런스에 나와 있는 Clock 컴포넌트의 명세사항

그림 11.34를 보면 알겠지만, Clock 컴포넌트는 다양한 메소드를 지원한다. 이벤트와 속성 블록의 개수를 보면 상대적으로 그리 많지 않다. 예를 들어 이벤트 블록은 오직 Timer 블록뿐이며, 이 블록은 정기적인 순서를 따라 동작하는 수행문에 포함시킨다. 타이머 인터벌은 TimerInterval 속성에서 밀리초 단위로 지정하며 불린 타입의 TimerEnabled 속성으로 타이머를 활성화 혹은 비활성화시킬 수 있다. 흥미롭게도 TimerAlwaysFires 속성(불린 타입)을 사용하면 앱이 백그라운드에서 동작 중일 때도 타이머를 계속 실행할 수 있다. 결과적으로, 시간을 제어하는 이벤트는 백그라운드에서 동작 중이라 해도 알람 시계나 이메일 등을 정기적으로 확인하는 작업에 유용하게 쓸 수 있

다. 그러므로 사용자가 다른 앱을 실행 중이거나 스마트폰이 대기 모드 상태일 때도 특정 시간에 맞춰 이벤트를 발생시켜 깨울 수 있다.

Clock 컴포넌트와 관련된 거의 모든 도구는 시간을 주제로 한다. 이 컴포넌트가 제공하는 두 메소드는 현재 시스템 시간을 읽어 오는데 사용할 수 있다. SystemTime 메소드는 1970년 1월 1일부터 현재까지의 시간을 밀리초 단위로 출력한다. 이렇게 시간 값을 표현함으로써 타임 인터벌과 관련된 계산을 쉽게 할 수 있다(예를 들어 5분 후에 벨이 울리도록 타이머를 설정하거나, 달력에서 1달 전으로 넘어가는 것 등). Clock 컴포넌트가 제공하는 Duration(서로 다른 두 시간 사이의 시간을 계산한다), AddYears, AddMonths, AddWeeks, AddDays, AddHours, AddMinutes, AddSeconds 같은 메소드를 사용해 타임 인터벌을 계산할 수 있다.

1970년 이후의 시간을 밀리초 단위로 기록하는 시스템 시간

역사적인 이유로, 컴퓨터나 스마트폰 같은 디지털 기기에서는 자체적으로 시계 표준 시간인 UTC(Universal Time Code)에 맞춰 1970년 1월 1일 00:00시를 기준으로 현재까지 흐른 시간을 시스템 시간으로 정의하여 계산한다.
이러한 표준 시간에 맞춤으로써 세계 네트워크와 연동되는 시스템은 항상 동일한 시간을 기록하게 되고, 무엇보다도 통신 처리를 동기화할 수 있다. 시스템 시간을 사람이 인식할 수 있는 포맷으로 변환하기 위해 각 프로그래밍 언어들은 일반적으로 적절한 기능을 제공하며, AI도 인스턴트(instant)의 형태로 제공한다.

Now 메소드를 통해 인스턴트로 시스템 시간을 읽어올 수 있다(즉, 사람이 쉽게 이해할 수 있는 시간-날짜 포맷이다). 이러한 인스턴트 포맷은 반드시 FormatDateTime 같은 메소드로 포맷을 시간-날짜 포맷으로(Feb 3, 2011, 11:45:00 AM) 변경해주고 FormatDate나 FormatTime 같은 메소드로 원하는 값만 별도로 출력하거나 Year, Month, Weekday, Hour, Minute, Second 단위로 시간 요소들을 구별해 라벨에 출력해야 한다. 또한 MakeInstantFromMillis나 GetMillis 메소드를 통해 두 시간 포맷을 서로 바꾸거나 MakeInstant 메소드로 읽기 쉬운 텍스트 포맷(예를 들면 16:10 같은 포맷이나 03/01/2011, 16:45:00 등)을 인스턴트 형태로 변환할 수 있다.

외부 프로그램 로직으로 애니메이션 제어하기

앞서 언급했던 AI의 애니메이션 원리에 대해 읽었다면, 이 절의 제목이 얼마나 훌륭한 기능을 의미하는지 대략적으로 감이 올 것이다. Clock 컴포넌트로 가시성 컴포넌트 오브젝트의 '모든' 속성에 애니메이션을 적용할 수 있다. 위치, 크기, 방향뿐만 아니라 색상, 라벨 내용, 텍스처 등 모든 속성에 적용 가능하다. 단 속성의 타입이 수치 타입이거나 리스트 구조에 있는 다른 데이터 요소일 경우다. 이러한 속성은 타이머의 인터벌을 기반으로 변경하거나 하나씩 읽어올 수 있다. 예를 들어, 리스트에 등록된 사진이나 스프라이트를 순서대로 Image나 ImageSprite에 출력하여 움직이는 효과를 낼 수 있다. 이는 수많은 사진으로 구성된 영화와 같다. 지금까지 주로 그래픽 오브젝트의 위치를 변경하는 식으로 애니메이션 효과를 적용하는 데 초점을 맞췄지만(내부적으로 제어되는 유일한 애니메이션 방식이다), 이제는 Clock 컴포넌트로 '외부에서' 위치 값을 조작하는 방법을 살펴보면서 내부적인 애니메이션 컨트롤과 외부에서 제어하는 컨트롤 효과의 차이를 보이고자 한다.

이 책에서 지원하는 웹사이트에서 예제 프로젝트 찾기
이번 예제에 필요한 파일은 다른 예제들과 동일한 경로에서 찾을 수 있다. 이 책의 소개글에 링크 주소를 적어 놓았다.

기존 그림 그리기 예제 프로젝트에 있는 기능과 UI를 개선해보자. Designer로 가서 My Projects를 선택해 Painter 프로젝트를 열고 복사본을 저장한다(SaveAs). 이름은 'Animation'으로 지정한다. 여기서 보여주고자 하는 세 가지 애니메이션은 기존의 캔버스 오브젝트와 Clock 컴포넌트를 연동한 것들이다. 첫 번째는 Ball 오브젝트의 애니메이션이 항상 일정한 형태를 띠고 있는 스쿼시 게임을 떠올릴 수 있는 애니메이션이다. 하지만 이번에는 공이 곡선으로 움직이며, 속도도 기하급수적으로 빠르게 증가한다. 이런 설명이 다소 이론적으로 들릴 수 있지만, 이는 실제 물리 법칙에 따라 공이 떨어지는 모습을 간단히 설명한 것이다. 그림 11.35 좌측을 보면 떨어지는 물체의 움직임의 개략도가 나와 있으니 참고하면 개념을 알 수 있을 것이다. 처음엔 천천히 떨어지다가 바닥에 떨어지기 전까지 점점 속도가 빨라진다. 그러다가 천천히 구멍으로 굴러들어간 뒤 다시 떨어진다.

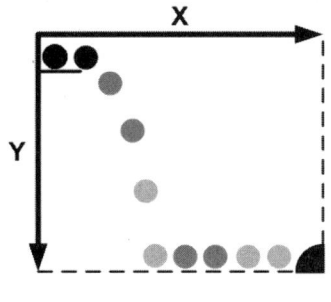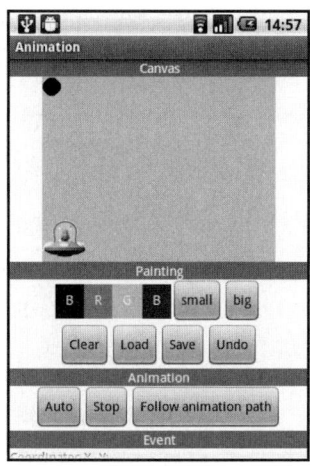

그림 11.35 물체의 움직임을 나타낸 개략도와 애니메이션 앱에서 실행한 모습

그림 11.35 우측을 보면 Animaition 프로젝트의 인터페이스 요소가 늘어난 것을 확인할 수 있다. 기존의 그림 그리기 앱에 있는 인터페이스를 기반으로 이렇게 만들려면 간단히 표 11.4에 나와 있는 컴포넌트들로 채워주면 된다.

표 11.4 Animation 프로젝트의 부가 컴포넌트와 속성

컴포넌트	오브젝트 이름	수정될 속성들
Screen	Screen1	"Icon": anim_appIcon.png (지원 사이트의 /MEDIA 경로 참조)
Clock	Clock	"TimerEnabled": disable "TimerInterval": 10
Clock	UfoClock	"TimerEnabled": disable "TimerInterval": 100
Ball	Ball	"Interval": 0 "Radius": 10
ImageSprite	UfoSprite	"Picture": ufo.png (지원 사이트의 /MEDIA 경로 참조)
Label	DivisionLabel4	"Text": Animation
Button (3x)	AnimAutoButton, AnimStopButton, AnimPathButton	"Text": Auto, Stop, Follow animation path

표 11.4에 수록된 컴포넌트를 추가하면 Designer의 모습은 그림 11.36과 같을 것이다. 두 애니메이션 오브젝트 Ball, UfoSprite를 캔버스 오브젝트 안에 배치한다(UfoSprite는 나중에 살펴본다). 앱을 실행할 때 애니메이션이 정지

상태로 있도록 하기 위해 Designer에서 Clock과 UfoClock 컴포넌트 오브젝트 모두 TimerEnabled 속성을 비활성화한다. 더욱 부드러운 움직임을 주기 위해, UfoSprite 이벤트의 타이머 인터벌을 초기 값인 초당 1회의 이벤트 발생에서(TimerInterval = 1000) 초당 10번의 이벤트 발생으로(TimerInterval= 100) 변경한다. 그리고 Ball 컴포넌트의 경우 초당 100번의 이벤트가 발생하도록 한다(TimerInterval =10).

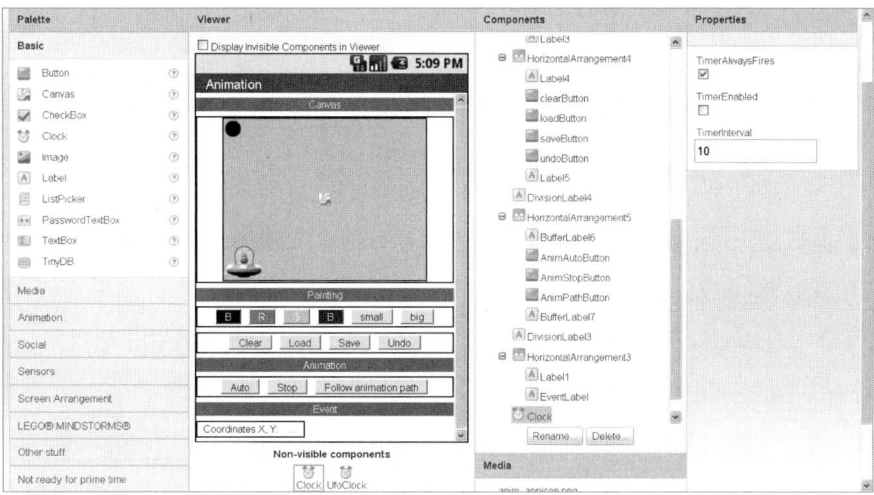

그림 11.36 Designer에서 본 Animation 프로젝트의 부가 컴포넌트

Designer에서 설정을 마치면, 이제 원하는 애니메이션 효과를 구현할 준비가 됐다. 로직 구현을 하기 전에, 두 버튼 Auto, Stop의 동작 로직부터 결정해보자. AnimAutoButton과 AnimStopButton 이벤트 핸들러에서 애니메이션의 동작을 시작하거나 중지시킬 수 있다. Clock 타이머 블록을 통해 타임 이벤트 생성을 시작하고 중지하는 것은 그림 11.37가 같이 Clock.TimerEnabled 속성 블록에 true 혹은 false를 설정함에 따라 달라진다. Ball 오브젝트는 캔버스의 상단 좌측 코너를 초기 지점으로 배치되며, 이 값은 두 전역 변수인 posX(=1)와 posY(=1)로 정의한다.

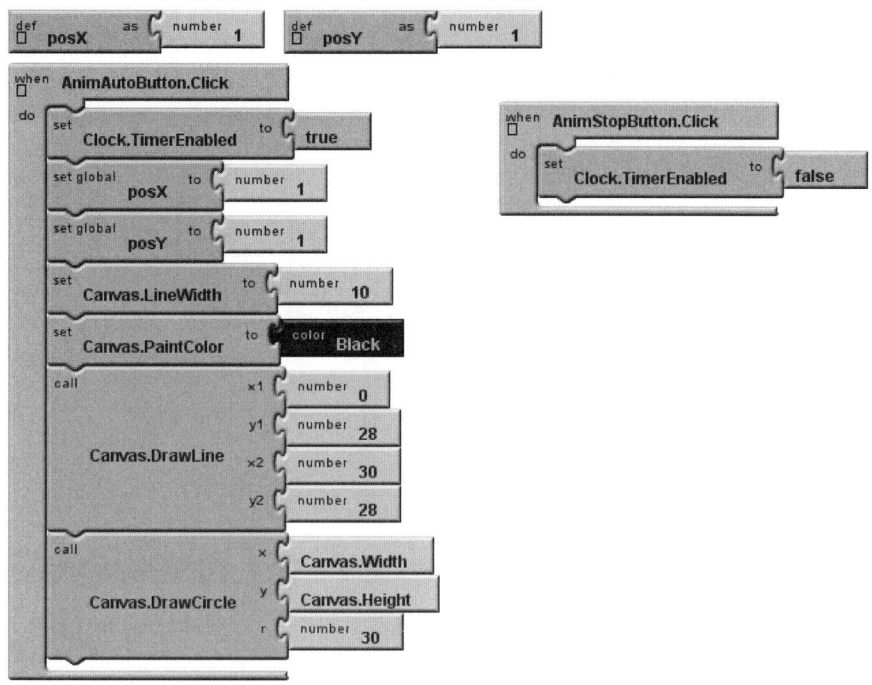

그림 11.37 정적인 화면을 그리고 애니메이션을 시작하거나 정지시키는 블록 구조도

벽과 구멍으로 구성된 정지 상태의 배경화면 위에 애니메이션을 동작하기 위해서 반드시 그림 11.37에 나온 AnimAutoButton.Click 이벤트 핸들러에서 적절한 수행문을 만들어 요소들을 그려나가야 한다. 가능한 화면을 간단하게 디자인하기 위해, Canvas.DrawLine 메소드를 사용해 상단 좌측 코너에 작은 지렛대를 그리고, Canvas.DrawCircle 메소드로 하단 우측 코너에 구멍을 그릴 것이다(그림 11.35 우측 참조). 언제든지 Clear 버튼을 누르면 화면을 지울 수 있지만, 애니메이션이 시작할 때마다 화면을 다시 그리도록 할 것이다.

이제, Ball 그래픽 오브젝트 자체의 애니메이션을 구현해보자. Clock 컴포넌트가 갖는 Clock.Timer 이벤트 블록만 사용하겠다(그림 11.38). 이 핸들러는 Clock 타이머에 지정된 인터벌마다 호출된다. 즉, 100분의 1초마다 호출된다 (TimerInterval=10). 이때마다 핸들러의 모든 수행문이 동작하게 된다. 이러한 원리는 반드시 완벽하게 숙지해야 한다. 인터벌을 어떻게 지정하느냐에 따라 핸들러에 포함시킨 블록 구조가 매우 크거나 짧은 주기마다 실행될 수도 있다.

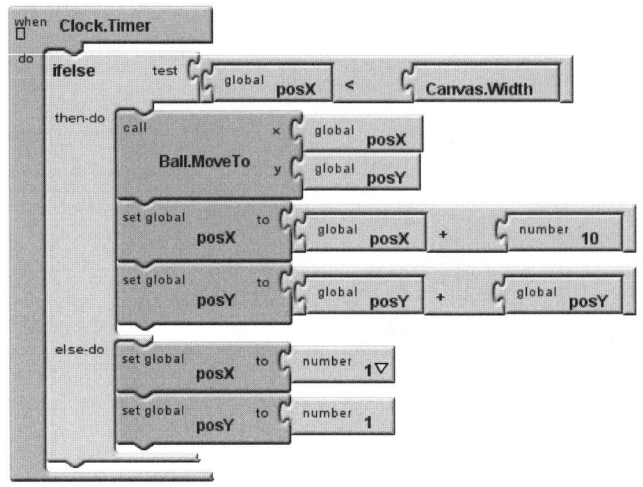

그림 11.38 외부 타이머를 통해 공의 애니메이션을 무한하게 제어하는 블록

그림 11.38에 나와 있는 `Clock.Timer` 이벤트 핸들러를 보면 `ifelse` 분기문 안에 모든 수행문이 들어가 있음을 볼 수 있다. 이 블록은 타이머가 실행되고 Stop 버튼을 눌러 애니메이션을 중지시키지 않는 한 애니메이션을 무한정 반복한다. 초기 조건으로 `ifelse` 분기문은 현재의 X 좌표 값인 `posX`가 `Canvas`의 폭보다 작은지 검사한다. 즉, Ball 오브젝트가 캔버스의 경계 안에 있는지 검사한다. 경계 안에 있다면 `posX`, `posY` 좌표를 기반으로 공의 X, Y 좌표가 정의된다. 새롭게 정의된 좌표는 `posX+10`이라는 식에 의해 X 방향(우측)으로 10픽셀만큼 이동하며, 이전의 애니메이션 사이클과 비교하여 (`posY+posY`)란 식에 의해 두 배 더 많은 거리를 아래쪽으로 이동한다. 다음 애니메이션 사이클에서 Ball 오브젝트의 위치는 `Ball.MoveTo` 메소드에 의해 새로운 좌표로 할당되고, 또 다른 새로운 좌표가 생성된다. 이 사이클은 Ball 오브젝트가 Canvas의 우측 벽면(`Canvas.Width`)에 다다를 때까지 계속되며 초기 `ifelse` 분기문의 검사 결과가 `false`로 나오면 `else-do` 수행문이 동작한다. 그러면 Ball의 X, Y 값이 다시 1,1로 설정되어 공이 벽면에 있는 지렛대 위로 돌아간다. 이런 식으로 애니메이션이 반복된다.

공의 외부external 애니메이션 효과를 만드는 수행문들, 특히 `Clock.Timer` 이벤트 핸들러에 있는 `ifelse` 분기문의 `then-do` 수행문을 완전히 이해할 수 있도록 하자. 마치 원격 제어로 하듯이, 이 수행문은 새로운 좌표 쌍을 생성해 공의 위치를 지정하게 된다. 공의 움직임은 단지 두 개의 수행문을 통해 posX 와 posY를 계산하여 결정된다. posY의 증가폭을 10으로 지정하면, 움직임은 굉장히 달라지게 나타난다(대각선 방향으로 선형 움직임을 보인다). 하지만 점점 증가하는 두 개의 숫자를 더하기 때문에 Y 좌표 값은 점점 빠르게 커지며, 하강 속도를 인상적으로 증가시켜 준다. Canvas 오브젝트 경계 밖으로 공이 나갈 수 없도록 했기 때문에, 공의 Y 좌표가 캔버스 바닥의 좌표 값보다 더 높다고 해도 X 좌표가 캔버스 벽면에 다다를 때까지 캔버스 바닥을 따라 미끄러진다. 벽에 다다르면, X와 Y 좌표는 다시 리셋돼 애니메이션이 처음부터 반복된다.

손가락으로 애니메이션 키 프레임 지정하기

위 제목을 보면 아마도 앞서 봤던 손가락으로 그래픽 오브젝트의 이동 경로를 지정해 애니메이션 효과를 만드는 방식이 떠올랐을 것이다. 이는 확실히 이번 절에서 구현할 부분이며, 그림 그리기 프로젝트에서 구현했던 Undo 구문에서 생성되는 점들의 리스트를 기반으로 한다. X,Y 좌표는 사용자에 의해 동적으로 생성되며, 동일한 좌표 경로를 따라 그래픽 오브젝트가 움직일 수 있게 데이터베이스를 제공한다. 또한 이 앱은 이동 애니메이션 데이터를 계산하는 대안을 보여준다. 말하자면, 기존의 데이터 리스트로부터 좌표 데이터를 읽어 오는 것이다. 이 방식을 애니메이션 이외의 목적으로(일정한 주기로 자료 구조로부터 데이터를 가져오기 등) 사용할 수 있다고 생각한다면, 이번에 사용할 Clock 컴포넌트는 정말 믿을 수 없을 정도의 강력함과 유연성을 제공하는 도구라 할 수 있다.

데이터 리스트를 기반으로 애니메이션 효과를 만드는 예제를 시연하기 위해, 먼저 그림 그리기 프로젝트를 사용하겠다. 이미 앞서 표 11.4에 수록된 필요한 컴포넌트를 추가한 상태다. 그래픽 오브젝트의 애니메이션 효과를 위해, UfoSprite라는 기존 ImageSprite 컴포넌트 오브젝트를 사용해 점으로 마킹한 경로를 따라 날아다니도록 만들어보겠다. 더욱 빠르게 움직이는 공의 애니메이션을 독립적으로 디자인하기 위해, 에디터에서 UfoClock 컴포넌트와

`TimerInterval` 속성(이미 100으로 지정해뒀으므로, 초당 열 번의 이벤트가 발생한다)을 활용하겠다.

애니메이션 앱을 실행한 후에 사용자는 자신의 손가락으로 원하는 UFO의 초기 위치부터 시작해 애니메이션 경로를 점으로 찍을 수 있다. 물론, 사용자는 기존에 구현했던 Undo 버튼을 통해 경로를 수정하거나 Clear 버튼으로 점을 찍은 애니메이션 경로를 감출 수도 있다. UFO는 동일한 시간 인터벌 동안 점과 점 사이를 이동하기 때문에, 이 거리가 멀수록 움직임을 더욱 빨라진다. 사용자는 이러한 지점들을 배치하여 다양한 이동 경로와 속도를 생성할 수 있다. 이러한 관점에서, 애니메이션 지점을 배치하는 것은 키프레임 애니메이션이라 알려진 전문적인 애니메이션 도구에서 키프레임keyframe을 생성하는 것과 비슷하다. 애니메이션 경로의 정의 방식이 키프레임보다 더욱 시각적으로 알기 쉬워 편리하다.

키프레임 애니메이션

전문 애니메이션 프로그램은 종종 키프레임 애니메이션이라는 방식을 상용한다. 그래픽 오브젝트의 애니메이션 효과를 만들기 위해, 시작점과 종료점, 그리고 시간 인터벌 값을 지정한다. 시작, 종료점 사이에는 원하는 만큼 키프레임을 추가할 수 있다. 키프레임 간격이 클수록, 그래픽 오브젝트는 해당 프레임간의 경로를 더욱 빠르게 움직인다. 간격이 작으면 작을수록 이동 속도도 줄어든다. 이런 방식으로, 애니메이션 경로를 따라 다양한 속도로 애니메이션을 구현할 수 있다.

게다가, 사용자가 Follow animation path 버튼을 눌렀을 때 애니메이션은 버튼을 다시 누를 때까지 반복된다. 마지막 애니메이션 지점에 도착한 다음에 그래픽 오브젝트는 자연스럽게 처음 지점으로 돌아와 이동을 반복한다. 사용자는 현명하게 애니메이션 지점을 배치해 반복 동작이 어디서부터 시작됐는지 알기 힘들 정도로 매끄러운 동작을 만들 수 있다. 그림 11.39에서 다양한 속도와 폐구간 경로를 따라 반복해서 움직이는 애니메이션 예제들을 볼 수 있다.

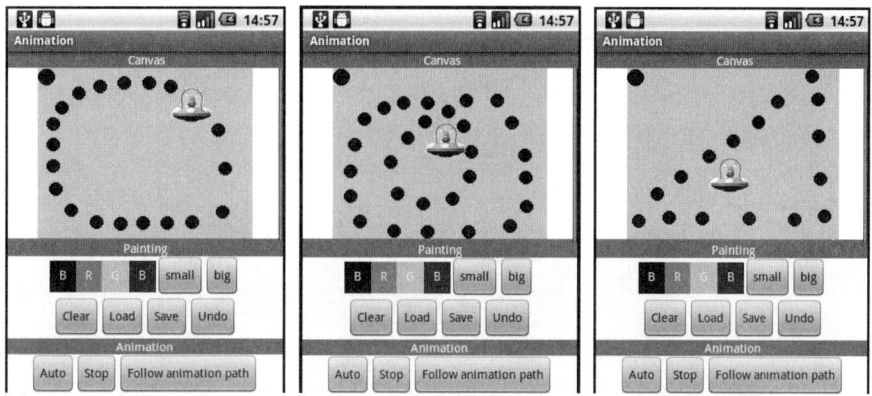

그림 11.39 다양한 속도로 움직이도록 만든 애니메이션 경로와 반복적으로 움직이는 모습

이미 그림 그리기 프로그램에서 점들의 리스트를 배치하고 기록하는 준비 작업을 약간 해놨기 때문에, 에디터에서 할 작업은 상대적으로 많지 않다. 그러면서도 새로 추가되는 기능은 매우 강력하다(다시 말하지만, 이는 AI가 시각적인 개발 방식을 따르기 때문에 가질 수 있는 고수준의 효율성 덕분이다). 공의 애니메이션을 위해 수정한 내용과 비슷하게, UfoClock.TimerEnabled 속성을 통해 UFO의 타이머를 활성화하거나 비활성화했지만, 이번엔 한 개의 버튼만 사용할 것이다. 그림 11.40에 나온 AnimPathButton.Click 이벤트 핸들러에 있는 ifelse 분기문을 통해 항상 TimerEnabled 속성에 저장된 불린 값을 반대로 변환한다. 그러므로 앱을 실행했을 때 TimerEnabled의 초기 속성이 false로 설정돼 있으면(표 11.4 참조), 초기 ifelse 문에서 else-do 영역의 수행문들을 따라 동작하게 된다. 즉, true 값을 할당하여 다음에 버튼을 누르면 then-do 영역의 수행문이 동작한다. 이는 다시 타이머를 비활성화시킨다. 이러한 순환 동작은 매번 버튼을 누를 때마다 반대 동작으로 반복된다. 게다가, 버튼을 누를 때마다 그래픽 오브젝트의 좌표도 애니메이션 리스트의 첫 번째 X, Y 좌표로 (animIndex=1) 다시 초기화된다.

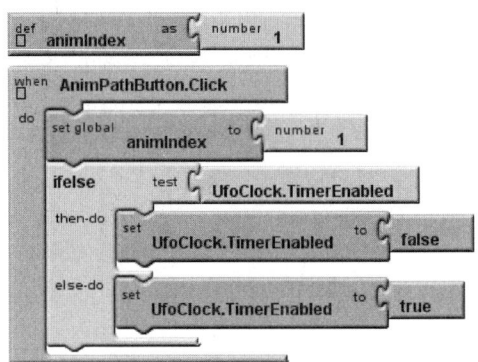

그림 11.40 키 프레임 애니메이션을 활성화 및 비활성화시키는 블록 구조도

이를 통해 우리는 UfoClock.Timer 이벤트 핸들러로 UfoSprite 그래픽 오브젝트를 마치 '원격 제어'로 조종하듯이 애니메이션을 적용할 수 있다. Ball 애니메이션과 비슷하게, 여기서도 UFO 움직임을 제어하는 수행문을 그림 11.41과 같이 ifelse 분기문에 포함시킨다. 타이머 이벤트가 발생할 때마다 좌표가 상한 값에 도달했는지 검사한다. 하지만 이번 경우엔 상한 값이 현재 리스트인 xList와 yList의 마지막 인덱스 xyIndex 값이다(앞에서 되돌리기 기능의 X, Y 위치를 저장하기 위해 사용했던 리스트들을 참고하자). 두 리스트가 좌표 데이터로 채워지고(xyList 인덱스 카운터 값이 1보다 커질 경우), ifelse 분기문의 초기 조건이 충족되면 animIndex를 통해 xList와 yList로부터 초기 애니메이션 좌표(X, Y 좌표)를 읽어 들이고, 이 값을 UfoSprite.MoveTo 메소드를 통해 UfoSprite 오브젝트에 할당한다. 그러면 animIndex 카운터의 값이 1 증가하고 다음에 타이머 이벤트가 호출되면 리스트로부터 다음 지점의 X, Y 좌표를 모으게 된다. 이러한 과정은 현재 리스트에 담긴 모든 항목들을 읽어서 animIndex 값이 xyIndex 값을 초과할 때까지 계속된다. 초과한 다음엔 ifelse 문의 else-do 구문이 수행되고, 여기서 animIndex 인덱스 카운터가 다시 초기 리스트 카운터 값인 1로 리셋되어 애니메이션이 계속 반복된다.

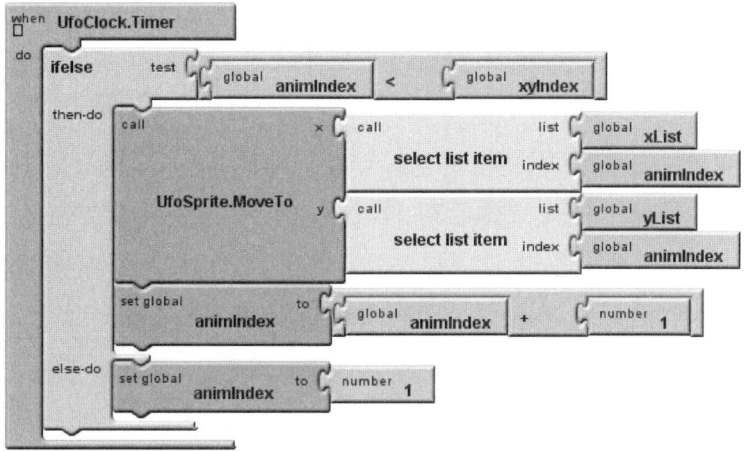

그림 11.41 키프레임 애니메이션을 실행, 제어 및 반복하는 블록 구조도

이번 예제에서 되도록 의식적으로 키프레임 애니메이션의 기본 원리를 이해할 수 있도록 노력하길 바란다. Animation 프로젝트의 블록 집합체가 여전히 많지는 않지만, 함축적인 수행문들에 고도로 압축된 처리 절차들이 담겨 있어, 각 컴포넌트와 타이머 이벤트, 계속 변화하는 데이터 구조, 그리고 제어 프로세스 시퀀스 등 모든 요소를 하나씩 실행해 보면서 확인해야만 이해할 수 있을 것이다. 앞서 언급했듯이, 컴퓨터 그래픽과 애니메이션이란 주제 모두 매력적이면서 필요성이 있는 것들이다. 이 책에서는 매우 일부분에 대해서만 언급했다.

타이머 이벤트를 통한 알람 시계

앞서 언급했듯이, Clock 컴포넌트는 그래픽 오브젝트에 애니메이션 효과를 적용할 때뿐만 아니라, 자동으로 다른 작업을 정기적으로 수행시킬 때도 사용된다. 이러한 두 기능들을 이어주는 관계가 곧바로 이해되진 않을 수 있지만, 시간을 출력하는 것도 정기적인 작업을 처리하는 것에 포함된다고 할 수 있다. Clock 컴포넌트란 이름과 컴포넌트가 지원하는 수많은 메소드를 보면, 마치 시간을 계산해 출력하는 역할을 하는 것처럼 보이는 게 당연할 수 있다. 하지만 앞서 시스템 시간이나 인스턴트에 대해 설명했을 때처럼, 사실은 그렇지 않다. 오히려, 시스템 시간은 Clock 컴포넌트와 전혀 별개의 요소라 할 수 있다. 앱에서 초 단위로 현재 시간을 출력하기 위해서는, 먼저 Clock 컴포넌트를 최소한 초당 1회 이상 접근하여 시간 데이터를 얻어 와야 한다 (TimerInterval =1000). 이러한 관계와 시간을 제어하는 작업의 일반 원리가 좀 더 명확해질 수 있게 알람 기능을 갖춘 시계를 만들어 Clock 컴포넌트의 일반적인 용도를 시연해보겠다. 이 예제는 또한 독자가 이 컴포넌트를 다양한 상황에 맞게 사용할 수 있도록 하여 컴퓨터 그래픽과 애니메이션이란 주제를 마치려 한다. 별 무리 없이 자연스레 다음 12장 주제로 넘어갈 수 있을 것이다.

이 책에서 지원하는 웹사이트에서 예제 프로젝트 찾기
참고
이번 예제에 필요한 파일은 다른 예제들과 동일한 경로에서 찾을 수 있다. 이 책의 소개글에 링크 주소를 적어 놓았다.

이와 같은 목표를 마음에 담아두고서, Alarm Clock 예제에서는 현재 시간과 날짜를 출력하는 기능을 구현하겠다. 사용자가 쓰는 시스템에 따라 12시간 주기의 포맷(a.m이나 p.m이 붙은 시간 포맷)으로 출력될 수도(미국판 에뮬레이터의 경우), 24시간 주기의 포맷으로 출력될 가능성도 있다(유럽판 스마트폰의 경우). 알람 시간이 설정되면 반드시 alarm ON 체크박스를 선택해 지정한 시각이 됐을 때 'ALARM!'이란 문구와 함께 사운드 효과가 나올 수 있게 해야 한다. 한 가지 보너스로, 알람 앱을 백그라운드에서도 실행시킬 수 있다. 결과적으로, 사용자는 다른 앱을 실행하거나 스마트폰을 대기모드로 변환해도 무방하다. 하지만, 지정한 시각이 되면 알람이 동작하여 소리나 진동을 통해 알려줄 것이다. 알람 소리는 정확히 1분간 지속되고, 직접 체크박스를 눌러 끌 수도 있다. 마치 실제 알람 시계와 동일한 방식으로 동작한다.

그림 11.42 미국판 에뮬레이터(좌측)와 유럽판 스마트폰(우측)에서 본 환경 설정 페이지

새로운 프로젝트를 생성해 Designer에서 'Alarm'이라 이름을 짓고, 표 11.5에 나온 컴포넌트를 통해 UI를 디자인한다. 중요한 것은 Clock 컴포넌트 오브젝트의 초기 속성인 `TimerAlwaysFires`를 그대로 놔두어 `enabled`로 설정한다는 점이다. 이렇게 해서 알람이 백그라운드에서도 계속 동작할 수 있다.

표 11.5 Alarm Clock 프로젝트의 컴포넌트와 초기 속성

컴포넌트	오브젝트 이름	수정될 속성들
Screen	Screen1	"Icon": alarm_appIcon.png(지원 사이트의 MEDIA 경로 참조) "Background": Light gray
Clock	Clock	
Label	TimeLabel	"Fontsize": 30, "Text": Time
Label	DateLabel	"Text": Date
TextBox	AlarmTimeTextBox	"Hint": 00:00, "Text": 00:00, "Width": 70 pixels
CheckBox	AlarmOnCheckBox	
Label	Label1, Label2, Label3, Label4	"Text": Time:, :, Alarm time:, :
Label	AlarmLabel	"Text": Sleeping ...
Sound	Sound	"Source": beep.wav (지원 사이트의 /MEDIA 경로 참조)

이제 DivisionLabels, Arrangements, BufferLabels 컴포넌트를 추가해 알람 시계 페이지를 중앙에 배치시킨다. Designer에서 확인하면 그림 11.43과 같이 나타날 것이다.

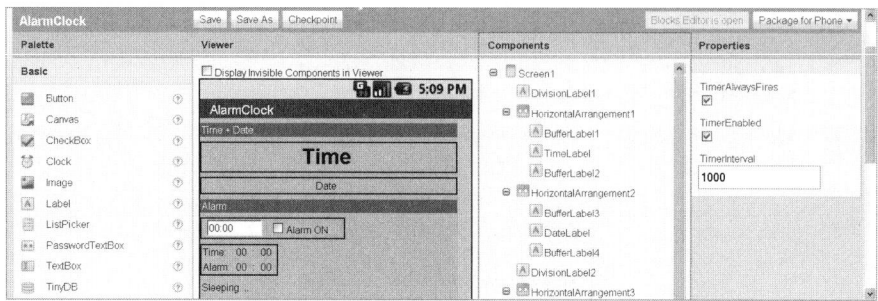

그림 11.43 AI Designer에서 본 Alarm Clock 프로젝트 페이지

이제 Editor에서 알람 기능과 시간을 출력하는 기능을 구현해보자. 이벤트 핸들러 두 개만 만들면 모든 기능을 구현할 수 있다. 먼저 그림 11.44에 나온 `AlarmOnCheckBox.Changed` 이벤트 핸들러를 사용해 체크박스 상태를 검사하여 알람 시계를 활성화 및 비활성화시킬 수 있다. `AlarmTimeTextBox`에 입력된 알람 시간 값을 읽어 `Clock.MakeInstant` 메소드로 알람 시간을 인스턴트 포맷으로 변환한 뒤, `alarmTime` 전역 변수에 할당해준다. 알람 시간을 입력할 때는 콜론 기호로 시간과 분을 구별해 입력해야 한다(15:50과 같이). 이는 달력 앱에서 특정 날짜에 해당하는 시간을 입력하고 처리할 때도 활용되는 방식이다(02/04/2011, 15:50:00과 같이). `AlarmLabel`에 Sleeping... 텍스트를 출력해 알람 시계가 Sleep 모드임을 알린다.

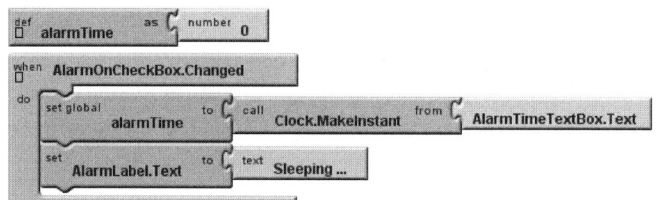

그림 11.44 알람 기능을 활성화 및 비활성화시키고 알람 시간을 설정하는 블록 구조도

1초의 인터벌로 현재 시스템 시간을 읽어 오려면(`TimerInterval=1000`), `Clock.Timer` 이벤트 핸들러에서 Clock 메소드인 `Clock.Now`를 호출해야 한다(그림 11.45). 반환된 인스턴트 포맷은 `Clock.Format` 메소드를 통해 사람이 인식할 수 있는 포맷으로 변환되고, `TimeLabel`로 출력된다. 동일한 방식으로, `DateLabel`에 계산한 날짜를 출력한다. 이제 알람 시계에 시간을 출력하는 기능을 완전히 구현했다.

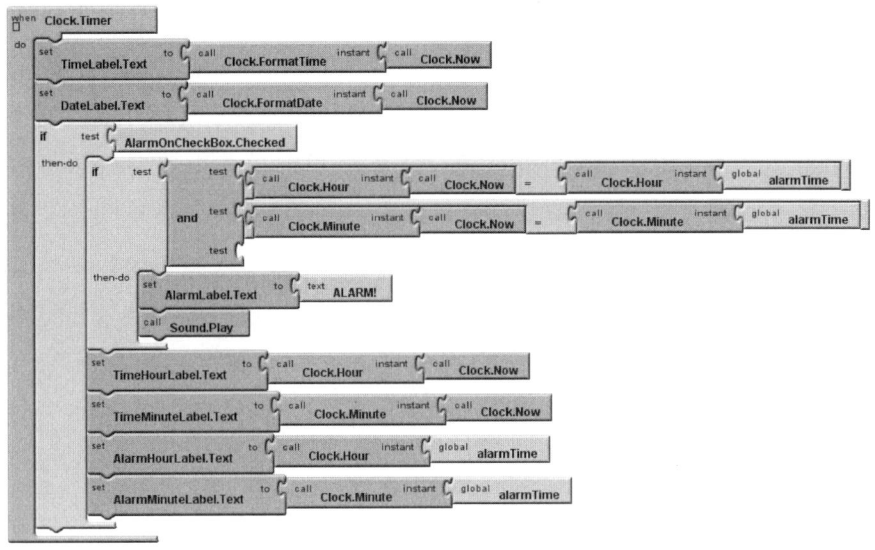

그림 11.45 시간과 날짜를 출력하는 기능의 블록 구조도

그림 11.45에 나와 있는 이벤트 핸들러의 첫 번째 if 문에 알람 시계의 기능을 포함시킨다. 이 수행문은 알람 시계가 활성화됐을 경우에만 실행되므로(1초 주기로), AlarmOnCheckBox 체크박스를 true로 설정해 활성화시킨다. 다음으로, 중첩된 if 문에서 현재 Clock.Hour(시)와 Clock.Minute(분) 값이 기존에 설정해둔 시간 값과 일치하는지 확인한다. 두 인스턴트 포맷은 서로 호환되므로 변환 절차 없이 곧바로 비교될 수 있다. 일치한다면 then-do 수행문이 실행되어 AlarmLabel에 "ALARM!" 문구가 출력되고, Sound.Play 메소드로 사운드 효과가 재생된다. 정확히 1분 동안, 이 조건이 충족된 상태로 유지되므로 알람 사운드도 1분간만 재생된다. 1분이 지나면 현재 시간과 알람 시간이 더 이상 일치하지 않으므로, 자동으로 사운드 효과가 정지되거나 직접 체크박스를 비활성화시켜 끌 수도 있다. 알람 시계의 기능을 구현했지만 알람 시간과 현재 시간을 출력하는 게 좋다. 정확히 두 시간 값은 끊임없이 비교된다.

알람 시계 프로젝트는 매우 함축 적인 방식으로 어떻게 AI에서 Clock 컴포넌트를 애니메이션 이외의 작업에 사용할 수 있는지 보여준다(이외에 작업들도 정기적인 이벤트 발생을 요구한다). 잠시 생각해보면 아마도 크거나 작은, 아니면 변화하는 시간 인터벌을 주기로 작업이 처리돼야 하는 상황에서 어떻게 하면 이 컴포넌트를 유용하게 쓸 수 있을지 아이디어가 떠오를 것이다. 이메일 계정을 정기적으로 확인하거나, 매시간 사운드 신호를 검사하거나, 지리적 위치를 기록하는 작업 정도는 AI에서 구현할 수 있는 많은 앱들 중에 단지 몇 가지에 해당될 뿐이다. 모두 동일한 원리를 기반으로 하며, 여기서 Clock 컴포넌트에 대해 설명한 내용이 독자의 구미를 당길 정도로 좋았기를 바란다. 12장에서 다루는 예제를 통해 특정 구현 방식에 대한 더 많은 내용을 확인할 수 있다.

12장

센서

센서가 통합된 기기는 숙련된 프로그래머들에게도 종종 어려운 개발 영역으로 간주된다. 지금도 컴퓨터에서 센서 데이터를 읽어와 처리하는 일은 대게 특별한 프로그램이 처리하는 작업이고, 시스템 프로그래머들의 개발 영역이다. 그래픽이나 애니메이션은 컴퓨터에 비해 처리 성능이 열악한 모바일 환경에서 처리하기엔 버거운 대상이지만, 센서는 정반대의 상황이다. 컴퓨터 자체에 위치를 추적하는 센서는 현재 내장하지 않으며, 자세 방향이나 이동 방향을 추적하는 센서는 말할 필요도 없다. 왜 이런 게 필요하겠는가? 대부분의 컴퓨터는 한 장소에서만 사용한다는 전제로 제작되며, 지금은 물론이거니와 미래에도 이런 전제는 바뀌지 않을 것이다. 스마트폰처럼 점차 인기를 얻고 있는 기기의 경우, 특히 안드로이드 운영체제를 탑재한 모바일의 경우 경이로운 기술력으로 만들어진 조그마한 제품이 주변 환경을 데이터로 측정해 기록하기 위한 모든 범위의 센서를 담고 있다는 사실은 이제 놀랄 일도 아니다. 실질적으로 모든 안드로이드폰은 GPS, 위치 센서, 디지털 나침반 센서, 가속도 센서를 갖추고 있다. 부품의 소형화로 인해 스마트폰에 점점 더 많은 센서를 담을 수 있게 되었고, 이러한 경향을 앞으로도 계속될 것이다. 스마트폰이나 태블릿 같은 기기가 보편화되고 있으며, 이런 기기는 모두 수많은 센서를 내장하고 있다.

모바일 기기에서 주변 환경을 디지털 데이터로 측정하고 앱에서 이 데이터를 처리함으로써, 새로운 종류의 앱을 만들 수 있게 됐다. 이는 이전의 컴퓨터 사용자들이 느껴볼 수 없던 영역이다. 스마트폰을 흔들면 반응하는 가상 눈 장갑을 만들거나 스마트폰을 기울이면 마시는 듯한 화면을 보여주는 가상 맥주컵을 만들 수 있다는 능력을 보면 센서의 존재가 얼마나 유용한 것인지 궁금할 수도 있지만, 이러한 예시들은 완전히 새로운 적용 사례들이며, 아마도 이런 능력들 덕분에 스마트폰에서 눈을 뗄 수 없다고 본다(최소한 지금까지는 그렇다). 방금 말한 재미난 앱들과 별개로, 지리적 위치를 추적하는 GPS 센서 같은 진지한 분위기의 기능은 소셜 네트워크나 생활 데이터 수집, 그리고 다양한 형태의 내비게이션과 위치 기반 서비스에서 사용될 수 있다. 게다가, 모바일 증강현실Augmented Reality이라는 새로운 디지털 패러다임이 출현했다. 가상현실Virtual Reality에서는 사용자 자신이 가능한 많은 사람의 감성으로 채워진 3D 가상 환경에 놓여 있었지만, 모바일 증강현실은 가상 정보를 기반으로 실제 주변 환경의 정보를 개선하는 것과 관련된다. 예를 들어, 사용자가 웹에 접속하여 현재 자신의 주변에서 볼 수 있는 정보와 관련된 정보를 얻어 올 수도 있다. 이러한 응용 사례나, 디지털 미디어를 새로운 방식으로 사용하는 것은 다양한 센서를 갖춘 모바일 기기의 강력하면서도 광범위한 기능을 갖췄기 때문에 가능한 일이다. 이를 기반으로, 완전히 새로운 시장 환경(그리고 그러한 상황에 영향을 받는 애플리케이션)이 생성될 수 있으며, 그 잠재적 범위는 오늘날 거의 상상하기 힘들 정도다.

이렇게 많은 기능을 제대로 활용하는 시기는 먼 미래에 있는 것 같기도 하고, 어려운 하드웨어 프로그래밍을 해야만 할 것 같지만, 사실 AI를 통해 사진만의 센서 기반 앱을 개발할 수 있다. AI를 사용하면 안드로이드 기기에 내장된 다양한 센서 기능을 활용할 수 있으며, 지역, 위치, 방향, 가속도 등 다양한 데이터를 앱에서 사용해 정말 놀라운 결과를 만들어 낼 수 있다. 12장에서는 주변 환경 데이터를 읽고 스마트폰에 내장된 다양한 센서를 다룰 수 있는 AI 컴포넌트에 대해 공부할 것이다. 물론, 이 책에 범위 내에서는 무궁무진한 센서의 사용 범위 중 극히 일부분만 소개할 수 있다. 몇 가지 예제를 통해 독자 스스로 자신만의 프로젝트를 진행할 수 있는 방향으로 이끌겠다.

•• OrientationSensor 컴포넌트로 자세 측정하기

스마트폰의 자세를 측정함으로써 새로운 센서 앱을 다양한 용도로 활용할 수 있다. 예를 들어, 내비게이션 앱에서 사용자가 스마트폰을 들고 있을 때, 기기의 자세를 측정하여 어떤 방향의 길을 가리키고 있는지 계산할 수 있다. 마치 나침반과 같다. 사용자가 스마트폰을 수평계처럼 쓰고 싶을 경우, 수평각을 측정할 표면 위에 스마트폰을 올려놓았을 때 수평, 수직 자세에 대한 정확한 데이터를 측정할 수 있다. 이러한 용도에 있어, 두 가지 다른 물리 센서가 사용된다. 즉, 물리적 공간에서 위치(x, y축)를 결정하기 위한 위치 센서 position sensor와 스마트폰이 가리키고 있는 방향(z축)을 결정하기 위한 디지털 나침반 센서 electronic compass가 그것이다. 궁극적으로 이 센서들을 통해 (x, y, z) 값을 측정하는 작업은 AI로 처리하는 작업과는 거의 무관하다. AI 컴포넌트는 이렇게 자질구레한 작업들을 추상화하여 센서 값만을 따로 읽어올 수 있게 해준다.

센서를 이용한 방향 측정의 기본 개념

물리 공간에서 3차원 좌표계상의 스마트폰 자세는 롤^{roll}(x축 기준), 피치^{pitch}(y축 기준), 요^{yaw}(z축 기준)라는 회전 성분을 통해 명확히 정의된다. 항공역학으로부터 파생된 특정 순간의 스마트폰의 자세 값은 항공기의 자세를 롤-피치-요(RPY) 각으로 표현하는 것과 동일하게 측정된다. 항공기의 움직임도 롤, 피치, 요를 기본 성분으로 서술되며, 그림 12.1은 x, y, z축을 따라 세 개의 변위각을 표현하는 개략도이다. 이러한 각도 값들을 통해 스마트폰의 모든 자세를 3차원 공간에서 정확하게 표현할 수 있다.

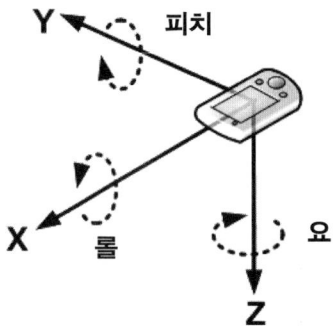

그림 12.1 롤, 피치, 요 관점에서 스마트폰의 물리적 방향을 측정하는 좌표계

AI에서 Sensor 컴포넌트 그룹을 통해 지원하는 OrientationSensor 컴포넌트는 도^{degree} 단위로 RPY 값을 반환한다. 양의 x축을 기준으로 회전시키는 경우, 스마트폰의 롤 각도는 왼쪽으로 돌릴 경우 90도가 될 때까지 양의 값을 갖는다. 180도로 완전히 뒤집으면 각도 값은 다시 0도를 가리킨다. 오른쪽으로 돌리면 각도는 음수가 된다. 스마트폰을 y축 기준으로 회전시키는 경우, 피치 각도는 곧게 세울 때 0도이며 이를 앞쪽으로 돌려서 거꾸로 세워지면 180도가 된다. 반면, 0도에서 뒤로 젖히면서 거꾸로 돌리면 -180로 피치각이 줄어든다. z축 기준으로 회전시키면 요 각이 변한다. 북쪽을 0도로 시작하여 동, 남, 서 방향으로 90도씩 증가한다.* 그림 12.2를 보면 스마트폰이 세 개의 축을 기준으로 회전 운동을 할 때의 각도 범위가 나와 있다. 실제 AI에서는 OrientationSensor 컴포넌트가 각도 값을 반환한다.

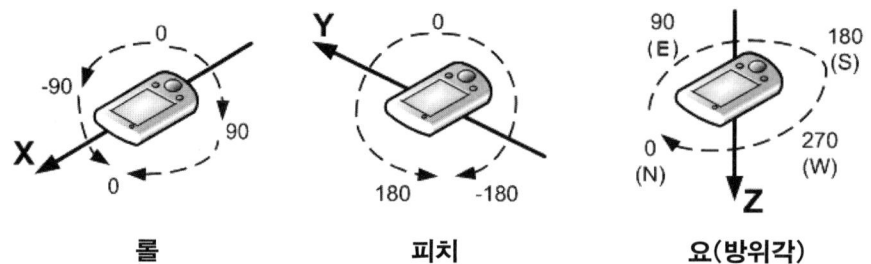

그림 12.2 AI에서 정의한 좌표 공간에서의 회전 운동 범위를 표현한 그림

---

* _x, y, z 축 회전 각도 범위가 모두 다르다는 점에 주의하자. 그림에서 보듯이 x축(롤)은 -90~0~90도의 범위를, y축(피치)은 -180~0~180도의 범위를, z축(요)은 0~360도의 범위를 갖는다. - 옮긴이

그림 12.3에 나와 있는 OrientationSensor 컴포넌트 명세사항에는 이 컴포넌트가 반환하는 롤, 피치, 요 각도 값과의 관계를 설명한다.

 요와 방위각

항공 역학 용어인 '요(yaw)'는 이와 동일한 의미를 가진 '방위각(azimuth)'이라는 용어로 더 널리 사용된다. 'azimuth'는 나침반에서 방향을 가리키는 수평 각도를 정의한다. 이 책에서도 두 용어를 동일한 의미로 사용할 것이며, RPY 값으로 3차원 좌표 공간에서의 자세를 나타낼 것이다.

`Available` 속성은 전형적인 센서 컴포넌트가 갖고 있는 것으로, 이를 통해 사용하려는 기기에 장착된 센서가 무엇인지 확인할 수 있다. `Enabled` 속성으로 사용하면 필요할 때 능동적으로 센서 기능을 활성화시킬 수 있다. 예상했겠지만, RPY 각도 값들은 `Roll`, `Pictch`, `Azimuth` 속성으로 사용할 수 있으며, 스마트폰의 기울기 방향(`Angle`) 및 크기(`Magnitude`)를 계산할 때도 사용된다. 이 값들은 스마트폰을 기울였을 때, 기기 위에 있는 가상의 물체가 느끼는 기울기 크기와 방향을 의미한다.

```
OrientationSensor
    OrientationSensor1
Use an orientation sensor component to determine the phone's spatial orientation.
An orientation sensor is a non-visible component that reports the following three values, in degrees:
    ▪ Roll: 0 degrees when the device is level, increasing to 90 degrees as the device is tilted up onto its left side, and decreasing to
      −90 degrees when the device is tilted up onto its right side.
    ▪ Pitch: 0 degrees when the device is level, increasing to 90 degrees as the device is tilted so its top is pointing down, further
      increasing to 180 degrees as it gets turned over. Similarly, as the device is tilted so its bottom points down, pitch decreases to
      −90 degrees, then down to −180 degrees as it gets turned all the way over.
    ▪ Azimuth: 0 degrees when the top of the device is pointing north, 90 degrees when it is pointing east, 180 degrees when it is
      pointing south, 270 degrees when it is pointing west, etc.
These measurements assume that the device itself is not moving.
Properties
Available
    Indicates whether the orientation sensor is present on the Android device.
Enabled
    If set, the orientation sensor is enabled.
Azimuth                                                 Events
    Returns the azimuth angle of the device.
Pitch                                                   OrientationChanged(number azimuth, number pitch, number roll)
    Returns the pitch angle of the device.                  Called when the orientation has changed.
Roll
    Returns the roll angle of the device.
Magnitude
    Returns a number between 0 and 1 that indicates how much the device is tilted. It gives the magnitude of the force that would be
    felt by a ball rolling on the surface of the device.
Angle
    Returns an angle that tells the direction in which the device is tiled. That is, it tells the direction of the force that would be felt by a
    ball rolling on the surface of the device.
```

그림 12.3 AI 레퍼런스에 나와 있는 OrientationSensor의 명세사항

이 속성들과는 별개로 OrientationSensor 컴포넌트에는 `OrientationChanged` 이벤트 블록만 있다. 이 핸들러는 자세가 변할 때마다 호출된다. 센서의 민감도, 즉 성능에 따라 정밀하게 움직임을 감지할 수 있다(측정 횟수나 빈도가 증가한다). 때로는 매우 자주 이벤트가 발생하기도 하고, 별로 발생하지 않기도 한다. 이로 인해 연속적인 측정이나 측정 결과를 사용하는 작업은 결코 만만치 않다. 앱에서 연속적인 센서 값을 얻어와 사용하기 위해서, 정기적으로 호출되던 Clock 컴포넌트의 이벤트 핸들러를 사용해야 한다. 이 핸들러를 통해야만 일정한 인터벌로 측정 값을 읽어 올 수 있다. 또한 OrientationSensor 컴포넌트를 활용할 때도 이 방식을 사용하겠다.

그래픽으로 방향을 표시하는 나침반

아마도 앞 절을 읽는 동안 갑자기 OrientationSensor 컴포넌트의 롤 값을 사용해 나침반 앱을 만들 수 있겠다고 생각했을 수도 있다. 실제로도 반환 값을 활용하여 나침반에서 가리키듯이 0~360도 범위의 방향을 지시하는 앱을 만들 수 있다. 물론 사용자가 어디론가 목적지를 찾아가기 위해 이 앱을 쓰고 있다면, 블록 수행문 하나로 각도를 추적하여 그 값을 화면에 출력하는 정도론 그리 도움이 되지 못할 것이다. 대신, 사용자에게 그래픽을 통해 한눈에 봐도 방향을 알 수 있게 하자. 즉, 나침반처럼 항상 바늘이 북쪽을 향하도록 하여 사용자가 어딜 향하고 있는지 짐작할 수 있게 도와주는 것이다. 추가로, 도 단위 이외에도 나침반의 방향 지시 표식인 방위점$^{Cardinal\ Point}$(N, NE, E, SE, S, SW, W, NW)을 화면에 표시하겠다. 이러한 디자인을 통해 사용자가 등산을 할 때나 동네를 돌아다닐 때, 이 앱이 방향을 알아보기 쉽다는 장점으로 소중히 사용할 수 있을 것이다. 그림 12.4에 나와 있는 모습만 봐도 꽤 매력적인 디자인을 갖추고 있다. 이 그림을 보면, 나침반 바늘이 방위점과 함께 사용자가 가리키고 있는 방향을 보여준다. 왼쪽 그림은 사용자가 북쪽으로 3도, 가운데 그림은 북동쪽으로 60도, 오른쪽 그림은 서쪽으로 285도 돌아섰을 때의 방향을 나타낸다.*

---

*_나침반 바늘은 항상 북쪽을 향하므로 회전 방향에 주의하자. - 옮긴이

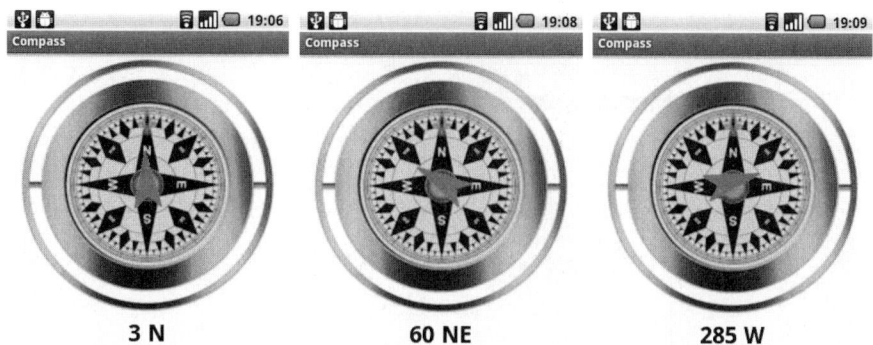

그림 12.4 Compass 앱에서 사용자가 바라보고 있는 방향과 방위점을 가리키는 모습

시각적으로는 달리 나타날 수 있지만, 이렇게 매력적이고 정말 유용한 나침반 앱을 구현하는 일은 자바나 안드로이드 개발자들이 보기엔 허탈할 정도로 간단하게 처리된다. AI가 그만큼 강력한 도구들을 제공하는 것이다. 나침반 앱에 사용할 이미지만 있다면, Designer를 통해 인터페이스 디자인을 매우 빠르게 처리할 수 있다. 먼저 새 프로젝트를 생성하고 'Screen1' 대신 'Compass'라 이름을 지은 다음, 표 12.1에 나와 있는 컴포넌트를 넣어보자.

표 12.1 Compass 프로젝트의 컴포넌트와 초기 속성들

컴포넌트	오브젝트 이름	수정될 속성 값
OrientationSensor	OrientationSensor	
Clock	Clock	"TimerInterval": 100
Canvas	Canvas	"BackgroundImage": compass.jpg(지원 사이트의 /MEDIA 참조) "Width"/"Height": 300 × 300 pixels
ImageSprite	NeedleSprite	"Picture": needle.png(지원 사이트의 /MEDIA 참조) "Interval": 100
Label (2x)	YawLabel, DirectionLabel	"Text": 0, N "FontBold": enable "FontSize": 26

Arrangements와 BufferLabels 컴포넌트를 사용해 테이블에 나와 있는 컴포넌트를 정렬해주면 인터페이스 디자인은 완성된 것이다. 그림 12.5와 같이 나침반 바늘 이미지와 ImageSprite 컴포넌트를 적절한 위치에 놓고, 캔버스에 배경 이미지를 삽입하여 바늘 이미지가 북쪽을 향하도록 만든다.

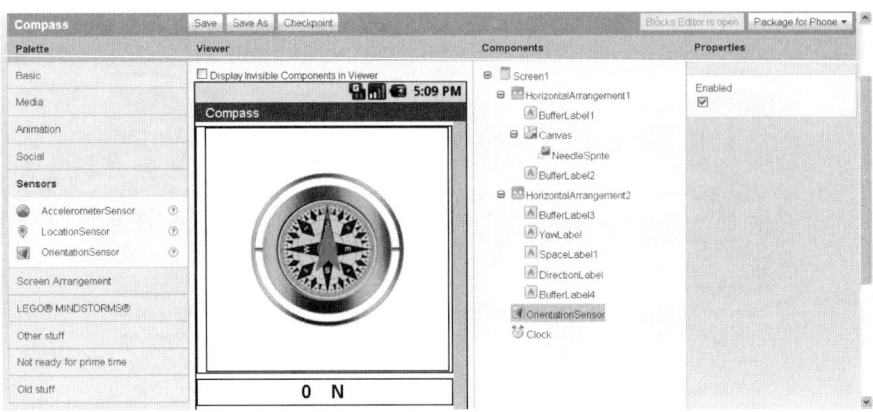

그림 12.5 Editor에서 작업 중인 Compass 프로젝트

믿기 힘들겠지만 사실이다. 이제 독자는 Editor를 통해 스마트폰이 움직일 때 그에 따라 나침반 바늘을 북쪽을 향하도록 회전시키는 로직을 쉽게 구현할 수 있다. 그래픽 애니메이션 블록 구조는 단지 각도 값을 출력하는 일만 한다. 그림 12.6에 나와 있듯이, OrientationSensor.Azimuth 메소드를 통해 반복적으로 Clock 컴포넌트 오브젝트에서 요 데이터를 읽어 와서(초당 10번) YawLabel 라벨에 곧바로 출력한다. 그리고 회전 각도를 시각적으로 표현하기 위해 ImageSprite 속성인 NeedleSprite.Heading을 통해 NeedleSprite를 회전시키는 로직이 구현돼 있다.

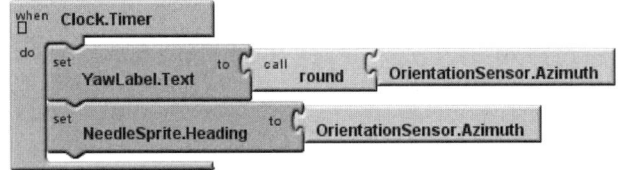

그림 12.6 나침반 바늘로 방향을 가리는 애니메이션 효과와 각도 값을 출력하는 블록 구조도

그림 12.6에 나와 있는 작은 블록만으로도 바늘을 해당 요 각으로 회전시키는 애니메이션 효과까지 원하는 기능은 모두 구현되었다. 이제 11장에서 설명했던 Canvas, ImageSprite, Clock 애니메이션 컴포넌트와 그래픽을 사용하는 또 다른 방법을 공부했다. 정기적으로 발생하는 타이머 이벤트를 통해 센서 값을 읽어 오는 대안으로써, OrientationSensor 속성 블록인

OrientationChanged를 사용할 수도 있지만, 결과적으로 바늘이 다소 불규칙적으로 회전하는 애니메이션을 보게 될 것이다.

>
> **이 책에서 지원하는 웹사이트에서 예제 프로젝트 찾기**
> 이번 예제에 필요한 파일은 다른 예제들과 동일한 경로에서 찾을 수 있다. 이 책의 소개글에 링크 주소를 적어 놓았다.

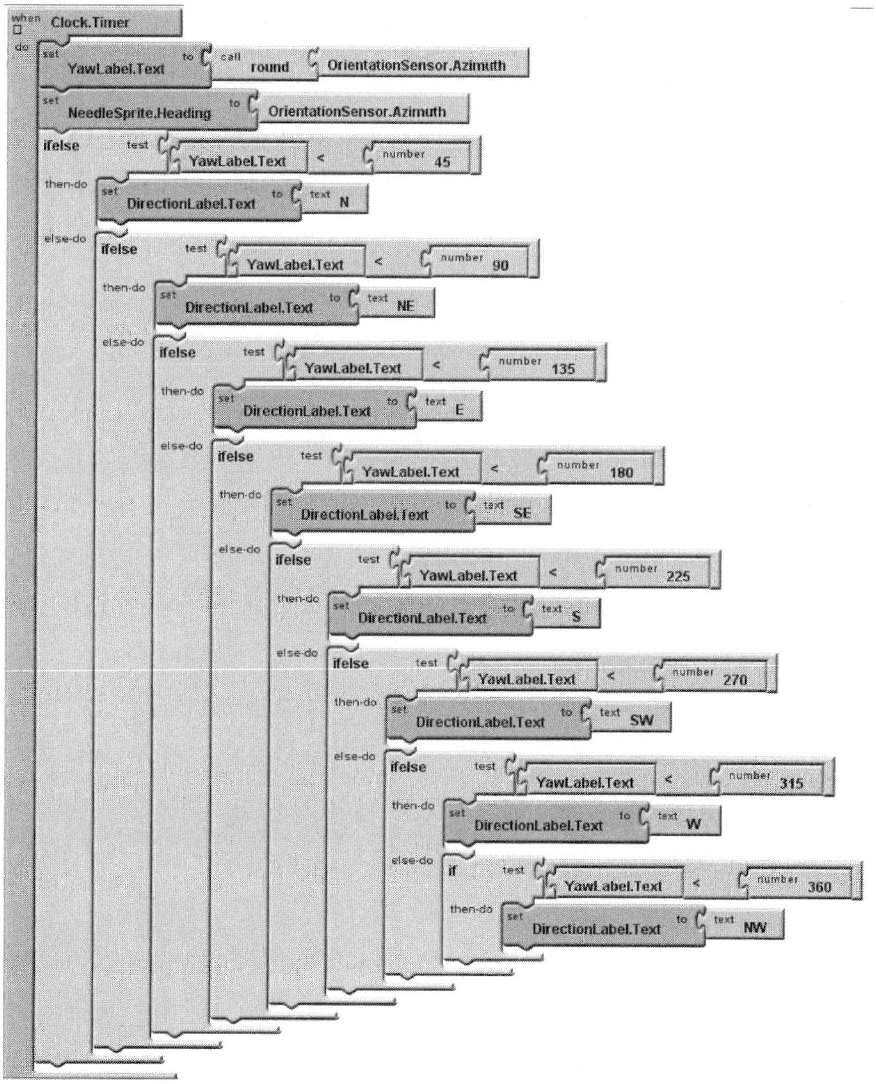

그림 12.7 나침반 앱에 각도와 함께 방위점을 출력하는 분기문이 추가된 이벤트 블록

이번 예제를 완성하여 '진정한' 나침반을 만들기 위해 현재 이동 방향을 출력해야 한다. 이러한 기능이 그리 복잡한 것은 아니라 해도, 이전에 단순했던 블록 구조가 시간이 지나면 굉장히 복잡해진다. 그림 12.7은 이전에는 간단한 구조를 갖췄던 Clock.Timer 이벤트 핸들러가 지금은 여덟 개의 계층으로 나뉜 ifelse 분기문이 중첩되어 복잡해진 모습을 보여준다. 이 중첩문에서는 현재 YawLabel에 출력되는 데이터에 따라 여덟 가지 경우를 나눠, DirectionLabel 라벨에 N, NE, E, SE, S, SW, W, NW을 출력한다. 이처럼 블록 구조가 복잡해져서 별로 효율적이지 않게 보일 수도 있지만, 초당 10회씩 매우 빠르게 측정되는 센서 값을 이러한 계층적인 검사 방식으로 확인하면서, ifelse 계층적 수행 검사문은 반드시 매번 적절한 데이터에 도달할 때까지 수행돼야 한다.

그림 12.7과 같이 ifelse 중첩문 안에 현재 측정된 요 각도 값에 따라 이동 방향의 방위점을 할당하는 것은 매우 간단한 범위, N(0-44°), NE(45-89°), E(90-134°), SE(135-179°), S(180-224°), SW(225-269°), W(270-314°), NW(315-359°)로 구별된다. 이제 그림 12.27에 나와 있듯이 나침반 기능을 모두 구현했으니, 잠시 스마트폰을 들고 밖에 나가서 앱을 실행해보자. 출력되는 방향이 실제 나침반에 비해 그리 정확하지 않은 것 같이 느껴진다면, 스마트폰에 내장된 디지털 콤파스 센서의 보정 작업을 해줘야 한다. 나침반 앱을 활성화시킨 상태에서 스마트폰을 x, y, z축 방향마다 여러 번 회전시켜준다. 그러면 정밀도가 높아질 것이다. 매우 정밀하게 하려면, 밖으로 나간 뒤 콘크리트 벽면이나 기타 전자파 간섭이 없는 장소로 가서 상태에서 측정해야 한다. 물론, 정말 중요한 상황에서는 거의 맹목적으로 이 기기가 나타내는 결과를 믿어야 할 것이다.

그래픽으로 균형을 표시하는 균형계

센서를 다루는 일은 매우 흥미로운 작업이며 앱에서 센서를 사용할 때 굉장히 빠른 속도로 결과를 내놓기 때문에, OrientationSensor 컴포넌트가 갖고 있는 두 가지 핵심 데이터에 대해 예제를 통해 설명할 것이다. 이번에는 건축 작업이나 DIY 작업 같은 곳에 사용하는 수평계를 모방한 앱을 스마트폰의 디지털 센서를 이용해 만들어 보겠다. 이렇게 만든 앱을 통해 스마트폰을 평평한 곳에 놓거나 세워서 측정 대상이 어느 정도의 경사면을 갖고 있는지 확인할 수 있다. 이번에도, 단지 기울기를 숫자로 출력하진 않을 것이다. 그보다는 가상의 액체 애니메이션을 만들어 노란색 배경에 공기 방울을 삽입하여 그림 12.8과 같이 실시간으로 경사도를 시각적으로 확인할 수 있도록 해 보자.

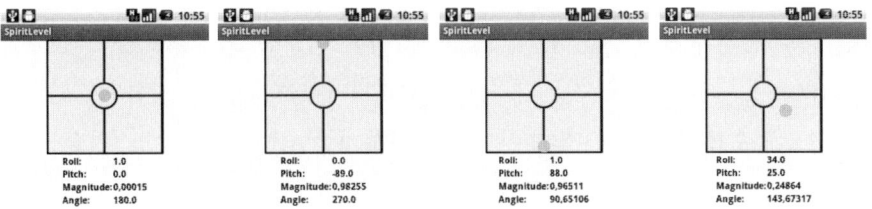

그림 12.8 다양한 경사도에서 실험한 수평계 앱의 출력 화면

그림 12.8에 나와 있는 화면을 보면, 네모난 영역은 수평계 안에 채워진 물에 해당되며, 검은색 라인은 경사도를 알 수 있도록 그려놓은 것이다. 위 그림을 통해 화면에 적힌 내용을 보면 좌측부터 차례로, (a)는 완전히 평평한 곳에 스마트폰을 올려놨을 때의 화면, (b)는 벽에 스마트폰을 기대어 똑바로 세웠을 때의 화면, (c)는 벽에 기대되, 거꾸로 뒤집은 상태로 놓았을 때의 화면, (d)는 좌측 아래 쪽으로 스마트폰을 기울였을 때의 화면이다. 직접 앱을 실행해 보거나 수평계를 사용해봤다면, 화면에 출력된 내용이 무엇을 의미하는지 분명 쉽게 이해할 것이다. 출력 내용은 OrientationSensor 센서 컴포넌트가 반환한 측정 데이터로, 가공되지 않은 상태다. 이 그림에서 독자는 얼마나 직관적으로 측정 값을 그래픽 이미지를 통해 시각적으로 표현하는 게 좋은지 알 수 있을 것이다. 예를 들어, DIY 작업을 하는 사람에게는 정확한 데이터는 큰 의미가 없을 것이다.

 이 책에서 지원하는 웹사이트에서 예제 프로젝트 찾기

이번 예제에 필요한 파일은 다른 예제들과 동일한 경로에서 찾을 수 있다. 이 책의 소개글에 링크 주소를 적어 놓았다.

SpiritLevel 앱을 개발하는 일은 정말 간단하다. 개발 작업은 대부분 Designer 에서만 이뤄진다. 측정된 롤 각도의 범위는 90~-90 사이이며, 피치 값은 180~-180 사이라는 점을 상기하면, 이 앱에서는 단지 90~-90도면 모든 경사도를 표현할 수 있다. 90~-90도 사이의 범위에 대응될 수 있도록, 수평계 값의 범위가 각도와 캔버스의 크기(180×180픽셀)와 정확히 대응되도록 정의하겠다. 이제 롤, 피치 각도 값을 측정한 결과를 곧바로 X, Y 좌표 값에 대응시키기 위해, 먼저 캔버스의 중앙 좌표를 X = 90, Y = 90으로 정의하겠다 (추가 내용은 이후에 나온다). 먼저, Designer에서 새로운 프로젝트를 생성하고 'SpiritLevel'이라 이름을 짓는다. 'Screen1' 페이지 제목도 동일하게 고친 후 표 12.2에 수록된 몇 가지 컴포넌트를 추가하자.

표 12.2 SpiritLevel 프로젝트에 사용할 컴포넌트와 초기 속성 값

컴포넌트	오브젝트 이름	수정될 속성 값
OrientationSensor	OrientationSensor	
Clock	Clock	"TimerInterval": 100
Canvas	Canvas	"BackgroundImage": spiritlevel.png (지원 사이트의 /MEDIA 경로 참조) "Width" / "Height": 180 × 180 pixels
Ball	BubbleBall	"PaintColor": Cyan "Radius": 10
Label (4x)	RollLabel, PitchLabel, MagnitudeLabel, AngleLabel	"FontBold": enable "Text": 0, 0, 0, 0

이제 Designer에서 Labels, Arrangements, BufferLabels를 추가하면 그림 12.9와 같이 나타날 것이다. 이때 Canvas(Width, Height)와 BubbleBall(Radius) 의 크기가 제대로 설정돼야 화면에도 제대로 나타나므로 꼭 확인하자.

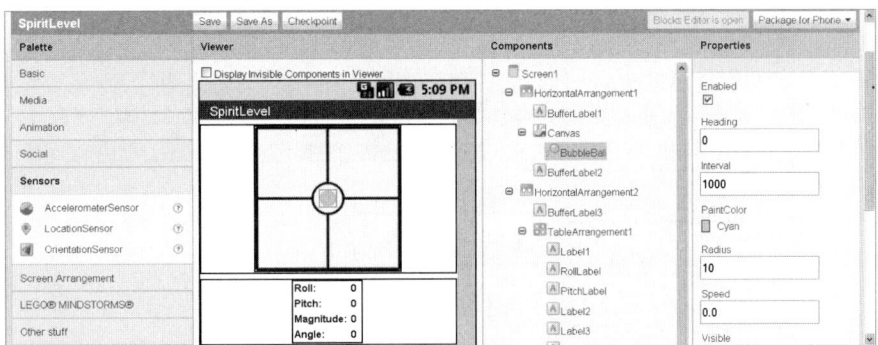

그림 12.9 Designer 화면에서 본 SpiritLevel 프로젝트

이제 Designer에서 해야 할 주요 작업들은 모두 마쳤다. 이를 통해 우리는 놀라운 효율성으로 Editor에서 작업을 진행할 수 있다. 그림 12.10에 나와 있는 `Clock.Timer` 이벤트 블록을 보면, 수평계의 모든 기능이 구현돼 있는 걸 볼 수 있다. 대량의 수행문들을 포함하는 블록들을 통해 `Pitch`, `Roll`, `Magnitude`, `Angle`에 해당하는 데이터를 화면에 출력한다. 첫 번째 수행문에서 그래픽 애니메이션이 적용돼 BubbleBall 오브젝트가 초당 10회씩 Canvas 오브젝트의 X, Y 좌표가 할당되어 배치된다. 이 좌표는 x축상의 `OrientationSensor.Roll` 값과 y축상의 `OrientationSensor.Pitch` 값에 대응된다. 두 데이터 모두 X, Y 좌표에 할당되기 전에 80을 더한다. 여기서 80은 캔버스의 중심 좌표인 (90, 90)에 BubbleBall의 반경(10픽셀)을 뺀 값으로, 새로운 위치 좌표가 항상 캔버스 중심을 기준으로 삼기 위한 계산 방식이다. 매번 새로운 롤, 피치 값을 읽어올 때마다 X, Y 좌표로 즉시 변환되고, 이 값이 공기 방울 컴포넌트의 좌표로 할당된다.

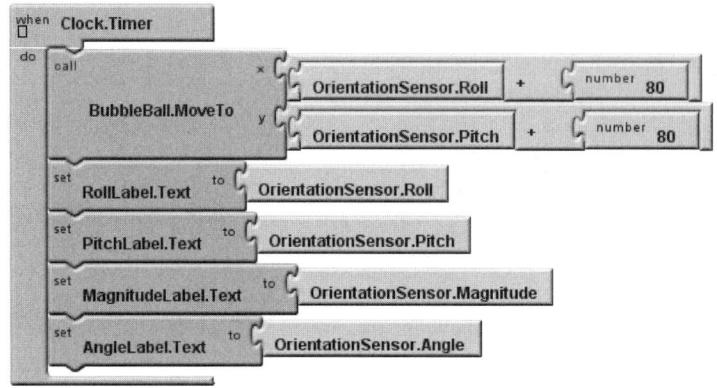

그림 12.10 SpiritLevel 앱의 모든 기능이 구현된 블록 집합체

이렇게 해서 그림 12.10에 나와 있는 이벤트 핸들러는 그리 없어 보이진 않게 하기 위해, 초기 조건문을 추가해보겠다. 앱을 실행하면, 스마트폰에 위치 센서나 자세 센서를 내장하고 있는지와 활성화 상태인지 검사한다. 해당되지 않는 경우, 그림 12.11과 같이 적절한 경고 메시지가 출력된다. 하나 이상의 센서를 사용하는 모든 앱에서 이러한 초기 검사를 하여 사용자에게 정보를 알려주는 게 좋다. 필요 하다면, 사용자가 직접 센서를 활성화할 수 있게 명시해주는 것도 좋다.

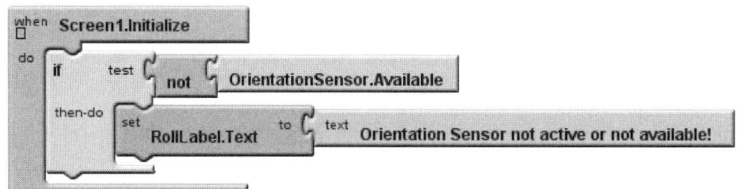

그림 12.11 센서가 존재하는지, 활성화 상태인지 검사하는 초기 조건 검사 블록 구조도

다른 프로그래밍 언어로 앱을 개발해봤다면, 이렇게 쉽고 빠르게 앱을 구현하는 게 가능할 거라 생각했었는가? AI를 통해 모든 개발자들이 혁신적인 개념을 쉽게 구현할 수 있으며, 앱 개발이라는 까다로운 작업을 단순하게 만든 것은 매우 인상적인 부분이다. 순전히 일정 주기로 측정한 값을 기반으로 하여, 놀라운 앱을 구현할 수 있다. 자신의 생각을 앱으로 구현할 수 있는 충분한 창의력이 있다면 말이다.

•• AccelerometerSensor 컴포넌트로 중력 측정하기

이번 절의 제목은 앞으로 다루면서 측정해볼 물리 속성을 잘 설명해준다. 중력g-force은 모든 물체에 작용하는 힘으로, 가속을 일으키는 원동력이다. 항공기를 제어할 때도 가속도를 측정하지만, 롤러 코스터에서 가속도는 가장 핵심적인 재미 요소다. 1g이란 단위는 보통 지구에서 느낄 수 있는 중력 가속도의 평균 값을 기반으로 정의된다. 이 값은 국제 단위계인 SI System International Unit 단위로, 제곱 초당 9.81m에 해당한다(g=9.81m/s²). 높은 가속도 값은 중력 가속도로 나누게 되고(물체의 가속도/중력 가속도), g-힘g-force 혹은 g-인자g-factor라고 정의된다. 인터넷에서 올라온 자료에 따르면, 경주용 자동차를 정지 상태에서 출발시킬 때(1.5g까지 상승), 코너 부분을 달릴 때(4g까지 상승), 롤러코스터를 탈 때(4~6g까지 상승) 등 다양한 실제 가속도 적용 사례를 찾을 수 있다. 중력이 인체에 미치는 영향도 확인할 수 있었다. 6g에 다다르면 코피가 날 수 있었으며, 10g에서는 의식을 잃고, 20g의 경우 자동차 사고에 해당하는 정도로 강한 힘이 가해져 사망에 이를 수 있다고 한다(http://en.wikipedia.org/wiki/G-force에서 더 많은 예제를 볼 수 있다). 심지어 스마트폰을 바닥에 떨어뜨려도 1,000g에 해당하는 충격력까지 가해질 수 있다.

센서를 이용한 가속도 측정의 기본 개념

g센서 혹은 가속도계라고도 부르는 가속도 센서를 사용하면 스마트폰에 적용되는 g-힘을 연속적으로 측정할 수 있다. 예를 들어, 기기에 통합 내장된 센서는 압전기나 마이크로 전자 기계 센서 부품을 사용해 힘이 가해지는 물체의 내력과 가속도를 측정할 수 있다. 이런 방식에 따라 속도의 증감을 계산할 수 있다. 실제 속력과는 별로 관련이 없다. 즉, g-힘은 마치 자동차가 정지해 있다가 125mph로 속도를 증가시키는 상황에서만 발생하며, 125mph를 유지하고 있는 동안에는 다시 초기 값인 0이 된다. 이러한 물리 개념에 관한 더욱 폭넓은 설명을 듣고 싶다면, 학창시절에 구입했던 물리 교과서를 훑어보는 것이 AI의 센서 컴포넌트의 물리적 원리와 속성을 파악하는 데 도움이 될 것이다. 하지만 이러한 이론적 내용으로 인해 흥미를 잃거나 하지는 말자. OrientationSensor 컴포넌트에서 까다로운 작업을 처리해주기 때문이다.

특히 게임에서 다중 센서 컨트롤을 언제 어떻게 사용할지 알 수 없으며(점점 더 많은 인기를 얻고 있는 지금 시점에서), 주로 게임 콘솔에서 움직임을 측정하는 데 사용한다. 이외에도 보살핌이 필요한 사람이 넘어졌을 경우 자동으로 SMS를 통해 응급 메시지를 전송하거나 스마트폰을 사용하면서 권한 승인 없이 자료를 옮기거나 지울 때 경고를 주는 경우를 생각할 수 있다.

가속도를 측정하기 위해 AI가 제공하는 AccelerometerSensor 컴포넌트는 Sensor 컴포넌트 그룹에서 찾을 수 있다. OrientationSensor와 비슷하게, AccelerometerSensor 컴포넌트는 세 개의 축 방향을 따라 측정된 g-힘 값을 읽어온다(XAccel, YAccel, ZAccel). 최대 가속도의 기본 값은 중력에 해당하는 1g=9.81m/s2으로 설정된다. 물리 공간의 좌표계상에서 볼 때 이 힘은 세 개의 축에 해당하는 성분들로 나눌 수 있으며, 평상시에는 ZAccel 값이 9.81이 된다. 스마트폰을 x축을 기준으로 90도 만큼 좌회전시키면 XAccel 값이 9.81이 되고, 반대쪽으로 회전시키면 -9.81이 된다. 스마트폰을 y 축 기준(피치각)으로 90도만큼 앞쪽으로 회전시키면 YAccel 값은 -9.81이 되고, 반대로 뒤로 회전시키면 9.81이 된다. 그림 12. 12에 각 축에 따라 90도의 자세가 무엇을 의미하는지 시각적으로 표현했다. 스마트폰을 임의 각도로 유지할 때 두 축 방향으로 g-힘이 어떻게 나뉘는지 우측을 보면 알 수 있다. 스마트폰을 테이블 위에 올려놓아 움직임이 없는 상태일 때 제대로 중력 값이 측정될 수 있다. 적절한 위치에서 스마트폰을 떨어뜨리면, 해당 방향의 가속도 값이 증가할 것이고 충돌 직전에 최대 값에 도달한다.

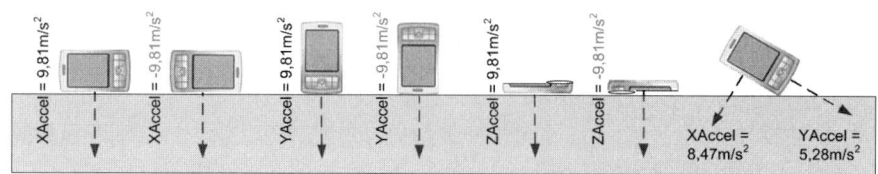

그림 12.12 다양한 자세를 유지할 때 g 센서가 측정하는 가속도 성분들

AccelerometerSensor 컴포넌트에 대한 명세사항이 그림 12.13에 나와 있다. 아마도 따로 설명이 필요 없을 정도여서 기대에 미치지 못했을 수도 있다. OrientationSensor와 비슷하게 AccelerationChanged 이벤트 블록이 존재

하며, 이 블록은 세 가지 속성 값(XAccel, YAccel, ZAccel)과 센서 활성화 여부를 검사하는 전형적인 블록과 연동된다. 이 블록은 가속도 값이 변할 때마다 호출된다. 추가로, Shaking이란 특별한 이벤트 블록이 있다. 이 블록은 스마트폰을 흔들 때 활성화된다.

```
AccelerometerSensor

This component senses the Android device's accelerometer, which detects shaking and measures acceleration in three dimensions.
Acceleration is measured in SI units (m/s²). If the device is a rest lying flat on its back, the Z acceleration will be about 9.8.

The component produces three values.

    ▪ XAccel: Positive when the device is tilted to the right (that is, its left side is raised), and negative when the device is tilted to the
      left (its right size is raised).
    ▪ YAccel: Positive when its bottom is raised, and negative when its top is raised.
    ▪ ZAccel: Positive when the display is facing up, and negative when the display is facing down.

Properties
Available
    Indicates whether the accelerometer is present on the Android device.
Enabled
    If set, accelerometer is enabled.                      Events
XAccel                                                     AccelerationChanged(number xAccel, number yAccel, number zAccel)
    Acceleration in the X-dimension.                          Called when the acceleration has changed.
YAccel                                                     Shaking()
    Acceleration in the Y-dimension.                          Called repeatedly when the Android device is being shaken.
ZAccel
    Acceleration in the Z-dimension.
```

그림 12.13 AI 레퍼런스에 나와 있는 AccelerometerSensor 컴포넌트의 명세사항

이제 이론적 설명을 마치고 실제로 예제를 다루면서 AccelerometerSensor의 기능을 시연해 보겠다. 앞서 언급했듯이, 이 기능을 사용하는 전형적인 방식은 두 가지가 있다. 둘 다 응급 상황에 사용하거나 게임이나 음악 재생을 위한 엔터테인먼트 애플리케이션에서 사용한다.

스마트폰을 흔들어 소리 내는 악기처럼 사용하기

음악을 전공하지 않았다면 약간 갸우뚱할 수도 있겠다. 사실, 셰이커shaker 같은 음악 악기와 가속도 센서가 무선 관계가 있을지 의아할 것이다. 하지만, 잠시 연관성을 생각해 보면, 금방 생각이 날 것이다. 셰이커는 상대적으로 넓은 의미에서 타악기에 속하며 다양한 형태의 음악 장르에 사용되고 있다. 예를 들면, 튜브 셰이커나 래틀rattle, 아니면 삼바, 재즈, 탱고 장르에서 사용하는 마라카스maracas 같은 악기가 이에 속한다. 일반적으로 셰이커는 내부가 텅 비어있고 곡물 알갱이들이 그 안을 채우고 있다. 그래서 흔들면 수많은 알갱이들이 부딪혀 달그락거리는 소리가 난다. 내용물의 종류와 양에 따라, 그

리고 흔드는 속도에 따라 소리도 다르게 난다. 거의 힘을 주지 않고 천천히 흔들면 부드럽게 달그락거리는 소리가 나고, 빠르고 강한 힘으로 흔들면 높은 톤의 날카로운 소리가 난다.

이제 셰이커와 가속도의 연관성을 알 수 있을 것이다. 분명히 스마트폰에서 완전한 셰이커 소리를 만드는 일을 하려는 게 아니지만, 그래도 어느 정도 수준의 셰이커 같은 느낌이 나는 사운드를 만들면서 쉽게 가늠하기 어려운 g-힘의 측정 값을 직관적으로 알 수 있게 하는 것이 목표다. 결국, 스마트폰을 공중에 던지면서 동시에 화면에 출력되는 g-힘 값을 눈으로 확인할 수는 없는 노릇이다. 스마트폰을 흔들면 나오는 소리를 통해 어느 정도로 가속도가 붙었는지 피드백을 받을 수 있으므로, 특별한 다중 센서를 사용하는 방식으로 힘을 측정하는 경험을 할 수 있다.

다양한 속도로 셰이커를 움직였을 때 나는 사운드의 범위를 보이는 대신, 축 방향에 따라 세 가지 종류의 사운드를 생성해보겠다. 이 소리들은 방향에 따라 설정된 특정 속도 임계값을 기반으로 생성되며, 움직임에 맞춰진 리듬으로 재생된다. 사운드를 재생하는 임계 값은 $10~25m/s^2$(1.1g~2.4g) 사이로 설정할 수 있으므로, 음악 작업에 익숙한 사용자는 자신이 원하는 '악기'의 민감도를 정규화할 수 있을 것이다. 결과적으로, 스마트폰은 신디사이저 보다 훨씬 더 많은 일을 해낸다. 신디사이저는 전형적인 셰이커 사운드를 재생할 수 있지만, 사용자가 버튼을 눌렀을 때만 소리가 난다. 반면, 마치 실제 셰이커를 다루듯이 스마트폰을 리드미컬하게 흔들면서 다양한 소리를 내는 경험을 할 수 있다.

이 책에서 지원하는 웹사이트에서 ShakeIT 프로젝트 찾기

이번 예제에 필요한 파일은 다른 예제들과 동일한 경로에서 찾을 수 있다. 이 책의 소개글에 링크 주소를 적어 놓았다.

셰이커의 동작 원리에 대한 설명을 읽으면서 추측했겠지만, Accelerometer Sensor 이벤트 블록인 Shaking의 표준 기능이 세 가지 축 방향에 대해 동일한 방식으로 가속도에 반응하기 때문에 이 기능을 그대로 사용하기가 곤란하다. 대신, 세 축에 해당하는 각 가속도 성분들을 처리하겠다. 또한 자체적으로 호출하는 AccelerationChanged 이벤트 블록을 그대로 사용하는 대신, OrientationSensor 컴포넌트로 처리했던 방식과 같이 직접 정기적인 인터벌을 정해 데이터를 활성화하겠다. Designer에서 ShakeIT이란 이름의 프로젝트를 생성하고 페이지 제목도 변경한다. 그다음 표 12.3에 수록된 컴포넌트를 추가한다.

표 12.3 ShakeIT 프로젝트의 컴포넌트와 초기 속성 값들

컴포넌트	오브젝트 이름	수정된 속성들
Screen	Screen1	"BackgroundImage": rattles.jpg "Icon": shakeit_appIcon.png (지원 사이트의 /MEDIA 경로 참조)
AccelerometerSensor	AccelerometerSensor	
Clock	Clock	"TimerInterval": 10
Sound (3x)	Sound1, 2, 3	"Source": rattle1s.wav, rattle2s. wav, rattle3s.wav (지원 사이트의 /MEDIA 경로 참조)
TextBox	gTextBox	"Text": 15
Button	GoButton	"Text": GO!

표 12.3에 나와 있는 컴포넌트를 추가했으면, 이제 텍스트 라벨과 정렬 컴포넌트만 추가해주면 ShakeIT 프로젝트는 그림 12.14와 같을 것이다. 이번엔 앱의 외형이 그리 중요한 건 아니다. 사용자의 운동을 시뮬레이션하여 사운드 효과를 인지하는 것이 주된 목표이기 때문이다.

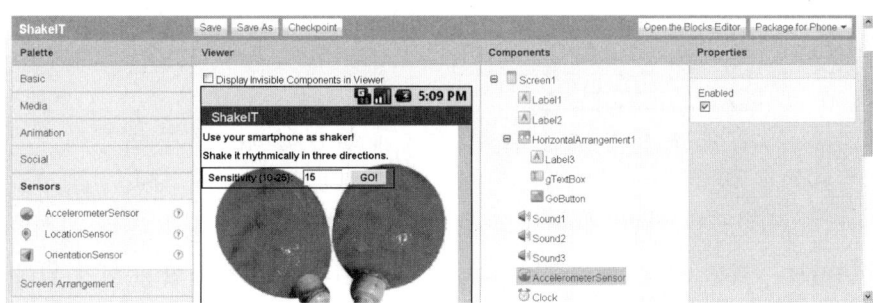

그림 12.14 Designer에서 본 ShakeIT 프로젝트

이제 셰이커 앱의 동작 로직 구현으로 빠르게 이동해보자. 먼저 사용자가 셰이커의 민감도를 설정할 수 있도록 하겠다. 민감도는 그림 12.15에서 보듯이

초기 값이 15로 초기화된 sensitive 전역 변수에 저장된다. 이 값은 m/s² 단위의 가속도를 의미하며 기본 값은 약 1.53g에 해당하는 15m/s² 값을 갖는다. 이 임계값은 천천히 흔들었을 때의 가속도를 의미한다. 실제로 사용자는 gTextBox에 원하는 임계값을 적어서, 자신에게 맞는 이상적인 민감도를 설정할 수 있다. 스마트폰이 움직이지 않더라도 계속 소리를 내는 일이 없도록 최소 임계값을 10m/s²으로 설정한다. 즉, 중력보다 아주 약간 높은 수치다. 또한 사람의 힘으론 2.5g 이상의 가속을 만들 수 없으므로, 최대 임계값은 25m/s²을 준다. 물론 원한다면 이 값 외에 자신이 원하는 값을 적어도 좋다. GoButton.Click 이벤트 핸들러에서 ifelse 분기문에서 조건을 검사해 GoButton을 누를 때 임계 범위를 확인할 수 있다. gTextBox에 입력된 값이 10보다 크거나 같고(AND) 25보다 작거나 같으면, 설정한 임계값을 사용해 전역 변수인 sensitive에 할당한다. 이외의 경우엔 다시 초기값인 15를 설정한다.

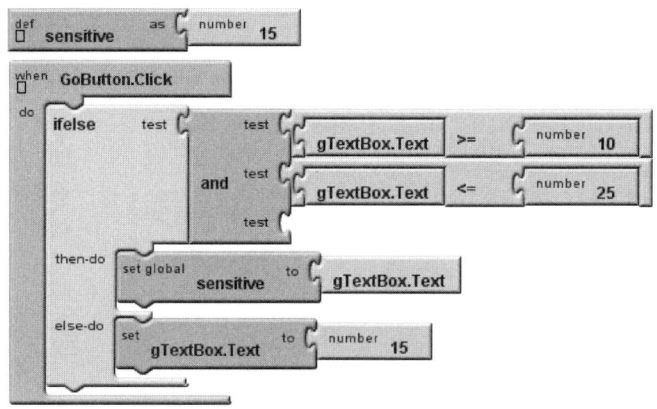

그림 12.15 셰이커의 민감도를 설정하고 임계 범위를 제한하는 블록 구조도

이러한 절차들은 이번 예제에서 사용하는 옵션들을 설정하는 처리 과정을 포괄한다. 앱을 실행하면 센서와 셰이커는 즉시 음악을 생성할 준비가 된다. 음악 자체는 그림 12.16에 나와 있는 간단한 수행문들을 통해 구현된 것이다. AccelerometerSensor 블록인 AccelerationChanged의 가속도 이벤트가 발생하길 기다리는 대신, Clock.Timer 이벤트 핸들러에서 초당 100회의 인터벌로(Clock.TimerInterval = 10) 검사해 XAccel, YAccel, ZAccel 값 중 하나라도

sensitive 변수에 저장된 임계값보다 큰지 확인하는 방식으로 구현한다. 조건을 만족하는 경우 해당 가속도 값에 대응되는 톤으로 Sound.Play 메소드를 통해 사운드가 재생된다.

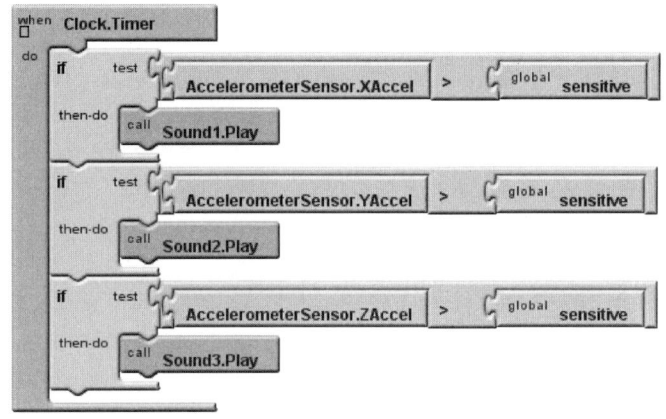

그림 12.16 가속도의 크기와 방향에 따라 세 가지 사운드 효과를 내는 블록 구조도

이제 셰이커 앱을 완성했다. 한 번 실행해보고 원하는 임계값을 적용하여 자신의 리듬감을 확인해보길 바란다. 그럼 흔들어 보자! 확실히 이번 예제를 수정하여 음악적으로 확장시킬 수 있다. 아마도 독자는 이 앱을 수정해 가상의 드럼을 추가할 수도 있을 것이다. 손에 들고 있는 한 개 이상의 스마트폰을 뒤집거나 돌려가면서 관련 타악기를 선택한 뒤 공중에서 얼마나 심하게 흔드는지에 따라 특정 볼륨으로 음악을 재생하는 것도 생각할 수 있다.

Slider Control로 측정 민감도 설정하기

물론, 민감한 음악가는 딱딱한 수치 값을 지정하여 자신의 악기가 가진 민감도를 지정하는 걸 별로 원치 않을 것이다. 다른 각도에서 생각해보면, 연속적으로 측정 민감도를 조율하기 위한 컨트롤 슬라이더를 구현하고 입력 메소드에서 다른 값을 올리거나 내릴 수도 있지만, 불행히도 AI는 아직 기본으로 이러한 기능을 GUI 컴포넌트로 제공해주지 않고 있다. 앞 절에서 약간 더 사용자 친화적이고 직관적인 셰이커를 만들 수 있을 거란 생각에, 직접 슬라이더를 구현하기로 했다. 그러면 독자들은 다른 앱에서도 동일한 개념과 컨트롤 슬라이더를 사용해 적절한 컨트롤 요소를 통합할 수 있을 것이다.

이 책에서 지원하는 웹사이트에서 ShakeIT2 프로젝트 찾기
ShakeIT2 예제에 필요한 파일은 다른 예제들과 동일한 경로에서 찾을 수 있다. 이 책의 소개글에 링크 주소를 적어 놓았다.

기존 앱에서와 동일하게 안드로이드 시스템 키보드로 텍스트 박스에 10과 25m/s² 사이 값으로 가속도 값을 입력하는 대신, 셰이커 사용자가 자신의 손가락으로 슬라이더를 밀어 임계값을 조절할 수 있게 할 것이다. 즉, 사용자는 그림 12.17과 같이 셰이커의 민감도를 연속적으로 조절할 수 있어야 한다. 수치는 세 개의 예제 설정을 포함한다. 기본 설정 값인 15m/s²을 설정하여(좌측), 사용자는 편안하게 힘들이지 않고도 원하는 음악을 만들 수 있다. 21.0m/s² 정도로 높이 설정하면(우측), 사용자는 스마트폰을 꽤 역동적으로 흔들어야만 원하는 사운드를 만들 수 있다. 중앙 그림은 중력 가속도(9.81m/s²) 보다 작은 7.0m/s²으로 설정한 경우다. 이는 스마트폰의 자세에 따라 끊임없이 세 가지 중 하나 이상의 사운드가 재생된다는 것을 의미한다. 1g 이하의 설정값은 셰이커 사운드를 만드는 데 있어 적합하지 않으므로, 붉은색으로 표기했다. 물론, 원하면 직접 실험해볼 수 있다. 스마트폰을 어떻게 잡고 있어도 사운드 효과가 계속 나올 것이다.

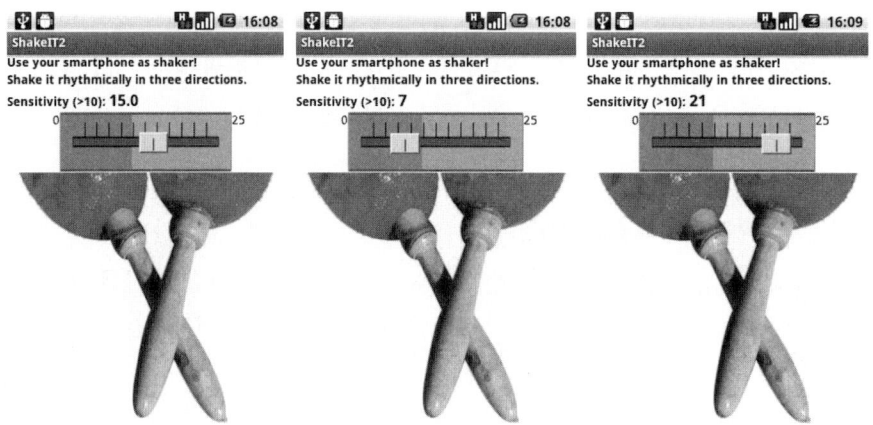

그림 12.17 컨트롤 슬라이더를 통해 셰이커의 민감도를 설정하는 화면

이러한 변경 작업은 이전에 다룬 ShakeIT 프로젝트를 기반으로 하기 때문에, 이 프로젝트를 시작점으로 삼겠다. 프로젝트의 이름은 'ShakeIT2'라고 지은

다음 gTextBox와 GoButton을 삭제한 뒤, 남은 컴포넌트를 조절하고 표 12.4에 나와 있는 새로운 컴포넌트를 추가해보자.

표 12.4 ShakeIT2 프로젝트에 사용될 새로운 컴포넌트와 수정된 속성 값들

컴포넌트	오브젝트 이름	수정될 속성 값
Screen	Screen1	"Icon": shakeit2_appIcon.png (지원 사이트의 /MEDIA 참조)
Canvas	SliderCanvas	"BackgroundImage": sliderField.png (지원 사이트의 /MEDIA 참조) "Width / Height": 200 × 70 pixels
ImageSprite	SliderSprite	"Picture": sliderbutton.png (지원 사이트의 /MEDIA 참조) "Interval": 100
Label	gLabel	"Text": 15.0 "FontSize": 18 "FontBold" enabled
Label (2x)	BufferLabeLon1, 2	"Text": 0, 25

다음으로 그림 12.18과 같이 컨트롤 슬라이더의 위치를 Arrangement 컴포넌트와 BufferLabels 라벨 두개를 사용해 정렬한다(이번엔 0과 25라는 최소/최대 값으로 라벨을 표기한다). SliderSprite를 SliderCanvas의 적절한 위치를 초기 위치로 삼아 배치한다. 캔버스 오브젝트의 Width 크기 설정이 특히 중요하다. 나중에 이 값이 컨트롤 슬라이더에 맞춰 조정되며 gLabel에 출력되는 값이 이 설정 값을 기반으로 하기 때문이다. 또한 센서의 임계값으로도 사용된다.

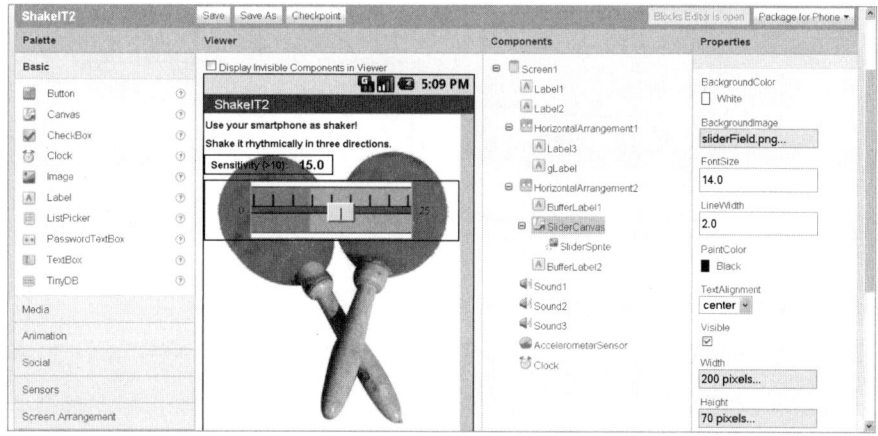

그림 12.18 Designer에서 본 수정된 ShakeIT2 프로젝트

SliderSprite 컴포넌트를 적절히 배치한 다음 SliderCanvas 컴포넌트의 Width 속성의 기본값을 200픽셀로 지정했다면, Editor에서 컨트롤 슬라이더의 기능을 구현할 수 있다. Clock.Timer 이벤트 핸들러와 sensitive 전역 변수는 그대로 둔다(GO! 버튼을 삭제함으로써 연결 관계에 있던 GoButton.Click 이벤트 핸들러도 같이 제거됐다). 이제 단 하나의 이벤트 핸들러만으로 애니메이션과 컨트롤 슬라이더의 완전한 기능을 동작시킬 수 있다(그림 12.19). 화면에 있는 SliderSprite 오브젝트를 손가락으로 드래그할 수 있게 SliderSprite.Dragged 이벤트 핸들러를 사용하겠다. 이 핸들러는 손가락 움직임과 관련된 데이터를 기록한다. 슬라이더가 수평 방향 라인 위에서만 이동하기 때문에, 관련 데이터를 currentX 변수에만 전달하여 SliderSprite.MoveTo 메소드를 사용해 SliderSprite 오브젝트를 SliderCanvas 위에 올려 놓은 손가락의 현재 X 좌표에 위치시킨다. 캔버스의 폭^{Width}으로 인해 자동으로 만들어진 움직임의 제한 범위가 만들어졌다(200픽셀로 미리 지정해둠).

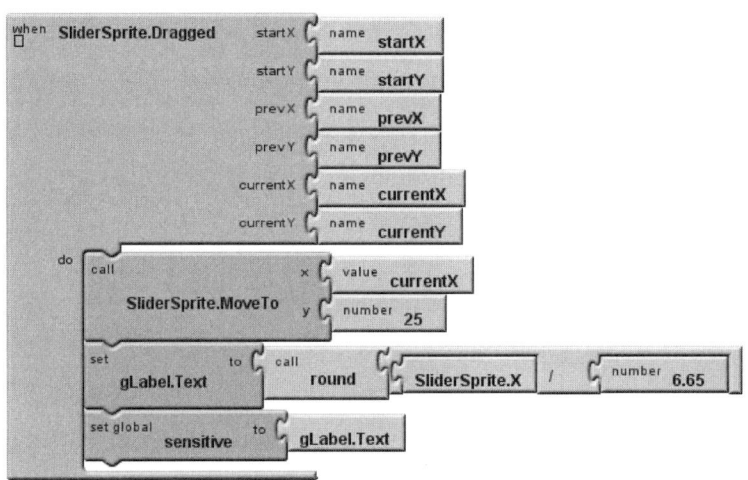

그림 12.19 슬라이더 막대의 기능과 애니메이션을 구현한 블록 구조도

컨트롤 슬라이더를 통해 설정되는 센서의 임계값은 SliderSprite의 X 위치 값으로 직접 할당된다. 슬라이더를 최대한 오른쪽으로 밀었을 때 gLabel에 최대 값으로 25가 출력되도록, 캔버스 폭(200픽셀)에서 스프라이트 오브젝트의 폭(33.7픽셀)을 뺀 뒤(166.3픽셀), 25m/s^{2}로 나눈다. 결과 값을 반올림하여

(round 메소드) 정수 값을 gLabel.Text에 출력한다. 출력된 값은 전역 변수인 sensitive로 전달되어 Clock.Timer 이벤트 핸들러에서 임계값을 설정한다 (그림 12.16).

이제 ShakeIT2 앱의 컨트롤 슬라이더를 완전히 구현했다. 이제 훨씬 간단해진 조작법을 갖춘 앱을 실행하여 마음껏 놀아보자.

몸 전체를 이용한 균형 게임

앞서 언급했듯이, 가속도계는 응급상황 같은 중요한 상황뿐만 아니라, 새로운 형태의 게임을 (재)창조할 때도 사용할 수 있다. '새로운 게임을 (재)창조' 한다라는 의미는 과거 아날로그 게임이나 프로세서에서 사용했던 개념을 기존의 컨트롤 방식에서 사용자가 몸을 움직이거나 센서를 기반으로 하는 디지털 게임으로 발전시켜 모방하거나 옮겨다 놓는 것을 의미한다. 예를 들어, 팔 전체를 사용해 테니스 라켓을 쥐고 휘둘러 실제 테니스 공을 쳐냈던 경험이 있을 것이다. 한참 뒤에 키보드, 조이스틱 및 기타 컨트롤러를 통해 한 손가락의 추상적인 움직임을 측정하여 게임에서 가상 테니스 라켓을 제어할 수 있게 되었다. 다양한 타입의 게임 콘솔에서 동작하는 새로운 센서 기반 게임이 등장하면서, 게임 기획자들은 이제 사람의 움직임을 이용한 컨트롤 방식의 게임을 만들고자 노력하고 있다. 한 가지 예로, 완벽한 형태의 3D 그래픽 공간에서 사람의 움직임으로 제어 입출력을 컨트롤 하는 게임을 들 수 있다. 특히 대부분의 안드로이드 스마트폰이나 태블릿 PC에 장착된 여러 종류의 센서 부품 덕분에 이러한 새로운 게임 형태를 접목시킬 수 있다. 사실, 이러한 체감형 게임은 훨씬 더 강력한 성능을 갖춘 콘솔이나 컴퓨터에서 진정한 즐거움을 누릴 수 있다.

이번 예제에서는 과거에 유명했던 구슬치기 보드 게임을 만들기 위해 가속도 센서를 활용할 것이다. 나무판으로 만들었던 과거 게임기와 비슷한 형태를 갖도록, 구슬이 미로를 통해 목적지까지 구멍으로 떨어지지 않고 갈 수 있어야 한다.

구슬은 보드판의 균형을 이용해 제어된다. 사용자가 보드판을 x, y 축으로 기울이기 위한 두 회전 버튼을 통해 구슬을 움직이거나 보드판을 잡는 식으로 진행한다. 진행 방식이 약간 달라졌지만, 가능한 사실적인 게임 컨트롤을 만들어 보겠다. 목적지를 향해 구슬을 굴리는 대신, 게임 보드판의 다양한 영역에서 적절한 인터벌로 나타나는 'GameBall' 구슬을 'MyBall'이 뒤따라서 쫓아가도록 하는 식으로 구현하겠다. 목적지에 다다를 때마다 득점을 하게 되지만, GameBall과 부딪히는 데 실패할 경우 실점으로 이어진다. 가속도 센서를 사용할 것이므로, MyBall이 물리 법칙에 따라 다양한 속도로 보드판 위에서 굴러갈 수 있도록 할 수 있다. 또한 사용자가 보드를 얼마나 기울였는지에 따라, 스마트폰을 원하는 방향으로 이동시키는 것보다 훨씬 더 빠르게 가속시킬 수 있도록 만들 것이다. 그림 12.20을 보면, MyBall은 항상 기울어진 게임 보드판의 가장 낮은 지점을 향해 굴러간다. 그리고 가능하다면 굴러가면서 GameBall과 부딪힐 수 있어야 한다.

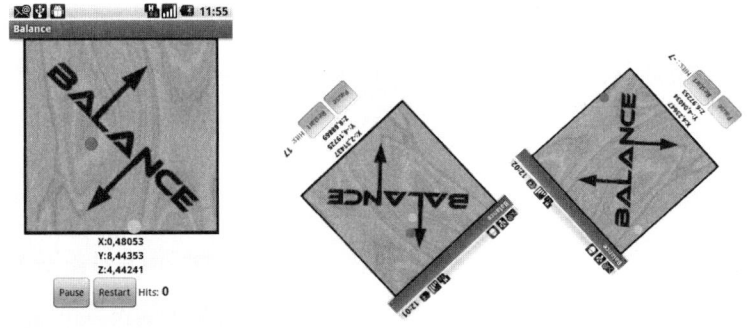

그림 12.20 보드판을 기울여 GameBall을 따라가도록 공을 굴리는 밸런스 게임 화면

지금까지 센서를 사용해 개발했던 것보다 좀 더 어렵게 느껴질 수도 있다. 사실, 이번 예제에서는 좀 더 많은 블록들을 사용해볼 것이다. 특히 게임 보드판 위에서 공이 굴러가는 움직임을 사실적으로 묘사하기 위해 많은 블록이 요구된다. Designer에서 밸런스 게임을 디자인하기 위해 'Balance' 프로젝트를 새로 생성하고 'Screen1' 페이지 이름도 바꿔준다. 그리고 표 12.5에 나와 있는 컴포넌트를 추가한다.

표 12.5 Balance 프로젝트에서 사용될 컴포넌트와 초기 속성 값들

컴포넌트	오브젝트 이름	수정될 속성 값
Screen	Screen1	"Icon": balance_appIcon.png (지원 사이트의 /MEDIA 경로 참조)
Canvas	WoodCanvas	"BackgroundImage": balance.jpg (지원 사이트의 /MEDIA 경로 참조) "Width / Height": 280 × 280 pixels
Ball (2x)	MyBall, GameBall	"Color": Cyan, Red "Radius": 10, 10
AccelerometerSensor	AccelerometerSensor	
Clock	Clock1	"TimerInterval": 10
Clock	Clock2	"TimerInterval": 0 "TimerEnabled": disabled
Sound	Sound	
Label (3x)	XLabel, YLabel, ZLabel	"Text": X, Y, Z "FontBold" enabled
Button (2x)	PauseButton, NewButton	"Text": Pause, Restart
Label	HitsLabel	"Text": 0 "FontSize": 18 "FontBold" enabled

텍스트 라벨과 BufferLabel과 Arrangement 컴포넌트를 사용해(직접 해보길 바란다) 정렬을 마친 후의 모습은 그림 12.21과 같다. WoodCanvas 컴포넌트 오브젝트의 크기(280×280픽셀)를 올바르게 설정한다.

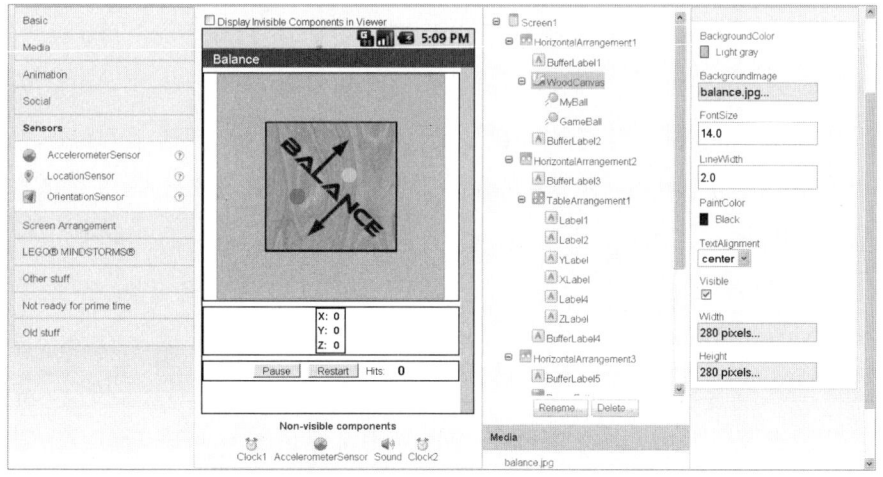

그림 12.21 Designer에서 본 Balance 프로젝트의 컴포넌트

Designer에서 모든 준비 작업을 끝내고 나면, 이제 Editor로 가서 동작 로직을 구현해보자. WoodCanvas 게임 보드판(사용자가 균형을 맞추어야 할 대상임)에 MyBall 오브젝트가 구르는 움직임을 묘사하는 로직부터 구현해보자. 가능한 이 애니메이션을 실제 움직임과 흡사하도록 노력해보자. 구슬이 굴러가는 데 필요한 물리 법칙은 두 가지다. (1) 항상 게임판에서 가장 낮은 지점을 향해 이동한다. (2) 스마트폰의 경사도에 따라 실시간으로 속도가 변해야 한다. 그림 12.22와 같이 변수 형태를 수정하여 모든 가능성을 고려하기보다는 움직이는 속도 같은 핵심 요소에만 집중하여 기본적인 설정을 입력할 수 있도록 해보자. 변수 x, y는 앱을 실행했을 때 MyBall 오브젝트의 초기 위치를 결정하는 반면, borderMin과 borderMax 버퍼 값은 나중에 MyBall이 WoodCanvas 게임판 경계를 벗어나지 않도록 해주는 역할을 한다(280×280 픽셀의 크기를 갖는 캔버스 벽면의 각 픽셀로부터 2픽셀만큼 떨어진 거리임). Speed 변수에는 가속도에 따라 역동적으로 변하는 애니메이션 속도를 결정할 인자를 설정한다.

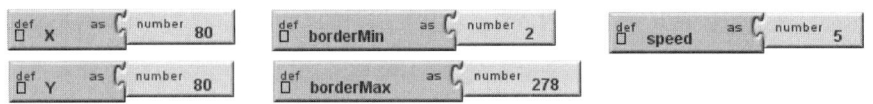

그림 12.22 전역 변수로 핵심 변수를 설정하는 블록 구조도

다른 센서 기반의 애니메이션과 마찬가지로, 그림 12.23의 Clock1.Timer 이벤트 핸들러에서 초당 백 번의 인터벌로 측정한 값을 읽어 오는 타이머를 만들고, 측정 값을 사용해 MyBall 오브젝트가 구르거나 떨어지는 움직임을 시뮬레이션할 것이다. 각 사이클마다 첫 번째 중첩 ifelse 문에서 두 가지 조건을 검사한다. 즉, MyBall이 borderMin과 WoodCanvas.Width 값 사이에 들어오는지 확인하는 것이다. 참인 경우, 음수 혹은 양수의 가속도 값을(그림 12.12 참조) speed 인자와 곱하고, 현재 X 좌표 값(MyBall의)을 뺀다. 결과 값은 새로운 x 좌표 값보다 낮거나 클 것이다. 낮으면 왼쪽이로 이동하는 것이고, 높으면 오른쪽으로 이동하는 것이다. 계산 과정에서 g-힘에 따라 달라지는 곱셈 결과가 클수록 애니메이션의 속도도 커진다. 하지만, MyBall 오브젝트가 WoodCanvas의 오른쪽 벽면에 이미 도달한 상태였다면(x <= WoodCanvs.Width), x값은 더 이상 줄어들지 않고 borderMax 위치 값으로 설정된 상태로 유지된다. 즉, MyBall은 캔버스 오브젝트의 해당 '바닥면'에 그대로 머물러 있게 된다. 왼쪽 벽면에 도달한 경우(x >= WoodCanvs.Width), x 값은 bordreMin의 위치 값으로 설정되어 유지되고 MyBall 오브젝트는 반대편 바닥면에 머물러 있게 된다. 비슷하게, 매번 타이머 이벤트가 호출되면 두 번째 ifelse 분기문이 동작하여 새로운 y 변수 값도 계산한다.

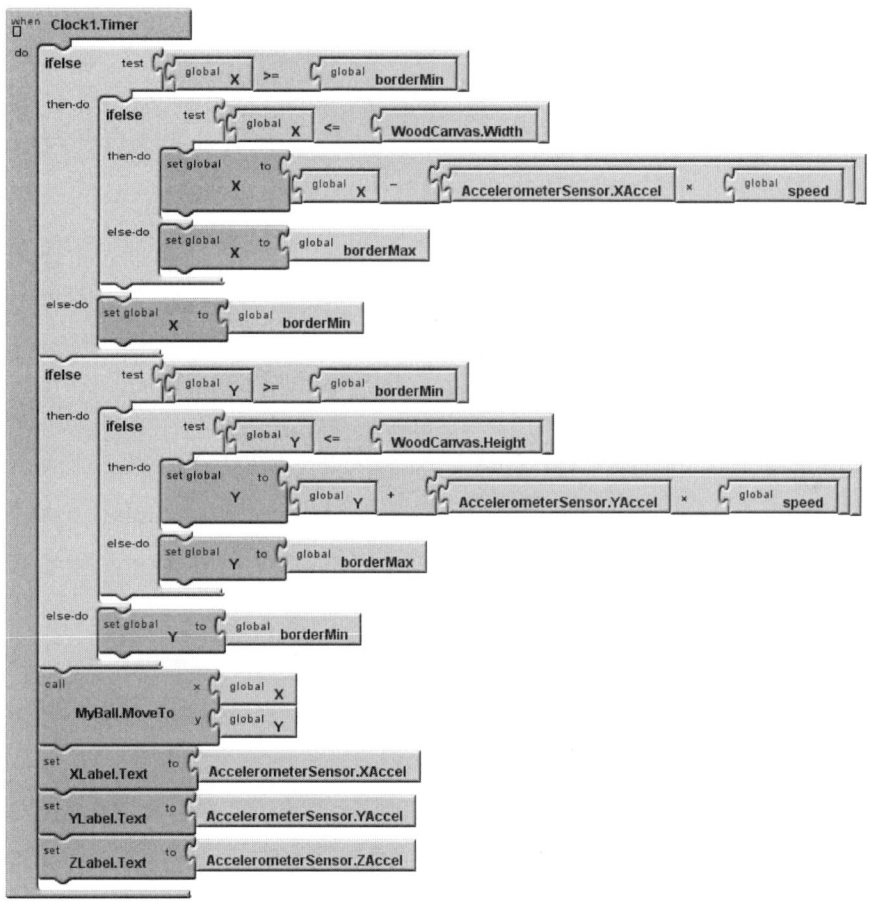

그림 12.23 측정한 센서 값에 따라 움직임을 시뮬레이션하는 블록 구조도

측정된 경사각과 관련하여 새로운 X, Y 좌표를 계산하는 수행문이 너무 짧은 블록만으로 구현하여 내포된 의미가 무엇인지 알기 힘들더라도, 어느 정도 시간을 들여 완전하게 이해할 수 있어야 한다. 처리 절차를 더 잘 이해하

기 위해 측정 값과 중간 계산 과정 결과를 추적하려면, Editor의 Watch 기능을 통해 스마트폰을 개발 환경과 연동한 상태에서 기기를 움직여 값의 변화를 관찰할 수 있다. 새로운 X, Y 좌표가 중첩된 ifelse 수행문에서 계산된 다음엔 매번 타이머가 호출될 때마다 MyBall.MoveTo 메소드를 통해 MyBall 애니메이션 오브젝트의 새로운 위치 값으로 쉽게 할당할 수 있다(그림 12.23 참조). 검사할 목적으로, 측정된 XAccel, YAccel, ZAccel 값을 라벨에 출력하도록 하겠다. 직접 시뮬레이션을 수행해보자. 청녹색의 구슬을 게임판 위에서 굴려보자. 게임판 벽면을 따라 굴려보거나 한쪽 면에서 다른 쪽 면으로 떨어뜨리기도 해보자. 경사각을 변화시켜 원하는 위치와 방향으로 구슬을 굴려보고, 구슬의 이동 속도가 달라지는지 확인해보자. 실제 물리적인 시뮬레이션과는 거리가 멀지만 전체적으로 꽤 사실적인 움직임을 보여주고 있다.

이제 움직임 시뮬레이션을 완전하게 구현했으므로, 그림 12.24에 나와 있는 다른 블록 집합체들을 추가하여 적절한 게임 기능을 만들어보자. 여러 가지 이벤트 핸들러를 추가하겠지만 서로의 연관성은 간단히 설명해도 매우 쉽게 이해할 수 있을 것이다. Restart 버튼과 RestartButton.Click 이벤트 핸들러를 통해 GameBall을 타격한 횟수의 초기 값을 0으로 설정하고, 두 번째 타이머인 Clock2를 활성화한 후에 이 타이머의 TimerInterval 값을 2000으로 설정하여 2초마다 타이머가 호출되어 제어문을 동작시킬 수 있도록 한다. Pause 버튼을 누르면 PauseButton.Click 이벤트 핸들러가 동작하고, Clock2 타이머를 활성화 및 비활성화시킬 수 있다. 그러면 Clock2.TimerEnabled의 현재 상태가 반대로 뒤바뀐다.

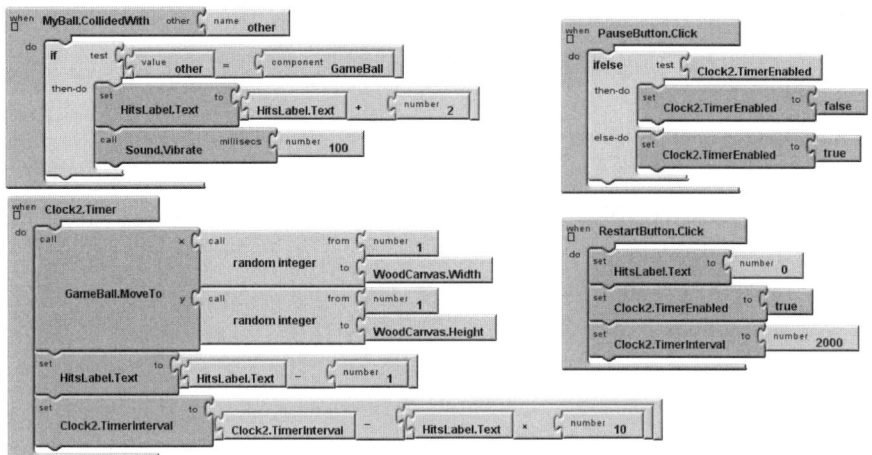

그림 12.24 임의의 위치에 나타나는 GameBall을 쫓아가는 게임 기능을 구현한 블록 구조도

보드판 위에서 사용자가 쫓아갈 대상인 GameBall의 애니메이션 효과는 Clocks2.Timer 이벤트 핸들러에서 발생한다(그림 12.24 참조). 다른 모든 애니메이션과 마찬가지로, GameBall의 위치를 타이머가 호출될 때마다 MoveTo 메소드를 통해 새로운 X, Y 위치로 할당된다. 다른 애니메이션이 갖는 상대적으로 부드러운 움직임과는 반대로, GameBall 오브젝트는 2초마다 캔버스 오브젝트 위의 임의 위치에서 다음 위치로 갑자기 이동한다. 그러므로 움직임이 약간 덜 부드러우며 위치 변화가 더욱 정기적으로 발생한다. 게임판 위에 나타나는 GameBall 오브젝트는 2초 동안 WoodCanvas.Width와 WoodCanvas.Height 사이의 공간에 나타난 후에, 다시 사라졌다가 임의 위치에 다시 나타난다. 게임을 단순하게 만들기 위해, 타이머가 호출될 때마다 HitsLabel의 승점을 1씩 낮추고, 점수를 채울 때 어느 정도 난이도에 부합하기 위해 GameBall을 맞출 때마다 2씩 높인다. 사용자에게 지속적으로 너무 많은 걸 요구하거나 너무 적은 걸 요구하는 일이 없도록 게임에 역동적인 컴포넌트를 추가하여, Clock2.TimerInterval을 현재 승점에 맞게 조절한다. 그러면, 게임의 난이도가 플레이어의 실력에 따라 조절된다.

인터벌 조절에 있어서 사용자는 스스로 MyBall 오브젝트로 GameBall 오브젝트를 맞추도록 노력해서 승점을 높여야 한다. 두 오브젝트들은 `MyBall. CollidedWith`(그림 12.24 참조) 이벤트 핸들러를 통해 위치가 결정되며, 타격할 때마다 `HitsLabel`에 2씩 증가된 수치가 출력된다. 추가로, `Sound.Vibrate` 메소드를 통해 순간적인 진동을 일으켜 사용자에게 햅틱 피드백을 제공한다.

이렇게 하여 분명히 숙지할 가치가 있는 다중 센서를 사용한 게임을 개발했다. 이제 다른 수많은 게임 아이디어를 구현하기 위한 기반을 제공할 수 있다.

LocationSensor 컴포넌트로 지리적 위치 구하기

몇 년 전까지만 해도 자신의 지리적 위치를 파악하는 일은 매우 힘든 일이며, 다소 값비싸면서 일부 영역에서만 가능한 일이라고 간주했다. GPS$^{Global\ Positioning\ System}$ 혹은 NAVSTAR GPS$^{NAVigational\ Satellite\ Timing\ And\ Ranging\ GPS}$라 알려진 내비게이션 시스템은 미국 국방성에서 군사 목적으로 개발한 것이며, 인공위성을 통해 위치를 파악하는 기술이다. 미국 육군이 2000년 5월 의도적으로 신호 감소$^{Signal\ Degradation}$를 철회한 뒤로, 현재는 이 기술이 공개되어 상용 목적으로 사용되며, 비용도 저렴해졌다. 과거엔 약 30피트의 오차(약 10m 범위) 범위 안에서 신호의 발생 위치를 파악할 수 있었다. GPS가 공개된 이후로 몇 년이 지난 뒤 이러한 오차율은 상당히 줄어들었고, 지금은 DGPS$^{Differential\ GPS}$와 같은 기술 덕분에 겨우 몇 미터의 오차로 위치 파악이 가능하다. 2000년도 초기에, GPS 기술은 여전히 열악하며 광범위하고 값비싼 전자기기를 필요로 했었다. 주로 전문적인 항공 역학이나 해양학에서 운송 작업이나 측지학 기술에 필터링을 거친 GPS의 성질들을 사용한다. 하지만 최근에는 GPS 기반의 위치 측정 기술이 자동차 내비게이션 시스템에서 사용되면서, 매우 혁신적인 변화를 맞이하고 있다. 여행을 즐기는 사람이 많아지면서 등산이나 지오캐싱이라는 GPS 기반의 보물찾기 같은 놀이 문화가 발달하였고, GPS가 장착된 스마트폰이 보편화되고 있다.

GPS와 위치 기반 서비스의 기본 개념

애플리케이션과 테크놀로지를 하나로 수렴하면서 과거에는 시스템과 애플리케이션 영역이 분리돼 있던 것이, 오늘날에는 스마트폰으로 융합되어 점점 더 내비게이션에 특화된 기기와 모바일 GPS 시스템의 격차가 커지고 있으며, 후자의 경우 이전에 없던 완전히 새로운 가능성을 열었다. 휴대전화 네트워크망에서 전달된 부가 정보가 지원하는 인공위성 기반의 위치 추적 기능인 A-GPS$^{Assisted\ GPS}$같은 기술 진보를 통해 사용자는 점점 더 정확하고 빠른 위치 추적이 가능해졌다. 심지어 건물들이 밀집한 도시나 건물 안에서도 추적이 가능하다. 인공위성만을 사용할 경우 한 가지 단점이 있다. 최소한 네 개의 GPS 위성이 중간 장애물 없이 직접적으로 통신을 주고받을 수 있어야 하는데, 종종 제한된 범위 안에서나 다소 심각한 간섭이 발생하기도 한다. 특히 도시 지역과 건물 안에서 이런 현상이 심하다. 그러므로 최소한 세 곳의 네트워크 기지국을 기반으로 한 통신 범위 안에 들어야 신호 지연 시간을 인자로 위치 추적 계산을 할 수 있다. 위치 추적 개발은 분명 끝났지만, 현재 나와 있는 결과물과 기술들은 이미 매우 인상적인 수준에 도달했다.

> **GPS에 관한 배경 지식**
>
> GPS에 관한 기술, 역사, 용도 등 더 많은 정보를 원한다면 인터넷을 통해 검색해보는 것도 좋다. 위키피디아에는 GPS, A-GPS 등 여러 기술에 관한 흥미로운 글을 많이 수록하고 있다.
> - http://en.wikipedia.org/wiki/Gps
> - http://en.wikipedia.org/wiki/Assisted_GPS

GPS 기능을 탑재한 기기들이 엄청나게 빠른 속도로 확산되면서, 새로운 디지털 서비스와 애플리케이션, 사회적 변동이 일어나고 있다. 이미 GPS 기능이 가지고 있는 방대한 잠재력과 기회, 위험성 등을 파악하기도 힘든 상태다. 예를 들어, 위치 기반 서비스^{LBS}는 과거에는 그리 전망이 있는 분야가 아니었으나, 지금은 일상생활의 한 부분으로 자리 잡았다. 자동차를 타고 있을 때나, 걸어가고 있을 때도 스마트폰을 포함한 모든 내비게이션 시스템이 이 서비스를 통해 다음 주유소의 위치나 패스트 푸드점의 위치를 알려준다. 기술 측면에서 보면, GPS 수신기의 모바일 데이터 링크 기능은 소셜 네트워크에 등록된 친구들에게 자신의 위치를 알려주는 식으로, 친구 찾기나 라이프로깅lifelogging을 지원하는 데 활용된다. 물론, 사적인 데이터의 보안 측면에서 보면 점점 더 개방적으로 변하고 있는 추세가 위험할 수 있다. 이는 현재 매우 뜨거운 논쟁거리 중 하나다. 사용자의 지리적 위치 정보는 긍정적인 측면에서 사용되어 만날 장소나 내비게이션, 등산 경로 기록 등에 활용될 수 있지만, 원하지 않는 광고나 감시, 누군가의 움직임을 추적하는 등 악의적인 목적으로도 사용될 수 있다.

부디 이 사실을 인지하고 있길 바란다. 독자의 스마트폰은 GPS와 콤파스 센서, 위치 및 가속도 센서 및 기타 여러 가지 센서가 내장돼 있으며, 이러한 기능을 사용하며 모바일 데이터 접근이 가능한 앱은 이제 자신이 어디에 있는지 정확히 '알고 있다'. 그리고 무엇보다도 현재 '독자'가 어디 있는지, 스마트폰 카메라로 어딜 가리키고 있는지, 주변에 무엇들이 있는지, 방금 있던 장소가 어딘지, 만나고 있는 사람이 누군지, 온라인에서 무슨 일을 하고 있었는지, 가고 싶어 하는 장소는 어딘지 등 모든 정보가 누설될 수도 있다. 분명히 위치 기반 서비스는 앞으로 더욱 다양한 종류의 앱에서 사용될 것이다. 이 책에서 이러한 추세가 좋다 나쁘다라고 논쟁을 펼칠 순 없으며, 그러고 싶지도 않다. 이 책에서 다루는 예제들은 AI의 강력한 기능을 보여주는 것은 기본이고, 위치 기반 앱이 가진 훌륭한 가능성과 미래에 성장할 수 있는 엄청난 잠재력에 대해 감을 잡을 수 있도록 안내해주자는 목적과 개인의 위치 데이터를 쉽게 접근할 수 있는 상황에서 독자가 책임감을 가지고 이러한 정보를 다루어야 할 필요성이 있음을 인식하도록 하기 위해 만들어진 것들이다. 첫 번째 예제 프로젝트에서, 독자는 평상시처럼 AI로 쉽게 예제를 개발할 수 있을 것이다. 반면, 등산 경로를 기록하고 의도적으로 이 정보를 다른 사람들에게 공유할 수도 있으며, 실시간으로 온라인틀 통해 자신의 이동 정보를 생성할 수 있고, 이는 독자에 대해 알지 못하는 다른 사람들이(혹은 이 앱을 사용하는 사람들이) 독자가 어딜 가는지 항상 추적할 수도 있어 위험할 수도 있다. 다행히 독자가 직접 앱을 개발하기 때문에, 적어도 자신이 만든 앱이 백그라운드에서 어떤 일을 하고 있는지 알 수 있다는 이점이 있다.

지리 좌표와 소수점

AI로 위치 기반의 앱을 개발하기 전에, 간단히 몇 가지 기본 용어를 소개하고자 한다. 이 용어들을 이해해둬야 나중에 다른 예제들을 더욱 수월하게 학습할 수 있을 것이다. 기술, 지리, 항해, 수학의 기초에 대한 모든 내용을 완벽히 설명하면서 위치를 결정하는 기술과 방법까지 다루는 것은 이 책의 범위를 넘어선다. 그렇다 해도, 독자는 적어도 AI가 LocationSensor 컴포넌트로 반환하는 '측정 데이터'를 통해 무엇을 할 수 있을지 알아야 나중에 앱을 개발할 때 이러한 데이터를 처리해 활용할 수 있게 된다. 이제부터 기초적 수준의 문제들을 다루면서 가끔씩 논의 범위를 단순화시킬 것이다. 더욱 자세한 내용을 알고 싶다면 인터넷을 통해 적절히 검색해보길 바란다.

지리와 관련된 정보를 좀 더 찾아보자

지리학의 개념과 수학적 모델, 내비게이션의 원리 등 관련 정보에 대해 좀 더 상세한 정보를 얻고 싶다면 해당 검색어를 통해 인터넷으로 찾아볼 수도 있다. 예를 들어, 아래 링크 주소와 같이 위키피디아에서는 고도와 위도, 추적각과 지리적 거리를 계산하는 등 다양한 정보가 수록돼 있다.

- http://en.wikipedia.org/wiki/Longitude
- http://en.wikipedia.org/wiki/Latitude
- http://en.wikipedia.org/wiki/Great-circle_distance
- http://en.wikipedia.org/wiki/Geographical_distance

지구 표면 위의 좌표는 캔버스 오브젝트에서 사용하는 X, Y 좌표계와 비슷하게 두 가지 좌표를 통해 정의할 수 있다. 지구가 둥글기 때문에, 평면 좌표계를 쓸 수는 없다. 그래서 그림 12.25와 같이 360도의 경도와 180도의 위도를 기준으로 한 지리학 좌표로 정의한다. 북극과 남극 사이를 가로지르는 경도선(long.)들은 본초 자오선$^{Prime\ Meridian}$을 0도로 정의하여, 이를 기준으로 동쪽과 서쪽으로 각각 180로 범위로 갖는다. 최대 길이에 해당하는 경도선은 적도선으로, 약 111km(지구의 원주인 40,000km/360도)씩 구별된다. 이 선들은 남극과 북극에서 한 점으로 만난다. 위도(lat.) 계산은 먼저 적도를 0도로 정의하여, 북극(+ North 혹은 N으로 표기)과 남극(+ South 혹은 S로 표기)을 90도로 정의한다. 위도와 위도 사이의 거리는 항상 약 111km이다.

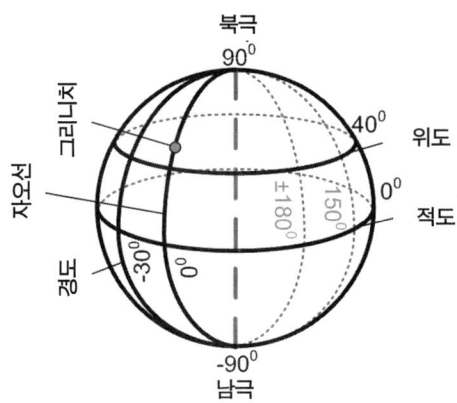

그림 12.25 위도와 경도를 나타낸 그림

위도와 경도 순으로 지리 좌표를 통해 지구 표면에서 특정 위치를 정의한다. 각도는 빈번하게 전통적인 육십진법 형태로 표기된다. 즉, 각도° 분' 초" 방위점 형태이며, 여기서 60초는 1분에 해당하고, 1도는 60분 또는 1도만큼의 해리(자오선 기준, 위도 1의 평균 거리) 값에 해당한다. 요즘 상용화된 GPS 시스템에서는, 보통 지리 좌표를 육십진법 대신 십진수로 표기하며, AI도 이를 따르고 있다. 육십진법을 십진수로 변환하는 공식은 degree + minute/60 + second/3600(예를 들면, 50° 11' 42" N, 8° 35' 14" E = 50.1951 N, 8.5872 E가 된다)으로 간단하며, 방위점은 종종 생략되기도 한다. 적도선을 기준으로 남쪽의 좌표와 자오선을 기준으로 서쪽의 좌표는 음수로 표기한다(-50.1951, -8.5872과 같이). 이러한 표기법은 거리를 측정하거나 내비게이션에서 추가 계산을 위한 초기 값으로 직접 사용될 수 있다.

좌표 값을 표기할 때, 몇몇 유럽 국가(독일 등)에서는 콤마로 소수점을 표기한다는 점을 알아둬야 한다. 미국은 주로 마침표를 사용한다. AI같은 미국의 개발 제품들은 소수점을 사용한다(각 국가별로 소수점이나 숫자를 어떻게 표기하는지(소수점과 콤마를 포함하여) 알고 싶다면 위키피디아를 참조하자. http://en.wikipedia.org/wiki/Decimal_mark).

그러므로 스마트폰이 유럽의 방위 체계를 따른다면 (e.g., 50,1951, 8,5872)과 같이 소수점이 마침표가 아닌 콤마로 표기될 수도 있으며, 이로 인해 잘못된 결과가 계산되거나(최선의 경우) 프로그램 충돌까지(최악의 경우) 일어날 수 있다. 기본 소수점 표기가 콤마로 지정된 국가(독일 등)나, 이런 국가에서 제공하는 GPS 센서 및 관련 프로그램을 사용하는 경우 마침표가 아닌 콤마가 출력된다. AI로 만든 앱을 사용하는 사람들이 어느 나라에서 거주하든 스마트폰의 표기 설정을 변경해주지 않아도 AI의 LocationSentor 컴포넌트가 제대로 동작할 수 있도록, AI가 측정 값을 내부적으로 사용하기 전에 콤마 표기 값을 마침표 표기 방식으로 형변환 해줘야 한다. 두 번째 예제 프로젝트인 GeoCacher에서 이러한 변환 과정을 보여줄 것이다. 이 예제에서 두 지리 좌표 사이의 거리를 계산해보겠다. 첫 번째 예제 프로젝트인 GeoTracker에서는 이러한 변환을 해주지 않아도 된다. 지리 좌표를 활용한 계산 작업을 하지 않기 때문이다.

위치 기반 서비스 앱을 구현하기 전에, 그림 12.26과 같이 Sensor 컴포넌트 그룹에 담긴 LocationSensor 비가시성 컴포넌트의 명세사항을 빠르게 훑어보자. 명세사항 문서의 앞쪽을 보면, 센서 컴포넌트가 제공하는 지리 정보를 꼭 GPS 센서로부터 얻어올 필요는 없으며, 대신 스마트폰에서 WLAN이나 3G 네트워크에 연결 가능하다면, 이러한 통신 네트워크 통해 데이터를 얻을 수 있다고 적혀 있다. 다양한 속성을 이용해 스마트폰 기기를 확인할 수 있다. 지리 정보 수신기를 활성화할지 결정하는 일반적인 검사 절차와는 별개로, `AvailableProviders`로 지리 정보의 출처가 무엇인지 확인할 수 있다. `ProverdierName`으로 활성화 상태에 있는 프로바이더를 확인할 수 있으며, `ProviderLocked`를 사용해 영구적으로 설정할 수 있다. Has 속성을 사용하면, 수신 정확도^{HasAccuracy}, 위도^{HasAltitude}, 지리적 위치^{HasLongitudeLatitude} 관점에서 데이터 소스를 일반적으로 사용할 수 있는지 검사할 수 있다.

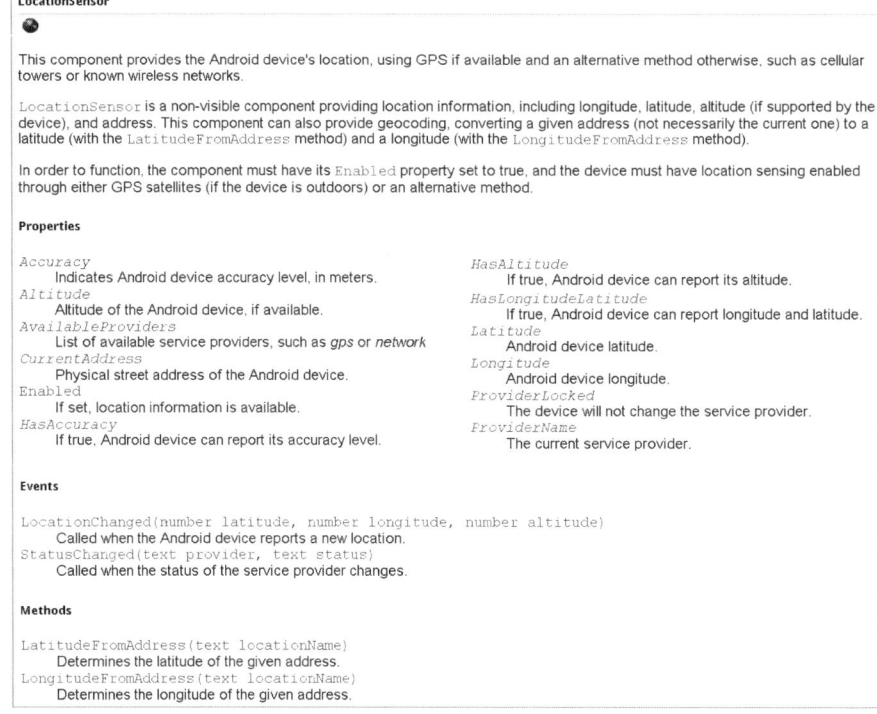

그림 12.26 AI 레퍼런스에 나와 있는 LocationSensor 컴포넌트 명세사항

사전에 부품 검사를 하기 위한 속성들과 더불어, 독자는 지리 데이터를 수신하는 속성도 찾을 수 있다. Altitude, Latitude, Longitude 속성은 현재 측정된 지리적 위치 데이터이며, Accuracy 속성은 미터 단위로 측정 데이터의 정확도를 지정한다. 온라인으로부터 데이터를 읽어 들인 후 지리 좌표와 비교함으로써, 현재 거리 주소를 알아내 CurrentAddress에 저장할 수 있다. 지리 위치 데이터가 변경되거나 새로운 데이터를 수신하는 경우, LocationChanged 이벤트 블록이 호출되어 읽어 들인 새 위치 데이터를 위도, 경도, 고도 변수에 연속적으로 전달한다. 또한, 지리 위치를 제공해주는 출처의 상태가 변경되면, StatusChanged 이벤트 블록으로 상태가 출력되며, 변경된 새로운 제공자가 상태 메시지로 출력된다. LatitudeFromAddress와 LongitudeFromAddress 메소드를 사용해, 거리 주소의 지리 좌표를 판단할 수 있다. 이는 기본적으로 CurrentAddress 속성의 역할에 해당된다.

AI 레퍼런스의 명세사항은 LocationSensor 컴포넌트의 다양한 기능을 설명하는 것과 더불어, 앱이 독립적인 APK 파일 형태로 스마트폰에 설치된 경우에만 위치 센서가 제대로 동작한다고 설명한다. 비록 이러한 제약이 모든 스마트폰에 해당될 것처럼 보이지 않더라도 말이다. 직접 독자의 스마트폰으로 실험해보면, 아마도 위치 센서가 개발 환경에서도 동작할 것이다. 이때 에뮬레이터는 아무런 도움이 안 된다. 에뮬레이터에(좀 더 정확히 말하면, 독자의 컴퓨터에)는 GPS 센서가 없기 때문이다. 필요한 GPS 데이터를 제공하기 위해서는 정교한 시뮬레이션을 수행해야만 할 것이다. 개발 과정에서는 되도록 스마트폰을 개발 환경과 연동하여 테스트하는 게 최선일 것이다. 스마트폰이 바로 완성한 위치 센서 앱이 실행될 장치이기 때문이다.

분명히 독자는 지금 LocationSensor를 실제로 사용해 보고 싶어할 것이다. 그러면 작업을 시작해보자.

지나온 길을 기록하는 지리 추적 컴포넌트

첫 번째 예제 프로젝트를 통해 LocationSensor 컴포넌트를 다뤄볼 것이며, 이 컴포넌트가 양날의 칼과 같다는 점을 보여줄 것이다. 'GPS tracking'과 'digital footprint' 같은 검색어로 위키피디아에서 조사를 해보면, 지리 추적 기능에 대한 기본적인 설명을 볼 수 있다. 하지만, 지리 추적 기능을 개발할 수 있도록 AI가 제공하는 수단들을 최대한 중립적인 위치를 유지하면서 다루고자 한다. 지리 추적에 있어서, 독자가 지나온 길은 현재 위치의 지리 좌표(경도와 고도)를 계산하고 저장하는 식으로 기록된다. 이러한 기록 방식은 핸델과 그레텔이 숲 속에서 걸어온 길을 기억하기 위해 빵조각을 흘렸던 것과 비슷하며, 일정한 시간 주기뿐만 아니라 일정 거리 및 기타 기준을 정하여 기록된다. 현재 나와 있는 GPS 시스템과 스마트폰에서, 다른 지리 데이터는(고도와 주소 등) 지리적 위치와 기록 시간, 날짜와 함께 자동으로 기록되어 트랙로그에 저장된다. 이 데이터를 사용하면 등산을 하면서 지나온 경로나 고도들을 기록한 프로파일을 생성할 수 있으며, 캔버스 위에 그래픽 이미지를 사용해 시각적으로 표현할 수도 있다. 반드시 온라인으로 읽어와 처리해야 하는 주소 데이터와는 별개로, 모든 좌표 정보는 시외의 인적이 드문 곳에서 신호가 잡히지 않더라도 야외 날씨가 화창하고 최소한 네 개의 GPS 위성이 있는 한 수신 가능하다(또한 배터리가 충전돼 있어야 한다). 이번 예제 프로젝트를 통해 개발한 앱으로, 독자는 실제 경로 기록기처럼 스마트폰을 사용할 수 있다.*

이 책에서 지원하는 웹사이트에서 GeoTracker 프로젝트 찾기
참고   이번 예제에 필요한 파일은 다른 예제들과 동일한 경로에서 찾을 수 있다. 이 책의 소개글에 링크 주소를 적어 놓았다.

자신의 스마트폰에 내장된 GPS 수신기 활성화하기
참고   먼저 지리 데이터를 확실히 수신할 수 있게 스마트폰의 GPS 수신기를 활성화시켜야 한다. 다른 수신 설정 옵션과 마찬가지로, 독자는 일반적으로 상태 막대나 다른 단축 아이콘 등을 사용해 이 기능을 활성화시키게 된다. 의문 사항이 생긴다면 독자의 스마트폰에 맞는 사용자 가이드를 참조하자.

GPS 추적기나 위치 기록기의 동작방식에 익숙하지 않다면, 그림 12.27이 보여주는 위치 기록기의 기능을 참고 하는 것이 나중에 구현에 들어갈 때 도움이 될 것이다. 앱을 실행하고 나면, 그림 좌측과 같이 위치를 기록하는 시간 인터벌을 설정할 수 있고 enabled 체크박스로 기능을 활성화할 수 있다. 그러면 등산을 하면서, 현재 위치 데이터가 지속적으로 기록되고, Current position 부분에 지리 좌표, 고도, 주소(검색되는 경우), 기록 시간 등의 정보가 출력된다(가운데 그림). 매 시간 인터벌마다 현재의 위치 데이터가 기록되고 Track log에 연속적인 리스트 형태로 출력된다. 이때 가장 최신 입력 데이터는 첫 번째 위치에 나타난다(우측 그림). online 체크박스가 설정되지 않는 한, 위치 데이터는 앱에 의해 스마트폰 저장소에 기록되며 앱을 종료하면 삭제된다.

---

*_GPS 신호는 인터넷과 무관하다. 즉, 와이파이나 3g 연결이 끊겨도 GPS 정보를 읽어올 수 있다. 지도 앱에서 3g나 와이파이로 데이터를 읽어 오는 것은 지도 이미지나 관련 위치 정보 데이터다. 심지어 인터넷이 안 되는 바다에서도 GPS 수신은 가능하다. – 옮긴이

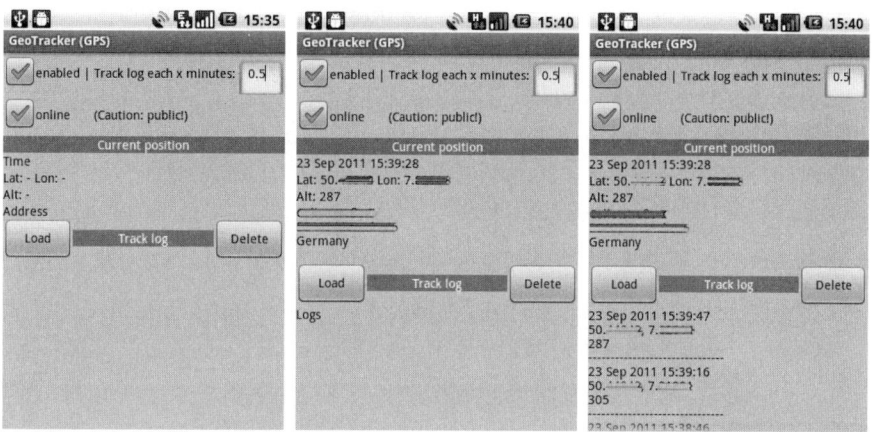

그림 12.27 GeoTracker 프로젝트를 실제로 실행한 모습

이 체크박스를 설정하면, 위치 데이터가 로그 형태로 새로 입력될 때마다 온라인 서버에도 저장된다. 물론, 이 데이터를 TinyDB 컴포넌트를 사용해 로컬 저장소에 저장할 수도 있지만, 우리는 한 단계 더 나아가 TinyWebDB를 사용해 클라우드 서버에 저장할 것이다. 나중에는 언제든지 저장소를 변경하고 로컬 저장소 기능을 추가할 수 있으며, 인터넷 신호 세기가 약한 곳에서는 로컬 저장 방식이 유용하다. 하지만, 우리가 사용할 지리 추적기에서는 스마트폰에 지나온 이동 경로를 매우 쉽게 기록할 수 있다는 것을 보여주고자 한다. 이 경로 데이터는 나중에 또 다른 스마트폰에서 동일한 앱을 실행시켜 Load 버튼만 눌러서 동시에 로딩해볼 것이다. 그다음 기록 내용을 다양한 용도에 사용할 수 있다. 그림 12.28에 나와 있는 예제에서, 온라인에 저장된 지리 데이터는 다른 데이터처럼 AI 테스트 서버에 평범한 텍스트 형태로 저장돼 있어 데이터를 읽어올 수 있다.

그림 12.28 클라우드 서버에 저장된 지리 데이터

온라인 서버에 데이터를 저장할 땐 고유의 네임 태그를 사용하라!
독자가 개발한 앱에 사용할 독자만의 태그를 직접 지정해야 함을 명심하자. 그렇지 않으면, 이 책을 읽는 독자들은 모두 동일한 태그를 사용해버려서 온라인 고유 데이터베이스(http://appinvtinywebdb.appspot.com/)에 저장된 로그 기록들을 끊임없이 덮어쓸 것이다!

저장한 데이터를 다시 확실하게 지우기 위해, 예제에서는 Delete 버튼을 제공한다. 이 버튼으로 로컬 저장소에 저장된 로그 기록뿐만 아니라, 그림 12.29와 같이 온라인 서버에 저장된 데이터도 함께 지운다(빈 문자열로 덮어쓴다).

그림 12.29 클라우드 서버와 로컬 저장소에 저장된 로그 기록이 지워진 모습

그림을 보면 알 수 있듯이, 이번 예제의 디자인은 그리 복잡하지 않으므로, 우리는 이 앱을 매우 빠르게 구현할 수 있다. Designer로 가서 'GeoTracker'라는 이름의 새 프로젝트를 생성하고 초기 페이지 'Screen1'의 이름도 변경한다. 그다음 표 12.6에 나와 있는 컴포넌트를 추가한다. 이때 Clock 속성인 TimerInterval의 값을 올바르게(60000) 설정하여 1분마다 위치 정보를 기록하기 위한 MinutesTextBox에 입력되는 기본 값(1)과 일치시킨다. 초기에는 두 체크박스 모두 비활성화 상태로 지정되어 사용자가 의도적으로 이 기능을 활성화시켰을 때만 위치 좌표가 기록되기 시작하도록 한다.

표 12.6 GeoTracker 프로젝트의 컴포넌트와 초기 속성들

컴포넌트	오브젝트 이름	수정될 속성 값
Screen	Screen1	"Icon": gpstrack_appIcon.png (지원 사이트의 /MEDIA 경로 참조)
LocationSensor	LocationSensor	"Enabled": disable
Clock	Clock	"TimerInterval": 60000
TinyWebDB	TinyWebDB	"TimerInterval": 10
CheckBox (2x)	EnabledCheckBox, OnlineCheckBox	"Checked": disable
TextBox	MinutesTextBox	"Text": 1
Label (3x)	TimeLabel, AddressLabel, LogLabel	"Text": Time, Address, Logs
Label (3x)	LatLabel, LonLabel, AltLabel	"Text": -, -, -
Button (2x)	LoadButton, DelButton	"Text": Load, Delete

적절히 DivisionLable가 텍스트 라벨, 그리고 정렬 요소들을 추가하면 예제는 그림 12.30과 같다.

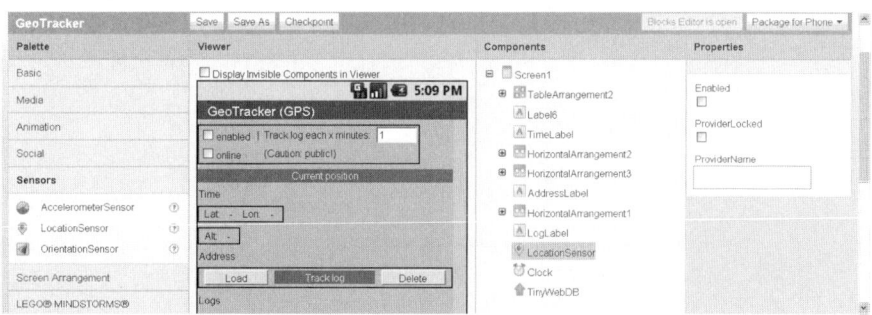

그림 12.30 Disigner에서 본 GeoTracker 예제의 모습

이제 Editor로 가서 기능 로직을 구현해보자. 리스트에 다양한 로그 데이터를 기록할 것이므로, 앱이 실행될 때 리스트를 생성하여 그림 12.31과 같이 초기화 해줘야 한다. 또한 전역 변수인 i를 초기화하여 나중에 카운터 변수로 사용할 것이다. 즉, 리스트 값을 읽어 들일 때 인덱스로 사용할 수 있다.

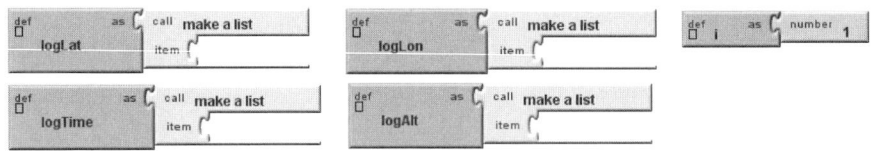

그림 12.31 지리 데이터를 저장할 리스트 관련 블록들과 i 카운터 변수를 초기화하는 블록

체크박스를 선택해 enabled로 설정해서, 사용자는 스마트폰에 내장된 센서 혹은 좀 더 정확히 말해서 현재 활성화된 데이터 제공자(GPS나 A-GPS 등)가 보내주는 위치 데이터를 기록할 수 있다. 이때 그림 12.32와 같이 EnabledCheckBox.Changed 이벤트 핸들러를 통해, 체크박스의 불린 속성인 LocationSensor.Enabled를 통해 센서의 활성화 여부를 검사한다. 사용자가 이 기능을 활성화시키면, 일반적으로 GPS 아이콘이 스마트폰 상단의 상태 막대에 나타난다. 두 번째 체크박스인 online의 경우엔 이벤트 핸들러도 필요 없다. 나중에 이 체크박스의 불린 타입 속성을 직접 확인할 것이다(그림 12.34 참조).

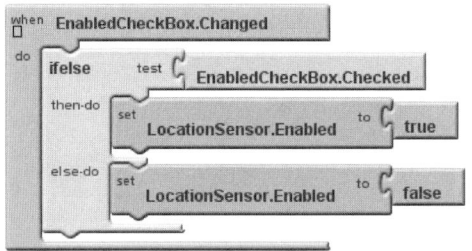

그림 12.32 위치 정보를 기록하는 이벤트 핸들러 블록 구조도

데이터 수신 센서로부터 지리 데이터를 실제로 수신할 수 있도록 해준다. 다른 센서를 사용할 때처럼 수정된 시간 인터벌마다 타이머가 데이터를 읽어 오도록 제어하는 대신(이런 방식을 쓸 수 있음에도 불구하고), 우리는 LocationSensor에서 제공하는 LocationChanged 이벤트 블록을 사용할 것이다. 이 핸들러는 GPS 센서에서 새로운 데이터를 수신할 때마다 자동으로 호출된다. 일반적으로 위치를 변경할 때 이러한 경우에 해당하지만, 날씨가 좋지 않아 신호 간섭이 일어났다가 맑아질 경우에도 새로운 데이터가 수신될 수 있다. 또는 다른 GPS 위성이 수신 범위 안에 들어올 때도 발생할 수 있

다. 센서에 의해 `LocationSensor.LocationChanged` 이벤트 핸들러가 호출되면(그림 12.33), 현재 측정된 지리 데이터가 세 가지 지역 변수 `latitude`, `longitude`, `altitude`에 전달된다. 이벤트 핸들러에서 우리는 이 지리 데이터를 사용해 각 라벨에 '현재 위치'를 표시한다. 그리고 `Clock.Now`가 전달한 현재 시간을 `Clock.FormatDateTime`으로 포맷을 변경하여 추가한다. 마지막으로, `LocationSensor.CurrentAddress` 센서 메소드를 사용해 지리 좌표와 일치하는 거리 주소가 있는지 검사하여 화면에 출력한다(있는 경우). 새로운 지리 좌표 값을 수신할 때마다 이 이벤트 핸들러가 다시 호출되어 사용자는 앱 화면의 Current position 칸을 보면서 항상 자신의 위치를 알 수 있다.

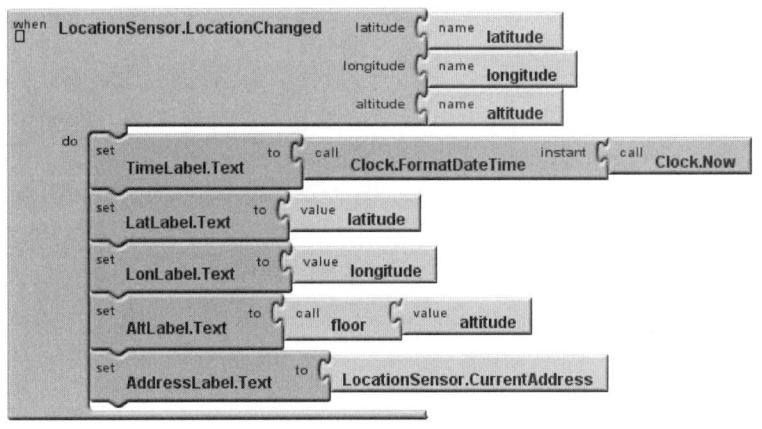

그림 12.33 지리 정보를 수신하여 시간 기록과 주소 정보와 함께 출력하는 블록 구조도

그림 12.33에 나와 있는 이벤트 핸들러를 통해 현재 수신한 지리 정보를 저장한 뒤 `TimeLabel`, `LatLabel`, `LonLabel`, `AltLabel`, `AddressLabel`에 출력한 다음에는 기본 시간 인터벌(1분)이나 사용자가 별도로 지정한 인터벌마다 데이터 로그 저장소에 저장할 수도 있다. 이를 위해서 그림 12.34의 `Clock.Timer` 이벤트 핸들러를 통해 가장 최근에 수신한 지리 데이터를 각 라벨로부터 읽어 와서 각 데이터에 대응되는 리스트 `logLat`, `logLon`, `logAlt`에 저장한다. 일정 시간(지정해놓은 인터벌) 이상 사용자가 움직이지 않으면, 계속해서 동일한 위치 정보가 저장된다. 시간 기록 데이터만 계속 변하는 채로 말이다. `enabled` 체크박스를 활성화했을 때만 로그 저장소에 데이터가 저장된다. 체크박스의 상태는 이벤트 핸들러의 첫 `if` 수행문에서 확인한다. 리스트들에

새로운 데이터가 추가되면, 이 리스트들은 showLog 프로시저의 수행문을 거쳐 앱의 Track Log 영역에 적절한 포맷으로 출력된다(나중에 그림 12.36을 다시 참조하자). 그러면 사용자는 온라인을 통해 실시간으로 로그 데이터를 추적할 수 있다.

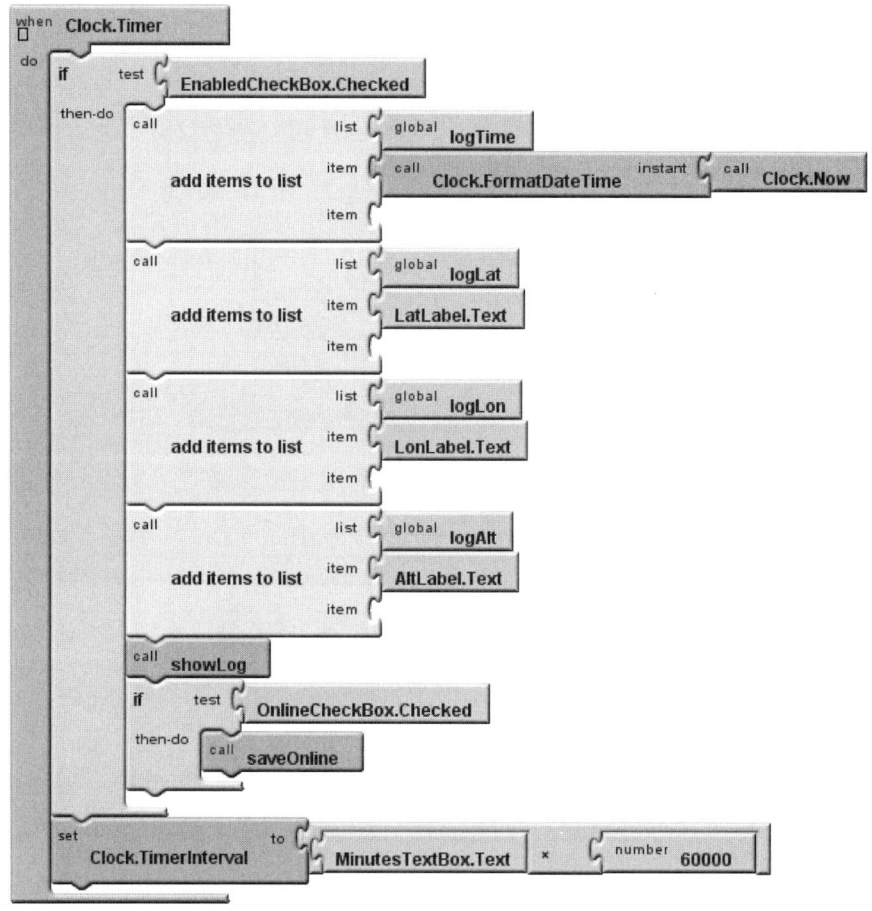

그림 12.34 로그 데이터에 시간 기록 값과 현재 지리 정보를 저장하는 블록 구조도

Clock.Timer 이벤트 핸들러의 첫 번째 if 문은 두 번째 if 문을 포괄하며, 후자는 흐름을 파악하기 쉽지 않지만 매우 중요한 역할을 한다. 이 부분부터, OnlineCheckBox.Checked 속성(불린 타입)을 검사하여 로그 데이터를 스마트폰에 출력할지(false일 경우) 말지, 그리고 AI 테스트 서버를 통해 온라인으로 데이터를 저장할지(true일 경우)를 검사한다. online 체크박스가 선택된 경우

에만 조건이 충족되어(true가 되어), 매번 시간 인터벌이 지날 때마다 이벤트 핸들러가 호출되어 saveOnline 프로시저를 통해 클라우드 서버에 데이터를 저장한다(그림 12.35 참조). 두 체크박스의 상태 설정과는 별개로(즉, 두 if 조건문 외부에서) Clocks.Timer 이벤트 핸들러가 매번 호출될 때마다 마지막 수행 부분에서 내부 시간인 Clock.TimerInterval이 새로운 값(MinutesTextBox에 적힌 분 단위 시간에 60000을 곱한다)으로 재설정된다.

작업 수행 역할을 구별하기 위해, AI 테스트 서버에 로그 데이터를 저장하는 수행문들만 별도로 모아 그림 12.35의 saveOnline 프로시저에 담았다. 평상시처럼, 현재 리스트들(logTime, logLat, logLon, logAlt)은 각자의 고유 식별자(TWDBlogTime, TWDBlogLat, TWDBlogLon, TWDBlogAlt 태그)를 가지고 TinyWebDB.StoreValue 메소드를 통해 AI 테스트 서버로 전달된다. 여기서 앞서 언급했듯이 데이터 중복 저장을 방지하기 위해 반드시 독자만의 식별자를 사용해야 한다는 걸 명심하자.

그림 12.35 AI 테스트 서버에 로그 리스트들을 저장하는 블록 구조도

시간 인터벌이 지날 때마다 포맷이 지정된 로그 값이 아주 간단하게 스마트폰 화면에 출력된다. 다시, 우리는 출력 동작을 별도의 프로시저 showLog로 모아서 작업 영역을 구분해 놓았다(그림 12.36). 앞에서 순환 구조로 리스트를 포맷을 맞춘 형태로 출력하는 것과 비슷하게, 우리는 showLog 이벤트 핸들러가 호출될 때마다 네 가지 리스트에 담긴 모든 요소들을 while 순환문을 통해

읽어 들인 다음, 이 요소들을 make text 메소드를 사용해 연속적인 텍스트 문자열로 만들어 LogLabel.Text로 출력한다. While 루프에서 사용하는 카운터 i 변수의 초기 값에 리스트에 담긴 항목의 수(length of list)를 할당하여 순환할 때마다 1씩 감소시켜 나간다(i = i - 1). 이렇게 하면 가장 최근에 담긴 항목부터 가장 오래 전에 입력된 항목까지 역순으로 읽어 들이게 된다(이를 LIFO^{Last In, First Out}라 한다).

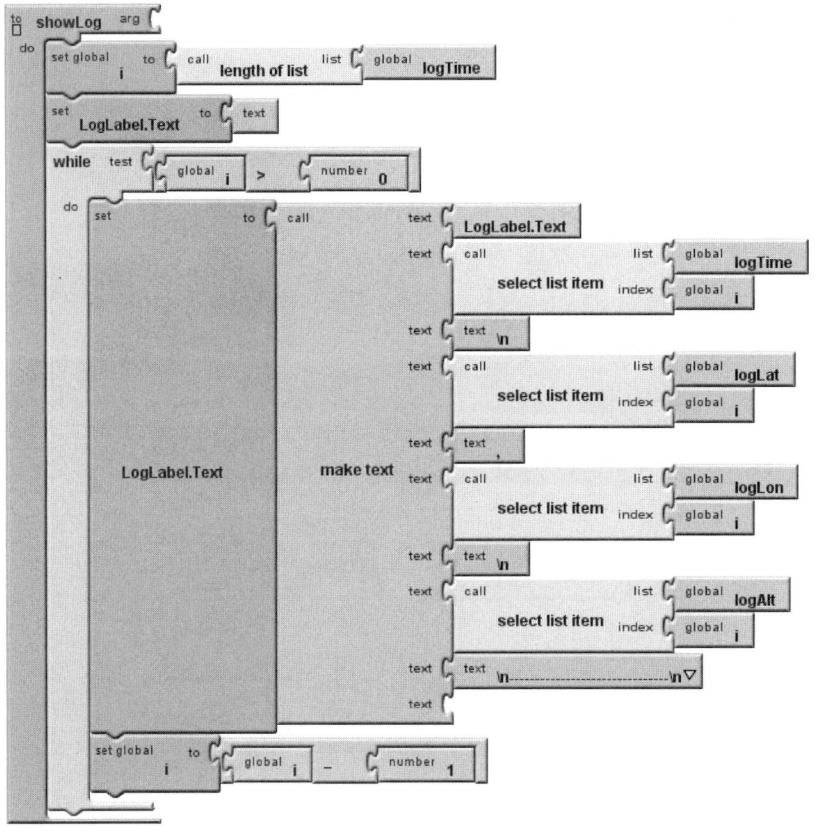

그림 12.36 로그 데이터의 스마트폰 화면 출력 포맷을 정형화하는 블록 구조도

사용자가 Delete 버튼을 누르면 DelButton.Click(그림 12.37) 이벤트 핸들러가 호출되어 로그 기록들이 삭제된다. 포맷을 맞추어 화면에 출력하는 프로시저와 비슷하게, 삭제 프로시저도 리스트의 가장 최근 항목부터 지워나간다. 하지만, 이번에는 while 순환문에서 remove list item 메소드를 통해 모

든 리스트 항목들을 하나씩 삭제한다(즉, 다른 항목으로 덮어쓰는 게 아니라 리스트가 빌 때까지 완전히 제거한다). 그다음 saveOnline 프로시저를 호출함으로써 온라인에 저장했던 리스트의 항목들을 빈 리스트로 덮어쓰게 되어 AI 테스트 서버에 저장됐던 로그 기록들도 모두 지워진다.

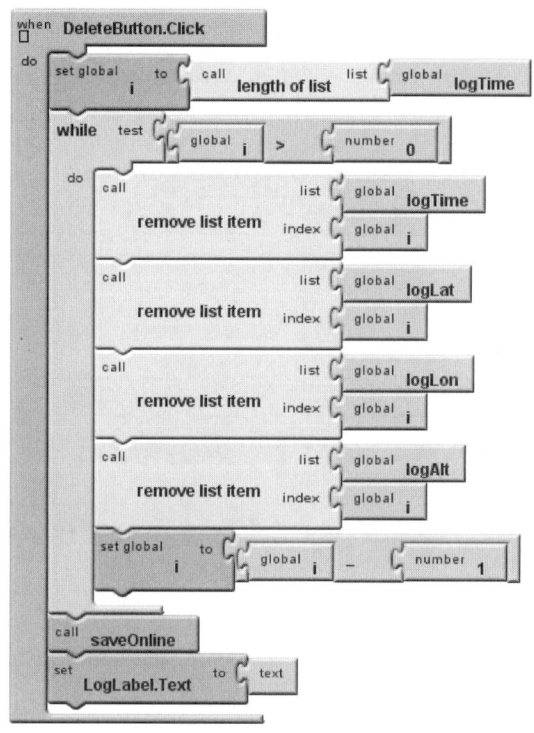

그림 12.35 AI 테스트 서버로 온라인을 통해 로그 리스트를 저장하기

온라인 서버에 로그 데이터를 지우지 않은 채로 GeoTracker 앱을 닫았다면, 다음에 로그 기록들을 보고 싶을 땐 Load 버튼을 눌러 AI 테스트 서버로부터 데이터를 다운로드해 Track Log에 출력할 수 있다. 물론, 다른 사용자들도 동일한 식별 태그를 사용한다면 이렇게 할 수 있다. 이러한 가능성 때문에, 독자는 자신만의 식별 태그를 사용해서 안전하게 데이터를 서버에 저장해야 한다. 온라인에 저장된 리스트 데이터를 다시 읽어 오는 것은 지금까지 익숙하게 봤던 요청과 비동기 수신 절차를 통해 이뤄진다. 그림 12.38에 나와 있는 LoadButton.Click 이벤트 핸들러에서, 먼저 TinyWebDB.GetValue 메소드를 통해 리스트의 고유 식별자와 함께 웹서버에 요청을 보낸다.

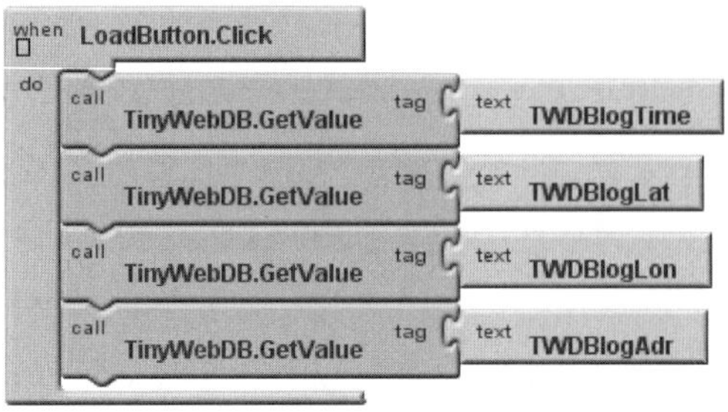

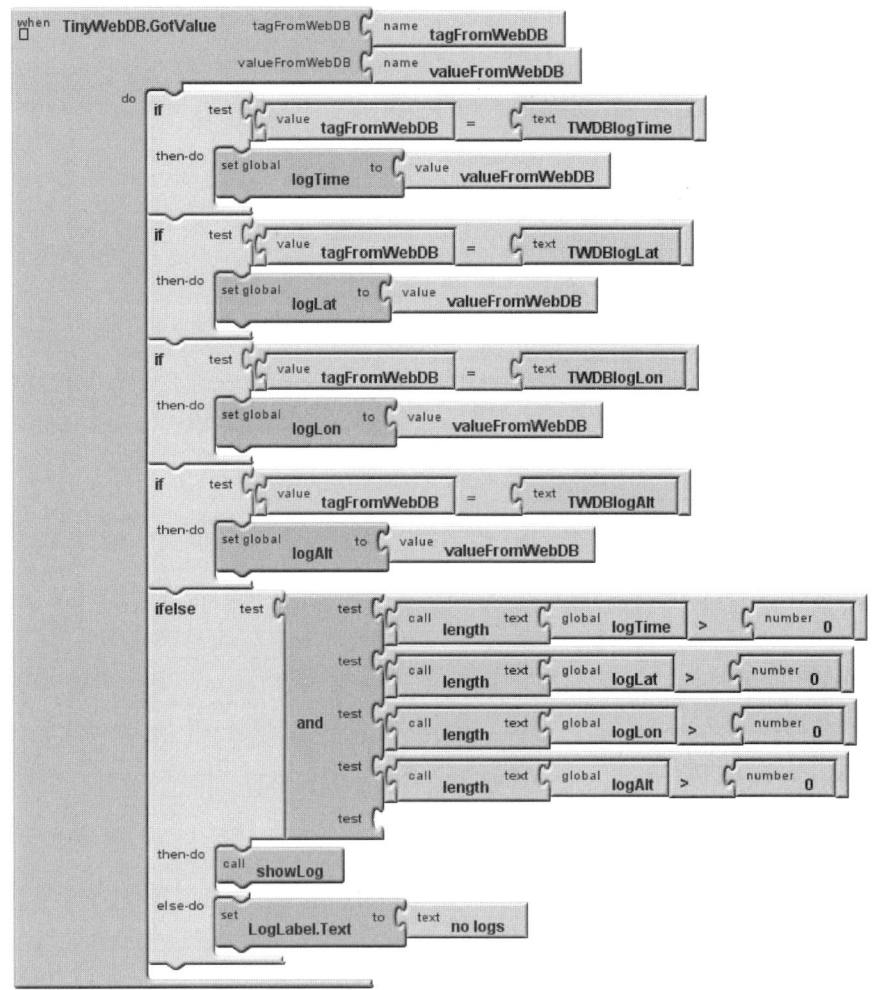

그림 12.38 AI 테스트 서버에 저장한 리스트 데이터를 요청하는 블록 구조도

그림 12.39 웹 서버로부터 데이터를 수신하여 리스트에 할당하고 화면에 출력하는 블록 구조도

스마트폰에서 각 리스트 데이터를 수신할 때마다 그림 12.39의 TinyWebDB. GotValue 이벤트 핸들러가 호출된다. if 수행문에서 수신한 리스트를 tagFromWebDB를 통해 전달한 태그로 식별한 다음 해당 지역 리스트 변수에 할당한다(logTime, logLat, logLon, logAlt). 요청한 모든 리스트를 수신한 다음 ifelse 분기문의 AND 연산 결과가 모두 충족되면, showLog 프로시저를 통해 보통 때와 마찬가지로 Track Log 영역에 출력한다. 아무런 항목도 나타나지 않았다면, no logs 메시지가 출력된다.

이제 이번 이벤트 핸들러를 마지막으로, 지나온 경로 데이터를 수신하여 온라인 서버에 고도 데이터의 프로파일을 저장하는 로직을 모두 구현했다. 이로써 GeoTracker 앱의 기능은 완전하게 구현된 셈이다. 한 번 스마트폰으로 실행해보자! 밖으로 나가서 등산이나 공원을 걸어가면서 경로를 기록할 때, 가장 이상적으로 동작한다. 몇 시간 동안만 컴퓨터 앞에 앉아 있다가 실험해보는 것이 적절한 야외 테스트를 할 수 있는 기회도 되며 훌륭한 변화를 만들어준다. 위치 기반 앱에 대해서는 아직도 여러 가지 논란의 여지가 많지만, 놀랄 만큼 간단한 형태인 LocationSensor 컴포넌트를 사용할 수 있다는 AI의 특별하고도 인상 깊은 차별성을 과소평가해선 안 된다. 예전에 자신의 스마트폰이 이처럼 지리 정보를 측정하는 도구로 사용될 수 있을 거라 생각해본 적이 있는가?

스마트폰으로 하는 보물찾기 놀이

새로운 개념으로 매우 큰 인기를 모으기 시작한 보물찾기 놀이[geocaching]를 한 번도 해본적이 없다면, 이 번에 다룰 예제를 통해 친숙해질 수 있는 기회를 가져보자. 보물찾기 놀이는 GPS 기반의 다양한 제품과 마찬가지로 GPS 기능을 보물을 찾아다니는 전통적인 게임에 응용한 것이다. 2000년도부터 일반 사람들도 GPS 기능을 즐겨 찾게 되면서, 보물을 숨겨놓는 사람들[geocacher]은 다소 유용한 물건들을 담은 작은 방수용 상자[caches]를 전 세계 곳곳에 숨겨놓기 시작했다. 숨겨 놓은 위치의 지리 좌표를 인터넷에 공개하면, 사람들은 그 '보물'을 자신들의 GPS 기기로 찾는다. 보물을 찾은 사람은 보통 로그 북[log book]에 글을 남기면서, 보물에서 발견한 물건들 중 하나를 자신이 갖고 있던 물건과 맞바꾼다. 그다음 보물을 다시 숨겨놓았던 장소에 놓으면서 신비한 일들이 벌어지는 세상에 대해 관심이 없거나 아무것도 의심하지 않는 '머글^{muggle}'들을 항상 경계한다. 인터넷으로 보물의 위치를 공개하는 전형적인 형태 이외에도, 변형된 보물찾기 놀이가 존재한다. 예를 들면, 멀티캐시$^{multi-cache}$(보물이 여러 개 숨겨져 있음) 같은 게임에서는 여러 지점^{station}을 통해서만 보물을 찾는 경로가 발견될 수 있다. 다음 지점의 좌표를 바로 알려주거나 수수께끼 형태로 암호화되기도 한다. 이 게임이 궁금하다면 인터넷을 통해 관련 검색어로 조사해보길 바란다. 또한 www.geocaching.com 사이트를 방문해볼 수도 있다. 이 사이트는 세계에서 가장 큰 규모로 보물찾기 놀이를 지원해주는 플랫폼 중 하나다. 사이트에 접속해서 보물의 위치를 봤다면, 자신의 주위에 얼마나 많은 보물들이 숨겨져 있었는지 알면 매우 놀랐을 것이다. 또한 보물들이 주변에 있었는지 일말의 눈치도 채지 못했다는 사실을 깨달을 것이다!

보물찾기 놀이에 참가하기 위해서는 최소한 보물의 위치를 입력할 수 있는 모바일 GPS 시스템 정도는 있어야 한다. 다양한 보물이 시외 변두리에 퍼져 있기 때문에, 항상 스마트폰 통신이 연결될 수 없으며 온라인 내비게이션(Google Navigation 같은)도 먹통이 될 수 있다. 대신 GPS 수신기로 읽어 들인 데이터와 콤파스 센서로 측정한 방향 데이터만을 사용해 보물을 찾아나갈 수 있다. 이러한 내비게이션 기능들을 사용해 자신의 위치를 파악하는 것은 어느 정도 연습이 필요하므로, 경험이 부족하거나 지리를 잘 모른다면 너무 멀리까지 떠나는 모험을 해선 안 된다. 길을 잃은 경우라도, 출발 지점의 좌표를 적어두거나 GPS 시스템을 통해 저장해 놨다면 다시 돌아가는 경로를 찾아나갈 수 있다.

이번 예제에서는 AI를 사용해 앞서 설명했던 기능들을 어느 정도 범위까진 제공하는 간단한 보물찾기 앱을 만들어 보겠다. 하지만 내비게이션 데이터를 계산하는 일은 절대 쉬운 일이 아니며 정말 전문적이고도 신뢰할 수 있는 보물찾기 앱을 만드는 일은 이 책의 수준을 넘어서는 것이다(이 책의 목적은 AI의 일반적인 기능들을 소개하는 것이다). 이러한 제약이 존재하는 상황에서, 다음 예제는 주로 독자가 직접 지리 정보를 기반으로 한 앱을 AI로 만들 수 있도록 동기를 부여하기 위해 만들었다. 원한다면 해당 기능들과 이 주제들을 더 자세히 조사해보는 것도 좋을 것이다. GeoCacher 예제 프로젝트에서는 GPS 시스템을 생성하기 위해 Compass 프로젝트의 기능과 GeoTracker 프로젝트의 기능들을 조합할 것이다. 현재 위치에 관한 모든 정보를 화면에 출력하는 것과 더불어, 지리 추적기는 사용자가 목표 지점을 입력하면 예상 거리와 방향을 보여주는 기능도 있어야 한다. 그래야 지속적으로 내비게이션 데이터를 갱신하여 목표점까지 찾아나갈 수 있을 것이다.

> **이 책에서 지원하는 웹사이트에서 예제 프로젝트 찾기**
>
> 이번 예제에 필요한 파일은 다른 예제들과 동일한 경로에서 찾을 수 있다. 이 책의 소개글에 링크 주소를 적어 놓았다.

그림 12.40은 실제 지리 추적 앱을 실행시켰을 때의 모습이다. 나침반 아래에 있는 Current location 영역에는 GPS 센서를 통해 수신한 지리 좌표들(고도, 수신 정확도, 시간 기록)이 출력된다(좌측 그림). Target location 영역에 있는 Lat과 Lon 라벨에 원하는 목표 지점의 지리 정보를 입력할 수 있다. 또한 Current 버튼을 사용해 목표 지점과 마찬가지로 현재 위치를 입력할 수도 있다(예를 들어 등산할 때 출발 지점과 목표 지점을 입력할 경우 등). System status는 센서에 관한 추가 정보와 현재 수신 상태, 그리고 데이터를 제공자(GPS 센서 같은)를 보여준다. 목표 좌표가 입력되고 enabled 체크박스가 활성화되면, 현재 위치 좌표를 사용해 km 단위로 예상 거리$^{Target\ distance}$와 각도^{degree} 단위의 방향$^{Track\ angle}$이 나침반 그림 아래에 출력된다. 녹색 화살표는 새로운 지리 데이터가 수신될 때 변화된 목표 지점의 방향을 가리킨다. 목표 거리와 방향 지시자(화살표)를 사용하면 사용자는 목표 지점까지의 여행 계획을 세우고 해당 방향으로 걸어가면 된다.

그림 12.40 GeoCacher 앱에 구현된 거리 예측 기능 및 방향 지시자

아마도 그림 12.40에 나와 있는 다양한 데이터를 보고 예측했을 수도 있지만, UI 디자인은 여러 가지 화면 디자인 컴포넌트를 사용해야 한다. 앞서 다룬 Compass 프로젝트의 나침반 기능을 재사용할 것이므로, 간단히 Designer에서 Compass 프로젝트를 불러와 'GeoCacher'라는 새로운 이름으로 저장해준다(SaveAs 기능을 사용해). OrientationSensor와 Clock 컴포넌트 등 나침반을 구성하는 모든 컴포넌트는 그대로 두고, 캔버스 오브젝트의 `BackgroundImage` 속성을 compassgreen.png로 설정한 다음 크기를 200×200픽셀로 줄인다. 표 12.7에 수록된 가장 핵심 기능을 하는 컴포넌트만 추가하여 앱을 만들어 보겠다. 이제 직접 DivisionLabels, Arrangements, BufferLabels 텍스트 라벨을 추가한다. 화면 디자인은 검은 배경에 녹색으로 글씨 색상(`TextColor:Green`)을 설정하여 데이터를 표현하도록 하고, 라벨은 밝은 회색으로 칠하자(`TextColor:Light gray`).

표 12.7 GeoCacher 프로젝트에 추가할 컴포넌트와 수정할 초기 속성들

컴포넌트	오브젝트 이름	수정될 속성들
Screen	Screen1	"Icon": gpstrack_appIcon.png (지원 사이트의 /MEDIA 경로 참조)
LocationSensor	LocationSensor	"Enabled": disable
ImageSprite	DirectionSprite	"Picture": needlegreen.png (지원 사이트의 /MEDIA 경로 참조) "Visible" disable
Label (2x)	DistanceLabel, TrackAngleLabel	"Text": Target distance (km), Track angle (north) "FontSize": 18
CheckBox (2x)	GPSCheckBox, EnabledCheckBox	"Text": GPS on, Enabled "FontBold" enable
Label (6x)	TimeLabel, LatLabel, LonLabel, AltiLabel, AccurLabel, AddressLabel	"Text": updated, Latitude, Longitude, Altitude, Accuracy, Address
Button (2x)	CurrentButton, NoneButton	"Text": Current, None
TextBox (2x)	LatTextBox, LonTextBox	"Text": -, -
Label (6x)	LatLonOkLabel, AltiOkLabel, AccurOkLabel, ProvActualLabel, ProvStatusLabel, ProvListLabel	"Text": -, -, -, -, -, -

기존의 빨간 나침반 바늘 뒤에 녹색의 방향 지시자(DirectionSprite)를 놓기 위해, 잠시 바늘 오브젝트를 두 번째 캔버스 오브젝트로 밀어놓은 다음 다시 원래 Canvas 오브젝트로 가져다 놓아서 바늘 오브젝트와 방향 지시자 오브젝트의 순서가 뒤바뀌도록 한다. 목적지가 정해지고 내비게이션 기능이 활성화된 상태일 경우에만 방향 지시자를 화면에 표시해줘야 하므로, DirectionSprite의 기본 설정을 비가시성으로 만든다(Visible 속성을 비활성화한다). 인터페이스를 디자인하는 동안 일시적으로 Viewer 영역 위에 있는 Display Invisible Components in Viewer 체크박스를 활성화하여 Designer에서 볼 수 있게 만든다. 새로운 컴포넌트를 추가하면 GeoCacher 프로젝트는 그림 12.41과 같을 것이다.

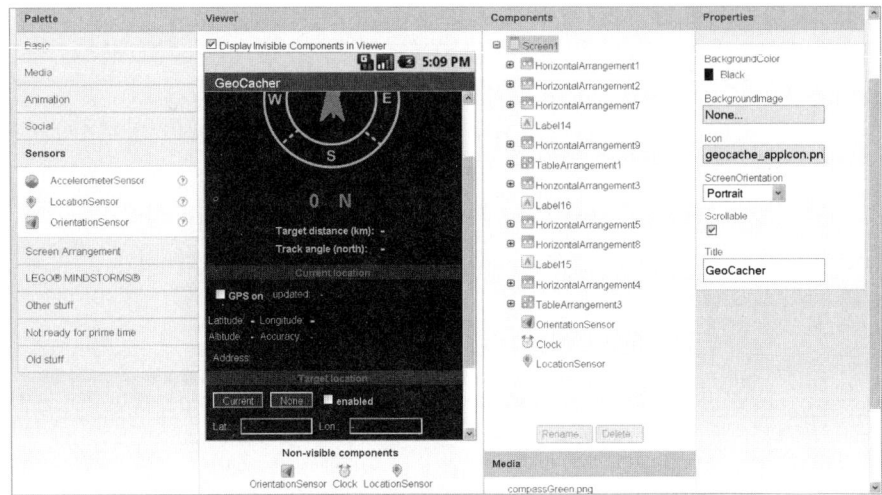

그림 12.41 Designer에서본 GeoCacher 프로젝트의 모습

이제 우리는 Editor로 가서 이번 예제의 기능들을 구현하고 측정 및 계산된 데이터를 다양한 라벨에 출력해 볼 것이다. 또한 `Clock.Timer` 이벤트 핸들러를 사용해(그림 12.7 참조) 아무런 변경을 가하지 않고도, 현존하는 콤파스 기능을 재사용할 수 있다. 그림 12.42에 나와 있는 그림은 접혀있는 상태의 모습이다.

그림 12.42 Compass 프로젝트의 이벤트 핸들러(재사용)

지리 데이터로 작업을 하기 전에, 먼저 GPS 센서를 활성화대야 한다. 즉, 사용자가 GPS on 체크박스를 선택해야 그림 12.43의 `GPSCheckBox.Changed` 이벤트 핸들러가 호출된다. 일반적인 방식대로, 이 핸들러는 불린 타입의 `LocationSensor.Enabled` 속성을 통해 센서를 활성화한다(true면 활성화, off면 비활성화임). 체크박스의 상태가 바뀔 때마다 센서가 위치 값(`HasLongitudeLatitude`), 고도(`HasAltitude`), 측정 정확도(`HasAccuracy`)를 고려하여 센서의 속성들이 무엇인지 검사한다. 그리고 결과를 불린 타입으로 각 라벨에 출력한다.

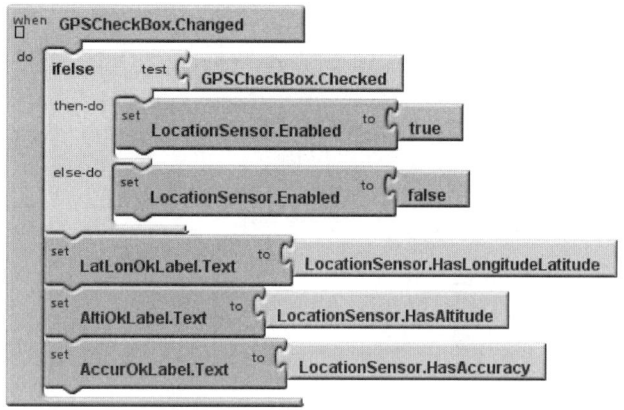

그림 12.43 GPS 센서를 활성화시키면서 센서의 속성을 검사하여 출력하는 블록 구조도

LocationSensor가 활성화되면, 위치가 변할 때마다 `LocationSensor.LocationChanged` 이벤트 핸들러를 통해(그림 12.44 참조) 지리 데이터와 현재 위치에 관한 기타 데이터를 읽어 들인다(지리 추적기가 수집하는 데이터와 비슷하다). 여기서 우리는 위도(latitude)와 경도(longitude)뿐만 아니라, 고도(altitude)와 현재 수신한 데이터의 정확성Accuracy, 거리 주소 (`CurrentAddress`), (파악 가능한 경우)와 Clock.Now를 사용해 가장 최근에 수신한 시간 기록 값 등이 출력된다. `if` 조건문에서 사용자가 enabled 체크박스를 선택했는지 검사하여, 참일 경우 경로를 안내하는 기능을 활성화한다. 기능이 활성화되면, 새로 읽어 들인 데이터를 기반으로 하여 예상 거리와 방향을 calculateTrack 프로시저에서 계산한다. 이 프로시저는 나중에 좀 더 자세히 살펴볼 것이다.

LocationSensor가 활성화되면, 지리 데이터와 더불어 다른 정보도 요청할 수 있다. 예를 들어 상태가 변할 때마다 그림 12.45에 나와 있는 `StatusChanged` 이벤트 핸들러 블록과 이 블록의 지역 변수들을 사용해 지리 데이터의 출처 혹은 제공자provider가 무엇인지, 그리고 어떤 상태status인지(예를 들어 `AVAILABLE, CURRENTLY_UNAVAILABLE` 등의 상태에 있을 수 있다)를 요청하여 알 수 있다. 이와 같은 상황에서 `AvailableProviders` 메소드를 통해 활성화 상태인 데이터 제공자들을 리스트로 출력해보겠다(예를 들어, GPS나 Passive GPS 같은).

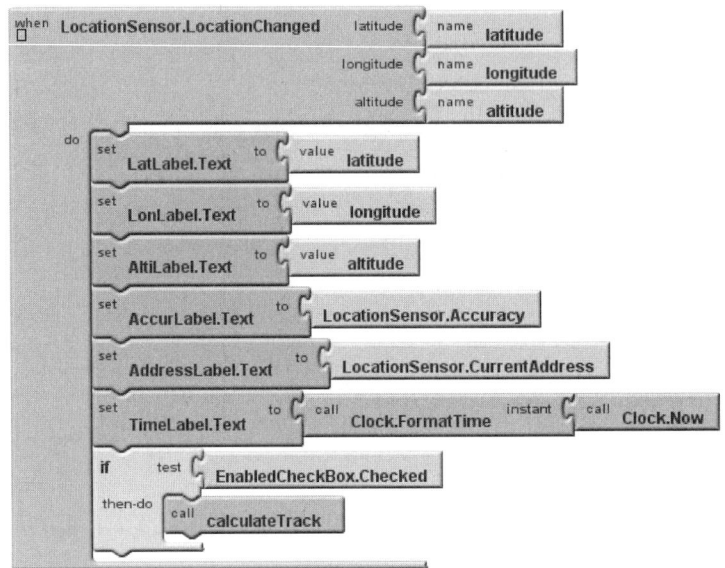

그림 12.44 수신한 지리 데이터를 출력하고, 경로를 계산하는 프로시저를 호출하는 블록 구조도

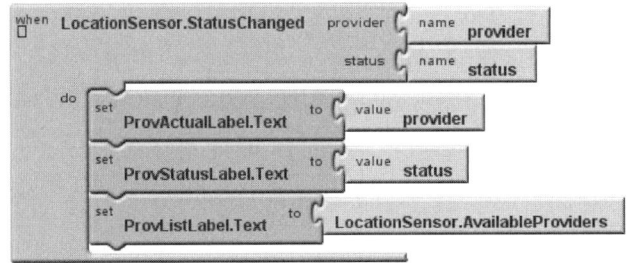

그림 12.45 데이터 제공자의 상태가 변할 때, 변경 데이터를 요청하여 출력하는 블록 구조도

LocationSensor가 자체적으로 제공하는 모든 정보를 읽어와 출력해봤으니, 이제는 수신한 지리 좌표들을 좀 더 활용해보겠다. 경로 안내 기능 자체를 구현하는 작업으로 돌아가보자. 이 기능은 보물찾기 예제의 핵심적인 역할을 한다. 목표 좌표를 입력하기 위해, 사용자는 이용 가능한 여러 가지 수단을 사용할 수 있다. 예를 들어, 사용자는 Current 버튼을 눌러 자신의 현재 위치를 두 텍스트 박스(LatTextBox, LonTextBox)에 입력할 수 있다. 버튼을 누르면 그림 12.46의 `CurrentButton.Click` 이벤트 핸들러가 호출된다. 이는 사용자가 등산을 할 경우 출발 지점으로 돌아가고 싶은 경우에 사용할 수 있을 것이다. 이외에도 사용자가 멀티캐시 게임을 즐기고 있는 경우, 마지막 지점station

을 지우고 싶은 경우, None 버튼을 눌러 목표 지점과 관련된 좌표들을 빠르게 지울 수 있다. 이 버튼을 누르면 `NoneButton.Click` 이벤트 핸들러가 호출되어 사용자는 두 텍스트 박스에 직접 새로운 목표 좌표를 입력할 수 있다. enabled 체크박스를 선택해, 사용자는 경로 안내 기능을 활성화시킬 수도 있다. 이 기능은 이전에 나침반 바늘 아래 감춰진 녹색 방향 지시자를 활성화시킨다(`DirectionSprite.Visible = true`).

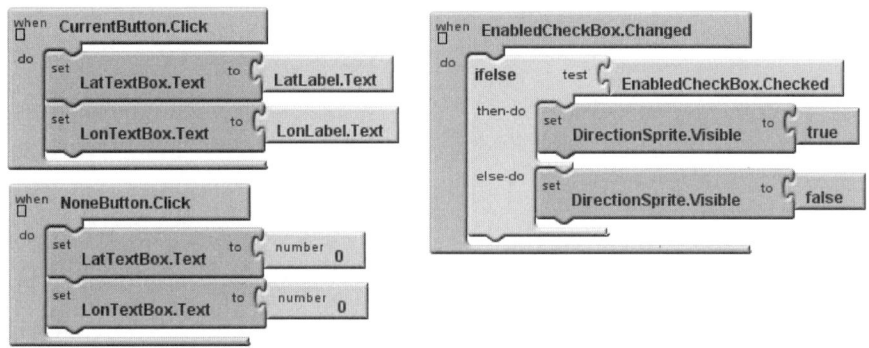

그림 12.46 목표 지점을 입력하게 하는 블록과 방향 지시자로 경로 안내 기능을 활성화시키는 블록 구조도

enabled 체크박스를 선택하면 그림 12.44에 나왔던 `LocationSensor.LocationChanged` 이벤트 핸들러에서 `if` 조건문 검사를 충족하게 되어, 매번 센서로부터 일련의 지리 데이터를 새롭게 수신할 때마다 `calculateTrack` 프로시저가 호출된다. 이 프로시저에서, 상당히 여러 번의 계산을 수행하여 현재 위치와 목표 지점 사이의 거리 (중심 각도)와 함께 방향까지(추적 각도) 알아낸다. 이 계산을 위해 몇 가지 일반적인 공식들을 사용하겠다. 좀 더 자세히 알고 싶다면, 지리학의 기초와 내비게이션에 관한 배경 지식, 이러한 공식들이 나오게 되는 유도 과정들을 인터넷으로 검색해보길 바란다.

두 가지 지리 좌표 사이의 거리와 추적 각도 계산하기

거리와 추적 각도를 계산하는 방법에 대해 인터넷으로 검색해보면, 좀 더 많은 배경 정보를 찾을 수 있다. 지구처럼 둥근 표면 위의 두 점을 연결하는 최단 거리(대권 거리)를 계산하는 공식이 아래 주소(위키피디아)에 나와 있다.

- http://en.wikipedia.org/wiki/Great-circle_distance

예상 거리와 추적 각도는 대권거리(great-circle distance 혹은 orthodromic distance)라 불리는 방법으로 계산한다. 둥근 표면 위의 두 점을 연결하는 최단 거리로 정의되어, 주로 항공 역학에서 이상적인 비행 경로(최단 거리로)를 계산할 때 사용된다. 현재 지점 location1과 목표 지점 location2 사이의 경로를 계산하는 첫 번째 단계에서는 각 좌표의 경도와 위도(Lat1, Lon1와 Lat2, Lon2)를 사용해 location1과 location2를 얻는다. 경로는 각도 단위의 중심 각도central angle로 정의되며, 아래 공식을 통해 계산한다. 또한 AI의 Math 컴포넌트 그룹의 names 메소드를 사용한다.

```
central angle = acos(sin(Lat1)*sin(Lat2)+cos(Lat1)*cos(Lat2)*cos(Lon2-Lon1))
```

불행히도, 그림 12.47에는 이 공식이 너무 길어 구체적으로 보이지 않는다. 완전한 공식을 보고 싶다면, 지원 사이트에서 프로젝트 파일을 다운로드해 직접 AI Editor를 통해 블록 구조도를 보는 것이다.

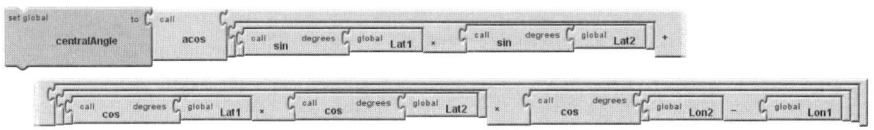

그림 12.47 AI에서 각도로 경로를 계산하는 공식

각도 단위로 구한 중심 각도를 통해 두 번째 단계에서 킬로미터 단위의 거리를 구할 수 있다. 여기서는 간단히 계산하기 위해 지구의 반경을 6,370km라고 가정한다.

```
distance = central angle*6370*6,283/360
```

그림 12.48을 통해 AI에서 구현된 블록 구조도의 모습을 확실하게 볼 수 있다.

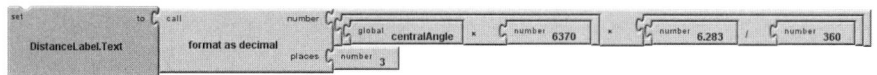

그림 12.48 중심 각도로부터 거리를 계산하는 블록 구조도

실제 경로로 추적 각도를 계산할 때도 location1을 출발지점으로, location2를 목표지점으로 하여 아래 공식을 통해 중심 각도를 활용할 수 있다(그림 12.49). 독자도 직접 AI Editor에서 이 블록을 자세히 보길 바란다.

```
track angle = acos (sin(Lat2)-sin(Lat1)*cos(central angle))/
(cos(Lat1)-sin(central angle))
```

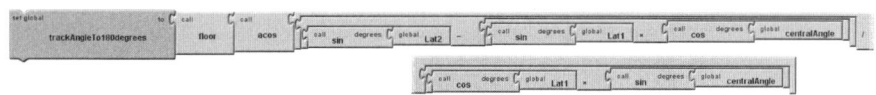

그림 12.49 중심 각도를 사용해 추적 각도를 계산하는 블록 구조도

이렇게 해서 예상 거리와 추적 각도를 계산하는 공식을 알아봤으므로, 이제는 그림 12.50에 나와 있는 `calculateTrack` 프로시저를 자세히 살펴보자. 이 프로시저에서 위 공식이 실제로 사용된다. 가능한 공식을 짧게 구현할 수 있도록, 최대한 짧은 이름으로 계산에 사용되는 지리 좌표 값들을 기록할 것이다. 즉, Lat1과 Lon1, Lon2과 Lat2처럼 말이다. 그리고 이 변수들을 0으로 초기화한다. 계산된 중심 각도와 추적 각도는 `centralangle`와 `trackangleTo180degrees` 변수에 저장되고, 이 역시 0으로 초기화된다. 프로시저에서는 먼저 가장 최근에 수신한 지리 좌표를 읽어 들여서 대응되는 변수에 저장한다. 변수로부터 이 지리 데이터를 읽어 들일 때는 `decimal` 프로시저를 통해 소수점 기호를 콤마 기호에서 마침표 기호로 전환해줘야, 여러 국가의 사용자들이 문제없이 이 앱을 사용할 수 있다. 앞서 언급했듯이, 나중에 `Math` 메소드로 처리할 때도 문제가 없도록 지리 좌표의 소수점을 마침표 기호로 변환해줘야 한다(지리 좌표와 소수점 섹션을 참조하길 바란다). 나중에 `decimal` 프로시저에 대해 더욱 자세히 다뤄보겠다.

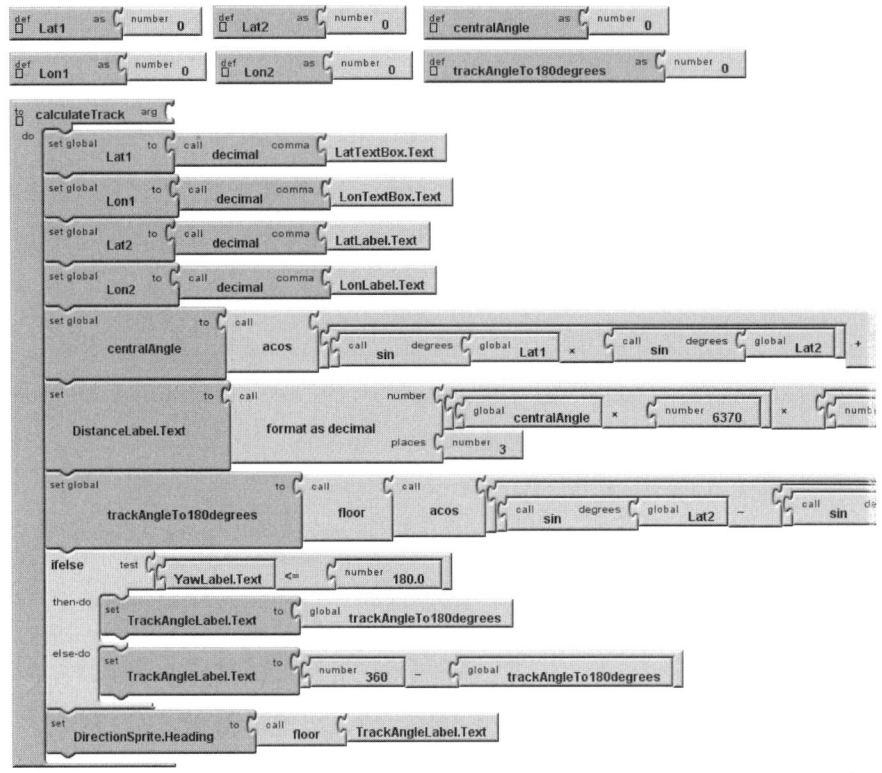

그림 12.50 목표 점까지의 추적 각도와 예상 거리를 계산하는 블록 구조도

시작 지점(Lat1, Lon1)과 목표 지점(Lat2, Lon2)을 마침표 소수점 포맷으로 변환했으니, 이 데이터를 사용해 중심 각도와 예상 거리, 추적 각도를 계산하여 centralangle와 trackAngleTo180degrees 변수에 저장한 다음 DistanceLabel에 출력할 수 있다. 그림 12.50은 사진을 알아볼 수 있도록 계산 수행문을 잘라낸 결과다. 아마도 왜 변수 이름이 trackAngleTo180degrees인지 궁금해 할 수도 있다. 북반구 에서는 동, 서 방향 모두 GPS 센서가 항상 0도~180도 사이의 양수 값만을 반환한다. 방위점과 방향 지시자를 출력하기 위해서는 0도~360도 사이의 범위를 갖는 변수가 필요하기 때문에, ifelse 분기문에서 검사를 수행하여 문제를 간단히 해결해 보겠다. 이 분기문에서는 나침반 바늘이 동쪽을 가리키느냐, 서쪽을 가리키느냐에 따라 (360 - trackAngleTo180degrees) 공식에 따라 추적 각도를 출력한다. 결과를 반올림하여, DirectionSprite.Heading 속성을 통해 이 각도

만큼 방향 지시자를 회전시킨다.

앱을 완성하기 위해, decimal(그림 12.51) 프로시저를 자세히 살펴보자. 이 프로시저를 통해 콤마를 마침표로 변환하여 이후 계산 과정에서 문제없이 사용할 수 있도록 한다. 수행문을 구성하는 컴포넌트 메소드처럼 이 프로시저를 효과적으로 직접 사용하기 위해, 반환 값을 갖는 프로시저를 사용하겠다. 이는 decimal 변수가 comma 입력을 받아들여서 지역 변수 dot를 반환하기 위해서다. 프로시저 안에서 replace all 텍스트 메소드를 사용해 점^{dot}으로 comma 지역 변수로 전달된 수치 데이터를 수정한다. 이렇게 함으로써, 수신한 데이터가 콤마 형태의 소수점을 갖는 경우에만 마침표로 소수점을 변경할 수 있다. 이미 마침표 형태를 갖고 있는 경우, 변경하지 않는다. 이 메소드를 사용해, 프로시저와 앱 전체가 두 표기 방식을 사용하는 국가들을 대상으로 제대로 동작할 수 있도록 한다.

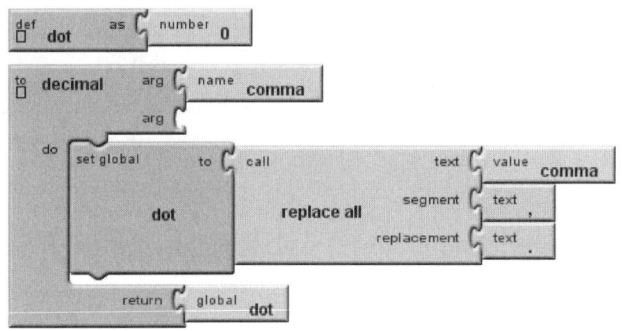

그림 12.51 콤마 소수점을 마침표 소수점으로 변환하는 블록 구조도

이제 기존의 복잡한 보물찾기 예제를 완전하게 구현했다. 물론, 화면에 출력되는 결과를 절대로 맹신해선 안되며 항상 값이 잘못되진 않았는지 경계를 해야 한다. 특히 지금 구현된 것은 방향 지시자를 출력하기 위한 기본적인 부분을 상당히 단순화한 것이라는 사실을 인지해야 한다. 마음껏 이 예제(GeoCacher 앱)를 설치하여 가지고 놀아보자. 이 예제의 장단점을 모두 파악해보길 바란다. 아마도 독자만의 아이디어가 떠올랐거나 이미 데이터의 정확도를 올릴 수 있는 방법을 자세히 알고 있을 수 있다. 오랜 기간 등산을 가면서 GeoCacher 앱을 테스트하는 것이 너무 힘든 일이라고 생각되면, 간편하

게 책상에 앉아서 해도 된다. 구글 맵스$^{Google\ Maps}$에 접속하여 원하는 목표 지점을 Search Maps에 입력한 다음, 지도 상의 목표 점을 오른 클릭한다. 메뉴가 나타나면, What's here?을 선택한다. 이제 그림 12.52와 같이 입력란에 좌표가 나타나는 걸 확인할 수 있을 것이다. GeoCacher 앱에서 구글 맵스로 구한 좌표 값들을 목표 지점으로 입력하고 나침반을 북쪽으로 가리키도록 회전시킨 다음, 경로를 확인해보면 GPS 데이터와 방향 지시자, 예상 거리(최단 거리로)가 대략적으로 올바르게 나오는지 알 수 있다.

그림 12.52 GeoCacher 앱을 테스트하기 위해 구글 맵스로 목표 좌표를 구하는 모습

AI를 사용해 독자만의 유용하고 매력적인 애플리케이션을 개발하기 위한 영감을 얻을 수 있는 계기가 될 수 있도록 이번 예제를 활용하자. 이렇게 해서 센서 기반의 그래픽 앱을 개발하기 위해 필요한 프로그래밍 지식을 공부했다. 오늘날에는 직접 앱을 개발함에 있어 필수적인 전문성이 날이 갈수록 더욱 중요해지고 있다. AI를 사용해 독자의 노하우를 정말 유용하고 인기 있는 앱으로 구현해보자.

13장
●●● 통신

안드로이드폰으로 전화를 걸 수 있다는 점을 잊지 말자. 사실, 휴대전화으로 어디서든지 전화를 할 수 있게 된 것도 불과 얼마 전이다. 오늘날, 이동 전화를 가능하게 해준 핵심 기술인 네트워크 통신은 적어도 범용적이면서 융합 서비스 플랫폼의 역할을 수행하고 있다는 측면에서 스마트폰의 일부를 차지하고 있는 다양한 기능들과 비교했을 때 점점 더 일상생활과 깊은 관계를 맺고 있다. 심지어 모바일 데이터 서비스가 아직 모바일 전화 기능과 문자 메시지 전송 기능SMS만큼 확산된 상태가 아니더라도, 네트워크 통신은 모바일 음성 및 데이터 서비스 사용에 부과되는 사용료가 광범위하게 도입되기 시작하면서 변화를 일으키고 있다. 동시에, 모바일 데이터 통신 분야에서 모든 새로운 수단들을 동원하고 있는 하드웨어와 소프트웨어 시장은, 특히 스마트폰, 태블릿 컴퓨터 등 모바일 기기 시장이 사실상 폭발적으로 증가하고 있다. 게다가 더욱 광범위하게 사회적으로 받아들여지고 있으며, 심지어 사회문화적 기준에서 봤을 때 언제, 어디서든지 소셜 네트워크, 커뮤니티 등 웹 플랫폼에 접속할 수 있을 거라고 예측된다. 이런 측면에서 봤을 때, 스마트폰은 자신이 직접 개발한 앱을 공유할 수 있는 새롭고도 거대한 시장을 형성하는 이상적인 공급 수단이다.

12장에서는 전례가 없던 새로운 형태의 센서 기반 앱을 만드는 데 초점을 두었다. 이제는 고전적인 휴대전화의 기능에 대해 다룰 것이다. 13장에서는 매우 광범위한 기능들을 다룰 예정이다(전형적인 통화 기능과 SMS 기능부터, 센서 측정을 기반으로 한 융합 데이터 서비스까지). 이런 기능들을 조합하여 높은 부가 가치를 제공하는 유용한 앱을 만들 수 있다. 예를 들어, SIM 칩이 장착된 기기를 통해 원격 서비스를 지원하는 기술과 관련된 여러 가지 응용 사례를 생각해볼 수 있다. SIM 칩은 SMS를 통해 명령어를 읽어 오거나 제어할 수 있다(수동 혹은 자동으로(M2M 혹은 기계간 통신이라 불린다)). 심지어 GSM 휴대전화 네트워크와 별개로 아직 큰 규모의 모바일 네트워크망이 없는 영역에서도 통신할 수 있다. 하지만 사람들끼리 컴퓨터 통신을 하는 방식이라 해도, 전화를 걸거나 SMS로 짧은 문자 메시지를 전송하는 것은 매우 중요한 역할을 하고 있다. 트위터 같은 소셜 네트워크가 등장했음에도 말이다. 13장에서는 '통신'이란 단어를 좀 더 광범위한 의미에서 사용할 것이다. 나는 '통신'이 항상 더 많은 정보, 서비스, 엔터테인먼트를 사용자에게 제공한다는 관점에서 스마트폰에 설치된 앱과 앱끼리의 데이터 교환뿐만 아니라 앱과 웹 사이의 교환도 포괄하는 것으로 정의하겠다. 알다시피, 디지털 융합 시대의 통신은 더 이상 1차원적 데이터 교환을 의미하지 않는다.

이미 AI로 작업을 해봤기 때문에, 13장에서는 다양한 컴포넌트를 다시 처음부터 사용할 필요가 없다. 대신, 미디어 센터와 같은 프로젝트처럼, 특별히 높은 난이도로 구현된 시스템 기능들을 사용할 수 있다. 특히, 전형적인 통화 및 SMS 전송 기능의 경우엔 더욱 그렇다. 미디어 센터 예제를 회상해보면, 우리가 앱을 개발할 때 개개의 컴포넌트로부터 이동해왔으며(상향식 혹은 bottom-up), 대신 더욱 구체적인 작업들을 다루었다(하향식 혹은 top-down). 거시적으로 보면 이렇게 변화하는 방식은 AI 프로그래밍 툴을 내재화할 수 있도록 해주는 학습 효과를 만들고, 이는 유용한 앱을 개발하기 위한 적절한 작업들에 더욱 집중적으로 몰두할 수 있게 해준다. 이러한 방식을 계속하여 고수하면서 유용하면서 종합적인 예제 프로젝트에 담긴 선택적 기능들만을 사용해 통신 컴포넌트를 소개해 나갈 것이다. 앞으로는 더 이상 모든 속성 메소드나 이벤트 블록들을 하나씩 자세히 다루지 않는다. 컴포넌트 명세사항을 직접 새로운 기능에 대한 자세한 내용을 공부할 수 있기 때문이다. 결국, 독자가 AI 개발 환경에서 사용할 수 있은 다양한 도구를 활용할 수 있게 도와주는 것이 이 책의 목표 중 하나다. 이렇게 함으로써, 독자는 AI에 내장된 기능 범위 안에서 훗날 개발한 앱의 기능을 확장하는 등 능동적인 모바일 앱 개발을 할 수 있도록 준비할 수 있다.

이제는 더 이상 복잡하고 큰 규모의 블록 집합체에 기죽을 일은 없다. 더욱 강력하고 인기를 끄는 앱을 만들기 위해 이러한 블록들이 더욱 많아지고 있다는 점에서 봤을 때, 이는 좋은 소식이다. 이 책의 마지막 예제에서는 여러 가지 작업 블록들을 조합하여 하나의 앱에서 통신 기능을 할 수 있도록 형성할 것이다. 하지만, 개발자를 위한 블록 구조도나 다른 사용자들을 위한 UI적 측면에서, 이들을 계속 분리해 놓을 것이다. 전체 프로그램 구조도 이벤트 블록 구성의 기본이 되는 모듈화 방식^{modularization}의 원리를 적용하겠다. 이를 통해 앱을 더욱 쉽게 다룰 수 있으며, 큰 규모의 프로젝트도 관리가 가능한 하위 영역들로 나누어 복잡도를 줄일 것이다. 이러한 모듈화 방식은 작은 보조 프로그램을 완전한 모바일 앱으로 발전시키기 위해 매우 중요한 역할을 한다. 소프트웨어 공학의 원리를 기반으로 독자는 종종 개발자로서 앱에 내장돼야 할 요구 조건, 기능, 명세사항들을 먼저 분석해야 하며, 전체 구조를 고유의 역할들을 정의할 수 있는 하위 영역들로 적절히 나눠야 한다.

●● 작업 : 운전자 보조 시스템 개발

앞서 언급했듯이, 컴퓨터 통신은 오늘날 매우 중요한 역할을 차지하고 있으며, 셀 수 없이 많은 앱들과 광범위한 서비스들이 보편화되고 있다. 모바일 통신 기기 덕분에, 집이나 사무실 밖이나 심지어 55mph로 달리는 차 안에서도 네트워크에 연결할 수 있다. 불행히도, 인간이 집중할 수 있는 능력이 네트워크 통신 기술이 가진 능력을 따라잡지 못하고 있는 것 같다. 수도 없이 방향을 바꾸는 운전자가 바쁘게 전화번호를 검색하면서 메시지를 읽거나 심지어 작성하는 데 정신이 팔려 있는 경우가 너무 많기 때문이다. 이러한 현상을 법과 규제로 모두 잡아낼 수 없으며 상식에 호소하는 정도로는 이러한 위험한 행동을 멈추기엔 충분하지 않기 때문에, 정말이지 운전자의 긴급 통화를 대신 해결해 주는 사이버 운전 보조 기사가 필요한 한편, 최소한의 집중만으로 일반 대중들에게 닥칠 수 있는 위험을 줄일 수도 있어야겠다.

요구 조건, 기능, 명세사항

오늘날 통신은 여러 가지 채널을 통해 이뤄지기 때문에, 통신 채널들은 반드시 적절히 관리해줘야 한다. 가능하다면, 오직 한 개의 버튼만 눌러야 하거나, 완전 자동화된 하나의 중앙 애플리케이션이 담당해야 한다. 그러므로 운전자가 단축키를 통해 전화를 걸 수 있도록 해주는 보조 시스템을 만들어 보겠다. 일반적으로 개인 여행객들이 정기적으로 전화를 거는 번호는 단지 몇 개의 숫자들로 이뤄지기 때문이다. 문자 메시지를 읽거나 특히 메시지를 입력하는 행동은 운전자의 주위를 오랜 시간 분산시켜 위험한 상황으로 이어질 수 있으므로, 이는 최대한 넓은 범위까지 자동으로 처리돼야 한다. 예의범절을 지키기 위해, 문자 메시지 전송자에게 SMS 메시지로 즉시 응답을 받을 수 있도록 해볼 것이다. SMS 메시지는 수신인이 현재 운전 중이라서 나중에 연락하겠다고 전송자에게 알려주는 내용을 담을 것이다. 응답 내용을 수정하려면 사용자가 새로운 텍스트를 입력하거나 받아 적도록 할 수 있다. 선택 사항이지만, 전송자는 현재 수신인의 위치를 알 수 있게 만들 수도 있다. 예를 들어, 수신인이 언제 도착할지 알려 주고 싶은 경우를 들 수 있다. 자동차를 운전하는 수신인이 궁금해 하는 경우, 운전을 하면서 자동으로 수신한 문자 메시지를 기기가 소리내어 읽도록 만들 수도 있다.

이 책에서 지원하는 웹사이트에서 CarAssistant 프로젝트 찾기
이번 예제에 필요한 파일은 다른 예제들과 동일한 경로에서 찾을 수 있다. 이 책의 소개글에 링크 주소를 적어 놓았다.

메시지를 수신하는 반응형 서비스과 더불어, 운전자는 직접 한 명 이상의 사람들에게 자신의 위치를 이메일로 전송할 수 있다. 운전자가 회사와 집을 매일 왕복하거나, 내비게이션 시스템을 통해 현재 위치에서 빠르게 목적지까지 가고 싶은 경우, 버튼 하나만 누르면 원하는 일을 할 수 있어야 한다. 게다가, 운전자가 자신이 잘 모르는 지역에서 차를 주차할 경우, 운전자 보조 앱은 이 위치를 기억해 뒀다가 나중에 운전자에게 다시 알려 줄 수 있어야 한다. 운전 보조 시스템에 통합될 모든 기능들은 구조가 명확하고 동작이 간단해야 하며 매력적인 UI를 가지고 있어야 한다. 손가락으로 가리키는 디자인이 마음에 들지 않을 수도 있더라도, 운전 보조 시스템이 그림 13.1과 비슷할 것이라고 가정하자. 그리고 사용자는 커다란 버튼을 통해 앱을 제어할 수 있어 편리하고 안전한 방식으로 이 앱에 구현된 모든 기능들을 사용할 수 있다고 가정하자.

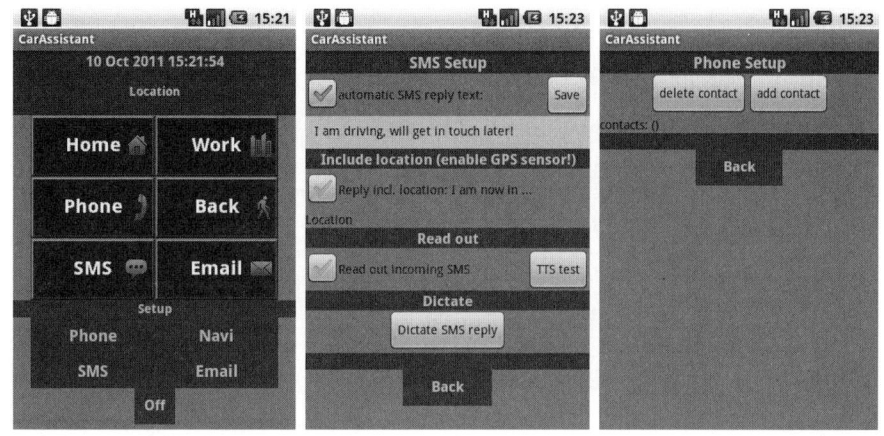

그림 13.1 UI 디자인과 모듈화된 기능 영역

운전을 하면서, 사용자는 그림 13.1의 좌측에 나와 있는 스위치 보드를 사용해 모든 기능을 제어할 수 있어야 한다. 짙은 회색과 검은 배경에 흰색 글씨로 디자인하여 주요 사용자 요소들을 운전 중에도 식별할 수 있도록 했다. 여섯 가지의 기능 버튼은 한 번만 눌러도 각 버튼에 할당한 특수 기능을 동작시킬 수 있다. 운전을 하기 전에 별도의 스크린 영역에 배치한 환경 구성 키들을 사용해(Setup 섹션을 참조) 버튼에기 할당된 기본적이면서도 중요한 설정 사항들과 구성 사항들을 정의할 수 있어야 한다. 역할에 따라, 설치 모듈은 그림 13.1의 SMS(가운데)나 전화(우측) 설정 영역과 같이 다소 광범위해질 수 있다. 좀 더 명확히 구별하기 위해, 버튼에 추가로 기능 아이콘을 할당하여 직관적으로 역할이 무엇인지 알 수 있도록 해야 한다. 또한 시간, 날짜, 현재 위치 등 중요한 정보를 화면에 출력하여 운전자가 볼 수 있어야 한다.

앱 구조의 모듈화된 디자인

이렇게 해서 운전자 보조 시스템에 필요한 명세사항들의 세부적인 하위 기능 영역들을 확인하였으며, 각 영역들을 핵심 제어 영역으로 나눠 할당하였고 설정 섹션을 별도로 구별했다. 이에 필연적으로 CarAssistant 앱의 모듈화 구조를 확인했다. 이러한 기본적인 프레임워크를 통해, 개개의 기능들을 삽입할 수 있다. 이 기능들은 더 세부적으로 나누어 서로의 핵심 요구사항들을 간섭하지 않도록 한다. 처음에 이런 식으로 요구사항들을 분석하여 구조를 설계하는 노력을 기울이는 일을 전대 간과해선 안 된다. 이러한 작업이 전체 프로젝트 개발의 절반을 차지할 때도 있다. 설계상 오류를 발리 발견할수록, 처리 혹은 예방 비용이 크게 줄어든다. 구조 설계의 결과물이 명확하더라도, 여전히 대부분의 소프트웨어 제품이 이러한 모듈화 원리를 기반으로 만들어진 것이 사실이다. 예를 들어, 상용 워드 프로세서나 스프레드시트 프로그램에서도 메뉴나 이 메뉴에 연이은 관계를 가진 하위 메뉴들을 통해 각 기능들을 활성화하여 구성을 설정하고, 문자 텍스트나 대차 대조표에 적용할 수 있도록 기능들이 모듈화돼 있다. 스마트폰 앱은 대게 규모가 작지만, 일반적인 큰 규모의 제품들과 동일한 방식으로 만들어진 소프트웨어 제품이다.

소프트웨어 공학

더 큰 규모, 심지어 상용 프로그램을 만들 계획이고, 이렇게 구조적인 구성으로 만들어진 소프트웨어 개발 제품들을 더욱 많이 찾고 싶다면 '소프트웨어 공학 혹은 software engineering'이란 검색어로 인터넷을 통해 조사해보길 바란다. 때로는 소프트웨어 공학의 원리가 학문적인 내용을 다루고 있어, 주로 매우 큰 규모의 소프트웨어 프로젝트를 대상으로 하는 내용이 있을 수 있다. 이런 분야는 학제간의 연구 개발 프로세스를 주제로 한다. 그렇다 해도 소프트웨어 공학의 개념들을 독자의 앱을 개발할 때 활용하여 기획, 분석, 설계, 프로그래밍, 검증 및 확인 등 잘 정의된 핵심 프로세스를 기반으로 프로젝트를 진행할 수 있다. 위키피디아에 수록된 소프트웨어 공학에 대한 좋은 내용을 아래 주소에서 확인할 수 있다.

- http://en.wikipedia.org/wiki/Software_engineering

이번 예제에서 확실하게 정의된 사용자 요구사항을 충족시키는 것과 별개로, 하위 작업의 모듈화를 통해 구조적이고 일반적으로 훨씬 효율적인 개발 접근 방식을 제공할 수 있다. 모듈화 개념이 없다면, 기능이 늘어나면서 복잡도가 기하급수적으로 증가할 것이고, 점점 혼란에 빠질 것이다. 운전자 보조 시스템 예제의 경우, 스위치 보드에 배치된 기능 버튼들이 가장 큰 범주로 나뉜 모듈화 구조라고 볼 수 있다. 이 버튼들을 사용해, 사용자는 구조적인 방법으로 각 기능들을 실행하거나 활성화시킬 수 있다. 개개의 하위 작업들을 설정하는 화면은 별도의 스크린에 나타나며, 이 작업들은 실질적으로 다른 영역의 작업들과 독립적이다.

다중 화면으로 만든 Switch 보드

시각적 측면에서나 내용적 측면에서 기능들을 모듈화하기 위해, 다중 화면 multiple screen의 개념을 활용할 수 있다. 이 개념은 미디어 센터 예제를 다뤘을 때 소개했던 것들이다. 스크린 영역의 컴포넌트를 VerticalArrangement 컴포넌트에 포함시켜서, `Visible` 속성으로 메뉴 설정에서 컴포넌트의 가시성 여부를 결정할 수 있다. 이렇게 영역이 구별되어(컨텐츠가 구별돼 있다는 관점에서) 있으므로, 디자인 및 로직 구현 등 개개의 기능을 별도로 집중하여 구현할 수 있다.

작업을 시작하려면, 먼저 Designer에서 'CarAssistant'란 이름으로 프로젝트를 새로 생성하고, 첫 페이지의 제목도 이 이름으로 변경한다. 그리고 표 13.1에 수록된 컴포넌트를 가져와 스위치 보드를 구성한다.

표 13.1 Switchboard 모듈의 컴포넌트 및 초기 속성들

컴포넌트	오브젝트 이름	수정될 속성들
Screen	Screen1	"Icon": car_appIcon.png (지원 사이트의 /MEDIA 경로 참조)
VerticalArrangement	SWITCHBvArr	"Visible" enable "Width": Fill parent
Label	TimeLabel	"Text": Time "FontSize": 16
Clock	Clock	
Button	LocationButton	"Text": Location "FontSize": 14
LocationSensor	LocationSensor	
Button (5x)	HomeButton, WorkButton, BackNavButton, SMSButton, EmailButton	"Image": home.png, work.png, parking. png, sms.png, email.png (지원 사이트의 /MEDIA 경로 참조) "Text": Home, Work, Back, SMS, Email "FontSize": 22 "Width × Height": 140 × 70 pixels
ListPicker	PhoneListPicker	"Image": phone.png (지원 사이트의 /MEDIA 경로 참조) "Text": Phone "FontSize" + "Width × Height" (WorkButton 참조)
Button (4x)	PhoneSetupButton, NaviSetupButton, SMSsetupButton, EmailSetupButton	"Text": Phone, Navi, SMS, Email "FontSize": 18 "Width x Height": 140 × 40 pixels
Button	OffButton	"Text": Off "FontSize": 16

직접 DivisionLabels, BufferLabels, Arrangements 컴포넌트의 속성을 설정하고, 이 안에 컴포넌트를 배치한 다음 13장의 수치들을 기반으로 글씨 크기와 글씨 색상을 지정하여 나머지 외관적인 디자인을 할 수 있다. 모든 기능 라벨과 버튼의 배경 색상은 Dark gray로, 글씨 색상은 Light gray와 FontBold로, 여섯 가지 버튼의 글씨 색상은 White로 설정한다. VerticalArrangement 컴포넌트 오브젝트인 SWITCHBvArr를 추가하는 걸 잊지 말자(이 컴포넌트 오브젝트는 다중 화면을 구현하는 데 필수적인 요소다). 이 오브젝트도 표 13.1에 수록돼 있다. ListPicker 컴포넌트와 외관상 동일하게 생긴 버튼들은 Basic 그룹에 들어있다. 직접 나머지 컴포넌트와 정렬 요소들을 추가하고 나면, CarAssistant 예제 프로젝트의 결과는 그림 13.2와 같을 것이다.

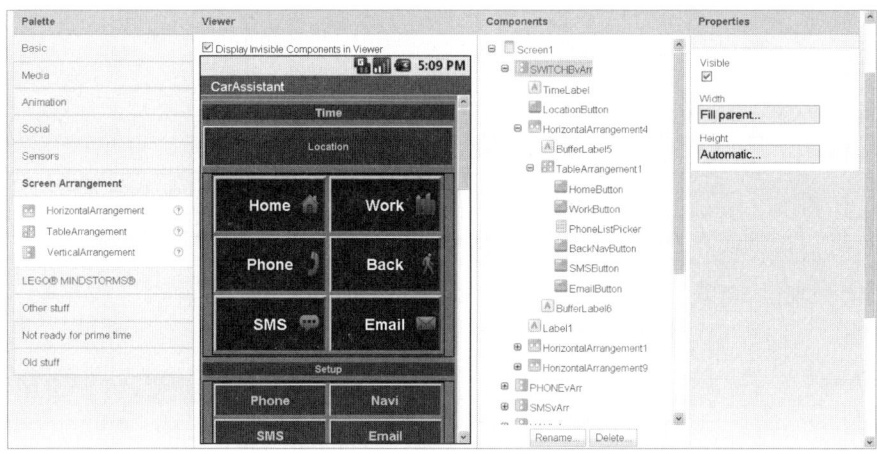

그림 13.2 Designer로 본 CarAssistant 프로젝트의 Switchboard 모듈화 버튼들

스위치 보드를 디자인 단계 중, CarAssistant 앱의 핵심 모듈로써 먼저 시작 페이지를 생성해봤다. 이제 사용자가 원하는 설정 옵션들을 지정할 수 있는 부가 스크린들과 기능 버튼들을 지원하는 블록들을 만들어 다양한 기능 영역들을 추가해보자. 멀티스크린에서 화면을 전환하기 위해, 보조 프로시저인 그림 13.3의 `screenBlank` 프로시저를 생성하여 새로운 화면이 나타날 때 다른 모든 스크린들은 사라지도록 하겠다. 이 프로시저 안에서, 우리는 나중에 다른 서브스크린들(SMS 스크린인 SMSvArr과 Phone Setup 스크린인 PHONEvArr 등)의 `Visible` 속성들을 비활성화시킬 것이다. 이렇게 하면, 핵심 스크린인 SWITCHBvArr과 함께 서브스크린을 감출 수 있다.

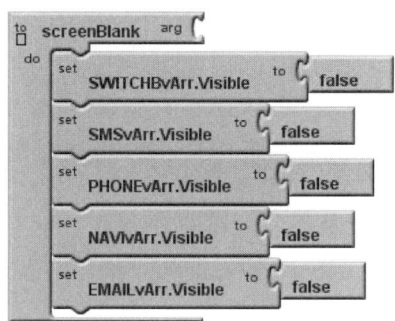

그림 13.3 새로운 스크린을 띄우기 전에 다른 모든 스크린들을 감추는 블록

그림 13.4에 나와 있는 세 가지 기능 요소들을 구현하겠다. 이들은 스위치 보드에 직접 배치되는 요소들로, 날짜와 시간, 위치를 화면에 추력하고 사용자가 Off 버튼을 눌러 앱을 종료할 수 있게 한다.

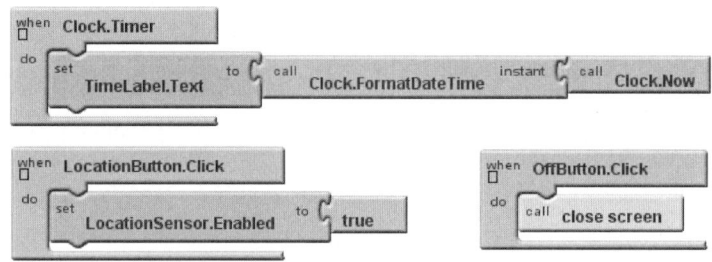

그림 13.4 날짜와 시간, 위치를 출력하고 예제를 종료하는 블록 구조도

그림 13.4에 나와 있는 이벤트 핸들러에는 특별히 놀랄 만한 점이 없다. `Clock.Timer` 핸들러는 1초마다 현재 시스템 시간을 읽어 들인다. `Clock.Now` 메소드가 반환한 인스턴트 형태의 데이터를, `Clock.FormatDateTime` 메소드로 현재 날짜와 시간의 포맷을 갖춘다. 그리고 스위치 보드의 상단에 배치된 `TimeLabel`을 통해 이 값들을 출력한다. 현재 위치는 버튼 위의 텍스트를 통해 구현한다. 그러므로 사용자는 이 버튼을 눌러 `LocationButton.Click` 이벤트 핸들러를 호출하면 `LocationSensor.Enabled` 속성을 통해 GPS 센서가 '깨어 난다'(스마트폰이 대기 모드에 있는 경우). 이는 스마트폰이 실제로 마지막 위치를 출력하기 위해 필요할 수도 있다(활성화 상태인 GPS가 보내는 데이터를 전송하기 위해 사용하는 Clock Timer 컴포넌트를 사용하지 않는 경우). Off 버튼을 눌러

`OffButton.Click` 이벤트 핸들러가 호출되면, `close screen` 메소드가 다시 호출되어 사용자가 앱을 종료할 수 있다.

Speed Diar 리스트로 전화 걸기

앱을 통해 전화를 거는 모듈을 담당하는 Phone 기능 버튼이 뭔지는 쉽게 알 수 있다. 이 기능은 바로 우리가 의도 했던 것이며, 매우 간단하고도 직관적이다. 이전에 요구사항들을 분석하여 전체적인 구조를 설계했듯이, Phone 버튼을 누르면 가장 중요한 사람들의 연락처 이름들로 구성된 바로 가기 전화 목록 리스트를 분명하게 표시해야 한다. 이 목록에서 항목을 선택하면 곧바로 전화를 걸 수 있도록 말이다. 이러한 기능들을 구현하여 CarAssistant 앱에 통합하기 위해서는 앞으로 소개할 여러 가지 컴포넌트를 사용해야 한다. 이 컴포넌트는 이번 절에서 운전자 보조 시스템을 구성하기 위해 직접적으로 사용할 것이다. 중요한 것은, 이러한 컴포넌트가 AI의 Social 그룹에 모여 있다는 것이다. 이런 컴포넌트는 주로 다른 사람들과 연락을 하기 위해 사용한다. 가능한 간편하게 기능을 디자인하여, 사용자는 일일이 연락처를 입력하는 수고를 하지 않도록 해야 한다. 대신, 일반적인 스마트폰의 전화번호 부에 있는 단순히 데이터를 선택하면 바로가기 연락처 리스트를 생성하여 형태를 변환해야 한다. 이 리스트의 인터페이스 디자인이 안드로이드 운영체제와 닮은 매력을 갖도록 신경을 써서, 항목을 삭제하는 것은 선택한 연락처의 전화번호로 전화를 거는 것만큼이나 간단해야 한다.

그림 13.1(우측)에 나와 있는 서브스크린을 통해 Phone 기능 설정을 입력하게 되며, 이는 사용자가 Phone Setup 버튼을 눌러 출력할 수 있어야 한다. 이 모듈을 생성하기 위해 Designer로 가서 표 13.2이에 수록된 컴포넌트를 추가하고, 스위치 보드 안에 포함시켰던 컴포넌트 아래에 정렬한다. 새로운 Phone 컴포넌트는 Social 그룹 안에서 찾을 수 있으며, ListPicker 컴포넌트는 Basic 그룹 안에 있다.

표 13.2 Phone 모듈을 구현하기 위해 추가해야 할 컴포넌트

컴포넌트	오브젝트 이름	수정될 속성 값
VerticalArrangement	PHONEvArr	"Visible" disable "Width": Fill parent
ListPicker	PhoneDelListPicker	"Text": Delete contact
PhoneNumberPicker	PhoneNumberPicker	"Text": Add contact
PhoneCall	PhoneCall	
TinyDB	TinyDB	
Label	PhoneLabel	"Text": -
Button	PhoneSetupBackButton	"Text": Back

여기서도 정렬 요소와 라벨을 Phone 모듈 페이지에 추가하여 모든 컴포넌트를 VerticalArrangement 컴포넌트인 PHONEvArr 오브젝트에 포함시킨다. 스위치 보드 컴포넌트 아래에 Phone 모듈을 표시하는 모습은 그림 13.5와 같다.

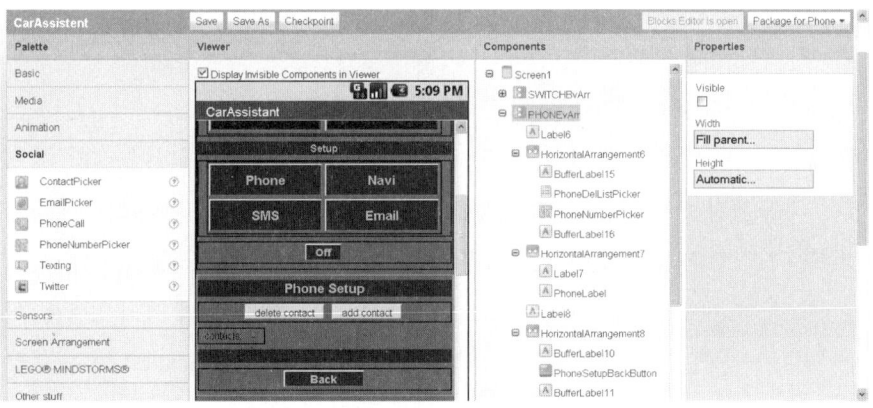

그림 13.5 Phone Setup 모듈에 추가로 컴포넌트를 삽입한 결과

개발을 진행하면서, 반드시 PHONEvArr 서브스크린의 `Visible` 속성을 활성화하여 이 안에 담겨있는 컴포넌트가 Designer에서도 나타나도록 해야 한다. 대신, Display Invisible Components in Viewer.를 선택해도 좋다. 스마트폰에 앱을 다운로드해 설치하는 마지막 절차와 마찬가지로, 현재 페이지 이외의 서브스크린은 `Visible` 속성의 기본 상태를 비활성화로 설정하여 감춰야 한다. 이렇게 해야 설정 버튼을 눌렀을 때만 해당 페이지가 나타난다. 이제 첫 번째로 Phone Setup 화면 전환 처리 로직을 구현해봤다. 이제 Phone Setup

버튼을 누르면 그림 13.6에 나와 있는 PhoneSetupButton.Click 이벤트 핸들러 호출되면서 구현한 로직을 따라 동작하게 된다.

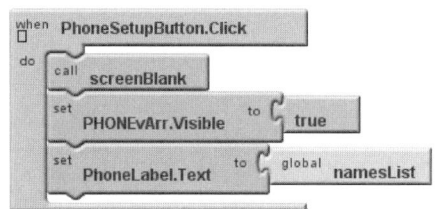

그림 13.6 Phone Setup 서브스크린 이외의 모든 스크린을 감추는 블록 구조도

그림 13.6에 나와 있는 이벤트 핸들러는 먼저 screenBlank 프로시저를 통해 모든 스크린을 감춘 다음, PHONEvArr 서브스크린의 Visible 속성을 true로 설정하여 이 스크린만 화면에 표시한다. 동일한 원리를 나머지 스크린에 모두 적용할 것이며, 곧 살펴보겠다. Phone 모듈의 서브스크린을 설정하여 활성화하면, 이 기능을 구현할 준비가 됐다고 할 수 있다.

PhoneNumberPicker 컴포넌트로 전화번호 저장하기

아마도 스마트폰에 저장된 이미지 파일을 선택하기 위해 미디어 센터 예제에서 사용했던 ImagePicker 컴포넌트를 기억할 것이다. 이미지를 선택하는 작업은 안드로이드의 사진 관리 기능을 예제와 연동하여 구현했다. 비슷한 방식으로, 스마트폰의 연락처 리스트를 읽어와 목적에 맞도록 개개의 연락처 데이터를 선택할 수 있다. 이를 위해, AI는 PhoneNumberPicker 컴포넌트를 Social 그룹을 통해 제공한다. 특별한 선택 관련 속성과 더불어, 이 컴포넌트는 일반적인 버튼처럼 동작하며 그림 13.7에 나와 있는 명세사항을 통해서도 확인할 수 있다.

> **PhoneNumberPicker**
>
> Choose phone number
>
> Use this component to allow users to choose a phone number from a list of Android contacts' phone numbers.
>
> When the user taps a phone number picker button, it displays a list of the phone numbers of contacts to choose from. After the user has made a selection, the following properties will be set to information about the chosen contact:
>
> - `ContactName`: contact's name.
> - `PhoneNumber`: contact's selected phone number.
> - `EmailAddress`: contact's primary email address.
> - `Picture`: name of the file containing the contact's image, which can be used as a `Picture` property value for the `Image` or `ImageSprite` component.
>
> Other properties affect the appearance of the button (including `TextAlignment` and `BackgroundColor`) and whether it can be tapped (`Enabled`).
>
> **Properties**
> `Enabled`
>   If set, user can tap phone number picker to use it.
> `Image`
>   Image to display on phone number picker.
> `BackgroundColor`
>   Color for phone number picker background.
> *ContactName*
>   Name of selected contact.
> *EmailAddress*
>   Primary email address of selected contact.
> *PhoneNumber*
>   Selected phone number of selected contact.
> *Picture*
>   Picture of selected contact.
> `FontBold`
>   If set, phone number picker text is displayed in bold.
>
> **Events**
> `AfterPicking()`
>   Called after user picks a phone number.
> `BeforePicking()`
>   Called after user taps phone number picker but before phone number
> `GotFocus()`
>   Phone number picker became the focused component.
> `LostFocus()`
>   Phone number picker stopped being the focused component.

그림 13.7 AI 레퍼런스에 나와 있는 PhoneNumberPicker 컴포넌트의 명세사항

PhoneNumberPicker 버튼을 눌러 연락처가 선택되면, AfterPicking 이벤트 핸들러에서 전화번호^{PhoneNumber}와 연락처 이름^{ContactName}, 이메일 주소^{EmailAddress}, 그리고 함께 저장해놓은 연락처 사진^{Picture}들을 해당 속성을 통해 사용할 수 있도록 해준다. 단 이 데이터가 스마트폰의 기본 경로에 저장돼 있어야 한다.

연락처 데이터를 읽어 들이는 다양한 방법들

참고 | 스마트폰과 권한에 따라 PhoneNumberPicker 버튼을 눌렀을 때 나타나는 연락처도 달라질 수 있다. 몇몇 스마트폰은 구글 주소록에 있는 연락처만 접근할 수 있는 반면, 몇몇 스마트폰들은 스마트폰의 로컬 저장소나 SIM 카드에 저장된 연락처에도 제한 없이 접근할 수 있도록 했다.

이번 예제에서, 표 13.2에 수록된 PhoneNumberPicker 컴포넌트를 통해 스마트폰의 연락처 리스트로부터 간편하게 바로 가기 연락처를 만들 수 있다. 그림 13.8에 나와 있는 Phone Setup 스크린으로 가서 사용자가 add contact 버튼을 눌러 연락처 리스트를 띄운 다음(중앙 그림), 연락처 항목을 선택하면 복사된 내용이 Phone Setup 화면에 나타난다(우측 그림).

그림 13.8 연락처 리스트에 있는 항목을 선택해 바로 가기 연락처 리스트에 등록하는 모습

선택한 연락처 데이터로부터, 그림 13.9에 나와 있는 `nameList`와 `numbersList` 리스트에 선택한 항목과 관련된 전화번호와 이름을 읽어와 저장된다. PhoneNumberPicker 컴포넌트를 통해 새로운 항목을 선택하면 자동으로 `PhoneNumberPicker.AfterPicking` 이벤트 핸들러가 호출되어 선택된 `ContactName`과 `PhoneNumber`가 대응되는 리스트의 마지막 항목으로 저장된다. 매번 새로운 항목이 추가될 때마다, `PhoneLabel`에 완전한 이름 리스트를 화면에 표시하게 된다.

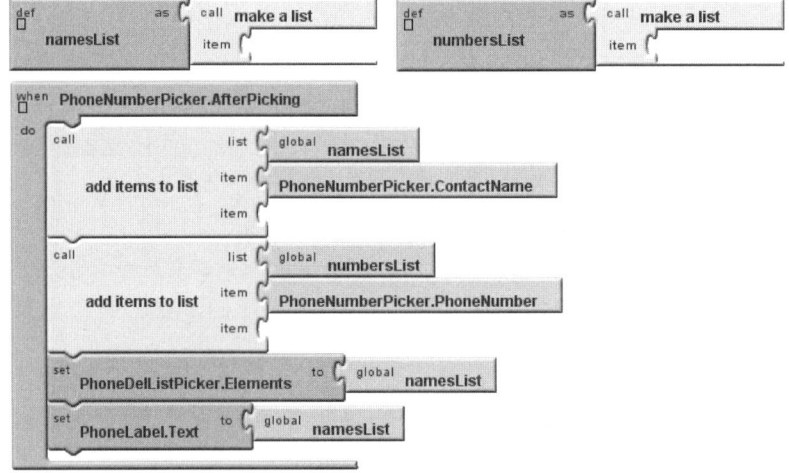

그림 13.9 전화번호 및 이름을 읽어 와서 저장하고, 화면에 출력하는 블록 구조도

또한 이름 리스트를 다른 컴포넌트에 할당하여, 안드로이드 시스템에 기본적으로 설치돼 있는 연락처 리스트로부터 항목을 선택했던 것처럼 간단하게 이 컴포넌트를 가지고 바로 가기 연락처 리스트의 항목들을 나타낼 수 있다.

ListPicker 컴포넌트로 바로 가기 연락처를 선택하기

이제 사용자는 자신만의 바로 가기 연락처 리스트를 만들어 모든 것이 올바르게 돼 있는지 확인하기 위해 PhoneLabel에 등록된 항목들로 구성된 간단한 리스트를 화면에 출력할 수 있다. 이제 이 리스트를 매력적인 형태로 만들어 사용자가 운전 중에도 연락처를 간편하게 선택할 수 있도록 만들어 보겠다. 리스트 형태는 사용자의 시스템과 일치해야 하며, 이렇게 해야 운전자 보조 시스템의 두 가지 필수 요소가 충족된다. 즉, 보조 시스템은 Delete contact 버튼을 눌러 Phone Setup에 있는 항목들을 간편하게 삭제할 수 있어야 하며, 스위치 보드에 있는 Phone 기능 버튼을 눌러 연락처를 효율적으로 선택하고 전화를 걸 수 있도록 해야 한다. 이렇게 리스트를 디자인하기 위해, AI는 Basic 그룹에 ListPicker 컴포넌트를 제공한다. 이 컴포넌트는 필수적으로 '선택 기능'을 하는 일반적인 컴포넌트와 같다. 그리고 일반적으로 어떤 리스트와도 호환된다. 그러므로 ListPicker 컴포넌트도 비슷한 속성들과 이벤트 핸들러를 지원하며, 그림 13.10에 나와 있는 명세사항을 보면 알 수 있다.

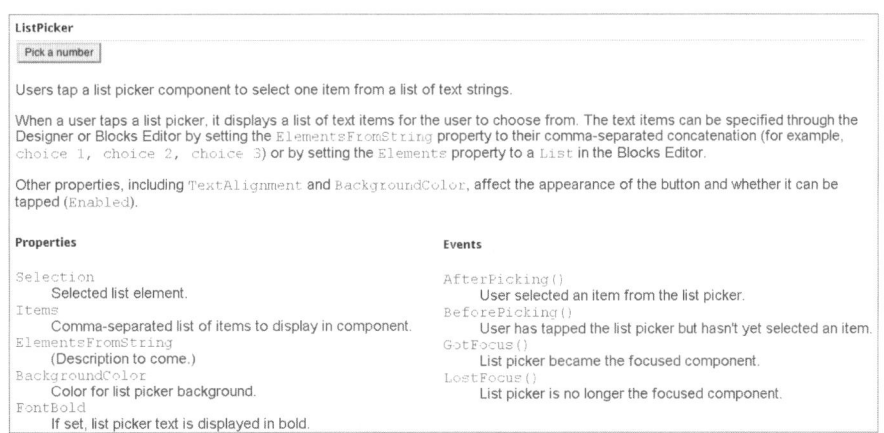

그림 13.10 AI 레퍼런스에 나와 있는 ListPicker 컴포넌트의 명세사항

LiskPicker 컴포넌트에는 두 가지 종류의 리스트를 전달할 수 있다. (1) Elements 속성을 통해 해당 데이터 타입의 완성된 리스트, 그리고 (2) ElementsFromString 속성을 통해 문장을 자동으로 콤마를 기준으로 분할하는 콤마 구분자 텍스트 문자열이 이에 해당한다. 이 리스트는 남아 있는 요소로부터 생성된다(이는 Text 메소드인 'split at any'에서 'at' 매개변수에 콤마가 전달되는 경우와 비슷하다). 그림 13.9에서 첫 번째 방식을 사용해 바로 가기 연락처 리스트인 namesList를 해당 속성인 PhoneDelListPicker.Elements 속성에 할당했다. 할당을 통해 "Delete contact" ListPicker 버튼을 누르면 현재 바로가기 리스트인 namesList가 원하는 형태로 나타나게 할 수 있다. 이제 대응되는 이벤트 핸들러인 PhoneDelListPicker.AfterPicking을 구현하여(그림 13.11), 사용자가 바로 가기 연락처 리스트에서 선택한 항목이 PhoneDelListPicker.Selection 속성에 반환될 수 있게 한다.

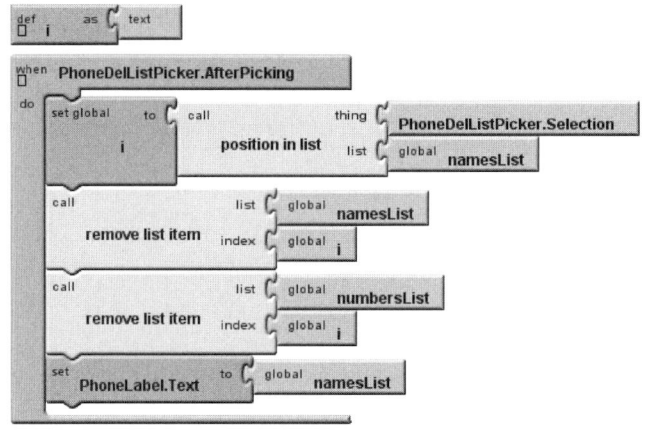

그림 13.11 바로 가기 전화번호 리스트에서 선택한 항목을 삭제하는 블록 구조도

PhoneDelListPicker.Selection에 담긴 반환된 선택 항목을 이벤트 핸들러에서 사용해 position in list 메소드로 namesList 리스트에 있는 이 항목의 인덱스를 알아낼 수 있다. 이 값을 카운터 변수인 i에 저장한다. remove list item 메소드에서 이 변수를 사용해, namesList 리스트에 있는 해당 연락처 이름을 삭제하고 numbersList 리스트에 있는 해당 전화번호를 제거할 수 있다. 이제 항목이 제거된 리스트를 PhoneLabel에 출력하여 제대로 삭제가 이뤄졌는지 검사를 해봐야 한다. 즉, 다음에 바로 가기 연락처 리스트를

불러올 땐, 앞서 제거했던 항목이 더 이상 없어야 한다. 그림 13.12를 보면 Greta Testar 항목이 제거된 모습을 확인할 수 있다.

그림 13.12 바로 가기 전화번호 리스트에서 선택한 항목을 제거하는 모습

이렇게 add contact와 delete contact 기능이 이제 제대로 동작함을 확인했으므로, Phone 기능 영역의 구현은 완성되었다. 이제 사용자는 Back 버튼을 눌러 스위치 보드로 돌아갈 수 있어야 한다. 그림 13.13과 같이 `PhoneSetupBackButton.Click` 이벤트 핸들러에서, PhoneSetup은 `screenBlank` 프로시저를 통해 화면에서 사라지고, SWICHBvArr(즉 스위치 보드 페이지)가 대신 나타난다. Phone 기능 버튼이(또한 ListPicker 컴포넌트도) 이전에 갱신한 바로 가기 연락처 리스트를 전달받아 새로운 namesList 리스트 데이터가 `PhoneListPicker.Elements` 속성에 전달될 수 있도록 한다. 마지막으로, 두 리스트인 namesList와 numbersList가 해당 식별자(tag)를 통해 `TinyDB.StoreValue` 메소드로 메모리에 저장된다. 이렇게 함으로써 데이터가 다음에 앱을 실행할 때도 계속 유지될 수 있다.

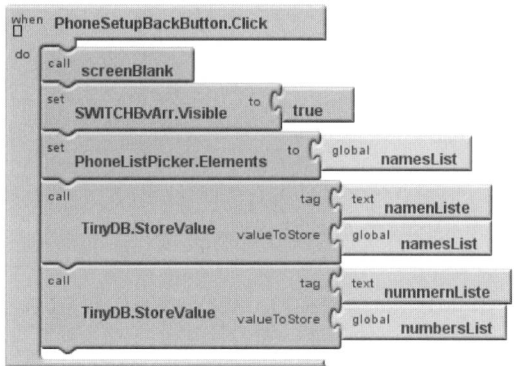

그림 13.13 바로 가기 연락처 리스트를 저장하고 스위치 보드로 돌아가도록 하는 블록 구조도

이제 운전자 보조 시스템의 스위치 보드에서 바로 가기 연락처 리스트를 사용할 수 있게 되었으며, Phone 기능 버튼을 눌러 바로 가기 연락처에서 선택한 연락처로 한 번에 전화를 걸 수 있다.

PhoneCall 컴포넌트를 이용한 전화 걸기 기능 구현

바로 가기 연락처 리스트를 통해, 이제는 읽어 들인 전화번호들 중 원하는 번호를 선택해 Phone 기능 버튼을 눌러 곧바로 전화를 걸 수 있다. 전화를 걸기 위해, AI는 비가시성인 PhoneCall 컴포넌트를 Social 그룹에 제공한다(그림 13.14 참조). 이 컴포넌트는 단 한 가지 속성과 메소드만 가지고 있으며, 예상했겠지만 안드로이드의 시스템 전화 기능을 높은 수준으로 추상화하여 사용할 수 있도록 했다. 기본적으로 간단히 전화번호만 PhoneNumber 속성을 통해 PhoneCall 컴포넌트에 전달할 수 있으며, 이 번호는 MakePhoneCall 메소드를 통해 전화가 걸리게 된다. PhoneCall 컴포넌트는 전화번호의 형태를 전달할 때 다소 유연한 면이 있다. 즉, 전화번호 안에는 대시(-)기호와 마침표, 괄호 등 여러 가지 기호가 포함돼 있지만, 이런 특수 기호들을 단순히 무시해 버린다. 전화번호에는 공백 문자만 없도록 해주면 되며, split at spaces 같은 메소드를 통해 전화번호를 전달하기 전에 확실히 공백 문자를 제거하자.

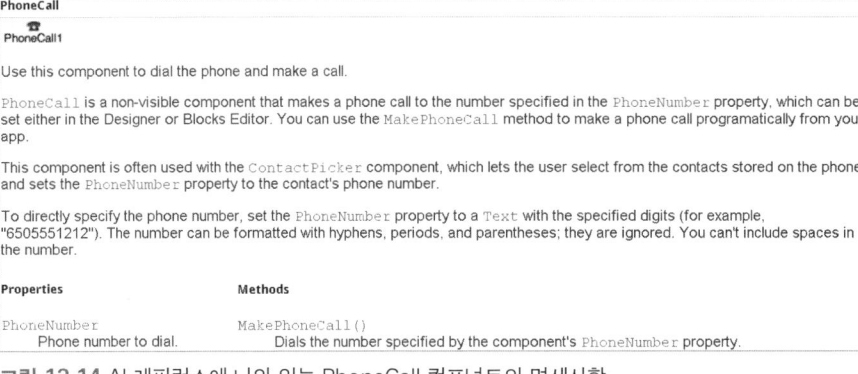

그림 13.14 AI 레퍼런스에 나와 있는 PhoneCall 컴포넌트의 명세사항

PhoneCall 컴포넌트를 이번 예제에서 사용하는 것은 매우 간단하다. 사용자가 Phone 기능 버튼을 스위치 보드에서 두른 다음 바로 가기 연락처 리스트에서 원하는 연락처를 선택한 후에 그림 13.15의 PhoneListPicker.

AfterPicking 이벤트 핸들러가 자동으로 호출된다. 이 핸들러에서, position in list 메소드를 통해 인덱스 변수 i가 선택된 이름을 가리키도록 한다. 이는 그림 13.11의 Delete contact 버튼과 그 이벤트 핸들러에서 수행하는 방식과 비슷하다. 인덱스 변수 i를 select list item 메소드에 적용하여 numbersList 리스트에 대응되는 전화번호를 찾을 수 있고, 이 번호를 PhoneCall.PhoneNumber 속성을 통해 PhoneCall 컴포넌트에 전달할 수 있다. PhoneCall.MakePhoneCall 메소드를 통해, 선택한 전화번호가 시스템 전화 기능에 전달되고, 일반적인 전화기처럼 전화를 걸게 된다.

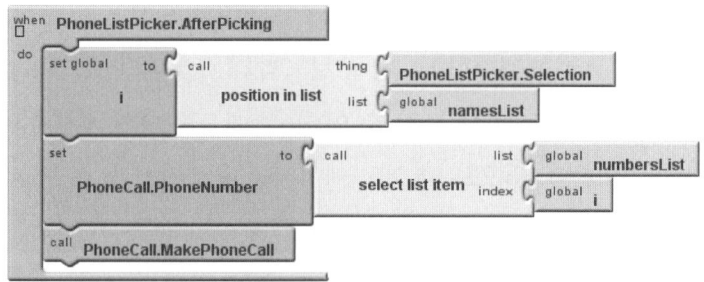

그림 13.15 전화번호를 선택하고 전화를 거는 블록 구조도

전화 통화를 끝낸 후엔, 운영체제의 시스템 전화 프로세스가 종료되고, 이 프로세스를 호출했던 앱으로 포커스가 돌아간다. 그림 13.16에서 Phone 기능 버튼을 통해 바로 가기 연락처 목록을 띄우는 과정부터(좌측 그림), 목록에서 연락처를 선택하고(가운데), 전화를 거는 화면까지(우측) 볼 수 있다.

그림 13.16 운전자 보조 시스템의 스위치 보드를 통해 바로 가기 연락처로 전화를 거는 모습

Phone 모듈과 그 기능이 이제 완전히 구현됐다. 앱을 실행했을 때, `namesList`와 `numbersList`를 TinyDB 컴포넌트로 로딩하는 작업만 나중에 소개할 것이다. 동시에 `Screen1.Initialize` 이벤트 핸들러에서 앱을 실행하기 위해 필요한 모든 다른 기능들도 다룰 것이다. 일단 지금은 다음 모듈에 대해 공부하면서 완전히 독립적인 전화 모듈을 개발할 수 있도록 하자.

완전히 자동으로 SMS 메시지 전송하기

확실히 절 제목에 다소 뭔가 있어 보이는 듯하지만, SMS[Short Message Service] 기능을 통해 텍스트 메시지를 수신하고 송신할 때 AI에서 사용할 수 있는 기법들을 알게 되면 깜짝 놀랄 것이다. 이번 예제에서 사용하는 SMS 모듈은 사용자에게 정말 강력한 도구로 사용될 수 있다. 이 모듈은 SMS 메시지를 완전히 자동으로 처리해준다. 앞으로 텍스트 메시지를 운전자에게 전송할 수 있으며, 사용자가 텍스트 메시지를 전송함으로써 응답할 수 있다. 또한 수신자에게 운전자의 현재 위치를 알려줄 수도 있다. SMS 기능 및 관련 설정 옵션들을 운전자 보조 시스템에 통합하기 위해서는 표 13.3에 나와 있는 컴포넌트로 새로운 모듈을 만들어야 한다. 이 모듈은 이전에 스위치 보드에 만들었던 컴포넌트와 모듈들 아래에 놓일 것이다.

표 13.3 SMS 모듈을 구성하기 위해 추가할 컴포넌트

컴포넌트	오브젝트 이름	수정될 속성들
VerticalArrangement	SMSvArr	"Visible" disable "Width": Fill parent
Texting	Texting	
CheckBox	SMSreplyCheckBox	"Text": auto-reply via SMS
Button	SMSreplySaveButton	"Text": Save
TextBox	SMSreplyTextBox	"Text": I am driving, will get in touch later!
LocationSensor	LocationSensor	
CheckBox	LocationCheckBox	"Text": Reply incl. location: I am now in ...
Label	LocationLabel	"Text": Location
TextToSpeech	TextToSpeech	
CheckBox	TTSCheckBox	"Text": Read out incoming SMS

(이어짐)

컴포넌트	오브젝트 이름	수정될 속성들
Button	TTSTestButton	"Text": TTS test
Button	SpeechButton	"Text": Dictate reply
Button	SMSsetupBackButton	"Text": Back

SMS 모듈의 경우, Phone 모듈과 동일한 내용이 적용된다. 그림 13.1을 레이아웃 템플릿으로 참고하여 직접 텍스트 라벨과 DivisionLabels, Arrangements를 추가하고 색상 및 글씨 크기를 설정해보자. Designer에서 본 결과(SMS 모듈)는 그림 13.17과 같을 것이다.

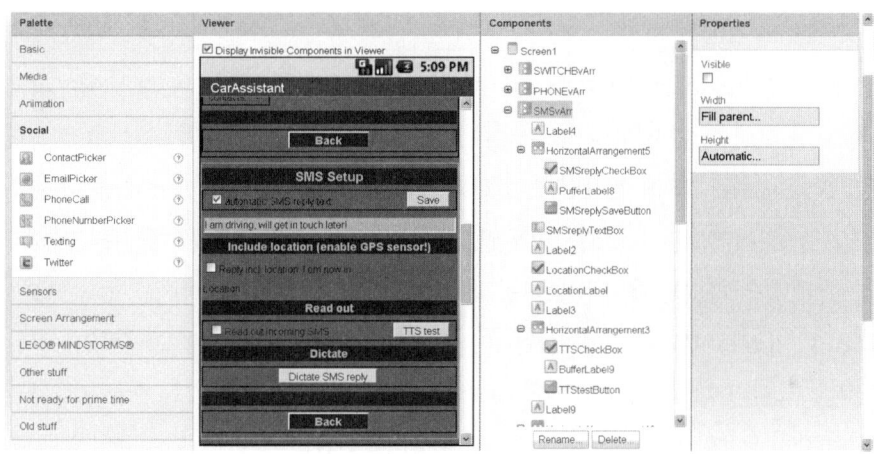

그림 13.17 Designer에서 SMS 모듈을 추가한 화면

SMS에 추가될 모든 기능들은 선택 사항이다. 즉, 사용자가 SMS 메시지를 소리 내어 읽을 수 있도록 하거나 자동으로 수신 메시지에 대해 응답할 수 있도록 할 수 있다. 사용자는 개개의 SMS 설정을 스위치 보드의 SMS 기능 버튼을 한 번만 눌러서 개개의 구성 설정을 활성화 및 비활성화시킬 수 있어야 한다. 활성화 전환 기능은 사용자가 볼 수 있는 반응을 만들지 않기 때문에, 분명하게 시각적인 피드백을 구현해야 한다. SMS 관리를 활성화하는 순간, SMS 기능 버튼에 적힌 텍스트가 밝은 녹색으로 빛날 수 있게 해보자. 또한 비활성화 상태일 때는 흰색으로 표시하자. 버튼을 한 번만 눌러서 활성화 상태를 전환할 수 있도록 SMSButton.Click 이벤트 핸들러를 구현하기 위해(그림 13.18), 불린 타입으로 전역 변수 smsReply에 상태 값을 저장하고, ifelse 분기문에서 활성화 여부에 따라 글씨 색상을 변경하도록 한다.

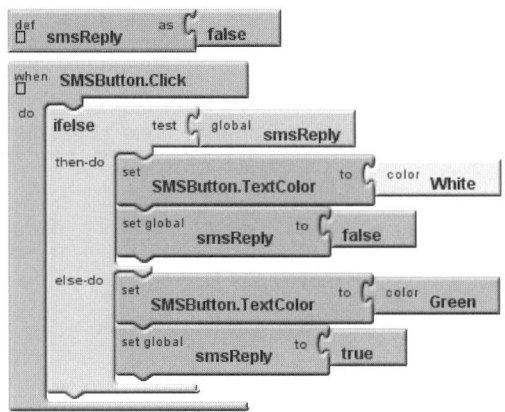

그림 13.15 SMS 기능의 상태를 나타내기 위해 SMS 활성화 및 비활성화 설정을 하는 블록 구조도

Phone 라벨과 마찬가지로, SMS 모듈의 설정 및 옵션들도 별도의 스크린을 통해 출력되며 조절된다. 이 들은 VerticalArrangement 컴포넌트 오브젝트인 SMSvArr을 통해 스크린에 포함시킨다. 스위치 보드에 있는 SMS Setup 버튼을 통해 SMS Setup을 띄우면, 스위치 보드가 사라지고 대신 SMSvArr 오브젝트가 나타난다. 이러한 동작은 그림 13.19 좌측의 SMSsetupButton.Click 이벤트 핸들러에서 screenBlank 프로시저(전역 함수)를 호출하여 이뤄진다. 그림 13.19 우측의 SMSsetupBackButton.Click 이벤트 핸들러에서는 사용자가 Back 버튼을 눌렀을 때 좌측 이벤트 핸들러와 동일한 방식으로 다시 스위치 보드 화면으로 돌아올 수 있도록 한다.

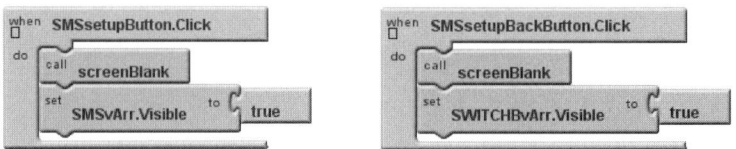

그림 13.19 SMS Setup 페이지를 보이거나 감추는 블록 구조도

이제 우리는 SMS Setup 하위 페이지를 출력하는 기능을 추가하였으며, SMS 모듈이 갖춰야 할 옵션과 기능을 구현할 수 있다.

지리 위치를 통해 응답 메시지 생성하기

SMS Setup 페이지에서, 사용자는 세 가지 설정 항목 중 원하는 항목을 선택할 수 있으며, 이중 몇몇은 누적 효과를 만든다. 그림 13.20 좌측과 같이 자동으로 문자 전송자에게 "I am driving ..."라고 응답을 해주는 초기 구성과 더불어, 수신한 SMS를 큰소리로 읽을 수 있거나(가운데) 응답 SMS 텍스트에 현재 위치 같은 추가 정보를 "I am now in ..."과 같이 입력하여 내용을 보충할 수 있다(우측).

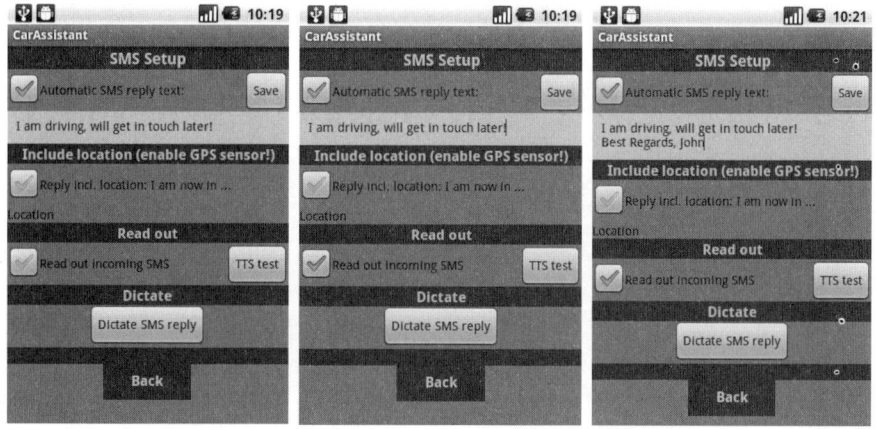

그림 13.20 SMS Setup 페이지에서 옵션을 설정하는 모습

이러한 옵션들을 구현하는 것은 상대적으로 간단하다. 세 가지 체크박스 중 SMSreplyCheckBox와 TTSCheckBox 두 개는 SMS를 수신할 때만 체크박스의 상태(불린 타입)를 검사하기 때문에, 심지어 별도의 이벤트 핸들러조차 필요 없다. 이 다음부터, 불린 타입의 결과에 따라 대응되는 수행문이 실행된다. 그러므로 auto-reply via SMS 옵션을 구현하기 위해 최대한 명확한 형태로 SMSreplySaveButton.Click 이벤트 핸들러에서 Save 버튼을 구현하겠다 (그림 13.21). 사용자가 SMSreplyTextBox 박스에 입력된 SMS 텍스트를 수정할 경우, 응답 메시지 내용을 Save 버튼을 눌러서 TinyDB 컴포넌트에 영구 저장할 수 있다.

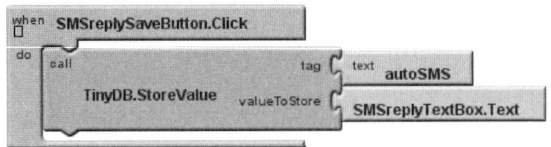

그림 13.21 자동으로 응답할 SMS텍스트 메시지를 저장하는 블록 구조도

12장에서 배운 내용 덕분에, SMS 응답 내용에 현재 위치를 추가하는 옵션을 구현하는 것은 매우 사소한 작업이 됐다. 대기 모드에서 GPS 센서를 깨워야 할 경우, 그림 13.22 좌측에 나와 있는 `LocationCheckBox.Changed` 이벤트 핸들러를 사용하면 된다. 체크박스가 활성화돼 있을 경우 현재 위치를 읽어 오기 위해 LocationSensor를 명시적으로 동작시킨다.

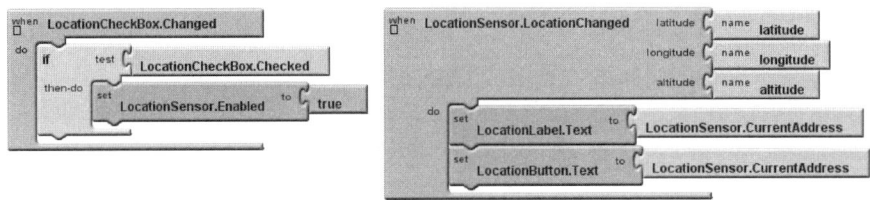

그림 13.22 GPS 센서를 활성화시키는 블록과 지리 데이터를 읽어 현재 위치를 문자 내용에 입력하는 블록

응답 SMS 메시지 내용을 작성하는 실제 수행문은 나중에 SMS 메시지를 수신하는 이벤트 핸들러에서 구현할 것이다.

TextToSpeech 컴포넌트로 안드로이드폰이 SMS 메시지를 소리 내어 읽도록 하기

SMS Setup의 세 번째 옵션으로, 사용자는 자신이 SMS 메시지를 자동으로 소리 내어 읽도록 선택할 수 있다. 이는 다른 설정과는 독립적으로 동작해야 한다. 스피치 분석기의 경우(문자 메시지 같은 텍스트를 기반으로 한 스피치) AI는 비가시성인 TextToSpeech 컴포넌트를 Other stuff 그룹에 제공한다. 하지만, 이 컴포넌트를 사용하기 전에, 스마트폰에 미리 설정하고 테스트할 것이 몇 가지 있다. 게다가, 별도의 TTS^Text To Speech 모듈을 설치해야 AI가 제공하는 스피치 출력 기능을 사용할 수 있다.

스피치 모듈 설치

일반적으로, TextToSpeech 컴포넌트를 사용하려면 반드시 스마트폰에 AI와 호환되고 스피치 분석기로 사용할 수 있는 스피치 모듈을 설치하거나 활성화시켜야 한다. 15장에서는 현재 설정 상태를 어떻게 확인하는지 공부하면서, 입력 해줘야 할 설정이 무엇인지 결정하고 어떤 앱을 다운로드해 설치하고 설정해야 하는지 확인해본다. 이미 Eyes-Free Project가 만든 TTS Extended Service를 설치했다면, 곧바로 운전자 보조 시스템에 스피치 출력 기능을 적용할 수 있다. TTS test 버튼을 눌러 설치 여부를 확인해보자. "Hello, this is a test!" 문구를 읽는 소리가 들리면 스피치 출력이 제대로 설정된 것이다.

스피치 모듈이 적절하게 설치되면, TextToSpeech 컴포넌트를 사용해 텍스트를 음성으로 출력할 수 있다. 앞서 언급했듯이 이 모듈은 그림 13.23에 나와 있는 것처럼 안드로이드 시스템 기능을 높은 수준으로 추상화하여 개발자가 사용하기 쉽게 만들어졌다. Language와 Country 속성을 사용해 언어와 (예를 들면 영어에 해당하는 eng 속성) 알맞은 발음을 지정할 수 있다(예를 들어, GBR은 영국식 영어 발음을, USA는 미국식 영어 발음을 의미한다). BeforeSpeaking과 AfterSpeaking 이벤트 핸들러를 통해 스피치 출력 직전 혹은 직후에 다른 수행문들을 추가할 수 있다.

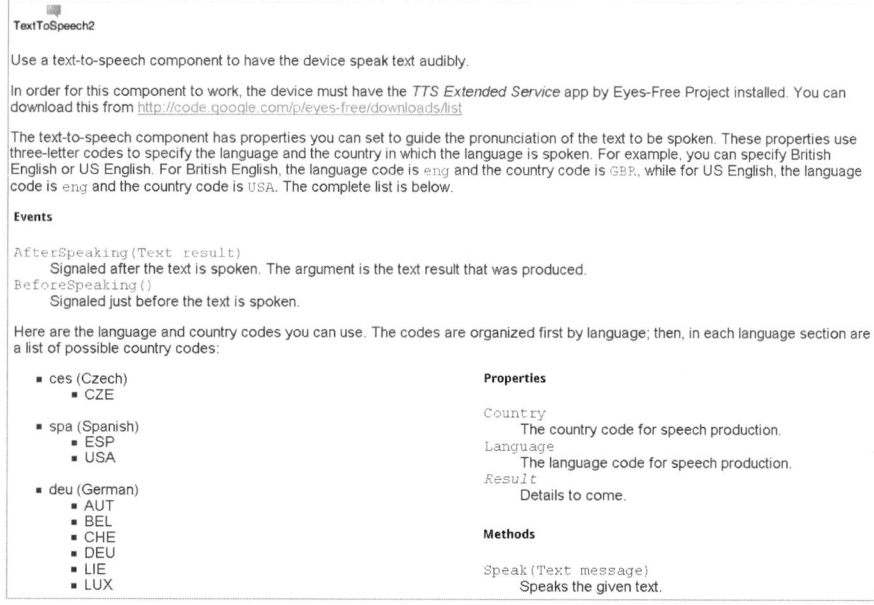

그림 13.23 AI 레퍼런스에 나와 있는 TextToSpeech 컴포넌트 명세사항

운전자 보조 시스템의 음성 출력 기능을 구현하기 위해, TextToSpeech 메소드인 Speak를 사용해 SMS 메시지 등 어떠한 타입의 텍스트도 읽을 수 있도록 만들어보자. 나중에 수신한 SMS 메시지를 읽는 기능을 이벤트 핸들러를 통해 구현할 것이므로, 지금은 SMS Setup 페이지를 구현할 준비를 하기 위해 TTStestButton.Click 이벤트 핸들러(그림 13.24)를 먼저 구현하겠다.

그림 13.24 TTS test 버튼을 통해 음성 출력을 테스트하는 블록 구조도

TTStestButton.Click 이벤트 핸들러를 통해 TTS test 버튼을 눌렀을 때 "Hello, this is a test!"란 문장을 읽을 수 있도록 구현돼 있다. 이 문장을 들을 수 있다면, 수신한 SMS 메시지 역시 나중에 테스트 수준이 아닌 전체 기능을 구현했을 때 들을 수 있을 것이다. 만약 아무런 소리도 들리지 않는 다면, 스피커 볼륨을 확인해 보거나, 15장에 나와 있는 내용을 참고하길 바란다.

SpeechRecognizer 컴포넌트를 통한 음성 인식 및 받아 적기

이번 예제를 통해 음성 출력을 구현하려면 입력 데이터를 출력할 언어로 포함시켜야 한다. 이를 위해 앞서 다뤘던 스피치 분석기^{TTS}의 원리를 역이용해 음성 입력^{Speech To Text}으로부터 텍스트 문장을 만들어 보도록 하겠다. AI는 Others stuff 그룹에 SpeechRecognizer 컴포넌트를 제공한다. 안드로이드에 내장된 음성 안내 시스템 덕분에, 이 컴포넌트를 사전 설정 없이 사용할 수 있게 되었다. SpeechRecognizer 컴포넌트 역시 높은 수준의 추상화 덕분에 몇 개의 설정 옵션만 조절해주면 다룰 수 있다. 이는 그림 13.25에 나와 있는 명세사항으로부터 확인할 수 있다.

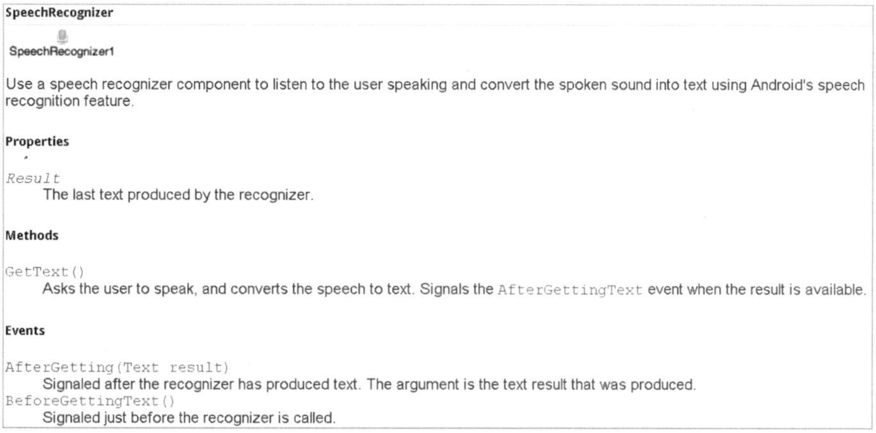

```
SpeechRecognizer
   SpeechRecognizer1
Use a speech recognizer component to listen to the user speaking and convert the spoken sound into text using Android's speech
recognition feature.

Properties

Result
    The last text produced by the recognizer.

Methods

GetText()
    Asks the user to speak, and converts the speech to text. Signals the AfterGettingText event when the result is available.

Events

AfterGetting(Text result)
    Signaled after the recognizer has produced text. The argument is the text result that was produced.
BeforeGettingText()
    Signaled just before the recognizer is called.
```

그림 13.25 AI 레퍼런스에 나와 있는 SpeechRecognizer 컴포넌트 명세사항

GetText 메소드가 시스템 음성 인식 기능을 호출하면, 사용자에게 음성을 입력하라는 메시지가 나타나고, 녹음된 음성을 분석하기 시작한다. 분석 결과는 AfterGetting 이벤트 핸들러를 통해 문자열로 전달되어 SpeechRecognizer 컴포넌트의 Result 속성으로 읽어 들인 다음 추가로 처리할 수 있다. 음성 제어 기능을 이번 예제에서 스위치 보드에 적용하는 것도 좋을 거라 생각했을 수도 있지만, 사실 기존에 구현했던 '한 번만 누르는 버튼' 제어 방식을 크게 개선하진 않을 것이다. 음성 분석 기능도 반드시 명시적으로 이벤트를 통해 호출되야 하기 때문이다(즉, 버튼을 눌러야 한다). 대신 새로운 SMS 응답 내용을 입력하기 위한 도구로 적용하여, 음성 인식 기능을 훨씬 효율적으로 활용해보겠다. 사용자가 이미 운전 중이라 SMS 응답의 기본 문자 메시지 내용을 변경해야 하는 상황을 가정하자. 예를 들어 길이 막혀 운전자가 약속에 늦는 경우, 기다리고 있는 상대방에게 적절한 응답 메시지를 전달하고 싶을 것이다. 텍스트를 손으로 입력하는 대신 "Dictate SMS reply,버튼을 눌러 SMS Setup 페이지에서 음성을 녹음하여 문제를 해결할 수 있다. 그림 13.26은 음성 입력 프로세스의 예제를 보여주며(좌측), 가운데 그림은 음성 분석을, 우측은 분석 결과를 SMS 응답 메시지에 전달하는 결과를 보여주고 있다.

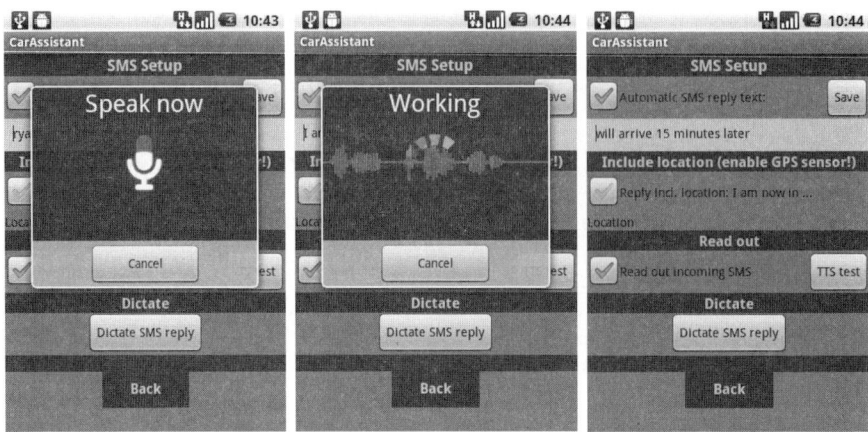

그림 13.26 새로운 SMS 응답 메시지를 입력하는 음성 방식의 처리 절차

SMS Setup 페이지에서 이렇게 받아 쓰기 기능을 구현하는 일은 그림 13.27과 같이 놀랍게도 아주 간단하다. 첫 번째 단계는 Dictate SMS reply 버튼을 눌러 음성 인식 시스템을 호출하고 `SpeechButton.Click` 이벤트 핸들러에서 `SpeechRecognizer.GetText` 메소드를 호출하여 분석을 시작하는 것이다. 분석이 끝나면, `SpeechRecognizer.AfterGettingText` 이벤트 핸들러가 자동으로 호출되고(두 번째 단계) 분석 결과가 result 변수에 문자열로 전달된다. 이 문자열은 `SpeechRecognizer.Result` 속성 필드를 통해 읽어와 `SMSreplyTextBox`에 출력할 수 있다. 이렇게 해서 손으로 직접 입력하는 것과 마찬가지로, 음성 인식기를 통해 새로운 SMS 응답 텍스트를 다음 SMS 문자 메시지 내용에 포함시킬 수 있다.

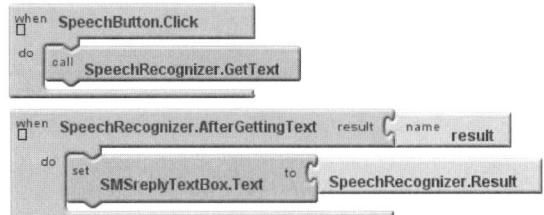

그림 13.27 음성 인식 기능을 호출하고 분석 결과를 출력하는 블록 구조도

Texting 컴포넌트로 SMS 메시지 송/수신 및 검사하기

SMS 메시지를 송수신할 수 있도록 AI는 Social 그룹에 Texting 컴포넌트를 제공한다. PhoneCall 컴포넌트처럼 이 컴포넌트도 높은 수준의 추상화 덕분에 간단히 사용할 수 있다. Texting 컴포넌트는 끊임없이 안드로이드 시스템의 SMS 기능을 사용해 텍스트 메시지를 송수신한다. 전화를 거는 것과는 다르게 SMS 메시지의 송수신을 Texting 컴포넌트로 처리할 수 있으므로, SMS 컴포넌트를 처리하는 전체 프로세스는 완전히 자동으로 앱 안에서 완전하게 표현될 수 있다. SMS 메시지 수신 및 송신하는 일 혹은 한 명 이상의 사람들에게 응답 메시지를 보내는 일을 통틀어서 SMS 수신 메시지 내용은 어떠한 방식으로도 처리될 수 있으며 응답 메시지를 원하는 정보나 데이터를 첨가하여 확장할 수 있다. 13장 서두에서 언급했듯이, 사람끼리의 SMS 통신뿐만 아니라, 사람과 기계, 심지어 기계와 기계간의 통신(M2M)도 가능하다. 이 모든 기능을 활용할 수 있다는 믿을 수 없을 정도의 잠재력을 고려해보자! 그림 13.28에 나와 있는 명세사항과 같이 이러한 가능성들은 모두 AI가 제공하는 Texting 컴포넌트 덕분이다.

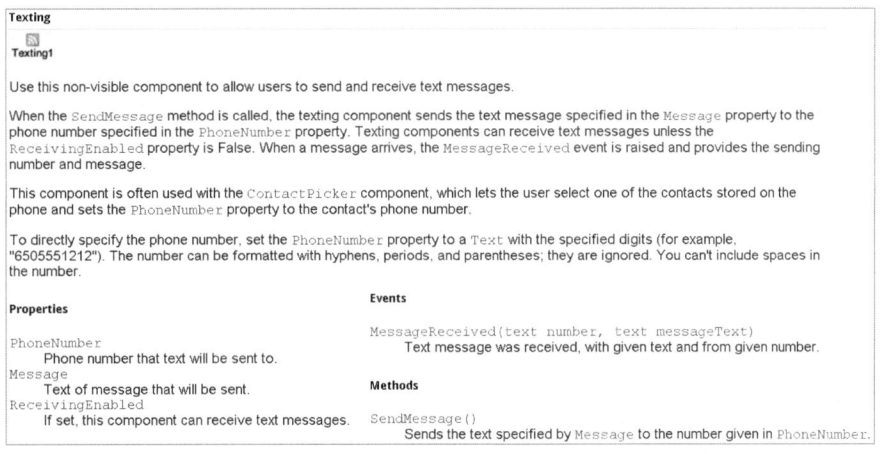

그림 13.28 AI 레퍼런스에 나와 있는 Texting 컴포넌트 명세사항

그림 13.28에 나와 있는 Texting 컴포넌트의 명세사항은 이름만 봐도 알 수 있는 기능을 갖고 있는 PhoneCall 컴포넌트 이 외의 몇 개의 컴포넌트를 더 가지고 있다. 이는 SMS 메시지를 송수신하는 완전한 형태의 연쇄 기능을 가

지고 있기 때문이다. SMS 메시지를 전송하려면 수신자의 전화번호가 있어야 하며, 이는 `PhoneNumber` 속성에 저장돼 있다. 또한 `SendMessage` 메소드만으로 `Message` 속성 필드가 전달한 텍스트 메시지를 대상 전화번호로 전송된다. 불린 타입의 속성인 `ReceivingEnabled`을 통해 기본적인 수신 대기 모드를 활성화하거나 비활성화할 수 있다. 전송한 SMS 메시지는 `MessageReceived` 이벤트 핸들러를 통해 텍스트 메시지와 송신자의 전화번호를 함께 전송받는다.

이번 예제에서는 SMS 메시지를 송수신하기 위해 Texting 컴포넌트를 사용하겠다. SMS 관리를 활성화한 경우, 매번 SMS 메시지를 받을 때마다 SMS Setup에서 설정한 방식대로 동작하도록 할 것이며, 전송 받은 문자 메시지를 가능한 크게 읽도록 할 것이다. 그리고 송신자에게 운전자의 현재 위치를 포함한 SMS 응답 메시지를 작성하여 전송하겠다. 이러한 모든 절차들은 (SMS Setup에서 설정한 구성들을 읽어 들이고, 적용하는 과정을 포함하여) 그림 13.29에 나와 있는 `Texting.MessageReceived` 이벤트 핸들러에서 처리된다. 이 이벤트 핸들러는 SMS 메시지를 전송 받을 때마다 호출되며, 문자를 보내온 송신자의 전화번호^{number}와 메시지 텍스트^{messageText}를 각 변수에 저장해 전달한다. 이 데이터는 핸들러 블록 안에서 추가로 처리할 수 있다. SMS 응답 메시지의 내용에 SMS Setup의 내용을 고려하여 새로운 입력 정보를 추가하기 위해, 마지막으로 전송한 `Texting.Message` 응답 텍스트를 곧바로 삭제하고, 송신자의 전화번호를 새로운 전송 대상 번호를 저장하는 변수 `Texting.PhoneNumber`에 할당하여 응답 메시지를 보낸다. 첫 번째 if 조건문에서, 자동 SMS 관리 기능을 사용자가 활성화했는지 검사한다(즉, 그림 13.18과 같이 SMS 관리 기능 버튼이 녹색으로 나타난 상태인지 검사한다). 참일 경우에만(`smsReply = true`), 수신한 SMS 메시지에 대응하고 다른 수행문들을 수행한다.

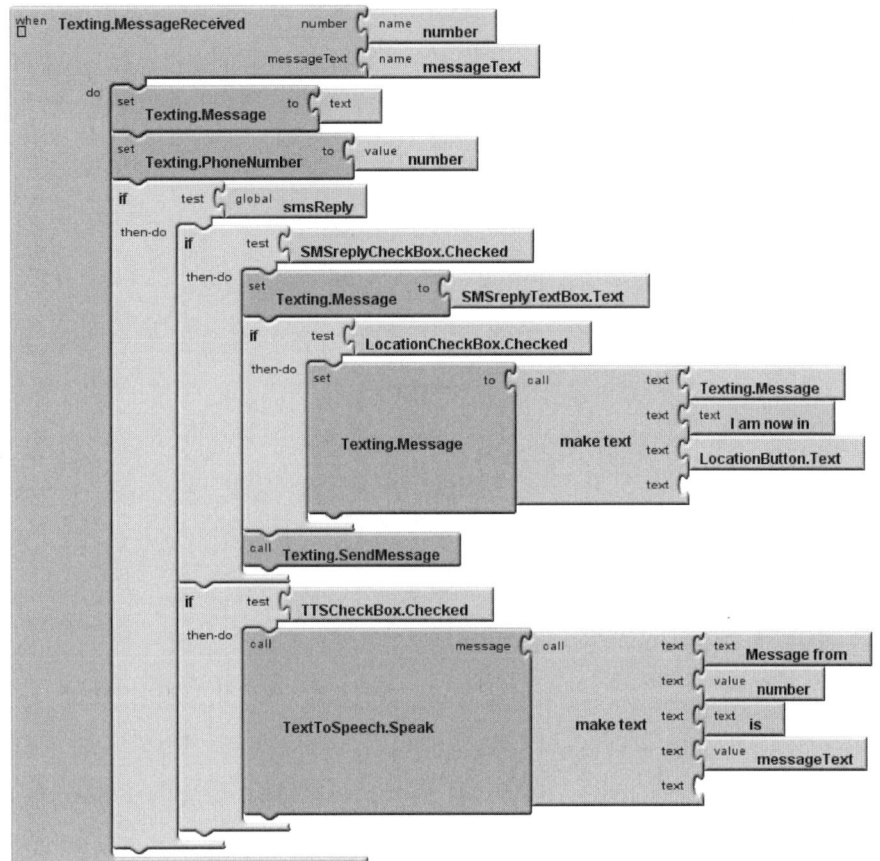

그림 13.29 SMS Setup에서 설정한 구성에 따라 SMS 메시지를 송수신하는 블록 구조도

SMS 관리 기능을 활성화했다면, 그림 13.29에 나와 있는 이벤트 핸들러에서 다음 `if` 수행문으로 SMS Setup으로 자동 SMS 응답 기능을 선택했는지 검사한다. (`SMSreplyCheckBox.Checked = true`)인 경우, 현재 SMSreplyTextBox에(미리 설정해뒤서 수동으로 입력하거나 받아 적게 한다) 입력된 내용을 새로운 SMS 응답 텍스트인 Texting.Message에 할당한다. 또 다른 `if` 수행문에서는 응답 메시지에 위치 정보를 삽입할지를 결정한다. SMS Setup에서 위치 정보 삽입 기능이 활성화돼 있다면, (`LocationCheckBox.Checked = true`)를 만족하게 되므로 'I am now in' 문자열과 `LocationButton.Text`에 나타나는 현재 위치의 문자열을 `make text` 메소드를 통해 기존 이 결과 문자열을 `Texting.Message` 텍스트에 덧붙인다. 이러한 계층적 블록 구조도는 위치 정보를 응

답 문자열 없이는 절대로 보내지 않는 반면, 위치 정보 없이는 응답 메시지를 보낼 수 있는 누적 효과를 만든다. 마지막으로, `Texting.Message`에 저장된 응답 메시지를 `Texting.PhoneNumber`에 저장된 전화번호로 `Texting.SendMessage` 메소드를 통해 송신한다. 이렇게 해서 SMS 응답 메시지 전송 기능을 완전하게 구현했다.

SMS 문자를 송신하는(혹은 송신하지 않을 수도 있다) 블록 다음에는, 그림 13.29에 나와 있는 이벤트 핸들러에서 TTS 변환 기능을 통해 수신한 SMS 메시지를 음성으로 출력하는 블록을 추가하겠다. 먼저, `if` 수행문에서 사용자가 SMS Setup을 통해 음성 기능을 활성화했는지 검사한다. 활성화했다면 (`TTSCheckBox.Checked = true`)를 만족하게 되며, `make text` 메소드를 통해 `Message from` 문자열을 시작으로 연결되는 문자열을 생성한다. 송신자의 전화번호를 담은 `number` 변수의 값, 그리고 `is` 문자열, 그리고 수신한 문자 메시지를 담은 `messageText` 변수의 값이 차례로 이어 붙게 된다. `TextToSpeech.Speak` 메소드를 호출하면, 설치해둔 스피치 모듈이 이 메시지를 소리 내어 읽게 된다. 스피치 모듈에 따라, 전화번호를 연속된 숫자 배열로 읽어 들이는 게 아니라, 하나의 큰 정수로 읽을 때도 있다(예를 들어, '백오십만…' 같은 꼴로). 이는 먼저 해당 텍스트 메소드의 첫 번째 전화번호를 수정해서 이러한 동작 방식을 변경할 수 있다.

이렇게 해서 운전자 보조 시스템의 SMS 모듈을 완전히 구현하였다(Screen1. Initialize 블록도 참조하길 바란다). 이 모듈 자체만으로 굉장히 놀라운 기능 범위를 가지고 있다. AI의 강력한 컴포넌트를 사용해 SMS 메시지를 통해 통신 프로세스를 완전히 보여주는 식으로 제공되는 엄청난 잠재력을 독자의 프로젝트에 적용할 수 있다고 생각해보라. 모듈화 구조 덕분에, 간단히 새로운 기능을 구현할 때 앱의 전체적인 구조를 변경하거나 눈에 띌 정도로 프로그램의 명확한 구조를 해치지 않고서 기본적인 프레임워크에 추가만 해주면 된다. 동일한 방식으로, 이제 다른 모듈을 추가하여, 성공적으로 운전자 보조 시스템의 전반적인 기능을 확장할 수 있다.

•• Interface 컴포넌트로 데이터 교환하기

이번 절에서는 그야말로 남아있던 네 가지의 기능 키들을 구현할 것이다. 이 키들은 기본적으로 AI에 내장된 단 한 가지의 컴포넌트를 기반으로 한다. 이에 대응하여, 이번 절에서는 단지 새로운 컴포넌트를 소개하는 데 그치지 않고, 기본 개념과 다소 범용적인 인터페이스를 소개할 것이다. 여기서 인터페이스란, AI에서 개발한 앱이 외부와 데이터를 주고받거나 통신할 수 있도록 해주는 것을 말한다. 개발자로서, 독자는 이러한 인터페이스를 통해 자신이 개발한 앱 주위의 경계를 허물고 개발했던 다른 앱이나 마켓에 올라와 있는 앱과도 연동할 수 있다. 게다가, 자신의 앱의 기능에 안드로이드 운영체제에서 자체적으로 제공하는 앱들과도 통합하여 시스템 기능을 활용하는 새로운 앱을 만들 수도 있다. AI의 시스템 컴포넌트와 비슷하게(Camera, Player, PhoneCall, Texting 등 이미 개별적인 안드로이드 시스템 기능과 애플리케이션을 해봤다), 거의 모든 앱들과 기능들을 포함할 수 있도록 통합 범위를 확장할 수 있다. 게다가, 인터페이스 컴포넌트를 통해 개발하려는 앱에서 다른 앱들을 자유롭게 사용할 수 있다. 대신, 모든 종류의 온라인으로 웹 서비스에 접속하여 개발 중인 앱(독자가 개발했든지, 아니면 다른 서드파티에서 제공하든지)과 통합시킬 수도 있다. 예상했겠지만, 이번 절에서 소개할 컴포넌트는 클라우드 컴퓨팅이라는 요즘 트랜드를 주도하고 있는 핵심 기술을 지원한다.

ActivityStarter 컴포넌트로 웹 서비스와 앱 제어 권한 공유하기

이 컴포넌트는 AI에 내장된 기능 범위를 훨씬 넘어서는 놀라운 응용 범위를 제공해주기 때문에, 그 중요성을 아무리 강조해도 지나치지 않는다. 이 컴포넌트는 AI와 앱을 개방적이고 확장 가능하며 유연한 시스템으로 만들어 주기 때문에, 이를 활용한다면 매우 다양한 분야의 모바일 앱들을 나중에 개발할 수 있도록 충분한 준비를 할 수 있다.

컴포넌트에 대한 거창한 소개는 그만하고, 이제 이 컴포넌트가 가진 비밀을 공개하겠다. AI는 Other stuff 그룹에 비가시성 컴포넌트인 ActivityStarter를 제공한다. 이 컴포넌트의 기능은 이름을 통해 가늠할 수 있다. 즉, 앱, 웹 서비스, 시스템 기능, 그리고 다른 외부 기능까지 액티비티로 실행될 수 있다.

이 컴포넌트의 일반적인 기능 범위로 인해, 명세사항에 적혀 있는 내용은 다른 것들에 비해 다소 양이 많다. 그림 13.30과 같이 명세사항의 첫 번째 영역은 자세하고 일반적인 기능 설명으로 구성돼 있으며, 다른 앱이나 웹 서비스를 호출하는 몇 가지 매개변수들을 예제로 소개하고 있다.

```
ActivityStarter
▶
A component that can launch another activity from your application.

You communicate with the activity starter by setting properties of the component to pass information related to the activity, including the action and activity class. See Using the Activity Starter Component for details and examples.

Activities that can be launched include:

■ Starting another App Inventor for Android app. To do so, first determine class of the other application by downloading the source code and using a file explorer or unzip utility to find a file named "youngandroidproject/project.properties". The first line of the file will start with "main=" and be followed by the class name; for example,

    main=com.gmail.Bitdiddle.Ben.HelloPurr.Screen1

To make your ActivityStarter launch this application, set the following properties:

    ■ ActivityPackage to the class name, dropping the last component (for example,
      com.gmail.Bitdiddle.Ben.HelloPurr)
    ■ ActivityClass to the entire class name (for example, com.gmail.Bitdiddle.Ben.HelloPurr.Screen1)
■ Starting an activity that is built in to the Android OS, such as using the camera, or performing a web search. You can start camera by setting the following properties:
    ■ Action: android.intent.action.MAIN
    ■ ActivityPackage: com.android.camera
    ■ ActivityClass: com.android.camera.Camera
■ Performing web search: Assuming the term you want to search for is "vampire" (feel free to substitute your own choice), set the properties to:
    ■ Action: android.intent.action.WEB_SEARCH
    ■ ExtraKey: query
    ■ ExtraValue: vampire
    ■ ActivityPackage: com.google.android.providers.enhancedgooglesearch
    ■ ActivityClass: com.google.android.providers.enhancedgooglesearch.Launcher
■ Opening a browser to a specified web page. Assuming the page you want to go to is "www.facebook.com" (feel free to substitute your own choice), set the properties to:
    ■ Action: android.intent.action.VIEW
    ■ DataUri: http://www.facebook.com

You can also launch third-party applications installed on the phone, provided you know the appropriate intents to invoke them, and you can also launch activities that produce text results and get them back to use in your application. The way this data is extracted depends on how the application has been implemented.
```

그림 13.30 AI 레퍼런스에 나와 있는 ActivityStarter 컴포넌트의 명세사항 중 파트 1에 해당되는 페이지

ActivityStarter 컴포넌트로 실행할 수 있는 다양한 액티비티들의 예제로, 그림 13.30에 나와 있는 명세사항에는 새로운 AI 앱(HelloPurr), 시스템 앱(Camera), vampire 검색어 쿼리를 보내는 웹 서비스 Enhanced Google Search, www.facebook.com 웹사이트에 접속하는 것까지 매개변수로 열거돼 있다.

ActivityStarter 컴포넌트를 더욱 확실하게 이해하려면, 아주 중요하면서도 유용한 AI의 컨셉트 레퍼런스를 참고서로써 활용하자.

ActivityStarter 컴포넌트 관련 문서 및 추가 예제들

ActivityStarter 컴포넌트의 이해를 돕기 위해 AI Concepts Reference는 'Using the Activity Starter Component'를 제공한다. 이 페이지에는 여러 가지 사용 예제들과 추가로 참고할 만한 정보를 담은 소스들, 그리고 웹 서비스와 다른 앱들을 전달하는 인터페이스 매개변수를 결정할 때 참고할 수 있는 안내서까지 나열돼 있다. ActivityStarter 컴포넌트를 사용할 일이 있을 경우, 이 온라인 문서를 가장 먼저 활용하는 것도 좋은 생각이다. 특히, 계속 진화하고 있는 최신 상태로 앱을 유지하기 위해서 참고해보자.

- http://experimental.appinventor.mit.edu/learn/reference/other/activitystarter.html

```
Properties                                              Events
Action: text                                            ActivityError(text message)>
    Action of the activity to be launched.                  Indicates that an error occurred while using this ActivityStarter.
ActivityClass: text                                     AfterActivity(text result)
    Class name of the activity to be launched.              Called after activity ends.
ActivityPackage: text
    Package name of the activity to be launched.
DataUri: text
    URI passed to activity to be launched.
ExtraKey: text
    Key name of text passed to the activity.
ExtraValue: text
    Value of text passed to the activity.
Result: text
    Value returned by the activity being started.
ResultName: text
    The name used to extract the result returned from the activity being started.
ResultType: text
    Type information returned from the activity being started.
ResultUri: text
    URI (or Data) information returned from the activity being started.

Methods
text ResolveActivity()
    Returns the name of the activity that corresponds to this ActivityStarter, or an empty string if no corresponding activity can be
    found. You can use this before starting an external application to ensure that the application is installed on the phone.
StartActivity()
    Start the activity associated with this component.
```

그림 13.31 AI 레퍼런스에 나와 있는 ActivityStarter 컴포넌트의 명세사항 중 파트 2에 해당되는 페이지

앞서 언급했던 액티비티들을 실행시키는 예제 매개변수들과 기능에 대한 일반적인 설명과 더불어, ActivityStarter 컴포넌트의 명세사항에는 그림 13.31과 같이 속성, 이벤트, 메소드까지 수록돼 있다. 속성 필드에는 관련 액티비티를 실행하거나 액티비티를 통한 데이터 교환을 위해 필요한 매개변수들이 정의돼 있다. 예를 들어, 안드로이드 시스템 기능에 대응되는 '인텐트'로 Action 속성에는 원하는 '액션'(예를 들어, 유튜브에 올라와 있는 비디오를 보여주는 android.intent.action.VIEW와 같은 액션)을 동작시킨다(마치 Clock 컴포넌트에서 시스템 시간 값을 읽어 오는 것과 비슷하다). AI를 통해 액티비티를 실행하는 것은 자바에서 ActivityClass와 ActivityStarter 컴포넌트의 ActivityPackage 속성으로 이를 수행하는 것과 매우 비슷하기 때문에, 해당 패키지 이름(예를 들어,

com.google.android.youtube) 및 클래스 이름(com.google.android.youtube.PlayerActivity)도 지정해줘야 한다.

배경 지식 : 인텐트

시스템 기능을 실행하기 위해 인텐트에 대한 공부를 더 하고 싶다거나 개개의 인텐트들을 조사하고 싶다면, 고급 개발자들을 위한 정보와 자바 클래스 및 패키지에 대한 개요를 'Android Developers'라는 사이트에서 찾을 수 있다.

- http://developer.android.com/reference/android/content/Intent.html

하지만, 이 페이지에 나와 있는 설명을 보고 기죽지 말길 바란다. AI 컨셉트 레퍼런스에서 설명하는 ActivityStarter는 주로 '고급 개발자'를 위해 만들어진 것이지만, 간단히 템플릿에서 인텐트에 해당되는 자료를 복사하여 적절히 활용하여 다른 컴포넌트와 마찬가지로 ActivityStarter를 사용할 수 있다. 간단하게 인텐트를 사용하기 위해, 인터넷으로 아주 쉽게 이해할 만한 인텐트들을 모아놓은 자료도 찾을 수 있다.

유용한 인텐트를 모아놓은 사이트

알려진 인텐트를 빠르고 쉽게 사용할 수 있도록, 인터넷에 올라와 있는 인텐트의 개요를 활용해보자. 다음 사이트를 추천한다.

- http://www.openintents.org/en/node/35

간단하게 Action, ActivityClass, ActivityPackage 속성 필드에 있는 세 가지 데이터를 액티비티나 외부 애플리케이션을 구별하는 식별자로 간주하자. 일단 액티비티를 실행하면 앱이 무슨 일을 해야 할지 혹은 어떤 데이터를 가져와야 할지 등 업무 지시를 해줘야 한다. 그림 13.31에 나와 있는 DataUri 속성 필드에서 하는 일이 바로 여기에 해당한다. 데이터를 전달하는 작업이나 특정 기능을 수행하기 위해 웹 서비스를 호출하는 특정 요청을 이 속성을 통해 전달할 수 있다. 이러한 요청은 접속할 경로로써 사용되는 간단한 웹 주소(예를 들어, http://news.google.com 같은)나 좀 전에 다뤘던 유튜브 예제에서 액티비티가 재생되길 원하는 특정 비디오 주소와 같이 확장된 웹 주소(예를 들어, http://www.youtube.com/watch?v=8ADwPLSFeY8 같은)로 구성될 수 있다. 원하는 유튜브 비디오를 요청하는 특정 식별자는 독자가 직접 웹브라우저로 비디오를 제공하는 사이트를 접속하여 Embed 버튼을 눌러 완전한 http 형태의 주소를 복사하여 제공해줄 수 있다(포함될 때 HTML 태그인 "src"로 나타난다).

두 가지 형태의 웹 주소 모두 URI$^{\text{Uniform Resource Identifier}}$ 그룹의 한 형태에 속한다. 이 그룹에서 독자는 명확하게 온라인상의 웹사이트, 비디오 파일, 특정 웹 서비스 등 모든 리소스를 식별하거나 읽어올 수 있다. http 식별자를 통해 웹사이트를 읽어 들이는 것과 더불어, 독자는 이 방식을 사용해 구글 맵 웹서비의 geo 스킴^{schem}에 나타나는 지리 좌표로 지도 데이터(예를 들면, geo:50.19,8.58?z=23 같은)를 읽어 들일 수 있다. 혹은 특정 수신자, 하위 주제 라인, 그리고 텍스트들로 구성된 mailto 스킴을 사용해 이메일을 보낼 수 있다(예를 들면, mailto:peter.tester@gmail.com?subject=Hello 같은). 쿼리문의 첫 부분에 물음표가 있으면, 요청이나 훨씬 더 정확한 명령의 포맷을 형성하여 특정 쿼리 매개변수로 사용할 수 있다. 특정 상황에 사용할 만한 매개변수가 뭔지 궁금하다면, 웹에 올라와 있는 문서를 참고하길 바란다.

URI를 통해 웹 서비스 검색 쿼리를 실행, 호출, 전송하기

인터넷을 통해 적절한 검색어를 입력하여 URI의 구조와 일반적인 용도에 대한 추가 정보를 찾을 수 있다. 아래 주소에 링크된 위키피디아 페이지에는 일반적인 개요 및 두 가지 하위 카테고리(URL- Uniform Resource Locator와 URN- Uniform Resource Name)를 제공한다.

- http://en.wikipedia.org/wiki/Uniform_Resource_Identifier
- http://en.wikipedia.org/wiki/URI_scheme

다음 사이트는 웹 서비스에 대한 일반적인 개요 및 추가 정보를 담고 있다.

- http://en.wikipedia.org/wiki/Web_service

'Google Map Parameters' 페이지가 제공하는 쿼리 매개변수를 통해 사용 가능한 여러 가지 쿼리 및 명령어 사용 예제를 방대하게 수록하고 있다. 이 쿼리 매개변수를 사용해 maps.google.com 웹서비스에 요청하는 모든 종류의 쿼리문들을 찾을 수 있다.

- http://mapki.com/wiki/Google_Map_Parameters

URI와 더불어, 몇몇 액티비티에는 ActivityStarter 컴포넌트의 다른 속성들을 통해 쿼리 매개변수를 전달할 수 있다. 예를 들어, enhancedgooglesearch 액티비티를 통해 웹 검색을 할 땐 ActivityStarter의 ExtraKey 속성에 android. intent.action.WEB_SEARCH 액션에 대한 쿼리 파라매터를 전달할 수 있으며 ExtraValue 속성엔 vampire란 대표적인 검색어를 할당할 수 있다. 몇몇 액티비티들과 외부 앱들은 사용자가 실행했을 때 자체적으로 결과를 곧바로 출력하고 원하는 액션을 수행하는 반면, 다른 몇몇 액티비티들은 자신을 호출한 앱에 부수적이거나 대체할만한 결과 값을 반환한다. 상호 통신을 하는 경우나 호출한 앱과 대상이 되는 앱 간의 데이터 교환을 하는 경우, ActivityStarter 컴포넌트가 제공하는 또 다른 속성 필드를 통해 결과 값^{Result}을 식별자^{ResultName}, 타입^{ResultType}, 반환된 URI 등과 함께(적절한 경우) 문자열로 읽어 올 수 있다.

앞서 자세히 언급한 속성들과 더불어, ActivityStarter 컴포넌트는 그림 13.31에 나와 있는 메소드 및 속성 블록들을 가지고 있다. ResolveActivity 메소드를 통해, 독자는 원하는 액티비티나 외부 애플리케이션을 스마트폰에서 사용할 수 있다는 점을 해당 이름을 통해 확인할 수 있다. 이러한 쿼리는 다른 AI 앱을 실행하든, 서드파티 앱이나 웹 서비스, 시스템 기능에서 다른 앱을 실행하든 상관없이 모든 종류의 액티비티에 적용할 수 있다. 이러한 경우 모두 안드로이드 운영체제를 다소 광범위하게 활용하기 때문이다. 스마트폰에 적절한 부품이 없는 경우, 해당 부품과 관련된 종류의 서비스를 사용할 수 없다. 예를 들어, 안드로이드의 네트워크나 브라우저 기능 없이는 웹사이트를 열 수 없다. 이러한 기능을 사용할 수 있는 경우, StartActivity 메소드는 속성으로 지정한 설정들을 기반으로 액티비티를 실행한다. 외부 서비스가 사용된 후엔 외부 서비스를 통해 해당 Result 속성에서 사용 가능한 결과를 처리하는 작업 등 어떠한 액션도 AfterActivity 이벤트 핸들러에서 구현 가능 하다. 아직 웹 서비스를 사용하는 경험이 없다면(예를 들어, 자신만의 홈 페이지를 디자인하여 구축해봤다든지), 이러한 주제들이 다소 낯설게 느껴질 수 있다. 그럴 경우, 13장의 각 섹션에서 다뤘던 소스들을 활용하여 엄청난 다양함과 강력함을 가진 이번 주제에 대해(이번 주제가 흥미로웠다면) 좀 더 조사해보길 바란다. 아닐 경우엔, 그냥 계속 읽어나가길 바란다. CarAssistant 프로젝트와 관련하여 사용할 수 있는 여러 가지 액티비티들 중 몇몇 액티비티들을 사용하면서, 동시에 ActivityStarter 컴포넌트의 사용이 실제로는 그리 복잡하지 않다는 점을 보여줄 것이기 때문이다.

내장된 구글 맵으로 구현한 보행자용 내비게이션

운전자 보조 시스템 예제를 구현하기 위해, Back 기능키(실제로는 버튼이다)의 동작 로직을 담당하는 ActivityStarter 컴포넌트를 사용해볼 것이다. Back 버튼을 통해 사용자는 자연스럽게 사용자가 위치를 저장하는 기능을 선택할 수 있어야 하며, 버튼을 눌렀을 때 앱이 사용자를 해당 위치로 돌아가도록 안내해야 한다. 예를 들어, 이전에 한 번도 사용해 본적이 없는 주차장에 자동차를 주차할 때 운전자는 주위 환경이 낯설기 때문에 이러한 앱이 없다면 자신이 주차한 장소를 다시 찾아오기 힘들 것이다. 주차 위치의 좌표를 저장하는 것은 그리 놀랄 일은 아니지만, 구글 맵스 앱 서비스를 자연스럽게 통합하는 것은 AI 자체에 내장된 독립적인 컴포넌트의 형태로는 아직 포함돼 있지 않은 기능이며(예를 들어, 시스템 Camera 혹은 VideoPlayer에 접근하는 컴포넌트가 AI에 내장돼 있는 것과 달리), 반드시 일반적인 인터페이스 컴포넌트인 ActivityStarter 컴포넌트를 통해 구현해줘야 한다. 그림 13.32는 이러한 기능을 어떻게 사용할 수 있는지 보여주고 있다(좌측부터 우측방향으로). 운전자가 주차할 곳을 찾았다면, 스위치 보드에 있는 설정 메뉴를 통해 Navi Setup 페이지를 호출한 뒤 사용자가 Current 버튼을 누르면 Back to Car로 현재 위치(고도, 경도, 주소 등을 포함하여)를 주차 위치로 저장한다.

나중에 이 위치로 돌아가기 위해서 사용자는 간단히 스위치 보드의 Back 기능 키를 누르게 되고, 구글 맵스를 액티비티로써 실행하여 원하는 위치를 가리키는 방향을 출력해 사용자가 내비게이션 타입('자동차 경로 By car', '대중 교통 경로 By public transit', '걷기 경로 Walking', '자전거 경로 Bicycling')을 선택한다. 그다음 원하는 뷰 모드로 들어가서 스크린의 상단 우측에 있는 파란색 내비게이션 화살표를 눌렀을 때 내비게이션이 동작하도록 한다. 사용자가 다시 주차 위치로 돌아왔으면, 스마트폰의 Back 버튼을 눌러 다시 운전자 보조 시스템 화면으로 돌아와서 즉시 다른 기능키를 눌러 다음에 선택하고 싶은 기능을 고를 수 있다.

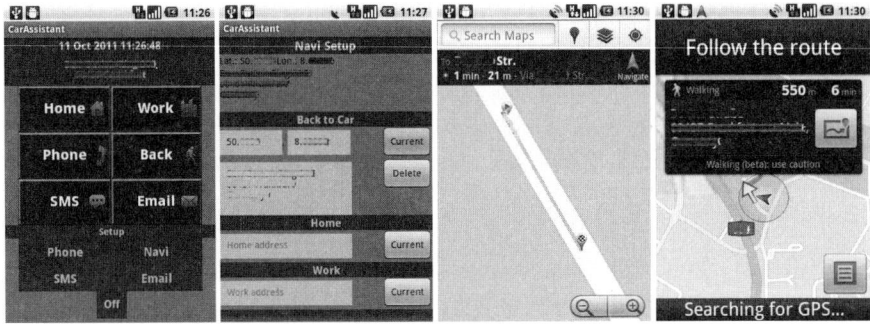

그림 13.32 구글 맵스와 운전자 보조 시스템을 통해 보행자 내비게이션을 구현한 화면

이러한 통합 기능을 구현하는 것은 먼저 사용자 인터페이스를 디자인하는 작업이나, Designer에서 컴포넌트 속성들을 미리 설정하는 작업부터 해주는 걸로 시작한다. 결국, 액션이나 인텐트, 패키지, 그리고 구글 맵스 웹 서비스를 통해 원하는 목적지에 찾아가기 위해 필요한 액티비티 클래스 등을 미리 설정해줘야 한다. Navi Setup의 인터페이스를 디자인하여 운전자 보조 시스템에 다음 모듈을 추가해보자. 이 인터페이스에는 Work 기능키와 Home 키, 그리고 Back 기능 키에 적용될 설정들을 담게 된다. Designer에서 CarAssistant 프로젝트를 열어, 표 13.4에 나열된 컴포넌트를 추가한다. 앞서 설명했던 다른 모듈들과 마찬가지로, 필요한 텍스트 라벨과 색상, 그리고 폰트 크기 설정, BufferLabels, SpacerLabels, DivisionLabels, Arrangements 등의 요소를 직접 추가해보자. 이번 모듈의 전체 구조는 멀티스크린 효과를 내기 위해 VerticalArrangement 오브젝트 컴포넌트인 NAVlvArr 안에 포함된다.

표 13.4 Navi 모듈을 구현하기 위해 추가할 컴포넌트

컴포넌트	오브젝트 이름	수정될 속성 값
VerticalArrangement	NAVlvArr	"Visible" disable "Width": Fill parent
ActivityStarter	ActivityStarterMaps	"Activity," "ActivityClass," "ActivityPackage": see Table 13.5
Label (3x)	LatLabel, LonLabel, NaviAddressLabel	"Text": -, -, Location
TextBox (3x)	BackLatTextBox, BackLonTextBox, BackAddressTextBox	"Hint": Latitude, Longitude, Address
Button (2x)	BackCurrentButton, BackDelButton	"Text": Current, Delete

(이어짐)

컴포넌트	오브젝트 이름	수정될 속성 값
TextBox	HomeTextBox	"Hint": Home address
Button	HomeCurrentButton	"Text": Current
TextBox	WorkTextBox	"Hint": Work address
Button	WorkCurrentButton	"Text": Current
Button	NaviBackButton	"Text": Back

표 13.4에 수록된 컴포넌트를 통해, Navi Setup에 포함될 두 가지 내비게이션 기능 키(Home과 Work)를 구현하기 위해 필요한 대부분의 항목들이 이미 설정됐다. 이제 두 내비게이션 기능 키에 필요한 추가 ActivityStarter만 남았으며, 곧 다뤄보겠다. 위 테이블에 나와 있는 속성들과 디자인 요소들을 추가한 후에 Deisgner에서 본 Navi 모듈은 그림 13.33과 같을 것이다.

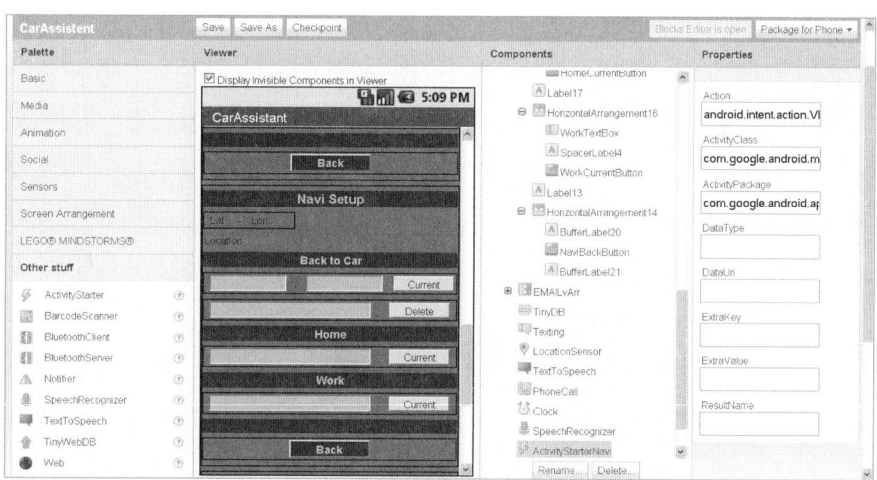

그림 13.33 CarAssistant 프로젝트에 추가된 Navi 모듈의 모습

그림 13.33의 Properties 영역을 보면, ActivityStarterMaps 액티비티 스타터 ActivityStarter의 기본 설정 구성을 확인할 수 있다. 이러한 구성은 구글 맵스 웹 서비스를 실행하고 보행자 내비게이션 기능을 실행시키기 위해 필요하다. 표 13.5에서 Navi 모듈의 초기 설정에 추가해야 할 속성 필드에 적용할 완전한 데이터를 확인할 수 있다.

표 13.5 ActivityStarterMaps 액티비티 스타터의 기본 설정 사항들

속성	ActivityStarterMaps 오브젝트의 기본 설정 사항들
"Action"	android.intent.action.VIEW
"ActivityClass"	com.google.android.maps.MapsActivity
"ActivityPackage"	com.google.android.apps.maps

Navi Setup 사용자 인터페이스와 더불어, 이제 나중에 호출하여 예제와 통합할 구글 맵스의 액티비티의 이름을 지정해봤다. 이 액티비티를 사용해 두 지리 좌표(구글 맵스 서비스에 전달해줘야 할 데이터다) 사이의 길을 찾아가도록 하겠다. 이제 Editor에서 Navi Setup뿐만 아니라 Back 기능 키의 동작 로직을 구현해보자. 간편하게 주차 위치(혹은 사용자의 집Home이나 사무실Work 등)로 찾아가기 위한(Back) 목적지의 주소에 해당되는 버튼을 한 번 눌렀을 때 사용자의 현재 위치를 삽입하도록 하기 위해, GPS 센서로 읽어들인 지리 좌표 데이터를 Navi Setup 페이지의 최상단 위치에 삽입한다. 이러한 목적을 이루기 위해, 그림 13.34에 나와 있는 `LocationSensor.LocationChanged` 이벤트 핸들러(그림 13.22에서도 이미 본 적이 있다)를 확장시켜 `NaviAddressLabel`에도 현재 주소를 출력하도록 한다(Email Setup을 위해 필요한 추가 요소들도 여기에 포함된다). 주소와 함께, 현재 주소의 지리 위치를 출력한다. 사용자가 때때로 자신의 자동차를 교외 지역에 주차시키거나 구글 맵스 액티비티에 대한 쿼리 매개 변수로써 이러한 주소 좌표가 필요하기 때문이다. 구글 맵스 웹 서비스도 지리 좌표의 포맷이 마침표 소수점이어야 하므로, GPS 센서가 콤마 소수점 포맷으로 반환할 가능성이 있는 데이터를 원하는 마침표 소수점 포맷으로 변환해줘야 한다. 이를 위해 표 13.4의 `LatLabel`과 `LonLabel`에 저장된 수치 데이터를 사용하기 전에 `replace all` 텍스트 메소드를 먼저 사용하겠다.

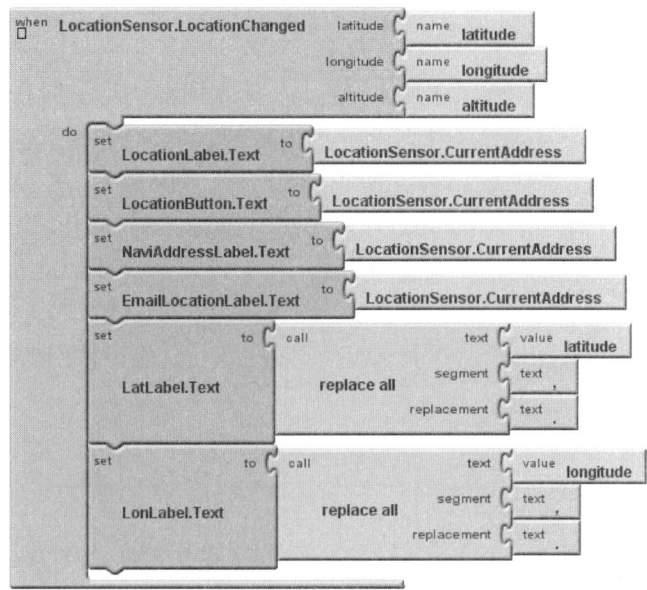

그림 13.34 Navi(그리고 Email) Setup 페이지에 현재 위치 좌표를 삽입하는 블록 구조도

Navi 기능 키를 눌러 Navi Setup을 실행시킬 때(혹은, 좀 더 정확히 말해 이 버튼과 연동되는 `NaviSetupButton.Click` 이벤트 핸들러를 실행시킬 때) 현재 지리 좌표 값으로 Setup 영역을 즉시 덮어쓴다. 그림 13.35는 Navi Setup 페이지를 닫는 `NaviBackButton.Click` 이벤트 핸들러도 보여준다. 이 핸들러는 사용자가 Navi Setup 페이지에서 Back 키를 눌렀을 때 호출된다. 이 핸들러는 다중 화면을 전환하기 위한 일반적인 수행문들 뿐만 아니라, `TinyDB.StoreValue` 메소드를 세 번 호출하는 블록도 담고 있다. 이 메소드로 주차 위치, 집, 사무실 등에 해당하는 목적지 주소가 개개의 식별자를 가지고 해당 텍스트 박스에 독립적으로 저장된다. 그렇기 때문에, 운전자 보조 시스템을 다음에 다시 실행했을 때도 데이터를 계속 유지할 수 있다.

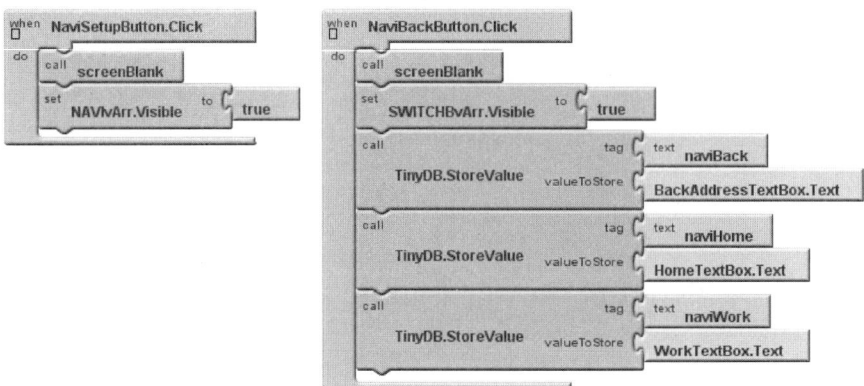

그림 13.35 Navi Setup 페이지를 열거나 닫는 블록 구조도

Back to Car 기능을 설정하는 두 가지 버튼 역시 매우 쉽게 구현할 수 있다. Current 버튼이나 이에 대응되는 이벤트 핸들러(그림 13.36)를 통해, 그림 13.34에 나와 있는 이벤트 핸들러에서 얻어낸 현재 주소와 해당 지리 좌표를 간단하게 목적지 주소 값으로 복사한 다음(적절한 텍스트 박스에 출력한다), 나중에 주차된 위치를 찾아가기 위해서 저장해둔다. 물론, 사용자가 직접 주소와 지리 좌표를 텍스트 박스에 적거나 Delete 키(혹은 BackDelButton.Click 이벤트 핸들러)를 사용해 필요한 경우 빠르게 지울 수도 있다.

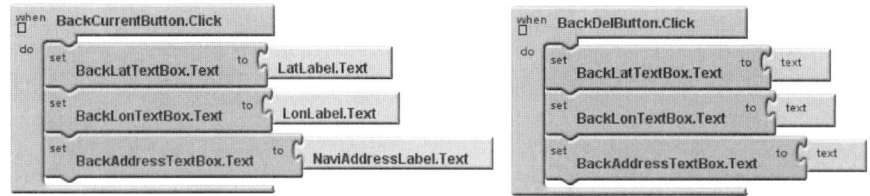

그림 13.36 목적지 주소로 현재 지리 좌표를 삽입하거나 삭제하는 두 블록 구조도

이제 Navi Setup 페이지에서 주차한 위치를 기록할 수 있으므로, 내비게이션 기능 자체를 구현하는 작업으로 넘어가자. 이미 Designer에서 액티비티로 미리 설정해 선택했었던 구글 맵스를 실행하는 ActivityStarterMaps 액티비티 스타터를 사용하겠다. 앞서 언급했듯이, 쿼리 내용이나 현재 위치 주소^{start address}에서 저장해둔 주차 위치^{destination address}를 찾아가기 위한 명령어의 포맷을 URI로 정해줘서 구글 맵스 웹 서비스에 전달할 필요가 있다. 이는 사용

자가 `BackNavButton.Click` 이벤트 핸들러(그림 13.37)를 호출하는 Back 기능 키를 눌렀을 때 처리되는 작업이다. 텍스트 메소드 `make text`를 사용해 URI 데이터를 내비게이션 쿼리를 구성하는 데 필요한 컴포넌트로부터 문자열로 조립한다. URI는 인터넷 웹 서비스(http://maps.google.com/maps) 주소로 시작하며, 그 뒤에 물음표 쿼리인 (?)와 시작 주소 saddr=(시작 주소)(현재 위치의 위도(LatLabel.Text)와 경도(LonLabel.Text)를 함께 조합해 얻는다)가 뒤따라온다. 그 다음은 목적지 주소 &daddr=(목적지 주소)(저장해둔 주차 위치의 위도(BackLatLabel.Text)와 경도(BackLonLabel.Text)를 조합해 얻는다)가 따라 붙는다. 이렇게 만들어진 문자열은 ActivityStarterMaps.DataUri 속성 필드에 URI 값으로 삽입된다. 이제 간단하게 원하는 액티비티를 `ActivityStarterMaps.StartActivity` 메소드를 통해 호출한다. 이 메소드는 그림 13.32에 나와 있듯이 적절한 쿼리를 구글 맵스에 전달한다.

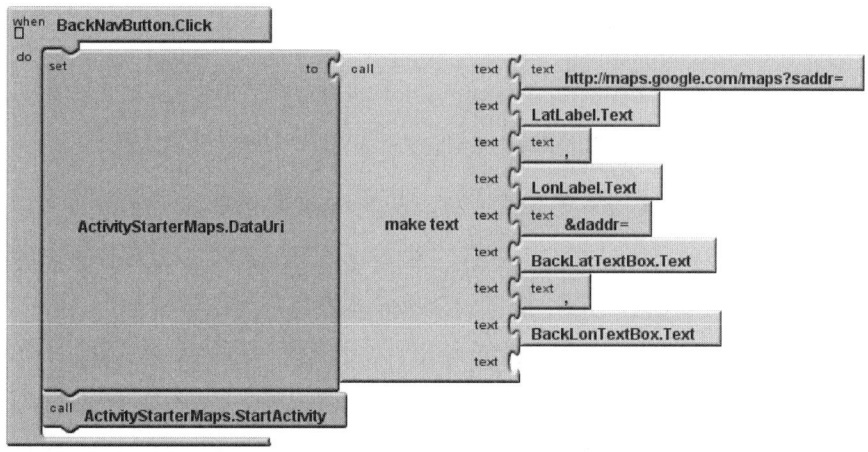

그림 13.37 URI를 통해 구글 맵스에 내비게이션 쿼리를 전달하는 블록 구조도

위 그림과 같이, 액티비티 스타터는 믿기 힘들겠지만 이론적인 설명만 보는 것보다 훨씬 다루기 쉽다. 아마도 아직 그림 13.37에 나와 있는 것 같은 URI의 포맷을 어떻게 지정하는지 궁금할 것이다. 예를 들어, 프랑크푸르트 Frankfurt에서 베를린Berlin으로 찾아갈 경우, URI는 다음과 같이 정해진다.

http://maps.google.com/maps?saddr=Frankfurt&daddr=Berlin

구글 맵스 온라인 문서(http://mapki.com/wiki/Google_Map_Parameters)를 참조하여 이 URI의 올바른 포맷을 지정하는 방법을 알 수 있다. 온라인 문서의 'Direction' 절에는 두 가지 컴포넌트 saddr과 daddr을 만드는 방법이 나와 있다. 문제를 훨씬 쉽게 다루기 위해, 웹브라우저에서 구글 맵스 사이트로 접속하고 시작 주소 'A', 목적지 주소 'B'를 지정해 구글 맵스 서비스에게 'Get Directions'를 실행할 것을 명령한다. 그다음 상단 우측 모서리에 있는 체인 아이콘(Link 버튼)을 눌러 생성한 링크 주소를 복사한다. 이 주소는 다음과 같을 것이다.

http://maps.google.com/maps?saddr=Frankfurt&daddr=Berlin&ie=UTF8&t=h&z=7.

이 주소를 크게 변경하지 않은 상태로 독자의 액티비티 스타터의 URI에 복사할 수 있다. 구글 맵스에 쿼리를 전달하는 것은 꽤 안전하고 유연하게 처리되기 때문에, 그림 13.37과 같이 문자열 형태의 주소 대신 saddr과 daddr 매개변수에 지리 좌표 수치 값을 전달할 수도 있다.

http://maps.google.com/maps?saddr=50.111464,8.681145&daddr=52.526499,13.414078

주차 위치까지 '걷기 경로'를 찾는 경우, 일부러 지리 좌표 포맷을 사용했다. 모든 주차 공간에 거리 주소가 있지는 않지만, 모든 장소에는 반드시 지리 좌표가 할당돼 있기 때문이다. 게다가 이 지리 좌표들은 심지어 모바일 데이터 수신 기능을 비활성화 상태일 때도 사용 가능하므로, 숲 속에 자동차를 주차할 때 신호가 사라지진 않을까 노심초사할 필요가 없다. 또한 사용자가 구글 맵스에서 내비게이션을 수행하기 전에 어떻게(걸어 가거나, 자전거를 타고 가거나, 버스나 다른 차를 타고 가는 등) 주차된 자동차에 돌아갈지 방법을 정해줄 수 있다.

통합 구글 내비게이션으로 구현한 자동차 내비게이션

집이나 사무실에 도착하기 위해 다른 차량을 이동수단으로 사용하는 것은 고려하지 않겠다. 사용자가 자신의 차를 타고 해당 장소까지 이동할 것이기 때문이다. 또한 운전자에게 혼란을 일으키지 않도록, 스위치 보드에서 버튼을 한 번만 눌러도 수정된 목적지까지 경로를 검색해 주도록 구현하겠다. 이러한 이유로, 구글 내비게이션 액티비티를 직접 호출하는 ActivityStarter를 추가해서 새로운 내비게이션 기능을 구현해볼 것이다. Designer에서 새로운 ActivityStarter 컴포넌트 오브젝트인 ActivityStarterNavi를 Viewer로 가져온 다음 표 13.6에 나와 있는 속성들을 기본 속성으로 지정한다.

표 **13.6** ActivityStarterNavi 액티비티 스타터의 기본 설정 값들

속성	ActivityStarterNavi 오브젝트의 기본 설정 값들
"Action"	android.intent.action.VIEW
"ActivityClass"	com.google.android.maps.driveabout.app.NavigationActivity
"ActivityPackage"	com.google.android.apps.maps

이미 표 13.4(Navi Setup 페이지를 만들기 위해)과 표 13.1(스위치 보드를 디자인하기 위해)에서 Home 키와 Work 키에 해당하는 컴포넌트를 생성해봤기 때문에, 이제는 곧바로 Editor로 가서 내비게이션 기능을 구현하겠다. 구현할 블록 구조도는 보행자 내비게이션보다 훨씬 간단하면서 복잡하지 않다. 또한 동일한 원리를 기반으로 한다. GPS 센서가 데이터를 저장하는 NaviAddressLabel 라벨로부터 현재 위치를 읽어 들여서, 간편하게 Current 버튼(혹은 HomeCurrentButton.Click(그림 13.38의 상단 블록) 이벤트 핸들러에서)으로 Home 아래에 있는 Navi Setup 속성에 복사한다. 그다음 이 값을 HomeTextBox에 집 주소를 저장한다. 물론 집 주소를 HomeTextBox에 직접 입력해줘도 좋다. 집 주소와 사무실 주소 모두 일반적인 거리 주소로 나타낼 수 있다고 가정했기 때문에, 이번엔 지리 좌표가 없어도 된다. 그래서 거리 주소 정보만을 기반으로 하여 작업할 것이다. 또한 이 데이터는 구글 내비게이션^{Google Navigation} 액티비티를 호출했을 때 쿼리 매개변수로 사용된다. 사용자가 스위치 보드에서 Home 기능 버튼을 눌렀을 때, 해당 액션이 HomeButton.Click(그림 13.38 하단) 이벤트 핸들러를 동작시키게 되고, make text 메소드를 통해 URI 데이터를 만든다.

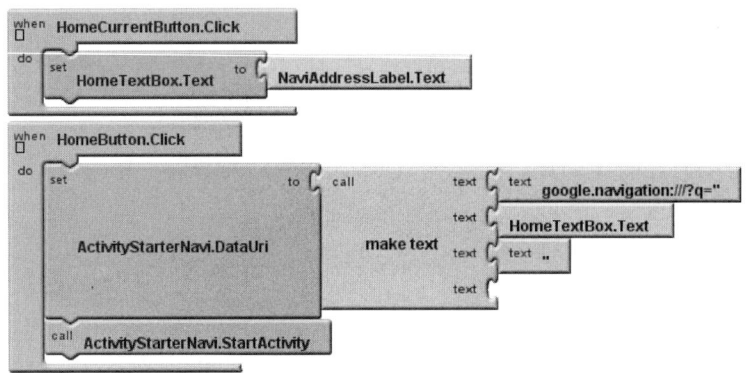

그림 13.38 구글 내비게이션을 통해 집 주소로 찾아가기 위한 블록 구조도

완전히 동일한 방식으로, Work 기능 키도 구현해보겠다. 단지 차이가 있다면, 주소 값이 다르다는 것이다. 보통 구글 내비게이션을 호출하기 위해, 경로를 찾기 위해 모든 형태의 주소를 사용하는 동일한 블록 구조를 기반으로 일반적인 블록 구조를 형성한다. 결과적으로 그림 13.39와 그림 13.38은 동일한 블록 구조를 갖게 되었으며, 이번 Work 기능 키의 구조도 마찬가지다. Work 밑에 있는 Navi Setup 속성에 주소를 입력하는 것도 이전과 동일한 방식으로 처리된다. 그리고 액티비티를 호출하기 위해 ActivityStarterNavi를 다시 사용하겠다.

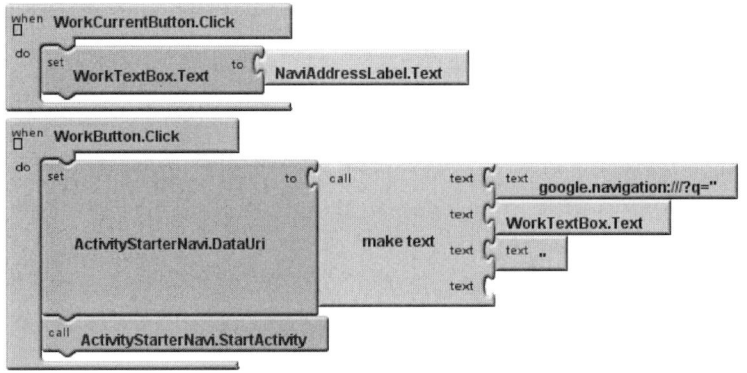

그림 13.39 구글 내비게이션을 통해 사무실 주소로 찾아가기 위한 블록 구조도

HomeButton.Click과 WorkButton.Click 이벤트 핸들러에서 봤듯이, 구글 내비게이션 액티비티에 전달되는 URI는 구글 맵스 웹 서비스로 전달되

는 URI보다 길이가 짧다. 직접 스마트폰에 저장된 로컬 경로 주소 `google.navigation:///`을 통해 로컬 내비게이션 앱인 구글 내비게이션을 호출하고, 간단하게 물음표에 원하는 목적지 주소를 추가한 일반적인 쿼리 매개변수 `?q=`(쿼리; 수동으로 구글 내비게이션 앱이 목적지 주소를 입력하는 것에 대응한다)를 덧붙여 전달한다. 여기서 물음표를 사용한 이유는 (공백 문자를 %20으로 대체하는 것 같은) 특수한 URI 인코딩을 적용하지 않아도, 공백 문자 같은 특수 문자를 입력하기 위해서다. 예를 들어, 베를린으로 가기 위해 내비게이션을 실행하면 URI는 다음과 같을 것이다.

```
google.navigation:///?q="Berlin"
```

URI 인코딩

URLs나 URIs에 사용되는 특수 문자를 인코딩하는 것에 대한 개요를 아래 링크 주소에서 확인할 수 있다.

• http://www.w3schools.com/TAGS/ref_urlencode.asp

이 액티비티를 내장한 앱으로부터 웹 서비스^{app to Web}를 실행하는 게 아니며 대신 스마트폰에 설치된 또 다른 앱^{app to Web}을 실행하는 것이기 때문에, 인터넷 주소^{http}를 지정하지 않으며 대신 접근하려는 앱의 로컬 경로 주소를 제공한다. 구글 내비게이션 액티비티는 목적지 주소만 전달해주면 된다. 액티비티에서는 다른 내비게이션 기기와 마찬가지로 현재 위치를 자동으로 시작 주소로 사용하기 때문이다.

ADB로 액티비티 확인 및 사용

이번에는 구글 내비게이션 액티비티에 전달할 쿼리의 포맷 정의 문법을 정하기 위해, 안드로이드 디버그 브릿지^{ADB}를 사용했다. ADB는 AI와 자동으로 함께 설치된 분석 도구로, 1장의 앱 인벤터 설치 소프트웨어에 관한 절에서 다뤘던 도구다. USB 케이블로 스마트폰을 컴퓨터에 연결한 다음, 윈도우 작업 표시줄의 실행으로 가서 `cmd`를 실행하면 윈도우 명령 프롬프트가 실행된다. 여기에 `adb logcat`을 입력한 다음 키보드의 엔터 키를 누른다. 그러면 보통 무시해도 괜찮은 문자열들이 길게 연이어 나타날 것이다. 하지만 이번에는 구글 내비게이션을 수동으로 실행시켰을 때 스마트폰에서 호출될 시스템을 찾으려 할 것이므로, 목적지 주소인 Berlin을 입력한 다음 내비게이션을 실행시키면 이 액티비티 프로세스를 운전자 보조 시스템 내부에서도 실행시킬 수 있다. 그러면 그림 13.40에 나와 있는 단계들을 스마트폰에서도 동일하게 수행한 다음 명령 라인들에 나타나는 프로토콜 데이터를 주시해보자.

그림 13.40 구글 내비게이션으로 베를린까지의 경로를 찾기 위해 직접 검색어를 입력하는 화면

구글 내비게이션의 검색어로 Berlin을 입력하고 내비게이션을 실행하기 위해 우측에 있는 돋보기 아이콘을 누르면, 즉시 명령 라인의 데이터가 흥미로운 형태로 바뀐다. 이제 'Activity Manager'란 단어로 시작하는 항목을 찾아보자. 여러 가지 프로토콜 데이터 항목들 속에서 원하는 항목을 찾으려면 스크롤 막대를 내려야 할 것이다. 그림 13.41에서 원하는 AI 액티비티를 실행하기 위해 필요한 모든 데이터가 나와 있는 것을 확인할 수 있다. 예를 들어, I/ActivityManager(1364): Starting activity로 시작하는 라인을 보면 act 매개변수에 전달되는 Intent를 찾을 수 있다. 여기서 android.intent.action.VIEW라는 완전한 형태를 가진 '액티비티' 식별자를 찾을 수 있다. cmp 매개변수에는 com.google.android.apps.maps라는 ActivityPackage와 com.google.android.maps.driveabout.app.NavigationActivity라는 ActivityClass를, dat 매개변수에는 google.navigation:///?q=Berlin이라는 DataUri를 확인할 수 있다(표 13.6을 다시 참조해보자).

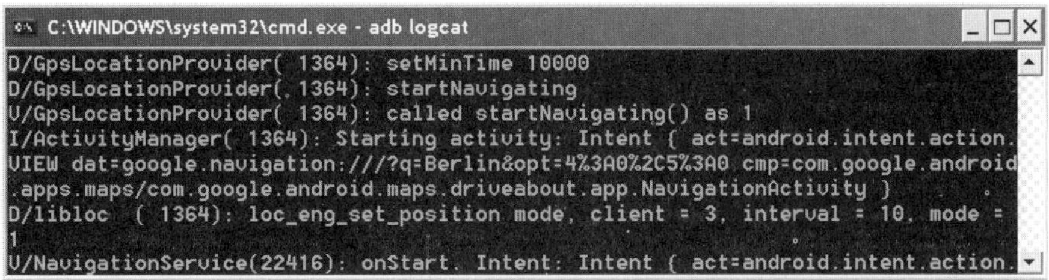

그림 13.41 ADB 로그캣(logcat)에 나타나는 액티비티 데이터 추적 및 AI에 데이터 삽입 화면

독자는 이번 예제를 통해 어떻게 구글 내비게이션을 호출하여 일반적인 원리로 ActivityStarter 컴포넌트를 통해 스마트폰에 설치된 앱에 접근할 수 있으며 독자가 개발한 앱에 통합시킬 수도 있다. 그림 13.38에 나와 있는 URI를 사용해 운전자 보조 시스템의 Home/Work 기능 키를 눌러 직접 구글 내비게이션 액티비티를 호출 하면, 그림 13.42에 나와 있듯이 집이나 사무실 주소로 찾아가는 내비게이션 기능이 실행된다.

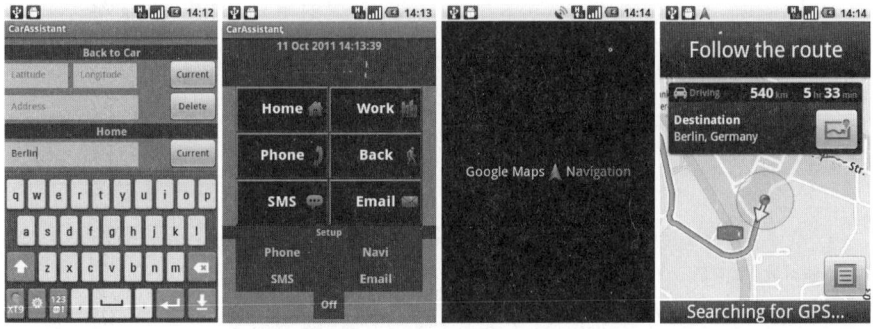

그림 13.42 Home 버튼을 눌렀을 때 운전자 보조 시스템을 통해 내비게이션 기능을 수행하는 화면

이제 숨을 한 번 깊이 들이 내쉬고, 잠시 전체 앱, 웹 서비스, 그리고 자신이 직접 앱을 개발하기 위한 기본적이면서 일반적인 인터페이스가 열릴 수많은 가능성들에 대해 생각해보자. 다음으로, 이번 예제에서 독자가 개발 중인 프로젝트에 더욱 더 양질의 영감을 줄 수 있는 한 가지 기능을 살펴보겠다.

EmailPicker 컴포넌트와 ContactPicker 컴포넌트로 연락처 고르기

이번에는 마지막 남은 기능키인 이메일 기능에 대해 다뤄보고자 한다. 이름만 봐도 알 수 있듯이, 사용자는 이 버튼을 한 번만 눌러도 이메일을 전송할 수 있다. 예를 들어, 사용자가 태워야 할 사람에게 사용자가 지금 사무실을 떠나 곧 데리러 갈 것이라는 정보를 전달하려는 상황을 가정하면, 상대방이 컴퓨터를 끄고 사용자가 도착할 때까지 준비할 기회를 줄 수 있다. 완전 자동화된 SMS 응답 기능과 비슷하게, 사용자는 Email Setup을 통해 메시지 내용을 변경하고 전송할 수 있는 반자동화된 기능을 지원해줄 수 있어야 한다. 선택적으로 위치 정보를 추가하거나 목록에서 수신자의 이메일 주소를 선택하거나 직접 이메일 주소를 입력하는 등의 서비스 기능도 갖출 수 있다. 목록에서 주소를 선택하거나 직접 입력하는 것 모두 지원하기 위해, 사용자의 스마트폰에 저장된 연락처 데이터를 활용하여 사용자가 간편하게 자동완성 기능이나 Email Setup 페이지에서 주소정보를 입력할 수 있도록 해보자. 그림 13.43에서, 독자는 Recipient 영역에(좌측 첫 번째) Search 버튼을 눌러 주소록에 있는 데이터를 검색한 후에 주소를 선택하고(좌측에서 두 번째), 이를 Setup 메뉴로 삽입하는(좌측에서 세 번째) 모습을 볼 수 있다. Email 기능 버튼을 누르면 기본 혹은 원하는 이메일 계정으로 기능이 실행되고, 이를 통해 자동 생성된 이메일 내용을 불러와서 Send 버튼으로 이메일을 전송할 수 있다(우측).

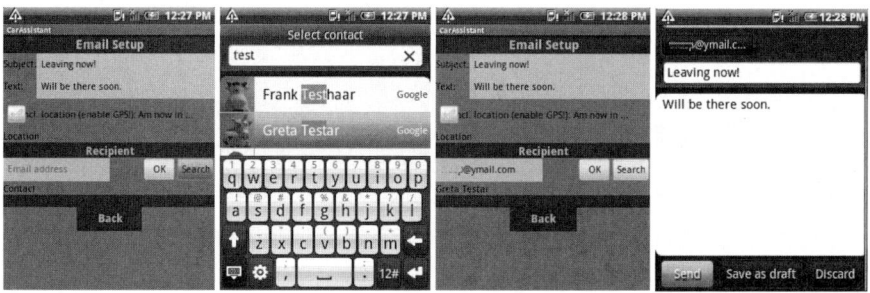

그림 13.43 시스템 주소록에서 ContactPicker을 통해 이메일 주소를 선택하는 모습

직접 주소록에서 이메일 주소를 선택해 복사하는 것과 더불어, 사용자는 원하는 연락처 이름을 Recipient 텍스트 박스에 입력할 수 있다. 입력하는 동안, 주소록에 있는 연락처 이름들 중 비슷한 이름을 가진 추천 목록이 자동으로 입력된다. 이는 마치 구글 검색어 입력 박스에 검색어를 입력할 때 추천 검색어들이 자동으로 나타나는 것과 비슷하다.

그림 13.44에는 이러한 자동 완성 기능의 모습이 나와 있다. 먼저 두 글자 'gr'이 입력되면, 'Greta Testar'이란 이름이 나타난다(좌측). 손으로 이 이름을 눌러 선택한 뒤 텍스트 박스에 입력할 수 있다. 텍스트 박스에서, 이메일 주소와 함께 이름이 들어가 있는 모습을 볼 수 있다(가운데). OK를 눌러 이메일 주소만 입력할 수 있다. 이제 주소록에서 이름을 선택하는 처리 절차와 동일한 방식으로 Email 기능 키의 설정이 끝났다. 주소록에 아무런 일치 항목도 검색되지 않았다면, 사용자는 텍스트 박스에 직접 새로운 이메일 주소를 입력할 수 있다.

ContactPicker

Choose a Contact

Use a contact picker component to let the user choose an entry from the Android contact list.

A contact picker is a button that displays a list of contacts to choose from when the user taps it. After the user has made a selection, the following properties are set:

- `ContactName`: contact's name.
- `EmailAddress`: contact's primary email address.
- `Picture`: name of the file containing the contact's image, which can be used as a `Picture` property value for the `Image` or `ImageSprite` component.

Other properties affect the appearance of the button (including `TextAlignment` and `BackgroundColor`) and whether it can be tapped (`Enabled`).

Properties

`Enabled`
If set, user can tap contact picker to use it.
`Image`
Image to display on contact picker
`BackgroundColor`
Color for contact picker background.
`ContactName`
Name of selected contact.
`EmailAddress`
Primary email address of selected contact.
`Picture`
Picture of selected contact.
`FontBold`
If set, contact picker text is displayed in bold.
`FontItalic`
If set, contact picker text is displayed in italics.
`FontSize`
Point size for contact picker text.
`FontTypeface`
Font family for contact picker text.
`Text`
Text to display on contact picker.
`TextAlignment`
Left, center, or right.
`TextColor`
Color for contact picker text.
`Visible`
If set, contact picker is visible.
`Width`
Contact picker width (x-size).
`Height`
Contact picker height (y-size).

Events

`AfterPicking()`
Called after user picks a contact.
`BeforePicking()`
Called after user taps contact picker but before contact list is displayed.
`GotFocus()`
Contact picker became the focused component.
`LostFocus()`
Contact picker stopped being the focused component.

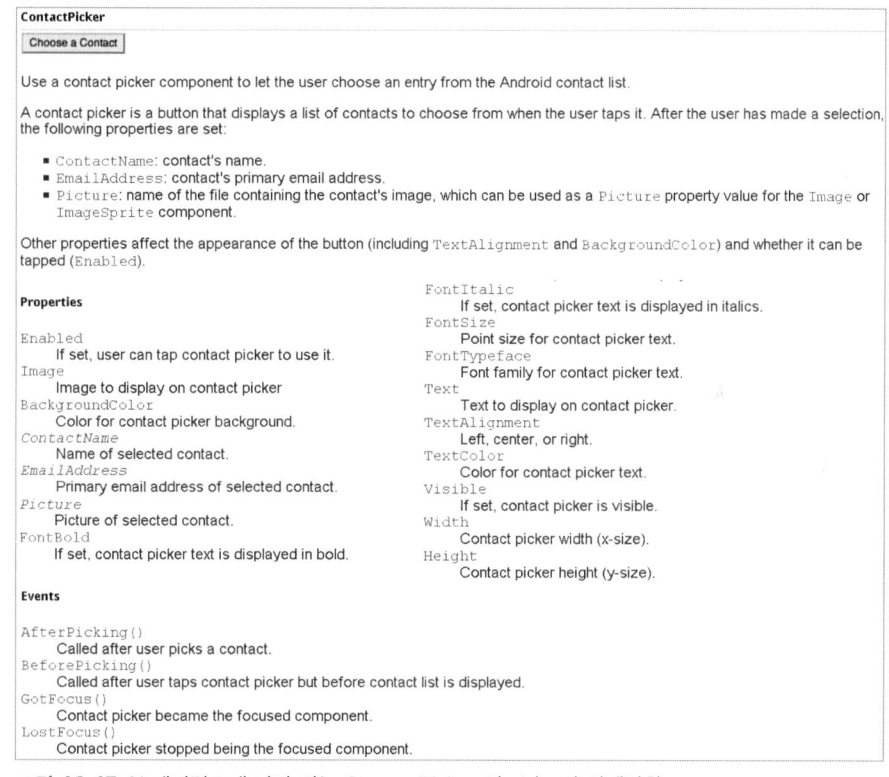

그림 13.45 AI 레퍼런스에 나와 있는 ContactPicker 컴포넌트의 명세사항

그림 13.44 EmailPicker 컴포넌트의 자동완성 기능을 통해 이메일 주소를 삽입하는 화면 ContactPicker 컴포넌트는 PhoneNumberPicker 컴포넌트(그림13.7 참조)와 거의 동일한 특성을 가지고 있다. PhoneNumberPicker의 경우 목록에서 전화번호를 가져와 저장하여 나중에 처리할 때 활용

한다는 점만 다르다. 이에 따라 ContactPicker 컴포넌트의 명세사항과 PhoneNumberPicker 컴포넌트의 명세사항은 거의 동일한 내용을 담고 있다. 시각적 디자인과 다양한 속성들은 이 버튼들에게 대응되는 것들이다. ContactPicker 컴포넌트를 불러와서 주소록에 있는 연락처를 선택하면, 해당 연락처의 이름과 이메일 주소, 그리고 (존재하는 경우) 사진을 각 속성 필드 (Name, EmailAddress, Picture 등)에 저장하여 나중에 추가로 처리가 가능하다.

EmailPicker 컴포넌트 역시 친숙한 GUI 컴포넌트인 TextBox와 매우 닮았다. 그림 13.46에 나와 있는 EmailPicker 컴포넌트의 명세사항을 보면 알겠지만, 두 컴포넌트는 거의 모든 속성들이 동일하다. 주요 차이점이 있다면, Text 속성 필드의 추가 기능과 관련이 있다. 사용자가 추천된 목록 중 한 항목을 선택하면, 그 항목은 일반적인 텍스트 입력 데이터와 마찬가지로 EmiailPicker 입력 필드에 저장된다. 이 데이터는 텍스트 박스로 입력된 데이터와 정확히 동일하게 처리될 수 있다. 이러한 처리 작업은 나중에 계속 살펴볼 것이다.

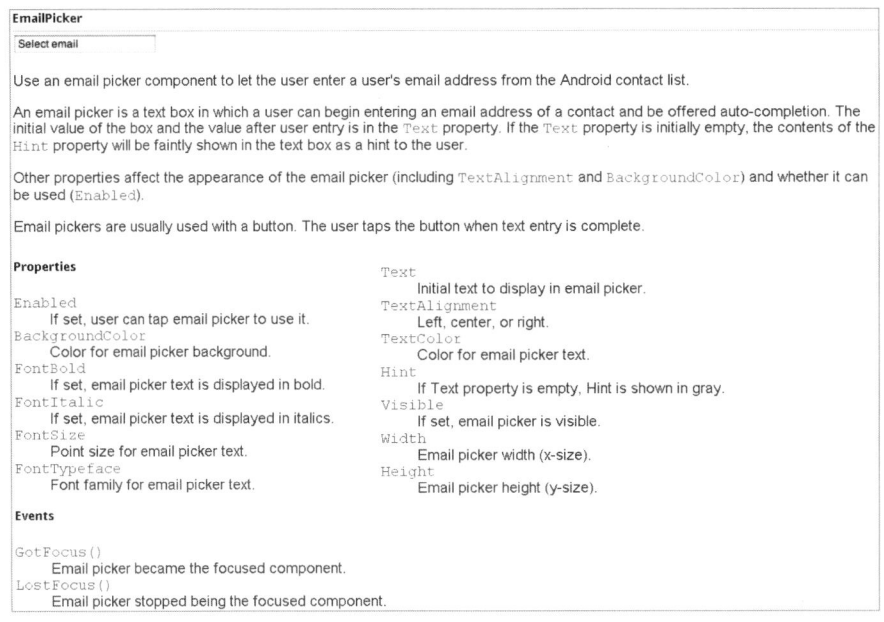

그림 13.46 AI 레퍼런스에 나와 있는 EmailPicker 컴포넌트의 명세사항

아마도 이전까지 사용했던 스마트폰(LG P500)과 다른 모델(HTC 타투)을 사용했다는 걸 눈치 챘을 것이다. 서로 다른 스마트폰은 주소록에서 다른 방식으

로 이메일 주소들을 가져오며, 이러한 차이점은 PhoneNumberPicker 컴포넌트(그림 13.7 참조)에서 봤던 것보다 더욱 명확하다. 예를 들어, 이메일 주소를 아무런 문제 없이 ContactPicker와 EmailPicker를 통해 HTC 타투 스마트폰의 입력 필드로 삽입되는 반면, 선택된 항목의 경우 LG P500 폰에서는 전혀 나타나지 않았다.

Differences in Accessing Contact Data II

서로 다른 스마트폰은 ContactPicker와 EmailPicker 컴포넌트를 사용할 때의 동작 방식도 다르다. 게다가 이따금씩 오류 메시지도 생성된다. 이러한 불규칙적 행동 패턴은 AI Issues 1462번에 조사돼 있으며, 현재는 '수정된' 상태다. 두 Picker 컴포넌트를 지원하지 않는 스마트폰에서는 AI가 유용한 정보를 담은 메시지를 출력한다.

두 Picker 컴포넌트를 각자의 스마트폰에 직접 실행해봐서 조작해보자. 세 번째 대안으로, 운전자 보조 시스템의 사용자는 직접 원하는 이메일 주소를 손으로 입력할 수 있으며, 이는 사용자에겐 조금 더 번거로운 작업으로 인식된다. 이렇게 해서 새로운 두 컴포넌트를 소개했으니, 이제는 앞서 빠뜨린 모듈을 CarAssistant 프로젝트에 추가해줄 때가 왔다.

안드로이드에 내장된 전송 기능을 통해 이메일 보내기

이번 절에서는 마지막 모듈을 운전자 보조 시스템에 연동하고, 앞서 설명했던 입력 옵션들과 Email Setup의 Email 기능을 조합하며 사용자가 미리 정의해둔 이메일을 통해 간편하게 이메일을 전송할 수 있는 액티비티로 안드로이드 Mailer를 구현해볼 것이다. 안드로이드 Mailer는 스마트폰에 저장된 이메일 계정을 관리하며, 기본적으로 독자의 구글이나 다른 이메일 계정을 대상으로 한다. 앞서 Email 기능 키를 구현했기 때문에, 이제는 AI Designer에서 Email Setup 페이지를 디자인할 차례다. 평상시와 마찬가지로, 그림 13.44와 13.47에 나와 있는 것처럼 라벨 텍스트, 폰트 크기, 색상, DivisionLabels, BufferLabels, SpacerLabels, Arrangements 등의 요소들을 직접 지정해주자. 그다음은 표 13.7에 나와 있는 컴포넌트를 AI Designer에 있는 기존의 컴포넌트 밑에 추가해줘야 한다. 이 컴포넌트는 VerticalArrangement 컴포넌트 오브젝트인 EMAILvArr 안에 독립적인 모듈로써 배치해준다.

표 13.7 Email 모듈에 추가할 컴포넌트

컴포넌트	오브젝트 이름	수정될 속성 값
VerticalArrangement	EMAILvArr	"Visible" disable "Width": Fill parent
ActivityStarter	ActivityStarterEmail	"Activity": see Table 13.8
TextBox	EmailSubjTextBox	"Text": Leaving now!
TextBox	EmailBodyTextBox	"Text": Will be there soon.
CheckBox	EmailGPSCheckBox	"Text": incl. location (enable GPS!): Am now in ...
Label	EmailLocationLabel	"Text": Location
EmailPicker	EmailPicker	"Hint": E-mail address
ContactPicker	EmailContactPicker	"Text": Search
Button	EmailOkButton	"Text": OK
Label	ContactLabel	"Text": Contact
Button	EmailBackButton	"Text": Back

표 13.7에 나와 있는 컴포넌트 및 기본 속성대로 설정하면, AI Designer에 나타나는 결과는 그림 13.47과 같을 것이다.

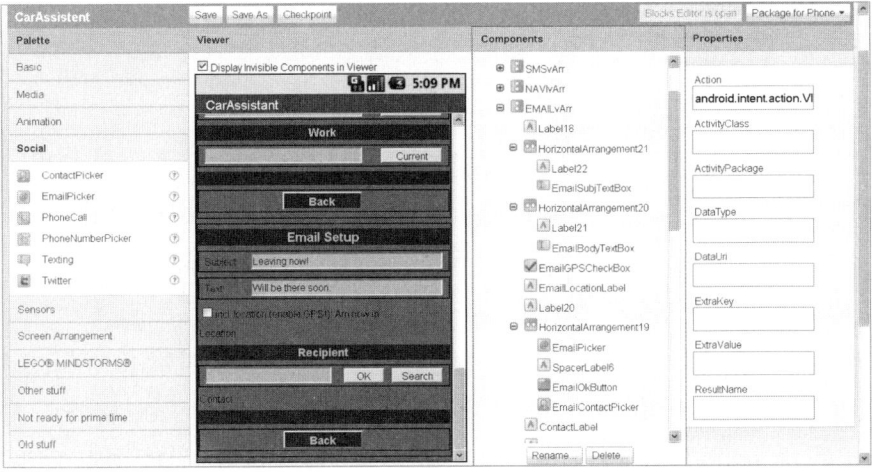

그림 13.47 AI Designer에서 본 새로 추가된 Email 모듈

그림 13.47을 보면 알겠지만, 이번에 추가한 액티비티 스타터(ActivityStarterEmail)의 기본 설정으로 단지 Action 속성만 설정한다. 이는 표 13.8의 양이 그만큼 별로 많지 않다는 걸 의미한다.

표 13.8 ActivityStarterEmail 액티비티 스타터의 기본 설정

속성	ActivityStarterEmail 오브젝트의 기본 설정
"Action"	android.intent.action.VIEW

이제 Editor로 가서 다양한 기능들의 로직을 구현할 차례다. 다른 모듈과 마찬가지로, Email Setup 페이지를 실행하기 위해 `EmailSetupButton.Click` 이벤트 핸들러를 사용하고, 이 액티비티를 종료하기 위해 `EmailBackButton.Click` 사용한다(그림 13.48과 같이). 후자의 경우, Email Setup 액티비티가 종료될 때 자동으로 세 가지 텍스트 박스(EmailPicker, EmailSubjTextBox, EmailBodyTextBox)로부터 마지막으로 사용한 이메일 데이터를 각 식별자(`emailAdr, emailSubj, emailBody`)를 사용해 로컬 메모리에 저장한다. 이렇게 함으로써 다음에 운전자 보조 시스템을 실행시켰을 때 데이터를 계속 유지시킬 수 있다.

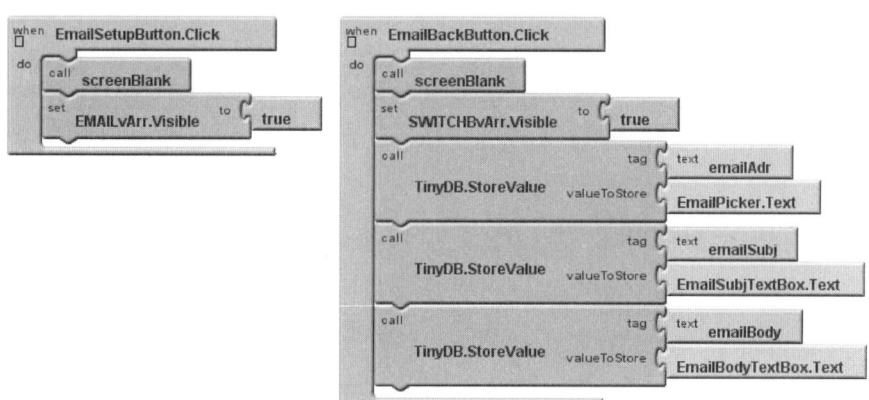

그림 13.48 Email Setup 액티비티를 실행하고 종료하는 모습

ContactPicker 컴포넌트인 EmailContactPicker 컴포넌트 오브젝트를 기반으로 하는 Serch 버튼의 경우, `Click` 이벤트 핸들러 대신(Picker에는 존재하지 않는다) `EmailContactPicker.AfterPicking`를 구현하겠다(그림 13.49). 이 이벤트 핸들러에는, 단지 이메일 주소 `EmailContactPicker.EmailAddress`와 `ContactPicker`를 통해 선택한 연락처 이름 `EmailContactPicker.ContactName`을 Email Setup의 해당 필드인 `EmailPicker.Text and ContactLabel.Text`로 전달해 화면에 출력한다. 그림 13.49와 그림 13.50의

이벤트 핸들러에 나타난 검은색 배경의 물음표 아이콘은 서로 다른 스마트폰에서 Picker 컴포넌트를 사용할 때 다르게 구현된다는 점을 지적하는 주석을 담고 있다(지원 사이트의 CarAssistant 프로젝트 파일도 참조해보자).

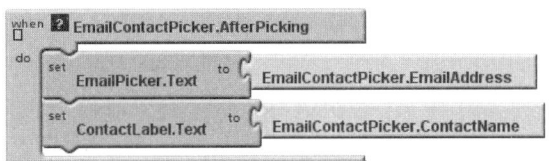

그림 13.49 ContactPicker 컴포넌트로 선택한 연락처 데이터를 읽어 오는 블록 구조도

EmailPicker 컴포넌트를 통해 연락처 데이터를 선택하는 또 다른 방법은 약간 더 복잡하다. EmailPicker 컴포넌트는 첫 번째 단계처럼 간편하게 연락처를 선택하면서, 이메일 주소를 `EmailPicker.Text` 속성을 통해 결과 값(예를 들어, greta.testar@ymail.com 같은)으로 반환하지 않고, 대신 이메일 주소를 연락처 이름과 함께 괄호로 감싼 문자열 타입으로 반환한다(예를 들면 `Greta Testar <greta.testar@ymail.com>`).

이럴 경우, 메시지를 보내기 위해 이메일 주소를 사용하려면, 텍스트 문자열로부터 주소 정보를 추출해야 한다. 이는 두 번째 단계에서 사용자가 EmailPicker를 통해 연락처를 선택한 다음 명시적으로 수행돼야만(즉, OK 버튼을 누르는) 하는 작업으로, 그림 13.50의 `EmailOkButton.Click` 이벤트 핸들러에서 수행한다(그렇지 않으면, 이메일 주소가 잘못되어 전송에 실패하게 된다). if 조건문에서 초기 검사를 하여 `EmailPicker.Text` 속성 필드에 문자열이 제대로 전달 됐는지 확인한 다음, 열린 괄호(⟨)와 닫힌 괄호(⟩)의 위치를 나타내는 인덱스가 문자열의 텍스트 메소드인 `start at`과 두 개의 인덱스 지시 변수 a, b를 통해 결정된다. 그다음엔 연락처 이름을 문자열에서 추출하여(이번 예제에서는 1부터 a-2 인덱스까지 추출하여 `Greta Testar` 문자열이 전달된다) `ContactLabel`에 삽입할 수 있으며, 이메일 주소 역시 추출하여(이번 예제에서는 a부터 b-a 인덱스까지를 추출하여 `greta.testar@ymail.com` 문자열이 전달된다) EmailPicker 컴포넌트를 통해 화면에 출력할 수 있다.

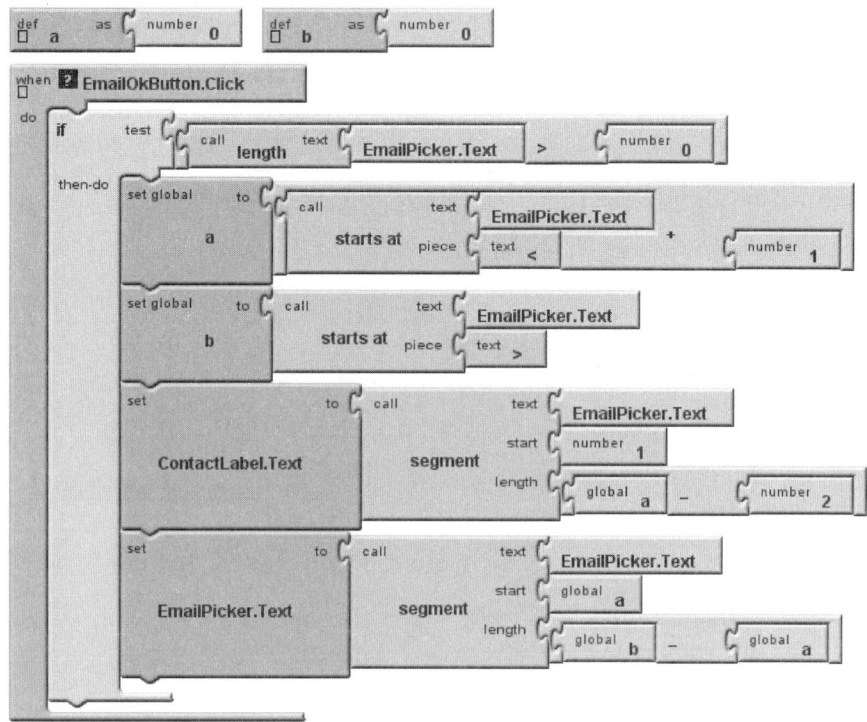

그림 13.50 EmailPicker 컴포넌트로부터 연락처 데이터를 추출해 화면에 출력하는 모습

그림 13.50에 나와있는 수행문들을 수행시킨 다음엔(즉, 주소록에서 이메일 주소를 선택하기 위한 두 번째 방식을 사용한 다음), 이메일을 전송하기 위해 Email Setup 액티비티에서 이메일 주소를 별도로 저장할 수 있게 되었다. 운전자 보조 시스템의 스위치 보드에서 Email 기능 키를 통해 전적으로 사용자가 정의해 놓은 이메일 주소로 메시지를 전송하려면, 앞서 AI Designer에서 ActivityStarterEmail로 만들었던 URI 형태로 해당 명령어를 작성해줘야 한다. 비슷한 방식을 따라, EmailButton.Click 이벤트 핸들러에서(그림 13.51) 수행하게 된다. 이 핸들러에서는 make text 메소드를 사용해 문자열 타입의 URI를 생성한다.

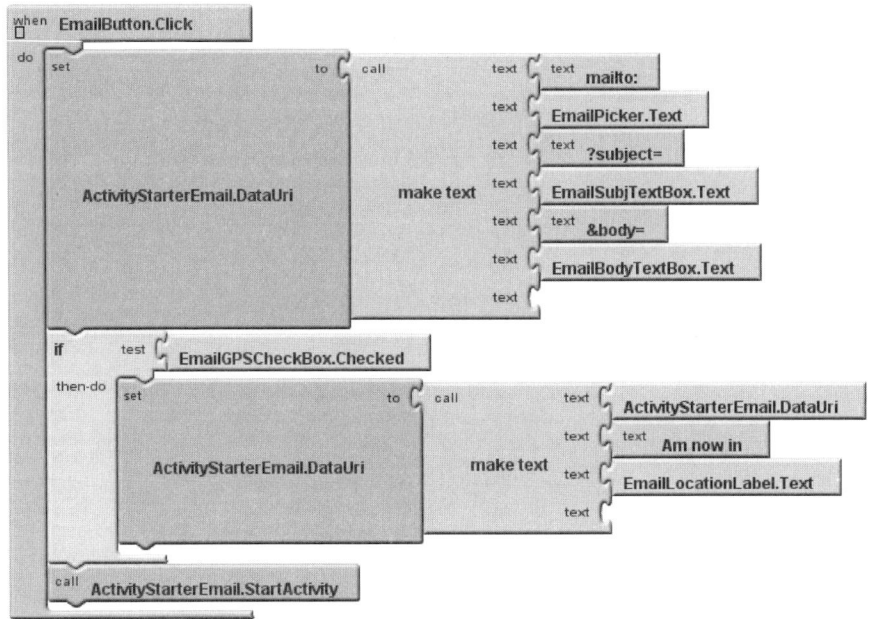

그림 13.51 URI 형태로 이메일 주소를 전달하고 전송하는 블록 구조도

완성한 URI는 mailto로 시작한다. 그다음 EmailPicker에 저장된 이메일 주소가 따라오며, 다음엔 쿼리 매개변수 `?subject=`와 `EmailSubjTextBox`에 저장된 이메일 제목, 그리고 두 번째 매개변수로 `&body=`와 `EmailBodyTextBox`에 저장된 이메일 본문이 뒤이어 나온다. 앞서 다뤘던 예제를 통해 생성된 URI는 다음과 같다:

```
mailto:greta.testar@ymail.com?subject=Leaving%20
now!&body=Will%20be%20there%20soon.
```

다시 말하지만, URI 인코딩에서 공백 문자(%20)는 신경 쓰지 않아도 된다. AI가 알아서 처리해주기 때문이다. 그림 13.51에 나와있는 `EmailButton.Click` 이벤트 핸들러에서, 이메일 텍스트에는 선택적으로 위치 데이터를 포함시킬 수 있다. `if` 조건문에서는 사용자가 Email Setup 액티비티에서 `EmailGPSCheckBox`를 체크했는지 검사한다. 참인 경우, 'Am now in' 문자열이 `EmailLocationLabel`에 저장된 현재 위치 값과 함께 URI에 추가된다(지리 좌

표 데이터를 Email Setup에 삽입하기 위해 그림 13.34를 참조하자). URI가 완성되면, ActivityStarterEmail.StartActivity 메소드를 통해 외부 애플리케이션에서도 안드로이드 Mailer를 실행할 수 있다. 스마트폰에 등록된 이메일 계정이 여러 개인 경우, 안드로이드 Mailer는 자동으로 어떤 계정을 사용해 이메일을 전송할지 물어본다. 또한 기본 계정을 지정해줘서 계속 사용할 수도 있다.

mailto URI 스킴을 구성하는 인코딩 옵션에 대한 요약글

mailto URI 스킴에 대한 상세한 내용을 모아놓은 사이트를 아래에 소개한다.
- http://www.ianr.unl.edu/internet/mailto.html

다른 URI 스킴들에 대한 개요와 그에 따른 인코딩 방식을 다음 사이트에서 찾을 수 있다.
- http://en.wikipedia.org/wiki/URI_scheme

웹 서비스를 통한 모바일 매시업

이렇게 해서 운전자 보조 시스템 구현이 정말 완성됐다. 하지만 2011년 6월에 AI에 추가로 업데이트된 사항에 따라, 구글 앱 인벤터 개발 팀은 저자만 알고 싶을 정도로 강력한 기능을 추가했다. 이러한 이유로, Ticker라는 버튼을 하나 더 추가해보겠다. 이 버튼을 누르면, 운전자는 특정 주제에 대한 최신 뉴스 기사와 현재 주식 거래 가격에 대한 정보를 얻을 수 있도록 한다. 물론, 운전자가 이 버튼을 사용할 만한 상황에 있어야 한다. 예를 들어, 길이 막히거나, 목적지에 도착한 경우 말이다. 이전에 스위치 보드에 배치했던 버튼들과 달리, Ticker 버튼은 결과를 보여주는 화면이 기능과 설정을 모두 담고 있기 때문에, 기능 키와 환경 설정 키의 역할을 모두 담당한다. 그림 13.52 좌측의 새로 추가된 Ticker 버튼을 누르면, Ticker 서브스크린이 중앙과 같이 나타난다. 화면 상단의 환경 설정 영역에서, 사용자는 매초 마다 새로운 뉴스 자막과 자동으로 갱신되는 주식 시장가를 볼 수 있도록 설정할 수 있다. 'Stock quotes' 영역에서 사용자는 'Your stocks' 아래에 주식 회사의 공식 줄임 명칭(예를 들어, 구글 주식 회사를 나타내는 GOOG 같은)을 삽입하여 여러 가지 주식들을 저장하거나 입력할 수 있다. 그러면 사용자는 끊임 없이 현재 주식 시장 가격을 이 영역 아래에서 확인할 수 있다. 'News' 영역에서 사용자는 적절한 숫자를 입력하여(예를 들어, 'Business'에 22를 입력한 것처럼) 보고 싶은 뉴스의 범주를 지정할 수 있다. 해당 범주에서 가장 최신 기사 세 가지가 화면에 계속해서 갱신되며 나타날 것이다. 사용자가 기사 제목을 누르면 해당 웹사이트로 이동하여 기사 전문을 곧바로 읽을 수 있다(그림 13.52 우측).

그림 13.52 Ticker 액티비티를 실행했을 때 주식 및 뉴스 기사 정보가 나타난 모습

이러한 모바일 정보 서비스를 통합하여 주식 정보나 뉴스 기사 같은 현재 새로 올라온 데이터를 앱에 통합하기 위해, '매시업^{mashup}'이라는 기술적인 원리를 활용해보겠다. 인터넷, 무엇보다도 웹 2.0 세상에서 매시업이란 용어는 다른 웹사이트나 웹 서비스로부터 이미지나 비디오, 게시글 같은 내용물을 통합한 뒤, 개방적인 인터페이스로 사용할 수 있도록 만들어서 자신의 웹사이트를 상황에 따라 재창조하거나 개선시키는 행위를 말한다. 요금이 청구되는 서비스나 가입을 해야 하는 서비스와는 별개로, 무료로 사용할 수 있는 웹 API가 매우 방대하게 존재하며, 이번 예제에서는 그 중 두 가지를 활용해볼 것이다.

참고

매시업에 대한 개요와 웹 API에 대한 정보

기존의 매시업이나 웹 API에 대한 일반적인 정보와 개요는 다음 사이트에서 얻을 수 있다.

- http://en.wikipedia.org/wiki/Mashup_(web_application_hybrid)
- http://www.programmableweb.com/

Web 컴포넌트로 Web API 사용하기

2011년 6월에 업데이트된 내용에 따르면, AI는 Web이라는 비가시성 컴포넌트를 Other stuff 그룹에서 제공한다. 이를 통해 AI 개발자들은 웹 API를 일반적인 도구처럼 쉽게 접근하여 자신들의 앱과 다양한 온라인 소스들로부터 최신 정보를 담고 있는 놀라운 매시업 기능을 통합할 수 있다. 그림 13.53에 나와있는 Web 컴포넌트의 명세사항에서, 다양한 속성들과 이벤트, 그리고 특별히 HTTP$^{Hypertext\ Transfer\ Protocol}$ 전송 프로토콜에 대한 배경 지식이 있어야 알 수 있는 메소드에 대한 정의를 확인할 수 있다. 운전자 보조 시스템에 적용하기 위해서나 기타 다양한 응용 목적으로는 단지 몇 개의 웹 컴포넌트의 기능 요소들만 선택해주면 된다. 즉, HTTP에 대한 지식이 없어도 쉽게 이 컴포넌트를 사용할 수 있다는 말이다.

HTTP에 관한 정보와 요청 메소드 POST, 그리고 GET

HTTP 프로토콜에 대한 추가 정보와 두 가지 핵심적인 요청 메소드 POST, 그리고 GET에 대한 내용을 다음 사이트에서 확인할 수 있다.
- http://en.wikipedia.org/wiki/Hypertext_Transfer_Protocol

일반적으로, 독자는 두 가지 기본 HTTP 메소드 GET과 POST를 구별할 수 있다. 이 메소드는 웹 API를 통해 웹 서비스를 다양한 방식으로 활용하여 데이터를 교환할 수 있게 해준다. POST 메소드를 사용할 경우, 반드시 서비스 요청을 HTTP 프로토콜의 특수한 방식에 따라 처리돼야 할 상당한 양의 데이터를 인코딩 해줘야 한다. 좀 더 간단한 GET 메소드에서는 짧은 요청을 API의 웹 주소^{URL}에 추가할 수 있다. 이 메소드는 ActivityStart를 통해 웹 서비스를 실행했던 것과 비슷하다. 호출된 URL뿐만 아니라 이 액티비티에도 매개변수를 전달한다. 반면 외부 서비스는 추가한 앱을 통해서 실행되며, ActivityStarter의 경우 제어권을 가지게 되어, Web 컴포넌트를 사용할 땐 전적으로 요청한 앱이 제어를 하게 된다. 그리고 요청한 앱은 반드시 반환된 데이터를 직접 처리해줘야 한다. 그림 13.53에 나와 있는 웹 명세사항을 보면, HTTP의 GET 요청을 통해 데이터를 불러와서 처리하는 데 필요한 요소들을 주의 깊게 살펴보고자 한다.

```
Web
Non-visible component that provides functions for HTTP GET and POST requests.
Properties
AllowCookies
    Whether the cookies from a response should be saved and used in subsequent requests. Cookies are only
    supported on Android version 2.3 or greater.
RequestHeaders
    The request headers, as a list of two-element sublists. The first element of each sublist represents the
    request header field name. The second element of each sublist represents the request header field values,
    either a single value or a list containing multiple values.
ResponseFileName
    The name of the file where the response should be saved. If SaveResponse is true and ResponseFileName
    is empty, then a new file name will be generated.
SaveResponse
    Whether the response should be saved in a file.
Url
    The URL for the web request.
Events
GotFile(text url, number responseCode, text responseType, text fileName)
    Event indicating that a request has finished.
GotText(text url, number responseCode, text responseType, text responseContent)
    Event indicating that a request has finished.
Methods
text BuildPostData(list list)
    Converts a list of two-element sublists, representing name and value pairs, to a string formatted as
    application/x-www-form-urlencoded media type, suitable to pass to PostText.
ClearCookies()
    Clears all cookies for this Web component.
Get()
    Performs an HTTP GET request using the Url property and retrieves the response.
    If the SaveResponse property is true, the response will be saved in a file and the GotFile event will be
    triggered. The ResponseFileName property can be used to specify the name of the file.
    If the SaveResponse property is false, the GotText event will be triggered.
text HtmlTextDecode(text htmlText)
    Decodes the given HTML text value. HTML character entities such as &amp;, &lt;, &gt;, &apos;, and &quot;
    are changed to &, <, >, ', and ". Entities such as &#xhhhh, and &#nnnn are changed to the appropriate
    characters.
text JsonTextDecode(text jsonText)
    Decodes the given JSON text value. If the given JSON text is surrounded by quotes, the quotes will be
    removed.
PostFile(text path)
    Performs an HTTP POST request using the Url property and data from the specified file.
    If the SaveResponse property is true, the response will be saved in a file and the GotFile event will be
    triggered. The ResponseFileName property can be used to specify the name of the file.
    If the SaveResponse property is false, the GotText event will be triggered.
PostText(text text)
    Performs an HTTP POST request using the Url property and the specified text.
    The characters of the text are encoded using UTF-8 encoding.
    If the SaveResponse property is true, the response will be saved in a file and the GotFile event will be
    triggered. The responseFileName property can be used to specify the name of the file.
    If the SaveResponse property is false, the GotText event will be triggered.
PostTextWithEncoding(text text, text encoding)
    Performs an HTTP POST request using the Url property and the specified text.
    The characters of the text are encoded using the given encoding.
    If the SaveResponse property is true, the response will be saved in a file and the GotFile event will be
    triggered. The ResponseFileName property can be used to specify the name of the file.
    If the SaveResponse property is false, the GotText event will be triggered.
text UriEncode(text text)
    Encodes the given text value so that it can be used in a URL.
```

그림 13.53 AI 레퍼런스에 나와 있는 Web 컴포넌트의 명세사항

GET 요청 메소드에서, Url 속성이 가장 핵심적인 역할을 한다. 즉, 웹 서비스에 전달되는 모든 요청은 반드시 이 속성으로 지정해야 하며, Get 메소드에서 GET 요청을 보내기 전에 UriEncode 메소드를 사용해 유효한 URI 포맷으로 요청의 포맷을 변환해줘야 한다. API 그리고 SaveResponse와 ResponseFileName 속성의 초기 속성들에 따라, 웹 서비스가 반환하는 데이터는 파일 형태로 GotFile 이벤트 블록에서 수신하거나 텍스트 형태로 GotText 이벤트 블록에서 수신한 다음 추가로 처리할 수 있다.

API에서 지원하는 데이터 포맷에 따라, 반환되는 텍스트 데이터는 특정 포맷의 인코딩 형식을 갖게 된다. 예를 들어, HTML 포맷으로 반환된 데이터는 화면에 출력하기 전에 해당 포맷과 호환되는 `HtmlTextDecode` 메소드를 통해 텍스트 포맷으로 변환할 수 있다(예로 &amp를 들 수 있다. 이 문자열은 & 문자로 해석된다). 비슷하게, JSON^{JavaScript Object Notation} 데이터는 `JsonTextDecode` 메소드로 해석될 수 있다(예를 들어, 불필요한 괄호들을 제거한다). 운전자 보조 시스템의 Ticker 기능을 구현하는 과정에서, 우리는 이 절차에 대해 더욱 자세히 소개할 것이며, JSON 응답을 처리하는 방법도 다뤄볼 것이다. 프로그램 로직으로 돌아가기 전에, 먼저 운전자 보조 시스템에 Ticker 기능을 위해 새로운 모듈을 추가해줘야 한다. AI Designer의 CarAssistant 프로젝트를 열고, 표 13.9에 나와 있는 컴포넌트를 추가한다. 스위치 보드의 Off 버튼 좌측에 Ticker 버튼을 꼭 추가해주자.

표 13.9 Ticker 모듈을 구현하기 위해 추가할 컴포넌트

컴포넌트	오브젝트 이름	수정될 속성 값
Button	TickerButton	"Text": Ticker
VerticalArrangement	TICKERvArr	"Visible" disable "Width": Fill parent
Web	WebYahoo	
Web	WebFeedzilla	
Clock	TickerClock	"Timer enabled": disable "TimerInterval": 1000
Button	TickerReloadButton	"Text": Reload
TextBox	TickerReloadTextBox	"Text": 30
Label	TickerUpdateLabel	"Text": —
TextBox	TickerStocksTextBox	"Text": AMZN, GOOG, YHOO
Label	TickerQuotesLabel	"Text": Stock quotes … "Background": Black "TextColor": White
TextBox	TickerNewsCategoryTextBox	"Text": 26
Button (3x)	News1Button, News2Button, News3Button	"Text": News1, News2, News3 "Background": Black "TextColor": White
Button	TickerBackButton	"Text": Back

앞서 만들었던 모듈과 마찬가지로, 그림 13.54와 같이 필요한 라벨과 색상, 폰트 크기 설정을 해주고 라벨과 정렬요소를 추가해 배치하면 된다. 그다음 멀티스크린을 구현하기 위해 Ticker 모듈을 구성하는 전체 요소들을 VerticalArrangement 컴포넌트 오브젝트인 TICKERvArr 안에 포함시킨다.

표 13.9에 나와 있는 컴포넌트 및 기본 속성대로 설정해주면, AI Designer에 나타나는 CarAssistant 프로젝트의 결과는 그림 13.54와 같을 것이다.

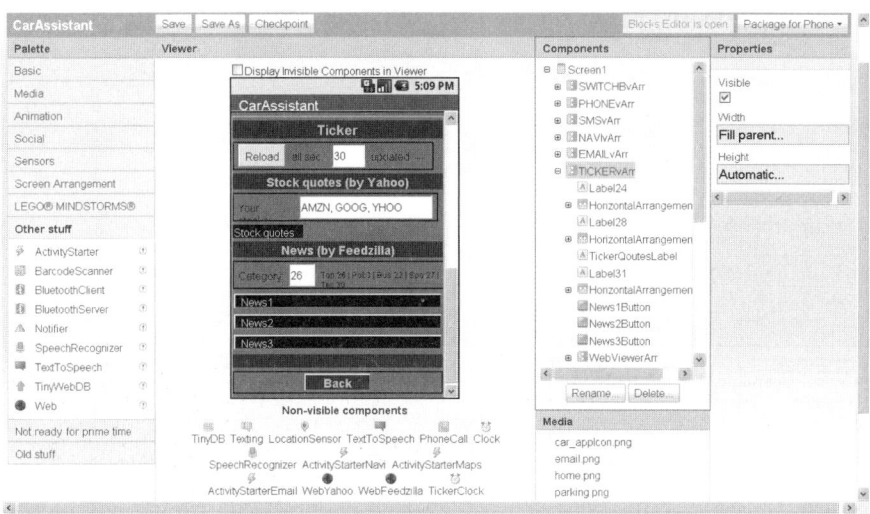

그림 13.54 AI Designer의 Ticker 모듈

이제 CarAssistant 프로젝트에 Ticker 모듈을 생성했으니, 기능 구현과 구성 설정을 위해 Editor로 넘어가자.

데이터를 기반으로 하여 주식 정보를 제공하는 Ticker 모듈

Ticker의 주식 정보 알림 기능을 구현하기 전에, Ticker 위에 핵심 구성 설정 영역을 구현해볼 것이다. 이 영역을 통해 두 소식 메시지의 갱신 메소드를 제어할 수 있다. 예를 들어, 현재 주식 시장 가격과 뉴스 기사는 Reload 버튼을 누르거나 지정한 갱신 사이클이 지나거나 Ticker 서브스크린이 활성화될 때마다 갱신돼야 한다. 이러한 세 가지 원인에 의해 Ticker 모듈이 동작하도록 해당 이벤트 핸들러(그림 13.55)를 구현해보겠다. Ticker 버튼을 눌러 스위치 보드에서 Ticker를 누르면 `TickerButton.Click` 이벤트 핸들러가 동작하여 평상시처럼 `TICKERvArr` 서브스크린이 출력된다. 앞서 비활성화시켰던 `TickerClock` 타이머를 이제 활성화시키고 `tickerUpdate` 프로시저를 호출하여 즉시 갱신이 이뤄진다. `tickerUpdate` 프로시저는 Reload 버튼이 눌렸을 때도 `TickerReloadButton` 이벤트 핸들러에서 호출한다. `TickerButton.Click` 타이머가 활성화되면, 미리 정해둔 시간 인터벌이 지날 때(1000ms=1초) `TickerClock` 이벤트 핸들러가 먼저 호출된다. 이 핸들러 안에서, 사용자가 `TickerReloadTextBox`에 초 단위로 입력한 갱신 주기 값을 읽어 들인 다음 ms 단위로 변환한다. 그리고 새로운 `TickerClock.TimerInterval` 값으로 지정한다. 이렇게, 사용자는 언제든지 간편하게 갱신 주기를 정의할 수 있다. 현재 정의된 인터벌이 지나면, 프로시저가 다시 호출된다.

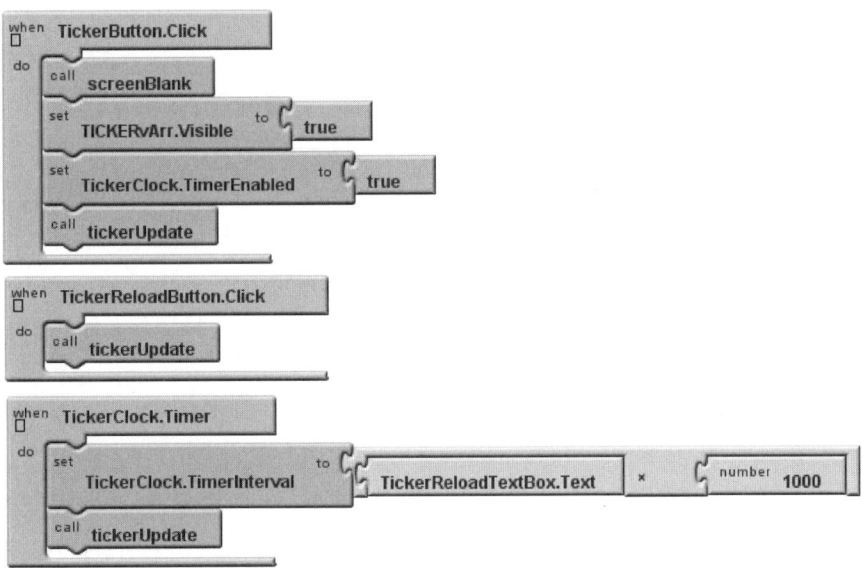

그림 13.55 세 가지 이벤트를 통해 Ticker를 업데이트하는 블록

그림 13.55을 보면 왜 Ticker를 갱신하는 수행 블록을 별도로 생성해야 하는지 명확하게 알 수 있다. 이러한 전략을 통해 세 가지 트리거들은 모두 동일한 액션(Ticker를 업데이트하는 액션)을 초기화할 수 있다. 한 번만 구현해서 여러 번 써먹을 수 있는 것이다. 그림 13.56을 보면, 야후 주식 서비스 Web API에게 데이터를 요청하는 수행 문으로 구성된 `tickerUpdate` 프로시저를 확인

할 수 있다(News API에게 데이터를 요청하는 부분은 차후에 다뤄보겠다). 첫 번째 수행문은 `Clock.Now` 시간이 올바른지 확인하여 최신 업데이트 시간을 서브스크린의 `TickerUpdateLabel`에 출력한다.

다음 수행문에서, 사용자가 `TickerStocksTextBox`에 입력한 주식 코드(예를 들어 AMZN, GOOG, YHOO 같은)들을 `stocksString` 변수에 저장한다. 일반적으로 사용자가 주식 코드를 여러 개 입력할 땐 콤마와 공백 문자로 구별하여 입력한다고 간주하고, 이 구분자들을 + 기호로 모두 치환할 것이다. 이는 올바른 GET 요청을(AMZN+GOOG+YHOO 같은) Yahoo API에 보내기 위해 필요하다.

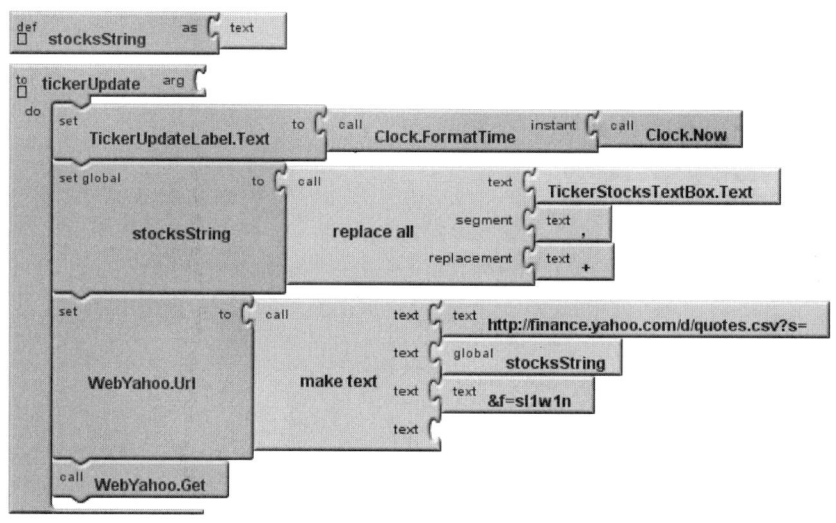

그림 13.56 Yahoo 웹 API에 데이터를 요청하는 프로시저

그림 13.56에 나와 있는 프로시저에서 다음으로 GET 요청을 하도록 준비한다. 여기서 우리는 `make text` 메소드를 통해 URL 요청문을 구성할 것이다. 앞서 구글 맵스로 보행자 내비게이션을 만들 때 `ActivityStarter.DataUri`를 생성했던 것과 비슷한 방식으로 처리한다. Yahoo API의 기본 URL(http://finance.yahoo.com)로부터 주식 가격을 읽어 오는 `WebYahoo.Url`도 URI 안에 같이 포함시키며, 그 뒤에 원하는 데이터 포맷(/d/quotes.csv)과 물음표 기호 시작하는 쿼리 매개변수 및 데이터 영역, 이 뒤따라 온다. 이 둘은 & 기호로 합쳐진다. 이번 경우, s와 f 매개변수를 통해 주식 가격에 대한 정보를

Yahoo API에 요청한다. 매개변수 s의 데이터에는 stocksString 변수에 저장할 주식 가격 문자열 코드를 입력하게 된다(AMZN+GOOG+YHOO 같은 형태로). f=sl1w1n 같은 형태에서, 각 주식 가격은 s로, 현재 가격은 l1 심볼로 나타내며, 현재 가격과 거래 시작 가격의 차익은 퍼센트로 포맷을 지정하여 w1에, 관련 회사명은 n으로 요청한다.

Yahoo API에서 사용하는 요청 매개변수의 개요

Yahoo 파이낸스 서비스 웹 API를 통해 주식 정보 요청을 정의하는 간략한 개요를 다음 사이트에서 확인할 수 있다.

- http://www.gummy-stuff.org/Yahoo-data.htm

입력된 주식 정보 요청에 따라, Yahoo API로 전달할 완전한 형태의 URL 요청문은 다음과 같을 것이다.

http://finance.yahoo.com/d/quotes.csv?s=AMZN+GOOG+YHOO&f=sl1w1n

웹브라우저에서 직접 위 URL을 입력해도 좋다.* 그러면 야후 웹 서비스는 quotes.csv란 이름의 파일을 보내준다. 이 파일을 메모장이나 스프레드시트 애플리케이션으로 열어보면 CSV 포맷으로 된 데이터가 나타난 것이다. 그림 13.57에서 보듯이 행별로 각 회사의 주식 정보가 담겨 있는 걸 확인할 수 있다(좌측은 메모장에서, 우측은 Ticker 모듈에서 확인한 모습).

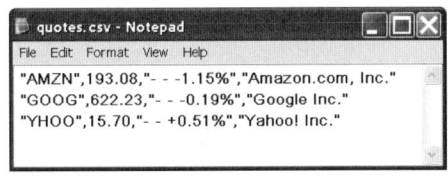
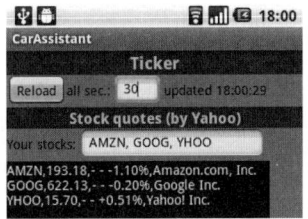

그림 13.57 CSV 포맷으로 만들어진 주식 데이터를 메모장과 Ticker 모듈에서 본 화면

tickerUpdate 프로시저에서(그림 13.56), WebYahoo.Url 컴포넌트 오브젝트에 생성해둔 URL 요청문을 전달한다. 그다음 WebYahoo.Get 메소드를 호출하여 해당 GET 요청을 Yahoo API에 전달한다. 야후 파이낸스 서비스가 성공적

---

* 실제 위 주소를 브라우저에 입력해 csv 파일을 다운로드해보면, 각 아마존, 구글, 야후 등 회사별 주식 관련 데이터가 담겨있는 것을 확인할 수 있다. – 옮긴이

으로 요청을 처리해주면, Yahoo API가 반환한 결과를 `WebYahoo.GotText` 이벤트 핸들러에서 수신한다. 응답은 항상 네 개의 결과 값으로 이뤄진다. 이 값들은 네 개의 변수에 저장해서 추가로 처리할 수 있다(응답 API의 URL(url 변수), HTTP 상태 메시지(responseCode 변수), 'text/csv'나 'image.jpeg' 같은 MIME 타입의 반환 데이터 타입(responseType 변수), 그리고 데이터(responseContent 변수)).

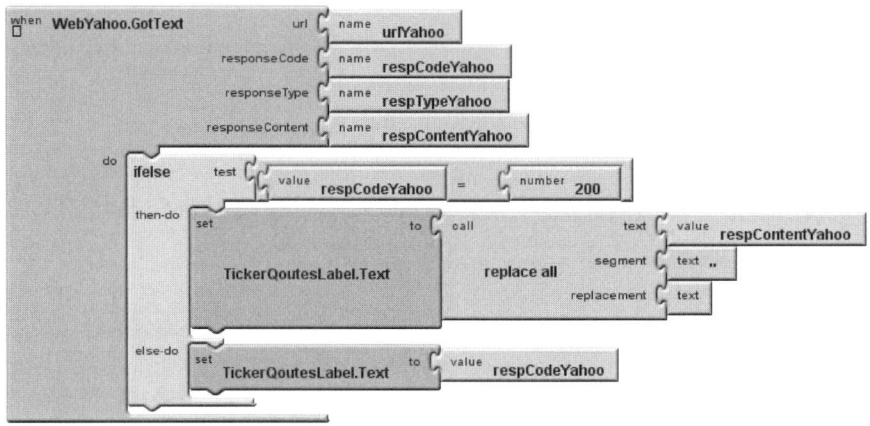

그림 13.58 Yahoo API로부터 얻은 주식 데이터를 처리하는 블록

`WebYahoo.GotText` 이벤트 핸들러에서(그림 13.58), Yahoo API가 반환한 두 개의 변수만 처리한다. HTTP 상태 메시지가 성공적인 데이터를 교환했음을 확인한 경우에만(respCodeYahoo=200), respContentYahoo에 반환된 주식 데이터가 저장돼 있게 되고 각 데이터를 감싸고 있는 따옴표를 삭제해서 결과 값을 `TickerQuotesLabel`에 출력한다. 데이터 교환에 실패하면, 간단하게 적절한 에러 메시지를 출력한다(예를 들어, responseCode가 400이면 [Bad request], 404이면 [Not found]나 [Service unavailable]을 의미한다). 이러한 접근 방식을 통해 쉽게 주식 정보를 처리할 수 있다. CSV 포맷의 데이터는 기본적으로 행마다 한 가지의 주식 관련 정보가 나열되며, 기존 데이터를 거의 수정하지 않고도 추가 삽입이 용이하다. 안타깝게도, 뉴스 Ticker 모듈에서 처리되는 과정은 약간 더 복잡하다.

피드질라의 데이터를 이용한 뉴스 Ticker

뉴스 Ticker의 경우, 뉴스 피드^{news feed} 제공자인 피드질라^{Feedzilla}의 웹 API를 사용해 현재 올라온 다양한 주제의 뉴스 기사들을 수많은 온라인 소스로부터 수집하고 다운로드할 수 있도록 만들어 보겠다. Feedzilla API는 문서화가 철저하게 이뤄졌으며, 개발자들이 제공하는 여러 요청문 예제들 덕분에 초보자들도 쉽게 사용할 수 있다. Feedzilla API는 XML, JSON, RSS, Atom 등 다양한 데이터 교환 포맷을 지원한다는 점도 큰 장점이다.

Feedzilla API에 대한 문서

Feedzilla에 대한 상세한 설명과 여러 가지 예제들을 담은 문서를 아래 주소에서 확인할 수 있다.
- http://code.google.com/p/feedzilla-api/wiki/RestApi

다음 URL을 통해 Feedzilla API에서 직접 다양한 주제들의 개요와 관련된 카테고리 값을 읽어올 수 있다(반환된 categories.json 파일은 메모장으로 열 수 있다).
- http://api.feedzilla.com/v1/categories.json

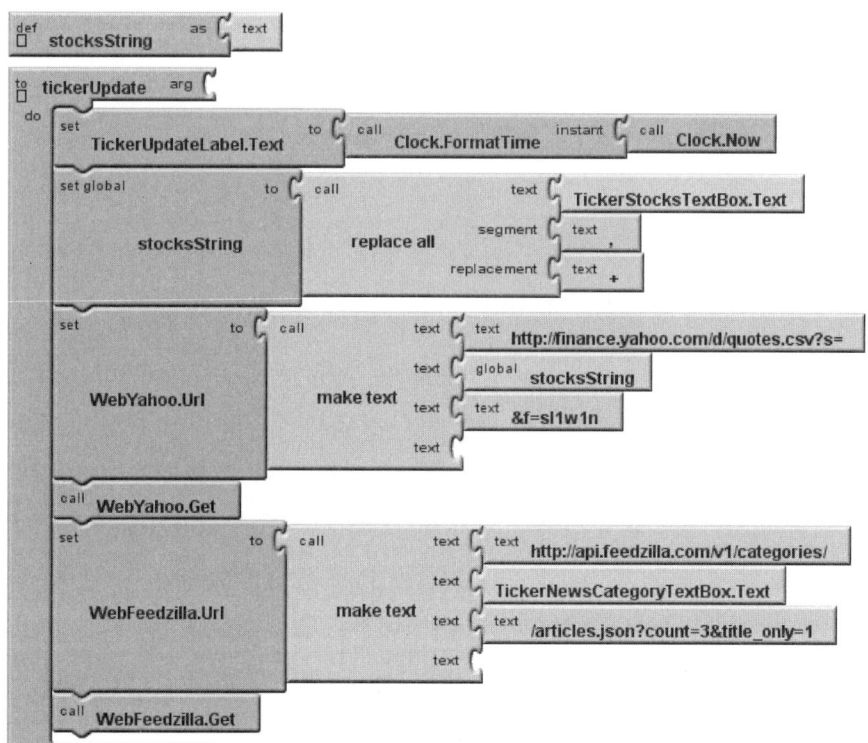

그림 13.59 Feedzilla API 수행문을 추가한 블록

Yahoo API와 마찬가지로, Feedzilla API에 HTTP GET 요청을 전달하여 원하는 뉴스 데이터를 읽어 들인다. 또한 앞서 구현했던 프로그램 구조를 다시 활용할 것이다. 그림 13.55에 나와 있는 세 가지 갱신 트리거들과 그림 13.56에 나와 있는 `tickerUpdate` 프로시저에 두 가지 Feedzilla API 관련 수행문을 추가하겠다(그림 13.59 하단 참조).

`WebFeedzilla.Url` 블록을 조합할 때도 비슷한 동작 원리를 기반으로 한다. Feedzilla API의 URL는 기본 URL과 버전 번호로 구성된다(http://api.feedzilla.com/v1), 추가로 카테고리 번호를 넣을 수 있으며(비지니스 뉴스일 경우, /categories/22), 원하는 데이터 교환 포맷(/articles.json 등), 그리고 ? 기호 다음에 매개변수 범위까지 추가할 수 있다. 이번 예제의 경우, Feedzilla API로부터 뉴스 데이터를 요청할 카테고리와 얼만큼의 뉴스 항목들을 요청할지(먼저 가장 최신 기사를 요청), 어떤 포맷을 지정할지, 텍스트 형태의 요약문을 포함할지(마지막 질문에 대한 대답은 '아니오'다. 이 항목은 그저 제목으로만 사용할 것이다) 등을 쿼리문으로 전달한다. 이러한 선택 사항들을 지시하기 위해, 카테고리 번호와 원하는 데이터 포맷뿐만 아니라 매개변수 카운트와 `title_only`를 지정한다. 그러므로, Feedzilla API에 전달될 요청 URL는 다음과 같다(Business News의 가장 최신 기사를 세 개만 JSON 포맷으로 변환해 가져온다).

http://api.feedzilla.com/v1/categories/22/articles.json?count=3&title_only=1

그림 13.56에 나와 있는 `tickerUpdate` 프로시저에서 관련 카테고리 번호를 `TickerNewsCategoryTextBox`에서 얻어온 다음 위 URL을 생성하고 이를 `WebFeedzilla.Url`에 할당한다. 그다음엔 주식 `Ticker`와 동일한 방식대로, `WebFeedzilla.Get` 메소드를 통해 Feedzilla API에 GET 요청을 보낸다. 하지만 이번에 API 응답을 수신하고 처리하는 `GotText` 이벤트 핸들러에는 더욱 규모가 크다. 이유는 간단하다. 반환된 데이터와 화면에 출력할 데이터의 포맷이 확연히 다르기 때문이다. 이러한 차이점은 그림 13.60에 나와 있듯이, JSON 데이터 원본과 포맷 변환을 거친 후의 모습을 통해 확실히 구별할 수 있다.

{"articles":[{"publish_date":"Thu, 08 Dec 2011 19:27:00 +0100","source":"Knoxville News Sentinel","source_url":"http:\/\/www.knoxnews.com\/rss\/headlines\/archives\/","title":"Va. Tech alerts: Police officer shot, gunman at large (Knoxville News Sentinel)","url":"http:\/\/news.feedzilla.com\/en_us\/stories\/top-news\/172063671?count=3&client_source=api&format=json"},{"publish_date":"Thu, 08 Dec 2011 19:26:00 +0100","source":"Minneapolis Star Tribune","source_url":"http:\/\/www.startribune.com\/rss\/?sf=1&s=\/","title":"DNA from invasive Asian Carp found north of Twin Cities (Minneapolis Star Tribune)","url":"http:\/\/news.feedzilla.com\/en_us\/stories\/top-news\/172063944?count=3&client_source=api&format=json"},{"author":"Daily News Wire Services","publish_date":"Thu, 08 Dec 2011 19:24:00 +0100","source":"Los Angeles Daily News","source_url":"http:\/\/feeds.dailynews.com\/mngi\/rss\/CustomRssServlet\/200\/202971.xml","title":"Gas prices keep on falling -- click for lowest prices in the Valley (Los Angeles Daily News)","url":"http:\/\/news.feedzilla.com\/en_us\/stories\/top-news\/172063738?count=3&client_source=api&format=json"}],"description":"Top News","syndication_url":"http:\/\/news.feedzilla.com\/en_us\/news\/top-news.rss?count=3&client_source=api","title":"Feedzilla: Top News"}

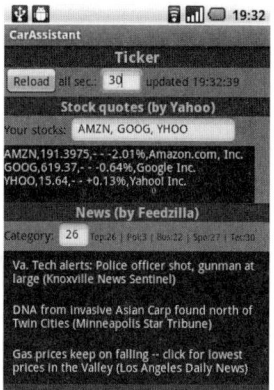

그림 13.60 JSON 포맷의 원본 데이터와 뉴스 Ticker에 출력되는 모습

그림 13.60 좌측에 나와 있는 JSON 포맷에는 뉴스 항목뿐만 아니라, 뉴스의 시멘틱 타입semantic type을 보여주는 태그까지 담겨 있다. 태그와 데이터는 따옴표로 감싼 다음 콜론으로 데이터 쌍을 이루도록 구조를 맞춰 서로 연결한다. 하지만 아직 형태가 복잡하고 다소 이해하기 힘들기 때문에 바로 화면에 출력하긴 힘들다. 대신 JSON 원본 데이터로부터 관련 뉴스를 발췌해줘야 한다. 완전한 형태의 뉴스 URL 및 제목만 화면에 출력하는 것에 관심을 두겠다. JSON 원본 데이터는 tatle(tag "title":")과 URL(tag "url":")에 해당하는 태그 바로 뒤에 해당 데이터 문자열이 나온다. 원하는 텍스트 문자열의 끝은 심볼 패턴으로 처리된다. 즉, 제목 문자열은 ",로, 그리고 URL 문자열은 "}로 끝단이 처리된다.

이러한 패턴은 URL과 세 가지 기사 제목을 추출하기 위해 어디부터 어디까지의 문자열을 추출해야 하는지 분명하게 알 수 있도록 해준다(그림 13.60에 색칠된 부분을 참조하자). 그림 13.61에 나와있는 parseFeedzilla 프로시저는 뉴스 Ticker 모듈에서 원본 데이터를 파싱parsing하는 역할을 한다.

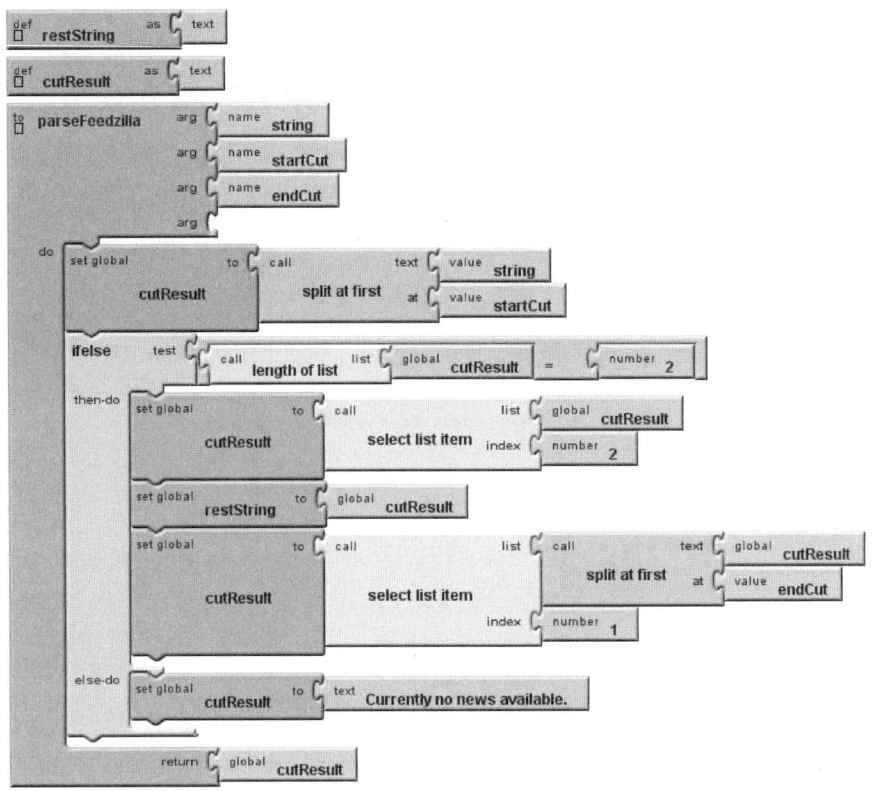

그림 13.61 텍스트 문자열을 추출하는 일반적인 프로시저

parseFeedzilla 프로시저는 일반적인 구도로 디자인되어 다양한 문자열과 startCut과 endCut 변수를 통해 시작 태그와 종료 태그 등을 JSON 포맷을 기반으로 어떠한 원본 텍스트도 읽어 들일 수 있다. 원하는 변환 결과 문자열과는 독립적으로, 원본 텍스트를 분리한다. 첫 번째 단계에서는 split at first 메소드를 통해 추출 대상 문자열 직전까지의 문자열을 잘라낸다. 그리고 두 번째 리스트 요소에 남은 원본 문자열(즉, 추출 대상 문자열)을 cutResult 변수에 저장한다. 요소가 남아있는 경우임. 이제부터, cutResult에 저장된 남은 원본 텍스트를 전역 변수 restString에도 저장해둔다. 시작과 종료 태그를 통해 프로시저 내부에서 세 번 순환 루프를 수행해서 3가지 서로 다른 항목의 데이터를 추출하기 때문에, 루프를 순환할 때마다 이미 처리한 텍스트 문자열을 프로시저로 다시 전달되면 안 된다. 그래서 다음에 프로시저를 호

출할 때 전체 원본 텍스트를 메소드에 전달하지 않고 오히려 `restString` 전역 변수에 저장된 나머지 텍스트를 지역 변수 `string` 소켓에 전달하여 무한 반복에 빠지지 않도록 한다. 남은 원본 텍스트는 `parseFeedzilla` 프로시저의 다음 수행문에서 추가로 처리가 진행된다. 이제부터, 남은 원본 텍스트는 종료 태그를 이용해 `split at first` 메소드로 분리시킨다. 첫 번째 리스트 요소에 저장된 상태로 남아 있는 추출 대상 텍스트를 완전히 추출하고 프로시저의 반환값으로 `cutResult` 변수가 리턴된다. 더 이상 시작 태그를 발견할 수 없는 경우, 프로시저는 대신 이 상황에 맞는 에러 메시지를 반환한다. 이제 그림 13.62에 나와 있는 `WebFeedzilla.GotText` 이벤트 핸들러를 살펴보자. 이 핸들러를 통해 Feedzilla API는 GET 요청에 대한 응답으로 JSON 원형 데이터를 전송한다. Yahoo API가 보내오는 응답 메시지와 마찬가지 경우로, 우리는 Feedzilla API가 보내온 딱 두 가지의 데이터만 사용하겠다. 바로, 지역 변수 `respCodeFeedzilla`와 `respContentFeedzilla`에 저장된 데이터다. 후자의 경우, JSON 포맷의 원형 텍스트를 저장하고 있다. 이 포맷의 텍스트는 이미 자세히 다뤘다. HTTP 상태 메시지를 검사한 다음엔, 이 이벤트 핸들러에서 세 가지 제목 데이터를 연속적으로 추출한 각 웹 주소들을 `parseFeedzilla` 프로시저를 통해 읽어 온다. 처음 프로시저를 호출하면서 전달된 `respContentFeedzilla`의 완전한 원형 텍스트를 처리하는 동안, 앞서 언급한 이유로 인해 그다음 프로시저 호출이 이뤄지면서 다시 텍스트 문자열이 줄어들게 된다. 전달된 시작 및 종료 태그들은 원형 데이터에 포함된 세 가지 제목과 웹 주소를 검색할 때 사용된다.

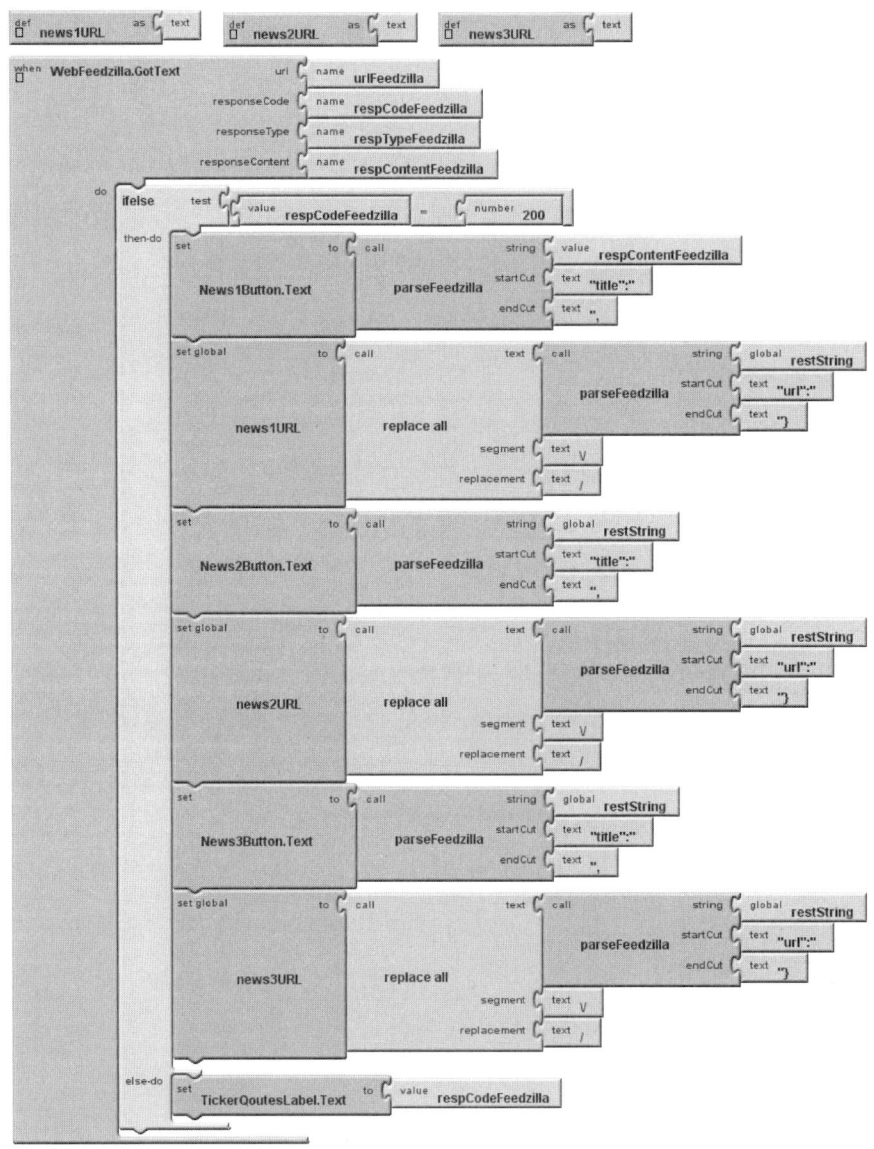

그림 13.62 뉴스 Ticker 웹 주소와 세 가지의 기사 제목을 읽어 들이는 블록 구조도

parseFeedzilla 프로시저가 반환한 제목 텍스트들은 그림 13.62와 같이 세 가지 news 버튼들(News1Button, News2Button, News3Button)의 텍스트 속성에 각각 할당되어 Ticker 서브스크린에 출력된다. 반환된 URL 값에서 한 가지 살펴 봐야 할 것이 있다. Feedzilla API는 그림 13.60에 나와 있는 원형 텍스트에서 볼 수 있듯이, JSON 응답문에 슬래시 기호(/)를 백슬래시(\) 기호 앞에 두도록 한다. 추출한 웹 주소를 나중에 기사 원본을 가져오기 위해 사용할 수 있

도록, \/ 기호는 세 가지 전역 변수(news1URL, news2URL, new3URL)에 할당하기 전에 반드시 replace all 메소드를 통해 / 기호로 치환해줘야 한다. 앞서 설명한 기능을 통해, 뉴스 Ticker가 매번 갱신될 때마다 GET 요청을 전송하며 Feedzilla API를 통해 얻어온 기사 제목을 Ticker 서브스크린에 출력한다.

앱에서 사용되는 웹사이트와 WebViewer 컴포넌트

뉴스 Ticker를 완성하기 위해서는 완전한 뉴스 텍스트를 출력하는 웹사이트를 호출하는 로직을 구현해야 한다. 먼저 별도의 웹브라우저를 ActivityStarter 컴포넌트를 통해 스마트폰에 구현하는 것과 이 컴포넌트에 웹 주소를 전달하는 작업부터 시작하겠다. 하지만, 2011년 6월 AI 갱신 사항에 따라, AI는 더욱 우아한 솔루션을 제공하고 있다. 이 솔루션을 통해 우리가 만든 앱에 웹사이트를 곧바로 출력할 수 있다. Not ready for prime time 그룹에는 WebViewer 컴포넌트가 있다. 이 컴포넌트의 명세사항에는 (그림 13.63) 이미 대개의 웹브라우저를 사용하면서 매우 친숙하게 알고 있는 속성들과 메소드들이 나열돼 있다.

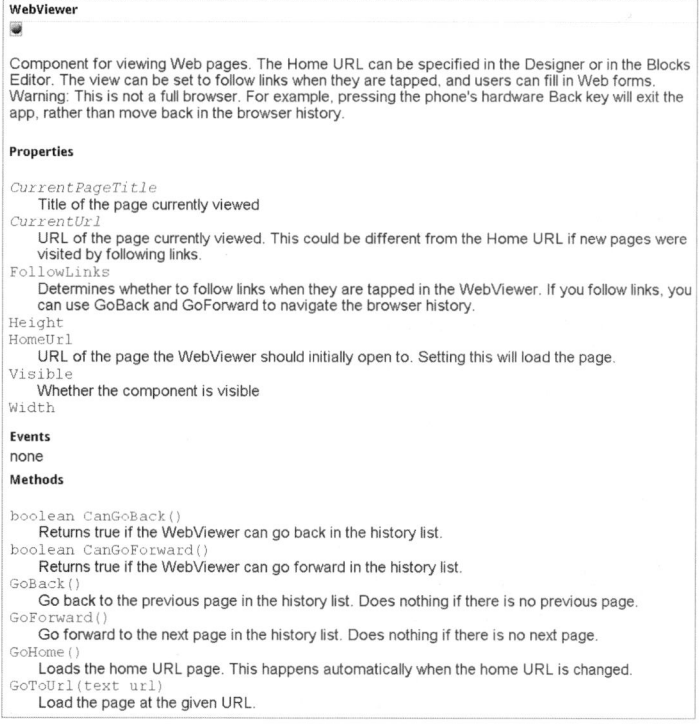

그림 13.63 AI 레퍼런스에 나와 있는 WebViewer 컴포넌트 명세사항

뉴스 Ticker의 경우 WebViewer 컴포넌트를 사용해서, 사용자가 Ticker 서브스크린에 나타나는 세 개의 기사 제목 중 하나를 선택했을 때, 기사 전문이 담긴 웹사이트를 기사 제목 바로 아래에 곧바로 보여주도록 할 것이다. 연속해서 여러 웹 페이지에 접근하면, 사용자는 뒤로 가기 키(《《《)나 앞으로 가기 키(》》》)를 사용해 페이지 전환을 할 수 있다. 그러면 사용자는 Close 버튼을 눌러 웹브라우저와 이 컴포넌트의 사용자 요소를 숨길 수 있다. 이러한 기능을 제공하기 위해, 표 13.10에 나와 있는 컴포넌트를 Ticker 서브스크린에 추가해주거나 CarAssistant 프로젝트에 있던 해당 모듈을 줘야 한다. 이 요소들은 기사 제목 바로 아래와 Back 버튼 위에 배치하여 VerticalArrangement 요소인 WebViewerArr 안에 포함시킨다.

표 13.10 WebViewer 모듈에 추가할 컴포넌트

컴포넌트	오브젝트 이름	수정될 속성 값
VerticalArrangement	WebViewerArr	"Visible" disable "Width": Fill parent
WebViewer	WebViewer	
Button (3x)	WebBackButton, CloseWebsiteButton, WebForwardButton	"Text": 《《《, Close, 》》》

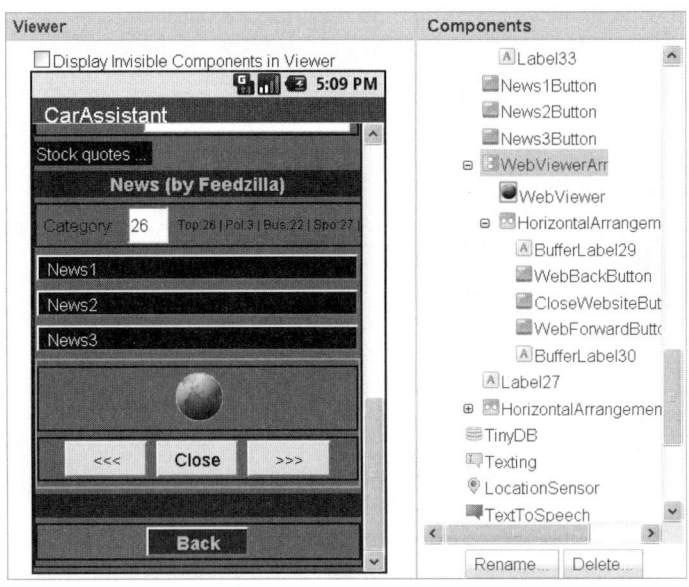

그림 13.64 WebViewer를 구성하는 추가 컴포넌트를 배열한 모습

표의 컴포넌트를 추가한 결과 화면은 그림 13.64와 같을 것이다. WebViewerArr 안에 요소들을 포함시킴으로써 WebViewer와 이 컴포넌트의 컨트롤 요소들은 사용자가 기사 제목을 선택했을 때만 볼 수 있게 된다.

앞서 JSON 원형 텍스트를 분석하면서 웹 주소를 추출했기 때문에, 이 기능의 구현은 매우 간단하다. 사용자가 누르는 세 가지 뉴스 버튼 중 하나를 누르면 그림 13.65(좌측)에 표시된 관련 이벤트 핸들러가 호출되고 웹 뷰어 및 제어 요소와 함께 WebViewerArr가 화면에 출력된다. 선택한 웹 주소를 호출하는 것은 WebViewer 메소드인 WebViewer.GoToUrl을 통해 처리된다. WebViewer 메소드인 WebViewer.GoToUrl을 통해 선택된 웹 주소를 호출한다. 웹 뷰어에서 웹 페이지들을 전환하기 위해 사용자가 앞으로 가거나 뒤로 가기 버튼을 누르면, 웹 메소드 WebViewer.GoBack나 WebViewer.GoForward 메소드가 호출된다. Close 버튼을 눌러 다시 WebViewerArr를 숨기자.

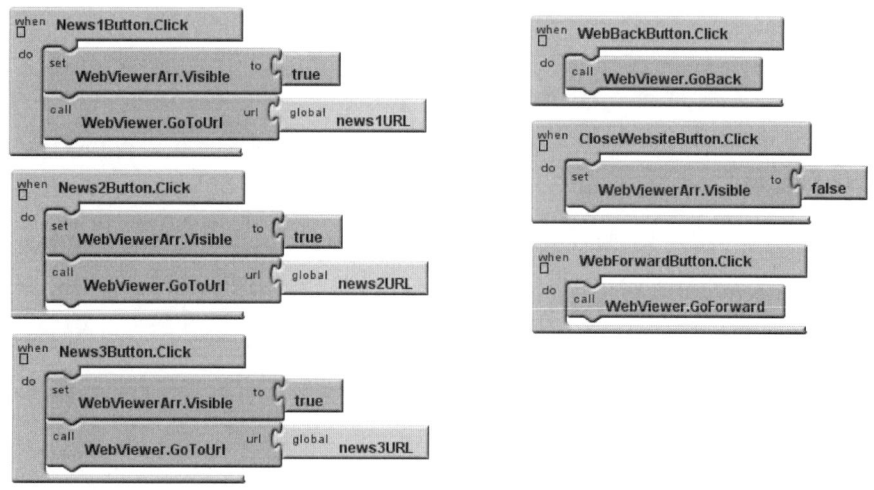

그림 13.65 뉴스 웹사이트를 호출하고 WebViewer을 통해 서핑하는 모습

물론, 다른 모듈처럼 사용자 친화적으로 Ticker 모듈을 만들기 위해, 사용자가 입력한 내용을 계속 유지할 수 있도록 할 것이다. 따라서, 뒤로 가기 버튼을 눌렀을 때, 이벤트 핸들러 TickerBackButton(그림 13.66)에서 수행문을 통해 모든 사용자 입력을 로컬 저장소에 저장해야 한다. 또한 Ticker 서브스크린을 떠날 때, TickerClock 타이머를 비활성화하는 것도 매우 중요하다.

이렇게 해서, 모바일 데이터 연결을 통해 백그라운드에서 아무런 업데이트 항목들도 로딩되지 않도록 한다.

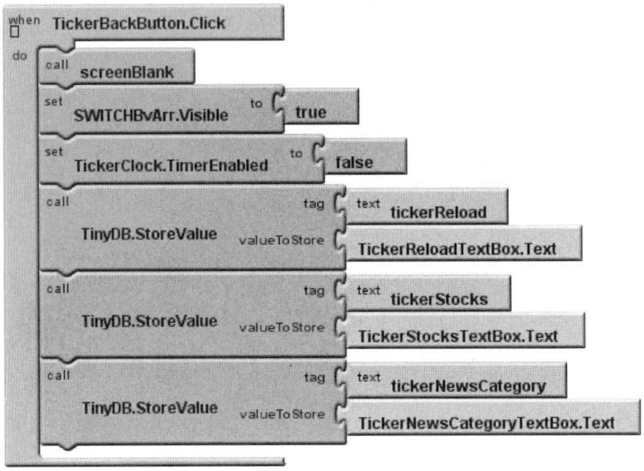

그림 13.66 Ticker 모듈을 종료하면서 타이머를 끄고 사용자 데이터를 저장하는 블록 구조도

이제 Ticker 모듈 구현이 끝났다. 쉽게 웹 컴포넌트가 잠재적으로 인터넷의 웹 서비스가 제공하는 거대한 가능성을 관찰할 수 있다. 이 컴포넌트는 독자가 직접 만드는 앱의 발전 가능성을 무한하게 열어준다. 사실, 현재 Google+ 및 페이스 북과 같은 소셜 네트워크를 포함하여 점점 더 많은 웹 서비스들이 웹 API를 제공하고 있다. 이제 우리는 이벤트 핸들러 Screen1.Initialize(그림 13.67)를 구현하는 내용을 논의할 것이다. 이 핸들러는 입력 데이터를 로컬 저장소에 저장하는 방법에 대해 다루면서 이미 언급했던 것이다. CarAssistant 애플리케이션을 시작할 때, 이 이벤트 핸들러는 사용자가 입력했던 데이터와 다양한 모듈 및 설정 영역에서 구성했던 데이터, 그리고 사용자가 운전자 보조 시스템을 다음에 실행할 때도 계속 사용할 수 있는 데이터까지 모든 데이터를 불러온다. 이러한 방식으로, 사용자가 데이터를 다시 입력할 필요 없이 자신의 개인 설정을 재사용할 수 있다. 수많은 로딩 프로세스들 중 각 프로세스는 먼저 메모리에 저장할 공간이 있는지 검사를 하고, 그다음(공간이 있다면) 여러 가지 설정 영역에서 데이터를 해당 속성 필드에 입력한다. 이때 데이터는 원래 사용자가 입력했던 값으로 다시 사용할 수 있다.

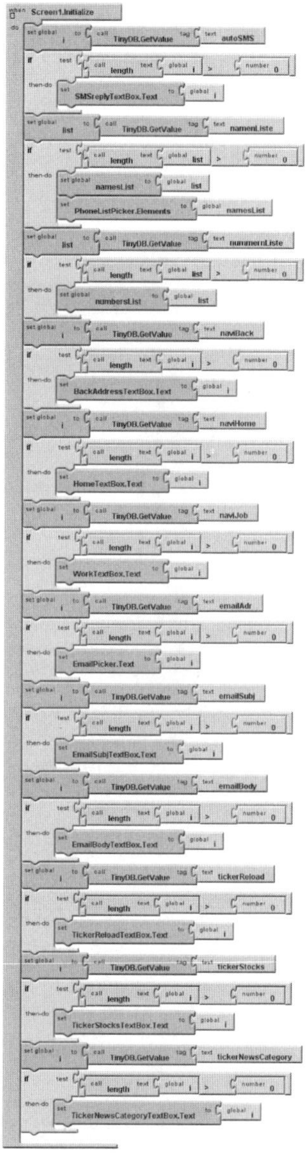

그림 13.67 운전자 보조 시스템을 실행하면 저장된 데이터를 로딩하는 블록 구조도

확실히 지금 독자는 자신의 스마트폰에서 운전자 보조 시스템에서 찾을 수 있는 전체 기능 범위를 테스트해보고 싶을 것이다. 하지만, 스마트폰에 CarAssistant 앱을 전송하기 전에, 꼭 다양한 설정 영역의 다중 화면을 가시성 편집 모드 (Visible= false)에서 가시성 편집 모드 (Visible = true)로 전환하자. 단지 AI Designer에서 SWITCHBvArr를 제외한 모든 모듈에 해당되는

VerticalArrangement 컴포넌트 객체의 `Visible` 속성을 비활성화해주면 된다. 스위치 보드는 앱이 실행됐을 경우에만 가시성으로 설정돼야 한다(그림 13.68 참조). 올바르게 환경 구성을 설정했고 Display Invisible Components in Viewer, 체크박스를 비활성화했다면 Viewer 화면에는 스위치 보드만 나타날 것이다.

그림 13.68 'SWITCHBvArr'을 제외하고, 모든 화면을 비가시성으로 설정한 모습

이제 독자의 스마트폰에 CarAssistant 앱을 설치할 수 있다. 그림 13.69에 표시된 설치 확인 화면은 우리가 개발한 프로젝트가 갖고 있는 기능들의 광범위한 범위를 나타낸다. 이 앱을 사용할 땐, 이 책을 진행하는 동안 직접 개발해왔던 다른 앱들보다 더 자주 시스템 접근 승인 확인 메시지를 보게 될 것이다.

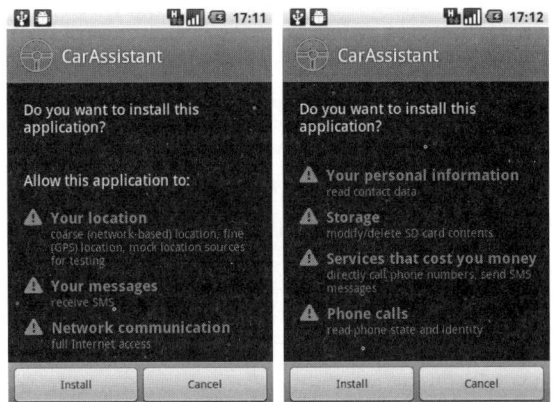

그림 13.69 다양한 기능들을 확실히 설치하겠다는 의사를 물어보는 화면

그림 13.69에 나와 있는 긴 설치 확인 목록과 운전자 보조 시스템을 초기화하는 그림 13.67의 이벤트 핸들러는 우리의 마지막 프로젝트가 활용하는 데이터가 얼마나 풍부하고 광범위한지 보여준다. 보다시피, 이번 프로젝트는 우리가 처음에 다뤘던 입문자용 프로젝트들과는 확연히 차이가 난다. 그리고 초보자였던 독자가 이 책을 지금까지 공부하면서 앱 인벤터로 안드로이드 앱을 개발하는 숙달된 개발자가 되었고, 독자의 기술의 엄청난 발전을 했다는 사실을 나타낸다. 이 책을 통해 개발한 다양한 앱들을 보여주고 있는 그림 13.70과 같이, 실행 아이콘들을 모아 놓은 목록 화면만 봐도 독자의 능력이 얼마나 발전했는지 알 수 있다.

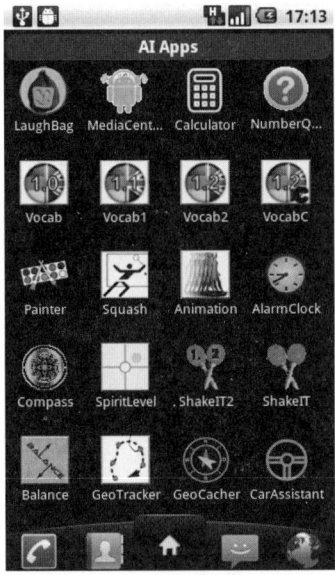

그림 13.70 지금까지 이 책을 통해 개발했던 모든 앱들을 모아놓은 목록 화면

콘텐츠와 관련된 작업 및 운전자 보조 시스템을 구현하는 데 필요한 사항에 초점을 맞춤으로써, 이번에 마지막으로 개발한 프로젝트를 관리가 용이한 모듈로 나누었다. 이 모듈들을 사용자 친화적이고 엄격한 사용자 인터페이스를 고수하면서 더욱 진보된 방식으로 나눠 설계함으로써, 계속해서 여러 가지 기능들을 시너지 효과를 창출하며 구현할 수 있었다. 이렇게 하기 위해 별다른 고민 없이 익숙한 특수 컴포넌트 및 일반 컴포넌트를 사용했으며, 필요할

때는 AI 레퍼런스 명세사항을 통해 새로 알게 된 컴포넌트를 조사해봤다. 이러한 과정에서, 우리는 개발 프로세스 자체에는 거의 영향을 주진 않지만, 광범위하게 정의된 통신 개념과 프로젝트의 맥락에서 매우 광범위하면서도 잠재력을 갖고 있는 새로운 영역을 발견했다. 즉, 다중 화면, 전화 기능, 지리 데이터, SMS, 스피치 분석기(TTS, STT), 이메일을 보내거나 내비게이션 기능을 활용하기 위해 넓은 범위의 외부 애플리케이션을 활성화하고 통합하는 일반적인 개념, 그리고 심지어 웹 API를 통해 데이터 교환을 위해 만들어진 표준 인터페이스들까지 전체 기능을 형성하기 위해 함께 조합할 수 있었다. 이러한 단계별 접근 방식의 중요성은 아무리 강조해도 지나치지 않는다. 그리고 지금 공부해서 알고 있는 것보다 훨씬 더 많은 컴포넌트 및 기능들을 조사해서 자신의 것으로 만들어 보자. 지금이라도 이 책의 도움 없이도 AI를 통해 유용하고 매력적이면서 흥미롭고, 심지어 즐겁기까지 한 애플리케이션을 개발할 준비가 되어 있다면, 그리고 독자가 미래에 스마트폰 기능과 새로운 컴포넌트를 자연스럽게 통합하게 된다면, 이 책의 목적이 달성됐다고 볼 수 있다.

개발자가 알아두면 유용한 사항들

앱 개발자로써, 독자는 앞으로 작업을 진행하면서 더 많은 추가 도구와 정보 소스를 활용할 것이며, 특히 작업 초기에 훨씬 자주 이용할 것이다. 그리고 경험이 쌓이면서 더욱 목표를 분명하게 정하게 될 것이다. 이 책의 마지막 부분은 유용한 도구 및 팁과 함께 AI에 내장된 특별한 기능 영역에 대한 간략한 설명을 제공한다. 부록에는 앱 인벤터에 대해 토론이 진행되고 있는 개발자 포럼과 안드로이드, 앱 개발과 관련된 내용을 다루는 튜토리얼, 웹사이트들을 수록했다. 개발자로써 작업할 때, 여러 측면에서 독자를 도울 수 있는 새로운 무언가가 항상 존재하고 있기 때문에, 특히 개발자 포럼을 정기적으로 참조하기 바란다.

14장
특수 기능들

이 책을 진행하면서 다뤘던 다양한 기능들과 컴포넌트 및 컴포넌트 그룹과 더불어, AI의 개발 환경 및 언어적 측면에서 또 다른 특별한 요소들도 사용할 수 있다. 이러한 요소들의 특성은 일반적이라기 보단 특별한 사용 목적에 맞춰져 있거나, 특별 서비스, 회원제나 시스템을 요구하기도 한다. 완성도를 갖기 위해 여기서는 간단명료하게 언급하겠으며, 앞으로 이러한 특수 기능들을 짚고 넘어갈 기회가 있을 것이다. 앞 장에서 프로젝트 개발을 모두 완료해왔으며, 이제는 직접 추가 컴포넌트를 활용할 수 있는 방법을 알게 되었다. 또한 컴포넌트의 속성들에 대한 내용과 사용법에 대한 정보, 그리고 실행 가능한 앱을 구현하기 위해 이들을 다른 블록들과 조합하는 방법까지 학습했다. 14장에 있는 컴포넌트와 기능에 대한 설명들은 자신의 프로젝트를 직접 진행하면서 필요한 경우 이러한 요소들을 활용할 수 있는 동기를 부여하기 위해 만든 것이다. 그리고 앞으로 반드시 AI에 새롭게 추가될 컴포넌트 및 기능들을 스스로 다룰 수 있도록 훈련을 독려하기 위해 기획했다. 14장에 있는 컴포넌트를 소개하면서, 독자는 앞으로 이 글을 작성하고 있는 시점에서 사용 가능한 앱 인벤터의 모든 요소들을 다루게 될 것이다. 아마도 일부 컴포넌트는 이 책의 출판되고 난 이후에 생성 된 것들일 것이다. 직접 살펴보자.

특정 애플리케이션을 위한 컴포넌트

특정 애플리케이션을 대상으로 하는 컴포넌트 특수한 컴포넌트라는 제목이 의미하듯이, 우리는 이 책을 진행하는 과정에서 사용해왔던 컴포넌트가 담긴 다양한 컴포넌트 그룹에서 사용할 수 있는 아직 언급하지 않은 모든 옵션들을 포함하고 있다. 이렇게 아직 더 소개할 컴포넌트의 수가 그리 많지는 않지만, 이러한 컴포넌트는 확실히 특정 용도에 맞춰서 사용할 수 있다.

Twitter 컴포넌트로 트위터 즐기기

AI은 Social 그룹에 인터넷을 통해 SMS 메시지처럼 간단한 문자 메시지(현재 최대 140자까지 지원)를 보내기tweeting 위해 트위터 서비스를 요청하는 트위터 컴포넌트를 제공한다. 이 컴포넌트를 통해 다른 트위터들twitterers과 이들이 작성한 내용tweets을 팔로우followers할 수 있다. 트위터와 관련된 용어라는 점에서 추측할 수 있듯이, 웹 2.0 서비스의 전형적인 응용 결과물인 트위터 컴포넌트는 사실 마이크로블로깅microblogging을 지원하는 특별한 애플리케이션이다. 즉, 아주 함축적이며, 자발적이고, 가끔은 매우 개인적인 형태를 갖는 블로깅의 일종이다. 그리고 이렇게 특별한 소셜 네트워크를 이용하기 위해, 트위터 컴포넌트의 기능을 모두 활용하려면 반드시 먼저 가입을 해야 한다. AI가 제공하는 Twitter 컴포넌트는 개발자가 트위터 계정을 가지고 있다고 가정한다. 이러한 이유로, Twitter 컴포넌트가 특수 컴포넌트 그룹에 분류되는 것이다.

이 웹 서비스의 기능을 간단히 요약한 글을 읽는 동안, 아마도 독자는 갑자기 자동으로 가입자들에게 메시지를 배포하는 것과 비슷한 기능을 구현할 수 방법에 대한 아이디어들이 많이 떠올랐을 것이다(예를 들어, 친숙하게 사용해온 TinyWebDB 또는 Texting 컴포넌트를 기반으로 하여). 심지어 문자 메시지에 지리 좌표 데이터나 이와 유사한 데이터를 추가할 수도 있었다. 그러나 독자가 트위터를 사용하고 있고 자신이 개발한 앱이 이 서비스에 액세스할 수 있도록 하려면, AI의 Twitter 컴포넌트를 사용해볼 수 있다. 다소 많은 내용의 명세사항에서 일부를 발췌한 내용이 그림 14.1에 나와있다.

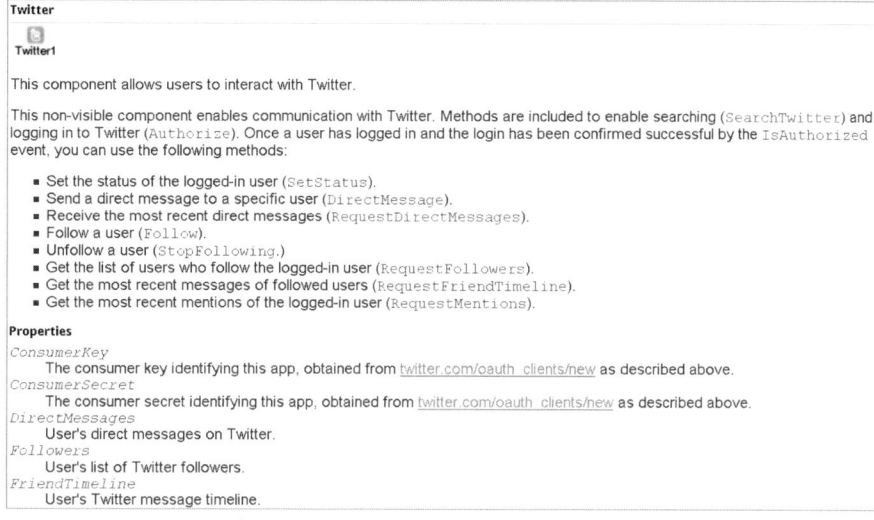

그림 14.1 AI 레퍼런스에서 Twitter 컴포넌트에 대한 명세사항을 일부 발췌한 내용

그림 14.1에 나와있는 명세사항을 보면 알겠지만, 트위터 서비스와 트위터 컴포넌트의 통신은 이 서비스의 특정 인터페이스인 트위터 API(application programming interface)를 통해 추상의 상대적으로 높은 수준에서 이뤄진다. 이때 사용되는 개방 프로토콜인 OAuth가 API 인증 절차에서 사용된다. 명세사항을 보면, 여러 가지 속성 필드와 이벤트 핸들러, 그리고 이 특별한 컴포넌트에서 제공하는 메소드들과 특정 인증, 등록, 및 Twitter API와의 통신 프로세스에 대한 정보 등에 대한 자세한 배경 정보를 찾을 수 있다. 원칙적으로, 트위터의 온라인 서비스와 통신하는 작업은, 앱과 Web 제네릭 컴포넌트를 사용하는 외부 웹 서비스 사이의 데이터 전송 방식과 비슷한 원리로 이뤄진다. 단, 이러한 서비스에 특화되어 설계된 트위터 컴포넌트와 명령어들은 일반적인 HTTP GET 요청을 통해 수행되지 않는다. 만약 이런 주제에 관심이 있는 경우, 언젠가 이 방법을 직접 사용해 보고 싶어할 것이다.

BarcodeScanner 컴포넌트로 바코드 데이터 읽어오기

이번에 소개할 특수 컴포넌트 BarcodeScanner는 Other stuff 그룹에서 찾을 수 있으며, 강력한 제네릭 컴포넌트인 ActivityStarter를 통해 다른 앱을 실행시키는 원리와 비슷하게 동작한다. BarcodeScanner 컴포넌트를 다루려면 먼저 그림 14.2의 명세사항에 나와있는 것처럼 ZXing에서 개발한 바코드 스캐너가 이미 스마트폰에 설치돼 있다고 가정한다. 이 바코드 스캐너는 `DoScan` 메소드를 통해 실행되며, 바코드를 해석한 결과는 `Result` 속성에서 `AfterScan` 이벤트로 반환된다.

BarcodeScanner

This non-visible component uses the phone's camera to read a 1-dimensional barcode or 2-dimensional barcode (QR code). In order for this component to work, the Barcode scanner app from ZXing must be installed on the phone. This app is available for free in the Android Market.

Properties
Result
  The text result of the last successful scan. This becomes available after `AfterScan` has been signaled. This value is also returned as the `result` value.

Methods
`DoScan()`
  Start a scan

Events
`AfterScan(text result)`
  Called after scanning ends.

그림 14.2 AI 레퍼런스에 나와있는 BarcodeScanner 컴포넌트의 명세사항에서 발췌한 내용

BarcodeScanner 컴포넌트는 개방형 인터페이스 컴포넌트인 ActivityStarter와 함께 사용했을 때 훌륭한 잠재력을 발휘할 수 있는 한 예가 될 수 있다. 외부 애플리케이션을 통합함으로써, 단지 자신이 개발한 앱의 기능을 확장할 수 있을 뿐만 아니라, 기능 범위 또는 AI 개발자 언어의 컴포넌트 목록을 확장할 수 있다. 간단하게 액티비티 스타터를 통해 적절한 외부 애플리케이션을 호출하는 식으로도, BarcodeScanner 컴포넌트를 직접적으로 연동할 수 있습니다. 독자는 자신이 개발한 앱과 비슷한 방식으로 제작하여 사용하려는 다른 유용한 컴포넌트를 고려해볼 수도 있다.

Voting 컴포넌트로 온라인 투표 구현하기

Web 또는 ActivityStarter 컴포넌트에 해당되는 구조로 표현할 수 있는 또 다른 특수 컴포넌트인 Voting 컴포넌트는 Not ready for prime time 그룹에서 찾을 수 있다. 이 컴포넌트를 사용하면 온라인 선거나 투표에 적합한 웹 서비스에서 `RequestBallot` 메소드를 통해 가상 투표 용지를 검색할 수 있다. 가상 투표 용지는 다음 애플리케이션을 통해 사용자가 내용을 채워 넣고, 투표자 식별자와 UserId 이메일 주소 UserEmailAddress와 함께, `SendBallot` 메소드를 통해 다시 반송할 수 있다. 그림 14.3는 Voting 컴포넌트의 명세사항 중 일부를 발췌한 내용을 보여준다.

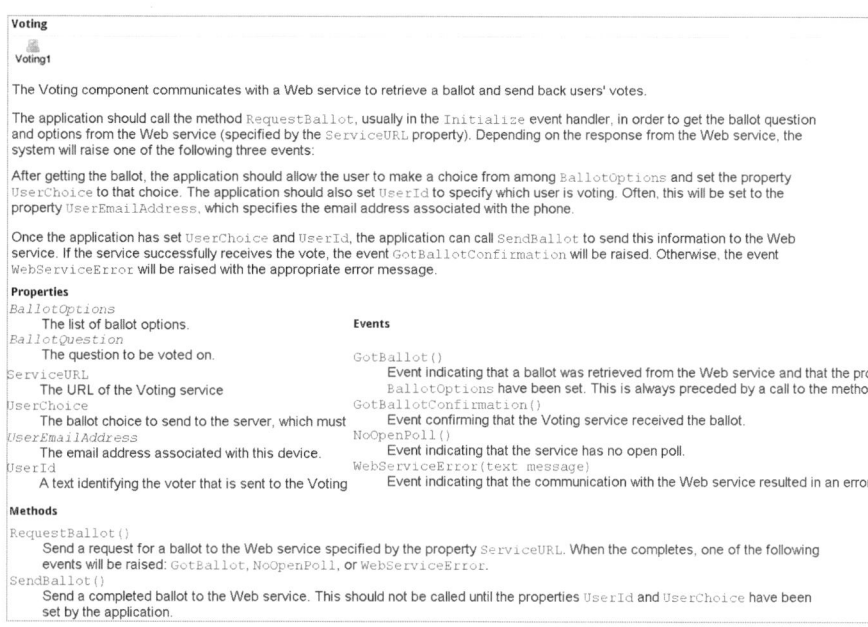

그림 14.3 AI 레퍼런스에 나와있는 Voting 컴포넌트의 명세사항에서 발췌한 내용

물론, 그림 14.3에 나와 있는 Voting 컴포넌트는 명세사항에 나와 있는 투표 과정과 동일한 원칙에 따라 작동하므로, 상대방 측에서도 웹 서비스를 사용해야 한다. '전자 투표'와 '전자 정부'란 주제는 날이 갈수록 점점 더 중요해지고 있으며, AI를 통해 최상의 방법으로 이러한 종류의 앱을 개발할 준비가 되었다.

FusiontableControl 컴포넌트로 데이터 테이블 구현하기

Not ready for prime time 그룹의 FusiontablesControl 컴포넌트로 Fusion Tables이라 알려진 구글의 웹 서비스를 사용할 수 있다. 이 서비스를 통해 사용자는 http://www.google.com/fusiontables/Home/에 접속하여 자신이 수집한 데이터를 업로드하여 지도나 시간 그래프, 그리고 전형적인 차트 등의 시각적인 형태로도 표현할 수 있다. FusiontablesControl로 알려진 AI 컴포넌트를 통해(그림 14.4), 새로운 테이블을 생성하고 적절한 검색 요청(쿼리)을 통해 기존 테이블의 내용을 검색하여 읽어 오거나 변경하는 등 스마트폰 앱에서 온라인 데이터베이스를 다양하게 사용할 수 있다.

> **FusiontablesControl**
>
> Google Fusion Tables lets you store, share, query and visualize data tables; this component lets you query, create, and modify these tables, using the Fusion Tables SQL API.
>
> To use the component, define a query, call DoQuery to execute the query, and GotResult will hand you the result when it is ready.
>
> Note that you do not need to worry about encoding the query, but you do have to make sure it follows the syntax described in the reference manual, which means that things like capitalization for names of columns matter, and that single quotes must be used around column names if there are spaces in them.
>
> The results of the query will generally be returned in CSV format, and can be converted to list format using the "list from csv table" or "list from csv row" blocks.
>
> **Properties**
>
> Query: text (read-only)
> The query to send to the Fusion Tables API.
>
> For legal query formats and examples, see the Fusion Tables SQL API reference manual.
>
> Note that you do not need to worry about encoding the query, but you do have to make sure it follows the syntax described in the reference manual, which means that things like capitalization for names of columns matters, and that single quotes need to be used around column names that contain.
>
> **Events**
>
> GotResult(text result)
> Indicates that the Fusion Tables query has finished processing, with a result. The result of the query will generally be returned in CSV format, and can be converted to list format using the "list from csv table" or "list from csv row" blocks.
>
> **Methods**
>
> DoQuery()
> Send the query to the Fusion Tables server.

그림 14.4 AI 레퍼런스에 나와있는 FusiontablesControl 컴포넌트의 명세사항에서 발췌한 내용

온라인 데이터 테이블을 접근하기 위해서, AI 컴포넌트는 소위 Fusion Tables API이란 Fusion Tables 웹 서비스용 인터페이스를 사용한다. 이 인터페이스를 통해 테이블을 생성 또는 삭제할 수 있으며, 개별적으로 행을 삽입, 변경 또는 삭제할 수도 있다. 또한 표준 쿼리 언어SQL를 통해 데이터 항목을 선택해 읽어 들일 수 있다. 각 검색 쿼리는 반드시 올바른 SQL 문법(http://code.google.com/apis/fusiontables/docs/developers_guide.html 참조)을 통해 Query 속성으로 텍스트 문자열로 포맷을 지정한 후에 DoQuery 메소드로 온라인 데이터베이스 전송해야 한다(그림 14.4의 사양을 참조).

웹 서비스가 검색 쿼리를 처리하고 다시 결과를 전송한 후, 스마트폰 앱에서 GotResult 이벤트 블록을 통해 읽어 들여 추가로 처리할 수 있다. 전체 데이터 교환 과정은 CSV(쉼표로 구분 된 데이터)로 알려진 데이터 형식으로 이루어진다. 이는 제네릭 메소드를 통해 CSV 데이터를 리스트나 테이블 포맷으로

변환할 수 있다는 것을 의미한다(AI Editor에서 Built-In ▶ Lists ▶ list to csv row (혹은 다른 옵션도 가능)을 선택한다). FusiontablesControl 컴포넌트에서 AI는 클라우드 서버에 저장된 수많은 데이터를 구조적으로 엑세스할 수 있도록 해주며, 전문적이고 확장 가능한 온라인 데이터베이스를 제공해준다.

특수한 용도에 최적화된 컴포넌트 그룹

앞서 언급한 내용에서, 전체 컴포넌트 그룹뿐만 아니라 더 포괄적인 개념을 포함하는 컴포넌트를 생략했다. 이렇게 한 이유는 매우 특별한 용도로 사용되거나 응용 영역을 가진 개별 컴포넌트로 인해 자세한 설명을 생략했던 것과 동일한 이유다. 즉, 이러한 컴포넌트, 그룹, 그리고 다음 절에서 소개할 개념들은 사용법에 대해 깊은 지식과 특수 시스템을 요구한다.

GameClient 컴포넌트를 통해 구현하는 온라인 멀티플레이어 게임

GameClient 컴포넌트는 그리 많지 않아 보이는 요소들을 담고 있는 요소로, Not ready for prime time. 그룹에서 찾을 수 있다. 이 안에는 단지 하나의 컴포넌트만 들어 있지만, 다소 복잡한 개념을 기반으로 한다. 즉, 온라인 멀티플레이어 게임에 있어 가장 까다로운 주제다. PC 기반의 온라인 게임은 이미 MMOG의 형태(대규모 멀티플레이어 온라인 게임)로 발전해왔으며, 전세계에 퍼져 있는 수백만 명의 사용자들이 MMORPG(대규모 멀티플레이어 온라인 롤 플레잉 게임)이 갖는 매력을 증명하고 있다. 스마트폰을 기반으로 한 온라인 멀티플레이어 게임은 이제 초기 단계에 속하지만, 아마도 태블릿 및 기타 휴대 기기 등 광범위하게 퍼져나가서 급속도로 탄력을 받게 될 것이다. 이러한 이유로 AI의 GameClient 컴포넌트는 다소 실험적인 상태를 유지하고 있으며, 이 글을 쓰고 있는 시점에서 실제로 이 컴포넌트가 Not ready for prime time. 그룹에 속해 있게 되었다. 모바일 온라인 멀티플레이어 게임 개발에 관심이 있고 여기에 필요한 지식을 가지고 있는 경우, 그림 14.5에 이 컴포넌트의 명세사항의 일부분 나와 있다.

```
GameClient
    GameClient1
GameClient communicates with online game servers to support the implementation of multiplayer games. For information on the
clients and servers and examples of games, see the MIT Master's Thesis by Bill Magnuson, Building Blocks for Mobile Games
available at http://people.csail.mit.edu/misc/magnuson-meng-eecs-2010.pdf. There is an experimental game server running at
appinvgameserver.appspot.com, but this may be up only intermittently. For serious work, you will probably want to deploy your own
game server on Google Appengine. The implementation is described in the thesis, and the code is available at http://code.google.com
/p/app-inventor-for-android/source/browse/#svn/trunk/app_inv_game_server

Properties
InstanceId: text (read-only)
    The game instance id. Taken together,the game ID and the instance ID uniquely identify the game.
InvitedInstances: list (read-only)
    The set of game instances to which this player has been invited but has not yet joined. To ensure current values are returned,
    first invoke GetInstanceLists.
JoinedInstances: list (read-only)
    The set of game instances in which this player is participating. To ensure current values are returned, first invoke
    GetInstanceLists.
Leader: text (read-only)
    The game's leader. At any time, each game instance has only one leader, but the leader may change with time. Initially, the
    leader is the game instance creator. Application writers determine special properties of the leader. The leader value is updated
    each time a successful communication is made with the server.
Players: list (read-only)
    The current set of players for this game instance. Each player is designated by an email address, which is a string. The list of
    players is updated each time a successful communication is made with the game server.
```

그림 14.5 AI 레퍼런스에 나와있는 GameClient 컴포넌트의 명세사항에서 발췌한 내용

또한, 현재 Not ready for prime time 그룹에 속해있는 TinyWebDB 컴포넌트를 다루는 테스트 서버와 마찬가지로 GameClient 컴포넌트를 테스트하기 위한 멀티플레이어 게임 서버가 온라인상에 존재한다. 이 서버를 이용해 자신의 모바일 게임 앱을 테스트할 수 있다. 서버를 생성해서 환경 설정을 하고 이를 게임 서버로 구축하는 방법에 대한 내용은 이 레퍼런스에 나열된 명세사항들과 사이트를 참조하자.

BluetoothClient와 BluetoothServer 컴포넌트를 통한 데이터 교환

'Other stuff' 그룹에 있는 BluetoothClient와 BluetoothServer 컴포넌트를 사용하는 작업은 근거리 데이터 통신 기술을 통해 데이터를 교환하는 일반적인 방식 중에서도 특히 업계 표준으로 사용되고 있는 블루투스(IEEE 802.15.1) 통신에 대한 깊은 이해가 바탕이 돼야 한다. 이 책이 출판될 시점에서도 블루투스 데이터 통신에 대한 문서가 아직 작성 중인 상태에 있다(이 AI 콘셉트 레퍼런스에는 '곧 공개될 예정'이라고 발표된 상태다). 그래서 독자가 이런 컴포넌트에 대한 자세한 내용을 알고 싶다면, 두 컴포넌트의 명세사항을 활용하여 직접 실습해볼 수도 있다. 그림 14.6은 이 글을 쓰는 시점에는 생략돼 있던 BluetoothClient 컴포넌트의 명세사항의 일부를 보여준다.

```
BluetoothClient

Bluetooth client component

Properties

AddressesAndNames
    A list of the addresses and names of paired Bluetooth devices.
Available
    Tell whether Bluetooth is available on the Android device.
CharacterEncoding
    The character encoding to use when sending and receiving text.
DelimiterByte
    The delimiter byte to use when passing a negative number for the numberOfBytes parameter when calling ReceiveText,
    ReceiveSignedBytes, or ReceiveUnsignedBytes.
Enabled
    Tell whether Bluetooth is enabled.
HighByteFirst
    Whether 2 and 4 byte numbers should be sent and received with the high (or most significant) byte first. Check the
    documentation for the device with which your app will be communicating for the appropriate setting. This is also known as
    big-endian.
```

그림 14.6 AI 레퍼런스에 나와있는 BluetoothClient 컴포넌트의 명세사항에서 발췌한 내용

이 컴포넌트를 통해 높은 수준으로 블루투스 통신을 추상화했지만, 그림 14.6에 설명된 속성 필드는 바이트 단위로 교환되는 데이터를 사용하는 방법에 대한 심도 있는 지식이 필요하다는 것을 보여준다. 물론 이는 그림 14.7의 명세사항에서 볼 수 있는 BluetoothClient 컴포넌트에 상대되는 BluetoothServer 컴포넌트에도 동일하게 적용되는 사항이다.

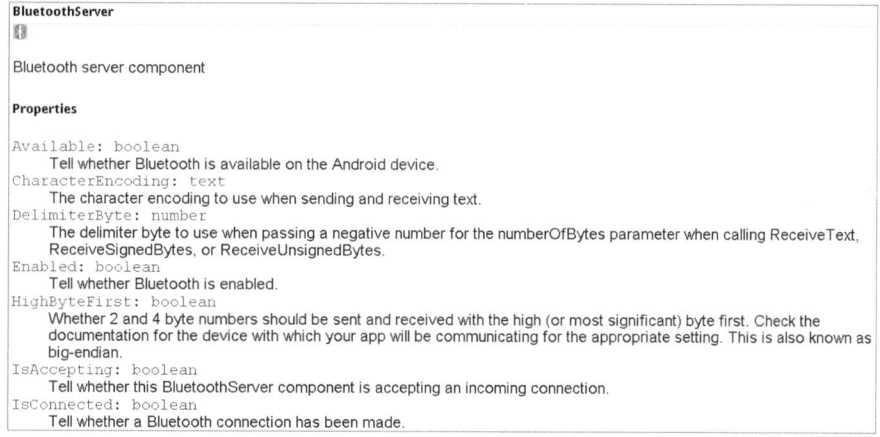

그림 14.7 AI 레퍼런스에 나와있는 BluetoothServer 컴포넌트의 명세사항에서 발췌한 내용

두 Bluetooth 컴포넌트의 컴포넌트 속성들과 무엇보다도 다양한 메소드들을 자유롭게 다뤄보고, AI 포럼에서 유용하게 써먹을 수 있는 힌트와 요소들을 사용하는 방법들을 찾아보길 바란다. 또한, AI 레퍼런스를 참조할 수도 있다. 아마도 이 글을 읽을 때쯤이면, 이 곳에 앞서 말한 문서들이 올라와 있을 수도 있겠다.

레고 마인드 스톰 그룹을 통한 로봇 제어

2010년 12월 9일의 AI 업데이트사항에 따르면, 레고 마인드 스톰 그룹과 제어 로봇, 레고 마인드 스톰$^{Lego\ Mindstorm}$ 그룹이 앱 인벤터에 추가되었다. AI를 통해 현재 일곱 가지의 컴포넌트가 포함된 이 그룹을 사용해 기존의 RCX$^{Robotics\ Command\ System}$(로봇 명령 시스템)의 후속작인 프로그래밍이 가능한 NXT라는 레고 벽돌$^{Intelligent\ Brick}$(지능형 벽돌)로 블루투스 통신을 할 수 있다. 이 시스템은 네 가지 센서와 세 가지 모터까지 제어할 수 있는 중앙 유닛^{unit}을 형성한다. 예로, 레고 테크닉이나 마인드 스톰 전자 모터, 센서 요소, 기타 조립 부품들로 구성하여 프로그래밍할 수 있는 로봇이나 다른 용도로 개발된 레고 시스템을 들 수 있다.

> **레고 마인드 스톰 NXT와에 대한 자세한 정보**
>
> 기존에 레고로 만든 매우 인상적인 기술 '장난감'을 다뤄본 경험이 없다면, 인터넷을 통해 이에 대한 자세한 정보 및 잘 설명된 요약글을 찾을 수 있다. 예를 들어, 아래 위키피디아 사이트에서 유용한 정보를 찾을 수 있다.
> - http://en.wikipedia.org/wiki/Lego_Mindstorms
> - http://en.wikipedia.org/wiki/Lego_Mindstorms_NXT

AI에 이렇게 특수 목적으로 사용할 컴포넌트 그룹을 포함시키게 된 동기는 확실히 역사적인 측면과 교육적 측면에 있다. 즉, 로봇의 동작 로직을 프로그래밍하는 지식을 가르치고, 비교적 간단한 방법으로 모바일 장치와 로봇을 연동하는 방법을 가르치려는 노력이 과거부터 진행돼왔기 때문이다. Massachusetts Institute of Technology(매사추세츠 공과 대학, MIT)에서는 오래 전부터 레고 마인드 스톰과 앱 인벤터 개발에 모두 참여해 왔으며, AI에 이러한 그룹이 추가된 것은 결코 우연이 아니다. 그림 14.8에서 Lego Mindstorms 컴포넌트 그룹에 있는 BluetoothClient 컴포넌트의 사용법과 세부 사항에 대한 내용을 참조할 수 있다. 이 컴포넌트는 레고 시스템을 기반으로 하는 NXT와 스마트폰앱 사이의 통신을 할 수 있도록 기반을 제공해준다.

14장_ 특수 기능들 591

> Learn > Reference > LEGO MINDSTORMS >   About Learn Forum My Projects
>
> **LEGO® MINDSTORMS®**
>
> These components provide control of LEGO® MINDSTORMS® NXT robots using Bluetooth.
>
> LEGO and MINDSTORMS are registered trademarks of the LEGO Group.
>
> **IMPORTANT**: All of these components have a **BluetoothClient** *property* that must be set in the App Inventor designer (in the browser). The property cannot be set in the blocks editor. The property tells which **BluetoothClient** *component* to use for communication with the robot. You will need to explicitly add a BluetoothClient component to your project. If you have one robot, you should have one BluetoothClient component. If you are lucky enough to have two robots and you want to control both of them simultaneously from one application, you'll need two BluetoothClient components in your project. The BluetoothClient component is available from the "Not ready for prime time" section of the palette.
>
> Here's a list of the initial steps you'll need to perform to use one or more of the NXT components:
>
> 1. Go to the *Palette* and click on "Not ready for prime time".
> 2. Drag a *BluetoothClient* component and drop it on to the *Viewer*.
> 3. The component will automatically be named *BluetoothClient1*.
> 4. In the *Palette*, click on "LEGO MINDSTORMS".
> 5. Drag one of the components, for example *NxtDirectCommands*, and drop it on to the *Viewer*.
> 6. In the *Properties box*, click on the area after *BluetoothClient* (currently "None...").
> 7. A box appears with a list of all the BluetoothClient components in your project.
> 8. Click on *BluetoothClient1* and click *OK*.
> 9. If desired, add another component, for example *NxtColorSensor*, and repeat steps 6-8 to set its *BluetoothClient* property.
>
> **Table of Contents**
>
> - NxtDirectCommands
> - NxtColorSensor
> - NxtLightSensor
> - NxtSoundSensor
> - NxtTouchSensor
> - NxtUltrasonicSensor
> - NxtDrive
>
> **NxtDirectCommands**
>
> A component that provides a low-level interface to a LEGO MINDSTORMS NXT robot, with functions to send NXT Direct Commands
>
> **Properties**
>
> BluetoothClient
>   The BluetoothClient component that should be used for communication. **Must be set in the Designer**
>
> **Methods**
>
> DeleteFile(text fileName)
>   Delete a file on the robot.
> DownloadFile(text source, text destination)
>   Download a file to the robot.
> GetBatteryLevel()
>   Get the battery level for the robot. Returns the voltage in millivolts.

그림 14.8 AI 레퍼런스에 나와있는 Lego Mindstorms 컴포넌트 그룹의 명세사항에서 발췌한 내용

그림 14.8에 나와 있는 Lego Mindstorms 컴포넌트를 담고 있는 테이블에는 이 그룹에 담겨 있는 일곱 가지 컴포넌트를 나열돼 있다. 블루투스 통신으로 데이터를 교환할 때 중앙 레고 제어 요소와 통신하는 컴포넌트의 식별자들이 모두 NXT로 시작하는 걸 확인할 수 있다. 일반적인 제어 명령어를 전달할 때는 NxtDirectCommands 컴포넌트를 사용한다. NxtColorSensor, NxtLightSensor, NxtSoundSensor, NxtTouch, NxtUltrasonicSensor 컴포넌트는 각각 색상, 빛, 소리, 터치, 초음파 센서에서 제공하는 데이터를 읽어 들여 처리한다. 이때 레고 로봇에 이러한 센서가 장착돼 있어야 한다. AI 앱에서 NxtDrive 컴포넌트를 사용해 레고 로봇을 스마트폰으로 제어할 수 있다.

그림 14.8에서 확인된 전체 컴포넌트 그룹을 사용하려면 해당 레고 마인드 스톰 시스템을 갖추고 있어야 하므로, 이 그룹이 특수 기능 영역에 분류돼 있는 것이다. 독자가 이러한 레고 시스템을 사용할 수 있는 경우, 확실히 이 그룹에 담겨 있는 여러 가지 컴포넌트를 활용해봐야 한다. 이런 컴포넌트는 단지 즐거움을 줄 뿐만 아니라 점점 다가오는 모바일 및 임베디드 유비쿼터스 컴퓨팅과 로봇 등 최첨단 미래기술이 어떤 것인지 알려준다.

AI 자바 브릿지를 통한 자바 인터페이스 구현

자바 인터페이스를 통해, AI가 제공하는 시각적인 앱 개발 방식의 한계를 뛰어넘는 매우 특별한 기능들을 처리할 수 있다. AI를 교육적 용도로 만들자는 의도를 바탕으로, 구글 앱 인벤터 팀은 특정 개발 도구와는 별개로 일반적인 용도의 앱을 개발, 친숙한 스마트폰 사용자를 만드는 일에 관심을 가졌다. 또한 개발 팀은 안드로이드 앱의 대부분이 여전히 자바와 안드로이드 SDK^{Software Development Kit}로 개발되고 있다는 점을 고려해야 한다고 생각했다. SDK를 AI 사용자들도 사용할 수 있도록 만들기 위해 개발 팀은 2011년 5월 소위 자바 브릿지^{Java Bridge}라는 알파 버전을 내놓았다(그림 14.9 참조).

넓은 의미에서, 자바 브릿지란 친숙한 AI 컴포넌트와 이들의 속성과 함께, 이벤트 핸들러 및 메소드를 자바 프로그램 소스에 통합할 수 있도록 해주는 자바 클래스 라이브러리다. 자바 개발 방식으로 전환하고 싶은 경우 AI의 시각 개발 프로세스에 친숙한 개발자들은 자바 브릿지의 컴포넌트와 개념을 잘 알고 있어야 한다. 그래서 안드로이드 SDK라는 새로운 개발 환경으로도 스스로 쉽게 앱을 개발할 수 있도록 노력해야 한다. 자바 브릿지는 AI에 포함된 별도의 컴포넌트가 아니며, 그렇기 때문에 AI의 일반적인 요소들처럼 문서화되지 않다. 즉, 현재 AI 포럼에 소개되어 논의되고 있는 항목이다.

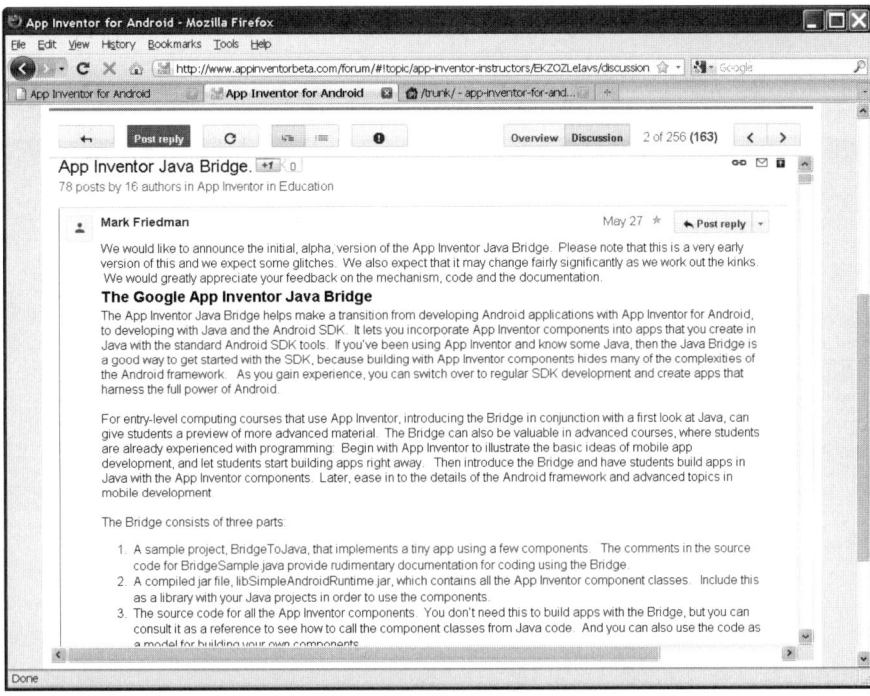

그림 14.9 AI 포럼에 올라온 AI 자바 브릿지에 대한 소개 및 토론 내용의 모습

AI 자바 브릿지 다운로드 및 참조 문서

AI 자바 브리지를 다운로드 및 설치하는 방법에 대한 정보를 다음 사이트에서 찾을 수 있다 :

- http://experimental.appinventor.mit.edu/forum/#!topic/app-inventor-instructors/EKZOZLelavs/discussion
- http://app-inventor-for-android.googlecode.com/svn/samples/BridgeToJava/README

자바 브릿지 패키지를 다운로드 링크는 다음 사이트에서 찾을 수 있다.

- http://code.google.com/p/app-inventor-for-android/source/browse/trunk

AI 자바 브릿지를 사용하는 예는 다음 사이트에서 찾을 수 있다.

- http://experimental.appinventor.mit.edu/forum/#!topic/app-inventor-instructors/mM-pIRmRn3M/discussion

그림 14.10과 같이 AI 자바 브릿지는 현재 세 가지 하위 섹션으로 구성돼 있다. Directories 섹션에 다운로드 가능한 자바 브릿지 패키지의 링크가 나열돼 있으며, Filename 섹션에서 다운로드할 수 있다. 모든 AI 컴포넌트 클래스를 포함하는 자바 클래스 라이브러리 자체(libSimpleAndroidRuntime.jar)와 더불어 모든 AI 컴포넌트 클래스들(../trunk/jars 디렉터리에 있음), 여러 예제 프로젝

트들(../trunk/samples 디렉터리에 있음), 그리고 각 AI 컴포넌트 클래스 코드들(../trunk/src 디렉터리에 있음)까지 다운로드 가능하다.

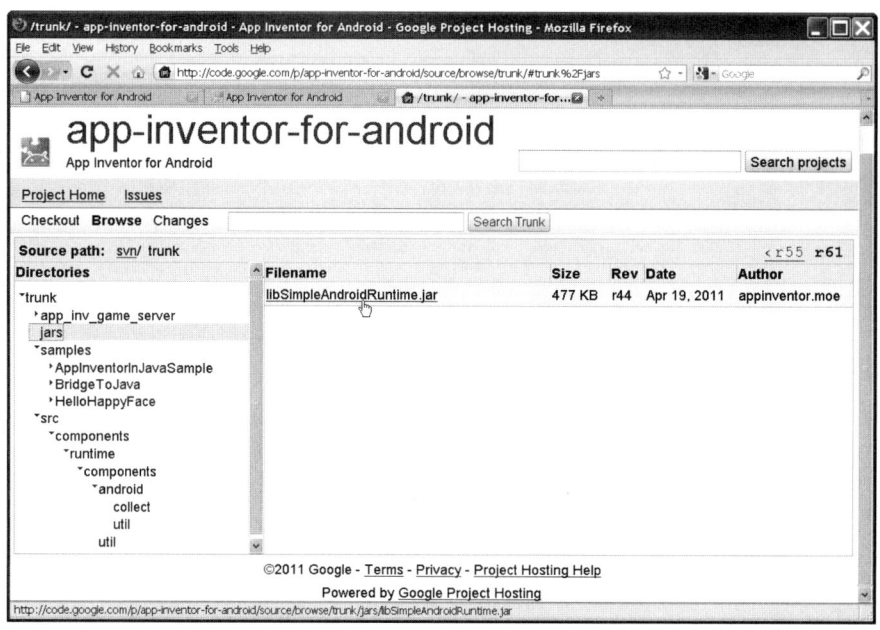

그림 14.10 AI 자바 브릿지의 요소를 다운로드하는 모습

자바 브릿지로 작업을 하려면 컴퓨터에 자바 개발 환경(예를 들어, 이클립스)와 안드로이드 SDK를 설치해야 한다. 그리고 자바 애플리케이션 개발 방법에 대한 기본적인 지식이 필요하다. AI 자바 브릿지를 사용하기 위해 앞서 언급한 링크를 접속하면, 해당 온라인 리소스에 대한 자세한 정보와 유용한 링크를 찾을 수 있다. AI를 통해 앱을 개발한 경험을 충분히 쌓았고, 자바로 프로그래밍하는 방법에 대해 알고 싶다면, AI가 제공하는 (매우 개방적으로) 기능을 사용할 수 있다. 이 기능은 자바로 Android 앱을 프로그래밍하는 세계로 순조롭게 전환을 할 수 있는 옵션들이다. 직접 옵션들을 사용해 보면서 두 개발 방식(자바와 AI)의 장단점을 비교해보자. 아마도 앞으로는 자바로 개발하기로 결심하거나, 다시 AI를 고수할 수도 있을 것이다. 또한 관련 애플리케이션 프로젝트에 따라 각 방식의 장점만을 활용하여 AI에서 Java 및 기타 언어로 구현된 특정 앱을 개발하기로 결정할 수도 있다. 둘 중 하나만 선택해 고수하기가 너무 힘들다면 두 가지 방법을 조합하여 함께 사용할 수도 있으며, AI 자바 브릿지 덕분에 하나의 프로젝트 내에서 대부분을 구현할 수 있다.

15장

도구와 팁

15장에서는 AI를 통해 앱을 개발할 때 필요한 팁과 도구, 힌트들을 소개할 것이다. 이러한 주제들을 이렇게 별도의 장으로 뽑아 놓은 이유는 앞의 내용을 읽기 쉽게 하기 위해서다. 즉, 이번 장에서 다루는 내용까지 중간에 넣다 보면 설명이 너무 장황해져서, 정작 중요한 부분을 놓칠 수 있기 때문이었다. 그래서 앞의 장들은 이번 장에서 다루는 항목의 간단한 레퍼런스 정도만 담고 있다. 앞서 내용을 공부하면서 이번 장에 대해 참고하라는 권고를 아직 따르지 않고서 지금 처음 펼쳐본 것이라면, 15장을 참고해 유용한 정보와 힌트를 얻을 수 있을 것이다.

미디어 지원 포맷

직접 미디어 파일을 사용해 앱을 디자인한다면, 반드시 AI나 안드로이드에서 지원하는 포맷인지 확인해야 한다. 아래의 테이블은 다양한 지원 포맷을 나열한 것이다. 몇몇 안드로이드 기기는 이 테이블에 없는 포맷도 지원한다. 하지만, 독자가 사용하려는 미디어 포맷이 모든 스마트폰이나 최대한 많은 스마트폰에서 지원되는지 확인하고 싶다면, 아래 테이블에 나와있는 포맷을 신중하게 골라야 한다. 부디 이 테이블에 나열된 포맷이 재생용 포맷이지(디코더를 사용), 녹화용 포맷(인코더를 사용)이 아니라는 점에 주의하자.*

---

*_여기서 말하는 디코더는 압축된 영상 데이터를 플레이어에서 읽어와 화면에 출력해주는 안드로이드 라이브러리이며, 인코더는 녹화 데이터를 압축하여 파일로 만드는 라이브러리다. - 옮긴이

오디오 포맷

표 15.1은 안드로이드에서 지원하는 오디오 포맷을 나열한 것이다.

표 15.1 2011년 9월 22일자로 안드로이드 개발자 사이트에 수록된 안드로이드 지원 오디오 포맷들
(http://developer.android.com/guide/appendix/media-formats.html)

포맷	상세 설명	파일 타입
AAC LC/LTP, HE-AACv1 (AAC+), HE-AACv2 (AAC+ 개선 버전)	모노/스테레오 모두 지원. 표준 비트 레이트는 160kbps까지, 샘플링 레이트는 8~48kHz까지 지원한다.	3GPP(.3gp), MPEG4 (.mp4, .m4a). ADTS raw AAC(.aac 디코딩만 지원, ADIF 지원 안함, 안드로이드 3.1 버전 이상만 지원).
AMR-NB	4.75~12.2kbps까지의 비트레이트와 8kHz의 샘플링 레이트를 지원한다.	3GPP(.3gp)
AMR-WB	6.6kbps~23.85kbps까지 9가지의 비트레이트 종류와 16kHz의 샘플링 레이트를 지원한다.	3GPP(.3gp)
FLAC	모노/스테레오 모두 지원(단일 채널). 48kHz까지의 샘플링 레이트를 지원함(44.1kHz 지원 기기에서는 44.1kHz 사용을 권장. 48~44.1kHz까지의 하위 샘플링 레이트는 로우 패스 필터를 거치지 않음). 16비트 레이트를 권장하며 24비트 레이트의 경우 No Dither가 적용됨.	FLAC(.flac)만 지원
MP3	모노/스테레오 모두 지원. 8~320kbps의 고정 및 가변 비트 레이트 지원(CBR, VBR).	MP3(.mp3)
MIDI	MIDI 0, 1 타입과 DLS 버전 1, 2, 그리고 XMF 및 모바일 XMF 지원. RTTTL/RTX, OTA, iMelody 지원.	
Ogg Vorbis		Ogg (.ogg)
PCM/WAVE	8비트와 16비트의 선형 PCM 레이트 지원(기기의 임계 레이트까지 지원).	WAVE (.wav)

이미지 포맷

표 15.2는 안드로이드에서 지원하는 이미지 포맷을 나열한 것이다.

표 15.2 2011년 9월 22일자로 안드로이드 개발자 사이트에 수록된 안드로이드 지원 이미지 포맷들 (http://developer.android.com/guide/appendix/media-formats.html)

포맷	설명	파일 타입
JPEG	Base Jpeg와 Progressive Jpeg 지원	JPEG(.jpg)
GIF	GIF(.gif)	PNG
PNG(.png)	BMP	BMP(.bmp)

비디오 포맷

표 15.3은 안드로이드에서 지원하는 비디오 포맷을 나열한 것이다.

표 15.3 2011년 9월 22일자로 안드로이드 개발자 사이트에 수록된 안드로이드 지원 비디오 포맷들 (http://developer.android.com/guide/appendix/media-formats.html).

포맷	상세 설명	파일 타입
H.263		3GPP (.3gp)와 MPEG-4 (.mp4)
H.264 AVC	Baseline Profile (BP)	3GPP (.3gp)와 MPEG-4 (.mp4); MPEG-TS (.ts, AAC 오디오만 지원, 탐색 기능 미지원, 안드로이드 버전 3.0이상 지원)
MPEG-4 SP		3GPP (.3gp)
VP8		WebM (.webm)

지원 가능한 디코더 및 인코더 포맷

참고   안드로이드에서 지원하는 미디어 포맷에 대한 최신 자료는 다음 사이트에서 찾을 수 있다.
- http://developer.android.com

개발자 포럼에 올라오는 소식

미디어 포맷 지원 리스트를 통해 안드로이드 앱을 개발하는 다양한 언어들이 서로 얼마나 밀접한지 알 수 있을 것이다. AI 개발 환경에서 안드로이드 앱을 개발하든 안드로이드 SDK에서 자바 언어를 통해 개발을 하든 HTML5를 통해 웹앱 스타일의 앱을 개발하든 기본적인 속성들이나 기능들은 모두 일맥상통한다. 표 15.1~15.3에 수록된 미디어 포맷들에 대한 상세 설명은 'Android Developers'라 알려진 안드로이드 개발자 포럼을 통해 직접 확인할 수 있다. 이 사이트는 주로 자바 개발자들이 즐겨 찾는 곳이다. 물론, 이 포럼에는 AI를 통해 개발 작업을 할 때도 도움이 될만한 흥미로운 정보가 많이 기재돼 있다.

> **'안드로이드 개발자' 포럼**
> 안드로이드 개발자 포럼의 링크 주소는 아래와 같다.
> - http://developer.android.com

시간이 되면 자주 '안드로이드 개발자' 사이트에 들려보길 바란다. 앱 인벤터 포럼은 AI 개발자를 위한 자료 및 정보가 모여있는 곳으로, AI 앱 개발과 관련된 주제를 논의할 수 있다.

자바 콘솔 제어

자바 콘솔은 AI 안드로이드 앱 개발자에게 여러모로 도움이 되는 도구다. 자바 콘솔을 사용해 안드로이드 개발 환경의 '감춰진 이면'에서 일어나는 모든 과정을 추적할 수 있다. 예를 들어, 자바 콘솔을 사용하면 AI가 원격 AI 서버로부터 현재 프로젝트 데이터를 어떻게 로딩하고 저장하는지, AI 개발 환경에 저장된 로그 기록이 어떤지 확인할 수 있다. AI 개발 환경이 예상과 다르게 갑자기 이상 동작을 할 때 특히 이러한 확인 과정이 필요하다. 예를 들어 2장에서 설명했던 실행 문제와 관련해서도 이런 작업을 거쳐서 문제를 찾아야 한다. 이런 작업을 통해 정보를 얻지 않는다면, 문제의 원인을 찾을 수 있는 확률은 거의 없을 것이며 개발 환경을 통해 앱과 적절히 의사소통하기도 힘들 것이다.* 포럼에서도 디버깅을 통해 얻은 문제 상황을 최대한 구체적으로 확인해서 글을 작성해야, 다른 개발자들이 문제의 해결책을 추측하거나 도움을 줄 수 있는 실마리를 제공할 확률이 높아진다. 이러한 이유로, 자바 콘솔은 자세히 배워둘 가치가 있는 도구다.

콘솔 활성화

1장에서 자바를 설치하고 환경 설정까지 모두 마친 상태라면, 자바 콘솔 실행은 매우 간단하게 이뤄진다. 독자가 사용하는 컴퓨터의 운영체제와 웹브라우저가 무엇인지에 따라, 자바 콘솔은 간단한 메뉴 항목을 통해 실행할 수 있다. 자바를 제공하는 '오라클' 사는 다양한 시스템 환경에 적용되는 온라인 가이드를 제공한다.

---

*_개발자는 디버깅할 땐 마치 의사가 된 입장에서 앱을 환자 대하듯이 의사소통을 해야 문제 원인을 찾을 수 있다. – 옮긴이

> **자바 콘솔: 가이드 문서**
> 자바 콘솔을 활성화하여 실행하는 법에 대한 온라인 가이드 문서는 아래 주소에서 볼 수 있다.
> • http://www.java.com/en/download/help/javaconsole.xml

일반적으로 윈도우 운영체제 환경에서는 컴퓨터에서 자바 콘솔을 활성화하기 위해(더욱 정확하게 말하면, JRE$^{Java\ Runtime\ Environment}$다.) Java Control Panel로 가서 Advanced 탭을 선택하고 Java Console 밑에 있는 Show console을 누른다. 그러면 그림 15.1과 같이 Apply와 OK 버튼을 누르면 된다.

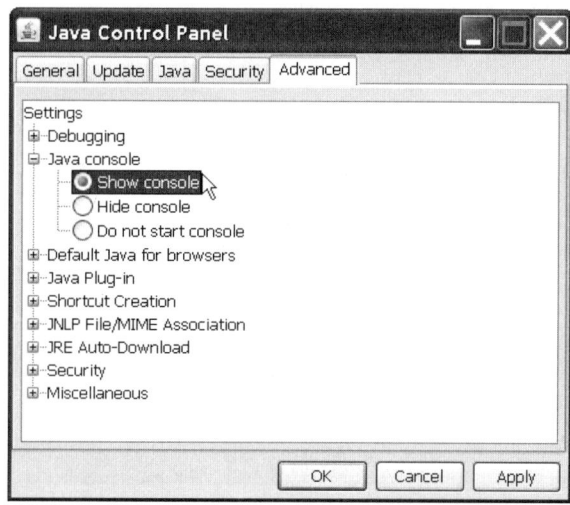

그림 15.1 영구적으로 자바 콘솔을 활성화시키는 화면

대신, 필요하다면 직접 웹브라우저를 통해 자바 콘솔을 활성화할 수 있다. 모질라 파이어폭스 브라우저를 예로 들면, 그림 15.2와 같이 Tools 메뉴에서 Java Console 메뉴 항목을 찾을 수 있다.

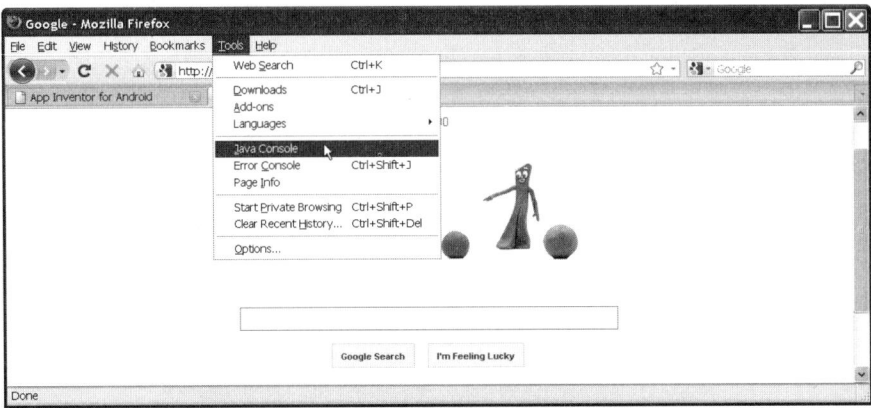

그림 15.2 모질라 파이어폭스 브라우저에서 직접 자바 콘솔을 실행하는 모습

AI에서 자바 로딩 절차를 확인하는 방법

자바 콘솔을 활성화했다면, 자바 애플리케이션을 실행하자마자 콘솔이 활성화된다. 1장에 설명한 내용에 따르면, AI Blocks Editor는 자바 웹 스타트 애플리케이션 형태의 프로그램이다. 그래서 Designer에서 Blocks Editor를 열면 그림 15.3과 같이 자바 콘솔이 활성화된다.

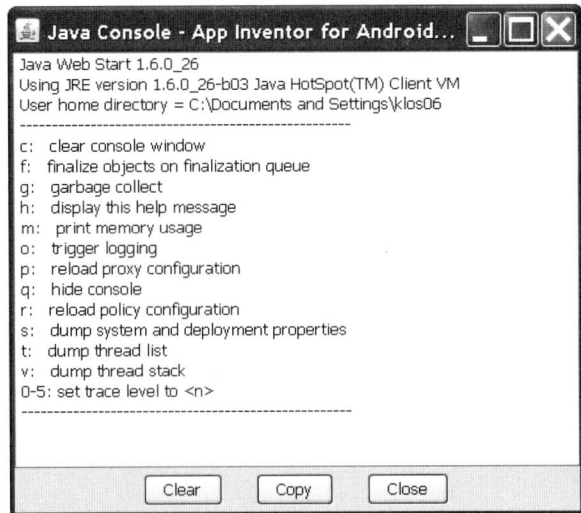

그림 15.3 자바 웹 스타트 애플리케이션인 AI Blocks Editor를 실행했을 때 나타나는 자바 콘솔 화면

확인 절차 없이 AI Blocks Editor를 실행하고 싶다면, 콘솔에서 Editor의 로딩 절차를 살펴볼 수 있다. 그림 15.4를 보면 Blocks Editor가 실행될 때 어떤 처리들이 이뤄지고 있는지 확실히 알 수 있다. 시작 메뉴아래에서 곧바로 웹 스타트 애플리케이션 Blocks Editor가 다운로드되는 걸 볼 수 있다. 다운로드가 끝나면 Home 디렉터리에 임시 저장된 파일을 확인할 수 있다. 언어 설정이 끝나면 Blocks Editor의 GUI가 생성된다(콘솔에 'Creating GUI…'라 나타남).

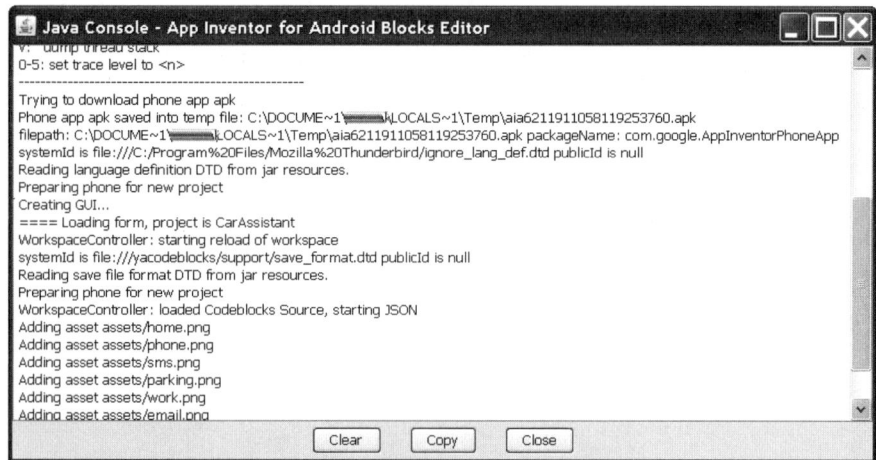

그림 15.4 AI Blocks Editor를 로딩했을 때 콘솔에 나타나는 상태 메시지

AI Blocks Editor의 일반적 UI 생성이 성공적으로 끝나면, 특정 프로젝트 파일들을 로딩한다. 그림 15.4에서 `==== Loading form, project is CarAssistant` 메시지를 볼 수 있다. 지금부터 13장의 CarAssistant 프로젝트에서 사용했던 파일들을 다루자. 자세히 살펴보면, 컴퓨터상의 개발 환경에 리소스로 로딩할 미디어 파일들을 지정할 수 있다. 마지막으로, 현재 프로젝트 파일에서 사용하는 작업 인터페이스를 성공적으로 재로딩하면 확인 메시지를 볼 수 있다(`workspace reload done`). Editor를 확인해 성공적으로 로딩됐는지 확인해야 한다.

상태 정보 사용하기

앞서 언급했듯이, AI를 통한 개발 작업을 하면서 자바 콘솔에 나타나는 상태 정보를 이용할 수 있다. 예를 들어, AI Blocks Editor 실행 시 오류가 발생하거나 전혀 실행되지 않는 경우, 콘솔 메시지는 일반적으로 가능한 원인을 찾을 수 있도록 도와주는 중요한 증거들을 제공해준다. 개발 경력이 별로 없다면, 이러한 정보를 직접 사용해 문제를 처리하기가 어려울 수 있지만, 이 메시지들은 개발자들이 오류를 분석하는 데 사용하는 매우 유용한 도구다(AI 포럼에서 질문에 답변해주는 개발자들도 포함하여). 이 도구가 어렵게 느껴진다면, 콘솔에 나타난 메시지를 복사하여 포럼에 올려도 좋다.

콘솔 메시지는 평소 AI를 통한 개발 작업에도 중요한 힌트들을 제공한다. 예를 들어, 그림 15.5와 같이 LG P500 스마트폰을 USB 케이블로 컴퓨터와 연결했을 때 USB 디버깅 모드로 접속된 상태인지 확인할 수 있다(Device Connected).

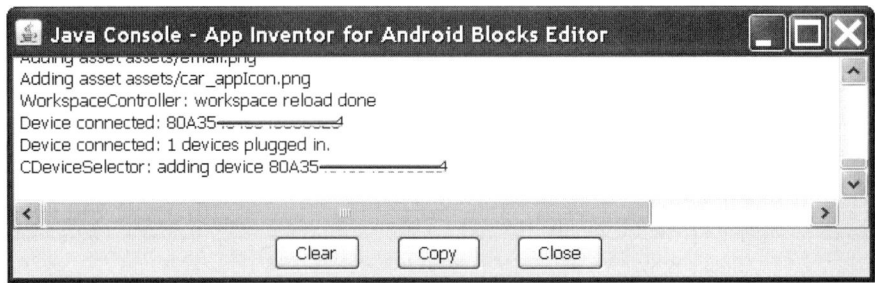

그림 15.5 USB를 통해 스마트폰을 연결했을 때 나타나는 화면

Editor에서 Connect to phone을 선택하면, Blocks Editor가 스마트폰과 통신하고 있는 내용을 콘솔을 통해 살펴볼 수 있다. 그림 15.6을 보면, AI가 미디어 파일들을 스마트폰에 전송하고 있는 과정을 볼 수 있다(Trying to push asset...). 그다음 스마트폰에서 파일 수신이 완료되었다는 메시지와(Asset pushed to phone...) 현재 개발 중인 프로젝트를 성공적으로 로딩했다는 메시지가 나타난다(Project loading: Success). 그리고 Blocks Editor와 성공적으로 연결됐다는 메시지가 나타난다(The blocks editor is connected to the phone.).

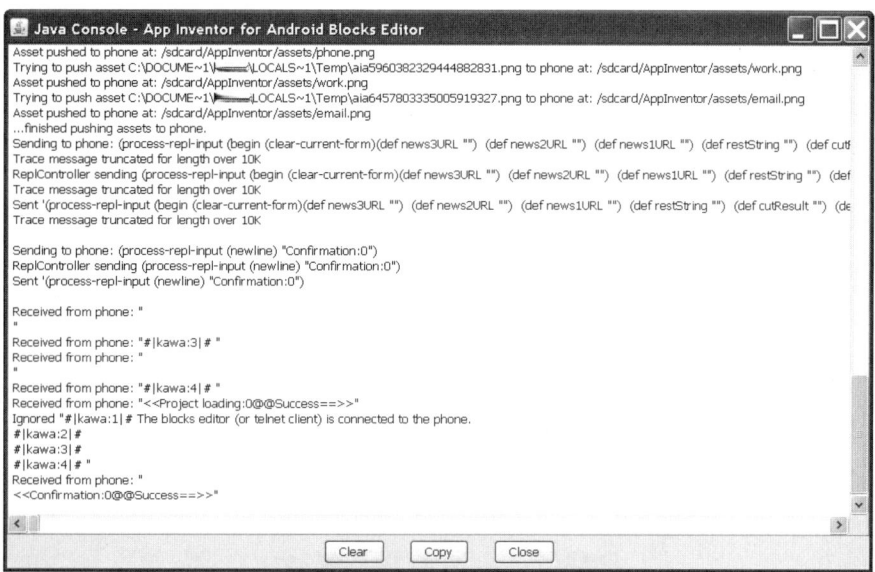

그림 15.6 스마트폰과 에디터 연결 과정에서 처리되는 작업을 보여주는 화면

이 예제들을 통해 어느 정도 감을 잡았겠지만, 자바 콘솔을 사용해 AI 서버와 독자의 컴퓨터간에 발생하는 작업 내용뿐만 아니라 Designer나 Blocks Editor, 에뮬레이터와 스마트폰 같은 개발 환경의 각 요소들 사이에서 통신하는 내용 등 매우 방대한 처리 작업들을 찾아볼 수 있다.

스피치 모듈 설정

텍스트를 읽어주는 앱을 개발하거나 혹은 사용할 때는 스마트폰에 내장된 스피치 분석 모듈이 필요하다. 이 모듈은 모든 스마트폰에 설치되어 활성화되진 않으며, 종종 언어를 선택할 경우에 설치할 수 있다. 스마트폰에 설치된 애플리케이션들을 훑어보고 TTS$^{\text{Text To Speech}}$ 설정 옵션이 있는지 확인하기 위해 스피치 분석기나 출력 설정 목록 화면을 찾아보자. 스피치 출력이 동작하는 경우라면, 스피치 출력 앱을 개발하고 사용할 준비가 된 것이다. 그렇지 않은 경우라도, 이번 절은 어떻게 스피치 분석 모듈을 내장할지에 관한 내용을 빠르게 안내해 줄 것이다.

Text-to-Speech 모듈 설치

스마트폰에 TTS 모듈이 없다면, 안드로이드 마켓을 통해 다운로드 및 설치할 수 있다. 'TTS'라고 검색해보면, Eyes-Free Project에서 만든 eSpeak for Android 앱을 찾을 수 있을 것이다.

> **스피치 분석기 앱 : Eyes-Free Project에서 만든 eSpeak for Android 앱**
> 이 스피치 모듈을 다운로드해 설치하려면 간단히 안드로이드 마켓에서 'eSpeak'나 'TTS'를 검색해보자.

Download 버튼을 누르면 다른 앱들과 마찬가지로 설치 과정이 초기화된다. 이 앱에 대한 설명 페이지를 보면 그림 15.7과 같이 어떻게 앱을 활성화하는지 알 수 있을 것이다.

그림 15.7 'eSpeak for Android' 스피치 모듈 다운로드 및 활성화하기

성공적으로 설치가 끝나면, 설명대로 스마트폰에 eSpeck 앱을 설정하고 테스트해보길 바란다. 나중에 앱을 개발하면서 잠재적인 오류가 발생하는 일이 없도록 스피치 출력이 제대로 동작하는지 확인한다. 아마도 스피치 분석기 앱의 여러 설정 사항들을 바꾸고 싶을 것이다. 다음 절에서 설정 방법에 대해 알아보자.

스피치 분석기 설정

일반적으로 스피치 분석기는 안드로이드 버전 1.6 이상부터 포함되지만, 특정 국가의 언어의 경우에는 별도의 설치나 설정을 해줘야 한다. 독자는 직접 자신의 스마트폰에 설치된 기본 스피치 분석기가 언어를 제대로 지원하는지 애플리케이션 오버뷰overview 페이지로 가서 Setting 탭을 선택하고 Speech Synthesis나 Voice input & output 메뉴 항목을 선택해 확인할 수 있다(그림 15.8 참조). 화면 구성은 스마트폰마다 조금씩 다를 수 있다.

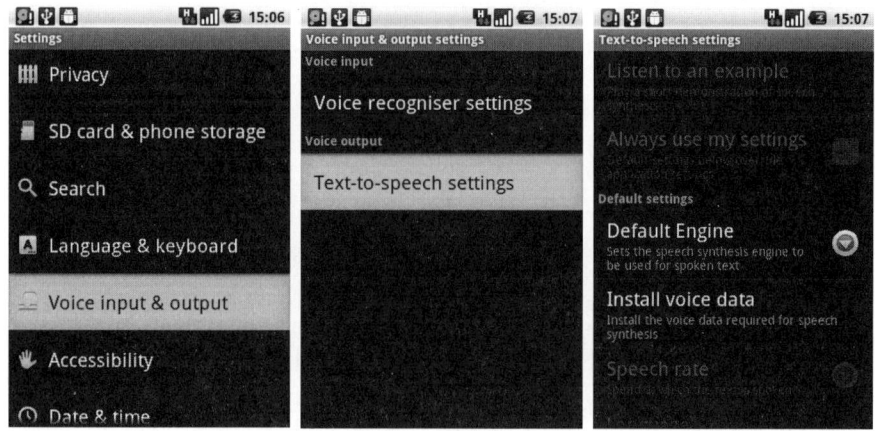

그림 15.8 스마트폰에서 스피치 분석기 설정을 체크하는 화면

독자의 스마트폰 화면에도 Listen to an example 항목이 그림 15.8과 같이 음영으로 처리되어 선택할 수 없다면, 이는 분석기 설정이 안 돼 있거나 불완전하게 설정돼 있는 경우다. Default Enging 메뉴 항목이 선택 가능한 상태로 있다면, 스마트폰에 스피치 분석기 모듈의 설정이 제대로 안 돼 있을 뿐이지 없는 건 아니라는 의미다. 예를 들어, TTS 설정 메뉴를 스크롤 막대로 이동해 보면 Engines 카테고리에 'Pico TTS'(혹은 eSpeak) 분석기가 그림 15.9 좌측과 같이 설치돼 있는 걸 볼 수 있다.

그림 15.9 English 스피치 분석기 모듈 설치 확인 페이지

Picto TTS 스피치 분석기 모듈을 선택한 경우, 원하는 언어를 선택하는 다른 메뉴가 열린다. 그림 15.9에서 보면 알겠지만, 모든 언어가 아직 'Not Installed' 상태로 돼 있다. 언어 선택을 위해서는 먼저 반드시 필요한 언어 패키지를 다운로드하여 설치해야 한다. 안드로이드 마켓에 가서 'English(United States)'를 검색해 적절한 언어 패키지가 나오면 설치하자. 그림 15.10 좌측과 같이 Download 버튼을 눌러 다른 앱을 설치하듯이 패키지를 설치하면 된다.

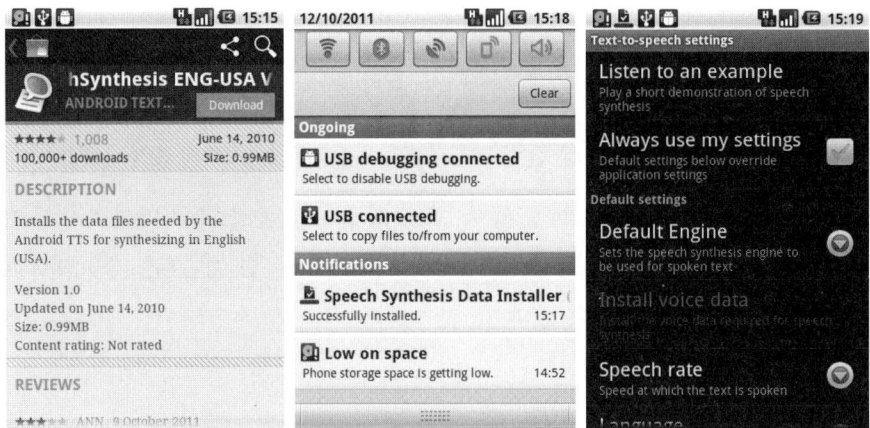

그림 15.10 설치에 성공한 다음 스피치 분석기를 설정하는 화면

영어 스피치 패키지를 성공적으로 설치한 다음에 다시 Text to speech settings 페이지로 가보면 다양한 옵션이 선택가능해진 것을 볼 수 있다. 그림 15.10 우측을 보면, Listen to an example 항목을 선택해 스피치 분석기를 테스트해볼 수 있으며, 원한다면 추가로 설정을 변경해도 좋다. 이러한 절차를 거치고 나면, TTS 엔진을 사용한 스피치 분석 기능을 갖춘 앱을 개발할 준비가 되었다고 말할 수 있다. AI로 개발하면서 스피치 출력과 관련하여 문제가 생기면, 항상 다음 절을 참고하길 바란다.

스피치 출력 문제 해결

스마트폰의 스피치 분석 모듈의 설정이 적절히 끝났다 해도, 가끔 AI로 개발한 앱에서 TextToSpeech 컴포넌트를 사용할 때 문제를 일으킬 때가 있다. 예를 들어, TextToSpeech1.Speak 블록을 수행하면(그림 15.11), 앱을 종료하는 것 외엔 아무것도 할 수 없는 심각한 런타임 에러가 발생할 수 있다.

그림 15.11 TextToSpeech 컴포넌트를 사용했을 때 오류가 발생한 모습

그림 15.11과 같이 에러 메시지가 요구하는 대처를 해줘야 한다. 이번 경우, TextToSpeech1.Speak 블록이 안드로이드 시스템에서 텍스트 블록의 스피치 출력을 담당하는 `act = com.google.tts.makeBagel` 코드가 인텐트를 통

해 내부적으로 요청을 보낸 것이다.* 스마트폰의 TTS 모듈에서 인텐트 요청을 처리하는 액티비티가 제대로 구현돼 있지 않아 데이터 접근에 실패한 경우다. 이 글을 쓰는 시점에서 AI로 생성한 앱은 이 인텐트만을 통해 TTS 액티비티를 실행할 수 있도록 되어 있다. 즉, 다른 TTS 모듈이 스마트폰에 설치돼 있는 경우, 이 인텐트와 통신할 수 있는 적절한 액티비티를 내장하고 있어야 했다. 이 모듈은 TTS Extended Service라는 이름으로(Eyes-Free Project가 제작) 안드로이드 마켓에서 찾을 수 있으며, 무료로 다운로드할 수 있다.

참고

Eyes-Free Project가 제공하는 TTS Extended 서비스

AI로 TTS 기능을 갖춘 앱을 개발하면서 그림 15.1과 같은 오류 메시지를 보는 경우, TTS Extended Service를 설치하는 것이 현재 유일한 해결책이다. 안드로이드 마켓에서 이 모듈을 검색하거나 웹사이트에서 Eyes-Free Project를 검색해 tts_3.1_market.apk를 스마트폰에 다운로드해 설치하면 된다.

- http://code.google.com/p/eyes-free/
- http://code.google.com/p/eyes-free/downloads/list

바코드 스캐너를 통해 TTS Extended Service를 직접 스마트폰에 설치하려면 아래 주소의 사이트를 찾아가면 된다(그림 5.12 참조):

- http://code.google.com/p/eyes-free/downloads/detail?name=tts_3.1_market.apk&can=2&q=

TTS Extended Service를 스마트폰에 다운로드하여 일반적인 설치 과정을 따라 설치한다. 필요한 언어 모듈을 자동으로 다운로드하려면 앱 메뉴 페이지를 통해 앱을 실행한다. 필요하다면 TTS Extended를 설정하여 Listen to an example 버튼을 눌러 스피치 출력을 테스트한다. 이제 다시 앱을 독립적으로 개발 환경과 연동하지 않고 실행하여 TextToSpeech 컴포넌트가 문제를 일으키는지 확인해보자. 아무런 문제가 없이 실행되길 바란다.

---

* 자바 개발자가 아니라면 사실 인텐트 같은 용어가 익숙하지 않을 것이다. 인텐트는 쉽게 말해 컴포넌트가 무엇을 할지 요청하는 메시지를 담은 객체다. 이 인텐트를 액티비티에서 처리해주지 못해 발생하는 오류인 것이다. 오류의 원인을 나타내는 플래그 값이 0x40000000로 나와 있다. 역자가 앱을 개발할 당시에도 이 같은 오류가 났고, 확장 패키지를 설치하거나 안드로이드 버전을 업그레이드하는 등 여러 가지 방법을 시도해 해결했었지만, 점차 다양한 안드로이드 버전 및 TTS 버전이 나오고 있기 때문에 이 책에서 제시하는 확장 버전을 설치해도 소용 없는 경우엔, 독자가 사용하는 안드로이드와 TTS 라이브러리에 맞는 해결책을 인터넷이나 포럼에서 찾아보는 것이 유일한 해결책이다. – 옮긴이

그림 15.12 TTS Extended 서비스의 바코드가 수록된 다운로드 링크 페이지 화면

독자의 스마트폰 버전이 '프로요' 이상일 경우, 추가로 문제가 생길 수 있다. 안드로이드 2.2부터는 안드로이드 자체에 TTS 기능이 포함되었다. 슬프지만, com.google.tts.makeBagel 인텐트를 처리하는 기능을 포함하지 않고 있다. 그러므로 이번에 다룬 문제가 최신 안드로이드 버전에서는 문제를 일으킬 소지가 있다. 게다가, 안드로이드 마켓에서는 최신 스마트폰 버전에 맞는 TTS Extended Service를 찾을 수도, 다운로드할 수도 없다. 검색 요청이 처리되는 동안 안드로이드 마켓은 안드로이드 2.2가 설치된 스마트폰에서(LG P500포함) 보내는 요청을 등록하여 내부적으로 처리한다. 기존에 TTS 모듈을 포함한 안드로이드라는 정보를 통해 검색 결과 중 중복되거나 중요성이 떨어지는 모든 앱들은 자동으로 걸러낸다. 이번 경우에는 앞서 언급했던 Eyes-Free Project 웹사이트처럼 별도의 웹사이트에서 제공하는 APK 파일을 다운로드해야 한다.

부록
추가 리소스

지원 사이트에서 제공하는 리소스

이 책과 함께 지원하는 웹사이트에 들어가 보면, 각종 데모 예제와 사진, 사운드 등 미디어 파일들을 찾을 수 있다. 미디어 파일을 통해 이 책에서 설명했던 프로젝트를 예제 파일 없이 직접 처음부터 만들어 보는 것이 훨씬 정확하게 이해를 할 수 있는 방법이다. 완성한 프로젝트 파일은 zip 포맷으로 제공되며, Designer에 전체 프로젝트를 간편하게 업로드할 수 있다. 원한다면 zip 파일을 다운로드하여 실행해보자. 모든 프로젝트는 완전한 앱의 형태인 apk 파일 포맷으로도 함께 제공되어, 직접 스마트폰에 다운로드하여 설치할 수 있다. 직접 프로젝트를 다시 만들거나 조금씩 자신만의 아이디어에 맞게 수정할 수도 있다. 지원 사이트를 구성하는 경로들을 아래에 자세히 설명하였으니 참고하길 바란다.

- /APK: 완전한 APK 파일들을 담고 있다. 스마트폰을 컴퓨터에 USB 케이블로 연결하고 드라이브로 인식되면, 원하는 APK 파일을 지원 사이트로부터 다운로드해 스마트폰 드라이브를 열고 원하는 경로에 옮긴다. 복사가 끝나면 스마트폰의 파일 시스템을 볼 수 있도록 해주는 관리자 프로그램을 다운로드해 복사된 파일을 찾을 수도 있다. Lysesoft가 만든 AndExplorer 앱을 안드로이드 마켓에서 다운로드 및 설치하여 사용해도 좋다. 관련 앱을 실행할 수 있다.
- /MEDIA: PNG나 JPG 포맷, 그리고 WAV오디오 포맷 등 예제에서 사용되는 각 미디어 파일들을 담고 있다. 통해 Designer에서 각 미디어 컴포넌트의 (Picture, Image, Icon 등의 이미지 관련 컴포넌트나 Source 오디오 컴포넌트 등) 속성

- /PROJECT: 이 책에서 다루는 모든 예제 및 데모 프로젝트 파일을 zip 포맷으로 담고 있다. Zip 파일의 압축을 해제하지 않은 상태로 간편하게 스마트폰에 업로드할 수 있다(AI에서 My Project ➤ More Options ➤ Uplaod Source to AI Designer를 선택한다). 필요하면 Designer에서 파일들을 보거나 수정할 수도 있다. 3장에서 AI로 개발한 앱이 담고 있는 파일과 경로에 관한 좀더 상세한 정보를 얻을 수 있다.

온라인 소스 및 유익한 사이트

책은 한번 출판되면 내용 수정이 불가능하다. 반면 웹사이트는 꾸준히 내용이 변하며, 가장 최신의 개발 관련 소식들로 채워진다. 그러므로 AI로 앱을 개발할 때 온라인 사이트를 참고하길 바란다. 이 책을 읽는 동안이나, 직접 프로젝트를 시작할 때도 마찬가지다. 온라인에 등재된 정보를 활용해야 자신의 앱을 최신 기능으로 유지할 수 있다. 무엇보다도, 미래에 지속적으로 프로젝트와 연구를 진행하는 데 있어 아주 중요하고 유익한 웹 주소들을 찾을 수도 있다.

공식 리소스 사이트

아래에 소개한 링크들은 공식 사이트들로, 안드로이드 개발자 플랫폼과 앱 인벤터의 시작 페이지, 문서, 리소스 등을 담고 있다.

- MIT의 앱 인벤터: MIT 공대와 CML$^{Center\ for\ Mobile\ Learning}$는 구글에서 지원하는 AI를 개발하고 관리한다. 공식 사이트에서 무료로 AI를 배포하고 있다. 이 사이트는 AI를 통한 개발 작업을 진행할 때 가장 먼저 들려야 할 곳이며, 이 곳에는 모든 배경 정보와 클라우드 기반의 개발 환경, 이슈 사항 리스트, 공식 사용자 포럼, 튜토리얼, 공식 문서, 다운로드 및 접근 주소까지 찾아 볼 수 있다.

- 등록된 사용자만 접근할 수 있는 AI 테스트 플랫폼:

  http://experimental.appinventor.mit.edu

- AI 테스트 플랫폼에 접속하기 위해 가입하는 사이트:

  http://appinventoredu.mit.edu/developers-blogs/hal/2011/dec/help-test-mit-prototype-app-inventor-service

- AI 공식 서비스(2012년 1분기말에 오픈 예정):

  http://appinventor.mit.edu

- MIT 웹사이트에서 지원하는 AI 공식 정보:

  http://appinventoredu.mit.edu

- MIT Media Lab의 CML이 지원하는 공식 웹사이트:

  http://mitmobilelearning.org

■ 구글 앱 인벤터(이제는 역사가 돼버린 사이트): MIT가 지원하기 전에는 구글이 공식적으로 AI를 지원하였으며(2011, 11월 31일 서비스 종료됨), 이곳에서 지원하는 웹사이트는 AI로 앱을 개발하기 위해 가장 먼저 찾아야 할 곳이였다. 이 곳에는 모든 종류의 배경 정보와 공식 문서, 튜토리얼, 공식 사용자 포럼, 이슈 리스트, 클라우드 기반의 개발 환경 등 다양한 서비스를 제공한다.

- 공식 서비스:

  http://appinventorbeta.com

- 튜토리얼, 문서, AI 포럼:

  http://appinventorbeta.com/learn http://appinventorbeta.com/forum

- 안드로이드 개발자 사이트: 안드로이드 앱을 개발하기 위한 모든 정보가 담긴 공식 사이트. 주로 자바 개발자를 위한 사이트이지만, AI 개발자들도 다양한 정보와 도구를 얻을 수 있다.

  http://developer.android.com

독창적인 튜토리얼과 예제 모음

다음에 나열된 사이트들은 개인적인 반공식[semi-official] 리소스들과 AI 앱 개발을 주제로 한 웹사이트들이다. 이 사이트들을 방문하여 아주 유용한 팁들과 다양한 예제들, 그리고 프로젝트를 진행할 때 응용할 수 있는 아이디어들까지 얻어갈 수 있다.

- 앱 인벤터 블로그: AI의 선구자이신 데이빗 울버$^{David Wolber}$ 교수(샌프란시스코 대학)가 운영하는 블로그로, AI와 관련된 최신 주제들을 다루고 있다.
  http://appinventorblog.com/
- Blocks123: 매우 다양한 컴포넌트들과 기능들로 구현된 데모 및 예제들을 모아놓았다. 분명히 독자가 프로젝트를 진행할 때 이 자료들을 활용할 수 있을 것이다.
  https://sites.google.com/site/blocks123/
- J.W.Tyler가 제작한 비디오 튜토리얼 제공 사이트로, 다양한 AI 관련 주제들과 팁, 기술들을 제공한다.
  http://android.jwtyler.com/Tutorials.html
- App Inventor Extender: Pete Matt 씨가 운영하는 사이트로, AI의 기능을 확장하기 위한 일종의 라이브러리를 제공한다. GET과 POST(UrlFetch) 메소드를 통한 온라인 데이터 통신이나, AI를 통한 웹사이트 출력(Webframes), 그리고 스마트폰에 설치된 서로 다른 앱 끼리 데이터를 공유할 수 있도록 데이터 저장소를 생성해주는 기능까지(TinySharedDB), 이 라이브러리를 액티비티 실행자에 통합하여 사용할 수 있다.
  https://sites.google.com/site/appinventorextender/home[*]
- 앱 인벤터 Repository(tAIR): 예제와 팁, AI 앱 개발 노하우 등 다양한 정보를 모아놓은 사이트다.
  http://www.tair.info/home http://sites.google.com/site/theairepository/
  http://code.google.com/p/the-ai-repository/

배경, 역사, 그리고 외관

다음 사이트들은 AI의 배경 정보를 제공한다. 이 정보를 통해 AI가 사용하는 방식을 더욱 확실히 이해할 수 있다.

---

[*] 어느 정도 AI개발에 능숙해지면 이 사이트에서 제공하는 라이브러리를 적극 활용함으로써 색다른 기능의 앱을 만들 수 있을 것 같다. - 옮긴이

- 대학에서 입문자들을 가르치기 위한 교육용으로 제작된 AI 학습 사이트다.
  http://googleresearch.blogspot.com/2009/07/app-inventor-for-android.html
- 구글과 MIT의 앱 인벤터: 미국 최상위 대학인 MIT와 구글이 협력하여 AI 개발을 시작하게 된 계기, 배경, 시초 등 다양한 정보를 얻을 수 있다.
  http://web.mit.edu/newsoffice/2010/android-abelson-0819.html
- MIT 교수이자 앱 인벤터의 공동 설립자인 핼 아벨슨[Hal Abelson] 씨가 이룬 업적들에 대한 정보와 배경 지식들을 얻을 수 있다.
  http://en.wikipedia.org/wiki/Hal_Abelson
- AI의 오픈소스 버전과 AI를 개선하기 위해 설립된 새로운 MIT 센터에 대해 다루고 있는 구글과 MIT의 공식 사이트다.
  http://googleresearch.blogspot.com/2011/08/new-mit-center-for-mobile-learning-with.html
  http://web.mit.edu/press/2011/mit-launches-new-center-for-mobile-learning.html

AI 오픈소스를 통해 자신만의 서비스 운영하기

오픈소스 버전의 AI를 설치하고 실행하는 것은 이 책의 범위를 벗어나기 때문에, 다음 사이트들이 제공하는 배경 정보를 통해 구글 앱 엔진을 통해 AI 서비스를 설치하고 운영하는 방법들을 배울 수 있다.

- 오픈소스 버전의 AI에 대한 정보
  http://appinventoredu.mit.edu/developers-blogs/andrew/2011/nov/running-your-own-app-inventor-service
- AI 서비스를 설치하기 위한 JAR 파일들이 수록된 사이트
  http://appinventoredu.mit.edu/download-jar-files
- 공식 JAR 테스트 포럼
  http://groups.google.com/group/mit-appinventor-jars

찾아보기

ㄱ

가상현실 432
가속도 445
가속도계 455
가속도 센서 49, 445
가시성 편집 모드 575
간단한 프로젝트 165
개발 도구 313
개발 언어 160, 249, 315
개발 환경 71
개별 데이터 요소 291
갱신 메소드 560
검색 쿼리 586
게임 개발 336
게임의 난이도 408
게임 컨트롤 456
게임 콘솔 446
경고 메시지 201, 202
경로 안내 기능 488
경험의 법칙 48
계산기 기능 264
계산기 앱 264, 327
계산기의 동작 로직 330
계산 알고리즘 269
공기 방울 컴포넌트 443
공백 문자 281, 554
공유 데이터베이스 375, 377
공의 속도 408
관계 연산 블록 274
교환 포맷 565
구글 검색어 입력 박스 546
구글 계정 46, 153
구글 맵스 217, 494
구글 맵스 온라인 문서 540
구글 스트릿 뷰 217
구글 앱 인벤터 개발 팀 555
구글 어스 217

구글의 웹 서비스 585
구글이 제공하는 도구 71
구글 저작권 75
구분선 318
구분자 282
구슬치기 보드 게임 455
그래픽 오브젝트 400, 402
그래픽 유저 인터페이스 183, 184
그룹웨어 356
그림 그리기 프로젝트 421
기능 설명 박스 95
기울기 방향 435

ㄴ

나침반 센서 433
나침반 앱 437
난수 생성 272
내부 메모리 356
내비게이션 데이터 483
네트워크 AP 49
녹색 방향 지시자 489
녹음 버튼 244
뉴스 데이터 566

ㄷ

다중 센서 462
다중 센서 컨트롤 446
다중 화면 501
더미 소켓 290
데모 앱 195
데이터 교환 216, 527, 566, 578, 588
데이터 구조 265, 266
데이터 구조 처리 268
데이터 구조체 265
데이터 로그 저장소 475
데이터 업로드 368
데이터 리스트 421
데이터베이스 313, 355

데이터베이스 쿼리 350
데이터 서비스 49
데이터 저장소 357
데이터 중복 저장 477
데이터 처리 264
데이터 처리 알고리즘 283
데이터 타입 265
데이터 타입의 블록 285
데이터 테이블 585
데이터 풀 235
동작 로직 337, 387, 404, 458
동작원리 170, 264
동적인 온라인 이미지 218
디바이스 에뮬레이터 45
디버거 323
디버깅 메소드 309
디버깅 모드 308

ㄹ

런처 아이콘 147
런타임 에러 607
로그 파일 분석 325
로봇의 동작 로직 590
로봇 제어 590
로컬 경로 주소 543
로컬 저장소 358
롤 433
롤-피치-요 433
루프 구조 308
리스트 관리 291
리스트 데이터 481
리스트 생성 267
리스트 메소드 267
리스트 변수 291
리스트 변환 292
리스트 블록 291
리스트 처리 과정 292
리스트 항목 303
링크 주소 540

ㅁ

마스터 앱 367
마이크로블로깅 582

마침표 466
매개변수 267, 409, 531
매개변수 소켓 210
매시업 556
멀티미디어 213
메뉴 막대 257, 258
메뉴 아이콘 147
메뉴 아이템 75
메뉴 키 100
메소드 461
모듈화 구조 499
모듈화 방식 497
모바일 GPS 시스템 463
모바일 리소스 216
모바일 매시업 555
모바일 정보 서비스 556
모바일 증강현실 432
무한 루프 274, 308
문서 모음 리스트 181
문자열 타입 327, 552
문자열 타입의 URI 553
문자열 형태 267
물리 센서 433
물음표 아이콘 552
미니맵 92
미디어 기능 253
미디어 센터 251, 252
미디어 아이콘 254
미디어 액세스 옵션 213
미디어 지원 포맷 595
미디어 타입 231
미디어 파일 업로드 125
미디어 패널 81
미디어 포맷 214

ㅂ

바늘 오브젝트 485
바이너리 계산 270
바코드 151
바코드 데이터 583
바코드 스캐너 152, 584
반복 순환 312
배열 205

배포 방법 160
버튼 이벤트 핸들러 360
버튼 컴포넌트 186
베타 그룹 포럼 57
변수 284, 408
변수 값 저장 358
변환 작업 293
보안 안전 체크 100
보행자용 내비게이션 533, 541
부가 서비스 요금 366
분기문 273
분할 메소드 291
불러오기 과정 88
불투명도 269
블록 구조 165, 308
블록 그룹 89
블록 레퍼런스 178
블록 선택 목록 93
블록의 로직 96
블록 접기 기능 352
블록 집합체 135, 170, 286
블루투스 588
비동기 통신 366
비디오 포맷 597
비디오 플레이어 240

ㅅ

사용성 251
사용자 입력 198
사용자 정의 색상 270
사용자 정의 프로시저 288
사운드 451
사운드 신호 430
사운드 컴포넌트 231
사전 데이터 367
사진 앨범 230
사진 찍기 버튼 230
삭제 프로시저 478
삼원색 269
색상 268
색상 값 269
색상 계산법 290
색상 버튼 389

색상 블록 91
색상 지정 268
서드파티 앱 532
서드파티 프로그램 352
서브스크린 209, 256
선택적인 피드백 319
선형 정렬 방식 205
세션 종료 100
센서의 임계값 453
셰이커 447
셰이커의 동작 원리 448
소리 190
소프트웨어 공학 500
속도의 증감 445
속성 168
속성 값 176
속성 블록 168, 532
속성 설정 121
속성 설정 블록 320
속성 필드 532
손가락 좌표 406
솔루션 264
수신 대기 모드 524
수직 방향 정렬 206
수치 301
수치 데이터 271
수치 인덱스 272
수평계 433, 440
수평 방향 정렬 206
수행 블록 561
순환문 273, 297, 301, 306
숫자 맞추기 게임 335
숫자 시퀀스 332
스마트폰 매뉴얼 52
스마트폰 연결 96
스마트폰의 센서 96
스위치 보드 576
스크롤 윈도우 92
스크린 잠금 190
스크린 정렬 206
스크린 정렬하기 205
스크린 컴포넌트 동작 209
스크린 크기 176

스텝 크기 404
스피치 모듈 519
스피치 분석기 518, 520, 578, 605
스피치 분석 모듈 603
스피치 출력 기능 518
스피치 출력 문제 해결 607
슬라이드 아웃 패널 188
시각적 개발 언어 71, 74
시각적인 강조 효과 318
시간을 제어하는 이벤트 414
시간 지연 방식 372
시너지 216
시너지 효과 217
시멘틱 타입 567
시스템 시간 425
시스템 애플리케이션 217
시스템 에러 169
시스템 환경 구성 57
시작 태그 568
식별자 551
식별 태그 371, 479
신디사이저 448
실제 앱 165
실패 메시지 370
실행 가능한 코드 319
심볼 254
십진수 466

ㅇ

아스키코드 279
아이콘 디자인 가이드라인 147
안드로이드 OS 313
안드로이드 SDK 592
안드로이드 디버그 브릿지 543
안드로이드 마켓 160, 608
안드로이드 메니페스트 159
안드로이드 앱 353
안드로이드폰 통합 기능 96
안드로이드 플랫폼 48
알고리즘 263
알림 방식 190
알림자 201
알림 컴포넌트 201

알파벳-숫자 시퀀스 294
애플리케이션 오버뷰 페이지 605
액티비티 528
액티비티 클래스 534
앱 디자인 최적화 127
앱 목록 화면 150
앱 인벤터 71, 313
앱 인벤터 디자이너 73
앱 인벤터 포럼 109
어휘 학습 훈련기 341
어휘 훈련 기능 346
언어 패키지 606
에러 메시지 319, 320, 372
에뮬레이터 101
연산 처리 프로세서 381
영구 데이터 356
영구 데이터 타입 358
영화 재생 239
예외 상황 412
오디오 재생 기능 232
오디오 재생 컨트롤 메소드 236
오디오 파일 172
오디오 포맷 129, 596
오류 방지 319
오류 메시지 318
오름 차순 272
오토 포커싱 기능 153
온라인 레퍼런스 문서 175
온라인 멀티플레이어 게임 587
온라인 접속 기능 369
온라인 플랫폼 163
옵션의 설정 상태 190
외부 애플리케이션 578
외부 파일 소스 240
운전자 보조 시스템 497, 526
움직이는 효과 416
움직임 시뮬레이션 460
웃음 가방 114
원격 서버 115
원격 제어 421, 424
원격 클라이언트 컴퓨터 52
웹 API 556
웹캠 213

웹캠 메뉴 키 259
위도 계산 465
위치 검출 387
위치 기록기 470
위치 기반 모바일 데이터 서비스 49
위치 기반 서비스 463
위치 데이터 554
위치 센서 45, 433, 444
위치 정보 삽입 기능 525
위치 좌표 472
육십진법 형태 466
음성 입력 520
음성 제어 기능 521
음악 파일 경로 237
음향 피드백 231
음향 효과 231, 232
음향 효과 컴포넌트 254
음향 효과 파일 233
응답 메시지 517
이동 속력 403
이동 좌표 406
이름 267
이메일 승인 72
이미지 블록 91
이미지 타입 231
이미지 포맷 125, 596
이벤트 메커니즘 192
이벤트 블록 171, 404
이벤트 핸들러 200, 204
인사 메시지 210
인스턴트 포맷 415
인터넷 서버 215
인터랙티브 2D 실시간 그래픽 처리 381
인터랙티브 3D 실시간 그래픽 처리 381
인터벌 조절 462
인터셉트 362
인터페이스 컴포넌트 533
인텐트 530
일러스트레이터 147
임계값 450
임베디드 유비쿼터스 592

ㅈ

자동 크기 조절 147
자동 형변환 기능 276
자바 45, 249
자바 가상머신 53
자바 런타임 환경 52
자바 로딩 절차 600
자바 인터페이스 592
자바 코드 50
자바 콘솔 603
되돌리기 395
재생용 포맷 595
저장 공간 355, 356
저장 기능 360
저장 방식 213
전송 프로토콜 557
전자 나침반 기능 49
전자 투표 585
전화 걸기 기능 512
전화번호 267
점묘법 385
점수 기록 기능 410
접근 방식 213
정렬 순서 272
정렬 컴포넌트 329
정적인 초기 속성 218
정지 기능 238
정지 버튼 246
제네릭 블록 263, 353
제어 명령어 591
조건 검사 수행문 340
종료 태그 568, 569
좌표 값 466
주석 318
주소 좌표 536
주식 코드 562
주차 위치 533
중앙 데이터 저장소 365
중앙 유닛 590
중첩문 440
증강현실 49
지리 데이터 578
지리 위치 517

지리 정보 217
지리 좌표 531, 536
지리 추적 앱 483
지리 추적 컴포넌트 469
지역 변수 371
진동 232, 254
진동 메소드 172

ㅊ

첨가식 색상계 269
체감형 게임 455
체인 아이콘 540
최대 순환 조건 298
추상 블록 타입 92
추상화 기술 229
추정 방법 322
추측 값 340
추측 값 판별 알고리즘 340
출력 영역 241
충돌 검사 404
충돌 검출 방식 407
충돌 이벤트 404
측정 데이터 465

ㅋ

카메라 시스템 서비스 224
카운트 값 305
카테고리 번호 566
캔버스 오브젝트 485
컨테이너 구조체 291
컨텍스트 메뉴 320
컨트롤 구조 265, 268, 297
컨트롤 구조체 273, 313
컨트롤러 장치 264
컨트롤 문자 302
컨트롤 블록 266
컴포넌트 165
컴포넌트 레퍼런스 175
컴포넌트 블록 90
컴포넌트 속성 82
컴퓨터 그래픽 이론 398
컴퓨터 플랫폼 46
콘셉트 레퍼런스 180

콘솔 메시지 602
콤마 282, 466
콤마 소수점 포맷 536
쿼리 매개변수 531
쿼리 파라미터 531
클라우드 컴퓨팅 54, 527
클라이언트 프로그램 46
키프레임 애니메이션 422, 425

ㅌ

타이머 458
타이머 인터벌 418
타입 블로킹 325
태블릿 컴퓨터 48
터치 입력 387
터치 입력 좌표 데이터 384
테스트 플랫폼 367
테이블 포맷 586
텍스처링 127
템플릿 147
통신 496
통합 구글 내비게이션 540
통합 운영체제 53
투명도 269
트위터 582
특정 동작 186
특정 로직 210
특정 수행문 298
특정 애플리케이션 581
특정 언어 249
특정 패턴 280

ㅍ

파싱 567
파일 선택 228
파일 탐색기 158
팔로우 582
포맷 변환 566
포토샵 147
프로그래밍 언어 315
프로그램 개발 314
프로그램 구조 286
프로그램 지침서 263

프로그램 흐름 제어 268, 297
프로시저 블록 286
프로젝트 로컬 디스크 137
피연산자 332
피치 433
픽셀 기반 382
픽셀 단위 해상도 147

ㅎ

하위 호환성 48
한 무더기의 차량을 제어 378
한 번만 누르는 버튼 521
햅틱 피드백 462
행렬 형태의 정렬 206
헤더 254
현재 시간과 날짜 426
현재 위치 518
현재 주식 거래 가격 555
홈 스크린 150
화면 터치 방식 236
화면 표시 기능 196
확장성이 좋은 게임 337
회전 성분 433
휴지통 93
힌트 문구 196

A

AccelerometerSensor 컴포넌트 445
Accuracy 속성 468
Activity Manager 544
ActivityStarterMaps 액티비티 스타터 538
adb logcat 543
ADB 543
AddButton.Click 이벤트 핸들러 344
add items to list 메소드 295
AfterActivity 이벤트 532
AfterPicture 225
AfterSpeaking 이벤트 핸들러 519
After 이벤트 246
A-GPS 463
AI Blocks Editor 87
AI Designer 115

AI IDE 71
AI IDE에 통합 101
AI Setup Software 107
AI 개발 프로세스 319
AI 레퍼런스 173
AI 레퍼런스 명세사항 578
AI 온라인 문서 108
AI의 근본 원리 319
AI의 컨셉트 레퍼런스 528
AI 자바 브릿지 592
Alarm Clock 426
AlarmOnCheckBox.Changed 이벤트 핸들러 428
AlarmTimeTextBox 428
Android 앱 594
AND 연산 275
animIndex 인덱스 카운터 424
APK 파일 154, 155, 159, 320, 609
append to list 메소드 295
Argument 287
arg 소켓 287
at 요소 281
Augmented Reality 432
Automatic 207
Available 속성 435

B

Back to Car 533, 538
Back 버튼 533
Balance 프로젝트 456
Ball.Bounce 메소드 407
Ball.EdgeReached 411
Ball.Heading 변수 409
Ball 컴포넌트 블록 404
Ball 컴포넌트 오브젝트 402
BarcodeScanner 컴포넌트 583
Basic 그룹 199, 504
Blocks Editor 55, 86
BluetoothServer 컴포넌트 589
Boolean 메소드 292
Bottom-Up 251
BufferLabel 오브젝트 330
Built-In 89

Button2.Text의 속성 값 169
buttonClicked 메소드 332
Button 컴포넌트 122, 178

C

calculationType 331, 333
call Laughter.Vibrate millisecs 172
call showCircumference 블록 288
CameraImage.Picture 이벤트 블록 226
CameraPathLabel 224
Camera 컴포넌트 222
Canvas.DrawLine 메소드 419
Canvas 컴포넌트 382
CarAssistant 앱 499, 501, 576
CarAssistant 프로젝트 532, 534, 560, 572
CheckBox 컴포넌트 190
Check for updates 옵션 47
choice 지역 변수 351
choose 298
choose 메소드 300
CircleLabel 287
Clear 메소드 391
Clear 버튼 391, 422
Clock2 460
Clock2.TimerInterval 461
Clock.FormatDateTime 메소드 503
Clock.MakeInstant 메소드 428
Clock.Now 428, 487
Clock.Timer 476
Clock.Timer 이벤트 486
Clock.Timer 이벤트 블록 419
Clock.Timer 이벤트 핸들러 440
close-screen-with-result 메소드 314
close screen 메소드 313
CollideWith 이벤트 블록 407
Color 265
Color 그룹 284
Color 블록 268
Compass 437
Components 패널 258
Connect to Device 97
Connect to phone 95, 114

ContactPicker 컴포넌트 545, 547
contains 메소드 280
Control 블록 297
Control 블록 그룹 313
copy list 메소드 293
countdownCounter 변수 307
CSV(Comma-Separated Values) 포맷 293, 586
CSV 데이터 586
CSV 포맷의 데이터 564
CurrentAddress 468
Current position 475

D

daddr 540
DataUri 544
decimal 493
Default Enging 메뉴 605
Definition 266
Definition 그룹 286
Definition 블록 283
def variable 변수 284
DelListButton.Click 이벤트 351
Del 키 326
DGPS 462
digitList 291
digitList 리스트 294
DisplayBox 330, 332
DivisionLabel 318
Do it 322
downcase 메소드 344, 349
DownloadButton.Click 372
Download to this Computer 108
do 290, 305
do 영역의 수행문 305
Dragged 이벤트 블록 406
DrawLine 메소드 391

E

EdgeReached 이벤트 블록 404
Editor 241, 369, 438, 458, 551
element 303
else-do 수행문 420

else-do 영역 340
EmailButton.Click 이벤트 핸들러 553
EmailContactPicker.AfterPicking 551
EmailPicker 컴포넌트 545, 547
Email Setup 546
Email 기능 버튼 546
Embed 버튼 530
Enabled 속성 435
enabled 체크박스 475
EndButton 313
end 값 304
English-German 341
engList 372
eSpeck 앱 604
Exit 버튼 341

F

false 191, 420
Feedzilla API 565
Feedzilla의 데이터 565
Fill parent 185, 329
followers 582
foreach 303
ForEachButton 버튼 302
foreach 루프 302, 311
foreach 순환 메소드 301
forList 변수 302
for loop 301
format as decimal 메소드 273
for range 루프 304
ForTextBox 302
from 272
from 필드 321
FusiontableControl 컴포넌트 585

G

GameBall 456
GameBall 오브젝트 462
GameClient 컴포넌트 587
GeoCacher 484
geo 스킴 531
gerList 372
gerListTinyWebDB 372

gerList 전역 변수 372
getter 블록 169
GET 요청 557, 562, 571
Glassy Buttons 사이트 148
GNU/리눅스 46
GoButton.Click 450
Google Maps 494
GotText 이벤트 핸들러 566
GotValue 372
GotValue 이벤트 371
GPRS 151
GPSGlobal 462
Greta Testar 547
GUI 184
GUI 요소 205
GUI 컴포넌트 187

H

Haus vom Nikolaus(산타 클로스의 집) 392
Heading 속성 403
HelloAndroidWorld 프로젝트 88, 113
HelloPurr 140
Help 페이지 161
HitButton.Click 이벤트 핸들러 339, 340
Hits 변수 408
Home/Work 기능 키 545
HorizontalArrangement 컴포넌트 329
HTML 포맷 559
HTTP(Hypertext Transfer Protocol) 557
HTTPS 프로토콜 73
HTTP 메소드 557
HTTP 상태 메시지 569

I

Icon Design Guidelines 146
ifelse 298, 372, 420, 440
if-then-else 분기문 299
ImagePicker 컴포넌트 227, 228
ImageSprite에 출력 416
ImageSprite 컴포넌트 398
Image 컴포넌트 218

Image 타입 218
index 위치 296
Initialize 210
in list 302
insert list item 메소드 296
Interface 컴포넌트 527
Interval 속성 403
is a number? 274
Issue 43 146
Issue 56 162
Issues List 145
ixMAT 153

J

Java Control Panel 56
Java Web Start 데모 57
JNLP 파일 104
join 메소드 330
JSON 데이터 원본 566
JSON 응답 559
JSON 포맷 567

L

Label 118
Label 컴포넌트 117
lastValue 332
LaughBag.apk 파일 155
LaughBag 앱 개발 165
LaughBag 이미지 148
LaughBag 프로젝트 115
LaughButton 170
Laughter 사운드 컴포넌트 오브젝트 172
length of list 메소드 292
length 메소드 266
LF(라인 피드) 293
List 266
ListAddButton 296
listCounter 312
Listening to App Inventor… 97
ListLabel 296
ListPicker 컴포넌트 509
ListToCsvButton 294
list to csv row 메소드 293

list to csv table 메소드 293
List 그룹 267
List 블록 292
list 타입 362
LocationSensor 462, 487
Logic 266, 274
Logic 블록 그룹 274

M

mailto 554
make a list 메소드 291
make text 메소드 193, 194, 541, 553
Market 161
mashup 556
Math 265
Math 그룹 327
Math 메소드 338
Math 블록 270, 272
Math 블록 그룹 271, 274
MaxTextBox.LostFocus 이벤트 블록 340
max 변수 338
Media 그룹 239
microblogging 582
minSpeed 변수 408
MMOG의 형태 587
MMORPG 587
modularization 497
MoveTo 461
multiple screen 501
MyBall 456
MyBall 오브젝트 458
My Blocks 89, 131, 286
My Definition 225
My Projects 74, 416

N

namesList 510
name 블록 287
Navi Setup 534, 542, 533
Navi Setup 사용자 인터페이스 536
Navi 모듈 535
NAVSTAR GPS 462

new 338
New emulator 메뉴 버튼 95, 101
new 프로시저 338
NextButton.Click 이벤트 핸들러 347
Notes and Details 214
Notifier.ShowMessageDialog 메소드 204
Not ready for prime time. 587
Now 메소드 415
number 338
number 변수 340
number 블록 271
NxtDirectCommands 컴포넌트 591

O
Off 키 335
Open Blocks Editor 131
Open the Blocks Editor 버튼 114
OrientationSensor 컴포넌트 434, 436
OR 연산 메소드 블록 275
Other stuff 518, 527

P
Package to Phone 108
PaintColor 컴포넌트 384
Painter 앱 397, 416
Palette 컴포넌트 인벤토리 78
Parameter 287
parseFeedzilla 프로시저 568
parsing 567
Password 200
Password invalid! 300
PasswordTextBox 199
PhoneCall 컴포넌트 512, 523
PhoneDelListPicker.Selection 510
PhoneNumberPicker 컴포넌트 506, 547
PhoneNumber 속성 524
Phone Setup 화면 전환 처리 505
PHONEvArr 서브스크린 505
Phone 기능 버튼 504
Picker 컴포넌트 552
pick random item 메소드 295

Picto TTS 스피치 분석기 모듈 606
Picture Gallery 227, 228
Player.Source 속성 블록 247
Player.Start 메소드 238
Player 컴포넌트 234
Play와 Stop 버튼 237
position in list 메소드 294, 350
PowerATextBox 309
powerCounterN 변수 310
procedureWithResult 블록 289
Properties 섹션 359

Q
QR 코드 152

R
radius 소켓 288
random integer 메소드 321, 338
Rand 버튼 348
RCX 590
Recipient 텍스트 박스 546
Redo 95
Redo 버튼 95
Remove Complaint 항목 320
removeListItem 메소드 296, 346
replace all 메소드 571
RequestBallot 메소드 584
respCodeFeedzilla 569
respContentFeedzilla 569
RestartButton.Click 이벤트 핸들러 460
Restart 버튼 460
restString 569
rgbColorValueLabel 289
RGB 삼원색 269
RGB 색상 테이블 270

S
saddr 540
SaveAs 메소드 384
Saved 95
Save File 옵션 156
Save 버튼 394
Saving 156
Screen1 시작 컴포넌트 97

Screen1 컴포넌트 오브젝트 148
Screen Arrangement 205, 328
Screen 컴포넌트 210
SD 카드 157, 215, 384
Search 버튼 111, 350
segment 메소드 280
select list item 메소드 294
semantic type 567
Sense 48
Sensor 컴포넌트 434
setter 블록 169
Settings 메뉴 190
Setting 탭 605
ShakeIT 449
ShakeIT2 452
Shaking 447
Short Message Service 514
ShowAlert 메소드 210
Show Barcode 108, 152
showList 346, 372
showList 프로시저 345
showVocab 프로시저 348
SliderCanvas 453
Slider Control 451
SliderSprite 453
SliderSprite.MoveTo 메소드 454
SMS 514
SMS Setup 페이지 520, 522
SMS 관리 기능 525
SMS 메시지 514
SMS 모듈 516
SMS 응답 메시지 524
SMS 전송 기능 496
Social 그룹 504
software engineering 500
Sound.Play 451
SoundRecorder 컴포넌트 243
sound 블록 247
Sound 컴포넌트 178
Source 블록 238
Speak 520
SpeechRecognizer 520
Speed Diar 리스트 504

Speed 속성 403
SpiritLevel 442
split 281, 282
StartActivity 메소드 532
starts at 메소드 281
step 값 304
Stop this application 100
Stop Watching 324
string 소켓 569
SWITCHBvArr 502

T

Take photo 226
testpattern.jpg 219
TextBox 컴포넌트 196
Texting 컴포넌트 523
Text to speech settings 607
TextToSpeech.Speak 메소드 526
Text-to-Speech 모듈 설치 604
TextToSpeech 컴포넌트 518
Text 블록 276
Text 블록 그룹 267
Text 속성 필드 548
Text 제네릭 블록 그룹 330
then-do 298, 420
thing 294
Ticker 555
Ticker 모듈 560
TimeLabel 503
Timer 블록 414
Timer 속성 412
TinyDB 컴포넌트 356, 471
TinyWebDB.GotValue 371
TinyWebDB.GotValue 이벤트 핸들러 372
TinyWebDB 컴포넌트 588
Top-Down 251
Track Log 481
trim 메소드 279
TTS Extended Service 608
TTStestButton.Click 이벤트 핸들러 520
TTS(Text To Speech) 모듈 518, 604
TTS 변환 기능 526

TTS 설정 메뉴 605
TTS 컴포넌트 51
tweets 582
twitterers 582
Twitter 컴포넌트 582

U

UfoSprite 그래픽 오브젝트 424
UfoSprite 이벤트 418
UI 디자인 116, 148
UI 정렬 요소 208
Undo 95
Undo 구문 421
Undo 버튼 95, 396, 422
upcase 메소드 279
uploaded 373
uploading 메시지 369
URI 531
URI 인코딩 543, 554
URI 속성 558
URL 요청문 562, 563
URL 주소 215
USB 디버깅 모드 72, 156

V

valueFromWebDB 372
Value 속성 191
vampire 531
var 변수 302, 303
VideoPlayer 239
VideoPlayer.Start 메소드 241
VideoPlayer.Visible 속성 블록 241
Virtual Reality 432
Vocab1 프로젝트 367
Vocab 앱 341
Voting 컴포넌트로 온라인 투표 584

W

Watch 기능 460
Web API 557
WebcamImage 220
Web Start Launcher 56
WebViewerArr 572
WebViewer 컴포넌트 571
WebYahoo.GotText 이벤트 핸들러 564
WhileLabel 변수 312
Width 속성 185, 207
WLAN/WLAN 라우터 151
WLAN 기능 49
WoodCanvas 컴포넌트 457
Work 기능 키 542

Z

ZIP 파일 139
ZXing 584

에이콘 모바일 프로그래밍 시리즈

윈도우 모바일 애플리케이션 개발 가이드
앤디 위글리, 대니얼 모스, 피터 풋 지음 | 김홍중, 홍선숙 옮김
9788960770713 | 784페이지 | 2009-01-02 | 40,000원

모바일 개발 전문가인 저자들은 마이크로소프트 닷넷 컴팩트 프레임워크 2.0으로 애플리케이션을 개발하는 데 필요한 실용적인 정보를 모두 설명해준다. 이 책은 모든 윈도우 기반 모바일 디바이스에 적용할 수 있는 검증된 테크닉, 실무에서의 통찰력, 광범위한 코드 예제를 제공한다.

예제로 시작하는 아이폰 개발 절판
에리카 세든 지음 | 김동현, 오형내 옮김 | 9788960770751 | 496페이지 | 2009-02-27 | 30,000원

화려하고도 심플한 외관과 그래픽, 사용 경험을 극대화함으로써 이젠 하나의 모바일 기기를 넘어서 사용자 경험의 총체로 자리 잡은 아이폰과 아이팟 터치. 복잡하고 불필요한 원리 파악은 잠시 뒤로 미루고, 예제를 중심으로 애플리케이션에 특화된 문제 해결에 집중함으로써 실전 아이폰 애플리케이션 개발 프로젝트에서 필요한 핵심만을 담아 낸 책이다.

코어 애니메이션 맥 OS X과 아이폰 개발을 위한
빌 듀드니 지음 | 김동현, 오형내, 추홍엽 옮김 |
9788960770843 | 228페이지 | 2009-07-07 | 25,000원

아이폰과 맥 OS X이 차별화되는 비밀의 열쇠는 바로 코어 애니메이션이다. 이 책은 다이내믹하고 환상적인 UI를 구성하는 코어 애니메이션 프레임워크와 API를 쉽고 재미있게 배울 수 있는 훌륭한 가이드북으로 한국어판 특별부록 '예제로 배우는 아이폰 코어 애니메이션'이 수록되어 있다.

예제로 시작하는 안드로이드 개발
릭 로저스, 존 롬바도, 지거드 메드닉스, 블레이크 메이크 지음 | 안드로이드펍 옮김
9788960770973 | 440페이지 | 2009-09-21 | 30,000원

많은 인기를 끌고 있는 오픈소스 휴대폰 애플리케이션 개발 플랫폼인 안드로이드 개발환경을 이용해 애플리케이션을 개발할 때 알아야 하는 개념을 깊이 있게 설명하고 관련 코드를 제공한다. 운영체제와 SDK 등 개발환경 소개 뿐 아니라 실행 가능한 예제 코드를 통해 안드로이드의 기능과 API 사용법을 자세히 배운다.

알짜만 골라 배우는 안드로이드 프로그래밍 절판
마크 머피 지음 | 강철구 옮김 | 9788960771017 | 512페이지 | 2009-10-07 | 30,000원

이 책은 안드로이드 환경에서 애플리케이션을 개발하고 고급 애플리케이션 개발 단계로 쉽게 넘어가도록 돕는 데 목표를 뒀다. 안드로이드의 기본적인 부분에 대한 설명을 읽으면서, 완벽하게 동작하는 예제를 간편하게 돌려볼 수 있다. 또한 예제 코드를 기반으로 책에서 설명하는 다양한 클래스와 API를 실행해 보면서 안드로이드에 좀 더 빠르게 적응할 수 있을 것이다.

하이브리드 아이폰 애플리케이션 개발
오브젝티브C를 몰라도 웹 기술로 쉽게 만들 수 있는

리 바니 지음 | 양석호 옮김 | 9788960771185 | 268페이지 | 2010-01-25 | 25,000원

하이브리드 아이폰 애플리케이션이란 HTML, CSS, 자바스크립 등 웹 기술을 활용한 새로운 형태의 아이폰 애플리케이션으로서 아이폰 상에서 일반 애플리케이션처럼 동작하므로 인터넷 접속이나 서버 파일 없이도 동작한다. 하이브리드 아이폰 애플리케이션으로 개발하면 오브젝티브C나 코코아 프레임워크 개발 경험에 크게 의존하지 않으므로, 애플리케이션 개발 시간을 단축하고 학습 비용을 적게 들일 수 있다.

아이폰 SDK 애플리케이션 개발
조나단 지드자스키 지음 | 김동호 옮김 | 9788960771246 | 488페이지 | 2010-02-26 | 30,000원

애플 SDK를 사용해 아이폰과 아이팟터치용 게임과 모바일 애플리케이션을 만드는 데 필요한 실용적인 지식을 제공한다. 다양한 예제를 통해 개발 패러다임과 오브젝티브C를 소개하고, 완벽한 기능의 애플리케이션 설계에 필요한 SDK의 다양한 프레임워크를 모두 다룬다.

아이폰 게임 프로젝트
앱스토어 베스트 게임 개발자가 들려주는 성공 비법과 노하우

PJ 카브레라 지음 | 김동현, 오형내, 추홍엽 옮김
9788960771277 | 340페이지 | 2010-03-26 | 28,000원

개발자들에게 대박 신화의 꿈을 심어주는 아이폰 게임 개발. 애플 앱스토어에서 베스트 게임 애플리케이션으로 성공한 인디 아이폰 개발자들이 들려주는 기획에서 디자인, 개발, 디버깅, 최적화까지 아이폰 게임 개발의 모든 것. 그들의 고민과 해법을 통해 앱스토어 베스트 아이폰 게임의 특징과 성공 요인을 알아본다.

아이폰 UI 디자인 프로젝트
사용성과 디자인이 뛰어난 아이폰 애플리케이션 성공 비법과 노하우

요아킴 본도 외 지음 | 김홍중 옮김 | 9788960771345 | 336페이지 | 2010-05-17 | 30,000원

아이폰 애플리케이션 개발자의 노력과 경험을 바탕으로 인터페이스 디자인과 사용성에 중점을 둔 유명 아이폰 프로젝트를 다룬다. 월드클래스 개발자와 디자이너가 실제로 앱스토어에서 판매되는 뛰어난 애플리케이션들을 만들어낸 성공 비법과 노하우를 들려준다.

(개정판) 알짜만 골라 배우는 안드로이드 프로그래밍 2
마크 머피 지음 | 강철구 옮김 | 9788960771475 | 556페이지 | 2010-08-12 | 30,000원

이 책은 안드로이드 2 환경에서 애플리케이션을 개발하고 고급 애플리케이션 개발 단계로 쉽게 넘어가도록 돕는 데 목표를 뒀다. 달라진 안드로이드 2 환경의 기본적인 부분에 대한 설명을 읽으면서, 완벽하게 동작하는 예제를 간편하게 돌려볼 수 있다. 또한 예제 코드를 기반으로 책에서 설명하는 다양한 클래스와 API를 실행해 보면서 새로운 안드로이드 버전에 좀 더 빠르게 적응할 수 있을 것이다.

아이폰 UX 프로그래밍
애플 휴먼 인터페이스 가이드라인(HIG)을 알기 쉽게 풀어쓴

토비 부드로 지음 | 추홍엽 옮김 | 9788960771482 | 252페이지 | 2010-09-09 | 22,000원

아이폰 개발자와 기획자, 디자이너라면 반드시 읽어야 할 '애플 아이폰 휴먼 인터페이스 가이드라인(HIG, Human Interface Guideline)' 문서를 알기 쉽게 풀어냈으며, 애플 문서에는 미처 이야기하지 못한 수많은 문제 제기와 인사이트가 담긴 책.

코코아 터치 프로그래밍
지바 드보 지음 | 남기혁, 윤민홍 옮김 | 9788960771550 | 512페이지 | 2010-09-30 | 30,000원

『코코아 터치 프로그래밍』과 함께 아이폰 앱 시장에 뛰어들어보자. 프로 개발자인 지바 드보의 친절한 설명과 함께 코코아 터치 프레임워크와 iOS SDK, 엑스코드, 게임 킷 API를 두루 살펴본다. 단계별로 구성된 예제를 참고해 애플리케이션을 직접 작성하고 서명해 앱스토어를 통한 판매에도 도전해보자. 아이폰 앱 개발에 처음 뛰어든 사람도 이 책의 도움을 받아 멋진 코드를 손쉽게 작성할 수 있다.

아이폰 개발자를 위한 아이패드 프로그래밍
잭 너팅, 데이브 울드리지, 데이브 마크 지음 | 강철구 옮김
9788960771567 | 416페이지 | 2010-10-29 | 30,000원

아이패드 SDK에서 추가된 API로 만든 애플리케이션 예제를 차근차근 따라해보며 아이패드 프로그래밍의 알짜만 골라 배울 수 있는 책. 아이폰 프로그래밍의 기초만 어느 정도 알고 있다면 누구나 손쉽게 아이패드 프로그래밍을 시작할 수 있다.

완전 초보를 위한 아이폰&아이패드 앱 개발
로리 루이스 지음 | 추홍엽 옮김 | 9788960771659 | 400페이지 | 2010-11-30 | 28,000원

컴퓨터 지식이 많지 않아도, 프로그래밍에 능하지 않아도, 오브젝티브C나 맥 프로그래밍은 전혀 몰라도, 저자의 쉽고 재미있는 설명을 따라 하기만 하면 누구나 아이폰&아이패드 애플리케이션을 만들 수 있는 새로운 강의법을 소개한 신개념 아이폰 입문서. 출간되자마자 독자들의 뜨거운 호평을 받으며 아마존닷컴 베스트셀러로 등극한 화제의 책. 이제는 즐겁게 공부하자!

The iPhone Developer's Cookbook(Second Edition) 한국어판 `절판`
에리카 세든 지음 | 오형내, 김홍중 옮김 | 9788960771697 | 1,100페이지 | 2011-01-05 | 45,000원

애플 아이폰과 아이팟 터치용 애플리케이션 만들기를 시작하려 하거나 이미 아이폰 애플리케이션을 만들어봤지만 실력 향상을 원하는 개발자 모두에게 전문 길잡이 내용과 꼭 필요한 코드를 담은 책. 오브젝티브C와 엑스코드, 코코아 프레임워크에 이미 익숙한 아이폰과 맥 개발 경험자는 물론, 다른 언어와 플랫폼에서 개발한 경험이 있는 개발자가 빠르게 맥/아이폰 개발에 쉽게 진입할 수 있도록 도와주는 아이폰 애플리케이션 프로그래밍 바이블.

자바 개발자를 위한 오브젝티브C
제임스 뷰캐넥 지음 | 이태상 옮김 | 9788960771727 | 792페이지 | 2011-01-10 | 35,000원

이 책은 자바 개발자들이 자바 개발 경험을 십분 활용해 맥 플랫폼의 기본 언어인 오브젝티브C와 코코아 프레임워크에 쉽게 적응하는 데 목적을 둔다. 또한 오브젝티브C의 모든 기본적인 내용뿐만 아니라 인트로스펙션, 네트워크, 멀티스레드, 메모리 관리 등 실전 개발에 필요한 각종 프로그래밍 기법과 고급 기능들을 설명하며, 각종 디자인 패턴을 적용하는 예를 통해 이미 알고 있는 설계 사상을 그대로 활용하는 방법을 알려준다.

The Android Developer's Cookbook 한국어판
완전한 예제로 배우는 안드로이드 프로그래밍

제임스 스틸, 넬슨 토 지음 | 장재현 옮김 | 9788960771833 | 424페이지 | 2011-02-23 | 30,000원

초보 개발자가 즉시 안드로이드 애플리케이션을 개발할 수 있는 능력을 주는 책이다. 안드로이드의 기본인 액티비티부터 디버깅하는 기법까지 안드로이드 개발의 전 과정을 다룬다. 또한 장마다 빌드 가능한 완전한 형태의 풍부한 예제 코드를 실어 중급 개발자에게까지 현실적인 레퍼런스를 제공한다. 첫 번째 안드로이드 참고 서적을 고르는 중이라면 이 책이 제격이다.

Android Hacks 한국어판 기초부터 고급까지 핵심 프로그래밍 기법
브릴리언트 서비스 사 지음 | 강동수, 오재호 옮김
9788960771895 | 656페이지 | 2011-03-21 | 35,000원

이 책은 안드로이드 핵심 프로그래밍 기법에 관련된 전문적인 내용뿐만 아니라 그 내용을 이용하기 위한 기초 지식들도 설명한다. 이 책의 내용을 습득하면 기본적인 안드로이드 애플리케이션 개발은 물론이고, 한계라고 여겼던 여러 사항도 해결할 수 있는 실력을 갖출 수 있다.

잘 팔리는 아이폰 앱 개발 기획에서 마케팅까지 아이폰 비즈니스의 모든 것

데이브 울드릿지, 마이클 슈나이더 지음 | 양원일, 정지훈 옮김
9788960771918 | 504페이지 | 2011-03-31 | 30,000원

아이폰 개발자가 잘 알지 못하지만 반드시 알아야 할 아이폰 애플리케이션 개발 비즈니스 성공 전략의 비밀과 노하우가 모두 담겨있는 책. 비즈니스나 마케팅 관련 사전 지식이 전혀 없는 저예산 독립 개발자가 쉽게 이해하고 적용할 수 있는 실무서이며 기업의 모바일 개발 팀에서도 반드시 읽어야 할 필독서다.

아이폰&아이패드 인 액션 iOS SDK를 이용한 애플리케이션 개발

브랜든 트레비토우스키, 크리스토퍼 앨런, 섀넌 아펠클라인 지음 | 홍영표 옮김
9788960771956 | 572페이지 | 2011-04-29 | 35,000원

이 책은 아이폰과 아이패드 개발의 핵심 영역을 모두 다룬다. 아이폰과 아이패드의 짤막한 소개를 시작으로 오브젝티브C, 엑스코드, 인터페이스 빌더로 기초를 다진 후 각종 뷰 컨트롤러, 이벤트와 액션, 다양한 데이터 처리 방법, 위치확인, 미디어, 그래픽, 웹, 네트워크와 게임, 푸시 노티피케이션, 지도, 앱내 구매, iOS 4.x의 개선사항 등을 다룬다. 부록에서는 앱스토어 배포, 아이폰 앱을 아이패드 앱으로 변환하는 방법 등을 살펴본다.

iOS 4 애플리케이션 개발 한눈에 쉽게 배우는 아이폰 앱 프로그래밍

던컨 캠벨 지음 | 강철구 옮김 | 9788960771987 | 624페이지 | 2011-05-13 | 30,000원

『iOS 4 애플리케이션 개발』은 기초적인 오브젝티브C 언어부터 시작해 아이폰SDK에서 제공하는 다양한 기능을 개별 예제로 차근차근 소개한다. 1장부터 차례로 읽어가며 전반적인 내용을 익혀도 좋고, 필요한 기능이 있을 때 언제든지 찾아보는 참조서로 사용해도 좋다.

Beginning Windows Phone 7 Development 한국어판
처음 만나는 윈도우폰 7 프로그래밍

헨리 리, 유진 추비로프 지음 | 김홍중 옮김 | 9788960772069 | 580페이지 | 2011-06-10 | 35,000원

윈도우폰 7 플랫폼 상에서 동작하는 애플리케이션을 개발하는 과정과 개발한 애플리케이션을 마켓플레이스에 올리는 데 필요한 모든 내용을 소개한다. 특히 마이크로소프트가 자신 있게 내세우는 UI 시스템인 메트로 UI, 클라우드 서비스인 윈도우 애저를 활용하는 방법, 다양한 윈도우폰 컨트롤, 위치 정보 서비스, 가속센서, 푸시 알림, 국제화, 보안 등 윈도우폰 7을 처음 접하는 개발자가 알아야 할 윈도우폰 7의 기능과 특징을 다양한 예제를 통해 설명하고 있다.

Designing the iPhone User Experience 한국어판
스케치부터 프로토타이핑까지 아이폰 앱 UX 디자인

수잔 긴스버그 지음 | 심규대 옮김 | 9788960772144 | 316페이지 | 2011-07-28 | 30,000원

앱 제작자가 코딩을 시작하기에 앞서 반드시 이해해야 할 아이폰 앱 UX 디자인의 기본 원칙과 실전 노하우가 모두 담긴 책이다. 앱의 홍수 속에서 사용자를 사로잡는 차별화된 UX를 만드는 데 기초가 되는 사용자 중심 디자인 프로세스를 아이폰에 맞춰 단계별로 알기 쉽게 설명하며, 13개의 성공 앱 사례연구를 곁들여 다양한 디자인 접근법을 살펴보는 기회를 제공한다.

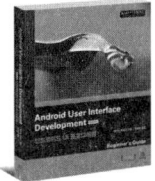
Android User Interface Development 한국어판 안드로이드 UI 프로그래밍
제이슨 모리스 지음 | 장재현 옮김 | 9788960772182 | 380페이지 | 2011-08-05 | 30,000원

이 책은 안드로이드의 기능을 단순히 나열하는 것이 아니라, 위젯과 레이아웃 등 철저하게 UI 관점에서 각 기능을 설명한다. 각 장을 읽으며 풍부한 실습 예제를 따라하다 보면, 어느새 예쁘고 직관적인 안드로이드 UI를 만들어 낼 수 있을 것이다. 모바일 애플리케이션에서 기능성보다 중요한 것이 UI이기 때문에, 이 책으로 안드로이드 개발을 시작하는 것은 훌륭한 선택이다. 또한 이 책은 그 동안 자신의 UI에 아쉬움이 있었던 중급 개발자에게도 제격이다.

유니티 3D 모바일 게임 아트 아이폰 개발자를 위한
웨스 맥더모트 지음 | 조형재 옮김 | 9788960772229 | 344페이지 | 2011-08-31 | 30,000원

유니티를 이용한 아이폰과 아이패드용 게임 개발에서 반드시 고려해야 하는 최적화된 아트 애셋의 제작과 사용에 관한 책이다. 실무에서 바로 적용할 수 있을 만큼 수준 높은 게임 아트를 만드는 기법을 화려한 풀컬러 그래픽과 함께 자세히 익힐 수 있다. 또한 애플 i디바이스의 하드웨어적 특성, 유니티와의 관계, 아트 애셋 최적화의 원리와 방법을 구체적 사례를 통해 심도 있게 배운다. 이와 함께 아트 애셋 제작에 실질적으로 활용할 수 있는 저자의 다양한 노하우도 소개된다.

아이폰 액세서리 디바이스 개발 아이폰 기능을 무한 확장할 수 있는
켄 마스크레이 지음 | 이성원, 윤주식, 이두희 옮김
9788960772335 | 436페이지 | 2011-09-23 | 30,000원

이 책에서는 액세서리를 통해 다른 앱들과의 차별화를 꾀한다. 액세서리라고 해서 작고 귀여운 곰인형 핸드폰 고리를 상상하면 큰 오산이다. 신용카드 리더, 라디오 송신기 등 아이폰에 장착돼 동작하는 외부 장치가 바로 액세서리 디바이스다. 액세서리 디바이스를 이용한 앱과 하드웨어의 개발, 그것이 바로 이 책에서 제시하는 앱의 홍수에서 탈출하는 비법이다.

Professional iPhone and iPad Application Development 한국어판
실전 앱 개발부터 마켓 진출까지
진 배클린 지음 | 이태상 옮김 | 9788960772342 | 692페이지 | 2011-09-30 | 40,000원

본격적인 앱 마켓 진출을 하기 전에 그 동안 쌓아왔던 내공을 완벽히 정리해본다. 멀티미디어, 네트워킹, 멀티태스킹, 아이애드(iAD) 통합 등 아이폰과 아이패드에서 사용할 수 있는 최신 기능을 애플리케이션 제작에서 그대로 활용할 수 있는 실전 예제와 함께 설명한다. 또한 단위 테스트나 애플리케이션 최적화 등 실전 개발에서 필수인 툴 활용 방법도 알려준다.

센차터치 모바일 프로그래밍
모바일 웹앱부터 아이폰/안드로이드 하이브리드앱, 폰갭, RESTful까지 모바일 애플리케이션 플랫폼의 모든 것 절판
이병옥, 최성민 지음 | 9788960772403 | 912페이지 | 2011-10-31 | 40,000원

이 책은 모바일 플랫폼을 표준화된 방식으로 쉽고 유연하게 구축할 수 있도록 가이드를 제시하며 단계별로 필요한 모바일 프레임워크의 각 부분을 학습하게 된다. 특히 HTML5 기반의 웹앱 중심으로 가장 강력한 웹앱인 센차터치(Sencha Touch)를 선택함으로써 개발자와 사용자 모두 만족할 수 있는 프레임워크를 제시했다.

인터페이스 빌더 없이 하는 아이폰 리얼 프로그래밍

박지성, 최경화 지음 | 9788960772472 | 488페이지 | 2011-11-22 | 30,000원

iOS 버전에 구애받지 않고 안정적인 개발을 하기 위해, 인터페이스 빌더를 쓰지 않고도 쉽게 개발할 수 있도록 기초부터 자세히 설명한 책이다. 국내 아이폰 개발자의 다양한 실무 경험을 바탕으로 집필한 책이기에 현업 개발자들에게는 더할 나위 없이 좋은 참고서적으로서, 개발자를 꿈꾸는 사람은 단 1~2개월 안에 기본기가 탄탄한 개발자로 만들어 줄 것이다.

Flash Mobile 한국어판 플래시로 만드는 아이폰 & 안드로이드 앱

매튜 데이비드 지음 | 송용근 옮김 | 9788960772571 | 408페이지 | 2012-01-02 | 30,000원

플래시는 PC 인터넷에서 가장 높은 점유율을 자랑하는 인터랙티브 미디어 플랫폼으로서, 알게 모르게 다양한 플래시 기반 모바일 앱이 있으며, 다양한 방법으로 활용되고 있다. 이 책은 플래시 디자이너가 프로그래밍을 거의, 혹은 전혀 하지 않고도 모바일 애플리케이션을 쉽게 만들 수 있도록, 개발환경 설정부터 앱스토어 등록까지를 예제와 함께 쉽고 분명하게 설명한다.

엑스코드를 이용한 아이패드 개발 24시간 만에 끝내기

존 레이 지음 | 박영훈, 김귀중 옮김 | 9788960772618 | 768페이지 | 2012-01-06 | 40,000원

이 책은 아이패드 개발에 필요한 모든 내용이 담겨 있다. 개발 환경 설정에서부터 오브젝티브C와 코코아 터치 프레임워크, 다양한 인터페이스 컨트롤과 하드웨어의 기능 사용법, 앱스토어에 제출하는 방법까지 다룬다. 추가 학습, 워크숍, 과제 등에서는 좀 더 고급 주제에 대한 정보를 제공하는 이 책은 아이패드와 iOS 개발에 대한 초중급자를 위한 훌륭한 입문서다.

jQuery Mobile First Look 한국어판
빠르고 가벼운 제이쿼리 모바일 웹앱 개발

줄리오 바이 지음 | 장재현 옮김 | 9788960772687 | 248페이지 | 2012-01-30 | 20,000원

모든 모바일 기기에서 동작하는 애플리케이션을 만들고 싶은가? 그렇다면 웹앱이 답이다. 그 웹앱을 아주 빠르고 가볍게 만들 수 있는 프레임워크가 바로 제이쿼리 모바일(jQuery Mobile)이다. 태어난 지 불과 일 년밖에 되지 않은 제이쿼리 모바일은 다른 프레임워크와 비교해 훨씬 가볍고, 사용하기 쉬우며, 호환성도 좋다. 마치 제이쿼리 모바일을 닮은 이 책은 제이쿼리 모바일로 웹페이지, 웹앱을 만드는 방법과 제이쿼리 모바일의 각 기능을 예제와 함께 빠르고 쉽게, 그러면서도 아주 효율적으로 설명한다.

Professional iPhone and iPad Database Application Programming 한국어판
SQLite, 코어 데이터, 웹 서비스를 이용한 iOS 데이터베이스 프로그래밍

패트릭 알레시 지음 | 홍영표 옮김 | 9788960772717 | 476페이지 | 2012-01-31 | 30,000원

이 책은 SQLite, 코어 데이터, 웹 서비스를 이용한 애플리케이션 개발에 필요한 모든 내용을 집중적으로 다룬다. 한 마디로 말하면 데이터를 다루는 애플리케이션 개발을 위한 실전 지침서다. SQLite와 코어 데이터를 모두 심도 있게 다루며, 테이블 뷰 기반의 효과적인 화면 구성과 아이패드에 특화된 화면 처리, 성능과 트러블슈팅에 대한 내용을 자세히 살펴본다. 또한 웹 서비스 연계를 통해 로컬뿐만 아니라 인터넷으로 연결된 데이터베이스 애플리케이션 개발에 유용한 정보도 제공한다.

PhoneGap 한국어판 폰갭으로 하는 크로스플랫폼 모바일 앱 개발

앤드류 루니 지음 | 이태상 옮김 | 9788960772731 | 396페이지 | 2012-02-07 | 30,000원

오픈소스 프레임워크인 폰갭을 이용해 iOS, 안드로이드, 블랙베리 웹웍스에서 실행되는 크로스플랫폼 모바일 애플리케이션을 개발한다. 표준 웹 기술인 HTML5, CSS3, 모바일 자바스크립트를 사용해 개발하고, 웹 브라우저와 개발자 도구를 사용해 테스트와 디버깅을 하며, 폰갭을 통해 네이티브 모바일 앱을 빌드하는 전 과정을 예제를 통해 설명한다. 또한 각 모바일 플랫폼에 있어서 고려해야 할 사항과 모바일 앱에 필요한 실전 기법들을 제시한다.

Cocos2d for iPhone 한국어판
아이폰 게임을 위한 코코스2d 프로그래밍

파블로 루이즈 지음 | 김주현 옮김 | 9788960772786 | 468페이지 | 2012-02-23 | 30,000원

현재 아이폰용 게임 개발에 가장 널리 사용하는 프레임워크인 코코스2d를 기초부터 차근차근 설명하는 책이다. 초보자를 위한 책인 만큼 읽기 쉬우며 예제를 중심으로 따라가는 구조이므로 끝까지 흥미를 잃지 않고 읽을 수 있다. 책에서 세 가지 예제 게임을 만들어 가며 게임 제작의 여러 중요한 요소를 코코스2d로 구현하는 방법을 배운다.

Android Application Testing Guide 한국어판
안드로이드 애플리케이션 테스팅 가이드

디에고 토레스 밀라노 지음 | 현수명 옮김 | 9788960772878
356페이지 | 2012-03-30 | 30,000원

테스트를 작성하면서 안드로이드 애플리케이션을 개발할 수 있는 실용적인 방법을 소개한다. 테스트 주도 개발 방식으로 안드로이드 애플리케이션을 만들어 보고 안드로이드 테스트 프레임워크를 활용해서 UI 테스트는 물론 성능 테스트까지 다양한 상황에 대한 테스트를 실용적인 예제로 설명한다. 빌드 자동화와 테스트 자동화를 통해 지속적인 통합을 적용해보고 코드 커버리지까지 측정해본다. 이 책을 통해 테스트 코드를 작성하면서 얻게 되는 효율성을 충분히 느낄 수 있을 것이다.

윈도우폰 7 게임 프로그래밍
XNA와 실버라이트로 만드는 2D & 3D 윈도우폰 게임

애덤 도즈 지음 | 이승현 옮김 | 9788896077296 | 792페이지 | 2012-04-26 | 40,000원

윈도우폰 7 개발 중에서도 게임 개발에 초점을 맞춘 가이드다. XNA와 실버라이트까지 포괄하며, 2D 및 3D 게임 분야와 윈도우 포팅, 게임 배포 방법까지 세세한 내용을 모두 설명한다. 실전 게임 개발에서 문제가 발생할 만한 상세한 부분까지 고려해 노하우를 담아 게임 개발자에게 꼭 있어야 할 지침서가 되어줄 것이다. 게임 개발을 전문으로 하는 저자의 노하우와 창의성을 배울 수 있는 참신한 예제들을 하나씩 테스트해 보면서 재미있게 공부할 수 있다.

The iOS 5 Developer's Cookbook (Third Edition) 한국어판

에리카 세든 지음 | 동준상, 송용근 옮김
9788960772977 | 1,064페이지 | 2012-04-30 | 45,000원

애플 아이폰과 아이팟 터치용 애플리케이션 만들기를 시작하려 하거나 이미 아이폰 애플리케이션을 만들어봤지만 실력 향상을 원하는 개발자 모두에게 전문 길잡이 내용과 꼭 필요한 코드를 담은 책. 오브젝티브C와 엑스코드, 코코아 프레임워크에 이미 익숙한 아이폰과 맥 개발 경험자는 물론, 다른 언어와 플랫폼에서 개발한 경험이 있는 개발자가 빠르게 맥/아이폰 개발에 쉽게 진입할 수 있도록 도와주는 아이폰 애플리케이션 프로그래밍 바이블.

Creating iOS 5 Apps Develop and Design 한국어판
실전 iOS 5 애플리케이션 개발

리처드 워런 지음 | 황진호 옮김 | 9788960773042 | 596페이지 | 2012-05-31 | 35,000원

iOS의 개발에 필요한 툴과 그 툴을 사용해 개발하는 과정까지 자세히 설명하므로 초보자뿐만 아니라 숙련된 iOS 개발자에게도 필요한 책이다. 또한 개발 과정을 설명할 때, 하나의 예를 기준으로 모든 기능을 축적해 나가기 때문에 전체 개발과정을 엿볼 수 있다. 전반적으로 개발의 시작부터 앱 스토어에 제출하는 전 과정을 다루기 때문에 이 책 한 권만 있다면 iOS 개발의 시작부터 끝까지 무리 없이 진행할 수 있다.

iPhone JavaScript Cookbook 한국어판
자바스크립트로 만드는 아이폰 애플리케이션

아르투로 페르난데스 몬토로 지음 | 조한진, 이준환, 이용환 옮김
9788960773110 | 412페이지 | 2012-06-20 | 30,000원

애플의 개발 환경을 구축하지 않고도 애플리케이션을 쉽게 개발하는 방법을 설명한다. 자바스크립트와 Ajax 같은 웹 기술들만을 적용해 자신만의 아이폰 애플리케이션을 개발할 수 있도록 단계별로 실습 예제들을 만들게 구성돼 있다. 웹 개발자들은 오브젝티브C 프로그래밍 언어를 배우지 않고도 네이티브 룩앤필을 지닌 iOS용 애플리케이션을 개발할 수 있다.

센차터치2 + 폰갭 프로그래밍 하이브리드 모바일 웹앱 기초부터 실전 활용까지

이병옥 지음 | 9788960773455 | 772페이지 | 2012-09-21 | 40,000원

이 책은 센차터치2를 기준으로 모바일 웹앱을 스스로 구축할 수 있도록 단계별로 예제를 제시한다. 특히 이전에 출판한 『센차터치 모바일 프로그래밍』에서 설명하지 않았던 MVC 애플리케이션을 추가했으며 프로그램의 설명 중 새로운 유형이 나올 때마다 MVC 애플리케이션을 추가하여 자연스럽게 MVC 애플리케이션을 익힐 수 있도록 구성했다. 또한 폰갭의 활용이 늘어감에 따라 폰갭에 대한 설명과 예제를 추가했고 센차터치2와 폰갭을 동시에 활용한 예제를 각 API별로 추가함으로써 실전에서 하이브리드 플랫폼을 만드는 데 도움이 될 수 있도록 구성했다.

타이타늄 모바일 앱 프로그래밍
자바스크립트를 이용한 빠른 네이티브 애플리케이션 개발

보이들리 폴렌타인 지음 | 손병대 옮김 | 9788960773479 | 380페이지 | 2012-09-28 | 30,000원

최근 가장 인기 있는 언어로 각광받는 자바스크립트를 이용해 크로스플랫폼(아이폰과 안드로이드) 애플리케이션을 만들 수 있는 타이타늄(Titanium) 모바일에 관한 입문서다. 이 책에 수록된 10여 가지의 앱과 다양한 예제들을 통해 기초적인 UI 컨트롤을 배우게 된다. 뿐만 아니라 카메라와 마이크, GPS 같은 디바이스 기능과 소셜 미디어를 활용한 매시업 서비스, 그리고 오브젝티브C를 이용해 네이티브 모듈을 만드는 방법까지, 깨알 같은 예제로 모바일 앱 개발에 자신감을 심어줄 것이다.

안드로이드 NDK 프로그래밍
JNI와 C/C++ 라이브러리를 활용한 네이티브 안드로이드 애플리케이션

실뱅 라타부이 지음 | 허윤규 옮김 | 9788960773462 | 544페이지 | 2012-09-28 | 35,000원

C/C++로 작성된 라이브러리를 사용해야 한다거나, 성능 향상을 목적으로 C/C++로 특정 모듈을 개발해야 한다면 필수적으로 JNI를 사용해야 한다. 안드로이드 NDK는 JNI를 쉽고 빠르게 사용할 수 있게 제공되는 도구다. 이 책에서는 NDK를 이용해 기존 C/C++ 라이브러리를 활용하는 방법, 애플리케이션에 2D/3D 그래픽과 사운드를 넣는 방법, 안드로이드 입력과 센서를 관리하는 방법, 네이티브 애플리케이션을 디버깅하고 문제를 해결하는 방법 등을 다뤄 애플리케이션의 성능을 향상시킬 수 있게 해준다.

코코스2d 게임 프로그래밍
스마트폰을 위한 오픈소스 모바일 게임엔진 Cocos2d

네이선 버바 지음 | 박기성 옮김 | 9788960773530 | 508페이지 | 2012-10-23 | 33,000원

코코스2d(Cocos2d)는 스마트폰용 2D 게임 개발을 고려할 때, 가장 먼저 선택할 수 있는 유용한 오픈 소스 게임 엔진이다. 이 책은 상용 제품에 바로 활용할 수 있는 살아 숨쉬는 예제들을 통해, 자연스럽게 독자들을 강력한 코코스2d의 세계로 이끌어준다. 이 책의 예제들은 기본적인 그래픽 처리에서부터 데이터 처리, 2D 조명, 3D, 폴리곤 텍스처 처리, 멀티 플레이 네트워크, 물리엔진, 인공지능 등 고급 주제들까지 망라하고 있다. 이 책은 아이폰 버전용으로 집필되었지만, 안드로이드 버전에도 응용 가능하다.

완전 초보를 위한 오브젝티브C 프로그래밍

게리 베넷, 밋치 피셔, 브래드 리스 지음 | 이동욱 옮김
9788960773653 | 368페이지 | 2012-11-30 | 25,000원

이 책은 프로그래밍 언어에 대한 기본 개념이 없어도 누구나 쉽게 오브젝티브C를 익힐 수 있도록 쓰여졌다. 변수 개념 같은 프로그래밍 언어를 처음 배울 때 익히는 내용부터 오브젝티브C의 문법까지도 다룬다. 맥 혹은 iOS 애플리케이션 개발을 목표로 하는 프로그래밍 입문자를 위한 배려가 돋보이는, 초보자를 위한 필독서다.

Programming iOS 5 한국어판 OS 프로그래밍의 모든 것

매트 뉴버그 지음 | 황진호 옮김 | 9788960773745 | 1,252페이지 | 2012-12-17 | 58,000원

이 책은 iOS를 개발하기 위해 알아야 하는 C 언어는 물론 오브젝티브C에 관한 기본 지식과 객체지향 프로그래밍의 본질, 개발 툴의 사용법과 함께 인스턴스화, 참조, 객체 간의 통신, 사용 중인 객체의 관리 방법 등 코코아 객체에 관한 모든 것을 소개하고, 주요 인터페이스 위젯과 기타 공통적으로 해야 할 작업에 관한 개관 등 iOS 프로그래밍을 하는 데 필요한 모든 기본 원리를 속속들이 다룬다.

폰갭 프로그래밍 모바일 크로스플랫폼 프레임워크

존 와고 지음 | 송용근 옮김 | 9788960773806 | 428페이지 | 2012-12-31 | 30,000원

아이폰, 안드로이드, 블랙베리, 심비안 개발을 한 번에 할 순 없을까? 웹 기술(HTML, CSS, 자바스크립트)을 기반으로 크로스 플랫폼 애플리케이션을 만들어주는 폰갭(PhoneGap) 프레임워크가 그에 대한 답을 제시한다. 폰갭의 '정수'를 담은 이 책으로 기초부터 탄탄하게 이해해보자. 시장 환경이 하루가 다르게 급변하는 모바일 개발에 관심은 있으나 그 빠른 변화에 질려있는 초심자들에게 든든한 가이드가 되어줄 것이다.

나홀로 개발자를 위한 안드로이드 프로그래밍의 모든 것

김지훈, 이지훈, 이현우, 김도균 지음 | 9788960774018 | 1,232페이지 | 2013-02-22 | 50,000원

오늘날 안드로이드는 가장 많이 사용되는 스마트폰 운영체제로 확고히 자리매김했고, 자바에 대한 지식만 있으면 누구나 쉽게 스마트폰 앱을 개발할 수 있다. 이 책은 초보자부터 전문가까지 모두 활용할 수 있도록 구글의 안드로이드 4.x의 모든 API와 유용한 예제들을 담았다. 안드로이드 기초 위젯, 레이아웃, 이벤트, 액티비티와 프래그먼트, 구글 맵 같은 기초 주제부터 구글 앱 엔진 사용, GCM, SNS 연결 같은 고급 주제들을 곧바로 사용할 수 있는 뛰어난 예제로 자세하게 설명한다.

나홀로 개발자를 위한 안드로이드 게임 프로그래밍

이병옥 지음 | 9788960774223 | 740페이지 | 2013-04-30 | 42,000원

이 책은 안드로이드 게임을 개발하고 싶어 하는 초보 자바 개발자를 대상으로 실전 게임 예제를 통해 기본기를 닦을 수 있게 한다. 안드로이드 플랫폼을 간단히 소개하고, 게임의 기반이 되는 캔버스, 서피스 뷰, OpenGL ES, 실전게임 개발 방법 등을 다룬다. 실전 예제를 단계별로 구분해 각 장별로 게임 프로젝트로 수록하여 따라하기 쉽고 소스 분석도 어렵지 않다. 안드로이드 SDK를 활용한 다양한 게임 예제를 통해 기본적인 학습 과정을 거쳐 퍼즐 게임, 보드 게임, 슈팅 게임, 카드 게임 등 캐주얼 게임을 개발하고 3D 게임, 네트워크 게임 개발의 기초도 익힐 수 있다. 또한 카카오톡 연동을 통한 소셜 게임의 기초도 맛볼 수 있다.

The Core iOS 6 Developer's Cookbook (Fourth Edition) 한국어판

에리카 세든 지음 | 동준상, 송용근 옮김 | 9788960774353 | 688페이지 | 2013-05-30 | 40,000원

iOS 개발서 분야의 대표적인 작가이자 개발자로 명성 높은 에리카 세든의 신작으로, 웹 개발이나 플랫폼 개발 경험이 있는 사람이라면 누구나 쉽게 활용할 수 있는 예제 코드 중심으로 구성됐으며, 깃허브(GitHub)를 통해 완성된 프로젝트 형식의 예제 코드를 제공한다. 이 책은 iOS 6만의 차별화된 기능을 신속하게 파악하려는 로직 개발자, iOS의 상호작용을 구현하려는 UI 개발자, 그리고 iOS 인터페이스 구성과 작동 원리, 구현 철학을 이해하려는 GUI 디자이너와 기획자를 위한 훌륭한 참고서이자 라이브러리다.

효율적인 데이터 관리를 위한
iOS 코어 데이터

팀 이스테드, 톰 해링턴 지음 | 정승원 옮김 | 9788960776104 | 408페이지 | 2014-09-30 | 30,000원

아이폰, 아이패드에서 데이터를 관리할 때는 속도, 안정성, CPU 부하, 배터리 소모 등 많은 부분을 고려해야 한다. SQL이나 파일 등 데이터를 관리하는 방법이 많지만, 그중에서도 애플이 직접 제공하는 데이터 관리 레이어 '코어 데이터'를 사용하면 앞에 열거한 모든 목적을 쉽게 달성할 수 있다. 개발자는 데이터 관리라는 본질에만 집중하면 된다. 경험 많은 iOS 개발자 두 명이 코어 데이터를 효과적으로 다루는 방법을 설명하는 이 책을 통해 코어 데이터를 정복하기 위한 첫걸음을 내딛을 수 있다.

에이콘출판의 기틀을 마련하신 故 정완재 선생님 (1935-2004)

안드로이드 앱 인벤터
퍼즐처럼 끼워 맞추는 구글 모바일 앱 개발

초판 인쇄 | 2013년 5월 24일
1쇄 발행 | 2014년 11월 11일

지은이 | 외르크 클로스
옮긴이 | 이 승 현

펴낸이 | 권 성 준
엮은이 | 김 희 정
　　　　　이 순 옥
　　　　　황 지 영
디자인 | 선우숙영

인　쇄 | 한일미디어
용　지 | 신승지류유통(주)

에이콘출판주식회사
경기도 의왕시 계원대학로 38 (내손동 757-3) (437-836)
전화 02-2653-7600, 팩스 02-2653-0433
www.acornpub.co.kr / editor@acornpub.co.kr

한국어판 ⓒ 에이콘출판주식회사, 2013
ISBN 978-89-6077-437-7
ISBN 978-89-6077-083-6 (세트)
http://www.acornpub.co.kr/book/android-app-inventor

이 도서의 국립중앙도서관 출판시도서목록(CIP)은 서지정보유통지원시스템 홈페이지(http://seoji.nl.go.kr)와
국가자료공동목록시스템(http://www.nl.go.kr/kolisnet)에서 이용하실 수 있습니다.(CIP제어번호: CIP2013006850)

책값은 뒤표지에 있습니다.